Max-Planck-Institut für ausländisches
öffentliches Recht und Völkerrecht

Beiträge zum ausländischen
öffentlichen Recht und Völkerrecht

Begründet von Viktor Bruns

Herausgegeben von
Jochen Abr. Frowein · Helmut Steinberger
Rüdiger Wolfrum

Band 108

Jochen Abr. Frowein
Rainer Hofmann · Stefan Oeter
(Hrsg.)

Das Minderheitenrecht europäischer Staaten

Teil 1

Springer-Verlag
Berlin Heidelberg New York London Paris
Tokyo Hong Kong Barcelona Budapest

ISBN 3-540-56728-3 Springer-Verlag Berlin · Heidelberg · New York

Die Deutsche Bibliothek – CIP-Einheitsaufnahme
Das Minderheitenrecht europäischer Staaten / Jochen Abr.
Frowein ... (Hrsg.). – Berlin ; Heidelberg ; New York ; London ;
Paris ; Tokyo ; Hong Kong ; Barcelona ; Budapest : Springer
NE: Frowein, Jochen Abr. [Hrsg.]; Max-Planck-Institut für
  Ausländisches Öffentliches Recht und Völkerrecht ⟨Heidelberg⟩
Teil 1 (1993)
  (Beiträge zum ausländischen öffentlichen Recht und Völkerrecht ; Bd. 108)
  ISBN 3-540-56728-3
NE: GT

Dieses Werk ist urheberrechtlich geschützt. Die dadurch begründeten Rechte, insbesondere die der Übersetzung, des Nachdruckes, des Vortrags, der Entnahme von Abbildungen und Tabellen, der Funksendung, der Mikroverfilmung oder der Vervielfältigung auf anderen Wegen und der Speicherung in Datenverarbeitungsanlagen, bleiben, auch bei nur auszugsweiser Verwertung, vorbehalten. Eine Vervielfältigung dieses Werkes oder von Teilen dieses Werkes ist auch im Einzelfall nur in den Grenzen der gesetzlichen Bestimmungen des Urheberrechtsgesetzes der Bundesrepublik Deutschland vom 9. September 1965 in der jeweils geltenden Fassung zulässig. Sie ist grundsätzlich vergütungspflichtig. Zuwiderhandlungen unterliegen den Strafbestimmungen des Urheberrechtsgesetzes.

© by Max-Planck-Gesellschaft zur Förderung der Wissenschaften e.V., to be exercised by Max-Planck-Institut für ausländisches öffentliches Recht und Völkerrecht, Heidelberg 1993

Printed in Germany

Satz: Reproduktionsfertige Vorlagen von den Autoren
42/3130 – 5 4 3 2 1 0 – Gedruckt auf säurefreiem Papier

Vorwort

Das vorliegende Buch ist Teil eines größeren Projektes, in dessen Rahmen Entwicklungsstand und Probleme des Schutzes ethnischer Minderheiten in Europa aufgearbeitet werden sollen. Dieses Projekt bildet zur Zeit einen wichtigen Schwerpunkt teambezogener Arbeit am Institut. Der Gedanke dazu war schon vor Jahren aufgekommen, noch vor dem revolutionären Umbruch in Mittel- und Osteuropa und der damit einhergehenden Renaissance des Minderheitenrechts. Die Verwirklichung des Vorhabens mußte damals jedoch angesichts anderer Prioritäten verschoben werden. Mit den umwälzenden Veränderungen in den Staaten des ehemaligen Ostblocks und den im Gefolge des Zusammenbruchs der alten staatlichen Strukturen neu aufbrechenden Nationalitätengegensätzen hat das Problem des Minderheitenschutzes eine besondere Aktualität erlangt. Das Institut hat daher zu Beginn des Jahres 1991 eine Projektgruppe zum Thema Minderheitenschutz ins Leben gerufen.

Ausgangspunkt ist dabei der Befund, daß der gegenwärtige Bestand an völkerrechtlichen Normen zum Schutz ethnischer und kultureller Minderheiten als begrenzt zu bezeichnen ist; allerdings ist dieser Bestand an Regeln durch die Völkerrechtswissenschaft vergleichsweise gut aufgearbeitet.

Vorrangig erscheint eine Bestandsaufnahme der innerstaatlichen Regelungen zum Status der Minderheiten. Die erstellten Berichte zu den Rechtsordnungen einiger der wichtigsten Staaten West- und Mitteleuropas haben insoweit eine Fülle interessanten Materials erbracht. Aus verschiedenen Gründen war eine Beschränkung der erfaßten Länder zunächst notwendig. In diesem Band erscheinen die Berichte für Belgien, Deutschland, Finnland, Frankreich, Großbritannien, Italien, Österreich, Polen, Schweiz, Spanien, Tschechoslowakei, Türkei und Ungarn. Weitere Berichte zu Osteuropa werden zur Zeit im Institut erstellt. Diese und auf der Grundlage aller Landesberichte zu den wichtigsten Problemen erarbeiteten Sachberichte vergleichender Art sollen dann in einem gesonderten Band veröffentlicht werden.

Schließlich dankt das Institut dem Bundesminister des Innern für die großzügige finanzielle Förderung des Forschungsprojekts.

Jochen Abr. Frowein

Inhaltsverzeichnis

Die rechtliche Stellung der Minderheiten in Belgien 1

ROBERT MATHIAK

I. Einleitung 1
   1. Minderheiten in Belgien 1
   2. Das Verhältnis der Sprachgruppen von 1830 bis 1970 ... 4
   3. Die Entwicklung ab 1970 8
   4. Die deutsche Volksgruppe 14
   5. Auswirkungen der Staatsreform auf die deutschsprachige Minderheit 18
II. Das Recht auf Gebrauch der Minderheitensprache 22
   1. Der private Bereich 22
   2. Behörden und Gerichte 23
   3. Kultur und Medien 40
III. Bildungs- und Erziehungswesen 43
   1. Gesetzliche Grundlagen 43
   2. Die Situation der deutschen Sprache im belgischen Unterrichtswesen 46
IV. Minderheitenspezifische Schranken der Vereinigungsfreiheit 51
V. Politische Repräsentation 54
   1. Auf gesamtstaatlicher Ebene 54
   2. Auf der Ebene der Gemeinschaften und Regionen ... 57

Die rechtliche Stellung der Minderheiten in Deutschland 62

MICHAEL J. HAHN

I. Einleitung 62
   1. Die Minderheiten in der Bundesrepublik Deutschland . 62
   2. Das Fehlen einer Minderheitenschutzbestimmung im Grundgesetz 66
   3. Die Verfassungsdiskussion nach Beitritt der neuen Bundesländer 69
   4. Minderheitenschutzbestimmungen auf Länderebene .. 73
II. Das Recht auf Gebrauch der Minderheitensprache 83
   1. Der private Bereich 83

		2. Behörden und Gerichte	83
		3. Kultur und Medien	87
III.	Bildungs- und Erziehungswesen		89
IV.	Minderheitenspezifische Schranken der Vereinigungsfreiheit		95
V.	Politische Repräsentation		97

Die rechtliche Stellung der Minderheiten in Finnland 108

RAINER HOFMANN

I.	Einleitung	108
II.	Das Recht auf Gebrauch der Minderheitensprache	110
	1. Der private Bereich	110
	2. Behörden und Gerichte	110
	3. Kultur und Medien	113
III.	Bildungs- und Erziehungswesen	114
IV.	Spezifische Schranken der Vereinigungsfreiheit	116
	1. Das Vereinigungsgesetz	116
	2. Das Parteigesetz	118
	3. Vereinigungsfreiheit und Strafrecht	119
V.	Politische Repräsentation	120
VI.	Die Autonomie der Ålandinseln	121

Die rechtliche Stellung der Minderheiten in Frankreich 126

JÖRG POLAKIEWICZ

I.	Einleitung	126
II.	Das Recht auf Gebrauch der Minderheitensprache	131
	1. Der private Bereich	131
	2. Behörden und Gerichte	134
	3. Kultur und Medien	141
III.	Bildungs- und Erziehungswesen	145
IV.	Minderheitenspezifische Schranken der Vereinigungsfreiheit	154
V.	Politische Repräsentation	157

Die rechtliche Stellung der walisischen Minderheit in Großbritannien 160

THILO MARAUHN

I.	Einleitung	160
II.	Das Recht auf Gebrauch der Minderheitensprache	165
	1. Der private Bereich	165

		2. Behörden und Gerichte	166
		3. Bemühungen um eine gesetzliche Neuregelung	171
		4. Kultur und Medien	177
		5. Kirchen und Religionsgemeinschaften	180
		6. Das Problem der Verkehrswegweiser	181
III.	Bildungs- und Erziehungswesen		181
IV.	Spezifische Schranken der Vereinigungsfreiheit		186
V.	Politische Repräsentation		187

Die rechtliche Stellung der Minderheiten in Italien 192

KARIN OELLERS-FRAHM

I.	Einleitung		192
	1. Statistische Angaben		192
	2. Verfassungsvorschriften und allgemeine Bestimmungen		195
	3. Das System des Rechtsschutzes		198
	4. Definition der Minderheiten		199
II.	Das Recht auf Gebrauch der Minderheitsprache		200
	1. Der private Bereich		200
	2. Behörden und Gerichte		200
	3. Kultur und Medien		208
III.	Bildungs- und Erziehungswesen		212
IV.	Minderheitenspezifische Schranken der Vereinigungsfreiheit		219
V.	Politische Repräsentation		222

Die rechtliche Stellung der Minderheiten in Österreich 225

THILO MARAUHN

I.	Einleitung		225
II.	Das Recht auf Gebrauch der Minderheitsprache		235
	1. Der private Bereich		235
	2. Behörden und Gerichte		235
	3. Kultur und Medien		239
	4. Kirchen und Religionsgemeinschaften		241
	5. Der Ortstafelstreit in Kärnten		242
III.	Bildungs- und Erziehungswesen		243
	1. Verfassungsrechtliche Grundlagen		243
	2. Kindergartenerziehung		245
	3. Das Minderheiten-Schulwesen in Kärnten		246
	4. Das Minderheiten-Schulwesen im Burgenland		251
IV.	Spezifische Schranken der Vereinigungsfreiheit		253
V.	Politische Repräsentation		255

Die rechtliche Stellung der Minderheiten in Polen 258

MAHULENA HOŠKOVA

I.	Einleitung	259
II.	Das Recht auf Gebrauch der Minderheitensprache	276
	1. Der private Bereich	276
	2. Behörden und Gerichte	276
	3. Kultur und Medien	280
	4. Kirche	283
III.	Bildungs- und Erziehungswesen	284
	1. Die rechtliche Lage	284
	2. Die Umsetzung	289
IV.	Spezifische Schranken der Vereinigungsfreiheit	292
	1. Die Vereinigungsfreiheit	292
	2. Das Parteiengesetz	298
	3. Das Versammlungsgesetz	299
	4. Vereinigungsfreiheit und Strafrecht	300
V.	Politische Repräsentation	301
	1. Sejm und Senat	301
	2. Lokale Selbstverwaltungsorgane	305
VI.	Schlußbemerkung	306

Die rechtliche Stellung der Minderheiten in der Schweiz 308

DAGMAR RICHTER

I.	Einleitung	308
	1. Das Schweizervolk als integrative Verfassungsgemeinschaft	308
	2. Die mehrdimensionale Struktur der Minderheitenlage im föderalen Staat	312
	3. Neuere Tendenzen zur rechtsstaatlichen Abwägung im Minderheitenkontext	319
II.	Das Recht auf Gebrauch der Minderheitensprache	320
	1. Der private Bereich	320
	2. Behörden und Gerichte	323
	3. Kultur und Medien	347
III.	Bildungs- und Erziehungswesen	350
	1. Die Unterrichtssprache im Konfliktfeld zwischen Amtssprache und Sprachenfreiheit	350
	2. Das Schulsprachenrecht der Kantone	352
	3. Die besonderen Verhältnisse der Bundeshauptstadt . .	355
	4. Unterricht in anderen Landessprachen	356

IV.	Minderheitenspezifische Schranken der Vereinigungsfreiheit	357
	1. Die verfassungsrechtliche Lage	357
	2. Minderheitenrelevante Gemeinschaften und personaler Schutzbereich	357
	3. Sachlicher Schutzbereich	359
	4. Zur Abgrenzung zwischen erlaubter Vereinigung und verbotenem Separatismus	360
V.	Politische Repräsentation	362
	1. Regierung	363
	2. Parlament	364

Die rechtliche Stellung der Minderheiten in Spanien 369

STEFAN OETER

I.	Einleitung	369
II.	Das Recht auf Gebrauch der Minderheitensprache	374
	1. Der private Bereich	374
	2. Behörden und Gerichte	375
	3. Kultur und Medien	384
III.	Bildungs- und Erziehungswesen	388
IV.	Vereinigungsfreiheit und Strafrecht	398
V.	Politische Repräsentation	400

Die rechtliche Stellung der Minderheiten in der Tschechoslowakei . 407

MAHULENA HOŠKOVA

I.	Einleitung	407
II.	Das Recht auf Gebrauch der Minderheitensprache	416
	1. Der private Bereich	416
	2. Behörden und Gerichte	416
	3. Kultur und Medien	420
III.	Bildungs- und Erziehungswesen	426
	1. Die rechtliche Lage	426
	2. Die Umsetzung	429
IV.	Spezifische Schranken der Vereinigungsfreiheit	434
	1. Das Vereinigungsgesetz	435
	2. Das Parteiengesetz	437
	3. Vereinigungsfreiheit und Strafrecht	438
V.	Politische Repräsentation	439
VI.	Schlußbemerkung	443
VII.	Nachtrag	443

Die rechtliche Stellung der Minderheiten in der Türkei 448

CHRISTIAN RUMPF

I. Einleitung 448
    1. Geschichtlicher Hintergrund 448
    2. Der türkische Nationalismus 452
    3. Minderheiten in der Türkei heute 456
II. Geschichte und Begriffe: Minderheit und Türken 459
    1. Minderheiten 459
    2. „Der Türke" 467
III. Rechtsordnung und Minderheiten heute 469
    1. Die grundlegenden Prinzipien 469
    2. Die Sprache 486
    3. Die Religion 493
IV. Verwaltungspraxis 495
    1. Militär 495
    2. Regierung und Wirtschaft 496
    3. Sonstige Verwaltung 496
V. Geltung internationalen Minderheitenrechts 497
VI. Schlußfolgerungen für die Rechtsstellung der Minderheiten in der Türkei 498
    1. De lege lata 498
    2. De lege ferenda 499

Die rechtliche Stellung der Minderheiten in Ungarn 501

GEORG NOLTE

I. Einleitung 501
    1. Statistische Angaben 502
    2. Auslandsungarn 503
    3. Geschichte 504
    4. Die Lage der Minderheiten heute 507
    5. Minderheitspolitik der Regierung 508
    6. Das Projekt eines Minderheitengesetzes 509
    7. Begriff der Minderheit 510
    8. Datenschutz 512
    9. System des Rechtsschutzes 513
II. Das Recht auf Gebrauch der Minderheitensprache 514
    1. Der private Bereich 514
    2. Behörden und Gerichte 515
    3. Kultur 516
    4. Medien 519
III. Bildungs- und Erziehungswesen 520

IV.	Spezifische Schranken der Vereinigungsfreiheit	524
	1. Vereinigungsgesetz	524
	2. Parteiengesetz	525
V.	Politische Repräsentation	526
	1. Nationales Parlament	526
	2. Landesselbstverwaltung	527
	3. Örtliche Selbstverwaltung	528
	4. Bewertung	531
VI.	Schluß	532
	1. Politischer Kontext des Entwurfs für ein Minderheitengesetz	532
	2. Das ungarische Minderheitenrecht und die internationalen Maßstäbe	534

Die rechtliche Stellung der Minderheiten in Belgien

ROBERT MATHIAK[*]

I. Einleitung

1. Minderheiten in Belgien

Angesichts des Fehlens eines einheitlichen völkerrechtlichen Minderheitenbegriffs und der Verschiedenartigkeit der Problemlagen in den einzelnen Staaten ist die Einordnung bestimmter Bevölkerungsgruppen in die Minderheitenproblematik nicht immer einfach und eindeutig. So verhält es sich auch im Falle Belgiens. Dabei beschränkt sich die folgende Darstellung von vornherein, unter Ausklammerung des Problems der Wanderarbeiter, Immigranten und ausländischen Einwohner, auf diejenigen Bevölkerungsgruppen, die als belgische Staatsangehörige traditionell auf dem Gebiet dieses Staates leben[1].

Wenn man neben dem Bedachtsein auf die Wahrung der eigenen Kultur, Tradition, Religion oder Sprache, auf die zahlenmäßige Unterlegenheit im Vergleich zur übrigen Bevölkerung und die fehlende herrschende Stellung im Staatswesen als Kriterien zur Definition einer Minderheit abstellt, so stößt man in Anschauung der Volks- oder Sprachgruppen Belgiens auf

---

[*] Wissenschaftlicher Mitarbeiter am Institut. Der Verfasser dankt Herrn *Kremer*, Pädagogische Arbeitsgruppe der Deutschsprachigen Gemeinschaft, und Herrn *L. Neyken*, Ministerium der Deutschsprachigen Gemeinschaft, für wertvolle Informationen. Der Bericht geht von dem am 31. Dezember 1992 geltenden Recht aus.

[1] Vgl. Art. 1 a. des Entwurfs einer Europäischen Charta der Regional- und Minderheitensprachen, der sich auf den Schutz der von derartigen Bevölkerungsgruppen gesprochenen Sprachen beschränkt. Siehe auch die Minderheitendefinition in Art. 2 des Vorschlags einer Europäischen Konvention zum Schutze der Minderheiten vom 8. Februar 1991 der Kommission "Demokratie durch Recht", 4. März 1991, CDL (91) 7, und die Minderheitendefinition des UNO-Sonderberichterstatters *F. Capotorti* in "Study on the Rights of Persons belonging to Ethnic, Religious and Linguistic Minorities", U.N. Doc. E CN 4 Sub 2/384/Rev. 1 1979.

erhebliche Schwierigkeiten. Belgien beheimatet seit seiner Gründung im Jahre 1830 zwei große Bevölkerungsgruppen, die niederländischsprachigen Flamen und die französischsprachigen Wallonen, sowie daneben eine kleine, die deutsche Sprach- oder Volksgruppe. Die belgische Verfassung wie auch die einschlägigen Gesetze gehen nicht von einem bestimmten Minderheitenbegriff aus. In Art. 3 *ter* der Verfassung heißt es vielmehr: "Belgien umfaßt drei Gemeinschaften: die deutschsprachige Gemeinschaft, die flämische Gemeinschaft und die französische Gemeinschaft." Die in Art. 6 *bis* der Verfassung im Zusammenhang mit dem Diskriminierungsverbot genannten "ideologischen und philosophischen Minderheiten" sind als geschlossene Gruppen nicht vorhanden und damit als Ausgangspunkt ungeeignet. Die Sprachgesetze sprechen lediglich im Falle bestimmter, genau festgelegter Gebiete mit Sonderregelungen für Angehörige einer anderen Sprachgruppe von Sprachminderheiten.

Was das numerische Verhältnis der Sprachgruppen betrifft, fand 1947 letztmals eine Volkszählung unter Einschluß der Sprachzugehörigkeit statt, so daß alle Angaben auf Hilfsberechnungen und Schätzungen beruhen und im einzelnen natürlich umstritten sind. Als Anhaltspunkt seien die folgenden Bevölkerungsanteile genannt[2]:

Niederländischsprachige Flamen	ca. 59%
Französischsprachige Wallonen zuzüglich französischsprachiger Brüsseler	ca. 40%
Deutschsprachige	ca. 1%[3]

---

[2] Ausgangspunkt ist dabei die Zugehörigkeit zu den Parlamentssprachgruppen nach den Wahlen vom 13.12.1987. Nach der allgemeinen Volkszählung vom 1. März 1981 wohnten 57,17% der Bevölkerung im niederländischen Sprachgebiet, 32,05% im französischen, 10,13% im zweisprachigen Gebiet Brüssel-Hauptstadt und 0,65% im deutschen Sprachgebiet.

[3] Hier kommt man je nachdem, ob man sich auf die Angehörigen des anerkannten deutschen Sprachgebiets beschränkt auf 67.000 bzw. bei Einbeziehung aller Dialektsprecher auf Zahlen zwischen 100.000 und 120.000.

So gesehen ist nur die deutschsprachige Bevölkerung eine Minderheit im klassischen Sinne.

Schwieriger ist die Beurteilung bei den großen Sprachgruppen. Mit einem Bevölkerungsanteil von 40% und der traditionellen Dominanz ihrer Sprache und Kultur sind die Französischsprachigen keine typische Minderheit. Andererseits befinden sie sich gegenüber den Flamen, deren numerisches Übergewicht noch durch ihre inzwischen eindeutige wirtschaftliche Überlegenheit verstärkt wird, schon in einer potentiellen Minderheitenposition.

Demgegenüber stellen die Flamen in der Hauptstadt Brüssel bei einem geschätzten Bevölkerungsanteil von 15%[4] eindeutig eine Minderheit dar. Sie mußten zudem die Emanzipation ihrer Sprache und Kultur gegen eine über ein Jahrhundert dauernde zunächst rechtliche, dann tatsächliche Vorherrschaft des Französischen mühsam erkämpfen, so daß sie trotz ihrer zahlenmäßigen Überlegenheit im Schrifttum früher häufig als diskriminierte Minderheit eingestuft wurden[5].

Ein besonderes Problem stellen zudem die jeweiligen Minderheiten im anderen Sprachgebiet dar. Hier sind insbesondere die Randgemeinden von Brüssel, die, obwohl in Flandern gelegen - Brüssel ist quasi eine Enklave in Flandern - hohe französischsprachige Bevölkerungsanteile aufweisen, sowie die Gemeinden entlang der Sprachgrenze zu nennen. Hier kommt es bis

---

[4] Diese Zahl stützt u. a. auf das Ergebnis der Brüsseler Regionalwahlen vom 18. Juni 1989, bei denen flämische Kandidaten 14,67% der Abgeordnetenmandate errangen. Flämischerseits wird das Verhältnis 85 : 15 bestritten und unter Einbeziehung der Ausländer differenzierter vorgegangen (*J.U. Clauss*, Sprachminderheiten in den EG-Staaten am Beispiel von 8 Fallstudien aus Italien und Belgien, Band I: Belgien, Florenz 1982, S. 121 ff.). Offiziell wird beispielsweise in Finanzierungsfragen von einem Verhältnis von 80 : 20 ausgegangen.

[5] Kritisch hierzu *P.H. Nelde*, Le contact de langues en tant que conflit linguistique, in: Föderalismus, Regionalismus und Volksgruppenrecht in Europa, Festschrift für G. Heraud, Wien 1989, 277 ff. (284), der stattdessen den Begriff einer unterdrückten Mehrheit vorschlägt.

heute, insbesondere im Gebiet Voeren/Fourons[6] zu heftigen Auseinandersetzungen zwischen den Sprachgruppen.

Wenn man also in Bezug auf Flamen und Französischsprachige nicht von einer Minderheitenproblematik im engen, technischen Sinne sprechen kann, es sich mehr um einen Gegensatz zwischen zwei konkurrierenden Sprachgemeinschaften handelt, so ergeben sich im Verhältnis dieser beiden Gruppen zueinander doch gewisse Minderheitenkonstallationen mit interessanten Regelungsmechanismen. Ohne die sich aus dem Zusammenleben dieser beiden Bevölkerungsguppen ergebende Staats- und Verfassungsstruktur, wäre zudem die rechtliche Stellung der deutschen Minderheit nicht verständlich. Ihre Stellung bildet fast durchgängig einen Teilaspekt eines regelungstechnischen Ganzen. Infolgedessen ist auch das Verhältnis der beiden großen Volksgruppen in die Analyse des Minderheitenschutzes in Belgien einzubeziehen, ohne daß allerdings auf alle Facetten des "Belgischen Sprachenstreits" eingegangen werden soll. Wenn im folgenden der Einheitlichkeit wegen von Minderheiten und Minderheitensprachen die Rede ist, so geschieht dies im Bewußtsein der Relativität dieses Begriffs und der o. g. Vorbehalte.

2. Das Verhältnis der Sprachgruppen von 1830 bis 1970

Bei seiner Staatsgründung im Jahre 1830 war Belgien ein religiös-konfessionell homogener (katholischer) Einheitsstaat mit Provinzen und Gemeinden als dezentrale Einrichtungen des Staates. Er wurde durch eine kleine französischsprachige Oberschicht[7] bestehend aus Adel, Großbürgertum und höherem Klerus zusammengehalten[8], während auf

---

[6] Siehe hierzu *Clauss* (Anm. 4) S. 183 ff.

[7] 46.099 französischsprachige Zensuswähler bei einer Gesamtbevölkerung von ca. 4 Millionen, *G. Sobiela-Caanitz*, La protection des aires éthniques en Belgique, in: Festschrift für G. Héraud (Anm. 5), 413 ff. (413).

[8] Die französischsprachige Oberschicht in Flandern zur damaligen Zeit wird auf 3% geschätzt, *R. Senelle*, Rolle und Bedeutung der Monarchie in einem föderalen Belgien, JöR 36 (1987), 121 ff. (123).

dem Land in Flandern, von bereits damals rund 60% der Gesamtbevölkerung, eine Vielzahl flämischer Dialekte gesprochen wurden. In Wallonien setzte sich das Französische gegenüber dem anfänglich noch vielfach gesprochenen Wallonischen[9] im Zuge der Industrialisierung schnell durch. Die Sprachgrenze war ursprünglich also mehr sozialer als geographischer Natur.

Zwar herrschte gemäß Art. 23 der Verfassung von 1830 im gesamten Königreich Sprachenfreiheit, alleinige Amtssprache war jedoch das Französische. Es beherrschte den Regierungsapparat, die Verwaltung und das Bildungssystem, war einzige offizielle Sprache für Gesetze, Verordnungen und das Gerichtswesen. Auch Brüssel, das zunächst überwiegend flämisch war, wurde durch seine Hauptstadtrolle zunehmend französiert. Erst über eine lange Entwicklung, angefangen durch ein Gesetz von 1873, das den Gebrauch der niederländischen Sprache bei Strafprozessen im flämischen Landesteil prinzipiell zur Pflicht machte, bis in die sechziger Jahre dieses Jahrhunderts, konnte die flämische Bewegung, zunächst in Flandern und dann im gesamten Königreich, die schrittweise Gleichstellung des Niederländischen erreichen[10]. Mit dem Gleichstellungsgesetz vom 18. April 1898[11], demzufolge Gesetze und Erlasse sowohl auf niederländisch als auch auf französisch sanktioniert, ratifiziert und veröffentlicht werden, erfuhr das Niederländische seine Anerkennung als zweite Amtssprache. Obwohl in der Folgezeit beide Sprachen formell gleichwertig waren, bestand tatsächlich in vielen Lebensbereichen die Vorrangstellung des Französischen fort. Diese für die Flamen insgesamt und insbesondere im Schul- und Kulturbereich unbefriedigende Situation führte in den dreißiger Jahren dieses Jahrhunderts, vor allem durch die Sprachgesetzgebung von 1932[12], zum Übergang auf das sog. *Territorialitätsprinzip*, d. h. der Einsprachigkeit in beiden

---

[9] Eine westromanische Sprache.

[10] Chronologische Auflistung der Entwicklung bei *R. Senelle* (Anm. 8), 124 f.

[11] Nunmehr Gesetz vom 31. Mai 1961 betreffend den Gebrauch der Sprachen in gesetzgeberischen Angelegenheiten.

[12] Gesetz vom 28. Juni 1932 über den Sprachgebrauch in Verwaltungsangelegenheiten, Gesetz vom 14. Juli 1932 betreffend den Sprachgebrauch im Primar- und Mittelschulwesen.

Landesteilen. Das bis dahin geltende Personal- oder Bekenntnisprinzip wurde nur in Brüssel und den Sprachgrenzgemeinden beibehalten[13]. Allerdings gab es beispielsweise im Unterrichtswesen noch weitgehende Ausnahmen[14], mit der Folge, daß der französischsprachige Unterricht in Flandern in beträchtlichem Umfang aufrechterhalten wurde[15].

Durch die Sprachgesetzgebung der Jahre 1962 und 1963 wurde dann aufbauend auf den Sprachgesetzen von 1932 und den Arbeiten des Harmel-Zentrums[16] das Territorialitätsprinzip konsequent durchgesetzt. Es bedeutet, daß die Obrigkeit, gleichgültig wer ihr Träger ist, sich ausschließlich der Sprache des jeweiligen Sprachgebiets bedient[17]. Die Sprachgesetze von 1962 und 1963[18], die durch den königlichen Erlaß vom 18. Juli 1966 koordiniert wurden[19], legten die Sprachgrenzen neu fest und teilten das Land in vier Sprachgebiete ein:

- Drei einsprachige Sprachgebiete: Das niederländische, das französische und das deutsche Sprachgebiet
- sowie das zweisprachige Gebiet Brüssel-Hauptstadt.

Gemäß Art. 3 § 1 der am 18. Juli koordinierten Gesetze umfaßt das niederländische Sprachgebiet die flämischen Provinzen Antwerpen, Limburg, Ost-

---

[13] Vgl. Art. 5 des Gesetzes vom 14. Juli 1932.

[14] Vgl. Art. 2 dieses Gesetzes.

[15] L. Lindemans u. a., De Taalwetgeving in België, Leuven 1980, 136 f., 141 f., 143 f.

[16] Abschlußbericht des Untersuchungszentrums für die nationale Lösung von gesellschaftlichen, politischen und rechtlichen Problemen der verschiedenen Regionen des Landes, Parl. St., Abgeordnetenkammer, 1957 - 58, Nr. 940; ausschnittweise zitiert in A. Alen, Belgien ein zweigliedriger und zentrifugaler Föderalismus, ZaöRV 50 (1990), 501 ff. (Anm. 23).

[17] A. Alen, ibid., 507.

[18] Gesetz vom 8. November 1962 zur Abänderung der Provinz-, Bezirks- und Gemeindegrenzen, Gesetz vom 2. Ausgust 1963 zum Sprachgebrauch in Verwaltungangelegenheiten.

[19] Im folgenden "koordinierte Sprachgesetze" oder "am 18. Juli 1966 koordinierte Gesetze".

Flandern und West-Flandern, sowie von der Provinz Brabant die Verwaltungsbezirke Leuven und Halle-Vilvoorde.

Das französische Sprachgebiet (Art. 4) besteht aus den wallonischen Provinzen Hennegau, Luxemburg, Namur und Lüttich, letztere mit Ausnahme der zum deutschen Sprachgebiet zählenden Gemeinden, und von der Provinz Brabant dem Verwaltungsbezirk Nivelles.

Das deutsche Sprachgebiet (Art. 5) umfaßt 25, nach der Zusammenlegung von Gemeinden im Jahre 1977 neun Gemeinden im Osten der Provinz Lüttich.

Das zweisprachige Gebiet Brüssel-Hauptstadt wird von den 19 Gemeinden des Verwaltungsbezirks Brüssel-Hauptstadt gebildet (Art. 6).

Diese Einteilung in Sprachgebiete wurde dann anläßlich der Staatsreform von 1970 im neuen Art. 3 *bis* verfassungsrechtlich bekräftigt und abgesichert. Eine Änderung der Sprachgrenzen ist nunmehr nur noch durch ein Gesetz mit besonders qualifizierter Mehrheit[20] möglich.

Das Territorialitätsprinzip wurde im übrigen trotz seiner unbestreitbaren Härten - sog. "Spracherleichterungen" gibt es nur für Angehörige bestimmter Sprachminderheiten in bestimmten Gemeinden - vom Europäischen Gerichtshof für Menschenrechte in zwei Entscheidungen[21] als objektives, dem gesamten belgischen Staatsaufbau zugrundeliegendes Prinzip, für mit der EMRK und dem ersten Zusatzprotokoll vereinbar befunden.

---

[20] Neben einer Zweidrittel-Mehrheit insgesamt ist auch die Mehrheit in beiden Parlamentssprachgruppen erforderlich, Art. 3 *bis* III der Verfassung, erste bedeutende Sprachblockabstimmung bereits bei Gebietstausch am 1.9.1963.

[21] EGMR, Urteil vom 23.7.1968, "Belgischer Sprachenfall", EuGRZ 1975, 298 ff., EGMR, Urteil vom 2.3.1987, Mathieu-Mohin und Clerfayt, Series A, Nr. 113.

Das unbedingte Festhalten der Flamen am Territorialitätsprinzip mit der fehlenden Bereitschaft, Ausnahmebestimmungen für französischsprachige Minderheiten im niederländischen Sprachgebiet zuzulassen, läßt sich aus der historischen Entwicklung erklären.

3. Die Entwicklung ab 1970

Auf dieser Einteilung in vier Sprachgebiete beruht die zur Entflechtung des Sprachgruppenkonflikts seit 1970 betriebene Entwicklung Belgiens vom Einheitsstaat zum Bundesstaat. Diese vollzog sich in drei großangelegten Reformwellen[22] der Jahre 1970, 1980 und 1988/89. Im Herbst 1992 haben sich die Parteien prinzipiell auf zusätzliche weitgehende Reformen geeinigt, die diesen Prozeß zum vorläufigen Abschluß bringen und Belgien auch offiziell zum Bundesstaat umwandeln sollen[23].

Der neue föderale Staatsaufbau Belgiens ist durch eine doppelte Regionalstruktur[24], gebildet von drei *Gemeinschaften* und drei *Regionen*, gekennzeichnet. Diese Körperschaften sind nicht deckungsgleich, überschneiden sich aber teilweise.
Die Bildung der *Gemeinschaften* entsprach vor allen Dingen der Forderung der flämischen Bewegung, die auf diese Weise, nach der Gleichstellung ihrer Sprache, die Entfaltung der eigenen Kultur erreichen wollte[25]. Man könnte diese Gemeinschaften als Bevölkerungsgliederungen mit terri-

---

[22] Diese vollzogen sich zum Teil innerhalb, zum Teil außerhalb der Verfassung, insbesondere durch sog. Sondergesetze.

[23] Vereinbarung der Regierungsparteien, von Saint Michel vom 29. September 1992, zu deren Unterstützung sich drei weitere Parteien bereit erklärt haben, so daß eine 2/3-Mehrheit und die Mehrheit in beiden Sprachgruppen gewährleistet scheinen. Da der Abschluß des Gesetzgebungsverfahrens nicht vor April 1993 zu erwarten ist, können die Ergebnisse dieser Vereinbarungen nur beschränkt in wenigen Fußnoten angedeutet werden.

[24] L. P. *Suetens*, Landesbericht Belgien, in: F. Ossenbühl (Hrsg.), Föderalismus und Regionalismus in Europa, Baden-Baden 1990, 263 ff., (272).

[25] A. *Alen* (Anm. 16), 516.

torialer Grundlage bezeichnen, die sich in der Hauptstadt Brüssel "begegnen" und dort ihre Zuständigkeiten teilen bzw. gemeinsam ausüben[26]. 1970 wurden zunächst drei "Kulturgemeinschaften", nämlich die Flämische, die Französische und die Deutsche, in der Verfassung anerkannt[27], die dann 1980 in Gemeinschaften umbenannt[28] und deren Kompetenzen sowohl 1980 als auch 1988 erweitert wurden. Nach der heutigen Fassung des Art. 59 *bis* der Verfassung erstreckt sich die Zuständigkeit der Gemeinschaften auf die kulturellen Angelegenheiten[29], mit wenigen Ausnahmen auf das Unterrichtswesen und die sog. personengebundenen Angelegenheiten, welche Materien der Gesundheitspolitik und der Personenfürsorge umfassen[30]. Ferner sind die Gemeinschaften für die zwischengemeinschaftliche und internationale Kooperation auf diesen Gebieten zuständig und können zu diesem Zweck auch Verträge mit auswärtigen Staaten schließen[31]. Darüberhinaus haben

---

[26] *L. P. Suetens* (Anm. 24), 272.

[27] Art. 3 *ter*, eingefügt durch die Verfassungänderung vom 24. Dezember 1970.

[28] Verfassungsänderung vom 17. Juli 1980.

[29] Näher definiert in Art. 4 des Sondergesetzes vom 8. August 1980.

[30] Näher definiert in Art. 5 dieses Gesetzes. Im einzelnen sind dies: (1) Materien der Betreuung von Kranken innerhalb und außerhalb von Krankenhäusern, sowie die Gesundheitserziehung und die vorbeugende Medizin und (2) Materien wie Familienpolitik, Sozialhilfe, Aufnahme und Integration von Einwanderern, Behindertenpolitik, Jugendschutz und die soziale Hilfe für Strafgefangene und ehemalige Strafgefangene.

[31] Art. 59 *bis* § 2 Ziff. 3, § 2 bis, seit der Verfassungsreform von 1988 bzw. für die Deutschsprachige Gemeinschaft Art. 59 *ter* § 2 Ziff. 4, seit 1989. Die auswärtigen Kompetenzen sind allerdings bisher nicht abschließend geklärt. Gemäß Art. 68 liegt die auswärtige Gewalt einschließlich der Kompetenz zum Abschluß völkerrechtlicher Verträge beim König unter dem Zustimmungserfordernis der Parlamentskammern. Seit 1980 bereits ist aber gemäß Art. 16 des Sondergesetzes vom 8. August bei Verträgen des Zentralstaates in Gemeinschaftsangelegenheiten die Zustimmung der Gemeinschaftsräte erforderlich. Dies gilt gemäß Verweisung in Art. 5 des Gesetzes vom 31. Dezember 1983 auch für den Rat der Deutschsprachigen Gemeinschaft. Unterhalb von völkerrechtlichen Verträgen steht es den Gemeinschaften frei internationale Vereinbarungen zu treffen, *J.P. Suetens* (Anm. 24), 300 f., wobei die Abgrenzung im Einzelfall natürlich nicht einfach ist.

die beiden großen Gemeinschaften die Befugnis, für ihren jeweiligen Zuständigkeitsbereich den Gebrauch der Sprachen in Verwaltungsangelegenheiten, im Unterricht der öffentlichen, öffentlich bezuschußten und anerkannten Einrichtungen und sogar für die sozialen Beziehungen zwischen Arbeitgebern und ihrem Personal zu regeln[32].

Ebenfalls durch das Verfassungsgesetz vom 24. Dezember 1970 wurde in Art. 107 *quater* die Schaffung von drei *Regionen*, der Flämischen, der Wallonischen und der Brüsseler Region vorgesehen. Im Gegensatz zu den Gemeinschaften entsprach die Bildung der drei Regionen eher dem Bestreben der Wallonen und der französischsprachigen Brüsseler. Erstere versprachen sich, durch eine wirtschafts- und sozialpolitische Autonomie die Wirtschafts- und Strukturkrise in ihrem Landesteil besser in den Griff zu bekommen ohne hierbei von einer flämischen Mehrheit abhängig zu sein, während letztere auf die Hervorhebung der besonderen Rolle Brüssels bedacht waren[33]. Ihre Kompetenzen erhielten die Flämische und die Wallonische Region erst durch Art. 6 § 1 des Sondergesetzes vom 8. August 1980 zugewiesen. Diese wurden 1988 erweitert[34]. Die Region Brüssel-Hauptstadt erhielt erst durch das Sondergesetz vom 12. Januar 1989 ihr endgültiges Statut. Sie hat trotz gewisser Besonderheiten ihres Statuts die gleichen Kompetenzen wie die anderen Regionen.

Im Gegensatz zu den Gemeinschaften handelt es sich bei den Regionen um rein gebietskörperschaftliche Einheiten[35]. Das Territorium der Flämischen Region fällt mit dem niederländischen Sprachgebiet zusammen, die Wallonische Region ist für das französische und das deutsche Sprachgebiet

---

Im Sommer 1992 konnte man sich auf eine Reform des Art. 68, welche ein umfassendes Vertragsschlußrecht der Gemeinschaften und auch der Regionen im Bereich ihrer internen Kompetenzen sicherstellen würde, einigen (Le Soir vom 29.6.1992), die allerdings noch das parlamentarische Verfahren zu durchlaufen hat.

[32] Art. 59 *bis* § 3, § 4 der Verfassung.
[33] *A. Alen* (Anm. 16), 517.
[34] Sondergesetz vom 8. August 1988.
[35] *C. W. Mütter*, Die belgische Staatsreform von 1980, JöR 34 (1985), 147.

zuständig, während sich die Zuständigkeit der Region Brüssel-Hauptstadt auf die 19 Gemeinden des zweisprachigen Gebiets Brüssel-Hauptstadt beschränkt[36]. Ihre Zuständigkeiten[37] sind bodenbezogener bzw. örtlicher Natur[38] und umfassen wesentliche Materien aus den Bereichen:
- Raumplanung
- Umwelt- und Naturschutz
- Wasserwirtschaft
- Wirtschaftspolitik
- Energiepolitik
- Kommunalaufsicht[39]
- Verkehr
- Beschäftigungspolitik

Sowohl die Regionen als auch die Gemeinschaften verfügen über einen Rat als gesetzgebendes Organ und eine Exekutive als Regierungsorgan mit Verwaltungsunterbau. Flämischerseits sind diese Organe zusammengefaßt[40]. Die Gesetze dieser Einheiten werden zur Unterscheidung gegenüber gesamtstaatlichen Gesetzen als "Dekrete", in der Region Brüssel-Hauptstadt als "ordonnances" bezeichnet.

---

[36] Sie umfaßt also nicht die Randgemeinden, welche der Flämischen Region angehören.

[37] Abschließend aufgezählt in Art. 6 des Sondergesetzes vom 8. August 1980. Nach der Vereinbarung von St. Michel sollen den Regionen ferner mit geringen Ausnahmen die Landwirtschaft und der Außenhandel zufallen. Außerdem sollen sie im Bereich ihrer internen Zuständigkeiten auch völkerrechtliche Verträge abschließen können.

[38] *L. P. Suetens* (Anm. 24), 272.

[39] In bezug auf die Gemeinden des deutschen Sprachgebiets sowie bestimmte Gemeinden mit sprachlichem Sonderstatut bleibt weiterhin der Zentralstaat für die Kommunalaufsicht zuständig.

[40] Art. 1 § 1 des Sondergesetzes vom 8. August 1980. Praktisch führt dies zu einer Integration der Flämischen Region in die niederländischsprachige Gemeinschaft.
Umgekehrt erlauben die Vereinbarungen von St. Michel der Französischen Gemeinschaft, ihre Kompetenzen ganz oder teilweise auf die Wallonische Region und die französische Gemeinschaftskommission in Brüssel zu übertragen (Le Soir, Supplément vom 15. Dezember 1992, S. 6).

Wesentliche Merkmale der belgischen Staatsstruktur[41] sind die gegenseitige Autonomie und die grundsätzliche Gleichwertigkeit der Rechtsakte von Staat, Gemeinschaften und Regionen, beschränkt auf ihren jeweiligen örtlichen Zuständigkeitsbereich. Gemeinschaften und Regionen haben bisher nur zugewiesenen Zuständigkeiten. Die jeweiligen Kompetenzen sind exklusiv. Darüberhinaus gilt der Vertikalitätsgrundsatz, d. h. prinzipiell ist die für die Normsetzung zuständige Obrigkeit auch für die Durchführung zuständig und umgekehrt[42].

Zur Vorbeugung von Konflikten im Kompetenzgefüge gibt die Abteilung Gesetzgebung des Staatsrats zu Vorentwürfen von Gesetzen und Dekreten sowie zu Entwürfen königlicher und ministerieller Erlasse begründete Gutachten ab. Wenn sie zu dem Ergebnis kommt, daß eine der Körperschaften dabei ihre Kompetenzen überschreitet, so legt sie den Text einem nach Sprachgruppen paritätisch mit Mitgliedern der Zentralregierung und der Gemeinschafts- und Regionalexekutiven besetzten Konzertierungsausschuß vor[43]. Nach der Verabschiedung eines Gesetzes oder Dekrets kann der durch Gesetz vom 28. Juni 1983 geschaffene Schiedshof, das Verfassungsgericht des Landes, vom Ministerrat, den Exekutiven, den Präsidenten der Parlamentskammern und der Gemeinschafts- und Regionalräte angerufen werden und das entsprechende Gesetz oder Dekret wegen Verstoßes gegen die Kompetenzordnung aufheben. Daneben können die Abgeordnetenkammer, der Senat, ein Regional- oder Gemeinschaftsrat mit der Behauptung, durch einen bei einer anderen Versammlung anhängigen Vorschlag oder Entwurf eines Gesetzes oder Dekrets ernsthaft benachteiligt zu werden, mit Dreiviertel der Stimmen verlangen, daß das Verfahren für die Dauer von

---

41 Vgl. hierzu *L. P. Suetens* (Anm. 24), 275 ff.

42 Stellungnahme des Staatsrates, Gesetzgebungsabteilung, vom 20. November 1986, Parl. Dok., Abgeordnetenkammer, 1985 - 1986, Nr. 287/2.

43 Art. 3 der koordinierten Gesetze über den Staatsrat.

60 Tagen ausgesetzt und die Sache dem Konzertierungsausschuß zur Schlichtung vorgelegt wird[44].

Was die finanzielle Ausstattung von Gemeinschaften und Regionen betrifft[45], so waren diese Körperschaften trotz der Zuerkennung einer allgemeinen Steuerkompetenz im Jahre 1980[46] bis 1988 weitgehend von pauschalen Dotationen des Zentralstaats abhängig. Durch die Verfassungsänderung 1988 und das Finanzierungsgesetz vom 16. Januar 1989 wurde dieses System umgestellt und die finanziellen Mittel dieser Einheiten erheblich erweitert, so daß sie heute 40% der gesamten Staatsausgaben ausmachen[47]. Die Dotationen, gegen die sich vor allem die Flamen gewendet hatten, wurden abgeschafft. Der weitaus größte Teil der Finanzmittel kommt nun aus zugewiesenen Teilen an Erträgen der Staatssteuern, die nach dem Prinzip des "juste retour" dorthin zurückfließen, von wo sie erhoben wurden. Daneben haben die Regionen gewisse eigene Steuern und können auf die sog. kombinierten Steuern Zuschläge erheben bzw. Abzüge gewähren. Insgesamt haben Gemeinschaften und Regionen eine sehr begrenzte Erwerbsautonomie, demgenüber aber eine große Aufwandsautonomie[48]. Probleme bereitet insbesondere die Finanzierung der Gemeinschaften seitdem diese 1989 das Unterrichtswesen fast vollständig übernommen haben[49].

Neben der Föderalisierung wurde durch die Staatsreform ein System der paritätischen Staatsverwaltung zwischen den beiden großen Sprachgruppen mit Garantien für die französische Minderheit im Gesamtstaat einerseits und die flämische Minderheit in Brüssel andererseits geschaffen.

---

[44] Art. 31, 32 des Gesetzes vom 9. August 1980.

[45] Vgl. hierzu *A. Alen* (Anm. 16), 521 ff. und *L. P. Suetens* (Anm. 24), 291 ff.

[46] Art. 110 § 2, 111 und 113 der Verfassung.

[47] Diese Zahl wird im Zuge der fortschreitenden Reformen im Zuge neuer Kompetenzübertragungen weiter ansteigen.

[48] *A. Alen* (Anm. 16), 535 ff.

[49] Dies betrifft insbesondere die Französische Gemeinschaft.

4. Die deutsche Volksgruppe

a) Die Verbreitungsgebiete der deutschen Sprache in Belgien

Bei den Verbreitungsgebieten der deutschen Sprache unterscheidet man üblicherweise zwischen den sog. "altbelgischen Gebieten", welche von Beginn an zum Königreich zählten, und den sog. "neubelgischen Gebieten", welche nach dem 1. Weltkrieg infolge des Versailler Vertrages vom 28. Juni 1919 zu Belgien kamen ("Eupen-Malmedy")[50]. Weiter läßt sich das neubelgische Gebiet in das Eupener Land, das St. Vither Land und die "Malmedyer Wallonie" differenzieren. Bei Altbelgien ist zwischen dem Montzener Land, der Buchholzer Ecke und dem Areler Land zu unterscheiden[51]. Das Montzener Land liegt im Nordosten der Provinz Lüttich in einem Grenzgebiet zwischen dem wallonischen Hinterland, dem Eupener Land, der Bundesrepublik Deutschland und den Niederlanden und stellt entsprechend seiner geographischen Lage ein Übergangsgebiet dar. Es wird heute von den (Groß-)Gemeinden Balen, Bleiberg und Welkenrath[52] gebildet. Die andern beiden Gebiete liegen geographisch hiervon getrennt in der Provinz Luxemburg, wobei die kleine Buchholzer Ecke südwestlich des St. Vither Landes von einigen Dörfern der wallonischen Gemeinde Gouvy gebildet wird, während das Areler Land um die Provinzhauptstadt Arel/Arlon in einem Streifen entlang der Grenze zum Großherzogtum Luxemburg liegt.

Die einzelnen Gebiete weisen sprachlich, geschichtlich und auch von ihrem heutigen rechtlichen Statut her eine völlig unterschiedliche Situation auf.

Die neubelgischen Gebiet gelten, obwohl auch in ihnen unterschiedliche Dialekte gesprochen werden, als ein Gebiet mit deutscher Hochsprache,

---

50 Dieses Gebiet wird in Belgien häufig als "die Ostkantone" oder einfach "les cantons" bezeichnet.

51 Vgl. zu dieser Systematik *J. Born/S. Dickgießer*, Deutschsprachige Minderheiten, Mannheim 1989.

52 Offiziell frz. Baelen, Plombières und Welkenraedt.

während Deutsch in den altbelgischen Gebieten heute fast nur noch in Dialektform, im Norden Plattdeutsch und im Süden Mosel-fränkisch, eine Rolle spielt.

b)   Die historische Entwicklung

Seit der Staatsgründung im Jahre 1830 gab es durch Grenzänderungen im Osten des Landes mehrmals Änderungen beim Anteil der deutschsprachigen Bevölkerung und dementsprechend auch bei der Rechtsstellung der deutschen Sprache[53]. Bereits durch den belgisch-holländischen Grenzvertrag vom 16. Februar 1839 und das Londoner Protokoll vom 19. April 1839 verlor Belgien ca. 200.000 seiner damals ungefähr 250.000 deutschsprachigen Einwohner[54]. Die verbliebenen ca. 50.000 Deutschsprachigen lebten im Süden entlang der Grenze zum Großherzogtum Luxemburg bei *Arel/Arlon* und südwestlich von St. Vith im kleinen Gebiet um *Buchholz*, sowie im Norden im *Montzener Land*. In der Folgezeit wurde die Existenz der deutschen Sprache zwar nicht abgestritten, ihr jedoch nur wenige Rechte zuerkannt. So wurde es trotz einer entsprechenden Petition mit 10.000 Unterschriften 1898 nicht wie das Niederländische dem Französischen rechtlich gleichwertig gestellt. Wenn in diesen Gebieten auch Französisch Amtssprache war, so konnte sich (Hoch-)Deutsch in den Schulen und in der Kirche behaupten[55]. Im täglichen Umgang sprachen die Menschen ihren plattdeutschen bzw. moselfränkischen Dialekt[56]. Mit den

---

[53]   Hierzu im einzelnen *B. Bergmans*, Die rechtliche Stellung der deutschen Sprache in Belgien, Brüssel 1988; *J.U. Clauss* (Anm. 4), 143 ff.

[54]   Unabhängigkeit des Großherzogtums Luxemburg und Gebietsabtretung an die Niederlande.

[53]   1888 richtete beispielsweise der Bischof von Lüttich ein deutschsprachiges Dekanat in seiner Diozöse ein.

[56]   *A. Bertha*, Deutsch in den Sozialbeziehungen des Montzener Landes, in: R. Kern (Hrsg.), Deutsch als Umgangs- und Muttersprache in der Europäischen Gemeinschaft, Brüssel 1989, 289 ff. (290); *G. Medinger*, Die Stellung des Deutschen als Unterrichtssprache im Areler Land, in: H. Jenniges (Hrsg.), Deutsch als Umgangs- und Muttersprache in Belgien, Brüssel 1988, 46 ff. (47 ff.). Auszunehmen ist jeweils die Stadt Arel selbst, die infolge ihrer Rolle als Provinzhauptstadt von Luxemburg frühzeitig französiert wurde.

beiden Weltkriegen änderte sich die Situation radikal in dem Sinne, daß die deutsche Hochsprache zugunsten des Französischen auch aus den Bereichen verdrängt wurde, in denen es zuvor noch eine gesicherte Stellung hatte[57]. Grund war auch die Tatsache, daß sich die Deutschsprachigen dieser Gebiete nach den Erfahrungen des Ersten und noch verstärkt nach dem Zweiten Weltkrieg zumindest bei offiziellen Kontakten mehr und mehr des Französischen bedienten, so daß neben einer offiziell betriebenen Französierung auch eine autonome Französierung zu beobachten war[58]. Insbesondere im Montzener Land stellte sich nach dem Ersten Weltkrieg eine feindliche Gesinnung gegenüber dem Deutschen ein, die dazu führte, daß man sich über die französische Sprache ganz bewußt gegenüber den benachbarten neubelgischen Gebieten abzugrenzen trachtete[59].

Durch den Versailler Vertrag wurden die preußischen Kreise *Eupen und Malmedy* sowie Neutral-Moresnet Belgien einverleibt[60]. In diesem Gebiet wohnten ca. 50.000 Deutsche und 10.000 Wallonen, letztere in und um Malmedy, ein altangestammtes wallonisches Gebiet, weches 1815 zu Preußen gekommen war. Ein Dekret vom 30. September 1920 machte das Deutsche und das Französische in diesen Gebieten zu gleichberechtigten Amtssprachen. In den Kantonen Eupen und St. Vith bedienten sich Verwaltung und Justiz mangels anderweitigen Antrags der deutschen Sprache, in Malmedy des Französischen. Der Primarschulunterricht fand in der Muttersprache, der Sekundarschulunterricht in französischer Sprache statt. Diese Erleichterungen zum Gebrauch der deutschen Sprache wurden durch Gesetze und Erlasse des Jahres 1925 bestätigt, während die Sprachgesetze der dreißiger Jahre kaum Einfluß auf dieses Gebiet hatten.

Dieser Schutz kam der Bevölkerung in den altbelgischen Gebieten so gut wie überhaupt nicht zugute. Nachdem die deutsche Sprache in der

---

57 Zur Situation im Montzener Land: *A. Bertha*, Zum Deutschunterricht und zur Stellung der deutschen Sprache im Montzener Land, in: R. Kern, *ibid.*, 145 ff. (147 f.); *ders.* (Anm. 56), 291.
58 *B. Bergmans* (Anm. 53), 23 f.
59 *A. Bertha* (Anm. 57), 147 f.
60 Der Anschluß wurde am 20. September 1920 wirksam.

Nachkriegszeit auch in den neubelgischen Gebieten einen äußerst schweren Stand hatte, wurde, nach dem Abklingen der kriegsbedingten Ressentiments, die Stellung der deutschen Minderheit zumindest in diesem Gebiet durch die Sprachgesetze der sechziger Jahre und die Staatsreform ab 1970 in entscheidender Weise verbessert. Die deutschsprachige Bevölkerung konnte hier von den Mechanismen zur Entschärfung des Sprachenkonflikts zwischen Flamen und Französischsprachigen profitieren. Durch die Sprachgesetze der Jahre 1962 und 1963 wurde ein deutsches Sprachgebiet geschaffen, in dem sich die öffentliche Gewalt grundsätzlich der deutschen Sprache zu bedienen hat. In diesem Gebiet ist das Deutsche dementsprechend nicht nur eine geschützte Minderheitensprache, sondern vielmehr Amtssprache, wenn auch weitreichende Ausnahmebestimmungen zugunsten des Französischen bestehen. Das deutsche Sprachgebiet umfaßt insgesamt neun[61] Gemeinden, d. h. die gesamten Kantone Eupen und St. Vith, einen Teil des Kantons Malmedy, der dem Kanton St. Vith zugeschlagen wurde, sowie die Gemeinde Kelmis.

Außerhalb des offiziellen deutschen Sprachgebiets wurden in den ebenfalls neubelgischen Gemeinden *Malmedy* und *Weismes* umfassende Sprach-erleichterungen für ihre deutschsprachige Minderheit, welche auf 20 % geschätzt wird[62]. Für die altbelgischen Gebiete der Provinz Lüttich, also die Gemeinden *Balen*, *Bleiberg* und *Welkenrath*, wurden ebenfalls Spracherleichterungen vorgesehen, während die altbelgischen Gebiete der Provinz Luxemburg, insbesondere also das Areler Land ihr rein französisches Statut behielten, ohne daß Erleichterungen zum Gebrauch der deutschen Sprache eingeführt wurden.

Dadurch, daß diese Gegenden nicht zum anerkannten deutschen Sprachgebiet gehören, erklärt sich die Differenz zwischen den ca. 67.000 Einwohnern des deutschen Sprachgebiets und den geschätzten 100.000 bis 120.000 deutschsprachigen Belgiern. Hierbei ist aber zu betonen, daß in den

---

[61] Vor der Zusammenlegung im Jahre 1977 waren es 25. Im einzelnen handelt es sich um die Gemeinden Eupen, Raeren, Kelmis, Lontzen, Amel, Bütgenbach, Büllingen, Burg-Reuland und St. Vith.

[62] *G. Héraud*, Syntheseberichte, in: R. Kern (Anm. 56) 19 ff. (31).

altbelgischen Gebieten Deutsch lediglich in Dialektform gesprochen wird und sich diese Menschen dadurch in der Regel nicht mehr mit der deutschen Sprache als Hochsprache identifizieren[63].

5. Auswirkungen der Staatsreform auf die deutschsprachige Minderheit

Mit dem Gesetz zur Änderung der Verfassung vom 24. Dezember 1970 wurde die Existenz des deutschen Sprachgebiets in Art. 3 *bis* verfassungsrechtlich abgesichert und die Schaffung einer Deutschen Kulturgemeinschaft vorgesehen (Art. 3 *ter*). In Art. 59 *ter* wurden die Grundlagen zur Kulturautonomie des deutschen Sprachgebiets gelegt. Es dauerte allerdings bis zum 10. Juli 1973 ehe das Gesetz über den Rat der Deutschen Kulturgemeinschaft verabschiedet wurde. Im Gegensatz zu den anderen Räten hatte dieser im wesentlichen nur beratende Funktion. Zudem fehlte es der Deutschen Kulturgemeinschaft an einem ausführenden Organ.

Im Zuge der Staatsreform 1980 wurde die Deutsche Kulturgemeinschaft in die *"Deutschsprachige Gemeinschaft"*[64] umgewandelt, substanzielle Veränderungen ergaben sich jedoch erst durch die Änderung des Verfassungsartikels 59 *ter* am 1. Juni 1983 und das Ausführungsgesetz vom 31. Dezember 1983, das Gesetz über die Institutionellen Reformen der Deutschsprachigen Gemeinschaft. Demnach verfügt seit Anfang 1984 auch die Deutschsprachige Gemeinschaft über einen Rat mit Dekretgewalt und eine Exekutive als Regierungsorgan, beide mit Sitz in Eupen. Sie kann seitdem als grundsätzlich gleichberechtigtes Glied im belgischen Staatsaufbau bezeichnet werden.

Ihre Kompetenzen wurden 1988/89 entsprechend denen der anderen Gemeinschaften erweitert. Insbesondere wurde durch eine Verfassungsänderung vom 20. Juni 1989 Art. 59 *ter* angepaßt und im entsprechenden

---

[63] Zum Areler Land: *G. Sobiela-Caanitz* (Anm. 7), 418 f.
[64] Art. 3 *ter*; kritisch zu dieser Bezeichnung: *H. Funk*, Staat, Volk und Volksgruppe, in: Festschrift für G. Héraud (Anm. 5), 142 ff. (150).

Ausführungsgesetz vom 18. Juli 1990 und durch das Wahlgesetz 6. Juli 1990 das Gesetz vom 31. Dezember 1983 geändert[65]. Die Deutschsprachige Gemeinschaft ist im gleichen Umfang wie die anderen Gemeinschaften für die kulturellen und die personengebundenen Angelegenheiten, das Unterrichtswesen, sowie die intergemeinschaftliche und internationale Kooperation auf diesen Gebieten, einschließlich des Abschlusses von Verträgen, zuständig[66]. Allerdings ist ihr die Regelung des Sprachgebrauchs in Verwaltungsangelegenheiten und im Unterrichtswesen vorenthalten, was sich wohl daraus erklärt, daß das deutsche Sprachgebiet ausnahmslos ein Gebiet mit Spracherleichterungen für seine französischsprachige Minderheit ist.

Abweichungen gibt es auch beim Finanzierungssystem[67]. Ihre Haushaltsmittel beruhen zum allergrößten Teil auf Mitteln zu Lasten des Staatshaushalts, also Dotationen[68]. Diese Mittel wurden für 1989 auf einen bestimmten Betrag[69], festgelegt und werden seitdem jährlich angepaßt[70]. Trotz dieser Abhängigkeit vom Gesamtstaat auf der Einnahmenseite, ist die Deutschsprachige Gemeinschaft zur Zeit noch die einzige Körperschaft auf

---

[65] Wenn im folgenden das Gesetz vom 31. Dezember 1983 zitiert wird, so ist das Gesetz vom 31. Dezember 1983 über Institutionelle Reformen für die Deutschsprachige Gemeinschaft, abgeändert durch die Gesetze vom 6. Juli und 18. Juli 1990, gemeint.

[66] Art. 59 *ter* § 2 Ziff. 4 der Verfassung. Vgl. zum Problem der auswärtigen Beziehungen s.o. Anm. 31. Auch der Rat der Deutschsprachigen Gemeinschaft muß Verträgen des Zentralstaates in Gemeinschaftsangelegenheiten zustimmen, Art. 5 § 1 des Gesetzes vom 31. Dezember 1983 i.V.m. Art. 16 des Sondergesetzes vom 8. August 1980.

[67] Art. 59 *ter* § 6 der Verfassung i.V.m. Art. 56 - 60 *ter* des Gesetzes vom 31. Dezember 1983 nach der Änderung durch das Gesetz vom 18. Juli 1990 (Art. 8 - 14).

[68] *A. Alen* (Anm. 16), dortige Anm. 117; vom Aufkommen der staatlichen Abgaben erhält sie nur einen Anteil der Radio- und Fernsehgebühr (Art. 56) zugewiesen.

[69] 2.637,4 Millionen + 65 Millionen BF (Art. 58).

[70] Art. 58 i.V.m. Art. 13 § 2 des Finanzierungsgesetzes vom 16. Januar 1989, 1993 liegt dieser Betrag bei 3,2 Milliarden BF.

dieser Ebene ohne Defizit[71]. Auf der Ausgabenseite verfügt sie über vollständige Autonomie[72].

Die Zuständigkeit der Deutschsprachigen Gemeinschaft beschränkt sich entsprechend dem Territorialitätsgrundsatz auf die Gemeinden des deutschen Sprachgebiets[73], erstreckt sich also nicht auf alle deutschsprachigen Belgier.

Während das deutsche Sprachgebiet also im Kulturbereich über eine umfassende Autonomie verfügt, wurde für dieses Gebiet keine eigene *Region* geschaffen. Es ist vielmehr Teil der wallonischen Region, unterliegt also deren territorialer Zuständigkeit[74]. Forderungen von Seiten deutschsprachiger Parlamentarier und des Rates der Deutschen Kulturgemeinschaft, dem deutschen Sprachgebiet auch in Regionalmaterien Autonomie zu gewähren oder sie an der Verwaltung in diesen Angelegenheiten zu beteiligen, ließen sich im Vorfeld der Reform von 1983 nicht durchsetzen[75]. Allerdings sieht die Verfassung vor, daß sich der Rat der

---

[71] Hierbei ist allerdings davon auszugehen, daß die Kosten des Unterrichtswesens in Zukunft über die Inflationsrate hinaus steigen werden.

[72] Art. 59 *ter* § 6 Satz 2 der Verfassung.

[73] Art. 3 des Gesetzes vom 31. Dezember 1983 bestätigt dies noch einmal ausdrücklich.

[74] Sehr kritisch hierzu beispielsweise *H. Funk* (Anm. 64), 148. Gegen die Zugehörigkeit zur wallonischen Region gab es auch unter den deutschsprachigen Politikern großen Widerstand, insbesondere seitens der Partei der Deutschsprachigen Belgier, *J.U. Clauss* (Anm. 4), 161 f. mit Nachweisen. Vgl. auch die Äußerung des damaligen Präsidenten des Deutschen Kulturrats Gehlen in LA LIBRE BELGIQUE vom 27.10.1977: "En effet la population d' expression allemande se sent profondément belge, mais pas wallonne. Après 50 ans d' apparance à la Belgique, elle s' identifie parfaitement avec la nation et la communauté belge, mais ne demandez pas à cette population de changer une nouvelle fois pour ainsi dire de "nationalité" en l' assimilant purement et simplement à la Wallonie." Zitiert nach *J.U. Clauss, ibid.*, 162.

[75] Vgl. zur Entwicklung, die der Reform des Art. 59 *ter* und dem Gesetz vom 31. Dezember 1983 vorausgegangen ist: *J. Brassinne/Y. Kreins*, La réforme de l' Etat et la Communauté germanophone, Brüssel 1984.

Deutschsprachigen Gemeinschaft und der wallonische Regionalrat darauf verständigen können, daß Rat und Exekutive der Deutschsprachigen Gemeinschaft für ihr Gebiet Zuständigkeiten der Wallonischen Region wahrnehmen können[76]. Ein Ausschuß für die Zusammenarbeit zwischen beiden Körperschaften ist im wallonischen Regionalrat bereits eingerichtet worden. Auf konkrete Kompetenzübertragungen - letztlich auch eine Frage der finanziellen Mittel - konnte man sich aber bisher nicht einigen. Wenn auch die Schaffung einer eigenen Region als Wirtschaftsraum für das deutsche Sprachgebiet wohl etwas unverhältnismäßig wäre, so ist unterhalb dieser Schwelle noch ein großer Raum für Verbesserungen. Daneben ermöglichen die weitgefaßten Kompetenzen der Gemeinschaften bei den kulturellen und den personengebunden Angelegenheiten, der Deutschsprachigen Gemeinschaft durchaus auch auf Gebieten tätig zu werden, die an sich der Wallonischen Region zugewiesen sind, was von dieser offenbar geduldet wird[77].

In die politischen und juristischen Mechanismen zur Verhütung und Beilegung von Kompetenz- und Interessenkonflikten zwischen dem Zentralstaat und den einzelnen föderalen Einheiten ist die Deutschsprachige Gemeinschaft eingebunden[78]. Auch die Exekutive und der Präsident des Rates der Deutschsprachigen Gemeinschaft[79] können den Schiedshof anrufen, wenn sie der Auffassung sind, daß der Staat oder eine andere Gemeinsschaft oder Region ihre Kompetenzen überschritten hat[80]. Im Falle eines Interessenkonflikts können auch der Rat und die Exekutive der Deutschsprachigen Gemeinschaft den Konzertierungsausschuß anrufen[81]. In diesen Fällen nimmt der Präsident der

---

[76] Art. 59 *ter* § 3 der Verfassung.

[77] Ein Beispiel hierfür sind die gesetzgeberischen und administrativen Maßnahmen der Deutschsprachigen Gemeinschaft auf dem Gebiet des Umweltschutzes, welche sie aufgrund ihrer Zuständigkeit für den Tourismus wahrnimmt; vgl. Le Soir vom 19. Mai 1992.

[78] Art. 61 - 67 des Gesetzes vom 31. Dezember 1983.

[79] Auf Antrag von zwei Dritteln der Mitglieder des Rates.

[80] Art. 2 des Sondergesetzes vom 6. Januar 1989 über den Schiedshof.

[81] Art. 67 § 1 und § 2 des Gesetzes vom 31. Dezember 1983.

Exekutive mit beschließender Stimme an den Sitzungen des Konzertierungsausschusses teil[82].

II. Das Recht auf Gebrauch der Minderheitensprache

1. Der private Bereich

Art. 23 der belgischen Verfassung bestimmt:
"Der Gebrauch der in Belgien gesprochenen Sprachen ist frei; er darf nur durch Gesetz und allein für Handlungen der öffentlichen Gewalt und für Gerichtsangelegenheiten geregelt werden."

Vielfach wird jedoch davon ausgegangen, daß diese Vorschrift überhaupt nicht den privaten Sprachgebrauch betreffe, der ohnehin als Ausfluß des Persönlichkeitsrechts frei sei[83]. Der eigentliche Inhalt von Art. 23 ist demzufolge, daß sich jedermann gegenüber der öffentlichen Gewalt der drei Landessprachen, also Niederländisch, Französisch oder Deutsch bedienen kann[84]. Der Gesetzesvorbehalt gilt also nur für die Sprache, der sich die öffentliche Gewalt bedienen muß. Insofern ist allerdings umstritten, wieweit der Begriff der Handlungen der öffentliche Gewalt reicht. Der Gesetzgeber jedenfalls hat von seiner Befugnis insbesondere in den dreißiger und sechziger Jahren in äußerst umfassender und extensiver Form Gebrauch gemacht, wenn er neben der Verwaltung, dem Militär und dem Gerichtswesen auch den Sprachgebrauch im öffentlichen, im freien subventionierten und im staatlich anerkannten Unterrichtswesen geregelt und sogar Privatunternehmen gewisse sprachliche Verpflichtungen auferlegt hat.

---

[82] Art. 67 § 3 dieses Gesetzes.
[83] *F. Delpérée*, Droit constitutionnel, Tome I, Les données constitutionnelles, 2e éd., Brüssel 1987, 229; *B. Bergmans* (Anm. 53), 70 ff.
[84] *F. Delpérée*, ibid., 234, *B. Bergmans*, ibid., 70 f.

Seit 1970 sind die Räte der Flämischen und der Französischen Gemeinschaft[85] befugt, für ihren jeweiligen Zuständigkeitsbereich durch Dekret den Sprachgebrauch in Verwaltungsangelegenheiten, im Unterricht der öffentlichen, bezuschußten oder anerkannten Einrichtungen sowie für die sozialen Beziehungen zwischen Arbeitgebern und ihrem Personal zu regeln. In den entsprechenden Dekreten zur Regelung des Sprachgebrauchs in den Unternehmen, d. h. dem Dekret des Flämischen Rats vom 19. Juli 1973 und dem Dekret des Rates der Französischen Gemeinschaft vom 30. Juni 1973 wird bestimmt, daß sich die Unternehmen mit Sitz im jeweiligen Sprachgebiet in den sozialen Beziehungen zwischen Arbeitgeber und Arbeitnehmern, sowie für die gesetzlich vorgeschriebenen Dokumente der Gebietssprache bedienen müssen. Der gleiche Grundsatz gilt weiterhin gemäß Art. 52 § 1 der am 18. Juli 1966 koordinierten Gesetze[86] für das deutsche Sprachgebiet[87]. In Brüssel ist die Sprache des Personals maßgeblich (Art. 52 § 1 II).

Für die den Gemeinschaften nicht zugewiesenen Bereiche, wie das Gerichtswesen und die Armee, wie auch für die Gebiete mit sprachlichem Sonderstatut bleibt weiterhin der nationale Gesetzgeber zuständig[88]. Für den gesamten nicht reglementierten Bereich, ist der Sprachgebrauch frei.

2. Behörden und Gerichte

a) Grundlagen der belgischen Sprachgesetzgebung

Obwohl die belgische Sprachgesetzgebung im einzelnen äußerst umfangreich und differenziert ist, so läßt sie sich im Ansatz doch auf wenige

---

[85] Bis 1980 hießen sie Kulturgemeinschaften.

[86] Fraglich ist, ob diese Bestimmung mit Art. 23 der Verfassung vereinbar ist, *B. Bergmans* (Anm. 53), 64.

[87] Wenn die Zusammenstellung des Personals dies rechtfertigt, kann bei für das Personal bestimmten Bekanntmachungen, Mitteilungen und Dokumenten, Bescheinigungen und Formularen eine Übersetzung beigefügt werden.

[88] Art. 59 *bis* § 4 II der Verfassung.

Grundlinien zurückführen. Die Grundlage bildet das *Territorialitätsprinzip*. Es besagt, daß in jedem Sprachgebiet ausschließlich die festgelegte Gebietssprache Amtssprache ist, was bedeutet, daß sich die öffentliche Gewalt, gleich welcher Ebene, bei allen Handlungen in bezug auf ein bestimmtes Sprachgebiet nur dessen Sprache bedienen darf. Davon abweichend sehen die Sprachgesetze Ausnahmen, sog. "Spracherleichterungen" zum Schutz sprachlicher Minderheiten vor. Letztlich schlägt aber auch wieder das Territorialitätsprinzip in der Weise durch, als die Spracherleichterungen häufig nur denjenigen zugute kommen, die ihren Wohnsitz in bestimmten Gemeinden[89] haben. Diese Spracherleichterungen werden regelmäßig im Sinne eines reziproken Minderheitenschutzes den jeweiligen Minderheiten beiderseits einer Sprachgrenze gewährt.

Aufbauend auf den am 18. Juli 1966 koordinierten Sprachgesetzen in Verwaltungsangelegenheiten besteht für folgende Gebiete ein Sonderstatut zum Schutz ihrer sprachlichen Minderheiten:

(1) Brüssel-Hauptstadt (Art. 6)
Für die 19 Gemeinden des Verwaltungsbezirks Brüssel-Hauptstadt, welche auch die Region Brüssel-Hauptstadt bilden, gilt Zweisprachigkeit, d. h. Französisch und Niederländisch sind rechtlich in allen Beziehungen gleichwertig[90]. Die Zugehörigkeit der Brüsseler zu einer der Sprachgruppen richtet sich nach dem Individual- oder Bekenntnisprinzip.

(2) Die Brüsseler Randgemeinden ("communes périphériques" Art. 7)
Dieses Gebiet umfaßt die sechs Gemeinden Drogenbros, Kraainem, Linkebeek, Sint Genesius-Rode, Wemmel und Wezembeek-Oppem. Diese haben, obwohl im niederländischen Sprachgebiet gelegen, französischsprachige Bevölkerungsmehrheiten[91]. Die Randgemeinden verfügen

---

[89] Sog. "communes à facilités".
[90] Art. 6, 17 - 22 der koordinierten Sprachgesetze. Diese Zweisprachigkeit ist durch Art. 3 *bis* verfassungsrechtlich abgesichert. Eine Änderung bedarf der Zustimmung beider Parlamentssprachgruppen.
[91] Schätzungen auf der Basis von Wehrerfassungen von 1970 zufolge betrug ihr Anteil in Kraainem 64,44%, in Wezembeek-Oppem

insgesamt, abgesehen von Brüssel, über den weitestgehenden "Minderheitenschutz". Nicht erfaßt hiervon sind jedoch die anderen um Brüssel gelegenen Gemeinden trotz ihrer zum Teil starken französischsprachigen Minderheiten[92].

(3) Die Sprachgrenzgemeinden (Art. 8, Ziff. 3 - 10)
Als solche werden bestimmte Gemeinden entlang der niederländisch-französischen Sprachgrenze, u. a. die 1963 ausgetauschten Gemeinden Comines-Mouscron/Komen-Moeskroen und Voeren/Fourons bezeichnet.

(4) Das deutsche Sprachgebiet (Art. 8, Ziff. 1)
Hier gibt es umfassende Spracherleichterungen zugunsten der französischsprachigen Minderheit. Diese wird auf ungefähr 5 %[93] geschätzt und konzentriert sich auf den nördlichen Teil, also das Eupener Land.

(5) Die Malmedyer Gemeinden (Art. 8, Ziff. 2)
Diese werden heute von den Gemeinden Malmedy und Weismes gebildet.

Der Anteil der Deutschsprachigen ist mit ca. 20 % zu veranschlagen[94], wobei viele aber offensichtlich beide Sprachen gleichermaßen beherrschen[95]. Für die deutsche Sprache bestehen von den rechtlichen Möglichkeiten her fast die gleichen Schutzbestimmungen wie für das Französische im deutschen Sprachgebiet.

56,92%, in Sint-Genesius-Rode 53,75%, in Linkebeek 72,22%, in Drogenbros 69,32% und in Wemmel 56,92%, vgl. *G. Héraud*, L' Europe des Ethnies, 2. Aufl. Paris/Nice 1974.

[92] Siehe *J.U. Clauss* (Anm. 4), 126, mit Karte und Zahlen.

[93] *G. Héraud* (Anm. 62), 32; *J.U. Clauss*, ibid., 155, Anm. 83 mit Hinweis auf die belgische Presse; *H. Funk* (Anm. 64), 148, schätzt sie auf 5 - 10 %.

[94] Die Schätzungen gehen von 10 bis 30 %, vgl. *R. Denis*, Deutsch in den öffentlichen Diensten und in Sozialbeziehungen der Malmedyer Wallonie, in: H. Jenniges (Anm. 56) 93 ff. und J.U. Clauss, *ibid.*, 155.

[95] *R. Denis, ibid.*, 94.

(6) Balen, Bleiberg und Welkenrath (Art. 16)

Während es in den übrigen Gebieten einen umfassenden Minderheitenschutz gibt, sind für diese plattdeutsche Gegend, das sog. Montzener Land, Spracherleichterungen nur in wesentlich geringerem Umfang und unter bestimmten Vorbedingungen vorgesehen.

Abgesehen von den aufgelisteten Gebieten, kommen anderen Sprachminderheiten Erleichterungen nur dann zugute, wenn nicht an den Wohnsitz angeknüpft wird, wie dies insbesondere im Gerichtswesen der Fall ist.

Sofern die großen Gemeinschaftsräte den Sprachgebrauch per Dekret regeln, so gelten dessen Bestimmungen nicht für diese Gemeinden und Gemeindegruppen, für die das Gesetz den Gebrauch einer anderen Sprache vorschreibt oder zuläßt. Um deren Statut zu ändern bedarf es eines Gesetzes mit besonders qualifizierter Mehrheit[96]. Somit gibt es also eine gesamtstaatliche Garantie für die Sprachminderheiten dieser Gebiete.

b) Der Sprachgebrauch der Behörden

Der Sprachgebrauch der Dienststellen des Staates richtet sich angefangen von den örtlichen Dienststellen bis zu den zentralen Dienststellen nach den am 18. Juli 1966 koordinierten Gesetzen zum Sprachgebrauch in Verwaltungsangelegenheiten, während der Sprachgebrauch der Dienststellen der Gemeinschafts- und Regionalexekutiven in Art. 35 bis 44 des Gesetzes vom 9. August 1980 geregelt ist[97]. Als Grundsatz läßt sich dabei herausfiltern, daß jede Behörde sich in ihren Innen- und Außenbeziehungen der Gebietssprache bedient[98], daß sie jedoch, gleichgültig wer ihr Träger ist und auf welcher Ebene sie sich befindet, die Schutzbestimmungen zugunsten von Sprachminderheiten einhalten muß, sobald sich ihr Tätigkeitsbereich auf ein Gebiet erstreckt, in dem geschützte

---

[96] Art. 59 *bis* § 4 der Verfassung.

[97] Für die Deutschsprachige Gemeinschaft gelten Art. 68 - 72 des Gesetzes vom 31. Dezember 1983.

[98] Art. 10 der am 18. Juli 1966 koordinierten Sprachgesetze.

Minderheiten leben. Ausnahmebestimmungen gelten in diesen Fällen bei den für die Öffentlichkeit bestimmten Bekanntmachungen, Mitteilungen und Formulare[99], in den Beziehungen der Verwaltung zum Bürger und für Urkunden, Bescheinigungen, Erklärungen und Genehmigungen, die einzelnen Bürgern erteilt werden. Hierbei ist zu sagen, daß der Begriff der Bekanntmachungen und Mitteilungen sehr weit ausgelegt wird ist und alle Mittel mündlicher oder schriftlicher Art erfaßt, derer sich die Behörden zur Informationsverbreitung bedienen[100]. Hierunter fallen beispielsweise auch Verkehrsschilder und Telefonbücher[101].

Während die Verwaltungsbediensteten normalerweise nur die Beherrschung der Gebietssprache nachweisen müssen, müssen die Ämter für die Sonderbestimmungen gelten, so besetzt sein, daß sie diesen Anforderungen gerechtwerden können.

aa) Örtliche und regionale Dienststellen des Staates

Unter die örtlichen Dienststellen fallen vor allem die Gemeindeverwaltungen, aber auch beispielsweise Postämter und Bahnhöfe[102]. Für die regionalen[103] oder überörtlichen Dienststellen, für die die Provinzverwaltungen ein Beispiel bilden[104], gelten praktisch die gleichen Bestimmungen.

In *Brüssel-Hauptstadt* werden die für die Öffentlichkeit bestimmten Bekanntmachungen, Mitteilungen und Formulare in beiden Sprachen abgefaßt (Art. 18 I). In ihren Beziehungen zum Bürger bedient sich die

---

[99] Frz.: Avis, communications et formulaires; Ndl.: Berichten, medelingen en formulieren.
[100] *R. Renard*, Talen in Bestuurszaken, in de bedrijven en in de sociale betrekkingen, Gent 1983, 98 f. unter Nachweis von Stellungnahmen der Ständigen Sprachenkommission.
[101] *R. Renard*, ibid., mit zahlreichen weiteren Beispielen.
[102] *R. Renard*, ibid., 86 f.
[103] Nicht zu verwechseln mit den Dienststellen der Regionen.
[104] *R. Renard*, ibid., 178.

Verwaltung, je nachdem in welcher Sprache sich dieser an sie wendet, des Französischen oder des Niederländischen (Art. 19 I). Ebenso werden Urkunden, Bescheinigungen, Erklärungen und Genehmigungen nach Wunsch des Betroffenen auf französisch oder niederländisch erstellt (Art. 20 § 1). Jeder Bedienstete muß eine ausreichende Kenntnis der zweiten Sprache nachweisen. Mindestens 50 % der Stellen sind paritätisch mit Französisch- und Niederländischsprachigen, ab einem bestimmten Dienstrang sind alle Positionen paritätisch zu besetzen (Art. 21 § 7 I und II).

In den *Randgemeinden* ist zwar Niederländisch interne Verwaltungssprache, öffentliche Bekanntmachungen, Mitteilungen und Formulare sind jedoch in beiden Sprachen abzufassen (Art. 24 I). Ansonsten verwendet die Verwaltung wie in Brüssel selbst entsprechend dem Wunsch des Betroffenen die eine oder andere Sprache (Art. 25 - 28). Die Ämter müssen entsprechend besetzt sein (Art. 29).

In den *Sprachgrenzgemeinden* gelten mit geringen Abweichungen praktisch die gleichen Bestimmungen[105]. Bestimmte Positionen müssen mit Bediensteten besetzt werden, die der jeweils anderen Sprache mächtig sind (Art. 15 § 2).

In den Gemeinden des *deutschen Sprachgebiets* und den *Malmedyer Gemeinden* müssen die örtlichen Dienststellen so eingerichtet sein, daß sich die Bürger ohne Schwierigkeiten der deutschen oder französischen Sprache bedienen können (Art. 15 § 3). Im Umgang mit dem Bürger antworten die Behörden in der Sprache, in der sich der Betroffene an sie wendet (Art. 12 II). Die für die Öffentlichkeit bestimmten Bekanntmachungen, Mitteilungen und Formulare werden im deutschen Sprachgebiet auf deutsch und französisch abgefaßt, in den Malmedyer Gemeinden auf Beschluß des jeweiligen Gemeinderats auch auf deutsch erstellt (Art. 11). In beiden Gebieten kann der Betroffene auf nicht zu begründenden Antrag eine kostenlose beglaubigte Übersetzung von Urkunden verlangen (Art. 13 § 1 IIIa, § 2 II). Bescheinigungen, Erklärungen und Genehmigungen werden nach

---

[105] Art. 11 - 14. Urkunden werden allerdings nur in der Gebietssprache verfaßt und auf Antrag kostenlos mit Beglaubigung übersetzt.

Wunsch auf deutsch oder französisch erteilt (Art. 14 § 2). Während offensichtlich im direkten Kontakt Bürger-Verwaltung die Schutzbestimmungen zugunsten der deutschen Sprache in den Malmedyer Gemeinden weitgehend eingehalten werden, ist die Gegenseitigkeit bei den Bekanntmachungen nicht gewährleistet, was auf die zu geringe Zahl von Beamten mit ausreichenden Deutschkenntnissen zurückgeführt wird[106]. Die Dienststellen im französischen Sprachgebiet, deren Tätigkeit sich auf das deutsche Sprachgebiet erstreckt, sind praktisch den gleichen Regeln unterworfen.

Die Gemeinden der *altbelgischen Gebiete* stehen unter einsprachigem französischen Verwaltungsregime. Die 1962 befragten Bürgermeister der plattdeutschen Montzener Gemeinden hatten, abgesehen von Kelmis, das daraufhin dem deutschen Sprachgebiet zugeteilt wurde, für einsprachige französische Verwaltungen plädiert[107]. Allerdings sieht Art. 16 der am 18. Juli 1966 koordinierten Sprachgesetze die Möglichkeit vor, für diese Gemeinden, heute Bleiberg, Welkenrath und Balen auf Initiative ihrer Gemeinderäte Spracherleichterungen einzuführen. Diese Möglichkeit ist bis heute nicht genutzt worden. In der Praxis ist es offenbar aber so, daß die Bürger im mündlichen Verkehr Auskünfte in der von ihnen verwendeten Sprache erhalten[108]. Ebenso wird in den Ämtern des Areler Landes, jeder, der dies wünscht, in der luxemburgischen Volkssprache bedient[109].

bb) Zentrale Dienststellen des Staates

Die zentralen Dienststellen des Staates müssen sich in ihren Beziehungen zu örtlichen und überörtlichen Dienststellen der Sprache deren Sprachgebiets (Art. 39 II) bedienen, gegebenenfalls also auch des Deutschen, was aber häufig auf praktische Schwierigkeiten stößt.

---

[106] *R. Denis* (Anm. 94), 94 f.
[107] *A. Bertha*, Zum Gebrauch des Deutschen in den öffentlichen Diensten des Montzener Landes, in: R. Kern (Anm. 56), 252 ff.
[108] *A. Bertha, ibid.*, 254.
[109] *A. Conter*, Deutsch in den öffentlichen Diensten und in den Sozialbeziehungen des Areler Landes, in: H. Jenniges (Anm. 56), 101 ff.

Ebenso sind sie verpflichtet, in ihren Kontakten mit Privatpersonen die Sprache zu verwenden, von der diese Gebrauch machen (Art. 41 § 1). Sie setzen Urkunden, Bescheinigungen, Erklärungen und Genehmigungen in der Sprache auf, deren Gebrauch der Betroffene beantragt. Die Deutschsprachigen haben insoweit also die gleichen Rechte. Bekanntmachungen werden dagegen nur dann auf deutsch verfaßt, wenn sie über die örtlichen Dienststellen ausgegeben werden, Formulare werden der deutschsprachigen Bevölkerung nur "nötigenfalls" auf deutsch zur Verfügung gestellt (Art. 40 II).

In der zentralen Staatsverwaltung sind alle Dienstränge vom Direktor an aufwärts paritätisch mit Beamten des niederländisch- und französischsprachigen Kaders zu besetzen[110].

Deutschsprachige Kandidaten für die zentrale Staatsverwaltung können ihre Aufnahmeprüfung zwar auf deutsch ablegen, müssen dann aber je nachdem, in welches Sprachregister sie aufgenommen werden wollen, zusätzlich eine Sprachprüfung in Französisch oder Niederländisch ablegen[111].

cc) Sprachgebrauch der Dienststellen der Gemeinschaften und Regionen

Für sie gelten, unter Berücksichtigung bestimmter Besonderheiten, die gleichen Regeln wie für die örtlichen Dienststellen des Staates[112]. Dies bedeutet, daß sie im wesentlichen die Schutzbestimmungen zugunsten von Sprachminderheiten bei öffentlichen Bekanntmachungen, Mitteilungen und Formularen, im Umgang mit Einzelpersonen, sowie bei der Abfasssung von Urkunden, Bescheinigungen, Erklärungen und Genehmigungen einzuhalten haben und auch dementsprechend eingerichtet und besetzt sein müssen.

---

[110] Art. 43 der am 18. Juli 1966 koordinierten Sprachgesetze.
[111] Art. 43 § 4 der am 18. Juli 1966 koordinierten Sprachgesetze.
[112] Siehe Art. 35 bis 44 des Gesetzes vom 9. August 1980 bzw. für die Deutschsprachige Gemeinschaft Art. 68 bis 71 des Gesetzes vom 31. Dezember 1983.

Demzufolge müssen auch die Dienststellen der wallonischen Regionalexekutive in ihren Beziehungen zu Bürgern des deutschen Sprachgebiets und der Malmedyer Gemeinden bei den o. g. Vorgängen die deutsche Sprache verwenden[113]. Dies gilt auch für die Dienstellen der Französischen Gemeinschaftsexekutive in Beziehung zu den Einwohnern der Malmedyer Gemeinden[114].

Selbstverständlich ist Deutsch grundsätzlich die Verwaltungssprache der Behörden der *Deutschsprachigen Gemeinschaft*. Ihre öffentlichen Bekanntmachungen und Mitteilungen werden nur auf deutsch, Formulare werden nur auf Antrag auf französisch ausgehändigt[115].

dd)   Aufsicht und Sanktionen

Zur Überwachung der Anwendung der Sprachgesetze in Verwaltungsangelegenheiten gibt es eine *Ständige Sprachenkommission*[116]. Sie setzt sich aus 11 Mitgliedern, fünf Niederländischsprachigen, fünf Französischsprachigen und einem deutschsprachigen Vertreter zusammen, wobei letzterer nur dann hinzugezogen wird, wenn Einwohner des deutschen Sprachgebiets oder der Malmedyer Gemeinden betroffen sind. Die Kommission erstellt Gutachten, entscheidet nach Eingang von Klagen zur Frage der Verletzung des Gesetzes und kann Untersuchungen durchführen[117]. Sie gibt gegenüber der Regierung Bemerkungen und Vorschläge ab, wird von dieser konsultiert und fertigt einen Jahresbericht an, den die Regierung dem Parlament vorlegen muß.

Verwaltungsakte und Verordnungen, die gegen die koordinierten Sprachgesetze verstoßen, sind nichtig, was von der Verwaltung, gegebe-

---

[113]   Art. 36 § 2 des Gesetzes vom 9. August 1980.
[114]   Art. 39 dieses Gesetzes.
[115]   Art. 69 § 1 II des Gesetzes vom 31. Dezember 1983.
[116]   Art. 60 ff. der am 18. Juli 1966 koordinierten Gesetze. Zusätzlich gibt es für Mouscron, Voeren und Brüssel-Hauptstadt Sonderkommissare (Art. 63, 64, 65).
[117]   Art. 61 der koordinierten Sprachgesetze.

nenfalls durch die Gerichte festzustellen ist. Dies kann von den Betroffenen, aber auch von der Sprachenkommission beantragt werden[118]. Gegen Beamte, die gegen die Sprachgesetze verstoßen, können Disziplinarstrafen verhängt werden[119].

Die Sprachgesetze werden, soweit sie die deutsche Sprache betreffen, weitgehend eingehalten, jedoch sind Verstöße zu Lasten der deutschen Sprache proportional häufiger festzustellen, was insbesondere auf mangelnde Deutschkenntnisse im Beamtenapparat zurückgeführt wird[120].

c)   Der Sprachgebrauch in der Gesetzgebung

Nach dem Gesetz vom 31. Mai 1961 über den Sprachgebrauch in Gesetzgebungsangelegenheiten werden Gesetze, Erlasse und Verordnungen des Zentralstaats nur auf niederländisch und französisch verfaßt. Deutsche Texte dieser Ebene sind in aller Regel nur Übersetzungen. Die Mehrzahl der Übersetzungen werden durch den zentralen deutschen Übersetzungsdienst des beigeordneten Bezirkskommissars in Malmedy erstellt, der dem Innenministerium unterstellt ist. Weder die systematische Übersetzung der nationalen Gesetzgebung noch die Veröffentlichung dieser "offiziellen" Übersetzungen waren jedoch vorgesehen[121]. Nach dem Gesetz vom 18. Juli 1990[122] ist der Bezirkskommissar nunmehr "nach Maßgabe der Haushaltsmittel" beauftragt, eine offizielle deutsche Übersetzung der Gesetze, Dekrete, Verfügungen, Erlasse und Verordnungen zu erstellen

---

[118]   Art. 58, 61 § 4 III der koordinierten Sprachgesetze. Nach den Vereinbarungen von St. Michel soll sich die Sprachenkommission nach mit qualifizierter Mehrheit zutreffender Entscheidung und vorangegangener Mahnung an die Stelle der die Sprachgesetze verletzenden Behörde setzen können (Le Soir, Supplément vom 15. Dezember 1992, S. 13)

[119]   Art. 57 dieser Gesetze.

[120]   *B. Bergmans* (Anm. 53), 35 ff.

[121]   *B. Bergmans*, *ibid.*, 85.

[122]   Art. 16 § 1, der die Art. 76 und 77 des Gesetzes vom 31. Dezember über die institutionellen Reformen für die Deutschsprachige Gemeinschaft bildet.

und diese zu verbreiten[123]. Dabei wendet er die Rechtsterminologie an, die der "Ausschuß für die deutsche Rechtsterminologie"[124] festgelegt hat. Diese Übersetzungen werden vom König erlassen und im Staatsblatt veröffentlicht[125]. Es ist aber fraglich ob sie damit rechtlich den gleichen Wert, wie die Originaltexte haben[126]. Originell in deutscher Sprache abgefaßte Gesetzestexte sind absolute Ausnahmen. Immerhin gibt es seit dem 23. Oktober 1991 eine authentische deutsche Fassung der belgischen Verfassung[127], nachdem es bis 1967 gedauert hatte, ehe ein authentischer niederländischer Text der Verfassung festgelegt worden war.

Die Gesetze und Erlasse der wallonischen Region werden auf französisch verfaßt und mit einer Übersetzung ins Deutsche und Niederländische im Staatsblatt verkündet[128].

Originell deutsche Rechtstexte sind demgegenüber die Dekrete des Rates der Deutschsprachigen Gemeinschaft und die Erlasse ihrer Exekutive. Beide werden im deutschen Originaltext mit einer französischen und niederländischen Übersetzung im Staatsblatt verkündet[129]. Daneben

---

[123] Art. 76 § 1 Ziff. 1; gemäß Ziff. 2 ist er ebenfalls beauftragt, bestehende deutsche Übersetzungen von Gesetzen, Dekreten, Verfügungen und Erlassen zu sammeln zu inventarisieren und zu verbreiten.

[124] Gemäß Art. 32 - 33 des Gesetzes vom 10. Juli 1973 über den Rat der Deutschen Kulturgemeinschaft bestand bei diesem ein "Ausschuß über die offizielle Übersetzung der Gesetze und Erlasse". Gemäß Art. 76 des Gesetzes vom 31. Dezember 1983 wurde dieser als "Ausschuß für die offizielle Übersetzung der Gesetze, Erlasse und Verordnungen" dem Innenministerium unterstellt.

[125] Art. 76 § 3 des geänderten Gesetzes vom 31. Dezember 1983. Zuvor wurden sie nur im Memorial des Rates der Deutschsprachigen Gemeinschaft veröffentlicht.

[126] Vgl. *B. Bergmans* (Anm. 53), 88 ff. zur vorhergehenden Rechtslage.

[127] Art. 140: "Der Text der Verfassung ist in Deutsch, in Französisch und in Niederländisch festgelegt".

[128] Art. 55 bzw. Art. 84 Ziff. 1 des Sondergesetzes vom 8. August 1980.

[129] Art. 47 bzw. 53 des Gesetzes vom 31. Dezember 1983; für die Erlasse gilt dies jedoch nur mit bestimmten Einschränkungen. Erst nach dieser Veröffentlichung im Staatsblatt können die Dekrete und Erlasse in Kraft treten (Art. 48 bzw. 53 IV dieses Gesetzes).

werden sie im "Memorial des Rates der Deutschsprachigen Gemeinschaft" in Deutsch veröffentlicht[130].

d) Sprachgebrauch in der Armee

Gemäß Art. 19 I des Gesetzes vom 30. Juli 1938[131] erhält jeder Soldat seine vollständige Ausbildung in der Muttersprache. Zu diesem Zweck werden die Soldaten in Spracheinheiten mit mindestens Kompaniestärke eingeteilt. Während ansonsten eine widerlegbare Vermutung für eine bestimmte Muttersprache besteht, erklären die Angehörigen der Gemeinden mit Sonderstatut, welches ihre Muttersprache ist (Art. 19 IV). So besteht auch für Deutschsprachige die Möglichkeit, ihren Wehrdienst in einer deutschsprachigen Einheit abzuleisten[132]. Demgegenüber können Deutschsprachige als Berufsoffiziere nur innerhalb der französischen oder niederländischen Sprachgruppe Karriere machen, auch wenn sie ihre Zulassungsprüfung auf deutsch abgelegt haben[133].

e) Der Sprachgebrauch im Gerichtswesen

Der Sprachgebrauch bei den Gerichten richtet sich nach dem Gesetz betreffend den Sprachgebrauch im Gerichtswesen vom 15. Juni 1935. Dieses Gesetz wurde mehrfach, insbesondere in den sechziger[134] und achtziger[135] Jahren geändert. In diesem Gesetz wurde das Niederländische im Gerichtswesen als gegenüber dem Französischen gleichberechtigt anerkannt. Zwar erlaubte dieses Gesetz auch den Gebrauch der deutschen Sprache und sah sogar Erleichterungen für das nördliche altbelgische Gebiet vor. Regelungstechnische Unzulänglichkeiten und entgegenstehende

---

[130] Art. 47 bzw. 53 II.

[131] In der Zwischenzeit mehrfach geändert worden.

[132] *B. Bergmans* (Anm. 53), 54. Tatsächlich ziehen es viele Jugendliche vor, einer französischsprachigen Einheit in Deutschland zugeteilt zu werden.

[133] Art. 2 I, 2 *bis* ; 31 § 3 des Gesetzes vom 30. Juli 1938.

[134] Gesetz vom 9. Ausgust 1963 und Gesetz vom 10. Oktober 1967.

[135] Gesetz vom 24. März 1980 und Gesetz vom 23. September 1985.

tatsächliche Verhältnisse, insbesondere bei der Besetzung der Gerichte, führten in der Praxis jedoch häufig, auch bei Beteiligung Deutschsprachiger dazu, daß, abgesehen von den Friedensgerichten in Eupen und St. Vith und der Eupener und Malmedeyer Abteilung des Arbeitsgerichts, fast alle Prozesse auf französisch abliefen[136]. Das Gesetz vom 24. März 1980 ermöglichte den Gebrauch des Deutschen als Verhandlungssprache vor dem Geschworenengericht in Lüttich. Eine echte Gleichberechtigung erfuhr die deutsche Sprache aber erst durch das Gesetz vom 23. September 1985 über den Gebrauch der deutschen Sprache im Gerichtswesen und die Gerichtsorganisation, welches am 1. September 1988 in Kraft getreten ist. Seitdem gibt es für das deutsche Sprachgebiet erstmals einen autonomen Gerichtsbezirk mit Deutsch als Verfahrenssprache. Neben den schon bisher bestehenden Friedensgerichten in Eupen und St. Vith, gibt es nun erstmals ein deutschsprachiges Gericht erster Instanz[137], sowie ein autonomes Arbeits- und Handelgericht, jeweils in Eupen.

Verfahrenssprache für alle *erstinstanzlichen Zivil-, Handels- und Arbeitsrechtsstreite* ist grundsätzlich die Sprache, in deren Gebiet das zuständige Gericht seinen Sitz hat[138].

Wohnt der Beklagte in Brüssel oder einer der sechs Randgemeinden, so kann er vor den Gerichten dieses Gebiets beantragen, daß der Rechtsstreit in der ihm geläufigeren Sprache, Französisch oder Niederländisch fortgesetzt wird[139]. Der Richter kann diesen Antrag in unanfechtbarer Entscheidung ablehnen, wenn der Beklagte über ausreichende Kenntnis der Sprache, in der das Verfahren eingeleitet wurde, verfügt[140]. Ebenso kann der Beklagte mit Wohnsitz in den Sprachgrenzgemeinden der Gerichtskantone Comines und Mouscron sowie Sint-Martens-Voeren bean-

---

136   *B. Bergmans* (Anm. 53), 45 ff.
137   Vergleichbar wohl einem deutschen Landgericht. Es hat die Funktion eines Zivil-, Straf- und Jugendgerichts.
138   Art. 1, 2 und 2 *bis* des Gesetzes vom 15. Juni 1935.
139   Art. 4, 7 *bis*; in den Randgemeinden Französisch anstelle der grundsätzlichen Verfahrenssprache Niederländisch.
140   Art. 4 § 2, 7 *bis* III.

tragen, daß die Verfahrenssprache geändert wird, gegebenenfalls durch Verweisung[141]. Ansonsten ist bei Einigkeit der Parteien, den Prozeß in einer anderen Sprache als der des an sich zuständigen Gerichts führen zu wollen, der Rechtsstreit an das nächstgelegene oder das von den Parteien bezeichnete Gericht gleicher Ordnung im Gebiet der benannten Sprache zu verweisen[142]. Dieses Recht ist unabhängig vom Wohnsitz der Parteien. Auf diese Weise ist es mittlerweile möglich, daß jeder vor einem belgischen Gericht eingeleitete Rechtsstreit in deutscher Sprache fortgesetzt wird.

Auch das gesamte *Strafverfahren*, von den Vorermittlungen bis zum erstinstanzlichen Urteil, wird prinzipiell in der Sprache des zuständigen Gerichts durchgeführt, sei dies das Polizeigericht, das Strafgericht erster Instanz oder das Geschworenengericht[143].

In Brüssel findet das Verfahren demgegenüber, wenn der Beschuldigte aus Brüssel kommt, in der Sprache statt, derer er sich bedient. Hat er keinen Wohnsitz in Brüssel, so ist auf seinen Antrag das Verfahren in der anderen Sprache als der allgemein vorgesehenen durchzuführen. Das gleiche Recht auf Änderung der Verfahrenssprache steht einem Beschuldigten mit Wohnsitz in einer der sechs Randgemeinden oder in den Gerichtskantonen der Sprachgrenzgemeinden Comines und Mouscron oder Sint-Martens-Voeren bei den dort durchzuführenden Verfahren zu[144].

Vor dem Geschworenengericht der Provinz Brabant wird entweder auf niederländisch oder französisch verhandelt, je nachdem in welcher Sprache sich der Beschuldigte im Ermittlungsverfahren eingelassen hat oder deren Gebrauch er beantragt. Nach den gleichen Grundsätzen findet das

---

[141] Art. 7 § 1 *bis*.

[142] Art. 7 § 1. Im Gerichtsbezirk Eupen wird der Rechtsstreit bei Einigkeit der Parteien auf französisch fortgesetzt.

[143] Art. 11 - 14, 18, 19, 37. Hieran haben sich auch Staatsanwaltschaft und Privatkläger zu halten (Art. 35, 36).

[144] Art. 14 II, Art. 15 II.

Verfahren vor dem Geschworenengericht der Provinz Lüttich entweder auf deutsch oder französisch statt[145].

Unabhängig von diesen Sonderregeln für bestimmte Gerichte, kann *jeder Angeklagte*, der die Gerichtssprache nicht beherrscht oder sich in einer anderen Landessprache leichter ausdrücken kann, beantragen, daß sein Fall an ein Gericht der gleichen Kategorie, an dem in der von ihm gewünschten Sprache verhandelt wird, verwiesen wird[146]. Auf diese Weise kann ein deutschsprachiger Angeklagter verlangen, daß sein Fall, auch wenn das Verfahren in einem anderen Landesteil eingeleitet wurde, vor einem deutschsprachigen Gericht bzw. vor dem Geschworenengericht in Lüttich in deutscher Sprache verhandelt wird. Dieses Recht besteht unabhängig vom Wohnsitz, kann also auch beispielsweise von Deutschsprachigen der Malmedyer Gemeinden oder der altbelgischen Gebiete in Anspruch genommen werden. Vor den Militärgerichten wird das Verfahren nach Wahl des Betroffenen auf französisch, niederländisch oder deutsch durchgeführt[147].

Allgemein können sich die Parteien, Zeugen und der Beschuldigte im Ermittlungs- und Strafverfahren der Sprache ihrer Wahl bedienen. Erforderlichenfalls ist auf Staatskosten ein Dolmetscher bzw. Übersetzer zu bestellen[148]. Einem Angeklagten, der der Verfahrenssprache nicht mächtig ist, ist auf Staatskosten ein Dometscher zu bestellen und sind die Schriftstücke zu übersetzen[149]. Verfahrenshandlungen, die gegen die Sprachregelungen verstoßen, sind von Amts wegen für nichtig zu erklären.

---

[145] Art. 19 III.

[146] Art. 20 für die Geschworenengerichte, Art. 23 für die Polizei- und Strafgerichte. Im Falle eines französischsprachigen Angeklagten wird im Gerichtsbezirk Eupen auf französisch verhandelt. Sonderregeln gelten bei mehreren Angeklagten.

[147] Art. 18.

[148] Art. 30 - 32.

[149] Art. 22, 31.

Berufungsverfahren finden in der Sprache des angefochtenen Urteils statt[150], vor dem Berufungs- oder Arbeitsgerichtshof Lüttich also bei einem in deutscher Sprache verkündeten Urteil auf deutsch. Vor der *Kassationshof* wird ausschließlich auf niederländisch oder französisch verhandelt. Die Kassationsschrift darf aber auch auf deutsch abgefaßt werden[151]. Das Kassationsurteil ist, wenn es ein deutschsprachiges Urteil betrifft, ins Deutsche zu übersetzen[152].

Die Gerichte sind so zu besetzen, daß sie den gesetzlichen Sprachbestimmungen nachkommen können, insbesondere auch im Gerichtsbezirk Eupen und bei den Lütticher Gerichten, die auch auf deutsch verhandeln müssen[153].

An den *Staatsrat* können sich Privatpersonen in der Sprache ihrer Wahl wenden. Übersetzungskosten gehen zu Lasten des Staates[154]. Gutachten und Entscheide der Verwaltungsabteilung werden in Französisch und Niederländisch verfaßt. In Fällen in denen Einwohner des deutschen Sprachgebiets, sowie des Kantons Malmedy oder der Gemeinden Membach, Gemmenich und Moresnet[155] betroffen sind, werden sie außerdem auf deutsch abgefaßt[156]. Gutachten der Verwaltungsabteilung werden, wenn sie gegenüber der Deutschsprachigen Gemeinschaft ergehen, auf deutsch verfaßt, Gutachten der Gesetzgebungsabteilung werden in diesem Falle ins Deutsche übersetzt[157].

---

[150] Art. 24.

[151] Art. 27 *bis* § 1.

[152] Art. 28 III.

[153] Art. 43 ff.

[154] Art. 66 der koordinierten Gesetze überden Staatsrat vom 12. Januar 1973.

[155] Heute Teilgemeinden von Bleiberg und Balen.

[156] Art. 63 II der koordinierten Gesetze über den Staatsrat.

[157] Art. 51 *bis* III bzw. Art. 87 II. Die Fälle, bei denen die deutsche Sprache verwendet werden muß, werden unter Beteiligung desjenigen Mitglieds des Staatsrats, das eine gründliche Kenntnis der deutschen Sprache nachweisen muß, behandelt.

Rechtssachen können grundsätzlich in allen drei Landessprachen vor den *Schiedshof*, das Verfassungsgericht des Landes, gebracht werden[158]. Das mündliche Vorbringen kann bei simultaner Übersetzung in einer dieser Sprachen erfolgen[159]. Die Entscheidungen des Gerichtshofs werden, wenn sie auf eine Nichtigkeitsklage ergehen oder das Verfahren in Deutsch eingeleitet wurde, in allen drei Sprachen verfaßt, verkündet und veröffentlicht. Ansonsten werden sie nur auf französisch und niederländisch verfaßt und verkündet und der Veröffentlichung im Staatsblatt eine deutsche Übersetzung beigefügt[160].

Die obersten Gerichtshöfe des Landes, der Schiedshof, der Kassationshof und der Staatsrat sind von Gesetzes wegen paritätisch mit niederländisch- und französischsprachigen Richtern zu besetzen[161]. Im Staatsrat müssen die Fälle, bei denen die deutsche Sprache zu verwenden ist, unter Beteiligung desjenigen Mitglieds behandelt werden, das eine gründliche Kenntnis der deutschen Sprache nachgewiesen hat[162]. Eines der zwölf Mitglieder des Schiedshofs und mindestens je ein französisch- und niederländischsprachiger Referendar müssen eine ausreichende Kenntnis der deutschen Sprache nachweisen[163].

---

[158] Art. 62 des Sondergesetzes über den Schiedshof vom 7. Januar 1989.

[159] Art. 64 dieses Gesetzes.

[160] Art. 65 I und II. Eines der zwölf Mitglieder des Gerichtshofs und mindestens je ein französisch- und niederländischsprachiger Referendar müssen eine ausreichende Kenntnis der deutschen Sprache nachweisen (Art. 22 § 4, Art. 23 III).

[161] Art. 32 des Sondergesetzes über den Schiedshof vom 6. Januar 1989, Art. 34 *quater* des Gesetzes vom 15. Juni 1935 über den Sprachgebrauch in Gerichtssachen, Art. 73 § 1 der koordinierten Gesetze über den Staatsrat.

[162] Art. 88 der koordinierten Gesetze über den Staatsrat.

[163] Art. 34 § 4 bzw. Art. 35 II des Sondergesetzes vom 6. Januar 1989 über den Schiedshof.

3. Kultur und Medien

In diesen Bereichen fehlt es an einer ausdrücklichen gesetzlichen Regelung. Mithin ist der Sprachgebrauch hier frei. In kulturellen Fragen kommt die Autonomie der drei Gemeinschaften zum Tragen. Das Gesetz[164] geht dabei in seiner enumerativen Aufzählung der kulturellen Angelegenheiten von einem sehr weiten Kulturbegriff aus. Zu den kulturellen Angelegenheiten zählen der Schutz und die Veranschaulichung der Sprache, die schönen Künste, das Kunsterbe, Museen, Bibliotheken und dergleichen Einrichtungen, Rundfunk und Fernsehen, die Unterstützung der geschriebenen Presse, die Kunstausbildung, die ständige Weiterbildung und kulturelle Animation, aber auch die Förderung und Ausbildung von Forschern, Jugendpolitik, Sport, Freizeitgestaltung und Tourismus, vor-, nach- und halbschulische Ausbildung, intellektuelle, moralische und soziale Ausbildung, soziale Förderung, berufliche Umschulung und Fortbildung.

Was die tatsächliche Situation der Deutschsprachigen betrifft[165], so gibt es heute eine deutschsprachige Tageszeitung in Belgien, nämlich das "Grenz-Echo/St. Vither Zeitung" aus Eupen. Dieses war 1927 als bewußt probelgische Zeitung und Gegengewicht zu anderen Publikationen gegründet worden. Nachdem es zwischenzeitlich Auflagen von 15.000 erreichte, hat es heute eine Auflage von rund 8.000 Exemplaren. Seit 1965 gibt es zudem eine Regionalausgabe "für Ostbelgien" der Aachener Volkszeitung mit einer Auflage von ca. 2.500. Daneben gibt es Werbeblätter mit mehr oder weniger umfangreichen redaktionellen Teil und Fachblätter. Auch ist auf die Veröffentlichungen der örtlichen Geschichts- und Kulturvereine[166] und den "Wegweiser" hinzuweisen. Dieses Organ des "Rates der deutschen Volksgruppe" setzt sich sehr kritisch mit der

---

[164] Art. 59 *bis* bzw. 59 *ter* der Verfassung i.V.m. Art. 4 des Sondergesetzes vom 8. August 1980.

[165] Vgl. zum folgenden *P. Thomas*, Deutsch in den Medien des Eupen-St. Vither Landes, in: H. Jenniges (Anm. 56), 111 ff.

[166] Diese Publikationen werden z.T. über den Haushalt der Deutschsprachigen Gemeinschaft mitfinanziert, vgl. H. Jenniges, *ibid.*, Aussprache zum Thema "Deutsch in den Medien", 133.

politischen Lage Ostbelgiens, insbesondere mit der Integration in die wallonische Region auseinander.

Nachdem zuvor nur kurzzeitige Programme in deutscher Sprache auf französischsprachigen Sendern liefen, gibt es seit 1960 einen eigenen deutschsprachigen Sender, der 1977 autonom wurde. 1979 siedelte das *"Belgische Rundfunk- und Fersehzentrum/BRF"* nach Eupen um und errichtete in der Folge auch ein kleines Studio in St. Vith. Das BRF sendet täglich rund 14 Stunden, wobei der Schwerpunkt auf regionaler, aber grenzüberschreitender Berichterstattung liegt. Sein Etat, der Mitte der achtziger Jahre rund 100 Millionen BF betrug, wird im wesentlichen aus dem Haushalt der Deutschsprachigen Gemeinschaft, neuerdings zusätzlich aus Werbeeinnahmen finanziert. Es beschäftigt 55 feste und eine größere Zahl freier Mitarbeiter. Der Verwaltungsrat wird vom Rat der Deutschsprachigen Gemeinschaft ernannt. Das BRF erreicht über seine Sender in Lüttich, Brüssel und der Eifel neben dem deutschen Sprachgebiet auch das belgische Hinterland und Hörer im Rheinland[167]. Neben dem BRF gibt es in Eupen-St. Vith noch Privatsender und werden eine ganze Reihe bundesdeutscher Sender empfangen. Das BRF verfügt mittlerweile über eine eigene *Fernsehfrequenz*, über die in Zusammenarbeit mit dem französischsprachigen RTBF einzelne Programme realisiert werden sollen.

Das Leben in den Vereinen, die sich der Musik, dem Theater, der Folklore, dem Sport und der Geschichte widmen, wie das kulturelle Leben überhaupt, werden als sehr lebhaft beschrieben[168]. Es gibt im übrigen einen Ausschuß, der paritätisch mit je vier von den Exekutiven der Deutschsprachigen und der Französischen Gemeinschaft ernannten Mitgliedern besetzt ist und über Anträge auf Unterstützung kultureller Tätigkeiten zugunsten von Sprachminderheiten in Gemeinden mit Spracherleichterungen entscheidet[169]. Auf

---

[167] Seine Hörerschaft wird auf über 500.000 geschätzt.

[168] Siehe *J. Hech*, Die Vereine - Bewahrer von Brauchtum und Tradition und *B. Kartheuser*, Ostbelgien eine schöpferische Region in Europa, in GLOBUS (Hrsg.: Verein für Deutschtum im Ausland e. V.), 88/5, 13 - 15 und 16 - 18.

[169] Art. 55 § 3 des Gesetzes vom 31. Dezember 1983 über Institutionelle Reformen der Deutschsprachigen Gemeinschaft.

diese Weise ist es also möglich, deutschsprachige kulturelle Aktivitäten in den Malmedyer Gemeinden und im Montzener Land zu fördern.

Sowohl das BRF als auch die Druckmedien des Eupen-St. Vither Landes, haben geringe Resonanz im *Montzener Land*[170]. In der Zwischenzeit dominieren hier die französischsprachigen Medien. In wenigen Gemeinden dieses Gebiets werden die Pfarrblätter noch zweisprachig herausgegeben und die deutsche Sprache in der Liturgie vereinzelt berücksichtigt. Auch der Dialekt spielt in den zwischenmenschlichen Beziehungen eine immer geringere Rolle. Die Entwicklung läßt sich vereinfacht so beschreiben, daß, während die Großeltern Dialekt sprechen bzw. sprachen, die Eltern Dialekt und Französisch, die Kinder nur noch Französisch sprechen. Diese Entwicklung erfaßt auch die Vereine als einer der wichtigsten Kulturträger. Sehr beliebt ist indessen das in Gemmenich und Bleiberg stattfindende Mundarttheater[171].

Im *Areler Land* ist Deutsch als Hochsprache vollständig verschwunden, während der mosel-fränkische Dialekt oder das "Luxemburgische" im kulturellen und zwischenmenschlichen Bereich für die 20.000 bis 30.000 Dialektsprecher seine Rolle als Identifikationsfaktor bewahrt hat[172]. Dies betrifft insbesondere die ältere Generation und das Vereinsleben auf dem Lande, während sich die jüngere Generation zunehmend des Französischen als Verkehrssprache bedient[173]. Die in den siebziger Jahren gegründete Kulturvereinigung "Areler Land a Sprooch", die auch eine eigene Zeitschrift herausgibt, betreibt Mundartkurse und veranstaltet Dialekttheater-Aufführungen[174]. Abgesehen von der zuletzt genannten Zeitschrift sind die schriftlichen Medien dieses Gebietes ausschließlich französischsprachig.

---

[170] Vgl. zur Situation im Montzener Land: *A. Bertha*, Deutsch in den Medien des Montzener Landes, in: R. Kern (Anm. 56), 205 ff.

[171] Vgl. zur beschriebenen Situation im Montzener Land: *A. Bertha*, Deutsch in den Sozialbeziehungen des Montzener Landes, in: R. Kern, *ibid.*, 289 ff.

[172] *G. Sobiela-Caanitz* (Anm. 7), 417 f.

[173] Vgl. *Albert Conter* (Anm. 109), 102.

[174] *J. U. Clauss* (Anm. 4), 177 f.

Das französischsprachige Fernsehen überträgt vereinzelt Mundartheater. Gehört werden die deutschsprachigen Sender RTL, SWF und SR. Einheimische Privatsender senden neben französischen auch Mundartprogramme, ein Sender zum Teil auch in deutscher Hochsprache[175].

III. Bildungs- und Erziehungswesen

1. Gesetzliche Grundlagen

Nachdem die Gemeinschaften seit 1970 bereits gewisse Zuständigkeiten im Bereich des Unterrichtswesens hatten, wurde ihnen die Zuständigkeit für diesen Bereich durch die Verfassungsänderung vom 15. Juli 1988 fast vollständig übertragen.

Dem Gesamtstaat verbleiben nunmehr nur noch die Festlegung von Beginn und Ende der Schulpflicht, die Mindestbedingungen für die Vergabe von Diplomen und die Pensionsregelungen[176]. Die Flämische und die Französische Gemeinschaft können zudem, jede für ihren Bereich, den Gebrauch der Sprachen im Unterricht der von öffentlichen Behörden geschaffenen, bezuschußten oder anerkannten Einrichtungen durch Dekret regeln. Diese Dekrete gelten aber nicht für Brüssel-Hauptsdtadt und die Gemeinden mit geschützten Minderheiten[177]. Der Rat der Deutschsprachigen Gemeinschaft kann demgegenüber nur Regelungen über den Umfang des Unterrichts in der Zweitsprache treffen[178].

Nach wie vor richtet sich der Sprachgebrauch an den Schulen nach dem Gesetz vom 30. Juli 1963 über den Sprachgebrauch im Unterrichtswesen. Es betrifft im allgemeinbildenden Bereich die Primarschulen (sechs

---

[175] Vgl. Diskussionsbeiträge in: H. Jenniges (Anm. 56), 133.
[176] Art. 59 *bis* § 2 Ziff. 2, Art. 59 *ter* § 2 Ziff. 3 der Verfassung.
[177] Art. 59 § 3 Ziff. 2, § 4.
[178] Art 79 des Gesetzes vom 31. Dezember 1983 i.V.m. Art. 8 des Gesetzes zur Regelung des Sprachgebrauchs im Unterrichtswesen vom 30. Juli 1963.

Klassenstufen), einschließlich der ihnen zumeist angegliederten Kindergärten, die Sekundarschulen (weitere sechs Jahrgangsstufen), die Lehrerbildung, sowie den technischen, Kunst- oder Sonderschulunterricht. Es gilt in gleicher Weise für die drei belgischen Unterrichtsnetze, d. h. die staatlichen, seit 1989 also die gemeinschaftseigenen Schulen, und die subventionierten Einrichtungen, mit den Gemeinden oder Provinzen bzw. einem freien, meist kirchlichen Träger[179].

Die Grundregel des Gesetzes lautet, daß einzig die jeweilige Gebietssprache Unterrichtssprache ist (Art. 4). Anläßlich von Klagen französischsprachiger Eltern, die sich dagegen wendeten, daß damit ein öffentlicher, öffentlich subventionierter oder anerkannter französischsprachiger Unterricht in Flandern unmöglich gemacht werde, hat der Europäische Gerichtshof für Menschenrechte erkannt, daß diese Regelung auf dem objektiven Kriterium des Territorialitätsprinzips beruhe und nicht willkürlich und diskriminierend sei. Art. 14 EMRK in Verbindung mit Art. 2 Satz 1 des Zusatzprotokolls oder mit Art. 8 EMRK werde nicht verletzt[180].

Im Bezirk *Brüssel-Hauptstadt* ist die Unterrichtssprache je nach der Mutter- oder Umgangssprache des Kindes Niederländisch oder Französisch (Art. 5). Für Schüler, die sich an eine Brüsseler Schule anmelden und deren Eltern außerhalb von Brüssel wohnen, bestimmt sich die Unterrichtssprache nach dem Sprachstatut am Aufenthaltsort der Eltern. Bei entsprechender durch die Sprachinspektion bestätigten Erklärung des Familienoberhauptes, ist jedoch auch eine Anmeldung an einer anderssprachigen Schule möglich (Art. 17 IV). Dies betrifft insbesondere französischsprachige Eltern mit Wohnsitz im flämischen Sprachgebiet, die ihre Kinder zum französischsprachigen Unterricht in Brüssel anmelden wollen.

In den sechs *Randgemeinden* mit Sonderstatut ist grundsätzlich Niederländisch Unterrichtssprache. Allerdings sind zugunsten von Kindern deren Mutter- oder Umgangssprache Französisch ist, unter der Voraussetzung,

---

[179] Art. 1 dieses Gesetzes.
[180] "Belgischer Sprachenfall", Urteil des EGMR vom 23. Juli 1968, EuGRZ 1975, 298, 303.

daß mindestens 16 Elternparteien dies beantragen, französischsprachige Kindergärten und Grundschulen bzw. Abteilungen einzurichten[181].

In den *Sprachgrenzgemeinden*, den Gemeinden des *deutschen Sprachgebiets*, den *Malmedyer Gmeinden*, wie auch in den Gemeinden *Balen, Welkenrath und Bleiberg* kann für die Kinder, deren Mutter- oder Umgangssprache eine andere als die des Sprachgebiets ist, in den *Kindergärten und Grundschulen* Unterricht in einer anderen Landessprache erteilt werden, wenn das Familienoberhaupt in einer dieser Gemeinden seinen Aufenthaltsort hat (Art. 6 I). Bedingung hierfür ist jedoch, daß dies mindestens 16 Elternparteien beantragen und sich im Umkreis von 4 Kilometern keine Schule des gleichen Trägers befindet, die einen solchen Unterricht anbietet[182]. Sind diese Voraussetzungen erfüllt, dann muß dieser Unterricht eingerichtet werden (Art. 6 III), d. h. es besteht ein Rechtsanspruch darauf. In der Praxis findet dieser Unterricht hauptsächlich in der Form französischsprachiger Grundschulen und Kindergärten bzw. Abteilungen im deutschen und niederländischen Sprachgebiet statt.

Für die *Sekundarschulen*, d. h. ab dem 7. Schuljahr, sieht das Gesetz keine Ausnahmen vor. Die betroffenen Schüler müssen für diesen Aus-

---

[181] Art. 7 § 3 des Gesetztes vom 2. August 1963 zur Regelung des Sprachgebrauchs in Verwaltungsangelegenheiten (!). Die Tatsache, daß dieser Unterricht Kindern, deren Eltern außerhalb der betreffenden Gemeinden wohnen, beispielsweise in einer Randgemeinde ohne Sonderstatut, nicht zugänglich ist, wurde vom Europäischen Gerichtshof für Menschenrechte im Belgischen Sprachenfall für mit Art. 2 Satz 1 des Zusatzprotokolls i.V.m.Art. 14 EMRK unvereinbar erklärt, EuGRZ 1975, 298, 305 f.

[182] Art. 6 II, IV und V. Die Zahlen ergeben sich durch Bezugnahme auf Art. 3 Ziff. 1 und 2 des Königlichen Erlasses vom 14. März 1960 zur Ausführung von Art. 4 des Gesetzes vom 29. Mai 1959 und auf den Königlichen Erlaß vom 20. November 1979 zur Ausführung u. a. von Art. 6 des Gesetzes vom 30. Juli 1963. Letzterer regelt u. a. das Antragsverfahren. Das Entfernungskriterium ist und war im einzelnen umstritten; siehe *L. Lindemans* (Anm. 14), 151 ff. Die europäische Kommission für Menschenrechte befand am 30.03.1971 die Kriterien zur Einrichtung von französischsprachigen Schulen in Voeren für zu hart. Dennoch gibt es dort trotz Nichterfüllung des Entfernungskriteriums französischsprachigen Grundschulunterricht, der sogar von der Mehrzahl der Kinder dort besucht wird; vgl. *J.U. Clauss* (Anm. 4), 192 f.

bildungsabschnitt Schulen besuchen, in denen in der Gebietssprache gelehrt wird oder an Schulen des anderen Sprachgebiets ausweichen, welches sich bei diesen Gemeinden aber regelmäßig in nicht allzu großer Entfernung befindet.

Während normalerweise der Unterricht in der *Zweitsprache*[183] erst ab dem 5. Schuljahr einsetzt, ist in Brüssel und in den Gemeinden mit Sonderstatut der Unterricht in der Zweitsprache ab dem dritten Schuljahr im Umfang von drei Wochenstunden, ab dem fünften Schuljahr während fünf Wochenstunden zu unterrichten (Art. 10 I)[184].

2. Die Situation der deutschen Sprache im belgischen Unterrichtswesen[185]

Nach dem 1. Weltkrieg wurde der deutschsprachige Unterricht in den Gemeinden des heutigen *deutschen Sprachgebiets* zumindest in den Grundschulen unter Zuhilfenahme von Lehrern aus den altbelgischen Gebieten größtenteils aufrechterhalten, während in den oberen Klassen eine zunehmende Anzahl von Fächern auf französisch unterrichtet wurde. Nach dem 2. Weltkrieg wurden alle Lehrer, die unter der nationalsozialistischen Herrschaft im Dienst verblieben waren, entlassen. Diese wurden durch Lehrer, die bei Kriegsausbruch ausgeschieden waren, und durch zahlreiche Lehrer aus den Gebieten der Provinz Luxemburg, in denen deutsche Dialekte gesprochen wurden, ersetzt. In den Mittelschulen wurde französischsprachiges Personal eingestellt. Im Sinne einer allgemeinen Französierung sollte in den Grundschulen so früh wie möglich intensiv Französisch unterrichtet werden, um sobald wie möglich auch den

---

[183] Normalerweise ist dies Französisch bzw. Niederländisch. In den Bezirken Verviers, Bastogne und Arlon kann es Deutsch sein (Art. 9 II).

[184] In den anderssprachig eingerichteten Grundschulen der Sprachgrenzgemeinden beträgt der Zweitsprachenunterricht vier bzw. acht Stunden (Art. 10 I).

[185] Vgl. zur historischen Entwicklung: *L. Schifflers*, Deutsch als Muttersprache im belgischen Unterrichtswesen, in: R. Kern (Anm. 56), 127 ff. (128 f.).

Sachunterricht in dieser Sprache erteilen zu können, während in den Mittelschulen fast der gesamte Unterricht, der Deutsch- und der Religionsunterricht ausgenommen, auf französisch erteilt wurde.

Eine völlig neue Entwicklung trat mit den Sprachengesetzen von 1962 und 1963, insbesondere durch das *Gesetz vom 30. Juli 1963 über den Sprachgebrauch im Unterrichtswesen* ein. Nach diesem Gesetz ist im deutschen Sprachgebiet in allen Unterrichtsformen Deutsch die Unterrichtssprache (Art. 4). Französischunterricht muß ab der dritten Klasse, kann jedoch auch schon ab dem ersten Schuljahr erteilt werden (Art. 9 I, 10 I). Bei entsprechenden Anträgen sind französischsprachige Grundschulen bzw. Abteilungen und Kindergärten einzurichten[186].

Nach einer Ausnahmebestimmung für das deutsche Sprachgebiet, kann dort ab dem dritten Schuljahr ein Teil auch des Fachunterrichts an den deutschsprachigen Schulen auf französisch, an den französischsprachigen Schulen auf deutsch erteilt werden (Art. 8). Ausführungsbestimmungen hierzu[187] sind nicht in Kraft getreten. Auch der mittlerweile mit Dekretgewalt ausgestattete Rat der Deutschsprachigen Gemeinschaft, hat diese Frage bisher nicht gesetzgeberisch gelöst[188]. So bleibt die Frage des Fachunterrichts in der Zweitsprache weiterhin der höchst unterschiedlichen Praxis der einzelnen Schulen überlassen.

In der Frage des Umfangs und des Beginns eines intensiven Französischunterrichts, sowie zur Frage, ob dieser ausschließlich inform des Fremdsprachenunterrichts oder auch inform des Fachunterrichts zu erteilen ist,

---

[186] Am 1.1.1987 befanden sich von den 4.629 Schülern an den Primarschulen des deutschen Sprachgebiets 11,92 % an französischsprachigen Schulen bzw. Abteilungen. Dies bedeutet, daß auch deutschsprachige Eltern ihre Kinder zum französischsprachigen Unterricht anmelden. Vgl. *E. Hungs*, Deutsch im Primarschulwesen des Eupen-St. Vither Landes, in: R. Kern, *ibid.*, 135 ff. (139).

[187] Königl. Erlaß vom 30.November 1966 und Erlaß mit Verordnungscharakter des Rates der Deutschen Kulturgemeinschaft vom 29. März 1982.

[188] Ermächtigt hierzu ist er gemäß Art. 79 des Gesetzes vom 31. Dezember 1983.

gibt es in politischen und pädagogischen Kreisen[189], aber auch in der Elternschaft traditionell große Meinungsunterschiede. Einigkeit besteht aber insoweit, daß mit Ausrichtung auf die französischsprachigen Hochschulen ein qualitativ guter Französischunterricht gewährleistet sein muß.

In der Praxis ist es heute so, daß an den *deutschsprachigen Primarschulen* mit Ausnahme des Französischunterrichts ausschließlich in deutscher Sprache unterrichtet wird[190]. Der Französischunterricht beginnt, früher als gesetzlich vorgeschrieben, bereits im ersten Schuljahr mit zwei Wochenstunden und in spielerischer Form auch schon im Kindergarten[191]. Die Primarschullehrer und Kindergärtnerinnen werden an zwei Pädagogischen Hochschulen des deutschen Sprachgebiets ausgebildet. Die 1976 vom damaligen Rat der Deutschen Kulturgemeinschaft eingesetzte Pädagogische Arbeitsgruppe für den Primarschulunterricht hat vor allem die Aufgabe, den Unterricht in Deutsch als Muttersprache z. B. durch Zurverfügungstellung von didaktischem Material und Fortbildungsangeboten zu fördern[192].

Völlig anders stellt sich die Situation an den *Sekundarschulen* dar. Hier ergibt sich ein sehr heterogenes Bild. Im nördlichen Teil, d. h. im Eupener Land, besuchten 1987 21,4 % der Schüler französischsprachige Abteilungen, in denen nahezu der gesamte Fachunterricht auf französisch erteilt wird, während es solche Abteilungen im südlichen Teil um St. Vith überhaupt nicht gibt[193]. Diese französischsprachigen Abteilungen verstoßen, da für sie keine gesetzlichen Ausnahmebestimmungen bestehen, gegen den Territorialitätsgrundsatz (Art. 4), sind also gesetzwidrig, werden aber offensichtlich von vielen Eltern gewünscht. Als Gegenpol hierzu wird an der

---

[189] *J.U. Clauss* (Anm. 4), 166 f. Siehe hierzu zuletzt die kontroversen Beiträge von zwei Schulleitern in Informationen und Meinungen aus Ostbelgien - 1/92, Zeitschrift des InED.

[190] *L. Schifflers* (Anm. 185), 133 f., *E. Hungs* (Anm. 186), 135.

[191] *E. Hungs, ibid.*, 137 f.

[192] *E. Hungs, ibid.*, 137.

[193] *H.J. Heinen*, Die deutsche Sprache im Sekundarschulunterricht des Eupen-St. Vither Landes, in: R. Kern (Anm. 56), 140 ff. (144).

Bischöflichen Schule St. Vith nur der Französischunterricht auf französisch erteilt, die allerdings mit hoher Wochenstundenzahl. Dazwischen wird an den einzelnen Sekundarschulen der Fachunterricht in höchst unterschiedlichem Umfang und auf unterschiedliche Weise auch auf französisch erteilt[194], tendenziell wohl mit zunehmendem Umfang in den höheren Klassen und hauptsächlich in den naturwissenschaftlichen Fächern.

Ein Hauptproblem des deutschsprachigen Unterrichts auf dieser Ebene ist sicherlich, daß die Lehrer, mangels einer entsprechenden Einrichtung im deutschen Sprachgebiet, zumeist an französischsprachigen Universitäten ausgebildet werden und den gesamten Fachwortschatz auf französisch lernen. Zudem werden dort den Bedürfnissen der deutschsprachigen Schüler widersprechend Französischlehrer als Muttersprachenlehrer und Deutschlehrer als Fremdsprachendidaktiker ausgebildet. Hier versucht die Pädagogische Arbeitsgruppe für das Sekundarschulwesen mit didaktischem Material und Fortbildungsveranstaltungen Abhilfe zu schaffen. Während früher wegen Mangels deutschsprachiger Diplomierter häufig französischsprachige Lehrer eingesetzt wurden, die trotz des geforderten Nachweises einer gründlichen Kenntnis der Unterrichtssprache (Art. 13, 15), der deutschen Sprache nur unzureichend mächtig waren[195], hat sich auch diese Situation mittlerweile erheblich verbessert[196].

Insgesamt kann die Stellung von Deutsch als Muttersprache im Bereich der Kindergärten und Grundschulen regelrecht als normal bezeichnet werden, was auch für die berufsbildenden Schulen gilt, während die Situation an den allgemeinbildenden Sekundarschulen sehr gemischt ist, sich aber auch hier stetig verbessert und auf die gesetzlichen Vorgaben zubewegt. Auch in Zukunft wird aber die Ausrichtung auf die belgischen Universitäten und das belgische Wirtschaftsleben einige Kompromisse verlangen.

---

[194] *L. Schifflers* (Anm. 185), 133.
[195] Insbesondere wurde häufig von der Ausnahmebestimmung des Art. 16 Gebrauch gemacht, *B. Bergmans* (Anm. 53), 62.
[196] *H. J. Heinen* (Anm. 193), 143

Außerhalb des deutschen Sprachgebiets kann von Gesetzes wegen in den *Malmedyer Gemeinden* und auch in *Balen, Bleiberg und Welkenrath* in den Grundschulen und Kindergärten bei entsprechenden Anträgen deutschsprachiger Unterricht eingerichtet werden. Bis jetzt ist diese Möglichkeit aber in keinem der Gebiete genutzt worden[197]. Allerdings reicht das Einzugsgebiet der Schulen der deutschsprachigen Gemeinschaft in das französische Sprachgebiet hinein.

Während im Montzener Land der Grundschulunterricht bis zum 1. Weltkrieg im wesentlichen auf deutsch abgehalten und dieser Zustand an einigen Schulen in der Zwischenkriegszeit beibehalten wurde, wurde die deutsche Sprache nach dem 2. Weltkrieg völlig aus dem Unterrichtet verdrängt. Erst durch das Gesetz vom 30. Juli 1963 erhielt sie den Status einer früh zu erlernenden Fremdsprache, d. h. dreistündiger Unterricht ab der dritten und fünfstündiger Unterricht ab der fünften Klasse[198]. Tatsächlich stieß dieser Unterricht jedoch auf viele Hindernisse. Heute stellt sich die Situation in den einzelnen Gemeinden sehr unterschiedlich dar. Regelmäßig entspricht die Stundenzahl nicht den gesetzlichen Vorgaben. In einigen Dörfern wird der Deutschunterricht aber auch schon im ersten Schuljahr angeboten[199].

Der schwindende Gebrauch der deutschen Sprache im Unterrichtswesen des Areler Landes vollzog sich ähnlich wie im Montzener Land, wobei die Entwicklung hier schon Ende des vergangenen Jahrhunderts einsetzte. Seit Ende des 2. Weltkriegs wird Deutsch nur noch als eine der Fremdsprachen neben Niederländisch und Englisch unterrichtet. Auch das Gesetz vom 30. Juli 1963 sieht keine Erleichterungen zugunsten der deutschen Sprache vor. Einzige Besonderheit ist, daß neben dem Bezirk Verviers auch in den luxemburgischen Bezirken Bastogne und Arlon statt Niederländisch

---

[197] Für das Montzener Land: *A. Bertha*, Zum Deutschunterricht und zur Stellung der deutschen Sprache im Montzener Land, in: R. Kern (Anm. 56), 145 ff. (151).

[198] Auch die Gemeinden Balen, Bleiberg und Welkenrath fallen unter die Regelung des Art. 10. Statt Deutsch kann laut Gesetz aber auch Niederländisch die Zweitsprache sein.

[199] *A. Bertha*, ibid., 148 ff.

Deutsch ab dem fünften Schuljahr mit drei Wochenstunden unterrichtet werden kann (Art. 9 II). Forderungen nach einer verstärkten Berücksichtigung der deutschen Sprache im Unterrichtswesen des Areler Landes, werden offensichtlich durch die fehlende Identifikation mit der deutschen Hochsprache, in einer Gegend, in der der Dialekt im kulturellen und zwischenmenschlichen Bereich seine Rolle bewahren konnte, behindert[200].

IV. Minderheitenspezifische Schranken der Vereinigungsfreiheit

Art. 20 der belgischen Verfassung lautet:
"Die Belgier haben das Recht, Vereinigungen zu gründen; dieses Recht darf keiner präventiven Maßnahme unterworfen werden."
Art. 1 I des Gesetzes vom 24. Mai 1921 "garantissant la liberté d' association" stellt klar, daß die Vereinigungsfreiheit sämtliche Bereiche umfaßt. Einschränkungen dieses Rechts, die an das Eintreten für die kulturellen und politischen Rechte der Volksgruppen anknüpfen, gibt es nicht. Verboten ist lediglich das Aufstellen von Privatmilizen und dergleichen Organisationen, die die Anwendung von Gewalt oder die Ausübung von Armee- oder Polizeibefugnissen zum Ziel haben[201]. Ebenso ist die Verschwörung zu Anschlägen, um damit Bürgerkriege oder ähnliche Zustände auszulösen, unter Strafe gestellt[202].

Die Verleihung der Rechtspersönlichkeit an Vereinigungen, die sich als Idealverein, sog. "association sans but lucratif" konstituieren, hängt lediglich von der Erfüllung formeller nicht jedoch inhaltlicher Kriterien ab[203]. Eine association sans but lucratif kann u. a. auch auf Antrag der Staatsanwaltschaft von den Gerichten aufgelöst werden, wenn sie in

---

[200] Diese Auffassung vertritt zumindest *G. Sobiela-Caanitz* (Anm. 7), 417 ff.

[201] Gesetz vom 29. Juli 1934 "interdisant les milices privées", geändert durch Gesetz vom 4. Mai 1936.

[202] Art. 124 II, 125 II des Strafgesetzbuchs.

[203] Art. 1, 2 und 3 des Gesetzes vom 27. Juni 1927.

schwerer Weise ihrer eigenen Satzung, den Gesetzen oder der öffentlichen Ordnung zuwiderhandelt[204]. Unterhalb der Schwelle der Gewaltanwendung und des allgemeinen Strafrechts könnte rein theoretisch Art. 135 *bis* des Strafgesetzbuchs eine Handhabe geben gegen Vereine, die für die Abspaltung von Belgien bzw. den Anschluß an andere Staaten eintreten und hierfür aus dem Ausland unterstützt werden. Nach dieser Vorschrift wird derjenige, der von ausländischen Personen oder Organisationen Unterstützungen annimmmt, die zu Tätigkeiten oder Propaganda bestimmt sind, die gegen die Integrität, Souveränität oder Unabhängigkeit des Königreichs gerichtet sind oder die Treue der Bürger zum belgischen Staat erschüttern sollen, mit Freiheitsstrafe von sechs Monaten bis zu fünf Jahren bestraft[205]. Bei dieser Vorschrift handelt es sich allerdings um ein Relikt aus der Zeit unmittelbar vor Ausbruch des Zweiten Weltkriegs[206], welches nur aus diesem historischen Zusammenhang zu erklären ist. Angesichts der heutigen Verhältnisse erscheint ein Rückgriff auf diese Vorschift im Zusammenhang mit der Volksgruppenproblematik ausgeschlossen.

Parteien werden weder in der Verfassung erwähnt, noch gibt es ein Parteiengesetz[207]. Sie sind rein tatsächliche Vereinigungen ohne Rechtspersönlichkeit[208]. Es fehlt an einem besonderen Parteienverbotsverfahren.

In der Praxis des belgischen Parteienwesens verhält es sich so, daß alle traditionellen Hauptströmungen, Sozialisten (SP/PS), Christsoziale (CVP/PSC) und Liberale (PVV/PRL) in je eine flämische und französischsprachige Partei zerfallen, die mehr oder weniger deutlich die Interessen ihres Landesteils vertreten. Ebenso gibt es zwei grüne Parteien.

---

[204] Art. 18 dieses Gesetzes.

[205] Inhalt nur verkürzt wiedergegeben.

[206] Sie wurde durch das Gesetz vom 20. Juli 1939 in das Strafgesetzbuch eingefügt.

[207] F. *Delpérée*, Droit constitutionnel, S. 256; A. *Alen*, Algemene Beginselen, S. 138.

[208] L.P. *Suetens*, De politieke partijen naar Belgisch Recht, Tijdschrift voor Bestuurswetenschappen en Publiek Recht 1982, 299 ff. (306).

Daneben gibt es in Flandern die flämisch-national gesinnte Volksunie und rechts von ihr den seperatistisch-nationalistischen Vlaams Blok. Frankophonerseits vertritt insbesondere der FDF die Interessen der französischsprachigen Brüsseler Bürger, einschließlich der an der Peripherie. Der Vlaams Blok ist auch im nationalen Parlament vertreten. Die Volksunie war Mitglied der vergangenen Regierungskoalition und ist Partner in der gegenwärtigen flämischen Exekutive. In diesem politischen Umfeld, wo es selbstverständlich ist, massiv die Interessen eines Landesteils zu vertreten und wo offen über verschiedene Staatsmodelle, wie die konsequente Fortsetzung des Umbaus zum Bundesstaat, eine mehr konföderale Struktur und sogar, wenn auch nur von einer kleinen Minderheit, die Loslösung eines Landesteils und einen eventuellen Anschluß an die Niederlande bzw. Frankreich diskutiert wird, scheint schon rein praktisch ein Vorgehen gegen seperatistische Parteien und andere Vereinigungen als solche, abgesehen von den fehlenden rechtlichen Möglichkeiten hierzu, als wenig wahrscheinlich.

Im deutschen Sprachgebiet existieren deutsche Sektionen aller größeren wallonischen Parteien, wobei insbesondere die Christlich Soziale Partei(CSP) und die liberale Partei für Freiheit und Fortschritt (PFF) de facto autonome Parteien geworden sind[209]. Daneben gibt es die PDB, die Partei der deutschsprachigen Belgier. Auch wenn sie sich betont für die Rechte der deutschen Volksgruppe einsetzt, verfolgt sie keinerlei seperatistische Ziele[210]. Überhaupt konzentrieren sich die Forderungen der deutschsprachigen Belgier auf konkrete Defizite bei ihrer Stellung im Verhältnis zu den anderen Volksgruppen, wie beispielsweise die Forderung nach größerer Autonomie von der Wallonischen Region oder nach einem eigenen Wahlkreis, während anders als vor dem Zweiten Weltkrieg, von der großen Mehrheit die Zugehörigkeit zum belgischen Staat nicht infrage gestellt wird.

---

[209] *J. U. Clauss* (Anm. 4), 172 f.
[210] *J. U. Clauss, ibid.*, 173.

V. Politische Repräsentation

1. Auf gesamtstaatlicher Ebene

a) Flamen und Französischsprachige

Durch die Verfassungsreform von 1970 wurden neben der Einleitung der Föderalisierung Belgiens auf gesamtstaatlicher Ebene eine ganze Reihe von Schutzmechanismen eingeführt, die es verhindern sollen, daß grundlegende Entscheidungen gegen den erklärten Widerstand der Mehrheit einer der beiden großen Sprachgruppen getroffen werden. Dies dient hauptsächlich dem Schutz der Französischsprachigen, die ansonsten in der Gefahr stünden überstimmt zu werden.

Im Bereich der Gesetzgebung sieht Art. 32 *bis* der Verfassung vor, daß die 212 Mitglieder der Abgeordnetenkammer und die 184 Senatoren in bestimmten von der Verfassung genannten Fällen in eine niederländische und eine französische Sprachgruppe aufgeteilt werden[211]. Gemäß Art. 1 des Ausführungsgesetzes vom 3. Juli 1971 richtet sich die Zugehörigkeit zu einer der *Parlamentssprachgruppen* für die 212 Abgeordneten und die 106 direkt gewählten Senatoren danach, in welchem Sprachgebiet ihr Wahlkreis liegt bzw. für die übrigen Senatoren danach, von wo aus sie entsandt wurden. Für die Abgeordneten und Senatoren aus dem Wahlkreis Brüssel, der über das zweisprachige Gebiet Brüssel-Hauptstadt hinausgeht, bzw. für die vom brabanter Provinzialrat entsandten Senatoren bestimmt sie sich nach der Sprache, in welcher sie ihren Amtseid abgelegt haben. Auf diese Art und Weise ist es also möglich, daß sich französischsprachige Abgeornete aus dem flämischen Umland von Brüssel der französischen Parlamentssprachgruppe anschließen können und sich als solche Parlamentarier

---

[211] Nach den vorangegangenen Wahlen vom 13. Dezember 1987 gehörten 58,49 % der Parlamentarier der niederländischen und 41,51 % der französischen Sprachgruppe an.
Nach den Vereinbarungen von St. Michel soll die Zahl der Abgeordneten auf 150 und die der Senatoren auf 71 beschränkt werden. Im Senat wären demnach 41 Niederländischsprachige, 29 Französischsprachige und ein Deutschsprachiger vertreten.

wählen zu lassen. Um zu ermöglichen, daß die französischsprachige Bevölkerung im flämischen *Voeren* und die flämische Bevölkerung im wallonischen *Comines* Abgeordnete ihrer jeweiligen Sprachgruppe wählen können, sieht Art. 89 *bis* des Wahlgesetzes seit 9.8.1988 vor, daß sie im nächstgelegenen anderssprachigen Wahlkreis wählen gehen können. Außerhalb dieser Gebiete, welche sicherlich die sensibelsten Bereiche darstellen, gibt es derartige Möglichkeiten nicht.

In einer Reihe von limitativ aufgezählten Fällen, die allesamt die Staatsstruktur und das institutionelle System betreffen, ist zur Verabschiedung eines Gesetzes eine *besonders qualifizierte Mehrheit* erforderlich. Diese muß aus der Stimmenmehrheit in jeder Sprachgruppe einer Kammer bestehen, vorausgesetzt, daß die Mehrheit der Mitglieder jeder Sprachgruppe versammelt ist, und insofern die Gesamtzahl der Ja-Stimmen aus beiden Sprachgruppen zwei Drittel der abgegebenen Stimmen erreicht[212]. Eine solche Mehrheit ist beispielsweise für die Veränderung der Sprachgrenzen oder Veränderungen bei den Gemeinschafts- und Regionalzuständigkeiten erforderlich.

Außerhalb derartiger Gesetzgebungsvorhaben und der Haushaltsgesetze sieht Art. 38 *bis* der Verfassung ein sog. "Alarmglockenverfahren" vor. Dieses wird durch eine begründete Entschließung, die von mindestens Dreiviertel der Mitglieder einer Parlamentssprachgruppe unterzeichnet sein muß und dahingehend lautet, daß ein Gesetzentwurf oder ein Gesetzesvorschlag die Beziehungen zwischen den Gemeinschaften ernsthaft gefährden könne, ausgelöst. Daraufhin wird das Gesetzgebungsverfahren ausgesetzt. Der Ministerrat, der sprachgruppenparitätisch zusammengesetzt ist, muß innerhalb von 30 Tagen eine begründete Stellungnahme zu der Entschließung abgeben und die betreffende Kammer auffordern, entweder über diese Stellungnahme oder den gegebenenfalls abgeänderten Entwurf oder Vorschlag zu befinden. Erstaunlicherweise hatte dieses Verfahren

---

[212] Art. 1 V, Art. 3 *bis* III der Verfassung.

bisher nur geringe praktische Bedeutung und kam nur einmal zur Anwendung[213].

Auf Regierungsebene sieht Art. 86 *bis* vor, daß der Ministerrat, den Premierminister eventuell ausgenommen[214], paritätisch mit niederländisch- und französischsprachigen Ministern zu besetzen ist[215]. Damit ordnet die Verfassung praktisch Koalitionsregierungen zwischen den flämischen und frankophonen Parteien an. Da zahlreiche Verordnungen, Beschlüsse und Entscheidungen kraft der Verfassung, des Gesetzes, der Verordnungen oder noch mehr kraft Gewohnheit im Ministerrat behandelt werden müssen[216], können diese Maßnahmen nur nach vorheriger Konsensfindung zwischen den Koalitionsparteien beider Lager ergehen.

b)   Deutsche Volksgruppe

Diese Garantien gehen völlig an der *deutschen Minderheit* vorbei. So gibt es keine deutsche Sprachgruppe im Parlament[217]. Die deutschsprachigen Abgeordneten und Senatoren gehören vielmehr, auch wenn sie ihren Eid in deutscher Sprache ablegen, kraft Gesetzes[218] zur französischen Sprachgruppe. Das deutsche Sprachgebiet stellt trotz entsprechender Forderungen keinen eigenen Wahlkreis dar, sondern ist Teil des wallonischen Wahlkreises Verviers[219]. Somit gibt es im gesamtstaatlichen Parlament keine garantierte Mindesvertretung für die deutsche Minderheit, sicherlich eine der größten Schwachstellen im belgischen Minderheitenschutzsystem. In der bisherigen Praxis gibt es über

---

213   *A. Alen/J. Dujardin*, Casebook Belgisch Grondwetlijk Recht, Brüssel 1986, 206 - 208.
214   In der Praxis ist es zumeist ein Flame.
215   Das Paritätserfordernis gilt übrigens nicht für die nicht dem Ministerrat angehörenden Staatssekretäre.
216   *A. Alen* (Anm. 16), 511.
217   Art. 32 *bis* der Verfassung.
218   Art. 1 des Gesetzes vom 3. Juli 1971.
219   Vgl. für die Abgeordnetenkammer Art. 1 des Königl. Erlasses vom 9. März 1983 betreffend die Verteilung der Kammerabgeordneten auf die Wahlkreise.

entsprechende Plazierungen auf den Listen der frankophonen Mutterparteien zumeist einen deutschsprachigen Abgeordneten und zwei Senatoren[220]. Nach den Wahlen vom 13. Dezember 1987 und vom 24. November 1991 zogen jeweils ein deutschsprachiger Abgeordneter und zwei Senatoren in das Parlament ein. Dieser Zustand ist jedoch rechtlich nicht abgesichert. Dies wird sich zumindest für den Senat dann ändern, wenn dieser im Zuge der Reform in eine Kammer der Gemeinschaften und Regionen umgewandelt wird[221].

Die grundlegenden Bestimmungen über die Deutschsprachige Gemeinschaft wurden allesamt, sofern es sich nicht um Verfassungsbestimmungen handelte, als einfache Gesetze verabschiedet. Ein deutschsprachiges Regierungsmitglied, wenn auch nur im Range eines Staatssekretärs, ist ebenfalls nicht vorgesehen. Der *Sprachgebrauch* im Parlament ist nicht geregelt, also frei. Dementsprechend bedienen sich deutschsprachige Parlamentarier neben der Eidesleistung auch bei bestimmten anderen Anlässen ihrer Muttersprache[222]. Der Gebrauch des Deutschen ist aber aus auf der Hand liegenden Gründen begrenzt geblieben[223].

2. Auf der Ebene der Gemeinschaften und Regionen

a) Flamen und Französischsprachige

Alle Gemeinschaften und Regionen besitzen neben einer Exekutive als Regierungsorgan einen Rat als gesetzgebende Versammlung. Bis zur Reform des Zweikammersystems bestehen die Räte der zwei großen Gemeinschaften übergangsweise aus den Abgeordneten und direkt gewählten Senatoren der jeweiligen Parlamentssprachgruppe, die Räte der

---

[220] 1971 gab es keinen deutschsprachigen Kammerabgeordneten.

[221] Nach den Vereinbarungen von St. Michel wird der Deutschsprachigen Gemeinschaft einer von 71 Senatoren garantiert. Im übrigen soll aus ihr der 25. belgische Abgeordnete des Europäischen Parlaments stammen.

[222] Diese Interventionen werden in der Originalsprache in die Annalen aufgenommen, *B. Bergmans* (Anm. 53), Anm. 106 mit Nachweisen.

[223] *B. Bergmans, ibid.*, 53

Flämischen und der Wallonischen Region aus diesen mit Ausnahme der Brüsseler Parlamentarier[224]. Die Mitglieder der Exekutiven werden von den Räten aus ihrer Mitte gewählt.

Für die französischsprachigen Abgeordneten aus den Brüsseler Umlandgemeinden entsteht nach dem bisherigen System das Problem, daß sie, wenn sie ihren Eid auf französisch ablegen, nicht zum Flämischen Rat gehören und damit insbesondere nicht über Angelegenheiten der Flämischen Region, der sie angehören, abstimmen können. Legen sie ihren Eid demgegenüber auf niederländisch ab, so gehören sie nicht der französischen Parlamentssprachgruppe und dem Rat der Französischsprachigen Gemeinschaft an. Der Europäische Gerichtshof für Menschenrechte hat diesen Zustand in seiner Mehrheit, unter Hinweis auf das Gesamtgefüge des belgischen Staatsaufbaus und den Übergangscharakter der bestehenden Regelung, nicht als Verletzung von Art. 3 des Zusatzprotokolls zur EMRK und Art. 14 EMRK zu Lasten der französischsprachigen Wähler in diesem Gebiet angesehen[225]. Bei der geplanten Direktwahl stellt sich aber erneut das Problem, ob die im niederländischen Sprachgebiet lebenden Französischsprachigen an den Wahlen zum Französischen Gemeinschaftsrat teilnehmen können[226].

Auffällig bei den Institutionen der *Region Brüssel-Hauptstadt* ist der Parallelismus der Garantien zugunsten der flämischen Minderheit mit den

---

[224] Art. 28, 29 des Sondergesetzes vom 8. August 1980. Gemäß Art. 1 § 1 dieses Gesetzes werden die Organe der Flämischen Gemeinschaft und Region zusammengefaßt. Die Brüsseler Abgeordneten dürfen bei den Angelegenheiten der Region nicht mitstimmen.
Nach den Vereinbarungen von St. Michel sollen die Mitglieder der Regionalräte direkt gewählt werden. Die Mitglieder des Flämischen und Wallonischen Regionalrats bilden zugleich, ergänzt durch jeweils aus dem Brüsseler Regionalrat hierzu gewählte Vertreter, den Rat der Flämischen bzw. Französischen Gemeinschaft.

[225] EGMR, Urteil vom 2. März 1987, Mathieu-Mohin und Clerfayt, Publ. Series A Nr. 113, 24 - 26. Dagegen mit beachtlichen Gründen die Mindermeinung, 27 - 29.

[226] Den Vereinbarungen von St. Michel zufolge wird das aktive und passive Wahlrecht ausschließlich territorial an den Wohnsitz angeknüpft (Le Soir, Supplément vom 15. Dezember 1992, S. 6).

Garantien für die Minderheit der Frankophonen auf gesamtstaatlicher Ebene, welcher bereits die Organe der Brüsseler Agglomeration zwischen 1971 und 1971 kennzeichnete[227]. So setzt sich die Regionalexekutive, vom Präsidenten abgesehen, aus zwei Mitgliedern der französischen und zwei Mitgliedern der niederländischen Sprachgruppe zusammen[228]. Auch kann auf Antrag von drei Vierteln der Mitglieder einer Sprachgruppe im Rat mit dem Alarmglockenverfahren das Gesetzgebungsverfahren ausgesetzt und die Exekutive zur Schlichtung eingeschaltet werden[229]. Diese Garantien gelten auch, soweit die Region die ihr übertragenen Befugnisse der Brüsseler Agglomeration[230] wahrnimmt[231].

Die 75 Mitglieder des Rates der Region Brüssel-Hauptsadt werden gemäß Art. 10 des Sondergesetzes vom 12. Januar 1989 direkt gewählt.

Die Mitglieder der Sprachgruppen im Brüsseler Regionalrat bilden zugleich die Versammlung der Französischen bzw. Flämischen Gemeinschaftskommission (cocof bzw. cocon), während die jeweils zwei Regionalminister zusammen mit einem beratend tätigen Brüsseler Mitglied der französischen bzw. flämischen Gemeinschaftsexekutive das Kollegium dieser Gemeinschaftskommissionen bilden. Die Gemeinschaftskommissionen nehmen Zuständigkeiten der Gemeinschaften in bezug auf die ihnen zugehörigen Einrichtungen und Personen in Brüssel war. Über eine Dekretgewalt verfügen die Versammlungen jedoch bisher nicht[232]. Die gemeinsame Gemeinschaftskommission nimmt beiden Gemeinschaften gemeinsame Aufgaben im Bereich der Gemeinschaftszuständigkeit wahr.

---

[227] A. Alen (Anm. 16), 512.
[228] Art. 34 des Sondergesetzes vom 12. Januar 1989.
[229] Art. 31 dieses Gesetzes.
[230] Großstadtbezirk Brüssel, kommunale Ebene.
[231] Art. 48, 54 des Gesetzes vom 12. Januar 1989.
[232] Dies könnte sich nach den Vereinbarungen von St. Michel jedoch für die französische Gemeinschaftskommission ändern, der die Französische Gemeinschaft entsprechende Kompetenzen übertragen kann, während flämischerseits eine geringe Autonomie gegenüber der Flämischen Gemeinschaft angestrebt wird (Le Soir, Supplément vom 15. Dezember 1992, S. 7).

b) Die deutsche Volksgruppe

Der *Rat der Deutschsprachigen Gemeinschaft* besteht aus 25 direkt gewählten Mitgliedern. Das aktive und passive Wahlrecht steht denjenigen zu, die, neben der Erfüllung der allgemeinen Voraussetzungen, ihren Wohnsitz in einer der zum deutschen Sprachgebiet zählenden Gemeinden haben[233]. Aufgrund dieser ausschließlich territorialen Anknüpfung sind also nicht die Deutschsprachigen der Malmedyer Gemeinden und der anderen Gebiete, wohl aber die Angehörigen der französischsprachigen Minderheit wahlberechtigt. Bisher fanden die Wahlen alle vier Jahre, zuletzt am 28. Oktober 1990 statt[234]. Später sollen sie alle fünf Jahre parallel zu den Wahlen zum Europäischen Parlament, bzw. an dem Datum, an denen die großen Gemeinschafts- und Regionalräte direkt gewählt werden, stattfinden. Aufgrund der Direktwahl wird der Rat der Deutschsprachigen Gemeinschaft im Gegensatz zu den beiden großen Gemeinschaftsräten bereits bisher nicht automatisch bei der Neuwahl der beiden nationalen Kammern aufgelöst.

Der Rat seinerseits wählt die drei Mitglieder der Exekutive[235]. Im Rat der Deutschsprachigen Gemeinschaft wird selbstverständlich nur Deutsch gesprochen und alle Dokumente werden in dieser Sprache verfaßt[236].

---

[233] Art. 8 § 2 des Gesetzes vom 31. Dezember 1983, so wie durch Art. 51 des Gesetz vom 6. Juli 1990 zur Regelung der Modalitäten für die Wahl des Rates der Deutschsprachigen Gemeinschaft geändert und Art. 3 § 1 Ziff. 3 des letzteren Gesetzes für das aktive Wahlrecht, Art. 5 § Ziff. 3 dieses Gesetzes für das passive Wahlrecht.

[234] Seitdem verfügt die Christlich-Soziale Partei (CSP) über 8, die Partei für Freiheit und Fortschritt (PFF) über 5, die Sozialistische Partei (SP), die Partei der Deutschsprachigen Belgier (PDB) und die Grünen (ECOLO) jeweils über 4 Mandate.

[235] Art. 49 I des Gesetzes vom 31. Dezember 1983. Die Exekutive wird nach den Wahlen vom 28. Oktober 1990 von einer Koalition aus CSP, PFF und SP gestellt.

[236] Art. 55 der Geschäftsordnung vom 2. Juli 1984.

Deutschsprachige Kammerabgeornete und direkt gewählte Senatoren des Wahlkreises Verviers gehören kraft Gesetzes dem *Wallonischen Regionalrat* an. Hier können sie sich in deutscher Sprache äußern. Ihre Erklärungen sind simultan zu übersetzen[237]. Auch können diese Ratsmitglieder Dekretvorschläge in deutscher Sprache vorlegen[238].

---

[237] Art. 53 III des Sondergesetzes vom 8. August 1980.
[238] Art. 53 II dieses Gesetzes.

Die rechtliche Stellung der Minderheiten in Deutschland

Michael J. Hahn[*]

I. Einleitung

1. Die Minderheiten in der Bundesrepublik Deutschland

Die Rechtsordnung der Bundesrepublik Deutschland gewährt drei nationalen Minderheiten - den Dänen, Friesen und Sorben - besonderen Schutz[1]. Dabei ist der verwendete Begriff der nationalen Minderheit keineswegs allseits anerkannt; er wird aber von den einschlägigen KSZE-Dokumenten als Oberbegriff für ethnische, kulturelle, sprachliche und religiöse Minderheiten verwendet[2]. Demgegenüber verwendet etwa die Dachorganisation zahlreicher "nationaler Minderheiten", die Föderalistische Union Europäischer Volksgruppen (FUEV), bewußt den Begriff der Volksgruppe[3]. Auf diese terminologische Diskussion kann hier nur hingewiesen werden; in den folgenden Erörterungen soll in Anlehnung an die KSZE-Terminologie weitgehend der Begriff der "Minderheit" zugrundegelegt werden[4].

---

[*] Assessor, LL.M. (Michigan), Wissenschaftlicher Referent am Max-Planck-Institut für ausländisches öffentliches Recht und Völkerrecht.

[1] *S. Messtorff*, Die Rechtsstellung der ethnischen Minderheiten in der Bundesrepublik Deutschland, 1987, 12 ff. nennt als Minderheiten neben der hier behandelten dänischen Volksgruppe "[d]ie Zigeuner, Juden und Ruhrpolen". Nach Messtorff umfaßt "die jüdische Minderheit in der Bundesrepublik Deutschland ... ca. 27.500 Menschen".

[2] Vgl. das Kopenhagener Abschlußdokument über die menschliche Dimension der KSZE vom 29. 6. 1990, abgedruckt in EuGRZ 17 (1990), 239 ff., sowie die Charta von Paris für ein neues Europa vom 21.11.1990, EuGRZ 17 (1990), 517 ff.

[3] Vgl. den Entwurf einer "Konvention über die Grundrechte der europäischen Volksgruppen", der von der Föderalistischen Union Europäischer Volksgruppen (FUEV) und der Europäischen Akademie Bozen am 20.5.1992 vorgelegt wurde und den Verweis hierauf im Amtsblatt des Brandenburgischen Ministeriums für Bildung, Jugend und Sport Nr. 6 v. 24. Juli 1992, 376.

[4] Eingehend hierzu *D. Franke/R. Hofmann*, Nationale Minderheiten - ein Thema für das Grundgesetz? Verfassungs- und völkerrechtliche

Neben den "anerkannten" Minderheiten leben in der Bundesrepublik Bevölkerungsgruppen, denen möglicherweise ebenfalls Minderheiteneigenschaft zukommt. Zu nennen sind insbesondere die Sinti und Roma[5], daneben die jüdische Bevölkerungsgruppe[6] und die Ruhrpolen[7]. Keiner dieser

---

Aspekte des Schutzes nationaler Minderheiten, EuGRZ 19 (1992), 401 ff.

Zum völkerrechtlichen Minderheitenschutz vgl. *F. Capotorti*, Minorities, in: *R. Bernhardt* (Ed.), Encyclopedia of Public International Law, Instalment 8 (1985), 385 ff.; *F. Ermacora*, The Protection of Minorities before the United Nations, RdC 182 (1985), 250 ff.; *Ch. Tomuschat*, Protection of Minorities under Article 27 of the International Covenant on Civil and Political Rights, FS Hermann Mosler, 1983, 649 ff. Siehe auch *P. Claire*, Protection of Minorities: Possible ways and means to facilitate the peaceful and constructive resolution of situations involving racial, national, religious and linguistic minorities, UN Doc. E/CN.4/1989/43 und Entwurf einer "Declaration on the Rights of Persons belonging to National or Ethnic, Religious and Linguistic Minorities, UN Doc. E/CN.4/1992/48.

[5] *Messtorff* (Anm. 1), 13 nennt eine Zahl von etwa 50.000 Zigeunern, zu denen sie neben den Sinti und Roma die Calé zählt.
Vgl. auch das Memorandum des Zentralrates Deutscher Sinti und Roma zur Aufnahme von Minderheiten- und Volksgruppenrechten in die Verfassung der Bundesrepublik Deutschland und zur Anerkennung von Sinti und Roma als Deutsche Volksgruppe durch die Bundesregierung vom 27. Juni 1990, Minderheiten-Forum des schleswig-holsteinischen Landtages, Tagung vom Juni 1991, 78.
Vgl. auch die Erklärung der Bundesregierung vom 17. März 1982, mit der anscheinend erstmals die Gewaltverbrechen der nationalsozialistischen Diktatur an den Sinti und Roma offiziell anerkannt worden sind: "Den Sinti und Roma ist durch die NS-Diktatur schweres Unrecht zugefügt worden. Sie wurden aus rassistischen Gründen verfolgt. Diese Verbrechen sind als Völkermord anzusehen".

[6] Bis zur Judenverfolgung in der Zeit der nationalsozialistischen Gewaltherrschaft verstanden sich die Juden in Deutschland wohl überwiegend nicht als nationale Minderheit. vgl. *Franke/Hofmann* (Anm. 4), 402 f.

[7] Die Zahl der "Ruhrpolen" schwankt nach Angaben von *Messtorff* (Anm. 1) je nach Zählweise zwischen 75.000 und 200.000 Menschen. Diese Angaben werden indes nicht näher spezifiziert. Es erscheint keineswegs eindeutig, daß sich die im Ruhrgebiet lebenden Deutschen polnischer Abstammung als nationale Minderheit oder Volksgruppe fühlten oder organisiert hätten. An der im Anschluß an die deutsche Wiedervereinigung aufkommenden und gerade von den Volksgruppen intensiv geführten Diskussion hat sich, soweit ersichtlich, keine Organisation beteiligt, die in Anspruch nähme, die

Gruppen stehen nach bestehendem Recht besondere staatliche Schutz- oder Förderansprüche zu.

a. Die Dänen

Die dänische Minderheit in Deutschland siedelt zwischen der seit der Volksabstimmung im Jahre 1920 nördlich von Flensburg verlaufenden deutsch-dänischen Grenze und dem Fluß Eider. Dieses Gebiet bildet den Landesteil Schleswig (aus dänischer Perspektive: Südschleswig) des Landes Schleswig-Holstein[8]. Die meisten dänischsprachigen Bürger Schleswig-Holsteins leben in den Landkreisen Flensburg-Land, Nordfriesland und Schleswig[9]. In der Stadt Flensburg beträgt der dänische Bevölkerungsteil etwa 20 %[10]. Es wird geschätzt, daß sich die Zahl der Dänen insgesamt auf etwa 50.000 beläuft[11].

"Ruhrpolen" zu vertreten. In der Weimarer Zeit genossen die Ruhrpolen gewisse Vorrechte im Schulbereich; vgl. *G. Erler*, Das Recht der nationalen Minderheiten, 1931, 200 ff. Nunmehr findet sich eine diesbezüglicher Regelung im deutsch-polnischen Vertrag über gute Nachbarschaft und freundschaftliche Beziehungen, BGBl. 1991 II 1314; hierzu *R. Hoffmann*, Minderheitenschutz in Europa, ZaöRV 52 (1992), 1, 51. Am 29.10.1992 wandten sich Vertreter polnischer Vereine u.a. an den Bundespräsidenten, den Bundeskanzler, Mitglieder der Bundesregierung und die Vorsitzenden der im Bundestag vertretenen Fraktionen und forderten u.a. unter Berufung auf Art. 20 Abs. 3 des deutsch-polnischen Vertrages über gute Nachbarschaft und freundschaftliche Beziehungen die Einrichtung polnischer (Hörfunk- und Fernseh-)Sendungen in Eigenverantwortung deutsch-polnischer Vereine, sowie die Förderung der polnischen Sprache als Fremdsprache an deutschen Schulen.

[8] Vgl. den vom *Dänischen Generalsekretariat Flensburg* verfaßten Beitrag "Die dänische Volksgruppe in Südschleswig (BR Deutschland)", in: Handbuch der europäischen Volksgruppen (Bearbeiter: *M. Straka*), Wien 1970, 267 ff.

[9] *M. Stephens*, Linguistic Minorities in Western Europe, Llandysul, 1976, 421.

[10] *H. Schultz*, Bericht zur Lage der dänischen Minderheit, in: Berichte zur Lage der Minderheiten, Arbeitstreffen im Landeshaus Kiel, 14.12.1990, Kiel 1991, 7.

[11] Vgl. Kurzdarstellung zur dänischen Minderheit in Schleswig-Holstein (Stand: 1. Juni 1991) zur Vorbereitung des KSZE-Expertentreffens über nationale Minderheiten vom 1. bis 19. Juli 1991 in Genf. Bearbeitet von: *Der Ministerpräsident des Landes Schleswig-Holstein* - Staatskanzlei - StK 111a - 177.13. Die gleiche Zahl wird von

Die dänische Minderheit ist die einzige der in Deutschland existierenden Minderheiten, die über einen "Schutzstaat", das Königreich Dänemark, verfügt. Dies hat in den ersten Jahren der Bundesrepublik nicht unerheblich dazu beigetragen, den Status der Dänen in Deutschland zu verbessern. Sowohl die Erklärung des Landes Schleswig-Holstein von 1949[12] als auch die Bonn-Kopenhagener Erkärung[13] wurden im Anschluß an Verhandlungen mit Dänemark abgegeben bzw. erfolgten in der ausdrücklichen Erwartung reziproker Behandlung der deutschen Minderheit in Dänemark.

b. Die Friesen

Deutschland weist zwei friesische Siedlungsgebiete auf: Ostfriesland, mit den Städten Aurich und Leer als Zentren, liegt zwischen der Ems und dem Jadebusen im Bundesland Niedersachsen. Im Nordwesten des Landes Schleswig-Holstein liegt Nordfriesland.
In Ostfriesland existiert lediglich eine kleine, drei Dörfer umfassende Sprachinsel mit etwa 1500-2000 friesischsprechenden Personen, denen durch die niedersächsische Landesgesetzgebung kein Sonderstatus eingeräumt wird[14]. Demgegenüber genießen die Nordfriesen im Land Schleswig-Holstein einen rechtlichen Sonderstatus, der dem der Dänen entspricht. Die Zahl der Sprachfriesen wird von Vertretern dieser Gruppe mit maximal 10.000 eingeschätzt. Sprachliche Hochburgen sind der Raum Risum-Lindholm auf dem Festland und der Westteil der Insel Föhr[15].

Vertretern der dänischen Volksgruppe genannt. Nach *Messtorff* (Anm. 1), 13 beträgt die Zahl der Dänen 60.000 - 70.000 Menschen.

[12] GVBl. Schleswig-Holstein 1949, 183.

[13] Bundesanzeiger Nr. 63 vom 31.3.1955, 4 ff.

[14] Die Ostfriesland betreffenden Zahlenangaben wurden dem Diskussionsbeitrag des Vorsitzenden des Friesenrats (Sektion Ostfriesland), Herrn Hajo Jelden, abgedruckt in: Berichte zur Lage der Minderheiten, Arbeitstreffen im Landeshaus Kiel, 14.12.1990, Kiel 1991, 11, entnommen.

[15] *J. Tholund*, Bericht zur Lage der friesischen Bevölkerungsgruppe, in: Berichte zur Lage der Minderheiten, Arbeitstreffen im Landeshaus Kiel, 14.12.1990, Kiel 1991, 7.

c. Die Sorben

Das sorbische Sprach- und Siedlungsgebiet liegt im Osten der Bundesrepublik auf dem Gebiet des Freistaates Sachsen und des Landes Brandenburg; es unterteilt sich in die Oberlausitz (Hauptort: Bautzen/Budysin) und die Niederlausitz (Hauptort: Cottbus/Chosebuz). Dem westslawischen Volk der Sorben gehören etwa 50.000 bis 80.000 Personen an[16]. Sorbisch ist eine eigenständige slawische Sprache, die u.a. mit dem Polnischen, Kaschubischen, Tschechischen und Slowakischen verwandt ist[17]. Das in der Oberlausitz gesprochene Sorbisch unterscheidet sich aber zum Teil erheblich von dem in der Niederlausitz gesprochenen[18].

2. Das Fehlen einer Minderheitenschutzbestimmung im Grundgesetz

Das Grundgesetz spricht den Schutz nationaler Minderheiten, ja, ihr Vorhandensein, nicht an[19]. Dies ist deswegen überraschend, weil bereits die

---

[16] Vgl. *L. Elle*, Die Sorben in der Statistik, in: Die Sorben in Deutschland, Maćica Serbska/Sorbische Wissenschaftliche Gesellschaft e.V., 1991, 24, der für das Jahr 1987 von 67.000 Sorbisch Sprechenden und 45.000 Personen mit sorbischer nationaler Selbstidentifikation ausgeht. Die Bundesregierung geht von 60.000 - 80.000 Sorben aus; siehe "Das sorbische Volk - Eine slawische Minderheit in Deutschland", mündliche Erklärung der deutschen Delegation im subsidiären Arbeitsorgan A am 17.7.1991, KSZE Expertentreffen über nationale Minderheiten, Genf 1991 (MinRat Dahms), 1 (im folgenden: Das sorbische Volk).

[17] Vgl. den Beitrag von *H. Faßke*, Sorbische Sprache, in: Die Sorben in Deutschland, Maćica Serbska/Sorbische Wissenschaftliche Gesellschaft e.V., 1991, 27 ff.

[18] *M. Stephens* (Anm. 9), 406.

[19] Zur Minderheitenfrage im Völkerrecht vgl. neuerdings *R. Hoffmann*, Minderheitenschutz in Europa, ZaöRV 52 (1992), 1 ff. Vgl. auch Teil IV Ziff. 32, 33 und 35 des Kopenhagener Abschlußdokuments über die menschliche Dimension der KSZE v. 29. Juni 1990, abgedruckt in EuGRZ 1990, 239 ff. Vgl. auch die Charta von Paris für ein neues Europa v. 21. Nov. 1990, EuGRZ 1990, 517 ff.

Frankfurter Reichsverfassung vom 28. März 1849[20] die folgende Regelung enthielt:

> "Den nicht Deutsch redenden Volksstämmen Deutschlands ist ihre volksthümliche Entwicklung gewährleistet, namentlich die Gleichberechtigung ihrer Sprachen, soweit deren Gebiete reichen, in den Kirchenwesen, dem Unterrichte, der inneren Verwaltung und der Rechtspflege".

An diese Regelung knüpft die *Weimarer Reichsverfassung* in Artikel 113 an:

> "Die fremdsprachigen Volksteile des Reichs dürfen durch die Gesetzgebung und Verwaltung nicht in ihrer freien, volkstümlichen Entwicklung, besonders nicht im Gebrauch ihrer Muttersprache beim Unterricht sowie bei der inneren Verwaltung und der Rechtspflege beeinträchtigt werden"[21].

---

[20] Artikel XIII, § 188; Text u.a. abgedruckt bei *H. Boldt* (Hrsg.), Reich und Länder. Texte zur deutschen Verfassungsgeschichte im 19. und 20. Jahrhundert, 1987, 391 ff. Zum verfassungsrechtlichen Hintergrund *J.- D. Kühne*, Die Reichsverfassung der Paulskirche, 1985, insbesondere 327. Vgl. auch das Memorandum des sorbischen Volkes zu den Volksgruppenrechten in einem erneuerten deutschen Grundgesetz, Bautzen 1990. Danach waren sorbische Anregungen für die Aufnahme dieser Bestimmung in die Paulskirchenverfassung maßgebend.

[21] RGBl. 1919 I, 1383 ff. Diese Bestimmung wurde überwiegend als Programmsatz verstanden, der zu seiner Konkretisierung weiterer Gesetze bedurfte. Vgl. *G. Anschütz*, Die Verfassung des Deutschen Reiches, 14. A., 478, 542, *Erler* (Anm. 7), 181. Anderer Ansicht *H. Gerber*, Minderheitenrecht im Deutschen Reich, 1929, 11, 40, 269 in H.C. Nipperdey, Die Grundrechte und Grundpflichten der Reichsverfassung, 1. Band, 1929, 274.

Als solche Umsetzungsakte sind zu nennen der Schleswigsche Schulerlaß vom 9.2.1926 (geändert 1928), der "Polenerlaß" vom 31.12.1928 sowie ein sächsisches Landesgesetz vom 22.7.1919. Vgl. hierzu *B. v. Maydell*, Inhalt und Funktion eines modernen Volksgruppenrechts, dargestellt am Anspruch der Volksgruppen auf eigene Schulen in Deutschland, Diss. iur. Marburg 1960 und *R. Wolfrum*, Minderheitenschutz in Europa. Die staatsrechtliche Situation am Beispiel einzelner ausgewählter Staaten, 1991, 18 des Skripts. Zur diesbezüglichen Rechtsprechung vgl. insb. *H. Gerber*, aaO., 269, 289 ff. Zur völkervertraglichen Verpflichtung des

Obwohl das Bonner *Grundgesetz* danach den *Minderheiten als Gruppen*[22] keinerlei Aufmerksamkeit widmet, wird ihnen über den extensiven Grundrechtsschutz des einzelnen Gruppenmitglieds mittelbarer Schutz gewährt[23]. Zu nennen sind insbesondere das Grundrecht auf freie Entfaltung der Persönlichkeit, die allgemeine Handlungsfreiheit, Religions- und Meinungsfreiheit sowie die Versammlungs- und Vereinigungsfreiheit.

Seit 1951 ist in der verfassungsgerichtlichen Rechtsprechung anerkannt, daß eine Diskriminierung wegen Abstammung, Sprache oder Religion nicht nur eine Verletzung des Diskriminierungsverbotes nach Artikel 3 Absatz 3 GG sondern zugleich immer einen Angriff auf die Menschenwürde darstellt, sofern das diskriminierende Verhalten von der Geringschätzung, der Ächtung oder der Erniedrigung des Diskriminierten ausgeht[24]. Zwar hat das in Artikel 3 GG enthaltene Diskriminierungsverbot die einzelne Person

---

Deutschen Reiches vgl. den mit Polen geschlossenen Vertrag vom 15.5.1922, RGBl. 1922 II, 238 ff.

[22] Zum Begriff der Volksgruppe *O. Kimminich*, Rechtsprobleme der polyethnischen Staatsorganisation, 1985, 109 ff.

[23] Vgl. die Antwort des Parlamentarischen Staatssekretärs beim Bundesminister für Inneres auf eine parlamentarische Anfrage, BT-PlPr. 11/18175: "Das Grundgesetz sichert die Position nationaler Minderheiten durch die Gewährleistung von Freiheits- und Gleichheitsgarantien. Die in den Art. 3 Abs. 3, 33 und 38 enthaltenen Gleichheitsgrundrechte verbieten eine Differenzierung der Rechtsstellung nach der Zugehörigkeit zu einer nationalen Minderheit und garantieren gleiche staatsbürgerliche Rechte."

Dieser Schutz genügt den völkerrechtlichen Verpflichtungen aus Art. 27 des Paktes über Bürgerliche und Politische Rechte und Art. 14 der Europäischen Menschenrechtskonvention. Vgl. *Franke/Hofmann* (Anm. 4), 403.

[24] Art. 3 Abs. 3 GG hat folgenden Wortlaut: "Niemand darf wegen seines Geschlechts, seiner Abstammung, seiner Rasse, seiner Sprache, seiner Heimat und Herkunft, seines Glaubens, seiner religiösen oder politischen Anschauungen benachteiligt oder bevorzugt werden."

Vgl. BVerfGE 1, 97, 104. Danach ist das Bewußtsein der Zugehörigkeit zu einer bestimmten Rasse oder Religion sowie die Freiheit, eine bestimmte Sprache zu sprechen oder kulturelle Sitten oder Gebräuche zu pflegen, stets auch Ausdruck des Selbstbestimmungsrechts des Menschen und damit Ausdruck seiner Menschenwürde.

im Blickwinkel[25]; da die Zugehörigkeit zu einer Gruppe aber kein legitimes Unterscheidungsmerkmal darstellt, ist der Staat gehalten, sich gegenüber der Gruppe zumindest neutral zu verhalten[26].

3. Die Verfassungsdiskussion nach Beitritt der neuen Bundesländer

Im Zusammenhang mit dem Beitritt der fünf neuen Bundesländer wird nunmehr *de lege ferenda* diskutiert, ob nicht über den bisherigen mittelbaren Schutz der Minderheiten hinaus ein spezieller Minderheitenschutzartikel (bzw. Volksgruppenschutzartikel) in das Grundgesetz aufgenommen werden sollte.

Ausgangspunkt der Diskussion ist der besondere Status, den die Verfassung der DDR der Volksgruppe der Sorben einräumte. Insoweit in Anknüpfung an die Tradition der Paulskirchenverfassung und der Weimarer Reichsverfassung hieß es in Artikel 40 der Verfassung der DDR:

"Bürger der Deutschen Demokratischen Republik sorbischer Nationalität haben das Recht zur Pflege ihrer Muttersprache und Kultur. Die Ausübung dieses Rechts wird vom Staat gefördert"[27].

---

[25] Der Abgeordnete Dr. *Bergstäßer* begründete den Antrag auf Aufnahme des Verbots der Diskriminierung wegen der Sprache mit der Funktion hierdurch die Gleichbehandlung fremdsprachiger Minderheiten zu gewährleisten. JöR N.F. 1 (1951), 69. Vgl. auch *Messtorff* (Anm. 1), 30 - 35 ff.

[26] Die Bedeutung, die das an Individualrechten ausgerichtete Schutzsystem des Grundgesetzes auch für den Minderheitenschutz hat, wird in den *Kopenhagen-Bonner Erklärungen vom 29. März 1955* deutlich (Bundesanzeiger Nr. 63 vom 31. März 1955, 4 ff.). Dabei handelt es sich um die von den Regierungen der Bundesrepublik und des Königreichs Dänemark abgegebenen und aufeinander abgestimmten Erklärungen zur Minderheitenpolitik gegenüber den jeweiligen Minderheiten. Vgl. Bulletin des Presse- und Informationsamtes der Bundesregierung v. 29. März 1955, 491; vom 31. März 1955, 505 f.; vom 1. April 1955, 515 ff.

[27] Artikel 11 der Verfassung der DDR von 1949 lautet noch in enger sprachlicher Anlehnung an die bereits im Text genannten deutschen Verfassungen: "Die fremdsprachigen Volksteile der Republik sind durch Gesetzgebung und Verwaltung in ihrer freien volkstümlichen Entwicklung zu fördern; sie dürfen insbesondere am Gebrauch ihrer

Bereits am 2. August 1990 regten verschiedene sorbische Organisationen an, dem Grundgesetz einen Volksgruppenschutzartikel mit folgendem Wortlaut hinzufügen:

> "Der Schutz und die Förderung der in Deutschland ansässigen Volksgruppen werden garantiert. Bei der Ausarbeitung von Bundes- und Landesgesetzen, die in besonderer Weise die Interessen der Volksgruppen berühren, steht ihnen ein Mitwirkungsrecht zu, welches durch Gesetz zu regeln ist".[28]

Diese Vorschläge stießen zunächst nur vereinzelt auf Zustimmung[29]; insbesondere die Bundesregierung vertrat einen deutlich zurückhaltenderen Standpunkt[30]. Die Kommission Verfassungsreform des Bundesrates hat

---

Muttersprache im Unterricht, in der inneren Verwaltung und in der Rechtspflege nicht gehindert werden".

[28] "Memorandum des sorbischen Volkes zu den Volksgruppenrechten in einem erneuerten deutschen Grundgesetz", Ziff. 3. Unterzeichner sind u.a. die sorbische Volksversammlung, die Domowina (Bund Lausitzer Sorben), das Cyrill-Methodius-Werk und die Sorbische Evangelisch-Lutherische Superintendur.

[29] Vgl. den Dringlichkeitsantrag der Fraktionen der SPD, der CDU und des Abgeordneten Karl Otto Meyer (SSW) im Schleswig-Holsteinischen Landtag (LT-Drs. 12/101 v. 3.9.1990), in der die Landesregierung aufgefordert wird, "im Bundesrat mit einem Entschließungsantrag dafür einzutreten, daß die Rechte der nationalen Minderheiten und Volksgruppen im Grundgesetz ausdrücklich berücksichtigt werden, so wie sie im Artikel 5 der Verfassung des Landes Schleswig-Holstein und für die Volksgruppe der Sorben in der Verfassung der DDR verankert sind."

Aus der unmittelbar im Anschluß an die deutsche Wiedervereinigung geführten literarischen Diskussion vgl. *P. Häberle*, Aktuelle Probleme des deutschen Föderalismus, Die Verwaltung 1991, 169, 205, und insbesondere *E. Klein*, Der Einigungsvertrag - Verfassungsprobleme und -aufträge, DÖV 1991, 569, 576.

Vgl. auch Stellungnahme des Vorsitzenden des Friesenrates (Sektion Nordfriesland) bei Gelegenheit des Arbeitstreffens im Landeshaus Kiel vom 14. Dezember 1990 "Berichte zur Lage der Minderheiten", herausgegeben von der Präsidentin des schleswig-holsteinischen Landtages, 1991, 7, 9.

[30] "...die Bundesregierung vermag eine verfassungsrechtliche Verankerung des Schutzes nationaler Minderheiten im Grundgesetz nicht

nunmehr vorgeschlagen, einen Minderheitenschutzartikel mit folgendem Wortlaut aufzunehmen:

"Der Staat achtet die Identität der ethnischen, kulturellen und sprachlichen Minderheiten[31]."

In der Begründung dieser mit sehr knapper Mehrheit angenommenen Diskussionsvorlage der Bundesrats-Kommission wird betont, daß nationale Minderheiten des Schutzes der gesamtstaatlichen Verfassung bedürften[32]. Demgegenüber erscheine eine inhaltsgleiche Ausgestaltung des Minderheitenschutzes auch für in Deutschland lebende Ausländergruppen nicht sinnvoll oder notwendig[33]. Dennoch scheiterte in der Schlussabtimmung der Antrag, zusätzlich den folgenden Satz aufzunehmen:

"Er [der Staat Bundesrepublik Deutschland] schützt und fördert nationale und ethnische Minderheiten deutscher Staatsangehörigkeit[34]."

---

zu befürworten. Das Grundgesetz sichert die Position nationaler Minderheiten durch die Gewährleistung von Freiheits- und Gleichheitsgarantien." Antwort des Parlamentarischen Staatssekretärs beim Bundesminister für Inneres auf eine parlamentarische Anfrage, BT-PlPr. 11/18175.

[31] Stärkung des Föderalismus in Deutschland und Europa sowie weitere Vorschläge zur Änderung des Grundgesetzes. Bericht der Kommission Verfassungsreform des Bundesrates, Bundesrat (Hrsg.), Bonn 1992 (= BR-Drs. 360/92), Rdnr. 125.

[32] Einige Bundesländer hatten demgegenüber die Ansicht vertreten, es sei ausschließlich Sache der Landesverfassungen, den gebotenen Schutz zu gewährleisten; vgl. BR-Drs. 360/92, Rdnr. 127.

[33] ebd., Rdnr. 126.

[34] Brandenburg hatte zunächst den folgenden Vorschlag unterbreitet:

(1) "Der Staat achtet die Rechte der ethnischen, kulturellen, religiösen oder sprachlichen Minderheiten auf Wahrung und Entwicklung ihrer Identität.

(2) Die in der Bundesrepublik Deutschland bestehenden nationalen Minderheiten und Volksgruppen, deren Angehörige die deutsche Staatsangehörigkeit besitzen, haben Anspruch auf Schutz und Förderung".

Dieser Schutz- und Förderklausel, die ausdrücklich nur auf nationale und ethnische Minderheiten deutscher Staatsangehörigkeit bezogen ist, käme im Falle der Aufnahme in das Grundgesetz der Charakter eines objektivrechtlichen Staatsziels zu[35]. Nach Vorstellung der Ausschußminderheit war insbesondere an die dänische, sorbische und friesische Bevölkerungsgruppe, die deutschen Sinti und Roma sowie - falls dort ein entsprechendes Minderheitenselbstverständnis bestehe - auch an die jüdische Bevölkerungsgruppe gedacht[36]. Den unter diese Regelung fallenden Minderheiten sollte nicht nur Schutz, sondern auch Förderung gewährt werden, da angesichts der Gefährdung der Minderheiten "durch die Assimilationskraft des Staatsganzen und der Gesellschaft eine ehrliche Minderheitenschutzpolitik ohne eine solche Förderung nicht auskommen könne"[37].

Die vorläufige Ablehnung der Aufnahme einer entsprechenden objektivrechtlichen Minderheitenschutzbestimmung vermag nicht zu überzeugen. Sie wird insbesondere nicht von der Begründung der Ausschußmehrheit getragen; dort war - wie erwähnt - ausgeführt, daß nationale Minderheiten des Schutzes der gesamtstaatlichen Verfassung bedürften. Dieser soll nun-

---

Sachsen hatte alternativ den folgenden Formulierungsvorschlag unterbreitet:
"Die Bundesrepublik Deutschland schützt und fördert nationale und ethnische Minderheiten deutscher Staatsangehörigkeit".
Der zuständige Arbeitsausschuss einigte sich schließlich mit Zwei-Drittel-Mehrheit darauf, die Achtensklausel des brandenburgischen Vorschlags mit der sächsischen Staatszielbestimmung zu verbinden.
Zitiert nach *Franke/Hofmann (Anm. 4)*, 406 ff.

[35] *Franke/Hofmann* (Anm. 4), 408; BR-Drs. 360/92, Rdnr. 130.

[36] Da die beiden letztgenannten Bevölkerungsgruppen - anders als Dänen, Friesen und Sorben - kein auf das Territorium eines bestimmten Bundeslandes beschränktes Siedlungsgebiet aufweisen, hätte für sie eine Bestimmung im Grundgesetz besondere Bedeutung.

[37] BR-Drs. 360/92, Rdnr. 130.

mehr gerade nicht gewährt werden[38]. Noch ist jedoch keineswegs absehbar, wie sich die Diskussion fortentwickelt[39].

4. Minderheitenschutzbestimmungen auf Länderebene

Bis auf eine Minderheiten privilegierende Regelung des Bundeswahlgesetzes[40] sind sämtliche Minderheitenschutzbestimmungen von Bundesländern erlassen worden. Mit Ausnahme Sachsen-Anhalts handelt es sich dabei mit Brandenburg, Sachsen und Schleswig-Holstein jeweils um Länder, in denen Dänen, Friesen und Sorben siedeln. Wie noch im einzelnen zu zeigen sein wird, werden konkrete Einrichtungsgarantien (etwa in bezug auf Schulen) oder Ansprüche auf staatliche Unterstützung auch nur zugunsten dieser drei Minderheiten oder Volksgruppen begründet. Zugunsten nicht spezifizierter nationaler oder ethnischer Minderheiten enthalten die sachsen-anhaltinische, die sächsische und die schleswig-holsteinische Verfassung lediglich objektivrechtliche Schutz- und Förderklauseln[41].

---

[38] Eingehend *Franke/Hofmann* (Anm. 4), 406 ff.

[39] Vgl. nunmehr die Antwort der Bundesregierung auf eine kleine Anfrage, die dem Bundestag am 5.10.1992 zugestellt wurde, BT-Drs. 12/3245. Danach beabsichtigt die Bundesregierung keine verfassungsrechtliche Sonderregelung.

[40] § 6 Bundeswahlgesetz.

[41] Die Verfassung des Landes Brandenburg (GVBl. Brandenburg 1992 - Teil I, 122, 126) spricht ausdrücklich nur die Rechte der Sorben (Wenden) an. Vgl. Art. 5 Abs. 2 der Verfassung des Landes Schleswig-Holstein vom 13. Dezember 1949 in der Fassung des Gesetzes zur Änderung der Landessatzung für Schleswig-Holstein vom 13. Juni 1990 (GVBl. Schleswig-Holstein, 1990, 391) : "Die kulturelle Eigenständigkeit und die politische Mitwirkung nationaler Minderheiten und Volksgruppen stehen unter dem Schutz des Landes, der Gemeinden und Gemeindeverbände. Die nationale dänische Minderheit und die friesische Volksgruppe haben Anspruch auf Schutz und Förderung"; vgl. einerseits die "allgemeine" Minderheitenschutzbestimmung des Art. 5 der Verfassung des Freistaats Sachsen und den speziell den Sorben gewidmeten Art. 6. Art. 5 Abs. 2 lautet: "Das Land gewährleistet und schützt das Recht nationaler und ethnischer Minderheiten deutscher Staatsangehörigkeit auf Bewahrung ihrer Identität sowie auf Pflege ihrer Sprache, Religion, Kultur und Überlieferung. Demgegenüber bestimmt Art. 6:

Kulturelle Minderheiten werden ausschließlich in Art. 37 Abs. 2 der Verfassung von Sachsen-Anhalt angesprochen; im Gegensatz zu ethnischen Minderheiten sind sie jedoch nicht Adressaten der Schutz- und Förderklausel des Absatzes 1[42].

Sämtlichen dieser Regelungen liegt das sogenannte Bekenntnisprinzip zugrunde. Danach ist das Bekenntnis einer Person zu einer Minderheit konstitutiv für ihre Zugehörigkeit zur Minderheitengruppe und deren Stärke. Erstmals findet sich eine diesem Grundsatz verpflichtete Regelung in Art. 1 Nr. 8 des Preussischen Schulerlasses vom 31.12.1928, wonach als dänische Minderheit diejenigen Volksteile gelten, die sich zum dänischen Volkstum bekennen[43]. Im Anschluß hieran definieren auch die bundesdeutschen Regelungen den Begriff der Minderheit nicht. Sofern die Frage "wer gehört zur Minderheit?" überhaupt angesprochen wird, wird auf die Selbsteinschätzung der betroffenen Personen verwiesen. So heißt es in der Bonn-Kopenhagener Erklärung: "Das Bekenntnis zum dänischen Volkstum und zur dänischen Kultur ist frei und darf von Amts wegen nicht bestritten

---

"(1) Die im Land lebenden Bürger sorbischer Volkszugehörigkeit sind gleichberechtigter Teil des Staatsvolkes. Das Land gewährleistet und schützt das Recht auf Bewahrung ihrer Identität sowie auf Pflege und Entwicklung ihrer angestammten Sprache, Kultur und Überlieferung, insbesondere durch Schulen, vorschulische und kulturelle Einrichtungen. (2) In der Landes- und Kommunalplanung sind die Lebensbedürfnisse des sorbischen Volkes zu berücksichtigen. Der deutsch-sorbische Charakter des Siedlungsgebietes der sorbischen Volksgruppe ist zu erhalten. (3) Die landesübergreifende Zusammenarbeit der Sorben, insbesondere in der Ober- und Niederlausitz, liegt im Interesse des Landes"; Sächsisches GVBl. 1992, 243, 244.

[42] Art. 37 : ("Kulturelle und ethnische Minderheiten") lautet: "(1) Die kulturelle Eigenständigkeit und die politische Mitwirkung ethnischer Minderheiten stehen unter dem Schutz des Landes und der Kommunen.
(2) Das Bekenntnis zu einer kulturellen oder ethnischen Minderheit ist frei; es entbindet nicht von den allgemeinen staatsbürgerlichen Pflichten." GVBl. Sachsen-Anhalt 1992, 600, 611.

[43] MBliV 1929, Sp. 74,75; *A. Kühn*, Privilegierung nationaler Minderheiten im Wahlrecht der Bundesrepublik Deutschland und Schleswig-Holsteins, 1991, 27.

oder nachgeprüft werden[44]. Nach Art. 5 Abs. 1 der Schleswig-holsteinischen Verfassung ist das "Bekenntnis zu einer nationalen Minderheit"[45], nach Art. 37 Abs. 2 der sachsen-anhaltinischen Verfassung das Bekenntnis zu einer "kulturellen oder ethnischen Minderheit[46] frei. Dieses Bekenntnis "entbindet nicht von den allgemeinen staatsbürgerlichen Pflichten".

Die Verfassung für das Land Brandenburg und die Sächsische Verfassung nehmen hierzu keine Stellung; in der Protokollnotiz zu Artikel 35 des Einigungsvertrages heißt es aber: "Das Bekenntnis zum sorbischen Volkstum und zur sorbischen Kultur ist frei."

Alle bisherigen Landesverfassungen gehen davon aus, daß nur Gruppen deutscher Staatsangehörigen Minderheitenstatus zukommen kann. Die sächsische Verfassung spricht dies in Art. 5 Abs. 2 ("Minderheiten deutscher Staatsangehörigkeit") und Art. 6 Abs. 1 ("Bürger sorbischer Volkszugehörigkeit") ausdrücklich aus, während sich bei der sachsen-anhaltinischen und schleswig-holsteinischen Verfassung diese Voraussetzung mittelbar aus der Bestimmung ergibt, das Bekenntnis zur Minderheit entbinde nicht von den allgemeinen staatsbürgerlichen Pflichten. Die brandenburgische Verfassung gewährt nur dem Volk der Sorben, dessen Angehörige typischerweise deutsche Staatsangehörige sind, Schutz und Förderung[47].

---

[44] In der Erklärung des Landes Schleswig-Holstein vom 26.9.1949 hatte es geheißen: "Das Bekenntnis zum dänischen Volkstum und zur dänischen Kultur ist frei. Es darf von Amts wegen nicht bestritten oder nachgeprüft werden."

[45] GVBl. Schleswig-Holstein 1990, 391.

[46] GVBl. Sachsen-Anhalt 1992, 600, 611.

[47] Von dieser Konzeption scheint ein Ergänzungsantrag der SPD / LL-PDS / Bürgerbewegung / Die Grünen zum Entwurf der "Verfassung für Mecklenburg-Vorpommern (basierend auf dem Entwurf der Professoren Dr. von Mutius und Dr. Starck, auf dem Stand der Beratungen in der Verfassungskommission des Landtages Mecklenburg-Vorpommern am 28. März 1992)" abzuweichen. Danach wird die Aufnahme eines Artikels 15a mit folgendem Wortlaut vorgeschlagen: "Die kulturelle Eigenständigkeit und die politische Mitwirkung ethnischer und nationaler Minderheiten und Volksgruppen stehen unter dem Schutz des Landes, der Gemeinden und Kreise".

In den folgenden zwei Unterabschnitten werden überblickartig die Dänen, Friesen und Sorben betreffenden Landesvorschriften vorgestellt, wobei insbesondere auf die *Verfassungen* eingegangen wird[48].

a. Der Status der Dänen und Friesen im Lande Schleswig-Holstein

Die rechtliche Stellung der Dänen und Friesen in Schleswig-Holstein wird durch Artikel 5 der schleswig-holsteinischen Verfassung geprägt, der folgenden Wortlaut hat:

"Nationale Minderheiten und Volksgruppen
(1) Das Bekenntnis zu einer nationalen Minderheit ist frei; es entbindet nicht von den allgemeinen staatsbürgerlichen Pflichten.
(2) Die kulturelle Eigenständigkeit und die politische Mitwirkung nationaler Minderheiten und Volksgruppen stehen unter dem Schutz des Landes, der Gemeinden und Gemeindeverbände. Die nationale dänische Minderheit und die friesische Volksgruppe haben Anspruch auf Schutz und Förderung"[49].

Damit enthält Artikel 5 zugunsten der Dänen und Friesen nicht nur eine objektivrechtliche Staatszielbestimmung (Art. 5 Abs. 2 Satz 1), sondern begründet in Art. 5 Abs. 2 Satz 2 einen Anspruch dieser Gruppen auf staatliche Unterstützung.

Bemerkenswert an der Selbstverpflichtung des Landes ist weiterhin die Einbeziehung der kommunalen Ebene. Allerdings verbleibt den Verpflich-

---

Vgl. auch Art. 6 des Ghorischen Entwurfs für die sächsische Verfassung, unten Anm. 61.

[48] Die bestimmte Sachgebiete betreffenden Regelungen werden weiter unten im einzelnen vorgestellt; Wiederholungen werden in Kauf genommen, soweit dadurch dem Leser ein möglichst einfacher Zugang zu den Materialien ermöglicht werden kann.

[49] Verfassung des Landes Schleswig-Holstein vom 13. Dezember 1949 in der Fassung des Gesetzes zur Änderung der Landessatzung für Schleswig-Holstein vom 13. Juni 1990 (GVBl. Schleswig-Holstein, 1990, 391).

Bemerkenswert an der Selbstverpflichtung des Landes ist weiterhin die Einbeziehung der kommunalen Ebene. Allerdings verbleibt den Verpflichtungsadressaten hinsichtlich der Ausgestaltung im einzelnen ein weiter Spielraum, der durch den Erlaß weiterer Gesetze, Verordnungen, Satzungen und konkrete administrative und politische Entscheidungen ausgefüllt werden muß[50].

Vor 1990 war die Kopenhagen-Bonner Erklärung vom 29. März 1955[51] Grundlage der Rechtsstellung der dänischen Minderheit in Schleswig-Holstein. Diese löste die Erklärung der Landesregierung Schleswig-Holstein über die Stellung der dänischen Minderheit vom 26. September 1949[52] ab[53]. Beide - teilweise wortgleichen - Erklärungen bekräftigen zunächst die Geltung der Grundrechte auch für die Angehörigen der dänischen Minderheit. Sodann werden gewisse Gruppenprivilegien anerkannt bzw. zur Kenntnis genommen[54].

Bemerkenswerterweise ist die im letzten Absatz der Erklärung von 1949 vorgenommene rechtliche Gleichstellung der Dänen und Friesen erst wieder in der neuen Landesverfassung von Schleswig-Holstein zu finden.

---

[50] Vgl. dazu *A. von Mutius*, Anspruch auf Schutz und Förderung - der Artikel 5 in der neuen Verfassung von Schleswig-Holstein, Nordfriesland 1990, 39, 40, zitiert nach *Wolfrum* (Anm. 21), 22.

[51] Bundesanzeiger Nr. 63 vom 31.3.1955, 4 ff.

[52] GVBl. Schleswig-Holstein 1949, 183.

[53] Die schleswig-holsteinische Landesregierung gab am 13.9.1955 die folgende Erklärung ab:
"Nachdem die Grundsätze der Erklärung der Landesregierung vom 26. September 1949 von der weitergehenden Erklärung der Regierung der Bundesrepublik Deutschland vom 29. März 1955 übernommen worden sind, erachtet die Landesregierung die Erklärung vom 26. September 1949 als gegenstandslos. Der auf Grund der Ziffer III der Erklärung vom 26. September 1949 gebildete Verständigungsausschuß setzt gleichwohl seine Tätigkeit bis zum Ablauf der Wahlperiode des jetzigen Landtages fort." GVBl. Schleswig-Holstein 1955, 163.
Diese Erklärung wurde vom Landtag einstimmig angenommen, vgl. GVBl. Schleswig-Holstein 1955, 163

[54] Vgl. Anlage.

Die Bonn-Kopenhagener Erklärung jedenfalls erwähnte die friesische Minderheit nicht[55].

b. Die Rechtslage der Sorben in Sachsen und Brandenburg

Der *Einigungsvertrag* und die damit zusammenhängenden Regelungen[56] sehen vor, den Sorben ihren bisherigen Rechtsstatus zu erhalten. Dessen Grundlage war *Artikel 40 der DDR-Verfassung von 1974*[57]. Diese Vorschrift wurde ergänzt durch das *Sächsische Gesetz zur Wahrung der Rechte der sorbischen Bevölkerung* vom 23. März 1948, das auch nach Auflösung des Staates Sachsen fortgalt[58]. Wie sich aus der Denkschrift zum Einigungsvertrag ergibt, sollten die "Rechte der Sorben im vereinten Deutschland unter der Wahrung der Kompetenzen von Bund und Ländern gesichert" werden[59]. In einer *Protokollnotiz zu Artikel 35* des Einigungsvertrages erklärten die Bundesrepublik Deutschland und die Deutsche Demokratische Republik:

---

[55] Vgl. Anlage.

[56] Vom 31.8.1990, BGBl. 1990 II, 889; vgl. hierzu *G. Schuster*, Völkerrechtliche Praxis der Bundesrepublik Deutschland, ZaöRV 52 (1992), 828, 889.

[57] "Bürger der Deutschen Demokratischen Republik sorbischer Nationalität haben das Recht zur Pflege ihrer Muttersprache und Kultur. Die Ausübung dieses Rechts wird vom Staat gefördert." Vgl. hierzu *H.J. Rodenbach*, Der Rechtsstatus der Sorben in der DDR, ROW 29 (1985), 271 ff. und *Mampel*, Die sozialistische Verfassung der Deutschen Demokratischen Republik, 1982, 821 ff.

[58] Sächsisches GVBl., Jg. 4, Nr. 9, 9.4.1948, 191; siehe auch die Erste Durchführungsverordnung zum Gesetz zur Wahrung der Rechte der sorbischen Bevölkerung vom 23. März 1948 - vom 11. Januar 1951, Sächsisches GVBl., Jg. 7, Nr. 3, 1951, 47. Vgl. hierzu *T. Veiter*, Die sprachliche Situation in den Staaten in der Mitte Europas, Archiv des Völkerrechts 28 (1990), 17, 21. Nach Ansicht des Sächsischen Staatsministeriums der Justiz gilt das sächsische Gesetz von 1948 nach § 9 Absatz 1 Einigungsvertrag fort (Brief v. 30.4.1991, Az.: 1130-JM II-1). Diese Ansicht vertritt nunmehr auch die Bundesregierung in einer Antwort auf eine kleine Anfrage, BT-Drs. 12/3245.

[59] Bundestagsdrucksache 11/7760, 378.

"1. Das Bekenntnis zum sorbischen Volkstum und zur sorbischen Kultur ist frei.
2. Die Bewahrung und Fortentwicklung der sorbischen Kultur und der sorbischen Traditionen werden gewährleistet.
3. Angehörige des sorbischen Volkes und ihre Organisationen haben die Freiheit zur Pflege und zur Bewahrung der sorbischen Sprache im öffentlichen Leben.
4. Die grundgesetzliche Zuständigkeitsverteilung zwischen Bund und Ländern bleibt unberührt."

Im Vorgriff auf seinerzeit noch nicht erlassene Landesverfassungen sicherte der Einigungsvertrag damit den bisherigen Status quo, der den Sorben - ähnlich wie den Dänen und Friesen aufgrund von Artikel 5 der schleswig-holsteinischen Landessatzung - nicht nur ein Recht auf Schutz vor An- und Eingriffen gegenüber der Minderheitengruppe, sondern ein Recht auf aktive Förderung gab. An diese Situation knüpfte die ostdeutsche Landesverfassungsdiskussion an[60].

Die neuen Verfassungen Brandenburgs und Sachsens werden dem Gebot des Einigungsvertrages, der Volksgruppe der Sorben besonderen Schutz und Förderung angedeihen zu lassen, in vollem Umfang gerecht.

---

[60] Der *Ghorische Entwurf Sachsens von 1990* enthielt in seinem Art. 6 einen entsprechenden Formulierungsvorschlag:
"1. Das Land achtet die Interessen nationaler Minderheiten, die im Land leben. Es gewährleistet und schützt ihr Recht auf Bewahrung ihrer nationalen Identität sowie auf Pflege ihrer Sprache, Religion, Kultur und Tradition.
2. Sprache und Kultur der Sorben genießen besondere Förderung des Landes. In der Landes- und Kommunalplanung sind die besonderen Lebensbedürfnisse der Sorben zu berücksichtigen."
Zitiert nach *P. Häberle* (Anm. 29), 205. Dem Ghorischen Entwurf ging Artikel 11 Absatz 6 des Verfassungsentwurfes Sachsen vom März 1990 voraus. Dieser lautete: "Angehörige nationaler Minderheiten können in Sachsen ohne irgendwelche Nachteile in ihren Arbeits- oder Dienstverhältnissen ihre besonderen gesetzlich festgelegten Feiertage begehen, egal wo sie innerhalb des Landes Sachsen wohnen."

Die *Verfassung des Landes Brandenburg*, die am 14. Juni 1992 von der Brandenburger Bevölkerung angenommen worden ist, geht in Art. 25 über Art. 40 der Verfassung der DDR hinaus:

"Rechte der Sorben (Wenden)

(1) Das Recht des sorbischen Volkes auf Schutz, Erhaltung und Pflege seiner nationalen Identität und seines angestammten Siedlungsgebietes wird gewährleistet. Das Land, die Gemeinden und Gemeindeverbände fördern die Verwirklichung dieses Rechtes, insbesondere die kulturelle Eigenständigkeit und die wirksame politische Mitgestaltung des sorbischen Volkes.

(2) Das Land wirkt auf die Sicherung einer Landesgrenzen übergreifenden politischen Autonomie hin.

(3) Die Sorben haben das Recht auf Bewahrung und Förderung der sorbischen Sprache und Kultur im öffentlichen Leben und ihre Vermittlung in Schulen und Kindertagesstätten.

(4) Im Siedlungsgebiet der Sorben ist die sorbische Sprache in die öffentliche Beschriftung einzubeziehen. Die sorbische Fahne hat die Farben Blau, Rot, Weiß.

(5) Die Ausgestaltung der Rechte der Sorben regelt ein Gesetz. Dies hat sicherzustellen, daß in Angelegenheiten der Sorben, insbesondere bei der Gesetzgebung, sorbische Vertreter mitwirken[61]".

Die Parallelbestimmung der Sächsischen Verfassung vom 27. Mai 1992, Artikel 6, lautet:

"(1) Die im Land lebenden Bürger sorbischer Volkszugehörigkeit sind gleichberechtigter Teil des Staatsvolkes. Das Land gewährleistet und schützt das Recht auf Bewahrung ihrer Identität sowie auf Pflege

---

[61] GVBl. Brandenburg 1992 - Teil I, 298, 302; das in Absatz 5 in Auftrag gegebene Gesetz wird derzeit erarbeitet.

und Entwicklung ihrer angestammten Sprache, Kultur und Überlieferung, insbesondere durch Schulen, vorschulische und kulturelle Einrichtungen.

(2) In der Landes- und Kommunalplanung sind die Lebensbedürfnisse des sorbischen Volkes zu berücksichtigen. Der deutsch-sorbische Charakter des Siedlungsgebietes der sorbischen Volksgruppe ist zu erhalten.

(3) Die landesübergreifende Zusammenarbeit der Sorben, insbesondere in der Ober- und Unterlausitz, liegt im Interesse des Landes."[62]

Wichtig sind aber auch andere Bestimmungen, die das Verhältnis des Freistaats zu der auf seinem Territorium lebenden Volksgruppe prägen. So definiert Art. 5 Abs. 1 der Sächsischen Verfassung das "Volk des Freistaates" als aus "Bürgern deutscher, sorbischer und anderer Volkszugehörigkeit" bestehend[63]. Artikel 2 der Verfassung, der die Hauptstadt und die Landessymbole festlegt, gestattet in Absatz 4 im Siedlungsgebiet der Sorben neben der Landesfahne und dem Landeswappen Farben und Wappen der Sorben gleichberechtigt zu führen.

Zwar enthalten weder die brandenburgische noch die sächsische Verfassung die Formulierung des Artikels 5 der schleswig-holsteinischen Verfassung, der bezeichneten Minderheit oder Volksgruppe stünde ein "Anspruch" auf staatliche Unterstützung zu; dennoch gehen die Formulierungen in beiden Verfassungen über "bloße" Staatszielbestimmungen hinaus. Beide Verfassungen sprechen vom "Recht" der Sorben auf "Schutz, Erhaltung und

---

[62] Sächsisches GVBl. 1992, 243.

[63] Art. 5 Abs. 2 widmet sich allgemein nationalen Minderheiten, Art. 5 Abs. 3 ausländischen Minderheiten:
"(2) Das Land gewährleistet und schützt das Recht nationaler und ethnischer Minderheiten deutscher Staatsangehörigkeit auf Bewahrung ihrer Identität sowie auf Pflege ihrer Sprache, Religion, Kultur und Überlieferung.
(3) Das Land achtet die Interessen ausländischer Minderheiten, deren Angehörige sich rechtmäßig im Land aufhalten."

Pflege" (Brandenburg), bzw. "Bewahrung" ihrer (nationalen) Identität. Beide Verfassungen verpflichten das Land ausdrücklich zur Unterstützung bei der Verwirklichung dieses Rechts und sichern von Verfassungs wegen den Unterricht des Sorbischen und der sorbischen Kultur in öffentlichen Schulen zu. Auch die anderen Regelungen in den beiden "Sorben-Artikeln" lassen den Willen des Landesverfassungsgebers erkennen, den Interessen der Sorben erhebliches Gewicht beizumessen. Die Nichteinbeziehung der Kommunen in der sächsischen Verfassung stellt im Vergleich mit dem brandenburgischen Gegenstück ein Minus dar, dessen praktische Relevanz jedoch nicht überschätzt werden sollte.

Der Abschluß eines Staatsvertrages zwischen Brandenburg und Sachsen zur Gewährleistung der landesübergreifenden Zusammenarbeit in den oben beschriebenen Gebieten steht noch aus, wird aber angestrebt. Im Vorgriff hierauf hat der Ministerpräsident des Freistaates Sachsen im Einvernehmen mit Brandenburg und dem Bund die "Stiftung für das Sorbische Volk" errichtet[64]. Aufgabe der Stiftung ist u.a. die Förderung der Kultur der Sorben, ihrer Sprache und kulturellen Identität und die Mitwirkung bei der Gestaltung staatlicher Programme, die sorbische Belange berühren[65]. Die Stiftung nimmt ihre Aufgabe in eigener Verantwortung wahr; sie erhält jährliche Zuschüsse durch den Bund, Sachsen und Brandenburg. Oberstes Organ ist der Stiftungsrat, dem neun von der Domowina (Bund Lausitzer Sorben) benannte Vertreter des sorbischen Volkes, je drei Vertreter des Bundes und der beiden Länder Sachsen und Brandenburg und je ein Vertreter der Städte Bautzen und Cottbus sowie ein Vertreter des Landkreises Bautzen angehören.

---

[64] Erlaß des Ministerpräsidenten des Freistaates Sachsen über die Errichtung einer STIFTUNG FÜR DAS SORBISCHE VOLK vom 19.10.1991. Vgl. auch Gemeinsame Erklärung der Ministerpräsidenten von Sachsen und Brandenburg und des BMI vom 19.10.1991, in welcher die Beteiligten übereinstimmen, eine rechtsfähige Stiftung öffentlichen Rechts zur Wahrung und zur staatlichen Förderung der nationalen Interessen des sorbischen Volkes einzurichten. Vgl. dazu FAZ v. 21.10.1991, 4 und Antwort der Bundesregierung auf eine kleine Anfrage, BT-Drs. 12/3245.

[65] Im einzelnen § 2 des Erlasses.

II. Das Recht auf Gebrauch der Minderheitensprache

1. Der private Bereich

Unter der Geltung des Grundgesetzes sind der Gebrauch und die Unterweisung jeglicher Sprache im Privatbereich grundrechtlich gesichert. Dies ergibt sich aus Artikel 1 Absatz 1, Artikel 2 Absatz 2, Artikel 3 Absatz 3, Artikel 5 Absatz 1, Artikel 6 Absatz 1 und Artikel 9 Grundgesetz.

2. Behörden und Gerichte

Die einschlägigen Regelungen in Gerichtsverfassungsgesetz, Abgabenordnung und Verfahrensgesetzen, die allesamt Deutsch als Gerichts- bzw. Verfahrenssprache vorsehen[66], werden zugunsten der Sorben mehrfach durchbrochen. Hinsichtlich des Gerichtsverfassungsgesetzes bestimmt § 23 *Anlage I, Kapitel III (Justiz/A. Rechtspflege) Abschnitt III lit. (r)* zum Einigungsvertrag:

> "Das Recht der Sorben, in den Heimatkreisen der sorbischen Bevölkerung vor Gericht Sorbisch zu sprechen, wird durch Paragraph 184 [des Gerichtsverfassungsgesetzes] nicht berührt"[67].

Sowohl Brandenburg als auch Sachsen sehen zugunsten der sorbischen Sprache Ausnahmen vom Gebot der Verwendung der deutschen Sprache im Verwaltungsverfahren vor. § 3 des "Vorläufigen Verwaltungsverfahrens-

---

[66] Im einzelnen: Paragraph 184 GVG, Paragraph 23 Verwaltungsverfahrensgesetz, Paragraph 87 Absatz 1 Abgabenordnung. Allerdings sind grundsätzlich fremdsprachige Anträge und Schriftstücke nicht unbeachtlich. Vielmehr ist die Behörde gehalten, auf die Vorlage einer Übersetzung zu dringen oder sich diese selbst zu verschaffen. Vgl. hierzu *Wolfrum* (Anm. 21), 23 und *C.L. Lässig*, Deutsch als Gerichts- und Amtssprache, Diss. Berlin, 1980, 27 ff.

[67] BGBl. 1990 II, 925.

gesetzes für den Freistaat Sachsen"[68] gestattet den Gebrauch der sorbischen Sprache im Verwaltungsverfahren auch außerhalb des deutschsorbischen Siedlungsgebietes:

> "Gebrauch der sorbischen Sprache
> Die Angehörigen des sorbischen Volkes haben das Recht, sich gegenüber den Behörden im Sinne dieses Gesetzes der sorbischen Sprache zu bedienen. Machen sie von diesem Recht Gebrauch, so hat dies dieselben Wirkungen, wie wenn sie sich der deutschen Sprache bedienen. Kostenbelastungen oder sonstige Lasten oder Nachteile dürfen ihnen hieraus nicht entstehen."

Nicht ganz so weitgehend sieht der Entwurf des brandenburgischen Landesverwaltungsverfahrensgesetzes in § 23 Abs. 5 vor, daß innerhalb des sorbischen Siedlungsgebietes für Eingaben in sorbischer Sprache keine Kosten für Übersetzungs- und Dolmetscherarbeiten erhoben werden. In bestimmten Fällen ist die Eingabe in sorbischer Sprache fristwahrend (Abs. 3) während in anderen Situationen die Verwendung des Sorbischen einen rechtlichen Nachteil nach sich ziehen kann (Abs. 4)[69]. Nach bisherigem

---

[68] Vorläufiges Verwaltungsverfahrensgesetz für den Freistaat Sachsen vom 21.1.1993; zum Zeitpunkt des Abschlusses des Manuskripts noch nicht veröffentlicht.

[69] Der Kabinettsentwurf des brandenburgischen Verwaltungsverfahrensgesetzes sieht für § 23 folgenden Wortlaut vor:
"Amtssprache
(1) Die Amtssprache ist deutsch.
(2) Werden bei einer Behörde in einer fremden Sprache Anträge gestellt oder Eingaben, Belege, Urkunden oder sonstige Schriftstücke vorgelegt, soll die Behörde unverzüglich die Vorlage einer Übersetzung verlangen. In begründeten Fällen kann die Vorlage einer beglaubigten oder von einem öffentlich bestellten oder beeidigten Dolmetscher oder Übersetzer angefertigten Übersetzung verlangt werden. Wird die verlangte Übersetzung nicht unverzüglich vorgelegt, so kann die Behörde auf Kosten des Beteiligten selbst eine Übersetzung beschaffen. Hat die Behörde Dolmetscher oder Übersetzer herangezogen, werden diese in entsprechender Anwendung des Gesetzes über die Entschädigung von Zeugen und Sachverständigen entschädigt.
(3) Soll durch eine Anzeige, einen Antrag oder die Abgabe einer Willenserklärung eine Frist in Lauf gesetzt werden, innerhalb deren die Behörde in einer bestimmten Weise tätig werden muß, und

Recht hatten amtliche Bekanntmachungen im deutsch-sorbischen Gebiet auch in sorbischer Sprache zu erfolgen. Dies galt nach § 4 Abs. 2 auch für Ortssatzungen, Beschlüsse und Verfügungen der Gemeindevertretungen[70].

Gemeinden im sorbischen Siedlungsgebiet weisen zweisprachige Ortsschilder auf; das gleiche gilt offenbar auch für Betriebe, Einzelhandels-

---

gehen diese in einer fremden Sprache ein, so beginnt der Lauf der Frist erst mit dem Zeitpunkt, in dem der Behörde eine Übersetzung vorliegt.
(4) Soll durch eine Anzeige, einen Antrag oder eine Willenserklärung, die in fremder Sprache eingehen, zugunsten eines Beteiligten eine Frist gegenüber der Behörde gewahrt, ein öffentlich-rechtlicher Anspruch gelten gemacht oder eine Leistung begehrt werden, so gelten die Anzeige, der Antrag oder die Willenserklärung als zum Zeitpunkt des Eingangs bei der Behörde abgegeben, wenn auf Verlangen der Behörde innerhalb einer von dieser zu setzenden angemessenen Frist eine Übersetzung vorgelegt wird. Andernfalls ist der Zeitpunkt des Eingangs der Übersetzung maßgebend, soweit sich nicht aus zwischenstaatlichen Vereinbarungen etwas anderes ergibt. Auf diese Rechtsfolge ist bei Fristsetzung hinzuweisen.
(5) Die Bestimmungen der Absätze 2 bis 4 gelten innerhalb des Siedlungsgebietes der Sorben mit der Maßgabe, daß von sorbischen Verfahrensbeteiligten Kosten für Dolmetscher oder Übersetzer im Verwaltungsverfahren nicht erhoben werden. Abweichend von Absatz 3 beginnt der Lauf einer Frist auch dann, wenn innerhalb eines Siedlungsgebietes der Sorben eine Anzeige, ein Antrag oder eine Willenserklärung in sorbischer Sprache bei der Behörde eingeht."

[70] Vgl. die Erste Durchführungsverordnung zum Gesetz zur Wahrung der Rechte der sorbischen Bevölkerung vom 23. März 1948 - vom 11. Januar 1951, GVBl.Sachsen, Jg. 7, Nr. 3, 1951, 47. Dort heißt es unter anderem:
"§ 2 Abs. 1: Bei den Kreisbehörden [im deutsch-sorbischen Gebiet] und den Gemeindebehörden dieser Kreise werden Eingaben in sorbischer Sprache angenommen und erledigt. ....
Abs. 2: Die amtlichen Bekanntmachungen erfolgen auch in sorbischer Sprache.
§ 4 Abs. 2: Die Veröffentlichungen von Ortssatzungen, Beschlüssen und Verfügungen der Gemeindevertretungen haben in diesen Gemeinden auch in sorbischer Sprache zu erfolgen.
§ 5: Vor den ordentlichen Gerichten...haben die Angehörigen der sorbischen Bevölkerung das Recht, die sorbische Sprache zu gebrauchen. Soweit erforderlich, haben die Gerichte einen Dolmetscher von Amts wegen hinzuzuziehen. Die angeführten ... Gerichte können in sorbischer Sprache verhandeln."
Zur Weitergeltung bisherigen Rechts vgl. die in Anm. 58 dargelegten Auffassungen der Bundesregierung und der Sächsischen Staatsregierung.

geschäfte[71] und Postämter[72]. Die Bundespost gestattet zweisprachige Post-, Sonder- und Absenderfreistempel und führt die sorbischen Ortsbezeichnungen im Postleitzahlenverzeichnis und im Ortsverzeichnis[73].

Im übrigen besteht kein einfachgesetzlicher Anspruch der Angehörigen von Minderheitsgruppen, von Gerichten und Behörden in der eigenen Sprache beschieden zu werden[74].

---

[71] Das sorbische Volk (Anm. 16), 3. Vgl. Schreiben des Regierungspräsidiums Dresden v. 2.10.1991 (Az.: 43-rt/kr) an die staatlichen Straßenbauämter und die Landkreisämter im deutsch-sorbischen Gebiet, in dem festgelegt wird, daß sämtliche Ortsangaben auf Straßenschildern im deutsch-sorbischen Gebiet zweisprachig zu halten sind.

[72] Antwort der Bundesregierung auf eine kleine Anfrage, BT-Drs. 12/3245.

[73] Ebenda; auch die Verwendung der sorbischen Ortsbezeichnung in Postanschriften ist zulässig. Aus der Antwort der Bundesregierung ergibt sich weiterhin, daß bereits im Mai 1991 der Bundesminister für Verkehr, Bundesbahn und Reichsbahn gebeten hat, bei der Darstellung von Ortsbezeichnungen in dem von Sorben bewohnten Gebiet die von der ehemaligen DDR mit der sorbischen Minderheit vereinbarte Verfahrensweise beizubehalten. In Kursbüchern und Karten soll danach die deutsche und die sorbische Schreibweise gleichberechtigt nebeneinander gestellt werden (etwa Cottbus/Chosebuz).

[74] In der *Bonn-Kopenhagener Erklärung* heißt es zu diesem Thema: "Angehörige der dänischen Minderheit und ihrer Organisation dürfen am Gebrauch der gewünschten Sprache in Wort und Schrift nicht behindert werden.
Der Gebrauch der dänischen Sprache vor den Gerichten und Verwaltungsbehörden bestimmt sich nach den diesbezüglichen gesetzlichen Vorschriften."

In der *Erklärung von 1949* heißt es: "Die dänische Minderheit, ihre Organisationen und Mitglieder dürfen am Gebrauch der gewünschten Sprache in Wort, Schrift oder Druck nicht behindert werden. Der Gebrauch der dänischen Sprache vor den Gerichten und den Verwaltungsbehörden bestimmt sich nach den allgemeinen Gesetzen."
Zum allgemeinen Anspruch nach Artikel 6 Abs. 3 EMRK in Straf- und Ordnungswidrigkeitenverfahren bei Unkenntnis der Verfahrenssprache den unentgeltlichen Beistand eines Dolmetschers zu erhalten vgl. *J.A. Frowein/W. Peukert*, Europäische Menschenrechtskonvention, 1985, Art. 6, Rdnr. 139.

3. Kultur und Medien

a. Kirchen

Der Status der Kirchen unter der Geltung des Bonner Grundgesetzes ist bekannt und läßt aus der Sicht der Kirchen wenig zu wünschen übrig[75].
Nach Auskunft der Schleswig-Holsteinischen Staatskanzlei spielen die Kirchen eine herausragende Rolle bei der Pflege der Minderheitensprachen in Schleswig-Holstein. Träger des kirchlichen Lebens der dänischen Minderheit ist die evangelisch-lutherische Dänische Kirche in Südschleswig e.V., die über 24 Pfarrbezirke verfügt[76].
Auch in der Lausitz spielen die Kirchen und ihre Organisationen hinsichtlich des Erhalts sorbischer Kultur eine bedeutende Rolle[77]. Eine hervorgehobene Bedeutung kommt dabei dem (katholischen) Cyrill-Methodius-Verein zu.

---

[75] Siehe Artikel 4 Grundgesetz und insbesondere Artikel 140 Grundgesetz i.V.m. Artikel 137, 138, 139 und 141 der Weimarer Reichsverfassung und die hierzu ergangene Rechtsprechung des Bundesverfassungsgerichts, z.B. BVerfGE 24, 236; 42, 312; 53, 366; 57, 220.
Vgl. *A. Hollerbach*, Der verfassungsrechtliche Schutz kirchlicher Organisationen, in: J. Isensee/P. Kirchhoff (Hrsg.), Handbuch des Staatsrechts der Bundesrepublik Deutschland, Band VI, 557-593; *ders.*, Freiheit kirchlichen Wirkens, in: *J. Isensee/P. Kirchhoff* (Hrsg.), Handbuch des Staatsrechts der Bundesrepublik Deutschland, Band VI, 595-633; *A. v. Campenhausen*, Staatskirchenrecht, 2.A., 1983.

[76] Die dänische Volksgruppe in Südschleswig (Anm. 10), 276 führt 59 Gemeinden an (1970).
Siehe auch die Erklärung von 1949 ("Die Landesregierung hält es für erwünscht, daß dänische Geistliche und Kirchengemeinden nach vorhergehender Vereinbarung mit den zuständigen kirchlichen bzw. gemeindlichen Stellen Kirchen, Friedhöfe und ähnliche Einrichtungen unter wahlfreier Verwendung der gewünschten Sprache benutzen können.") und die Bonn-Kopenhagener Erklärung ("Das besondere Interesse der dänischen Minderheit, ihre religiösen, kulturellen und fachlichen Verbindungen mit Dänemark zu pflegen, wird anerkannt").

[77] Eingehend hierzu *S. Albert*, Die evangelischen Sorben, in: Die Sorben in Deutschland, Maćica Serbska/Sorbische Wissenschaftliche Gesellschaft e.V. (Hrsg.), 1991, 75-76; *D. Rothland*, Die katholische sorbische Oberlausitz, in: Die Sorben in Deutschland, Maćica Serbska/Sorbische Wissenschaftliche Gesellschaft e.V. (Hrsg.), 1991, 77-79; *M. Stephens* (Anm. 9), 417.

b. Medien

Ein besonders wichtiger Bereich für Minderheiten und Volksgruppen ist die Präsenz im *Medienbereich*.

Während die *dänische Minderheit* mit dem Flensborg-Avis über eine eigene Tageszeitung verfügt, erscheinen lediglich unregelmäßig Beilagen im Nordfrieslandtageblatt in friesischer Sprache[78]. Die besondere Schwierigkeit im Zusammenhang mit dem *Friesischen* erschweren die neun Dialekte sowohl die Produktion wie den Vertrieb einschlägiger Texte. Dies gilt in gleicher Weise für Hörfunk und Fernsehen.
Die friesische Volksgruppe ist in den Aufsichtsgremien der Rundfunkanstalten nicht vertreten, während die Dänen einen Sitz in der ULR, der Unabhängigen Landesrundfunkanstalt, haben[79]. Der Flensborg-Avis ist darüber hinaus an einem privaten Sender, Radio Schleswig-Holstein, beteiligt und dort verantwortlich für eine täglich gesendete dänische Nachrichtensendung[80].

Demgegenüber zeichnet sich bei den *Sorben* ein erfreuliches Bild ab: Eine Tageszeitung und mehrere Monatszeitschrift werden in sorbischer Sprache herausgegeben und vertrieben. Ein sorbischer Regionalsender, der seit vergangenem Jahr über insgesamt vier Frequenzen im UKW- und

---

[78] Laut *Messtorff* (Anm. 1), 89, klagt der Avis über zu geringe Berücksichtigung bei der Plazierung amtlicher Bekanntmachungen.

[79] Die "Welle Nord" in Kiel billigt der friesischen Sprachminderheit einige Minuten Sendezeit in der Woche zu.
Bonn-Kopenhagener Erklärung: "2. Die Landesregierung empfiehlt, daß die dänische Minderheit im Rahmen der jeweils geltenden Regeln für die Benutzung des Rundfunks angemessen berücksichtigt wird."
3. Bei öffentlichen Bekanntmachungen sollen die Zeitungen der dänischen Minderheit angemessen berücksichtigt werden. Vgl. auch die Erklärung von 1949: "5. Die Landesregierung hält es für erwünscht, daß der Rundfunk der dänischen Minderheit wie anderen politischen und kulturellen Vereinigungen zugänglich gemacht wird. ... Öffentliche Bekanntmachungen sollen den Zeitungen der dänischen Minderheit nicht vorenthalten werden."

[80] *Der Ministerpräsident des Landes Schleswig-Holstein*, Anm. 11.

Mittelwellenbereich verfügt, sendet täglich ein dreistündiges Programm in der Oberlausitz, ein einstündiges Programm in der Niederlausitz[81]. Beide öffentlich-rechtliche Sendeanstalten, deren Sendegebiet die Lausitz umfaßt (Mitteldeutscher Rundfunk und Ostdeutscher Rundfunk), senden Programmbeiträge in sorbischer Sprache; sorbische Fernsehsendungen werden vorbereitet[82]. Der Verlag der Domowina gibt schöngeistige und wissenschaftliche Literatur heraus. In Bautzen existiert mit dem Deutsch-Sorbischen Volkstheater das einzige binationale Dreispartentheater Deutschlands. Über 150 Laienchöre, Tanzgruppen und Interessenverbände widmen sich der Pflege sorbischen Brauchtums. Das Institut für sorbische Volksforschung und eine Produktionsgruppe sorbischer Film sowie sorbische Sprachschulen zur Erwachsenenqualifizierung runden das Bild ab[83].

III. Bildungs- und Erziehungswesen

Insbesondere die Dänen und Sorben verfügen über eine vielfältige Infrastruktur von Schulen, in denen in der Minderheitensprache unterrichtet wird und deren Abschlüsse denen deutscher staatlicher Schulen gleichwertig sind.

Besondere Bedeutung für die Entwicklung des dänischen Schulwesens in Deutschland kam den preussischen Schulerlassen vom 9. Februar 1926[84]

---

[81] Das sorbische Volk (Anm. 16), 4.

[82] Der Mitteldeutsche Rundfunk verfügt nunmehr über ein "Sorbisches Studio", das seinen Sitz im Haus der Sorben in Bautzen hat; die "Niedersorbische Redaktion" des Ostdeutschen Rundfunks hat ihren Sitz in Cottbus. Im Rundfunkrat des Ostdeutschen Rundfunkes ist ein Vertreter der Sorben Mitglied.

[83] Vgl. die vom Haus für sorbische Volkskultur herausgegebene Schrift "Angebot sorbischer Kultur"; siehe auch den Bericht von H. Konzack, Bericht zur Lage der Sorben, in: Berichte zur Lage der Minderheiten, herausgegeben von der Präsidentin des schleswig-holsteinischen Landtages, 1991, 37, 38 f.

[84] MBliV pr. 1926, Sp. 269/270.

und 31. Dezember 1928[85] zu. Ersterer räumte der dänischen Minderheit in Schleswig das Recht ein, private Volksschulen mit dänischer Unterrichtssprache zu errichten. In Artikel 1 Nr. 8 des Erlasses von 1928 war geregelt, daß als Minderheit "diejenigen Volksteile des Reiches" zu gelten hätten, die sich zum dänischen Volkstum bekennen. Ausdrücklich wurde festgehalten: "Das Bekenntnis zur dänischen Minderheit darf weder bestritten noch nachgeprüft werden."

Sowohl die *Erklärung der Landesregierung* Schleswig-Holstein über die Stellung der dänischen Minderheit vom 26. September 1949[86], als auch die *Bonn-Kopenhager Erklärung* von 1955[87] enthielten Passagen, die ausdrücklich ein Recht der dänischen Bevölkerungsgruppe auf Unterricht in dänischer Sprache anerkannten.

Im einzelnen wird der besonders wichtige Bereich des Schulwesens nunmehr im *schleswig-holsteinischen Schulgesetz*[88] geregelt. In Paragraph 58 - Genehmigungen von *Ersatzschulen* - heißt es in Absatz 3:

"Grundschulen in freier Trägerschaft sind nur zuzulassen, wenn die

---

[85] MBliV pr. 1929, Sp. 74/75.

[86] "....
3. Kindergärten, allgemein bildende Schulen und Volkshochschulen (auch mit fachlicher Ausrichtung) können von der dänischen Minderheit nach Maßgabe der Gesetze errichtet werden. In Schulen mit dänischer Unterrichtssprache ist ein zureichender Unterricht in deutscher Sprache zu erteilen. Eltern und Erziehungsberechtigte können frei entscheiden, ob ihre Kinder Schulen mit dänischer Unterrichtssprache besuchen wollen."

[87] "...
4. Im Lande Schleswig-Holstein können allgemein bildende Schulen und Volkshochschulen (auch solche mit fachlicher Ausrichtung) sowie Kindergärten von der dänischen Minderheit nach Maßgabe der Gesetze errichtet werden. In Schulen mit dänischer Unterrichtssprache ist ein zureichender Unterricht in deutscher Sprache zu erteilen. Eltern und Erziehungsberechtigte können frei entscheiden, ob ihre Kinder Schulen mit dänischer Unterrichtssprache besuchen sollen."

[88] In der Fassung der Bekanntmachung vom 2. August 1990 (GVBl. Schleswig-Holstein, 451), geändert durch Gesetz vom 12.12.1990 (GVBl. Schleswig-Holstein, 615).

Ministerin oder der Minister für Bildung, Wissenschaft, Jugend und Kultur ein besonderes pädagogisches Interesse anerkennt, die Eltern die Errichtung einer Bekenntnis- oder Weltanschauungsschule beantragen oder eine Schule der dänischen Minderheit errichtet werden soll. Im übrigen können Ersatzschulen von den Lernzielen, Lerninhalten, Lehrverfahren und Organisationsformen der Schularten des öffentlichen Schulwesens abweichen ..."

Nach Paragraph 60 Absatz 3 werden den Ersatzschulen der dänischen Minderheit Zuschüsse unabhängig vom Bedarf gewährt, deren Höhe sich nach Paragraph 63 Absatz 5 bestimmt:

"Für Schulen der dänischen Minderheit wird unabhängig vom Bedarf der Zuschuß in Höhe v.H. des Betrages gewährt, der im Landesdurchschnitt für eine Schülerin oder einen Schüler einer vergleichbaren öffentlichen Schule im Vorjahr aufgewendet wurde, zuzüglich des Durchschnittsbetrages der Kosten für nicht schulpflichtige Kinder in Vorklassen."

Der dänische Schulverein betreibt gegenwärtig 53 Schulen mit 5.257 Schülern sowie 62 Kindergärten, die von 1.899 Kindern besucht werden. Der Bereich der Kindergartenarbeit ist bislang nicht gesetzlich geregelt[89]. Die Schulen gliedern sich in Grund- und Hauptschulen, vier Realschulen sowie das Duborg-Gymnasium in Flensburg, die Heimvolkshochschule in Jarplund bei Flensburg und die Internatsschule in Ladelund. Nach der derzeitigen Rechtsstellung sind die dänischen Schulen private Schulen, deren Abschlußprüfungen sowohl in Dänemark als auch in der Bundesrepublik Deutschland anerkannt werden[90].

Die dänische Minderheit verfügt über eine eigene Zentralbibliothek (Dansk Centralbibliotek for Sydslesvik) in Flensburg mit zwei Fahrbüchereien.

---

[89] *H. Schultz* (Anm. 11), 17, 20.
[90] Vgl. die Darstellung des Ministerpräsidenten des Landes Schleswig-Holstein (Anm. 11).

Im Jahre 1989 erforderte das dänische Schulwesen im Landesteil Schleswig einen Finanzaufwand von rund 90 Millionen DM, von denen 44,3 Millionen DM durch den dänischen Staat abgedeckt wurden[91]; Schleswig-Holstein brachte für das dänische Schulwesen im Jahre 1989 42 Millionen DM auf. Das schleswig-holsteinische Schulgesetz sieht jedoch keine besondere Förderung für die Bereiche "Kosten für den Schülertransport" und "Bauinvestitionen" vor. Wegen des relativ großen Einzugsbereiches der dänischen Schulen, insbesondere der weiterführenden Schulen, ist die Schülerbeförderung im Bereich des Schulwesens der dänischen Minderheit zwangsläufig mit besonders hohen Aufwendungen gekoppelt. Die Kosten für die Schülerbeförderung wurden im Jahre 1989 wie folgt finanziert: 6,5% durch Zuschüsse des Landes, 11,3% durch Zuschüsse der Kreise, 2,3% durch Zuschüsse der Gemeinden und 79,9% durch Zuschüsse des Dänischen Schulvereins für Südschleswig (Dansk Skoleforening for Sydslesvig) e.V., die wiederum größtenteils durch Zuschüsse aus Dänemark abgedeckt wurden[92]. Der dänische Schulverein tätigte in den Jahren 1988 bis 1990 Bauinvestitionen in Höhe von 8,9 Millionen DM. Davon wurden 13,5% durch Zuschüsse der Bundesrepublik und einiger Gemeinden abgedeckt.

Die Pflege der friesischen Sprache ist nicht in demselben Umfang gewährleistet. Selbst in sog. sprachlichen Hochburgen ist der Anteil der Kinder mit friesischer Muttersprache in den letzten zwanzig Jahren von etwa 90% auf 40 - 50% zurückgegangen[93]. Andererseits erhalten derzeit etwa 1000 Schülerinnen und Schüler Friesischunterricht. "Einen solchen Zustand hat es seit Christi Geburt ... nicht gegeben"[94]. Allerdings erfolgt pro Woche lediglich ein ein- oder zweistündiger Unterricht.

---

[91] Insgesamt bringt Dänemark jährlich etwa 67 Mio. DM auf; vgl. Gemeinsames Papier der Dänischen und Deutschen Delegation beim Genfer KSZE Treffen, Stand: 11.07.1991, 2.

[92] Vorstehenden Informationen bei *H. Schultz* (Anm. 11), 17, 20.

[93] *J. Tholund* (Anm. 15), 8.

[94] Ebd., 10.

An der Universität Kiel wurde eine "Nordfriesische Wörterbuchstelle mit einer friesische Professur" eingerichtet, ebenso eine spezielle Professur an der PH Flensburg[95].

Die *sorbische Sprache* wird in etwa 64 Schulen im sorbischen Siedlungsgebietes unterrichtet. Es existieren acht sorbische Schulen, von denen zwei auschließlich Sorbisch als Muttersprachfach verwenden. In den anderen sechs Schulen - darunter zwei Gymnasien - ist Sorbisch in mehreren Fächern Unterrichtssprache[96].

Grundlage für die Vertretung des Sorbischen an den Schulen sind nunmehr[97] das Sächsische Schulgesetz[98] und das "Erste Schulreformgesetz für das Land Brandenburg"[99].
Der Freistaat Sachsen widmet den Schulen im deutsch-sorbischen Gebiet mit § 2 des Schulgesetzes eine eigene Bestimmung, an deren Ausarbeitung die Organisationen der Sorben maßgeblich beteiligt waren[100]. Danach sind sämtlichen Schülern im Freistaat Grundkenntnisse aus der Geschichte und

---

[95] *J. Tholund* (Anm. 15), 9.

[96] Angaben anch *L. Budar*, Zum Sorbischen Schulwesen, in: Die Sorben in Deutschland, Macica Serbska/Sorbische Wissenschaftliche Gesellschaft e.V. (Hrsg.), 1991, 62. Nach Kenntnis der Bundesregierung wird das an sorbischen Gymnasien erworbene Abitur in allen Bundesländern als Hochschulzugangsberechtigung anerkannt; vgl. BT-Drs. 12/3245.

[97] Grundlage war zunächst der Einigungsvertrag. Wie sich aus der Denkschrift zum Einigungsvertrag (Bundestagsdrucksache 11/7760, 378) ergab, sollten die "Rechte der Sorben im vereinten Deutschland unter der Wahrung der Kompetenzen von Bund und Ländern gesichert" werden. Dabei bestand Einigkeit darüber, "daß Ziffer 3 der Protokollnotiz unter analoger Beachtung der Prinzipien der Zweisprachigkeit in der 4. Durchführungsbestimmung zum Gesetz über das einheitliche sozialistische Bildungssystem - Bildung und Erziehung im zweisprachigen Gebiet der Bezirke Cottbus und Dresden vom 20.12.1968 (GBl. II 1969 Nr. 3, 3) Anwendung findet."

[98] Sächsisches GVBL. 1991, 213.

[99] GVBl. Brandenburg Teil I, 258.

[100] Der sorbische Schulverein wurde am 5. Januar 1991 neu gegründet und in die Förderung der neugegründeten Stiftung für das sorbische Volk aufgenommen; vgl. Das sorbische Volk (Anm. 16), 4 und BT-Drs. 12/3245

Kultur der Sorben zu vermitteln. Im deutsch-sorbischen Gebiet ist allen Kindern und Jugendlichen, deren Erziehungsberechtigte es wünschen, Gelegenheit zu geben, die sorbische Sprache zu erlernen, bzw. in bestimmten Fächern und Klassenstufen in sorbischer Sprache unterrichtet zu werden (§ 2 Abs. 1 Sächs. SchulG). Auf der Grundlage des Schulgesetzes ist nunmehr die Verordnung des Sächsischen Staatsministeriums für Kultus über die Arbeit an sorbischen und anderen Schulen im deutsch-sorbischen Gebiet in Kraft getreten[101]. Danach werden "Sorbische Schulen" eingerichtet, die die Aufgabe haben, das kulturelle und sprachliche Erbe der Sorben zu pflegen und zu entwickeln. Voraussetzung hierfür ist, daß eine ausreichende Anzahl von Schülern vorhanden ist, um Klassen mit sorbischer Unterrichtssprache zu bilden. In den sorbischen Grundschulen wird die entsprechende Zahl auf 25 Schülerinnen und Schüler festgelegt. In Klassen mit sorbischer Unterrichtssprache werden nur Schüler aufgenommen, die Sorbisch bereits im Vorschulalter erlernt haben. Lediglich das Fach Deutsch und die mathematisch-naturwissenschaftlichen Fächer an Gymnasien und Mittelschulen werden in deutscher Sprache unterrichtet. Sämtliche Schulen im deutsch-sorbischen Gebiet bieten sorbischen Sprachunterricht von der 1. bis zur 12. Klasse an.

Das brandenburgische Gesetz enthält in § 2 Abs. 3 eine knapp gefaßte Rechtsgrundlage für den Unterricht des Sorbischen an öffentlichen Schulen. Es heißt dort:

> "Kinder und Jugendliche im deutsch-sorbischen Gebiet, deren Eltern es wünschen, ist die Möglichkeit zu geben, die sorbische Sprache zu erlernen und Kenntnisse aus der Geschichte und Kultur der Sorben vermittelt zu bekommen."

Auch in Brandenburg werden mit Wirkung vom 1. August 1992 Sorbische Schulen eingerichtet[102].

---

[101] Sächsisches GVBl. 1992, 307.

[102] Verwaltungsvorschriften über die Arbeit an sorbischen und anderen Schulen im deutsch-sorbischen Gebiet, Amtsblatt des Brandenburgischen Ministeriums für Bildung, Jugend und Sport Nr. 6 vom

In Brandenburg und Sachsen werden zur Förderung der sorbischen Sprache sowie zur Pflege der sorbischen Kultur Wettbewerbe, "Sorbischolympiaden, Tage des sorbischen Liedes und Theater, Feste der sorbischen Sprache und ähnliche Veranstaltungen durchgeführt[103].

Im Vorschulbereich bestehen sorbische Kinderkrippen und Kindergärten und ein dazugehöriges System der Ausbildung von sorbischsprachigen Fachkräften. Auch die Ausbildung von Erziehern und Erzieherinnen soll verstärkt "im sorbischen Sprachmilieu stattfinden"[104].

An der Universität Leipzig besteht ein Institut für Sorabistik; es wird ein Magisterstudiengang Sorabistik, sowie das Studium im Lehramt an Grundschulen, Mittelschulen und Gymnasien in Fächerverbindungen mit Sorbisch angeboten[105]. Der Wissenschaftsrat hat aufgrund der gemäß Art. 38 Einigungsvertrag durchgeführten Begutachtung die Weiterführung des "Instituts für sorbische Volksforschung" befürwortet. Als Sorbisches Institut e.V. führt es nunmehr Informations-, Dokumentations- und Forschungsarbeiten zur Sorabistik durch[106]. Die seit 1847 bestehende Wissenschaftliche Vereinigung Maćica Serbska wurde 1991 neu begründet[107].

IV. Minderheitsspezifische Schranken der Vereinigungsfreiheit

Die Vereinigungsfreiheit wird von Artikel 9 GG gewährleistet:

> "1. Alle Deutschen haben das Recht, Vereine und Gesellschaften zu bilden.

---

24. Juli 1992, 376, 377; *L. Budar*, Die Sorben in Deutschland, Maćica Serbska/Sorbische Wissenschaftliche Gesellschaft e.V. (Hrsg.), 1991, 63.

[103] § 3 der sächsischen Verordnung; Ziff. 3 der brandenburgischen Verwaltungsvorschriften.

[104] Das sorbische Volk (Anm. 16), 4.

[105] Ebd.; vgl. auch BT-Drs. 12/3245.

[106] Vgl. BT-Drs. 12/3245.

[107] *M. Völkel*, Die Sorben in Deutschland, Maćica Serbska/Sorbische Wissenschaftliche Gesellschaft E.V. (Hrsg.), 1991, 43 f.

2. Vereinigungen, deren Zwecke oder deren Tätigkeit den Strafgesetzen zuwiderlaufen oder die sich gegen die verfassungsmäßige Ordnung oder den Gedanken der Völkerverständigung richten, sind verboten."

Diese Bestimmung wird einfachgesetzlich von § 3 Vereinsgesetz aufgenommen und konkretisiert. Die Staatsschutzdelikte des Strafgesetzbuches [§ 81 (Hochverrat gegen den Bund) ff.] verlangen den Einsatz oder die Drohung mit Gewalt; sonstige potentiell einschlägige Strafvorschriften sind nicht ersichtlich.

Ausdrücklich fördern die betroffenen Länder die Tätigkeit der Vereine und Organisationen der Minderheiten. Hinsichtlich der Dänen und Friesen bestimmt die Erklärung der Landesregierung Schleswig-Holstein vom 26. September 1949:

"..... Die dänische Minderheit, *ihre Organisationen und Mitglieder* dürfen am Gebrauch der gewünschten Sprache in Wort, Schrift oder Druck nicht behindert werden."

Die führende kulturelle Organisation ist der 1920 gegründete Südschleswigsche Verein (Sydslesvigsk Forening), der ca. 18.000 Mitglieder hat[108]. Der Dänische Jugendverband ist der Dachverband für Jugendarbeit, dem 79 Vereine und 11.800 Mitglieder angehören. Er ist Träger von Sportanlagen und Freizeitheimen. Eine besonders wichtige Organisation ist der Dänische Schulverein[109].

---

[108] Zu Vorgängerorganisationen vgl. eingehend: Die dänische Volksgruppe in Südschleswig (Anm. 8), 269 f. Dort wird auch eingehend und liebevoll auf die vielfältigen kulturellen Aktivitäten des Vereines eingegangen.

[109] Vgl. Kurzdarstellung zur dänischen Minderheit in Schleswig-Holstein (Stand: 1. Juni 1991) zur Vorbereitung des KSZE-Expertentreffens über nationale Minderheiten vom 1. bis 19. Juli 1991 in Genf. Bearbeitet von: Der Ministerpräsident des Landes Schleswig-Holstein - Staatskanzlei - StK 111a - 177.13, 2

Zahlreiche Organisationen, Vereinigungen und Verbände pflegen *sorbische* Kultur und Interessen. Dachverband ist die 1912 gegründete *Domowina* (Bund Lausitzer Sorben), die u.a. die neun Vertreter des sorbischen Volkes im 21-köpfigen Stiftungsrat der Stiftung für das sorbische Volk nach Abstimmung mit den sorbischen Vereinigungen benennt. Hervorzuheben sind neben der Domowina der Sorbische Schulverein, die Maćica Serbska und der Cyrill-Methodius-Verein[110].

V. Politische Repräsentation

Eine deutliche Bevorzugung nationaler Minderheiten findet sich im Wahlrecht. Nach Art. 6 Abs. 6 Satz 2 des Bundeswahlgesetzes sind die von Parteien nationaler Minderheiten eingereichten Listen von dem Erfordernis befreit, als Voraussetzung für den Einzug in den Bundestag mindestens 5% der gültigen Zweitstimmen oder drei Direktmandate zu erreichen[111]. Von dieser Regelung wird eine Partei jedoch nur dann begünstigt, wenn sie zumindest soviele Stimmen erhält, wie nach dem Höchstzahlverfahren nach d'Hondt für den letzten zu vergebenden Parlamentssitz erforderlich sind. Dies hat dazu geführt, daß die politische Partei der Dänischen Volksgruppe, der *Südschleswigsche Wählerverband (SSW)*, der von 1949-1953 im Bundestag vertreten war, seit 1965 keinen Listenvorschlag für Bundestagswahlen einreicht.

---

[110] Eingehend Die Sorben in Deutschland, Maćica Serbska/Sorbische Wissenschaftliche Gesellschaft e.V. (Hrsg.), 1991.

[111] "Bei Verteilung der Sitze auf die Landesliste werden nur Parteien berücksichtigt, die mindestens fünf von 100 der im Wahlgebiet abgegebenen gültigen Zweitstimmen erhalten oder in mindestens drei Wahlkreisen einen Sitz errungen haben. Satz 1 findet auf die von Parteien nationaler Minderheiten eingereichten Listen keine Anwendung."
Vgl. auch BVerfGE 1, 208; 1, 240; 4, 30; 5, 77; 6, 84; 6, 99.

Auch Schleswig-Holstein räumt der dänischen Minderheit substantielle wahlrechtliche Privilegien ein. In § 3 Abs. 1 *Wahlgesetz für den Landtag von Schleswig Holstein*[112] heißt es:

> "An dem Verhältnisausgleich nimmt jede politische Partei teil, für die eine Landesliste aufgestellt und zugelassen worden ist, sofern in mindestens einem Wahlkreis ein Abgeordneter gewählt worden ist, oder sofern sie insgesamt fünf von 100 der im Land abgegebenen gültigen Stimmen erzielt hat. Diese Einschränkungen gelten nicht für die Parteien der dänischen Minderheit."

Jedoch muß der SSW als Partei der dänischen Minderheit wie auf Bundesebene eine Stimmenzahl erreichen, die der Stimmenzahl für das "letzte" Mandat im schleswig-holsteinischen Landtag nach dem D'Hondtschen Verfahren entspricht[113]. Bei der Landtagswahl am 5. April 1992 entfielen auf den Südschleswigschen Wählerverband 28.245 Stimmen, was 1,8% der abgegebenen Stimmen entspricht. Eine genaue Ermittlung der Zahl der stimmberechtigten Angehörigen der dänischen Minderheit ist nicht möglich, da das Bekenntnis zur Minderheit nach den Bonn-Kopenhagener Erklärungen von 1955 nicht nachgeprüft wird. In den letzten Wahlperioden war stets ein Vertreter des SSW im Kieler Landtag vertreten.

Die Begünstigung in den beiden Wahlgesetzen beschränkt sich demnach nur auf die Möglichkeit der Teilnahme am Verhältnisausgleich selbst, sichert der betreffenden Partei aber noch nicht einen Sitz im Bundestag oder im Landtag von Schleswig-Holstein. Beide Ausnahmeregeln charakterisieren die Parteien unterschiedlich, die von ihrem Anwendungsbereich erfaßt sein sollen. Das Bundeswahlgesetz spricht von "Parteien nationaler Minderheiten", während das Landeswahlgesetz von

---

[112] Landeswahlgesetz - LWahlG - in der Fassung der Änderungen vom 30. Mai 1985 (GVBl. Schleswig-Holstein, 136), vom 26. Januar 1988 (GVBl. Schleswig-Holstein, 51) und vom 20. Juni 1990 (GVBl. Schleswig-Holstein, 419).

[113] Der Ministerpräsident des Landes Schleswig Holstein (Anm. 109), 2.

"Parteien der dänischen Minderheit" spricht[114]. Seinem Wortlaut nach hat damit das Bundeswahlgesetz einen weiteren Anwendungsbereich als das Landeswahlgesetz von Schleswig-Holstein. Vor dem Beitritt der neuen Bundesländer gingen die Bundesregierung und die Literatur davon aus, daß nur die dänische Minderheit in Schleswig-Holstein die Vergünstigung des Paragraphen 6 Absatz 6 Satz 2 Bundeswahlgesetz in Anspruch nehmen könnte[115].

Hinsichtlich der Sorben ist vieles im Fluß. Klar ist, daß auch hier eine Beteiligung der Sorben am politischen Prozeß gefördert werden soll. So heißt es etwa in Artikel 25 Abs. 5 der Brandenburgischen Verfassung:

> Die Ausübung der Rechte der Sorben regelt ein Gesetz. Dies hat *sicherzustellen, daß in Angelegenheiten der Sorben, insbesondere bei der Gesetzgebung, sorbische Vertreter mitwirken.*

Offenbar wird in Brandenburg erwogen, die schleswig-holsteinische Regelung zu übernehmen. Auch ohne wahlrechtliche Privilegierung sind Sorbinnen und Sorben sind in mehrere Gemeindeparlamente gewählt; in einigen bilden sie die Mehrheit[116]. Vier Abgeordnete sind Mitglieder des Landtages des Freistaates Sachsen, zwei Sorbinnen sind Mitglieder des deutschen Bundestages[117].

---

[114] Vgl. zu diesem Problemkreis *A. Kühn* (Anm. 43), 290 ff. Vgl. auch *Wolfrum* (Anm. 21), 25; *K.H. Seifert*, Das Bundeswahlgesetz, 3. Auflage 1976, Paragraph 6 BWG, Randnummer 28; *W. Thieme*, Rechtsfragen der nationalen Minderheiten in der Bundesrepublik Deutschland, in: Festschrift für Hugelmann, Band 2, 1959, 631, 665; *W. Schreiber*, Handbuch des Wahlrechts im deutschen Bundestag - Kommentar zum Bundeswahlgesetz - Band 1, 3. Auflage, 1986, Paragraph 6 BWG, Randnummer 23; Bericht der Wahlrechtskommission, Grundlagen eines deutschen Wahlrechts, 1955, 36.

[115] *Kühn* (Anm. 43), 11. *Wolfrum* (Anm. 21), 26 erscheint dies problematisch.

[116] Das sorbische Volk (Anm. 16), 3.

[117] Ebd.

Auf *Bundesebene* besteht seit 1965 beim BMI ein Beratender Ausschuß für Fragen der dänischen Minderheit, dessen Vorsitzender der Minister ist. Weiterhin gehören dem Ausschuß je zwei Vertreter der Fraktionen im Bundestag, drei Vertreter der dänischen Minderheit und ein Vertreter des Landes Schleswig Holsteins an. Der Ausschuß tritt jährlich einmal zusammen[118]. In Schleswig-Holstein existiert das Gremium für Fragen der friesischen Bevölkerungsgruppe[119], sowie ein Regierungsbeauftragter für Fragen der Minderheiten.

---

[118] *Der Ministerpräsident des Landes Schleswig-Holstein* (Anm. 109), 4.

[119] *L. Paulina-Mürl*, Für eine offensive und moderne Minderheitenpolitik, Berichte zur Lage der Minderheiten, Arbeitstreffen im Landeshaus Kiel, 14.12.1990, Hrsg. von der Präsidentin des Schleswig-Holsteinischen Landtages, Kiel 1991; dies., Der Schleswig-Holsteinische Landtag und seine "Minderheiten Gremien", ebd., 51 ff.

ANHANG

1. BONN-KOPENHAGENER ERKLÄRUNG[120]

"In dem Wunsche, das friedliche Zusammenleben der Bevölkerung beiderseits der deutsch-dänischen Grenze und damit auch die Entwicklung freundschaftlicher Beziehungen zwischen der Bundesrepublik Deutschland und dem Königreich Dänemark allgemein zu fördern, und eingedenk der völkerrechtlichen Verpflichtung, welche die Bundesrepublik durch ihre Mitgliedschaft in der Europäischen Konvention für Menschenrechte hinsichtlich der Verpflichtung zur Nichtdiskriminierung nationaler Minderheiten (Artikel 14) übernommen hat, erklärt die Regierung der Bundesrepublik Deutschland im Sinne der auch im Grundgesetz der Bundesrepublik Deutschland festgelegten Grundsätze, auf welche die schleswig-holsteinische Landesregierung in ihrer Erklärung vom 26.9.1949 Bezug genommen hatte, folgendes:

I. Die Angehörigen der Minderheit genießen wie alle Staatsbürger die im Grundgesetz der Bundesrepublik Deutschland vom 23. Mai 1949 garantierten Rechte. Insbesondere haben sie im Rahmen des Grundgesetzes folgende Rechte:

1. Das Recht auf die Unverletzlichkeit der persönlichen Freiheit,
2. die Gleichheit vor dem Gesetz,
3. die Glaubens- und Gewissensfreiheit,
4. das Recht der freien Meinungsäußerung und die Pressefreiheit,
5. die Versammlungs- und Vereinsfreiheit,
6. das Recht, den Beruf und den Arbeitsplatz frei zu wählen,
7. die Unverletzlichkeit der Wohnung,
8. die freie Gründung der politischen Parteien,
9. den gleichen Zugang zu jedem öffentlichen Amt nach Eignung, Befähigung und fachlicher Leistung; bei den Beamten, Angestellten

---

[120] Bundesanzeiger Nr. 63 vom 31.3.1955, 4 ff.

und Arbeitern des öffentlichen Dienstes darf zwischen Angehörigen der dänischen Minderheit und anderen Staatsbürgern kein Unterschied gemacht werden,
10. das allgemeine, unmittelbare, freie, gleiche und geheime Wahlrecht, das auch für die Landes- und Kommunalwahlen gilt,
11. das Recht, bei Verletzung von Rechten durch die öffentliche Gewalt den Schutz der Gerichte anzurufen,
12. das Recht auf gleiche Behandlung, nach dem niemand wegen seiner Abstammung, seiner Sprache, seiner Herkunft oder seiner politischen Anschauung benachteiligt oder bevorzugt werden darf.

II. In Ausführung dieser Rechtsgrundsätze wird hiermit festgestellt:

1. Das Bekenntnis zum dänischen Volkstum und zur dänischen Kultur ist frei und darf von Amts wegen nicht bestritten oder nachgeprüft werden.

2. Angehörige der dänischen Minderheit und ihrer Organisation dürfen am Gebrauch der gewünschten Sprache in Wort und Schrift nicht behindert werden.
Der Gebrauch der dänischen Sprache vor den Gerichten und Verwaltungsbehörden bestimmt sich nach den diesbezüglichen gesetzlichen Vorschriften.

3. Bei Unterstützungen und sonstigen Leistungen aus öffentlichen Mitteln, über die im Rahmen des Ermessens entschieden wird, dürfen Angehörige der dänischen Minderheit gegenüber anderen Staatsbürgern nicht unterschiedlich behandelt werden.

4. Das besondere Interesse der dänischen Minderheit, ihre religiösen, kulturellen und fachlichen Verbindungen mit Dänemark zu pflegen, wird anerkannt.

III. Die Bundesregierung gibt zur Kenntnis, daß die Landesregierung Schleswig-Holstein ihr mitgeteilt hat:

1. Da das Verhältniswahlverfahren gemäß der Kommunalgesetzgebung bei der Einsetzung von Ausschüssen in den kommunalen Vertretungskörperschaften Anwendung findet, werden die Vertreter der dänischen Minderheit zur Ausschußarbeit im Verhältnis zu ihrer Anzahl herangezogen.

2. Die Landesregierung empfiehlt, daß die dänische Minderheit im Rahmen der jeweils geltenden Regeln für die Benutzung des Rundfunks angemessen berücksichtigt wird.

3. Bei öffentlichen Bekanntmachungen sollen die Zeitungen der dänischen Minderheit angemessen berücksichtigt werden.

4. Im Lande Schleswig-Holstein können allgemein bildende Schulen und Volkshochschulen (auch solche mit fachlicher Ausrichtung) sowie Kindergärten von der dänischen Minderheit nach Maßgabe der Gesetze errichtet werden. In Schulen mit dänischer Unterrichtssprache ist ein zureichender Unterricht in deutscher Sprache zu erteilen. Eltern und Erziehungsberechtigte können frei entscheiden, ob ihre Kinder Schulen mit dänischer Unterrichtssprache besuchen sollen."

2. ERKLÄRUNG DER LANDESREGIERUNG SCHLESWIG-HOLSTEIN ÜBER DIE STELLUNG DER DÄNISCHEN MINDERHEIT VOM 26. SEPTEMBER 1949[121]

"Die schleswig-holsteinische Landesregierung, von dem Wunsche erfüllt, ein friedliches Zusammenleben der dänischen Minderheit mit der deutschen Bevölkerung zu sichern, die berechtigten Belange der dänischen Minderheit in Schleswig-Holstein zu gewährleisten und ein gutnachbarliches Verhältnis

---

[121] GVBl. Schleswig-Holstein 1949, 183.

zum dänischen Volke herbeizuführen, erklärt mit Billigung des schleswig-holsteinischen Landtages und in der bestimmten Erwartung, daß die dänische Regierung der deutschen Minderheit in Dänemark dieselben Rechte und Freiheiten einräumen und garantieren wird, folgendes:

I. Das Grundgesetz der Bundesrepublik Deutschland vom 23. Mai 1949 gewährleistet einem jeden und damit jedem Angehörigen der dänischen Minderheit ohne Rücksicht auf die von ihm benutzte Sprache

a) [im folgenden werden die Grundrechte bzw. grundrechtsgleichen Rechte aus Artikel 2, 3 Absatz 1, 3 Absatz 3, 4, 5, 8, 9, 12, 13, 21, 33 Absatz 2, 28 Absatz 1, 19 Absatz 4 aufgeführt[122]] ... niemand darf daher aufgrund des geltenden Bundesrechts, das nach Artikel 31 des Grundgesetzes unbedingten Vorrang genießt, wegen seiner Zugehörigkeit zur dänischen Minderheit benachteiligt oder bevorzugt werden.

II. In Ausführung dieser Rechtsprinzipien wird hiermit festgestellt:

1. Das Bekenntnis zum dänischen Volkstum und zur dänischen Kultur ist frei. Es darf von Amts wegen nicht bestritten oder nachgeprüft werden.

2. Die dänische Minderheit, ihre Organisationen und Mitglieder dürfen am Gebrauch der gewünschten Sprache in Wort, Schrift oder Druck nicht behindert werden. Der Gebrauch der dänischen Sprache vor den Gerichten und den Verwaltungsbehörden bestimmt sich nach den allgemeinen Gesetzen.

3. Kindergärten, allgemein bildende Schulen und Volkshochschulen (auch mit fachlicher Ausrichtung) können von der dänischen Minderheit nach Maßgabe der Gesetze errichtet werden. In Schulen mit dänischer Unter-

---

[122] Dies geschah auf Wunsch der dänischen Minderheit. Vgl. die Begründung der Landesregierung zur Erklärung der Landesregierung über das Ergebnis der deutsch-dänischen Verhandlungen, Landtagsvorlage Nr. 249/3, Landtagsprotokoll v. 26.9.1949, 150 (3. Landtag = 1. Wahlperiode), zitiert nach *Kühn* (Anm. 43), 59.

richtssprache ist ein zureichender Unterricht in deutscher Sprache zu erteilen. Eltern und Erziehungsberechtigte können frei entscheiden, ob ihre Kinder Schulen mit dänischer Unterrichtssprache besuchen wollen.

4. Die Landesregierung hält es für selbstverständlich, daß die parlamentarische Gepflogenheit, alle politischen Gruppen in den Vertretungskörperschaften der Gemeinden, der Ämter, der Kreise und des Landes in angemessener Weise zur Mitarbeit in den Ausschüssen heranzuziehen, ohne Rücksicht auf die jeweiligen Mehrheitsverhältnisse Anwendung findet.

5. Die Landesregierung hält es für erwünscht, daß der Rundfunk der dänischen Minderheit wie anderen politischen und kulturellen Vereinigungen zugänglich gemacht wird.

6. Die Landesregierung hält es für erwünscht, daß dänische Geistliche und Kirchengemeinden nach vorhergehender Vereinbarung mit den zuständigen kirchlichen bzw. gemeindlichen Stellen Kirchen, Friedhöfe und ähnliche Einrichtungen unter wahlfreier Verwendung der gewünschten Sprache benutzen können.

7. Bei Unterstützungen und sonstigen Leistungen aus öffentlichen Mitteln, über die nach freiem Ermessen entschieden wird, bleibt die Zugehörigkeit zur dänischen Minderheit als solche unberücksichtigt.

8. Öffentliche Bekanntmachungen sollen den Zeitungen der dänischen Minderheit nicht vorenthalten werden.

9. Das besondere Interesse der dänischen Minderheit, ihre religiösen, kulturellen und fachlichen Verbindungen mit Dänemark zu pflegen, wird anerkannt.

10. Dänische Staatsangehörige, denen die Landesregierung die Genehmigung erteilt hat, als religiöse, kulturelle oder fachliche Berater zu wirken (z.B. Geistliche, Lehrer, Landwirtschaftsberater usw.) dürfen gegenüber anderen Angehörigen entsprechender Berufe bei der Erteilung der Zuzugs-

genehmigung und bei der Zuweisung von Wohnraum in der Gemeinde ihres Dienstsitzes nicht benachteiligt werden. Sie dürfen keine politische Betätigung ausüben.

11. Soweit in den vorhergehenden Punkten eine Zuständigkeit des Landes nicht gegeben sein sollte, wird es sich die Landesregierung angelegen sein lassen, sich für ihre Billigung und Durchführung bei den jeweils zuständigen Stellen einzusetzen.

III. Zur Prüfung und Klärung von Vorschlägen, Beschwerden und anderen Eingaben der dänischen Minderheit wird ein Ausschuß gebildet. Dieser besteht aus drei Mitgliedern der dänischen Minderheit und drei Mitgliedern, die vom Landesbeauftragten für Schleswig bestellt werden.

Die Geschäfte des Ausschusses führt ein Sekretär, der vom Ausschuß aus drei Vorschlägen, die von der dänischen Minderheit aufgestellt werden, mit Mehrheit gewählt und von der Landesregierung angestellt wird. Es ist Aufgabe dieses Sekretärs, zunächst alle Eingaben mit dem Landesbeauftragten für Schleswig oder den örtlich zuständigen Stellen im Verhandlungswege zu erledigen. Soweit dies nicht möglich ist, hat er sie dem Ausschuß zur gutachtlichen Äußerung vorzulegen. Der Landesbeauftragte für Schleswig kann diese und andere Gutachten des Ausschusses anfordern. Findet sich für Gutachten des Ausschusses keine Mehrheit, so können zwei unterschiedliche Gutachten erstattet werden.

Die Gutachten des Ausschusses werden der Landesregierung zur abschließenden Entscheidung überwiesen. Wenn Maßnahmen der Selbstverwaltungskörperschaften in Frage kommen, wird die Landesregierung im Rahmen ihrer Befugnisse das Erforderliche veranlassen.

Das Nähere bestimmt die Geschäftsordnung, die auch die Wahl des Vorsitzenden und den Wechsel im Vorsitz zwischen den beiden Gruppen des Ausschusses regelt. Die Geschäftsordnung beschließt der Ausschuß. Sie bedarf der Genehmigung der Landesregierung.

IV. Die hier aufgestellten Grundsätze gelten sinngemäß auch für die friesische Bevölkerung in Schleswig-Holstein."

Die rechtliche Stellung der Minderheiten in Finnland

RAINER HOFMANN[*]

I. Einleitung

Nach der Volkszählung von 1990 zählt Finnland insgesamt rund 5 Millionen Einwohner[1]. Von diesen sprechen etwa 300.000 (6 %) Schwedisch als Muttersprache; dieser schwedischsprachige Bevölkerungsteil wohnt fast ausschließlich in zwei geschlossenen Siedlungsgebieten in Südwest- und Westfinnland sowie auf den fast rein schwedischsprachigen Åland-Inseln[2]. Vom rein rechtlichen Standpunkt gesehen handelt es sich bei dem schwedischsprachigen Bevölkerungsteil nur um eine *de facto-Minderheit*, da gemäß Art. 14 der Verfassung von 1919[3] Finnisch und Schwedisch gleichermaßen Amtssprachen sind; faktisch handelt es sich bei der schwedischsprachigen Bevölkerung Finnlands jedoch um eine Minderheit, was auch darin zum Ausdruck kommt, daß in Finnlands Bericht für den Menschenrechtsausschuß der Vereinten Nationen gemäß Art. 40 des

---

[*] Dr. iur., Docteur d'Université en Droit (Montpellier I); wissenschaftlicher Referent am Institut. Der Verfasser dankt Professor Dr. Lauri Hannikainen, Universität Helsinki, für wertvolle Hinweise

[1] Vgl. zum folgenden *K. Myntti*, The Protection of Persons Belonging to a National Minority in Finland (Turku 1991), 3 ff.

[2] Von rund 24.000 Einwohnern der Åland-Inseln sprechen nur 1.100 Finnisch als Muttersprache, vgl. *Myntti, ibid.*, 3.

[3] Dieser lautet in englischer Übersetzung: "Finnish and Swedish are the national languages of the Republic. The rights of Finnish citizens to use their own language, Finnish or Swedish, as parties before courts of law and administrative authorities, and to obtain from them documents in these languages, shall be guaranteed by law, so as to provide for the rights of the Finnish-speaking and the Swedish-speaking populations in accordance with the principle of equality. The cultural and economic needs of the Finnish-speaking and Swedish-speaking populations shall be met by the State according to the principle of equality." Für einen Überblick über die verfassungsrechtliche Sicherung der Rechte nationaler Minderheiten in Finnland s. auch *R. Hofmann*, Minderheitenschutz in Europa. Überblick über die völker- und staatsrechtliche Lage, ZaöRV 52 (1992), 1 ff. (34 ff.).

Internationalen Paktes über bürgerliche und politische Rechte vom 19. Dezember 1966[4] diese Gruppe als eine der in Finnland lebenden Minderheiten im Sinne von Art. 27 des Paktes genannt wird[5].

An zahlenmäßig wesentlich kleineren Minderheitengruppen gibt es die als autochthone Bevölkerungsgruppe (*indigenous people*) anzusehenden *Samen* (Lappen), die in den nördlichen Gemeinden von Finnisch-Lappland leben und nach dem letzten Zensus von 1990 rund 5700 Menschen zählen, von denen allerdings nur 1700 Sami als Muttersprache sprechen[6]. Insofern ist jedoch zu beachten, daß gemäß § 2 des Gesetzes über die Anwendung von Sami vor Behörden (im folgenden hier *Sami-Gesetz*) vom 8. März 1991[7] jede Person rechtlich als Same anzusehen ist, die sich hierzu entscheidet und die selbst oder einer ihrer Eltern oder Großeltern Sami als Muttersprache erlernt hat. Zahlenmäßig etwa gleich groß dürfte die Bevölkerungsgruppe der finnischen *Roma* sein, die jedoch fast ausschließlich Finnisch als Muttersprache sprechen und über die es auch keine gesonderten Statistiken gibt[8]. Die etwa 1000 Menschen zählende jüdische Minderheit und die weniger als 1000 Menschen umfassende tatarische Minderheit (meist islamischen Glaubens) werden in Finnland nur als religiöse Minderheiten betrachtet[9].

Die folgende Darstellung beschränkt sich daher auf die rechtliche Position der schwedisch- und samisprachigen Minderheit; abschließend erfolgt ein Überblick über den Inhalt der Autonomie der Åland-Inseln.

---

[4] Dieser ist für Finnland am 23.3.1976 in Kraft getreten; vgl. hierzu M. *Scheinin*, The Status of Human Rights Conventions in Finnish Domestic Law, in: A. Rosas (Ed.), International Human Rights Norms in Domestic Law (Helsinki 1990), 25 ff. und K. *Törnudd*, Finland and the International Norms of Human Rights (Dordrecht 1986).

[5] Vgl. *Myntti* (Anm. 1), 3.

[6] *Ibid.*, 4.

[7] Finlands Författningssamling 1991, Nr. 516; gemäß seinem § 30 trat dieses Gesetz am 1.1.1992 in Kraft.

[8] Vgl. *Myntti* (Anm. 1), 4.

[9] *Ibid.*, 5 f.

II. Das Recht auf Gebrauch der Minderheitensprache

1. Der private Bereich

Der Gebrauch einer Sprache im privaten Bereich ist in Finnland gesetzlich nicht geregelt. Hieraus wird allgemein gefolgert, daß jede Person frei ist, im privaten Bereich ihre Muttersprache uneingeschränkt zu verwenden.

2. Behörden und Gerichte

Hinsichtlich der Anwendbarkeit von Minderheitensprachen vor Behörden und Gerichten (und anderen staatlichen Organen) ist zu unterscheiden zwischen der rechtlichen Stellung von Schwedisch und Sami.

a) Wie oben bereits erwähnt, genießt Schwedisch[10] aufgrund des Art. 14 der Verfassung den Rang einer "nationalen Sprache", d.h. ungeachtet des zahlenmäßigen Ungleichgewichts zwischen finnisch- und schwedischsprachiger Bevölkerung sind beide Sprachen als Amtssprachen Finnlands anerkannt. Diese verfassungsrechtliche Grundbestimmung wird durch Art. 22 der Verfassung dahin erweitert, daß alle Gesetze, Verordnungen, Gesetzesentwürfe und parlamentarischen Drucksachen in Finnisch und Schwedisch abzufassen sind, was sich auch im zweisprachig gehaltenen Gesetzblatt niederschlägt. Ferner können gemäß Art. 88 des Parlamentsgesetzes von 1928 im Plenum des Reichstags und seinen Ausschüssen beide Sprachen gleichberechtigt benutzt werden. Schließlich bestimmt Art. 50 Abs. 3 der Verfassung, daß bei der Ziehung der Grenzen von Verwaltungseinheiten soweit wie möglich Rücksicht auf die gesprochenen Sprachen genommen wird, d.h. möglichst einsprachige

---

[10] Vgl. zum folgenden *Myntti*, *ibid.*, 14 ff.; allgemein s. auch *J.M. Jansson*, Language Legislation, in: J. Uotila (Ed.), The Finnish Legal System (2. Aufl. Helsinki 1985), 77 ff.

Verwaltungseinheiten geschaffen werden, was angesichts der Konzentration der schwedischsprachigen Bevölkerung auf bestimmte Gebiete tatsächlich auch in erheblichem Umfang möglich ist.

b) Für die Praxis von ganz entscheidender Bedeutung sind vor allem die Bestimmungen des Sprachengesetzes und des Gesetzes über Sprachkenntnisse im Öffentlichen Dienst[11], beide ursprünglich vom 1. Juni 1922[12]. Aus ihnen ergibt sich ein Kompromiß zwischen dem sogenannten Territorial- und dem sogenannten Personalprinzip.

Letzteres, verankert in § 3 Abs. 1 Sprachengesetz, meint, daß jeder finnische Bürger das Recht hat, in Verfahren vor Gerichten oder Verwaltungsbehörden, in denen er Partei oder unmittelbar Betroffener ist, seine Muttersprache - Finnisch oder Schwedisch - benutzen zu können; gegebenenfalls sind auf staatliche Kosten Übersetzungen anzufertigen oder Dolmetscher heranzuziehen. In anderen Konstellationen richtet sich die Verwendung einer der beiden oder beider Amtssprachen nach der sprachlichen Struktur des jeweiligen Kreises: Das Sprachengesetz unterscheidet in seinem § 2 zwischen ein- und zweisprachigen Gemeinden. Gemäß seinem § 2 Abs. 1 ist eine Gemeinde dann zweisprachig, wenn die dort lebende Minderheit mehr als 8 % der dortigen Wohnbevölkerung oder, falls dieser Prozentsatz nicht erreicht wird, mehr als 3000 Personen zählt. Nach § 2 Abs. 3 Sprachengesetz wird die Klassifizierung einer Gemeinde als ein- oder zweisprachig alle zehn Jahre von der Regierung auf der Grundlage des jeweils aktuellen Zensus neu festgelegt. So sind derzeit (für den Zeitraum 1982-1992) von etwa 460 Gemeinden in Finnland 24 Gemeinden einsprachig Schwedisch, 20 Gemeinden zweisprachig mit einer schwedischsprachigen Mehrheit und 21 Gemeinden zweisprachig mit einer finnischsprachigen Mehrheit[13]. In zweisprachigen Gemeinden (und infolgedessen auch in den übergeordneten Kreisen) hat jeder Bürger ein

---

[11] Vgl. hierzu *Jansson, ibid.*, 82 ff. und *Myntti, ibid.*, 15 ff.

[12] Ausführungsbestimmungen zu diesen Gesetzen finden sich in zwei entsprechenden Durchführungsverordnungen vom 29.12.1922, die seither mehrfach geändert wurden.

[13] Vgl. *Jansson* (Anm. 10), 83 und *Myntti* (Anm. 1), 16.

unbedingtes Recht auf Erhalt aller amtlicher Schriftstücke in seiner Muttersprache; in einsprachigen Gemeinden hat er Anspruch auf - im Grundsatz - entgeltliche Übersetzung solcher Dokumente. Die Organe und Behörden der "Zentralregierung" schließlich arbeiten grundsätzlich immer zweisprachig, d.h. auf Finnisch und Schwedisch.

Das Gesetz über Sprachkenntnisse im Öffentlichen Dienst[14] unterscheidet in seinem § 1 zwischen Stellen, für deren Innehaben ein Hochschulabschluß notwendig ist, und solchen, für die dieses Erfordernis nicht zutrifft. Amtsträger der ersten Kategorie müssen vollständige Kenntnisse der Mehrheitssprache ihres Amtsdistrikts haben; in einem zweisprachigen Distrikt muß jeder Beamte sich auch in der Sprache, die nicht seine Muttersprache ist, mündlich und schriftlich ausdrücken können. Darüberhinaus ist in einsprachigen Amtsdistrikten die nur passive Kenntnis der "anderen" Sprache ausreichend, während Richter in jedem Fall beide Sprachen schriftlich und mündlich beherrschen müssen. Für die zweite Kategorie von Stellen im Öffentlichen Dienst gelten geringere Anforderungen an die Sprachkenntnisse der Amtsinhaber; die Einzelheiten sind in der genannten umfangreichen Durchführungsverordnung zum Gesetz über Sprachkenntnisse im Öffentlichen Dienst geregelt.

c) Hinsichtlich der anderen Minderheitensprachen[15], d.h. insbesondere Sami (Lappisch), gibt es in der Verfassung keine Bestimmungen; sie sind nicht als "nationale" Sprache anerkannt. Ihre bisherige, zunehmend als unbefriedigend angesehene, rechtliche Situation wird durch das kürzlich verabschiedete und am 1. Januar 1992 in Kraft getretene, oben bereits erwähnte Sami-Gesetz für diese Sprache grundlegend verbessert. Gemäß Art. 2 dieses Gesetzes werden die drei nördlichsten Gemeinden in der Provinz Lappland grundsätzlich als sami-sprachig anerkannt, wo künftig Sami in jeder Hinsicht als Amtssprache neben Finnisch tritt. Ferner haben Samen nunmehr das Recht auf Gebrauch ihrer Sprache vor einer ganzen

---

14   Vgl. *Jansson, ibid.*, 84 f. und *Myntti, ibid.*, 16 f.
15   Vgl. hierzu *Myntti, ibid.*, 17 ff.

Reihe von Behörden und (vor allem erstinstanzlichen) Gerichten[16] auch außerhalb ihres eigentlichen Siedlungsgebiets, soweit es sich um Angelegenheiten handelt, in denen sie entweder Partei oder besonders Betroffene sind. Schließlich werden aufgrund der §§ 11 ff. dieses Gesetzes sämtliche Rechtsakte finnischer Hoheitsträger, die Interessen der Samen berühren, neben Finnisch und gegebenenfalls Schwedisch auch in Sami veröffentlicht; gemäß § 12 dieses Gesetzes gilt dies auch für entsprechende Gesetze des Reichstages[17].

3. Kultur und Medien

a) Hinsichtlich der Wahrung der kulturellen Identität der schwedischsprachigen Minderheit[18] ist zu betonen, daß ihre kulturellen Einrichtungen wie Theater und Bibliotheken gemäß dem eingangs erwähnten Art. 14 Abs. 3 der Verfassung Anspruch auf staatliche Förderung auf gleicher Grundlage wie entsprechende finnischsprachige Einrichtungen genießen; eine darüberhinausgehende Förderung, etwa in der Art einer überproportionalen Unterstützung, durch die Zentralregierung gibt es kaum. Zu erwähnen ist die Existenz einer großen überregionalen schwedischsprachigen Tageszeitung ("Hufvudstadsbladet"), eines schwedischsprachigen Radiokanals und täglicher Fernsehprogramme in Schwedisch; hinzukommt ferner, daß in den Siedlungsgebieten der

---

[16] Namentlich handelt es sich um regionale und kommunale Verwaltungsbehörden und erstinstanzliche Gerichte, deren Amtsbezirk ganz oder teilweise das Siedlungsgebiet der Samen umfaßt; die Provinzregierung von Lappland und die ihr nachgeordneten Behörden; den Justizkanzler und den Justizombudsman; den Ombudsman für Verbraucherschutz, den Ombudsman für Gleichstellungsfragen und den Ombudsman für Datenschutz sowie die diesen Personen zugeordneten Behörden; die Sozialversicherungsbehörde sowie staatliche Verwaltungsbehörden, die als Rechtsmittelinstanz fungieren.

[17] Erstes Beispiel ist das Sami-Gesetz selbst, das in Finlands Författningssamling 1991, Nr. 516 auf den S. 1032 ff. auch in Sami abgedruckt ist.

[18] Vgl. zum folgenden *Myntti* (Anm. 1), 20 f.

schwedischsprachigen Minderheit die Radio- und Fernsehprogramme des Schwedischen Radio und Fernsehens gut zu empfangen sind.

b) Aufgrund des traditionell anderen Lebensstils der Samen ist die Wahrung ihrer kulturellen Identität ungleich schwieriger[19]. Immerhin bemühen sich verschiedene Gesetze, wie etwa das Rentierzüchtergesetz[20], das Fischereigesetz[21] und das Jagdgesetz[22], den Erfordernissen dieses anderen Lebensstils dieser Minderheit Rechnung zu tragen. Noch ungeklärt ist (wie übrigens auch in Norwegen und Schweden), wie die traditionellen Landnutzungsrechte der Samen mit den - durchaus umstrittenen - Projekten der Nutzung von Wasserkraft und anderen natürlichen Ressourcen in Einklang zu bringen sind.

III. Bildungs- und Erziehungswesen

a) In Finnland obliegt die Organisation des Schulwesens[23] aufgrund der Bestimmungen des Gesetzes über die kommunale Schulverwaltung[24] den Gemeinden. Schulpflicht besteht für die neunjährige Grundschule, auf die das dreijährige Gymnasium folgen kann. Gemäß § 25 Abs. 1 des Grundschulgesetzes[25] ist Unterrichtssprache Finnisch oder Schwedisch, je nach der Muttersprache des Schülers; nach § 8 Abs. 4 dieses Gesetzes sind in Gemeinden mit finnisch- und schwedischsprachigen Einwohnern dann eigene Grundschulen für der jeweiligen sprachlichen Minderheit zugehörige Schüler einzurichten, wenn deren Zahl mindestens 13 beträgt. Gemäß § 25 Abs. 3 Grundschulgesetz kann der Grundschulunterricht im Siedlungsgebiet

---

[19] *Ibid.*, 21 f.
[20] Finlands Författningsamling 1990 Nr. 948.
[21] Finlands Författningsamling 1982 Nr. 286.
[22] Finlands Författningsamling 1962 Nr. 290 mit späteren Änderungen; nach seinem § 3 Abs. 3 gelten für die Gebiete, in denen traditionell Rentierzucht betrieben wird, besondere Bestimmungen.
[23] Vgl. hierzu *Jansson* (Anm. 10), 85 ff. und *Myntti* (Anm. 1), 17 ff.
[24] Finlands Författningsamling 1983 Nr. 479.
[25] Finlands Författningsamling 1983 Nr. 476.

der Samen - neben Finnisch - auch in Sami erfolgen. Hinzuweisen ist noch auf die Bestimmungen der §§ 33 ff. der Grundschulverordnung[26], die sicher stellen sollen, daß Angehörige der schwedisch- und der samisprachigen Minderheit neben dem Unterricht in ihrer Muttersprache ausreichende Kenntnisse im Finnischen erwerben. Für die Gymnasien bestimmt § 17 Gymnasiumgesetz[27], daß Unterrichtssprache entweder Finnisch oder Schwedisch ist und in Gymnasien im Siedlungsgebiet der Samen Sami sein kann. Im Unterschied zum Bereich des Grundschulwesens gibt es jedoch keine gesetzliche Verpflichtung zur Einrichtung von Gymnasien mit Unterricht in der jeweiligen Minderheitensprache.

Im Jahre 1990 besuchten rund 31.000 Schüler 321 schwedischsprachige Grundschulen (insgesamt gab es in Finnland 4466 Grundschulen mit 568.000 Schülern). Die 31 schwedischsprachigen Gymnasien (von insgesamt 447) wurden von rund 4900 Schülern (von insgesamt 92.600) besucht. Entsprechende umfassende Zahlen für die Samen lagen nicht vor.[28]

b) Für den Hochschulbereich[29] ist darauf hinzuweisen, daß in Åbo (Turku) eine schwedischsprachige Universität besteht und Finnlands größte Universität in Helsinki (Helsingfors) zweisprachig ist[30]; an der Universität in Vaasa (Vasa) werden einige Fächer (insbesondere im Bereich der Lehrerausbildung) auch in Schwedisch unterrichtet. An den Universitäten in Rovaniemi (Lappland) und Oulu werden des Sami kundige Lehrer

---

[26] Finlands Författningssamling 1984 Nr. 718.

[27] Finlands Författningssamling 1983 Nr. 477.

[28] Immerhin berichtet *Myntti* (Anm. 1), 19, daß im Schuljahr 1989/90 Sami in 22 Grundschulen des Siedlungsgebietes der Samen unterrichtet wurde.

[29] Vgl. *Jansson* (Anm. 10), 85 f. und *Myntti* (Anm. 1), 17.

[30] Insoweit ist interessant, daß - obwohl es an der Universität in Åbo (Turku) eine Juristische Fakultät gibt - an der Juristischen Fakultät der Universität Helsinki (Helsingfors) eine Quote von 25 Studenten schwedischer Muttersprache gibt; hiermit soll gesichert werden, daß auch in Zukunft genügend schwedischsprachige Juristen ausgebildet werden, um die dargestellten zahlenmäßigen Anforderungen an des Schwedischen kundigen Richtern und Verwaltungsjuristen erfüllen zu können; vgl. *Myntti, ibid.*, 17.

ausgebildet; daneben gibt es an der Universität in Rovaniemi Quoten für samisprachige Studenten.

c) Für den Vorschulbereich bestimmt § 11 Abs. 2 Kindertagesstättengesetz[31], daß die Gemeinden als Träger solcher Kindertagesstätten dafür Sorge zu tragen haben, daß diese Einrichtungen in der Muttersprache der Kinder - Finnisch, Schwedisch oder Sami - geführt werden.

IV. Spezifische Schranken der Vereinigungsfreiheit

Verfassungsrechtliche Grundlage der Vereinigungsfreiheit[32] ist Art. 10 der Verfassung von 1919[33]. Hieran knüpfen die einfachgesetzlichen Regelungen an, nämlich das am 1. Januar 1990 in Kraft getretene neue Vereinigungsgesetz vom 26. Mai 1989[34], welches das alte Vereinigungsgesetz vom 4. Januar 1919[35] ablöste, sowie das Parteiengesetz vom 10. Januar 1973[36].

1. Das Vereinigungsgesetz

Wie auch das Vereinigungsgesetz von 1919 gilt das Vereinigungsgesetz von 1989 gemäß seinem § 2 nicht für Vereinigungen mit wirtschaftlichen Zielen, Religionsgemeinschaften und Stiftungen, für die besondere Gesetze gelten.

---

[31] Finlands Författningssamling 1973 Nr. 36.
[32] Vgl. hierzu *Törnudd* (Anm. 4), 170 ff.
[33] Dieser lautet in englischer Übersetzung: " (1) Finnish citizens enjoy freedom of speech and the right to print and publish written or pictorial representations without any previous restraint being imposed. They also have the right to assemble, without previous authorization, for the discussion of public affairs and for any other legitimate purpose, and the right to form associations for purposes not contrary to the law. (2) The rules concerning the exercise of these rights shall be determined by law."
[34] Finlands Författningssamling 1989 Nr. 503.
[35] Finlands Författningssamling 1919 Nr. 1.
[36] Finlands Författningssamling 1969 Nr. 10.

Vereinigungen im Sinne des Vereinigungsgesetzes müssen gemäß seinem § 1 zur gemeinsamen Verfolgung eines ideellen Zieles gegründet werden, das nicht gegen gesetzliche Bestimmungen verstoßen darf. Gemäß seinem § 3 sind Vereinigungen, die aufgrund ihrer Organisationsstruktur als paramilitärische Organisationen anzusehen sind, verboten. Vereinigungen sind gemäß § 6 Vereinigungsgesetz grundsätzlich in einem beim Justizminister gemäß § 47 Vereinigungsgesetz geführten Vereinsregister zu registrieren; die Registrierung kann nach § 49 Vereinsgesetz u.a. verweigert werden, wenn die oben genannten Voraussetzungen der §§ 1 und 3 vorliegen. Gemäß § 43 Vereinigungsgesetz kann eine Vereinigung auf Antrag des Innenministeriums oder der Staatsanwaltschaft vom für den Sitz der Vereinigung zuständigen Amtsgericht u.a. dann aufgelöst werden, wenn sie Tätigkeiten nachgeht, die in wesentlichem Umfang gegen gesetzliche Bestimmungen verstoßen. Unter der Geltung des weitgehend identischen § 21 des Vereinigungsgesetzes von 1919 wurden nach dem Zweiten Weltkrieg einige faschistische und auch solche Organisationen aufgelöst, die den (Wieder-)Anschluß Ostkareliens an Finnland forderten[37]. Eine Verbotsbestimmung für Vereinigungen der nationalen Minderheiten gibt es nicht; im Gegenteil sieht § 9 Vereinigungsgesetz ausdrücklich vor, daß Vereinigungen als zweisprachige Vereinigungen registriert werden können, woraus im Gegenschluß abzuleiten ist, daß auch rein schwedisch- oder samisprachige Vereinigungen zulässig sind. Auch gibt es keine ausdrückliche Norm für Vereinigungen mit separatistischen Zielen. Insofern ist jedoch zu bemerken, daß § 2 Abs. 2 des den Hochverrat betreffenden 11. Kapitels des - noch aus der Zeit der Zugehörigkeit Finnlands zu Rußland stammenden, insoweit in abgeänderter Form weitergeltenden - finnischen Strafgesetzbuches vom 19. Dezember 1889[38] als Hochverräter denjenigen bestraft, der versucht, einen Teil Finnlands von diesem abzutrennen; dies bedeutet *theoretisch*[39], daß Vereinigungen mit solchen Zielen - die es aber offenbar nicht gibt - wegen Verstoßes gegen

---

[37] Vgl. die Nachweise bei *Törnudd* (Anm. 4), 171.
[38] Finlands Författningssamling 1889 Nr. 39.
[39] In der Praxis hat dies aber ganz offenbar keine Bedeutung.

den genannten § 1 Vereinigungsgesetzes nicht zu registrieren bzw. zu verbieten wären.

2. Das Parteigesetz

Das finnische Parteigesetz[40] definiert in seinem § 1 als Partei eine registrierte Vereinigung, die in einem beim Justizministerium geführten Parteiregister eingeschrieben ist[41]. Zur Registrierung als Partei stellt § 2 Parteigesetz als Voraussetzungen u.a. fest, daß sie mindestens 5.000 Anhänger hat, die das aktive Wahlrecht für Reichstagswahlen besitzen[42], und daß ihre Satzung die Gewähr bietet, daß die Aktivitäten der Partei unter Beachtung demokratischer Prinzipien erfolgen. Das Parteigesetz enthält keine Bestimmung, daß Vereinigungen wegen ihrer Ziele nicht registriert werden können oder Vorschriften über ein Parteiverbot; andererseits bestimmt § 6 Parteigesetz, daß eine Partei, die in der letzten oder vorletzten Reichstagswahl keine Kandidaten in den Reichstag entsenden konnte oder die nicht mehr als Vereinigung registriert ist, aus dem Parteiregister zu streichen ist. Somit ließe sich - jedenfalls theoretisch - indirekt die politische Aktivität einer Partei dadurch beenden, daß ihre Eigenschaft als registrierte Vereinigung beseitigt wird.

Das Parteigesetz enthält keine Bestimmungen, die sich auf Minderheiten repräsentierende politische Gruppierungen beziehen[43]. Zwar gibt es in Finnland keine Partei, die sich ausschließlich als Vereinigung der sprachlichen Minderheiten versteht, doch ist faktisch die politisch dem liberalen Lager zugehörende Schwedische Volkspartei in Finnland (*Svenska Folkpartiet i Finland*) als Repräsentantin der schwedischsprachigen Minderheit anzusehen. Bei den letzten Parlamentswahlen im Frühjahr 1991

---

40   Finlands Författningssamling 1969 Nr. 10
41   Vgl. zum folgenden *Törnudd* (Anm. 4), 172 f.
42   Gemäß § 3 Parteigesetz sind dem Registrierungsantrag eigenhändig unterschriebene Versicherungen der mindestens 5000 Anhänger beizufügen, daß sie das aktive Wahlrecht zum Reichstag besitzen.
43   Vgl. zum folgenden *Myntti* (Anm. 1), 23 f.

erreichte sie 5,5 % der abgegebenen Stimmen und damit 11 von insgesamt 200 Sitzen im Parlament. Allgemein wird davon ausgegangen, daß diese Partei rund 75 % der Stimmen der schwedischsprachigen Minderheit auf sich vereint.

3. Vereinigungsfreiheit und Strafrecht

Neben dem bereits genannten § 2 des 11. Kapitels (Hochverrat) des finnischen Strafgesetzbuchs sind folgende weitere Straftatbestände, die sich im 13. Kapitel (Verbrechen gegen die Menschlichkeit) des finnischen Strafgesetzbuchs finden, von potentieller Bedeutung im Bereich der Vereinigungsfreiheit: In Erfüllung seiner Verpflichtung aus der Konvention vom 9. Dezember 1948 über die Verhütung und Bestrafung des Völkermords[44] hat Finnland in § 4 des genannten 13. Kapitels des finnischen Strafgesetzbuchs Völkermord unter Strafe gestellt[45]; weiter hat Finnland zur innerstaatlichen Umsetzung des Internationalen Übereinkommens vom 7. März 1966 zur Beseitigung jeder Form von Rassendiskriminierung[46] in § 5 des 13. Kapitels Volksverhetzung[47] und in dessen § 6 Diskriminierung[48] poenalisiert.

---

[44] Diese Konvention trat für Finnland am 17.3.1960 in Kraft.

[45] Der Wortlaut der Bestimmung entspricht weitgehend der des § 220a (deutsches) StGB; die Strafdrohung reicht von mindestens vierjähriger bis lebenslanger Freiheitsstrafe.

[46] Dieses Übereinkommen trat für Finnland am 13.8.1970 in Kraft.

[47] Diese Bestimmung lautet: "Wer in der Öffentlichkeit Aussagen oder sonstige Mitteilungen verbreitet, in denen Volksgruppen einer bestimmten Rasse, nationaler oder ethnischer Herkunft oder Religion bedroht, verächtlich gemacht oder verleumdet werden, wird wegen Volksverhetzung zu Geldstrafe oder Freiheitsstrafe von bis zu zwei Jahren verurteilt". (Übersetzung des Verf.)

[48] Diese Bestimmung lautet: "(1) Wer als Unternehmer oder als Angestellter eines Unternehmers oder als andere Person in vergleichbarer Tätigkeit oder als öffentlicher Bediensteter in Ausübung seines Amtes einen Kunden wegen dessen Rasse, nationaler oder ethnischer Herkunft oder Religion nicht nach den allgemein geltenden Bedingungen bedient, wird wegen Diskriminierung zu Geldstrafe oder Freiheitsstrafe von bis zu sechs Monaten verurteilt. (2) Wegen Diskriminierung wird auch bestraft, wer als Veranstalter

V. Politische Repräsentation

Das finnische Wahlgesetz[49] beruht auf dem Proporzsystem: Das Land ist derzeit in insgesamt 15 Wahlkreise eingeteilt, die entsprechend der Zahl der dort gemeldeten Wahlberechtigten Abgeordnete in den Reichstag entsenden. Die Verteilung der jedem Wahlkreis zustehenden Mandate erfolgt dann auf der Grundlage des Proporzsystems zwischen den einzelnen Parteien. Eine Privilegierung von Minderheitenparteien kennt das finnische Recht nicht; durch die Einteilung des Landes in Wahlkreise wird jedoch die parlamentarische Vertretung regional verankerter Parteien erleichtert. Die bereits erwähnte *Svenska Folkpartiet i Finland* ist seit 1945 nicht nur durchgängig im Parlament vertreten, sondern auch an fast allen Koalitionsregierungen beteiligt gewesen; zur Zeit stellt sie den Verkehrs- und den Verteidigungsminister.

Daneben besteht als semi-offizielles Repräsentativorgan der schwedischsprachigen Minderheit das *Svenska Finlands Folkting* (Schwedisch-Finnlands Volksversammlung), dessen 75 Mitglieder alle vier Jahre in indirekter Wahl nach dem Proporzsystem unter den Mitgliedern der Gemeindeparlamente bestimmt werden[50]. Seine Aufgabe liegt gemäß § 1 des Gesetzes über staatliche Unterstützung des Svenska Finlands Folkting[51] in erster Linie in der Vertretung der Interessen der schwedischsprachigen Bevölkerung,

---

oder dessen Mitarbeiter einer öffentlichen Vergnügungsveranstaltung oder allgemeinen Versammlung einer Person wegen deren Rasse, nationaler oder ethnischer Herkunft oder Religion den Zutritt zu einer solchen Veranstaltung oder Versammlung entgegen den allgemein geltenden Bedingungen verweigert." (Übersetzung des Verf.)

[49] Finlands Författningssamling 1969 Nr. 391; allgemein zum finnischen Wahlsystem vgl. *M. Hidén*, The Constitution, in: J. Uotila (Ed.), The Finnish Legal System (2. Aufl. Helsinki 1985), 39 ff. (47 ff.); *M. Hidén/I. Saraviita*, Statsförfattningsrätten i huvuddrag (5. Aufl. Helsinki 1989), 49 ff.; *Myntti* (Anm. 1), 23 ff. und *Törnudd* (Anm. 4), 187 ff.

[50] Vgl. *Myntti, ibid.*, 24.

[51] Finlands Författningssamling 1985 Nr. 902.

insbesondere im Rahmen von Gesetzgebungsvorhaben, bei denen es regelmäßig angehört wird. Es wird zum größten Teil vom Staat finanziert.

Seit 1973 gibt es eine vergleichbare Vertretung der Samen ("Samen-Parlament"), dessen 20 Mitglieder von allen Angehörigen dieser Minderheit gewählt werden[52]. Seine Aufgabe ist in erster Linie beratender Natur; es besitzt keinerlei Entscheidungsbefugnisse. Seit dem 1. November 1991 muß dieses Organ gemäß dem neu eingeführten § 52 a des Parlamentsgesetzes vom Reichstag bei allen Gesetzesvorhaben gehört werden, welche die Interessen der Samen betreffen; ein eigentliches Mitbestimmungsrecht wird dieser Körperschaft aber nicht eingeräumt. Initiativen, den Samen eine Vertretung im Parlament selbst gesetzlich zu sichern, wurden von der Kommission zu Fragen der Reform des Wahlrechts in ihrem Bericht im Jahre 1989 jedoch abgelehnt[53].

VI. Die Autonomie der Åland-Inseln

Die finnische Verwaltungsstruktur[54] gründet sich auf Gemeinden mit Selbstverwaltungsbefugnissen und den staatlichen Gebietskörperschaften, Kreise und Provinzen. Während die Grenzen der Kreise gemäß dem oben bereits erwähnten Art. 50 Abs. 3 der Verfassung soweit wie möglich den Sprachgrenzen entsprechen, ist der Gebietsbestand der Provinzen weitgehend historisch bedingt und unabhängig vom Vorkommen nationaler Minderheiten. Autonomie im rechtlichen Sinne genießen diese Provinzen nicht.

---

[52] Vgl. *Myntti* (Anm. 1), 24.

[53] *Ibid.*, 25.

[54] Für einen Überblick vgl. *E. Vilkkonen*, The Administrative System, in: J. Uotila (Ed.), The Finnish Legal System (2. Aufl. Helsinki 1985), 68 ff. (71 ff.).

Die einzige Ausnahme von diesem Grundsatz stellen die fast ausschließlich schwedischsprachigen Åland-Inseln dar[55]. Diese Inselgruppe, deren Zugehörigkeit zu Finnland im Jahre 1921 in vom Völkerbund geförderten Verhandlungen zwischen Finnland und Schweden entschieden wurde, genießen eine völkerrechtlich abgesicherte, jedoch auf finnischem Recht beruhende, ganz weitgehende Autonomie[56]. Das erste ziemlich umfassende Selbstverwaltungsgesetz wurde bereits 1920 verabschiedet[57], 1951 neu gefaßt[58] und wird ab 1993 von einem ganz neuen Gesetz abgelöst werden[59]. Danach ist, wie schon bisher, gemäß dessen § 36 Schwedisch alleinige Amtssprache[60]. Legislativorgan ist das aus allgemeinen Wahlen hervorgegangene, 30 Abgeordnete umfassende Parlament (*Lagting*), das dann die Provinzialregierung (*Landskapsstyrelse*) bestimmt. Die Åland-Inseln haben einen garantierten Sitz im finnischen Reichstag und sind, wie auch Grönland und die Färöer, im Nordischen Rat mit zwei Abgeordneten des *Lagting* eigenständig vertreten. Die Legislativbefugnisse umfassen gemäß § 13 Selbstverwaltungsgesetz 1951 u.a. das Erziehungswesen und kulturelle

---

[55] Für einen guten Überblick vgl. *T. Modeen*, Aaland Islands, in: R. Bernhardt (Ed.), EPIL Instalment 12 (1990), 1 ff. und jüngst umfassend *L. Hannikainen*, Cultural, Linguistic and Educational Rights in the Åland Islands (Helsinki 1993).

[56] Vgl. etwa *G. Bramstång*, De konstitutionelle relationerna mellan Finland och Åland, Nordisk Tidskrift for International Ret 51 (1982), 72 ff.; *C. Jansson*, The Autonomy of Åland. A Reflexion of International and Constitutional Law, Nordisk Tidskrift for International Ret 51 (1982), 15 ff.; *G. Lindholm*, Bakgrunden till Ålands folkrättsliga ställning, Nordisk Tidskrift for International Ret 51 (1982), 88 ff.; *R. Lindholm*, Ålandsfrågan och folkrätten, Svensk Juristtidning 75 (1990), 367 ff.; *Myntti* (Anm. 1), 27 ff. und *F. Seyersted*, The Åland Autonomy and International Law, Nordisk Tidskrift for International Ret 51 (1982), 23 ff.

[57] Dieses Gesetz wurde im Jahre 1922 durch ein Gesetz zum Schutz der schwedischen Sprache und zur Stärkung der Autonomie ergänzt.

[58] Finlands Författningssamling 1951 Nr. 670.

[59] Gesetz vom 16.8.1991, Finlands Författningssamling 1991 Nr. 1144. Für eine Kritik dieses Gesetzes s. *L. Eriksson/U. Kangas*, Ålandsfrågan (Helsinki 1988).

[60] Gemäß §§ 37, 38 Selbstverwaltungsgesetz 1991 haben finnische Staatsangehörige jedoch das Recht auf Gebrauch auch der finnischen Sprache im Behördenverkehr und vor Gerichten; gegebenenfalls haben gemäß § 39 dieses Gesetzes Betroffene Anspruch auf unentgeltliche Übersetzung amtlicher Schriftstücke in das Finnische.

Angelegenheiten, das Gesundheitswsen, Wirtschaftsangelegenheiten, Gemeinderecht und Polizeiwesen. Das *Lagting* besitzt jedoch nicht die Befugnis zur Verabschiedung von Steuergesetzen; vielmehr erhalten die Åland-Inseln aus dem finnischen Haushalt einen Fixbetrag, der dann vom *Lagting* in einem eigenverantwortlich erstellten Budget verwendet wird.

Es gibt eine eigenständige "Staatsbürgerschaft" (*Hembygdsrätt*) der Åland-Inseln (deren Einwohner natürlich finnische Staatsangehörige sind)[61], was insbesondere deshalb von Bedeutung ist, weil gemäß § 4 des Selbstverwaltungsgesetzes 1951 i.V. mit den Bestimmungen des Gesetzes betreffend Einschränkungen des Rechts, Grundeigentum auf den Åland-Inseln zu besitzen und zu erwerben[62], nur Inhaber dieser "Staatsbürgerschaft" Grundeigentum auf den Inseln besitzen und erwerben können[63].

Das neue Selbstverwaltungsgesetz wird durch seinen § 18 eine Reihe weiterer Materien in die Gesetzgebungshoheit des *Lagting* überführen, namentlich die Regelung der Handelsschiffahrt mit dem Recht zum Führen der Flagge der Åland-Inseln (diese sind traditionell Sitz bedeutender Reedereien), das Post- (schon seit einigen Jahren gibt es eigene Briefmarken der Inseln) und Radiowesen und weite Bereiche des Sozial-

---

[61] Vgl. § 3 Selbstverwaltungsgesetz 1951; dieses *Hembygdsrätt* wurde danach in der Regel nach fünfjährigem, ununterbrochenem Aufenthalt auf den Åland-Inseln sowie durch Abstammung von einem Elternteil, das dieses *Hembygdsrätt* besitzt, erworben. Hinzuweisen ist in diesem Zusammenhang auf ein Urteil des Plenums des *Högsta Förvaltningsdomstolen* (Oberstes Verwaltungsgericht), mit dem eine Entscheidung der Provinzialregierung der Åland-Inseln, das *Hembygdsrätt* wegen mangelnder Schwedisch-Kenntnisse des Antragstellers zu verweigern, als eine gesetzlich nicht vorgesehene Einschränkung des in Art. 5 der Verfassung von 1919 verankerten allgemeinen Gleichheitssatzes aufgehoben wurde (Högsta Förvaltningsdomstolen 1979 I 4). Als Reaktion auf dieses Urteil sieht der (neue) § 7 Abs. 2 Ziff. 3) Selbstverwaltungsgesetz 1991 nun ausdrücklich vor, daß die Verleihung des *Hembygdsrätt* "zufriedenstellende Kenntnisse des Schwedischen" voraussetzt.

[62] Finlands Författningssamling 1991 Nr. 1145.

[63] Diese Einschränkung ist in § 10 Selbstverwaltungsgesetz 1991 übernommen worden.

rechts. Vorgesehen ist in § 26 auch die Errichtung eines eigenen Verwaltungsgerichts für die Åland-Inseln.

Alleinige Unterrichtssprache der öffentlichen Schulen auf den Inseln ist gemäß § 35 Selbstverwaltungsgesetz 1951 Schwedisch, was von der zahlenmäßig jedoch sehr geringen finnischsprachigen "Minderheit in der Minderheit" zunehmend kritisiert wird[64]. Dieser Kritik sucht § 40 Selbstverwaltungsgesetz 1991 dadurch zu begegnen, daß Unterrichtssprache in öffentlichen Schulen "Schwedisch ist, soweit nicht durch Provinzgesetz etwas anderes bestimmt wird".

Gemäß § 19 Abs. 2 Selbstverwaltungsgesetz 1991, der im wesentlichen § 14 Abs. 2 Selbstverwaltungsgesetz 1951 entspricht, sind vom *Lagting* verabschiedete Provinzialgesetze dem finnischen Staatspräsidenten vorzulegen. Dieser kann mit der Begründung, das *Lagting* habe seine gesetzgeberischen Kompetenzen überschritten, ein diesbezügliches Gutachten des *Högsta Förvaltningsdomstolen* (Oberstes Verwaltungsgericht) einholen, und dann innerhalb von vier Monaten das gänzliche oder teilweise Außerkrafttreten des Gesetzes verfügen oder gegen dessen Inkrafttreten sein Veto einlegen. Ausgefertigt und verkündet werden Provinzialgesetze durch das *Landskapsstyrelsen*. Nach § 22 Selbstverwaltungsgesetz 1991, der § 15 Selbstverwaltungsgesetz 1951 entspricht, hat das *Lagting* Gesetzesinitiativrecht beim Reichstag auch in Materien, die der Gesetzgebungskompetenz des Reiches zugehören. Die Mitwirkungsrechte des *Lagting* bei die Åland-Inseln betreffenden Gesetzesvorhaben des Reiches sind in § 28 Selbstverwaltungsgesetz 1991 geregelt, der im wesentlichen §§ 11 Abs. 3, 12 Selbstverwaltungsgesetz 1951 entspricht: Danach bedürfen Änderungen der Verfassung oder einfacher Gesetze, die das Recht auf Eigentum oder Gewerbefreiheit auf den Åland-Inseln berühren, zu ihrem Inkrafttreten auf den Inseln der Zustimmung des *Lagting*; bei sonstigen Gesetzesvorhaben, welche besondere Bedeutung für die Åland-Inseln haben, ist vor der Verabschiedung durch

---

[64] Rechtliche Grundlage der Kritik ist insbesondere Art. 3 (d) des UNESCO-Übereinkommens vom 15.12.1960 gegen Diskriminierung im Unterrichtswesen, das für Finnland erst nach langen Diskussionen am 18.1.1972 in Kraft trat; vgl. *Myntti* (Anm. 1), 28 und *Törnudd* (Anm. 4), 196 f.

den Reichstag die Stellungnahme der zuständigen Organe der Åland-Inseln einzuholen, die aber - offenbar - den Reichstag nicht bindet.

Hinzuweisen ist schließlich noch auf die in den §§ 58, 59 des neuen Kapitel 9 ("Internationale Verträge") des Selbstverwaltungsgesetzes 1991 enthaltenen Regeln zur Beteiligung der Organe der Åland-Inseln bei der Aushandlung und dem Inkrafttreten völkerrechtlicher Verträge. Zum einen kann gemäß § 58 Abs. 1 dieses Gesetzes das *Landskapsstyrelsen* bei den zuständigen Behörden zwecks Aufnahme von Verhandlungen zum Abschluß eines völkerrechtlichen Vertrages vorstellig werden; zum anderen ist es gemäß § 58 Abs. 2 von Verhandlungen mit ausländischen Staaten zu unterrichten, die auf den Abschluß eines völkerrechtlichen Vertrages zielen, der in die Zuständigkeit der Åland-Inseln fallende Materien oder diese besonders interessierende Bereiche betrifft. Bei solchen Verhandlungen sind Vertreter des *Landskapsstyrelsen* hinzuziehen. Für das Inkrafttreten von Verträgen, deren Bestimmungen Vorschriften des Selbstverwaltungsgesetzes verletzen, sieht § 59 Abs. 1 vor, daß das finnische Zustimmungsgesetz vom Reichstag mit der für verfassungsändernde Gesetze notwendigen Mehrheit und vom *Lagting* mit Zwei-Drittel-Mehrheit gebilligt werden muß; enthält ein völkerrechtlicher Vertrag eine Bestimmung, deren innerstaatliche Regelung in die Gesetzgebungskompetenz des *Lagting* fällt, muß dieses, damit eine solche Bestimmung für das Gebiet der Åland-Inseln in Kraft treten kann, das entsprechende finnische Zustimmungsgesetz billigen[65]. Zu betonen ist aber, daß die Åland-Inseln keine eigenständige Kompetenz zum Abschluß völkerrechtlicher Verträge besitzen.

---

[65] Offenkundig können diese Bestimungen im Zusammenhang mit den bevorstehenden Beitrittsverhandlungen Finnlands mit der EG im Hinblick auf die Beschränkungen des Niederlassungs- und Eigentumserwerbsrechts für nicht das *Hembygdsrätt* besitzende Personen von Bedeutung werden.

Die rechtliche Stellung der Minderheiten in Frankreich

Jörg Polakiewicz[*]

I. Einleitung

Das französische Recht kennt keinen Begriff der Minderheit. Rechtsdenken und Politik werden seit der Revolution von 1789 von den Grundsätzen der Unteilbarkeit der Republik und der Gleichheit aller Bürger beherrscht, die einer Anerkennung der Existenz verschiedener Volksgruppen mit jeweils eigenen Rechten entgegenstehen. In diesem Sinne bestimmt Art. 2 Abs. 1 der französischen Verfassung :

> "Frankreich ist eine unteilbare, laizistische, demokratische und soziale Republik. Es gewährleistet die Gleichheit aller Bürger vor dem Gesetz ohne Unterschied der Herkunft, Rasse oder Religion. Es achtet jeden Glauben".

Unter Hinweis auf diese Vorschrift erklärte die französische Regierung bei Ratifikation des Internationalen Pakts über bürgerliche und politische Rechte vom 19. Dezember 1966, "that article 27 is not applicable so far as the Republic is concerned"[1]. Die These, daß es in Frankreich keine Minderheiten gebe und daher Art. 27 IPBPR nicht anwendbar sei, vertrat

---

[*] Dr. iur.; wissenschaftlicher Referent am Institut.
A b k ü r z u n g e n: Cass. civ. = Cour de cassation/Chambre civile; Clunet = Journal du droit international, fondé par E. Clunet; D. = Recueil Dalloz Sirey; ICLQ = International and Comparative Law Quarterly; J.O. = Journal Officiel; RA = La Revue administrative; RDP = Revue du droit public et de la science politique; Rec. = Recueil des décisions du Conseil d'Etat statuant au Contentieux, du Tribunal des Conflits et des jugements des Tribunaux administratifs; RFDA = Revue française de Droit administratif; RJAL = Revue Juridique d'Alsace et de Lorraine; RUDH = Revue Universelle des Droits de l'Homme.

[1] Zitiert nach *M. Nowak*, UNO-Pakt über bürgerliche und politische Rechte und Fakultativprotokoll. CCPR-Kommentar (1989), 802.

die französische Regierung auch in ihren Berichten an den UN-Menschenrechtsausschuß[2].

Es ist daher nicht verwunderlich, daß das Phänomen von Volksgruppen, die sich in ethnischer, religiöser oder sprachlicher Hinsicht von der übrigen Bevölkerung unterscheiden, im französischen Recht weitgehend ignoriert wird[3]. Die wenigen Regelungen, die diesen Volksgruppen und vor allem ihren Sprachen gewidmet sind, benutzen nie den Begriff der Minderheit ("minorité"), sondern sprechen von "langues et dialectes locaux"[4] oder von "langues régionales"[5]. Aufgrund der jahrhundertelangen erfolgreichen Assimilierungspolitik wurde es in jüngerer Zeit nicht einmal mehr für notwendig erachtet, den Gebrauch dieser häufig als Mundarten ("patois") bezeichneten Sprachen besonderen Regeln zu unterwerfen. Die modernen Kodifikationen der gerichtlichen Verfahrensgesetze räumen der französischen Sprache bislang nicht ausdrücklich einen besonderen Status ein[6]. Erst die im Zusammenhang mit der Ratifikation des Vertrages über die Europäische Union vom 7. Februar 1992 im Juni 1992 durchgeführte

---

[2] "Since the basic principles of public law prohibit distinctions between citizens on grounds of origin, race or religion, France is a country in which there are no minorities and, as stated in the declaration made by France, article 27 is not applicable as far as the Republic is concerned ...", Consideration of Reports Submitted by States Parties Under Article 40 of the Covenant, Second Periodic Reports of States Parties Due in 1987, Addendum France, CCPR-C-46-Add. 2 (26.8.1987), 67 (§ 539).

[3] Siehe allgemein zur Haltung der französischen Regierung und zur Rechtsstellung der Minderheiten in Frankreich *D. Lochak*, Les minorités et le droit public français: du refus des différences à la gestion des différences, in: A. Fenet/G. Soulier (Hrsg.), Le minorités et leurs droits depuis 1789 (1989), 111-184; R. *Grau*, Les langues et cultures minoritaires en France (1985); R. *Rouquette*, Le régime juridique des langues en France (Diss. Paris X 1987).

[4] So etwa das Loi n° 51-46 vom 11.1.1951; Décret n° 74-33 vom 16.1.1974.

[5] Vgl. etwa Art. 5 des Loi n° 82-652 vom 29.7.1982; Art. 7 des Loi n° 84-52 vom 26.1.1984; Décret n° 85-1006 vom 23.9.1985 portant création du Conseil national des langues et cultures régionales.

[6] Hierzu eingehend D. *Latournerie*, Le droit de la langue française, in: Conseil d'Etat (Hrsg.), Etudes et documents n° 36 (1984-1985), 89 ff.; *Rouquette* (Anm. 3), 202 ff; P. *Malaurie*, Le droit français et la diversité des langues, Clunet 92 (1965), 565 ff.

Verfassungsrevision verankerte das Französische als die offzizielle Staatssprache (Art. 2 Abs. 2):

"La langue de la République est le français".

Eine gewisse Sonderstellung innerhalb des europäischen Staatsgebietes, auf das sich die folgende Untersuchung beschränken wird, nehmen allein die Départements des ehemaligen Elsaß-Lothringen und Korsika ein. Die besondere Behandlung läßt sich im ersten Fall durch die lange Zugehörigkeit dieser Landesteile zum Deutschen Reich erklären, deren Spuren auch heute noch in der Fortgeltung einiger Vorschriften des damals übernommenen deutschen Rechts ("droit local") erkennbar sind[7]. Die erst in jüngster Zeit gesetzlich verankerte Sonderstellung Korsikas innerhalb der französischen Verwaltung[8] dürfte dagegen weniger auf historische Gründe (die erst 1786 erfolgte Eingliederung in das französische Staatsgebiet) als vielmehr auf die Insellage und eine sehr aktive lokale Autonomiebewegung zurückzuführen sein.

Die verfassungsrechtlichen Grenzen einer Anerkennung nationaler Volksgruppen innerhalb des französischen Staatsverbandes hat der *Conseil constitutionnel* in seiner am 9. Mai 1991 im Rahmen der präventiven Normenkontrolle ergangenen Entscheidung zum neuen Korsikastatut aufgezeigt[9]. Er sah es als verfassungswidrig an, daß der Gesetzgeber darin den Begriff "peuple corse, composante du peuple français" verwenden

---

[7] Vgl. zu diesem im folgenden nicht näher behandelten Aspekt der Sonderstellung der Départements Haut-Rhin, Bas-Rhin und Moselle *J.-M. Woehrling*, Alsace et Lorraine. Le droit public alsacien-lorrain, in: Jurisclasseur Administratif, Fascicule 122; *H.P. Glenn*, The Local Law of Alsace-Lorraine: A Half Century of Survival, ICLQ 23 (1974), 769 ff.

[8] Siehe unten bei Anm. 142 ff.

[9] Décision n° 91-290 DC vom 9.5.1991, J.O. 14.5.1991, 6350 = RUDH 1991, 183 = RDP 1991, 969. Siehe hierzu die Besprechungen von *F. Luchaire*, Le statut de la collectivité territoriale de Corse, RDP 1991, 943 ff; *C. Grewe*, Le nouveau statut de la Corse devant le Conseil constitutionnel, RUDH 3 (1991), 381 ff.; *R. Etien*, Indivisibilité du peuple français. Nouveau statut de la Corse, RA Nr. 261 (1991), 234 ff.

wollte. Zur Begründung verwies das Gericht darauf, daß dem historisch überkommenen Begriff "peuple français" Verfassungsrang zukomme. Die französische Verfassung kenne allein den Begriff des französischen Volkes, das sich aus allen französischen Staatsbürgern ohne Unterschied der Herkunft, Rasse oder Religion zusammensetze[10]. Ohne nähere Begründung erstreckte der *Conseil constitutionnel* die Erklärung der Verfassungswidrigkeit auch auf die in derselben Bestimmung vorgesehene Anerkennung einer "communauté historique et culturelle vivante que constitue le peuple corse". Angesichts einer so starken Betonung der Homogenität des französischen Volkes muß jede gesetzliche Verankerung von besonderen Rechten nationaler Volksgruppen auf verfassungsrechtliche Bedenken stoßen[11].

Die verfügbaren *statistischen Angaben* über Umfang und geographische Verteilung der verschiedenen Volksgruppen variieren erheblich. Der *Conseil national des langues et cultures régionales*, der mit der Unterstützung und Förderung der regionalen Sprachen und Kulturen befaßt ist, legte 1986 die folgenden Zahlen vor[12] :

Sprachen	Regionale Bevölkerung	Geschätzte Anzahl der Regionalsprachler
Elsässisch	1.800.000	1.300.000
Baskisch	220.000	80.000
Bretonisch	2.700.000	600.000
Katalanisch	250.000	100.000

---

[10] "... Considérant que la France est, ainsi que le proclame l'article 2 de la Constitution de 1958, une République indivisible, laïque, démocratique et sociale qui assure l'egalité devant la loi de tous les citoyens quelle que soit leur origine; que dès lors la mention faite par le législateur du 'peuple corse, composante du peuple français' est contraire à la Constitution, laquelle ne connaît que le peuple français, composé de tous les citoyens français sans distinction d'origine, de race ou de religion".

[11] *Grewe* (Anm. 9), RUDH 3 (1991), 386.

[12] Conseil national des langues et cultures régionales (1986), zitiert nach *C. Durand-Prinborgne* (Hrsg.), Le système scolaire en France (Séminaire de l'Ecole Nationale d'Administration) (1989), 132.

Korsisch	230.000	70.000
Flämisch	250.000	80.000
Okzitanisch	13.000.000	1.500.000

Diese Angaben unterscheiden sich z.T. erheblich von den Zahlen einer für die Kommission der Europäischen Gemeinschaften erstellten Studie des *Istituto della Enciclopedia Italiana*, die ebenfalls 1986 veröffentlicht wurde[13]. Danach sollen im Elsaß (Bevölkerung 1.550.000) noch etwa 75 % der Einwohner, die älter als 15 Jahre sind, Elsässisch sprechen[14]. Untersuchungen aus dem Elsaß zeigen demgegenüber, daß die Kenntnisse des Dialekts unter der jüngeren städtischen Bevölkerung stark zurückgehen und heute weniger als 50 % der Schulanfänger ihn aktiv beherrschen[15]. Nach der von der EG-Kommission herausgegebenen Studie verfügt etwa die Hälfte der 300-400.000 Einwohner Lothringens über Kenntnisse des Dialekts[16]. Die Anzahl der baskisch sprechenden Bevölkerung soll ungefähr 80.000 betragen[17]. Über die Verbreitung der bretonischen Sprache existieren keine gesicherten Angaben. Es wird geschätzt, daß etwa 400.000 Personen diese Sprache täglich benutzen und weitere 300.000 über passive Kenntnisse verfügen[18]. Die katalanische Sprache soll von nahezu 200.000[19], Korsisch von insgesamt 330.000 (davon 180.000 nicht in Korsika wohnhaft)[20] benutzt werden. Die flämischsprachige Bevölkerung des Département du Nord wird auf höchstens 100.000 Personen geschätzt[21]. Über die Verbreitung der verschiedenen okzitanischen Dialekte existieren

---

[13] Commission des Communautés Européennes (Hrsg.), Les minorités linguistiques dans les pays de la Communauté Européenne. Rapport de synthèse par Istituto della Enciclopedia Italiana (1986).

[14] *Ibid.*, 179.

[15] Vgl. Projet d'avis "Pour le bilinguisme dans la région Alsace", rapporteur *M. Igersheim*, Comité Economique et Social d'Alsace (1985).

[16] Les minorités linguistiques (Anm. 13), 180.

[17] *Ibid.*, 187.

[18] *Ibid.*, 194.

[19] *Ibid.*, 206.

[20] *Ibid.*, 212.

[21] *Ibid.*, 218.

widersprüchliche Angaben. 1-2 Mio. Personen sollen sie täglich benutzen, etwa 10 Mio. zumindest über passive Kenntnisse verfügen[22]. Allen Minderheitensprachen gemeinsam ist der starke Rückgang von Verbreitung und Kenntnissen unter der jüngeren Bevölkerung.

II. Das Recht auf Gebrauch der Minderheitensprache

1. Der private Bereich

Das französische Recht regelt den Gebrauch der Sprache im Privatbereich nicht[23]. Privaturkunden können grundsätzlich in einer von den Parteien frei gewählten Sprache oder Mundart abgefaßt werden[24]. Das Gesetz vom 31. Dezember 1975[25] schreibt allerdings im Geschäftsverkehr die Benutzung der französischen Sprache für eine gewisse Anzahl von Schriftstücken zwingend vor. Dies gilt etwa für die Bezeichnung, das Angebot, die Darbietung, für das schriftliche und mündliche Annoncen- und Reklamewesen, für die Gebrauchsanleitungen und Benutzungshinweise, für die Bedingungen und den Umfang einer Garantie bezüglich eines Gutes oder einer Dienstleistung sowie für Rechnungen und Quittungen (Art. 1

---

[22] *Ibid.*, 225.

[23] *Rouquette* (Anm. 3), 207.

[24] Vgl. *Latournerie* (Anm. 6), 102; *D. Veaux*, Contrats et obligations, Actes sous seing privé - Règles générales, Jurisclasseur civil, Fascicule 139 (1990), § 22. So schon Art. 3 des heute noch als gültig angesehenen Arrêté vom 24. Prairial des Jahres XI (13. Juni 1803), Bulletin des lois, An XI, 292-2881, abgedruckt bei *Rouquette* (Anm. 3), 551: "Les actes sous seing privé pourront ... être écrits dans l'idiome du pays, à la charge par les parties qui présenteront des actes de cette espèce à la formalité d'enregistrement, d'y joindre, à leur frais, une traduction française desdits actes, certifiée par un traducteur juré".

[25] Loi n° 75-1349 vom 31.12.1975 relative à l'emploi de la langue française, J.O. 4.1.1976, 143. Siehe hierzu Premier ministre de la République Française/Haut Comité de la langue française (Hrsg.), La loi relative à l'emploi de la langue française, La documentation française, Rapports officiels (1975); *R. Haas*, Französische Sprachgesetzgebung und europäische Integration (1991), 57 ff.

Abs. 1 Satz 1)[26]. Diese Vorschrift betrifft nicht nur die unpersönliche Werbung, sondern auch die Werbung und das Angebot gegenüber einer konkreten Person. Der französische Text darf jedoch durch eine oder mehrere Übersetzungen ergänzt werden (Art. 1 Abs. 1 Satz 3). Außerdem sind Arbeitsverträge, die auf dem französischen Staatsgebiet zur Ausführung kommen sollen, in Französisch abzufassen (Art. 4). Während des Gesetzgebungsverfahrens wurde allerdings darauf hingewiesen, daß sich das Gesetz ausschließlich auf Fremdsprachen bezöge und daher die Regional- und Minderheitensprachen nicht von seinem Anwendungsbereich erfaßt würden[27].

Sofern eine Eintragung in öffentliche Bücher oder Register gewünscht wird, kann die Verwaltung eine Übersetzung nichtfranzösischer Dokumente durch einen vereidigten Übersetzer verlangen. Die Personenstandsurkunden ("actes de l'état civil") müssen auf Französisch abgefaßt werden. Sofern ein Vorlesen der Eintragungen erforderlich ist, kann eine Übersetzung in der Mundart des Landes vorgelesen werden, wenn die Beteiligten nicht über hinreichende Kenntnisse der französischen Sprache verfügen[28]. Notarielle Urkunden sind - abgesehen von Sonderregelungen für die drei

---

[26] "Dans la désignation, l'offre, la présentation, la publicité écrite ou parlée, le mode d'emploi ou d'utilisation, l'étendue et les conditions de garantie d'un bien ou d'un service, ainsi que dans les factures et quittances, l'emploi de la langue française est obligatoire. Le recours à tout terme étranger ou à toute expression étrangère est prohibé lorsqu'il existe une expression ou un terme approuvés dans les conditions prévues par le décret n° 72-19 du 7 janvier relatif à l'enrichissement de la langue française. Le texte français peut se compléter d'une ou plusieurs traduction en langue étrangère. Les mêmes règles s'appliquent à toutes informations ou présentations de programmes de radiodiffusion et de télévision, sauf lorsqu'elles sont destinées expressément à un public étranger".

[27] So der Berichterstatter *M. Lauriol* vor der Assemblée Nationale: "Sur le fond, la commission, comme M. Jean-Pierre Cot, estime que les langues des minorités éthniques et linguistiques ne sont pas des langues étrangères. Par conséquent, elles ne tombent pas sous le coup de la loi que nous élaborons", La documentation française (Anm. 25), 74.

[28] *M. Fournier*, Actes de l'état civil, in: Dalloz, Répertoire de droit civil, Bd.I, §§90 und 106.

Départements Haut-Rhin, Bas-Rhin und Moselle[29] - in Französisch zu errichten[30].

Mit der Frage, ob ein Scheck zulässigerweise in bretonischer Sprache ausgestellt werden kann, hatten sich die Strafgerichte in dem bekannten Fall *Bernard* auseinanderzusetzen. G. Bernard wurde beschuldigt, die Eisenbahn ohne gültigen Fahrausweis benutzt zu haben. Zu seiner Verteidigung trug er vor, der Schalterbeamte der SNCF in Rennes hätte sich geweigert, den von ihm in bretonisch ausgestellten Scheck anzunehmen. Sowohl das *Tribunal de police* als auch die *Cour d'appel* in Rennes waren der Auffassung, daß keine Verpflichtung bestehe, einen Scheck in französischer Sprache auszustellen. Daß er in der Eisenbahn ohne gültige Fahrausweis angetroffen wurde, sei daher auf Umstände zurückzuführen, die außerhalb seines Willens lagen und an denen ihn keinerlei Schuld treffe[31]. Diese Auffassung wurde jedoch von der *Cour de cassation* verworfen. Ohne auf die Zulässigkeit der Verwendung der bretonischen Sprache im Scheckverkehr einzugehen, führte sie in ihrem Urteil vom 3. Juni 1986 (n° 84.92.644 - *Ministère Public c. Bernard*) aus, daß angesichts des von der *Cour d'appel* festgestellten Sachverhalts keine Zweifel an einem vorsätzlichen Verstoß gegen die entsprechenden Vorschriften bestehen können. Hierfür sei allein entscheidend, daß der Beschuldigte die Eisenbahn wissentlich ohne einen gültigen Fahrausweis benutzt hatte.

---

[29] Siehe unten bei Anm. 65.

[30] Antwort des Justizministers auf eine parlamentarische Anfrage vom 22.5.1989, Assemblée Nationale - Questions écrites 3.7.1989, n° 13265.

[31] Tribunal de police Rennes vom 17.10.1983; Cour d'appel Rennes vom 16.5.1984. Eine Schilderung des Vorfalls geben *J.-M. Woehrling*, La jurisprudence relative aux langues régionales en particulier dans le domaine de l'enseignement, Actes des 4e Rencontres nationales de la Fédération pour les langues régionales dans l'enseignement public, Div Yezh Er Skol, Supplément au N° 4 (1991), 89 (102 f.); *Rouquette* (Anm. 3), 265 f.

2. Behörden und Gerichte

Die Regelungen des französischen Rechts über den Gebrauch von Minderheitensprachen vor Behörden und Gerichten haben fragmentarischen Charakter. Dennoch bedient sich die *Verwaltung* auf allen Ebenen praktisch allein der französischen Sprache[32]. Die Französierung von Verwaltung, Justiz und Notariat in den französischen Teilen Flanderns und Kataloniens, den Gebieten der *Langue d'oc* sowie in Korsika und Lothringen begann bereits im 16. und 17. Jahrhundert[33]. Einen Höhepunkt erreichte diese Politik während der Französischen Revolution. Ein Décret vom 2. Thermidor des Jahres II (20. Juli 1794) bestimmte, daß "à compter du jour de la publication de la présente loi, nul acte public ne pourra, dans quelque partie que ce soit du territoire de la République, être écrit qu'en langue française"[34]. Danach galten öffentliche Urkunden, die nicht in Französisch abgefaßt waren, als nichtig. Die Durchsetzung dieses Dekrets stieß aber aufgrund der damals noch geringen Verbreitung der französischen Sprache in zahlreichen Regionen auf erheblichen Widerstand. Seine Anwendung wurde daher nur wenige Wochen später am 16. Fructidor auf unbestimmte Zeit suspendiert. Obwohl sich noch Urteile der *Cour de cassation* aus dem 19. Jahrhundert auf dieses Dekret beriefen, wird es heute nicht mehr als geltendes französisches Recht angesehen[35].

Die einzige allgemeine Vorschrift, die den Gebrauch des Französischen für den Bereich der öffentlichen Verwaltung vorschreibt, ist der Arrêté vom

---

[32] Zum Gebrauch des Französischen in der Verwaltung *J.-M. Woehrling*, Langues et pouvoirs publics, in: Actes du Colloque de l'Institut du droit local (1983), 43 ff.; *Rouquette* (Anm. 3), 240 ff.; *Malaurie* (Anm. 6), Clunet 92 (1965), 584.

[33] Siehe hierzu eingehend H. *van Goethem*, Die Sprachenpolitik in Frankreich zwischen 1620 und 1804, in: Sprache-Recht-Geschichte, Rechtshistorisches Kolloquium 5.-9. Juni 1990, Christian-Albrechts-Universität zu Kiel (1991), 169 ff.; *Rouquette* (Anm. 3), 210 ff.

[34] Bulletin des lois, An II, n° 45-9.

[35] *Latournerie* (Anm. 6), 91; *Lochak* (Anm. 3), 125.

24. Prairial des Jahres XI (13. Juni 1803)[36]. Dieser heute noch als gültig angesehene Erlaß verpflichtet, alle öffentlichen Rechtsakte ("les actes publics") in französischer Sprache abzufassen[37]. Der Begriff der "actes publics" ist bisher weder durch den Gesetzgeber noch durch die Rechtsprechung hinreichend präzisiert worden[38]. Es erscheint aber nicht zu weitgehend, hierunter alle Akte zu verstehen, die von einer öffentlichen Behörde innerhalb der Grenzen ihrer Amtsbefugnisse in der vorgeschriebenen Form aufgenommen werden. Eine zweisprachige Veröffentlichung von Rechtsakten der Verwaltung hat es in Frankreich nur in wenigen Ausnahmefällen gegeben[39].

Die Frage, ob sich der Bürger im Verkehr mit der Verwaltung einer Minderheitensprache bedienen kann, ist nicht ausdrücklich geregelt[40]. Liegt allerdings ein an die Verwaltung gerichteter Antrag vor, so ist diese berechtigt zu verlangen, daß der Antragsteller eine Übersetzung von nicht in Französisch abgefaßten Schriftstücken beibringt[41]. Von einer vorübergehenden Praxis in den Départements Elsaß-Lothringens abgesehen werden in Minderheitensprachen abgefaßte Formulare in der Verwaltung

---

[36] Bulletin des lois, An XI, 292-2881, abgedruckt bei *Rouquette* (Anm. 3), 551. Siehe zu den historischen Umständen *Goethem* (Anm. 33), 189 ff.

[37] Art. 1: "Dans un an à compter de la publication du présent arrêté, les actes publics dans les départements de la ci-devant Belgique, dans ceux de la rive gauche du Rhin, et dans ceux du Tanaro, du Pô, de Marengo, de la Stura, de la Sesia et de la Doire, et dans les autres où l'usage de dresser lesdits actes dans la langue de ces pays se serait maintenu, devront tous être écrits en langue française".

[38] *Latournerie* (Anm. 6), 112. Siehe auch *Rouquette* (Anm. 3), 240.

[39] Vgl. *Rouquette* (Anm. 3), 242 f., der neben Beispielen aus den überseeischen Gebieten nur die Bretagne (Abschaffung der Salzsteuer, 18.4.1848), den Conseil Général des Départements Bas-Rhin in der Zwischenkriegszeit und aus jüngerer Zeit allein die Region Languedoc-Roussillon (Übersetzung von Beschlüssen in das Katalanische und Okzitanische) nennt.

[40] Vgl. hierzu *Latournerie* (Anm. 6), 112; G. Isaac, La procédure administrative non-contentieuse (1968), 334 f.; *Rouquette* (Anm. 3), 245 f.

[41] Vgl. Art. 5 und 6 des Décret n° 83-1025 vom 28.11.1983, concernant les relations entre l'administration et les usagers, J.O. 3.12.1983, 3492.

nicht verwendet[42]. Bis 1975 waren im Elsaß für die Volkszählung deutschsprachige Fragebögen des INSEE (*Institut national de la statistique et des études économiques*) erhältlich. Wegen der geringen Nachfrage wurde 1982 und 1990 davon abgesehen. Den nicht französischsprachigen Haushalten wurden allerdings 1990 Erklärungen in deutscher Sprache zur Verfügung gestellt[43].

Versuche, die Anerkennung von Minderheitensprachen im Postwesen durchzusetzen, hatten bislang keinen Erfolg[44]. In einem Urteil vom 26. Mai 1988 (*Kerrain*) lehnte das Verwaltungsgericht Rennes es ab, die Postverwaltung zu verpflichten, die Adresse des Ausstellers auf Postschecks in bretonischer Sprache anzugeben. Ebensowenig beanstandete es in einem am gleichen Tage ergangenen Urteil (*Le Duigou*) die Weigerung der PTT, Postsendungen zuzustellen, deren Adresse in bretonisch angegeben war. Das Gericht stellte darauf ab, daß es keinerlei Rechtsvorschriften gebe, die die Postverwaltung zwingen würden, Briefe zuzustellen, die nicht gemäß den allgemeinen Gebräuchen ("selon les usages en vigueur") beschriftet sind. Diese Auffassung wurde vom *Conseil d'Etat* bestätigt. In einer Entscheidung vom 15. April 1992 führte das Gericht aus, die Weigerung der PTT verstoße weder gegen die Meinungsfreiheit noch stelle sie eine unzulässige Diskriminierung dar[45].

---

[42] *Rouquette* (Anm. 3), 252 ff. Zur historischen Entwicklung in den Départements Haut-Rhin, Bas-Rhin und Moselle *J.-M. Woehrling*, Quelques réflexions sur l'évolution du droit des langues en Alsace-Moselle, in: Histoire du droit local. Actes du Colloque, Strasbourg, 19 octobre 1989 (1990), 181 (198 f.).

[43] Antwort des Premierministers auf eine parlamentarische Anfrage vom 15.3.1990, Sénat-Questions écrites 25.10.1990, n° 8833.

[44] Siehe zu den im folgenden genannten Fällen *Woehrling* (Anm. 31), 104; allgemein zum Sprachgebrauch in diesem Bereich *Rouquette* (Anm. 3), 289 ff.

[45] "Considérant que le refus d'acheminer à leurs destinataires des correspondances dont l'adresse était rédigée en langue bretonne à l'aide de termes ou d'appellations qui d'ailleurs ne figurent ni au code postal français ni à la nomenclature internationale des pays étrangers et des bureaux distributeurs ne constitue ni une méconnaissance de la liberté d'expression ni une discrimination illégale opérée entre les usagers du service public postal"; C.E. vom

Vor französischen *Gerichten* wird der Gebrauch von Minderheitensprachen grundsätzlich nicht gestattet[46]. Das Französische als alleinige Gerichtssprache wurde bereits im August 1539 durch König *François I.* in der bekannten Ordonnance von Villers-Cotterêts über Rechtssachen vor den königlich-bürgerlichen Gerichten eingeführt. Danach waren alle gerichtlichen Rechtsakte "en langage maternel françois et non autrement" zu verkünden, zu registrieren und den Parteien zuzustellen. Die Bestimmung wird als heute noch geltendes französisches Recht angesehen[47]. Es ist unter Historikern weitgehend unbestritten, daß diese Vorschrift ursprünglich allein den Zweck hatte, das Lateinische endgültig aus den Gerichten zu verbannen[48]. In der Praxis verdrängte die Ordonnance jedoch gleichzeitig die regionalen Dialekte und Sprachen und setzte das Französische als einzig anerkannte Gerichtssprache durch. Es wird davon ausgegangen, daß die in der Ordonnance enthaltene Verpflichtung, sich des Französischen zu bedienen, nicht nur für gerichtliche Akte sondern auch für Anträge, Klageschriften, sonstige Schriftsätze der Parteien und alle dem Gericht vorgelegte Dokumente gilt[49]. Die *Cour de cassation* bezeichnete den Gebrauch der französischen Sprache durch die Gerichte schon im 19. Jahrhundert als ein "principe essentiel et de droit public qui importe, à un haut degré, à la bonne administration de la justice et garantit l'unité de la langue nationale"[50]. Obwohl in jüngerer Zeit eine eindeutige Festlegung der Gerichts-

---

15. April 1992 - Le Duigou (N° 100.042 und N° 103.408, D. 1992 - Jurisprudence, 517 mit Anm. *Debbasch*).

[46] Siehe eingehend hierzu *Grau* (Anm. 3), 133 ff.

[47] *Latournerie* (Anm. 6), 90; R. *Rouquette*, Notes sous Tribunal administratif de Rennes (21.11.1984), D. 1985 - Jurisprudence, 467 (468).

[48] H. *Peyre*, La royauté et les langues provinciales (1933), 58 ff; *Goethem* (Anm. 33), 169 f.; *Rouquette* (Anm. 3), 211 ff.; Schlußanträge des Commissaire du gouvernement *Latournerie*, C.E. vom 22.11.1985 - Quillevère, Rec. 1985, 333 (335).

[49] *Grau* (Anm. 3), 136 ff.

[50] Cass. civ. vom 4.8.1859 - Giorgi c. Masaspino, Dalloz Recueil Périodique 1859, 1re partie, 453 (454) - Das Urteil betraf eine abgekürzte Klageschrift (exploit d'ajournment), die dem Beklagten in Korsika auf Italienisch zugestellt worden war. Ebenso Cass. crim.

sprache nicht mehr erfolgt ist, haben die ordentlichen Gerichte immer darauf bestanden, daß den ihnen vorgelegten, nicht auf französisch abgefaßten Schriftstücken eine Übersetzung beigefügt wurde[51]. Andererseits wurden notarielle Rechtsakte, die nicht auf französisch errichtet worden waren, als gültig angesehen. So weigerte sich die *Cour de cassation* im 19. Jahrhundert, in Korsika auf Italienisch abgefaßte Testamente[52] und Eheverträge[53] für nichtig zu erklären.

Auch vor den *Strafgerichten* wird grundsätzlich nur auf französisch verhandelt. Die Beiziehung eines Dolmetschers findet nur statt, wenn der Beschuldigte über unzureichende Kenntnisse der französischen Sprache verfügt (vgl. Art. 344, 407 und 535 des Code de procédure pénale). Es entspricht einer allgemeinen, vom Justizministerium gebilligten Praxis, daß sowohl die Strafgerichte als auch die Untersuchungsrichter die Heranziehung von Dolmetschern für Regionalsprachen ablehnen, sofern der Beschuldigte der französischen Sprache mächtig ist[54].

Bei den *Verwaltungsgerichten* sind die Klage und alle weiteren Schriftsätze in französisch einzureichen[55]. In einer Grundsatzentscheidung vom

---

vom 15.1.1875 - Renucci, Dalloz Recueil Périodique 1875, 1re partie, 240.

[51] "Attendu que le contrat d'assurance litigieux est rédigé en langue anglaise et que sa traduction en langue française n'est pas produite; qu'il s'ensuit que la cour de cassation n'est pas en mesure d'exercer son contrôle sur la qualification de ce contrat, que le moyen ne peut donc être accueilli ...", Cass. (1re chambre civile) vom 17.2.1981 (Arrêt n° 176), zitiert nach Latournerie (Anm. 6), 103; Veaux (Anm. 24), § 22.

[52] Cass. civ. vom 12.8.1868 - Paccioni c. Grimaldi, Sirey Recueil Général - Jurisprudence du XIXe Siècle, 1866-1870, 1re partie, 426.

[53] Cass. civ. vom 14.12.1874 - Tibéri, Recueil Sirey 1875, 100; Cass. civ. vom 17.1.1876 - Christiani, Recueil Sirey 1876, 164; Cass. civ. vom 22.1.1879 - Orféi, Dalloz Recueil Périodique 1879, 1re partie, 219.

[54] Antwort des Justizministers auf eine parlamentarische Anfrage vom 29.1.1990, Assemblée Nationale - Questions écrites 23.4.1990, n° 23421; *Rouquette* (Anm. 3), 155 f.; *Grau* (Anm. 3), 138-141; *Woehrling* (Anm. 31), 102.

[55] *C. Gabolde*, Procédures des tribunaux administratifs et des cours administratives d'appel (4. Auflage 1988), 142 (§ 348).

22. November 1985 hat der *Conseil d'Etat* die Verwendung einer französischen Regionalsprache (Bretonisch) mit der folgenden einzigen Erwägung nicht für zulässig erachtet[56]:

"Considérant que la requête de M. Quillevère n'est pas rédigée en langue française; qu'elle n'est, dès lors, pas reçevable".

In seinen Schlußanträgen stellte der *Commissaire du gouvernement* fest, daß die zu entscheidende Frage im geltenden französischen Recht nicht eindeutig geregelt sei. Dennoch schlug er vor, die Klage als unzulässig abzuweisen. Er bezog sich dabei auf die entsprechende Rechtsprechung der *Cour de cassation* und verwies auf die zusätzlichen Kosten und zeitlichen Verzögerungen, die mit der Zulassung von nicht in Französisch abgefaßten Klageschriften verbunden wären[57]. Außerdem sei unklar, welche Sprachen zusätzlich anerkannt werden sollten. Schließlich bestünde die Gefahr, daß die Möglichkeit, sich einer anderen als der üblichen Gerichtssprache zu bedienen, als eine soziale Vergünstigung im Sinne von Art. 7 Abs. 2 der Verordnung (EWG) Nr. 1612/68 vom 15. Oktober 1968 allen Arbeitnehmern aus EG-Mitgliedsstaaten eingeräumt werden müßte. Nach der vom *Conseil d'Etat* implizit gebilligten Auffassung des *Commissaire du gouvernement* besteht in derartigen Fällen auch keine Verpflichtung der Gerichte, dem Kläger eine Nachfrist einzuräumen, um es ihm zu ermöglichen, eine Übersetzung der Klageschrift beizubringen[58].

Sonderregelungen für das Gerichts- und Notariatswesen bestehen lediglich in den drei Départements *Haut-Rhin, Bas-Rhin* und *Moselle*[59]. Nach der

---

[56] C.E. vom 22.11.1985 - Quillevère, Rec. 1985, 333 = AJDA 1985, 751 mit Anm. *Richer* = D. - Jurisprudence, 1986, 71 mit Anm. *Thouroude*. Hierzu *Rouquette* (Anm. 3), 226 ff. Ebenso auch die Vorinstanz, das Tribunal administratif de Rennes vom 21.11.1984, D. - Jurisprudence, 467 mit Anm. *Rouquette*.

[57] *Ibid.*, 339.

[58] *Ibid.*, 340.

[59] Siehe hierzu *Woehrling* (Anm. 42), 181 ff.; *Latournerie* (Anm. 6), 96; J. Falch, Contribution à l'étude du statut des langues en Europe (1973), 69 f.

Wiedereingliederung dieser Gebiete erklärte ein Arrêté vom 2. Februar 1919[60] das Französische zur Gerichtssprache. Es wurde allerdings zugelassen, daß die mündliche Verhandlung im Lokaldialekt oder in Deutsch durchgeführt werden kann, sofern alle daran teilnehmenden Personen erklären, daß sie den Lokaldialekt oder das Deutsche beherrschen und keine hinreichenden Kenntnisse des Französischen besitzen (Art. 1)[61]. Da die Einführung der französischen Sprache in der Praxis zu Problemen führte, sah sich der Gesetzgeber aus Gründen der Rechtssicherheit veranlaßt, die Gültigkeit gerichtlicher Akte, die in deutscher Sprache abgefaßt worden waren, vorübergehend zu dulden. Ein Gesetz vom 29. März 1928[62] schrieb aber vor, daß alle Verfahrensakte, Urteile, Verfügungen und Beschlüsse für nichtig erklärt werden können, die die Regelungen des Arrêté vom 2. Februar 1919 nicht beachten und später als drei Monate nach Verkündung des Gesetzes ergehen (Art. 1)[63]. Nach einem Urteil der *Cour d'appel* Colmar vom 18. März 1958 gelten diese Bestimmungen auch für das von einem Notar erstellte Protokoll einer öffentlichen Versteigerung[64].

---

[60] Arrêté du Président du Conseil du 2 février 1919 déclarant la langue française langue judiciaire en Alsace et Lorraine et relatif à diverses formalités judiciares, J.O. 5.2.1919.

[61] "En Alsace et Lorraine la langue judiciaire est la langue française, en laquelle devront être rédigées les procédures, être prononcés les plaidoiries, les jugements, ordonnances et arrêts, tant devant le tribunal supérieur que devant les tribunaux régionaux. Les débats pourront y avoir lieu en dialecte local ou en allemand, mais seulement par décision du président de l'audience, lorsque toutes les personnes y prenant part déclarent connaître le dialecte local ou l'allemand et ne pas posséder suffisamment le français".

[62] J.O. 30.3.1928, 3598.

[63] "Les actes de procédures, les jugements, ordonnances et arrêts tant du tribunal supérieur de Colmar que des tribunaux régionaux et de baillage des départements du Haut-Rhin, du Bas-Rhin et de la Moselle ne pourront être annulés pour motif que les prescriptions de l'article premier de l'arrêté du 2 février 1919, déclarant la langue française langue judiciaire en Alsace et en Lorraine, n'auront pas été observés, que si ces actes, jugements, ordonnances et arrêts sont postérieurs de trois mois à la promulgation de la présente loi".

[64] Cour d'appel de Colmar vom 18.3.1958, Recueil juridique de l'Est Nr.8/9 (1958), 239 (248) mit Anm. *G. Hauger*.

Der Arrêté vom 2. Februar 1919 sah ebenfalls vor, daß notarielle Urkunden grundsätzlich in Französisch abzufassen sind. Die Errichtung einer notariellen Niederschrift in Deutsch ist nur ausnahmsweise zulässig, wenn die Beteiligten dies ausdrücklich verlangen und erklären, die französische Sprache nicht zu beherrschen (Art. 2)[65]. Das *Tribunal supérieur* de Colmar vertrat zunächst die Meinung, notarielle Urkunden, die unter Mißachtung dieser Vorschrift errichtet worden sind, seien für nichtig zu erklären[66]. Später setzte sich die Auffassung durch, daß angesichts des Fehlens einer eindeutigen gesetzlichen Regelung nicht davon ausgegangen werden könne, daß allein die Benutzung der deutschen Sprache die Nichtigkeit der entsprechenden Akte zur Folge habe[67]. Diese Rechtsprechung wurde durch ein Interpretationsdekret vom 15. Mai 1922 bestätigt[68]. Bei einem Verstoß gegen die Vorschriften des Arrêté vom 2. Februar 1919 können aber disziplinarrechtliche Sanktionen gegen den Notar ergriffen werden. In der heutigen Rechtspraxis ist die Bedeutung dieser Sonderregelungen zugunsten der deutschen Sprache sehr gering[69].

3. Kultur und Medien

Kulturelle Initiativen, die mit einer Förderung der regionalen Minderheitensprachen verbunden sind, erhalten mitunter staatliche Zuschüsse von Seiten der Zentralregierung oder den jeweils zuständigen Gebietskörperschaften[70]. Innerhalb der Programme der französischen

---

[65] "Tout acte notarié devra être rédigé en français à moins que toutes les parties comparantes déclarent ignorer le français et requièrent expressément que l'acte soit rédigé en allemand".

[66] Tribunal supérieur de Colmar vom 22.6.1921, RJAL 1921, 367.

[67] Tribunal rég. de Mulhouse vom 19.11.1921, RJAL 1921, 513; Tribunal supérieur de Colmar vom 12.1.1922, RJAL 1922, 82. Siehe auch Cour d'appel de Colmar 23.8.1928, RJAL 1930, 337.

[68] Vgl. Décret du 15 mai 1922 déterminant le sens de l'article 2 de l'arrêté du 2 février 1919 déclarant la langue française langue judiciaire en Alsace et Lorraine.

[69] *Woehrling* (Anm. 42), 189 Anm.20.

[70] Vgl. die Beispiele bei *Rouquette* (Anm. 3), 119 f. und 176 f.

öffentlich-rechtlichen Radio- und Fernsehanstalten haben Sendungen in Minderheitensprachen nur eine untergeordnete Bedeutung[71]. Die in Art. 5 des Loi n° 82-652 vom 29. Juli 1982 vorgesehene Verpflichtung der öffentlich-rechtlichen Anstalten, die Äußerung von Regionalsprachen zu gewährleisten, hat nach allgemeiner Auffassung eher symbolischen Charakter[72]:

> "Le service public de la radiodiffusion sonore et de la télévision, dans son cadre national et régional, a pour mission de servir l'intérêt général ... en défendant et en illustrant la langue française et en assurant l'expression des langues régionales".

Art. 8 des Auflagenheftes der öffentlich-rechtlichen Fernsehanstalt FR 3 (*Cahier des charges de la société nationale de programme France Régions 3*) verpflichtet sie, die französische Sprache zu verteidigen und gleichzeitig darüber zu wachen, "à ce que les directions régionales puis les sociétés régionales ... contribuent à l'expression des langues régionales"[73]. Das Gesamtangebot der von FR 3 ausgestrahlten Sendungen in sieben Regionalsprachen betrug 1986 insgesamt 9 h 35 wöchentlich[74]. Nach einer Entscheidung der *Commission nationale de la communication et des libertés* vom 15. Juni 1987 sollen auch die privaten Regional- und Lokalfernsehstationen "die Verbreitung der verschiedenen Ausdrucksformen lokaler und regionaler kultureller Identität begünstigen"[75]. Die Regionalstationen des

---

[71] Siehe zur Bedeutung der Minderheitensprachen in den Medien die eingehende Übersicht in Les minorités linguistiques (Anm. 13), 184 (Elsässisch), 189 (Baskisch), 199 f. (Bretonisch), 209 (Katalanisch), 216 (Korsisch), 220 (Flämisch), 230 f. (Okzitanisch) sowie Rouquette (Anm. 3), 291 ff.

[72] *Lochak* (Anm. 3), 154 f.; *Latournerie* (Anm. 6), 95 Anm. 21.; *Rouquette* (Anm. 3), 292.

[73] Zitiert nach *Rouquette* (Anm. 3), 614.

[74] Dabei entfielen auf Okzitanisch 4 h 12, Limousin 0 h 30, bretonisch 1 h 30, korsisch 1 h, baskisch 0 h 30, elsässisch 2 h 30 und katalanisch 0 h 53, FR3, Rapport sur les langues régionales (1986), zitiert nach *Rouquette* (Anm. 3), 295.

[75] "Elle [la société] favorise la diffusion des différentes formes d'expression de l'identité culturelle locale et régionale", Décision n° 87-40 vom 15.6.1987 concernant les obligations particulières

öffentlich-rechtlichen *Radio France* bieten zum Teil tägliche Sendungen an, deren Dauer aber in der Regel weniger als eine Stunde beträgt. Einige Privatradios räumen den Regional- und Minderheitensprachen einen größeren Anteil am Programm ein. Außerdem existieren in allen Minderheitensprachen regelmäßig erscheinende Publikationen, deren Verbreitung allerdings gering ist.

In den drei Départements *Elsaß-Lothringens* wurde nach Ende des Zweiten Weltkrieges der Gebrauch der deutschen Sprache in der periodisch erscheinenden Presse stark eingeschränkt. Einsprachig deutsche oder elsässische Zeitungen waren nicht erlaubt. Nach Art. 11 der Ordonnance n° 45-2133 vom 13. September 1945 über die provisorische Regelung des Pressewesens[76] mußte der Anteil des Französischen bei zweisprachigen Zeitungen oder Zeitschriften mindestens 25% betragen. Der Titel, die Werbetexte, den Personenstand betreffende Mitteilungen sowie Sport- und Jugendseiten durften nur in Französisch veröffentlicht werden[77].

---

applicables aux services de télévision privés à vocation régionale ou locale diffusés par voie hertzienne terrestre, J.O. 17.6.1987, 6498.

[76] Ordonnance n° 45-2113 du 13 septembre 1945 relative à la reglémentation prévue dans la presse périodique dans les départements du Haut-Rhin, du Bas-Rhin et de la Moselle, J.O. 16.9.1945, 5812. Siehe auch den Arrêté vom 1.9.1945 portant réglementation de la parution des journaux en Alsace und den Arrêté vom 10.1.1946 fixant la proportion des textes en langue française des journaux bilingues des départements de la Moselle, du Haut-Rhin et du Bas-Rhin.

[77] "Seront seuls autorisés à paraître les journaux et périodiques de langue française ou bilingues. Toute publication bilingue doit contenir une proportion de texte en langue française et qui ne pourra être inférieure à 25 p. 100 et qui sera fixée pour chaque publication par arrêté du ministre de l'information, après avis du commissaire régionale de la République à Strasbourg ou du préfet de la Moselle.

Le titre de journaux, les mentions figurant de chaque côté du titre et à sa hauteur, ainsi que les titres développés sur plus de moitié de la largeur du journal doivent être en français.

En dehors des petites annonces, tout texte publicitaire ainsi que les communications d'état civil, qu'elles émanent ou non de l'autorité publique, doivent être publiés en français.

Les rubriques sportives et les rubriques destinés à la jeunesse seront obligatoirement publiés en français; les éditeurs des journaux pourront, s'ils le désirent, publier en allemand un texte complet ou résumé de ces rubriques dans le même numéro".

Es wurde vertreten, daß die Vorschriften aufgrund ihres provisorischen Charakters bereits durch das Loi n° 46-991 vom 10. Mai 1946, das den Zeitpunkt der Beendigung der Feindseligkeiten gesetzlich festsetzte, außer Kraft gesetzt worden seien[78]. In ihrer die Pressefreiheit einschränkenden Wirkung sind die Bestimmungen auch kaum mit den inzwischen von Frankreich anerkannten internationalen Menschenrechtsgarantien (Art. 10, 14 EMRK; Art. 19, 27 IPBPR) vereinbar[79]. Eine formelle Aufhebung der fraglichen Bestimmungen erfolgte jedoch erst durch Art. 44 des neuen Pressegesetzes vom 23. Oktober 1984[80]. In einer Antwort auf eine schriftliche Anfrage bestätigte der Minister für Kultur und Kommunikation 1987, daß die 1986 erfolgte Aufhebung des neuen Pressegesetzes nicht zu einer erneuten Geltung der Bestimmungen des Art. 11 der Ordonnance vom 13. September 1945 geführt habe[81]. Trotz der insofern eindeutigen Rechtslage berufen sich elsässische Zeitungen aber mitunter auch noch in jüngerer Zeit auf die Vorschriften der Ordonnance vom 13. September 1945, um die Veröffentlichung deutschsprachiger Werbung oder Sterbeanzeigen zu verweigern[82].

Das neue *Korsikastatut* sieht vor, daß die Gebietskörperschaft mit den öffentlich-rechtlichen Gesellschaften besondere Vereinbarungen abschließen kann, um die Herstellung von Fernseh- und Radioprogrammen zu fördern, die zur Entwicklung der korsischen Sprache und Kultur beitragen

---

[78] *Woehrling* (Anm. 7), § 148; *Rouquette* (Anm. 3), 288.

[79] Vgl. die Stellungnahme des Secrétaire d'Etat chargé de la communication in J.O. Sénat - Débats 30.8.1984.

[80] "L'article 11 de l'Ordonnance n° 45-2113 du 13 septembre 1945 relative à la reglémentation prévue dans la presse périodique dans les départements du Haut-Rhin, Bas-Rhin et de la Moselle est abrogé", Art. 44 des Loi n° 84-937 du 23.10.1984 visant à limiter la concentration et à assurer la transparence financière et le pluralisme des entreprises de presse, J.O. 24.10.1984, 3323.

[81] Antwort auf eine parlamentarische Anfrage vom 13.4.1987, J.O. Assemblée Nationale - Questions écrites 3.8.1987, n° 22565.

[82] *Woehrling* (Anm. 7), § 148. Siehe auch das Urteil des Tribunal d'Instance de Haguenau vom 29.6.1988 (Nr.477/88).

und auf dem Territorium der Insel gesendet werden sollen (Art. 55 Abs. 1 des Loi n° 91-4288 vom 13. Mai 1991[83]).

In der *Kirche* kommt der Gebrauch von Minderheitensprachen nur noch vereinzelt vor[84]. Beispiele aus der Geschichte zeigen, daß die Kirche in früheren Jahrhunderten dazu benutzt wurde, die unteren Schichten der Bevölkerung zu französieren, die von der Schulbildung nicht erreicht wurden. So wurden ab 1676 im französischen Teil Kataloniens nur noch Priester zugelassen, die Französisch sprachen und auch in dieser Sprache predigten[85]. Während der Zugehörigkeit Elsaß-Lothringens zum Deutschen Reich, war der Gebrauch der deutschen Sprache dort auch für Berichte, Erlasse, Verfügungen, Entscheidungen und Protokolle der Behörden und Beamten der Kirchenverwaltung vorgeschrieben[86]. Obwohl die französische Regierung nach 1918 auf eine entsprechende Reglementierung verzichtete, wird die deutsche Sprache in den Kirchen immer stärker zugunsten des Französischen eingeschränkt. Hier ist allerdings ein Stadt-Land-Gefälle und eine stärkere Präsenz des Französischen in der katholischen als in der evangelischen Kirche festzustellen[87].

III. Bildungs- und Erziehungswesen

Die französische Schulpolitik war jahrhundertelang auf eine Verdrängung der abschätzig als "patois" bezeichneten Minderheitensprachen

---

[83] J.O. 14.5.1991, 6318.

[84] Vgl. Les minorités linguistiques (Anm. 13), 188 (Baskisch), 195 f. (Bretonisch), 209 (Katalanisch), 216 (Korsisch), 220 (Flämisch), 229 (Okzitanisch).

[85] *Goethem* (Anm. 33), 170.

[86] Art. 4 des Gesetzes betreffend die amtliche Geschäftssprache vom 31.3.1872, Sammlung der in Elsaß-Lothringen geltenden Gesetze, Bd. III (1881), 217.

[87] *J. Born/S. Dickgießer*, Deutschsprachige Minderheiten. Ein Überblick über den Stand der Forschung für 27 Länder (1989), 93.

ausgerichtet[88]. Die Anerkennung allein des Französischen als Unterrichtssprache und die Einführung der allgemeinen Schulpflicht gegen Ende des 19. Jahrhunderts haben erheblich zur Marginalisierung der verschiedenen Regionalsprachen beigetragen.

Erst das Gesetz *Deixonne* vom 11. Januar 1951[89] eröffnete die Möglichkeit, das "Studium der lokalen Sprachen und Dialekte" ("l'étude des langues et dialectes locaux") im Rahmen des allgemeinen Schulunterrichts zu berücksichtigen[90]. Die insgesamt sehr vorsichtige Haltung des Gesetzgebers wird in Art. 2 des Gesetzes deutlich, der den Zweck des Unterrichts festlegt. Danach sollen die Lokalsprachen in Kindergärten und in der Grundstufe immer dann Berücksichtigung finden, wenn dies dem Unterricht allgemein und insbesondere dem Studium der französischen Sprache dient[91]. Der für die Unter-, Mittel- und Oberstufe vorgesehene Unterricht hat sowohl für die Schüler als auch für die Lehrer einen rein fakultativen Charakter. In der Grundschule soll er eine Stunde pro Woche betragen (Art. 3). Gegenstand des Unterrichts können neben der Sprache selbst die lokale Folklore, Literatur und Volkskunst sein (Art. 5). Sofern entsprechende Prüfer vorhanden sind, soll im Rahmen des Abiturs in diesem Fach eine fakultative Prüfung abgelegt werden können (Art. 9). Außerdem wurde die Möglichkeit vorgesehen, innerhalb der Universitäten "des instituts d'études régionalistes comportant notamment des chaires pour l'enseignement des langues et littératures locales, ainsi que l'ethnographie folklorique" einzurichten (Art. 7).

---

[88] Vgl. zur historischen Entwicklung die umfassende Darstellung von *F. Brunot*, Histoire de la langue française 1905-1913 (Neuauflage 1968).

[89] Loi n° 51-46 du 11.1.1951 relative à l'enseignement des langues et dialectes locaux, J.O. 13.1.1951, 483.

[90] Siehe hierzu *Grau* (Anm. 3), 39 ff.; Le système scolaire en France (Anm. 12), 93 ff.; *Rouquette* (Anm. 3), 387 ff.

[91] "Des instructions pédagogiques seront adressées aux recteurs en vue d'autoriser les maîtres à recourir aux parlers locaux dans les écoles primaires et maternelles chaque fois qu'ils pourront en tirer profit pour leur enseignement, notamment pour l'étude de la langue française".

Das Gesetz galt ursprünglich allein für die "Einflußgebiete" ("zones d'influence") der bretonischen, baskischen, katalanischen und okzitanischen Sprache (Art. 10). Das Décret n° 74-33 vom 16. Januar 1974 erstreckte seine Geltung auch auf das korsische Sprachgebiet. Das Gesetz *Deixonne* wurde in der Folgezeit durch zahlreiche Vorschriften ergänzt, von denen hier nur die wichtigsten erwähnt werden können[92]. Der Circulaire n° IV 69-90 vom 17. Februar 1969 präzisierte die Bedeutung, die den regionalen Sprachen und Kulturen im Rahmen des Französisch-, Geschichts- und Geographieunterrichts zukommen soll. Ein Décret vom 10. Juli 1970[93] führte eine fakultative Prüfung in Regionalsprachen für das Abitur ein. Die Möglichkeit derartiger Prüfungen ist in der Folgezeit auch für die Abschlußprüfungen gewisser technischer Berufe vorgesehen worden[94]. Art. 12 des Loi n° 75-620 vom 11. Juli 1975 über das Erziehungswesen bestätigte, daß Unterricht über regionale Sprachen und Kulturen während der gesamten Schulzeit erteilt werden kann[95]. Eine entsprechende Vorschrift enthält auch Art. 1 Abs. 4 des nunmehr geltenden *Loi d'orientation sur l'éducation* vom 10. Juli 1989[96] :

"Cette formation peut comprendre un enseignement, à tous les niveaux, de langues et cultures régionales".

In der Praxis wurde das Gesetz *Deixonne* zunächst kaum beachtet[97]. Die Schulen begannen erst Ende der sechziger Jahre, in größerem Umfang

---

[92] Vgl. die Übersichten bei *Latournerie* (Anm. 6), 97 f. und *Rouquette* (Anm. 3), 586 ff.

[93] Décret n° 70-650 relatif aux épreuves facultatives du baccalauréat portant sur les langues et dialectes locaux, J.O. 21.7.1970, 6806. Siehe auch Décret n° 83-69 vom 4.5.1983, J.O. 26.5.1983, 1415; Arrêté vom 19.5.1983 relatif aux programmes des épreuves du baccalauréat.

[94] Vgl. Décret n° 70-933 vom 5.10.1970, J.O. 11.10.1970, 9431; Arrêté vom 26.11.1970, J.O. 9.12.1970, 11265; Décret n° 73-710 vom 13.7.1973, J.O. 22.7.1973, 8006; Décret n° 74-34 vom 16.1.1974, J.O. 18.1.1976, 695; Arrêté vom 29.1.1976, J.O. 17.2.1976, 1113; Arrêté vom 4.12.1978, J.O. 17.12.1978, NC 9650.

[95] "Un enseignement des langues et cultures régionales peut être dispensé tout au long de la scolarité". Hierzu *Grau* (Anm. 3), 52 ff.

[96] J.O. 14.7.1989, 8860.

[97] *Rouquette* (Anm. 3), 397 ff.

Unterricht in Regionalsprachen anzubieten[98]. Von besonderer Bedeutung waren dabei die auf Grundlage des neuen Gesetzes über das Erziehungswesen ergangenen Circulaires des Erziehungsministers *Savary* vom 21. Juni 1982 und 30. Dezember 1983[99], die erheblich zu einer Förderung dieses Unterrichts beigetragen haben. Die Circulaire n° 82-261 vom 21. Juni 1982 räumte ihm erstmals einen eigenen, vom sonstigen Unterricht unabhängigen Status innerhalb des Erziehungswesens ein und sah auch Maßnahmen der Lehreraus- und -fortbildung vor. Im Unterschied zum Gesetz *Deixonne* erfaßt sie alle Regionalsprachen einschließlich der "langues d'oïl"[100]. Der Unterricht von Regionalsprachen und -kulturen soll grundsätzlich vom Kindergarten bis zur Universität angeboten werden. Für die Unterstufe ist ein Umfang von 1-3 Wochenstunden vorgesehen[101]. In den Collèges (von der Sixième bis zur Troisième) soll er eine Wochenstunde betragen, wobei ein Minimum von 15 Schülern gefordert wird[102]. Schließlich kann der Unterricht von Regionalsprachen und -kulturen auch auf die Oberstufe ("lycées d'enseignement général, technique et professionnel") erstreckt werden. Er behält aber insgesamt seinen rein fakultativen Charakter bei und wird von der Zustimmung sowohl der Schüler als auch der Lehrer abhängig gemacht[103]. Außerdem ist eine

---

[98] Vgl. Ministère de l'Education, Note sur l'action du Ministère de l'Éducation en faveur des cultures et langues locales au cours des dix dernières années (17.6.1976) sowie die Übersicht in Les minorités linguistiques (Anm. 13), 187 (Baskisch), 196-199 (Bretonisch), 206 f. (Katalanisch), 213 f. (Korsisch), 226 f. (Okzitanisch).

[99] Abgedruckt in Académie de Strasbourg (Hrsg.), Le programme langue et culture régionale en Alsace (1982-1990) (1991), 7 und 18 sowie bei *Rouquette* (Anm. 3), 595 und 604.

[100] *Rouquette* (Anm. 3), 408.

[101] Die bestehende Regelung hinsichtlich der Regionalsprachen soll durch die vorgesehene Einführung des Fremdsprachenunterrichts in der Unterstufe nicht modifiziert werden, vgl. Circulaire n° 89-065 vom 6.3.1989, Bulletin officiel du Ministère de l'Education Nationale n° 11 vom 16.3.1989, 683.

[102] Für die Bretagne sehen die Circulaires der Académie de Rennes zwei Wochenstunden vor (Circulaires vom 11.3.1980 und 12.7.1982), vgl. *Rouquette* (Anm. 3), 410.

[103] Vgl. die "Orientations générales" des Circulaire vom 21.6.1982: "... Cet enseignement sera basé sur le volontariat des élèves et des enseignants, dans le respect de la cohérence du Service Public. Il n'est

Förderung von Lehre und Forschung an den Universitäten vorgesehen. Für den Bereich der Hochschulen bestimmt jetzt Art. 7 Abs. 3 des Loi n° 84-52 vom 26. Januar 1984[104], daß

> "[le service public de l'enseignement supérieur] ... veille à la promotion et à l'enrichissement de la langue française et des langues et cultures régionales".

Angebote von Kursen über Regionalsprachen und -kulturen existieren heute an zahlreichen französischen Universitäten[105]. Schließlich sei noch erwähnt, daß durch Décret n° 85-1006 vom 23. September 1985[106] ein *Conseil national des langues et cultures régionales* geschaffen wurde. Er hat eine rein beratende Funktion und soll die mit der Unterstützung und Förderung der regionalen Sprachen und Kulturen zusammenhängenden Fragen studieren.

Inwieweit eine gerichtliche Durchsetzung der in den Circulaires enthaltenen Regelungen möglich ist, erscheint nicht vollständig geklärt[107]. Nach französischem Verwaltungsrecht kann sich der Bürger grundsätzlich nicht gegenüber der Verwaltung auf den Inhalt von Circulaires berufen, die sich allein an die jeweiligen Amtswalter richten[108]. Etwas anderes soll allerdings dann gelten, wenn die Circulaire nicht nur eine Auslegung der bestehenden Rechtslage enthält (*circulaire interprétative*), sondern den Charakter einer Verordnung annimmt (*circulaire à caractère réglementaire*). Nach der

---

pas question d'imposer la langue et la culture régionale comme matière obligatoire pas plus que d'obliger les enseignants à la dispenser".

[104] Loi n° 84-52 vom 26.1.1984 sur l'enseignement supérieur, J.O. 27.1.1984, 431.

[105] *Rouquette* (Anm. 3), 412.

[106] J.O. 25.9.1985, 11046.

[107] Hierzu *Woehrling* (Anm. 31), 108 ff.

[108] Vgl. hierzu und zum folgenden *R. Chapus*, Droit administratif général, Bd. 1 (5. Aufl. 1990), Nr. 568 ff.; *D. Mockle*, Recherches sur les pratiques administratives pararéglementaires (1984), 64 ff.; *Y. Gaudemet*, Remarques à propos des circulaires administratives, Mélanges Stassinopoulos (1974), 561 ff.

ständigen Rechtsprechung des *Conseil d'Etat* ist dies dann der Fall, wenn sie - ohne geltende Gesetze und Verordnungen zu verletzen - über die bestehende Rechtslage hinausgeht und neue Regelungen enthält, die Rechte oder Pflichten der Verwaltung begründen[109]. Da die in den Circulaires des Erziehungsministers erfolgte detaillierte Regelung des Unterrichts von Regionalsprachen und -kulturen in den bestehenden Gesetzen und Verordnungen nur rudimentär vorgegeben war, läßt sich durchaus vertreten, daß ihnen ein derartiger Verordnungscharakter zukommt[110]. In diesem Sinne hat sich auch das Verwaltungsgericht Rennes in einem Urteil vom 5. Februar 1987 (Nr. 85911 - *Union des enseignants de breton*) auf den bereits erwähnten Circulaire n° 82-261 vom 21. Juni 1982 bezogen und entschieden, der darin vorgesehene Grundsatz der Kontinuität eines fakultativen Unterrichts der Regionalsprachen sei für die Schulverwaltung verbindlich[111].

Trotz eines anfänglichen Widerstandes hat sich der Unterricht der Regionalsprachen an den staatlichen Schulen mittlerweile durchgesetzt. Seinem Umfang nach ist er allerdings immer noch begrenzt. Dagegen gibt es für einen wirklich zweisprachigen Unterricht, d.h. für die Vermittlung eines Teils der allgemeinen Lehrinhalte in einer der Regionalsprachen bislang keine gesetzliche Grundlage[112]. Ein derartiger Unterricht wurde zunächst nur an Privatschulen angeboten, die allerdings von interessierten Gemeinden, Départements und Regionen in nicht unerheblichem Maße

---

[109] Ständige Rechtsprechung seit C.E. vom 29.1.1954 - Notre-Dame du Kreisker, Rec. 1954, 64. An dieser Rechtsprechung hat offenbar auch das Décret n° 83-1025 vom 28.11.1983, J.O. 3.12.1983, 3492 nichts geändert, obwohl dessen Art. 1 bestimmt: "Tout intéressé est fondé à se prévaloir, à l'encontre de l'administration, des ... circulaires publiées ... lorsqu'elles ne sont pas contraires aux lois et règlements"; vgl. Chapus, *ibid.*, Nr. 572; C.E. vom 27.5.1987 - *Arnaudies*, Rec. 1984, 187.

[110] *Rouquette* (Anm. 3), 407.

[111] Siehe auch C.E. vom 26.7.1978 - Défense et promotion des langues de France, Nr.73859.

[112] Vgl. hierzu eingehend *Rouquette* (Anm. 3), 420 ff.

finanziell unterstützt werden[113]. Auf Grundlage der Circulaire n° 82-261 vom 21. Juni 1982[114] haben ihn auch einige wenige öffentliche Schulen auf experimenteller Grundlage eingerichtet[115].

Als Beispiel für die heutige Situation des Regionalsprachenunterrichts kann auf das französische *Baskenland* verwiesen werden, für das detaillierte Zahlen aus dem Jahre 1985 vorliegen[116]. Es wird geschätzt, daß etwa 30-40 % der ungefähr 230.000 Einwohner des französischen Baskenlandes die baskische Sprache beherrschen. In der Unterstufe bietet die Mehrzahl der Schulen keinen Unterricht in Baskisch an (75 % der öffentlichen bzw. 63 % der privaten Schulen). Etwa 5.000 Schüler nehmen an dem im Rahmen des Gesetzes *Deixonne* angebotenen fakultativen Baskischunterricht teil. Schließlich gibt es noch einige öffentliche und private Grundschulen, die über den gesetzlichen Rahmen hinausgehen und zumindest einen Teil des normalen Unterrichts in Baskisch anbieten (etwa 1.300 Schüler). In der Sekundarstufe ist die Bedeutung des Baskischen noch geringer. Der vorgesehene fakultative Sprachunterricht erreicht nur 2,3 % der Schüler öffentlicher und 12 % der Schüler privater Schulen.

Die Regelungen des Gesetzes *Deixonne* wurden weder auf das flämische noch auf das deutsche Sprachgebiet erstreckt. Nach dem Zweiten Weltkrieg erhielt der Deutschunterricht im *Elsaß* eine erste gesetzliche Grundlage

---

[113] Umstritten ist, inwieweit öffentliche Schulgebäude für diesen Unterricht zur Verfügung gestellt werden können, vgl. hierzu das nicht rechtskräftige Urteil der 1. Kammer des Verwaltungsgerichts Strasbourg vom 4.8.1992 (n° 912539).

[114] "... la cohérence du service public de l'Education n'exclut pas qu'outre l'enseignement de la langue régionale certains enseignements puissent être dispensés à titre expérimental en langue régionale, notamment s'ils ont une dimension régionale particulière".

[115] *Rouquette* (Anm. 3), 452 ff. Siehe auch die parlamentarische Anfrage des Abgeordneten Koehl vom 24.2.1992, Assemblée Nationale - Questions écrites 24.2.1992, n° 54320, der sich darüber beschwert, daß ein solcher Unterricht bislang nicht im Elsaß vorgesehen ist.

[116] G. *Héraud*, La situation juridique de l'Euskera en pays basque français, Europa ethnica 46 (1989), 144 (145 f.).

durch ein Décret vom 18. Dezember 1952[117]. Dies sah einen fakultativen zweistündigen Deutschunterricht in den letzten beiden Klassen der Unterstufe für die Gemeinden vor, in denen der elsässische Dialekt die gebräuchliche Sprache darstellte. Die Zahl der Lehrer, die in fünfziger Jahren bereit waren, Deutschunterricht zu erteilen, war jedoch unzureichend[118]. Eine Wiedereinführung des Deutschunterrichts in den öffentlichen Schulen setzte in größerem Umfang erst Mitte der siebziger Jahre ein (Reform Holderith). Grundlage hierfür waren Circulaires der Academie de Strasbourg, die für die Départements Bas-Rhin und Haut-Rhin zuständig ist[119]. Danach sollte der Deutschunterricht in der Grundschule zweieinhalb Wochenstunden in den Jahrgangsstufen CM1 und CM2 (= 4. und 5. Klasse) umfassen und konnte auf die CE2 (= 3. Klasse) erstreckt werden[120]. Ein Circulaire vom 12. Juni 1990 sieht vor, daß er generell für alle Schüler der CE2 angeboten wird und auch schon während der CE1 (= 2. Klasse) stattfinden kann[121]. Zu Beginn des Schuljahrs 1990/91 erhielten etwa 98% der Schüler der CM1 und CM2 sowie 75,2 % der CE2 einen derartigen Deutschunterricht[122].

---

[117] Décret n° 52-1347 vom 18.12.1952 relatif à l'enseignement de la langue allemande dans les classes terminales des communes dont la langue usuelle est le dialecte alsacien, J.O. 19.12.1952, 11673.

[118] Vgl. *A. Jenny*, Deutsch als Sprachproblem und Schulproblem. Zur Situation des Deutschunterrichts im Elsaß, in: Deutschunterricht und Unterricht in deutscher Sprache bei deutschsprachigen Bevölkerungsgruppen im Ausland, 5. Treffen des Instituts für regionale Förderung und Information (1988), 173 (175); *Woehrling* (Anm. 7), § 62. Siehe auch Tribunal administratif Paris 17.10.1956 - Laengy, Rec. 1956, 568.

[119] Vgl. die Übersicht in Académie de Strasbourg (Anm. 99), 23 ff. Die Entwicklung im Département Moselle, auf die an dieser Stelle nicht näher eingegangen werden kann, ist weniger ausgeprägt, vgl. *Rouquette* (Anm. 3), 409 sowie die Antworten des Erziehungsministers auf parlamentarische Anfragen vom 25.3.1991 und 11.4.1991, Assemblée Nationale - Questions écrites 24.6.1991, n° 41152; Sénat Questions écrites 27.6.1991, n° 14739.

[120] Circulaire vom 9.6.1982, in: Académie de Strasbourg (Anm. 99), 27; Circulaire vom Juni 1985, *ibid.*, 31.

[121] Académie de Strasbourg (Anm. 99), 57.

[122] *Ibid.*, 63.

In der Oberstufe sind zwei verschiedene Leistungsstufen vorgesehen, die eine für Schüler, für die Deutsch eine echte Fremdsprache darstellt, die andere besonders intensive für diejenigen, die aufgrund ihrer Dialektkenntnisse über einen erleichterten Zugang zur deutschen Sprache verfügen[123]. In der Oberstufe lernen derzeit mehr als 60 % der Schüler Deutsch als erste Fremdsprache[124]. Deutsch ist damit als erste Fremdsprache etwa genauso beliebt wie Englisch[125]. Im Rahmen des Abiturs besteht die Möglichkeit, eine Prüfung in "Langues Régionales d'Alsace" abzulegen[126]. Außerdem wurde 1988 mit dem "Certificat Régional d'Allemand" ein spezifisch regionaler Qualifikationsnachweis geschaffen, der nach etwa 550 Stunden Deutschunterricht erworben werden kann[127]. An der Universität Strasbourg wird seit Herbst 1985 eine ergänzende Studieneinheit über regionale Sprache und Kultur angeboten[128]. Eine Möglichkeit, die elsässische Mundart zu pflegen, besteht dagegen nur in den Kindergärten und in der Vorschule (école préélémentaire)[129].

Das neue *Korsikastatut* vom 13. Mai 1991[130] sieht in Art. 53 eine besondere Förderung der korsischen Sprache vor:

> "Sur proposition du conseil exécutif, qui recueille l'avis du conseil économique, social et cultural de Corse, l'Assemblée détermine les activités éducatives complémentaires que la collectivité territoriale de Corse organise.

---

[123] Circulaire vom 9.6.1982, *ibid.*, 27; Circulaire vom Juni 1985, *ibid.*, 33.
[124] *Ibid.*, 63.
[125] *Ibid.*, 64.
[126] Circulaire vom 16.2.1990, *ibid.*, 53.
[127] Circulaire vom Januar 1988, *ibid.*, 38 (46-48); *Born/Dickgießer* (Anm. 87), 94.
[128] *Jenny* (Anm. 118), 177.
[129] Circulaire vom 9.6.1982, in: Académie de Strasbourg (Anm. 99), 23 f.; Circulaire vom Januar 1988, *ibid.*, 38 ff.; *Woehrling* (Anm. 7), § 62.
[130] J.O. 14.5.1991, 6318.

L'Assemblée adopte, dans les mêmes conditions, un plan de développement de l'enseignement de la langue et de la culture corses, prévoyant notamment les modalités d'insertion de cet enseignement dans le temps scolaire. Ces modalités font l'objet d'une convention conclue entre la collectivité territoriale de Corse et l'Etat"[131].

Der *Conseil constitutionnel* sah hierin keinen Verstoß gegen den Gleichheitssatz, da der vorgesehene Unterricht keinen obligatorischen Charakter habe und daher für die korsischen Schüler dieselben Rechte und Pflichten gelten würden wir für alle anderen Schulbesucher[132]. Die Einführung des Unterrichts setzt allerdings den Abschluß einer Vereinbarung zwischen der Gebietskörperschaft und dem französischen Staat voraus, dessen Einfluß auf diese Weise gewahrt bleibt.

IV. Minderheitenspezifische Schranken der Vereinigungsfreiheit

Nach der Grundsatzentscheidung des *Conseil constitutionnel* vom 16. Juli 1971[133] kommt der Vereinigungsfreiheit als einem in den Gesetzen der Republik anerkannten Grundsatz Verfassungsrang zu[134]. Die Gründung von Vereinigungen unterliegt keinen gesetzlichen Beschränkungen und ist nicht von einer vorherigen behördlichen oder gerichtlichen Genehmigung abhängig. Noch heute geltende Einschränkungen der Vereinigungsfreiheit enthält aber das Gesetz über Kampfgruppen und Privatmilizen vom 10. Januar 1936[135]. Art. 1 Nr. 3 dieses Gesetzes sieht die Auflösung aller Vereinigungen und Gruppen vor,

---

[131]   *Ibid.*, 6324. Siehe hierzu P. *Ferrari*, Le statut de la collectivité territoriale de Corse, AJDA 1991, 701 (708).

[132]   Conseil constitutionnel, Décision n° 91-290 DC vom 9.5.1991, J.O. 14.5.1991, 6350 (6353) = RUDH 1991, 183 (187).

[133]   Décision n° 71-44 DC, Rec.1971, 29

[134]   Vgl. *F. Luchaire*, La protection constitutionnelle des droits et des libertés (1987), 112; *J. Morange*, La liberté d'association en droit public français (1977), 121 f.

[135]   Loi sur les groupes de combat et milices privées, J.O. 12.1.1936, 522.

"... qui auraient pour but de porter atteinte à l'intégrité du territoire national ou d'attenter par la force à la forme républicaine du Gouvernement".

Diese Vorschrift erlaubt es dem Präsidenten der Republik, durch Décret Vereinigungen, die die territoriale Integrität Frankreichs bedrohen, jederzeit aufzulösen. Es ist nicht erforderlich, daß sich die Vereinigung oder ihre Mitglieder zur Erreichung ihrer Ziele rechtswidriger Mittel bedienen[136]. Nach der Rechtssprechung des *Conseil d'Etat* ist eine Auflösung selbst dann zulässig, wenn noch keinerlei konkrete Ausführungshandlungen vorgenommen worden sind[137]. Art. 1 Nr. 3 des Gesetzes von 1936 wurde auch dazu benutzt, regionale Separatistenbewegungen aufzulösen[138]. Voraussetzung ist allerdings, daß sie für die völkerrechtliche Abspaltung eines Teils des französischen Staatsgebietes eintreten, sei es durch Erreichen der formellen Unabhängigkeit oder durch Anschluß an einen anderen Staat. Dies wird aus einer Entscheidung des *Conseil d'Etat* vom 8. Oktober 1975 deutlich, in der er eine gegen das Auflösungsdekret der baskischen Vereinigung *Enbata* gerichtete Beschwerde mit folgender Begründung zurückwies :

"Considérant qu'il résulte des pièces du dossier et en particulier du document intitulé 'Mouvement Enbata - objectifs et stratégie', que l'Association Enbata s'est donné pour but la 'libération' du pays basque français de la 'domination' de l'Etat français et sa réunification avec les provinces basques d'Espagne en une unité politique nouvelle reconnue sur le plan international et assurant au

---

[136] *Lochak* (Anm.4), 127; *Morange* (Anm.133), 196 f.; G. *Peiser*, La dissolution par décret des associations et groupes non-politiques français (Loi du 10 janvier 1936), D. 1963 - Chronique, 59 ff.

[137] C.E. 15.7.1964 - Dame Tapua, Rec. 1964, 407 = RDP 81 (1965) 120; C.E. 19.6.1964 - Beville, RDP 81 (1965) 119.

[138] 1939 Heimatfront-Landespartei und Elsässischer Volksbildungsverein; 1975 Association Enbata; 1982 FLNC (Korsika); vgl. *Peiser* (Anm. 136), 60; *Lochak* (Anm. 3), 174 Anm. 24. Siehe zuletzt C.E. 16.10.1992 - Battesti, RFDA 1992, 1096 zur Auflösung des Mouvement Corse pour l'Autodétermination.

> peuple basque le plein exercice de son droit à se gouverner lui-même; qu'un tel but est de nature à porter atteinte à l'intégrité du territoire national et que l'Association requérante tombe, dès lors, sous le coup des dispositions de l'article 1er, 3e alinéa précité de la loi du 10 janvier 1936"[139].

Der Schutz der territorialen Integrität Frankreichs setzt sich auch im Strafrecht fort. Eine strafrechtliche Ahndung von Bestrebungen, die darauf gerichtet sind, die Integrität des nationalen Territoriums zu beeinträchtigen, findet nicht nur dann statt, wenn gewalttätige Handlungen vorliegen. Art. 88 des Code pénal bestimmt insoweit:

> "Quiconque, hors les cas prévus aux articles 86 et 87, aura entrepris, par quelque moyen que ce soit, de porter atteinte à l'intégrité du territoire national ou de soustraire à l'autorité de la France une partie des territoires sur lesquels cette autorité s'exerce sera puni d'un emprisonnement de un à dix ans et d'une amende de 3.000 F à 80.000 F. Il pourra en outre être privé des droits visés à l'article 42".

Die Art. 86 und 87 des Code pénal betreffen politische Attentate, das Aufstacheln zu bewaffneten Aktionen und die Verschwörung zu derartigen Unternehmen, also jeweils Handlungen, die auf den Einsatz von Gewalt gerichtet sind. Bei einer Bedrohung des territorialen Bestandes der französischen Nation, wird dagegen der Einsatz von Mitteln jeglicher Art unter Strafe gestellt. Art. 88 Code pénal setzt hier nicht voraus, daß die strafbaren Handlungen einen geheimen oder subversiven Charakter annehmen. Jegliche Form der schriftlichen oder mündlichen Propaganda kann den Tatbestand des Art. 88 Code pénal verwirklichen. Die französische Rechtsprechung hat etwa Pressekampagnen, das Anbringen von Plakaten sowie öffentliche Versammlungen oder Reden als Unternehmen

---

[139] RDP 92 (1976), 382.

im Sinne dieser Vorschrift eingestuft[140]. Art. 88 des Code pénal kann damit als ein echtes Gesinnungsdelikt bezeichnet werden.

V. Politische Repräsentation

Das französische *Wahlrecht* kennt keinerlei Sonderregelungen, die Parteien oder Abgeordnete nationaler Minderheiten privilegieren. In der seit 1982 ergangenen Dezentralisierungsgesetzgebung fehlen Vorschriften, die den Schutz von Sprache und Kultur regionaler Minderheiten zum Inhalt haben[141]. Eine Ausnahme gilt allein für *Korsika*. Durch die Gesetze vom 2. März 1982[142] und 31. Juli 1982[143] wurde ein erstes Partikularstatut für die Insel Korsika geschaffen, welches eine Reihe von institutionellen und kompetentiellen Besonderheiten gegenüber den übrigen Regionen aufwies. Die übertragenen Zuständigkeiten bezogen sich vor allem auf das Bildungswesen, die Regionalplanung, den Umweltschutz und die Kulturpolitik[144]. Wie die übrigen Regionen auch verfügt Korsika in begrenztem Umfang über eigene Steuereinnahmen[145].

---

[140] Vgl. Répertoire de droit pénal et de procédures pénales, Band I, Atteinte à la sûreté de l'Etat, § 220 mit zahlreichen Nachweisen aus der Rechtsprechung.

[141] Vgl. insbesondere Loi n° 82-213 vom 2.3.1982 relative aux droits et libertés des communes, des départements et des régions, J.O. 3.3.1982, 730; Loi n° 83-8 vom 7.1.1983 relative à la répartition des compétences entre les communes, les départements, les régions et l'Etat, J.O. 9.1.1983, 215. Siehe hierzu *F. Luchaire/Y. Luchaire* (Hrsg.), Le droit de la décentralisation (1983); D.-H. *Voß*, Regionen und Regionalismus im Recht der Mitgliedsstaaten der Europäischen Gemeinschaft (1989), 383 ff.

[142] Loi n° 82-214 vom 2.3.1982 portant statut particulier de la région de Corse: Organisation administrative, J.O. 3.3.1982, 748.

[143] Loi n° 82-659 du 31.7.1982 portant statut particulier de la Corse: Compétence, J.O. 31.7.1982, 2459.

[144] *Luchaire/Luchaire* (Anm. 141), 559 ff.; *C.-L. Vier*, Région, in Jurisclasseur administratif, Band 1, Fascicule 118, § 74; *Rouquette* (Anm. 3), 185 ff.

[145] *Luchaire/Luchaire* (Anm. 141), 566 f.

Das neue Korsikastatut vom 13. Mai 1991 hat diese Sonderstellung der Insel innerhalb des französischen Staatsaufbaus weiter verstärkt[146]. Art. 2 Abs. 1 des Gesetzes erklärt Korsika zu einer Gebietskörperschaft der Republik im Sinne von Art. 72 der Verfassung, die sich nach Maßgabe dieses Gesetzes selbst verwaltet. Ihre Organe umfassen die *Assemblée de Corse* und ihren Präsidenten, den Exekutivrat Korsikas und seinen Präsidenten sowie einen Wirtschafts-, Sozial- und Kulturrat Korsikas. Die *Assemblée de Corse* wird auf Grundlage des Verhältniswahlrechts in einem besonderen Verfahren direkt gewählt. Der *Conseil constitutionnel* hielt es verfassungsrechtlich für zulässig, daß der Gesetzgeber mit dem Korsikastatut eine neue Kategorie der Gebietskörperschaft eingeführt hat. Indem er darauf verwies, daß die besondere Organisation Korsikas rein administrativen Charakter habe und keine Übertragung gesetzgeberischer Befugnisse beinhalte[147], zeigte er aber gleichzeitig die verfassungsrechtlichen Grenzen eines derartigen Autonomiestatuts auf.

Minderheitenspezifische Regelungen enthalten insbesondere die Art. 50 ff. des Statuts, die die kulturelle Identität Korsikas betreffen. Die *Assemblée de Corse* wird ermächtigt, den Inhalt der Lehrpläne in der Mittel- und Oberstufe festzulegen (Art. 50). Die den Schulunterricht in Korsisch und die Medienpolitik betreffenden Vorschriften (Art. 53 bzw. 55 des Statuts) sind bereits oben dargestellt worden[148]. Außerdem wird es der Gebietskörperschaft Korsika erlaubt, in den Bereichen der Kulturpolitik (Art. 56 des Statuts) und des Umweltschutzes (Art. 57 des Statuts) tätig zu werden. Schließlich ist darauf hinzuweisen, daß alle Befugnisse der Gebietskörperschaft Korsika jederzeit auf einfachgesetzlichem Wege wieder entzogen werden können. Die Schaffung von dem Korsikastatut vergleichbaren Regelungen für den französischsprachigen Teil des Baskenlandes und die

---

[146] Loi n° 91-428 du 13.5.1991 portant statut de la collectivité territoriale de Corse, J.O. 14.5.1991, 6318. Siehe hierzu *Luchaire* (Anm. 9), RDP 1991, 943 ff.; *Ferrari* (Anm. 131), AJDA 1991, 701 ff.; *Grewe* (Anm. 9), RUDH 3 (1991), 381 ff.; *Etien* (Anm. 9), RA Nr. 261 (1991), 234 ff.

[147] Conseil constitutionnel, Décision n° 91-290 DC vom 9.5.1991, J.O. 14.5.1991, 6350 (6352) = RUDH 1991, 183 (185).

[148] Siehe oben bei Anm. 83 bzw. Anm. 130.

Bretagne, die von regionalistischen Gruppen seit langem mit Nachdruck gefordert werden, hat der Gesetzgeber bislang nicht in Angriff genommen.

Der Sprachgebrauch im *Parlament* ist nicht ausdrücklich geregelt[149]. Die Versuche einzelner Abgeordneter, sich in den zwanziger Jahren in Redebeiträgen vor der Nationalversammlung des Elsässischen zu bedienen, sind allerdings auf den Widerstand des Parlamentsbüros gestoßen. In einer Stellungnahme vom 30. März 1926 vertrat es die Auffassung, daß eine Verwendung anderer Sprachen als der französischen die Diskussion im Parlament behindern würde, da während der Sitzungen angefertigte Übersetzungen notwendigerweise einen sehr summarischen Charakter hätten[150]. Auch für die Volksvertretungen auf der Ebene der Regionen, Départements und Gemeinden fehlen eindeutige Vorschriften, die den Gebrauch des Französischen verbindlich vorschreiben würden[151].

---

[149] *Rouquette* (Anm. 3), 235 ff.; *Latournerie* (Anm. 6), 111.

[150] "Considérant que la traduction analytique, rédigée en séance même, était nécessairement très sommaire et que des lacunes ont empêché ceux des collègues de M. Hueber, qui comprennent la langue alsacienne, de répondre à certains passages du discours omis dans le résumé et qui avaient cependant appelé leur attention ... à l'avenir les discours devront être uniquement prononcés en français", zitiert nach J. *Lyon*, Nouveaux suppléments au traité de droit politique, électoral et parlementaire d'Eugène Pierre, Bd.1 - Fin de la IIIe République (1924-1945) (1984), 345.

[151] Vgl. *Rouquette* (Anm. 3), 243 ff.

Die rechtliche Stellung der walisischen Minderheit in Großbritannien

THILO MARAUHN[*]

I. Einleitung

Eine Darstellung der rechtlichen Stellung der walisischen Minderheit in Großbritannien setzt einige Bemerkungen zum multi-nationalen Charakter des britischen Staates voraus, um die Beschränkung auf einen Ausschnitt des Minderheitenrechts in Großbritannien zu rechtfertigen. Ausgangspunkt der Überlegungen ist die Feststellung, daß

> "Großbritannien ein Nationalitätenstaat (ist), der auf eine verhältnismäßig lange Geschichte der politischen Einheit verschiedener Völker zurückblicken kann."[1]

---

[*] Wissenschaftlicher Referent am Institut. Der Verfasser dankt *E.H.G. Jones* (*Mercator* Projekt zur Erforschung territorialer Minderheitensprachen an der *University of Wales*, Aberystwyth), *M.D. Parkinson* (*Welsh Office, Education Services Division*, Cardiff), *A. Thomas* (*Plaid Cymru, House of Commons*) und dem *Welsh Language Board* (Cardiff) für wertvolle Hinweise. Im Rahmen des *Mercator* Projekts wird vom *Centre Internacional Escarré per les Minories Etniques i les Nacions* (*CIEMEN*) in Barcelona eine Zeitschrift herausgegeben, in der aktuelle Rechtstexte (Gesetze und Gerichtsentscheidungen) wiedergegeben werden, die den Schutz sprachlicher Minderheiten in den Mitgliedstaaten der Europäischen Gemeinschaft zum Gegenstand haben. Ebenfalls im Rahmen dieses von der Kommission der Europäischen Gemeinschaft geförderten Forschungsprojekts soll Anfang März 1993 von der *University of Wales Press* eine Studie zur aktuellen Situation der walisischen Sprache veröffentlicht werden (*J. Davies*, Cymraeg - The Welsh Language).

Abkürzungen: c. = chapter (bei Gesetzeszitaten); Ch. = Law Reports, Chancery; Circ. = Circular; Cmnd. = Command Paper; Edw. = Edward; Eliz. = Elizabeth; EMRK = Europäische Menschenrechtskonvention; Geo. = George; Hen. = Henry; HMSO = Her Majesty's Stationery Office; para. = paragraph (Absatz); sec. = section (Paragraph); S.I. = Statutory Instruments; v. = verse (gegen); Vict. = Victoria; W.L.R. = The Weekly Law Reports; W.O. = Welsh Office; ZaöRV = Zeitschrift für ausländisches öffentliches Recht und Völkerrecht.

Haftet vor diesem Hintergrund schon dem Begriff der "britischen Nation" etwas Künstliches an, so wird der multi-nationale Charakter Großbritanniens auch daran deutlich, daß sich bei statistischen Untersuchungen die Mehrheit der befragten Schotten und Waliser nicht als *"British"* versteht. Ansatzpunkt für die Untersuchung der Minderheitenproblematik in Großbritannien ist folgerichtig eine regionale Orientierung, die zumindest teilweise an das Bestehen alter Gebietskörperschaften anknüpft. Nordirland, Schottland, Wales und die Kanalinseln würden aufgrund der unterschiedlichen tatsächlichen und rechtlichen Gegebenheiten jeweils gesonderte Untersuchungen erfordern. Die folgende Darstellung beschränkt sich auf die Rechtsnormen, die für die walisische Bevölkerungsgruppe maßgeblich sind.

Wales nimmt etwa 1/12 der Fläche Großbritanniens ein; 1971 lebten 5 % der britischen Bevölkerung in Wales. Im Rahmen der Volksbefragung von 1971 wurde festgestellt, daß knapp 21 % der walisischen Bevölkerung auch die walisische Sprache sprechen[2]. 1981 betrug der Anteil der walisischsprachigen Bevölkerung noch 19 %[3].

Im Laufe des 13. Jahrhunderts wurde das keltische Wales, das aus einer Anzahl von Fürstentümern bestand, durch das englische Königreich erobert. Nach einem gescheiterten Aufstand gegen die Engländer setzte im 16. Jahrhundert eine erhebliche Diskriminierung der walisischen Bevölkerung durch die Gesetzgebung ein. Die *Tudor Acts* von 1536 und 1543[4] gliederten Wales vollständig in das englische Königreich ein. *Section* 17 des

---

[1] *P. Malanczuk*, Region und unitarische Struktur in Großbritannien (Beiträge zum ausländischen öffentlichen Recht und Völkerrecht Bd. 86) (Berlin/Heidelberg/New York/Tokyo 1984), 52.

[2] *M. Stephens*, Linguistic Minorities in Western Europe (Llandysul 1976), 155 ff.

[3] Europa Ethnica 40 (1983), 155. Die Ergebnisse der Volksbefragung von 1991 liegen dem Verfasser nicht vor; man geht nach wie vor von ca. 20 % der walisischen Bevölkerung aus.

[4] 27 Hen. 8 c. 26; 34 & 35 Hen. 8 c. 26.

Act of Union[5] untersagte Richtern und anderen Amtsinhabern den Gebrauch der walisischen Sprache. Die Eingliederung von Wales in das englische Königreich fand ihren Niederschlag auch im *Wales and Berwick Act* von 1747, nach dessen *Section* 3 künftig mit der Bezeichnung "England" in Gesetzgebungsakten auch Wales erfaßt werden sollte[6]. Nach der rechtlichen, administrativen und institutionellen Anpassung von Wales an England blieben im wesentlichen nur noch kulturelle Faktoren als Grundlage einer regionalen Identität erhalten. Anfang des 19. Jahrhunderts setzten dann jedoch Tendenzen ein[7], die im 20. Jahrhundert zu einer Reihe gesetzlicher Normen zum Schutz der walisischen Sprache führten.

Bevor einzelne Aspekte des Schutzes der walisischen Bevölkerungsgruppe in Großbritannien erörtert werden, ist auf eine grundsätzliche Abgrenzung hinzuweisen. Großbritannien hat in den letzten Jahren zunehmend Probleme zu lösen, die mit der Einwanderung ethnisch unterschiedlich zusammengesetzter Bevölkerungsgruppen verbunden sind. Es handelt sich dabei nicht nur um Flüchtlinge. Vielmehr spielen auch Wanderungsbewegungen aus Ländern des *Commonwealth* eine große Rolle. Die damit verbundenen Probleme sind nicht Gegenstand dieser Untersuchung, da es sich nicht um territoriale[8] Minderheiten handelt. Es

---

[5] Die *Tudor Acts* von 1536 und 1543 werden üblicherweise zusammen als *Act of Union* bezeichnet. Vgl. dazu auch *J.A. Andrews/ L.G. Henshaw*, The Welsh Language in the Courts (Aberystwyth 1984), 1 f.; *Section* 17 hatte folgenden Wortlaut (zitiert nach *J.A. Andrews/L.G. Henshaw, ibid.*, 1): "Also be it enacted by the Authority aforesaid, that all Justices, Commissioners, Sheriffs, Coroners, Escheators, Stewards and their Lieutenants, and all other Officers and Ministers of the Law, shall proclaim and keep the Sessions Courts, Hundreds, Leets, Sheriffs Courts, and all other Courts in the English Tongue; and all Oaths of Officers, Juries and Inquests, and all other Affidavits, Verdicts and Wagers of Law, to be given and done in the English Tongue; and also that from henceforth no Person or Persons that use the Welsh Speech or Language shall have or enjoy any Manner, Office or Fees within this Realm of England, Wales, or other the King's Dominion, upon Pain of forfeiting the same Offices or Fees, unless he or they use and exercise the English Speech or Language."

[6] Vgl. dazu *Malanczuk* (Anm. 1), 27 f.

[7] *Ibid.*, 28 ff.

[8] Man kann auch von einer autochthonen Minderheit sprechen.

wäre aber an anderer Stelle durchaus interessant, einzelne Regelungen, die die zugewanderten Minderheiten betreffen[9], insbesondere im Schulwesen, mit den "Volksgruppen"regelungen[10] für die territoriale Minderheit der Waliser zu vergleichen.

Im Hinblick auf die walisische Volksgruppe wird im britischen Recht nicht von einer Minderheit gesprochen. Die Vorschriften, die für die Rechtsstellung der walisischen Bevölkerung einschlägig sind, nehmen nicht Bezug auf einen - wie auch immer ausgestalteten - Minderheitenbegriff. Die offiziellen Gesetzesbezeichnungen vermeiden diesen Begriff (vgl. u.a. *Welsh Church Act* 1914[11], *Welsh Court Act* 1942[12], *Welsh Language Act* 1967[13]). Dies steht in Übereinstimmung mit der bis in die sechziger Jahre herrschenden Auffassung, daß das Vereinigte Königreich im internationalen Vergleich eine sehr homogene und integrierte politische Einheit sei, die im Unterschied zu vielen anderen Staaten keine Probleme nationaler Minderheiten kenne[14]. Anfang der siebziger Jahre mußte dieses Bild zwar revidiert werden[15]. Es fand aber keine Diskussion über den Minderheitenbegriff statt. Vielmehr ging es in der politischen Debatte vor allem um eine Regionalautonomie für Schottland und Wales, die nicht am

---

[9] Zu den einschlägigen Regelungen vgl. *S.M. Poulter*, English Law and Ethnic Minority Customs (London 1986); *M. Anwar*, Race and Politics - Ethnic minorities and the British political system (London/New York 1986).

[10] Zum Begriff der Volksgruppe vgl. *T. Veiter*, Das österreichische Volksgruppenrecht seit dem Volksgruppengesetz von 1976 (Wien 1979), 9 ff.

[11] 4 & 5 Geo. 5 c. 91.

[12] 5 & 6 Geo. 6 c. 40.

[13] 1967 c. 66.

[14] *S.E. Finer*, Comparative Government, (London [Nachdruck] 1978), 137.

[15] *W.T. Rix*, Keltische Minoritäten im Vereinigten Königreich, in: Nationale Minoritäten in Europa (Kiel 1976), 7 ff.; *E. Heide*, Nationalismus oder Kulturautonomie? Das Minderheitenproblem in Wales, in: Nationale Minderheiten in Westeuropa (Schriften der Bundeszentrale für politische Bildung) (Bonn 1975), 67 ff.

Minderheitenbegriff als solchem orientiert war[16]. Im britischen Recht versteht man heute unter Minderheiten im allgemeinen die Zuwanderungsminderheiten[17]. Im Hinblick auf diese Gruppen ist teilweise auch von Gemeinschaften die Rede[18].

Geht man der Frage nach, welcher Personenkreis in den Genuß der hier zu erörternden Rechte kommen soll, welche Personen also die walisische Bevölkerung i.S. der einschlägigen Vorschriften darstellen, so läßt sich - wie in vergleichbaren Regelungen anderer Länder[19] - eine Kombination subjektiver und objektiver Kriterien feststellen. Als Beispiel soll der *Welsh Language Act* von 1967[20] dienen, in dessen *Section* 1 folgende Regelung getroffen wird:

"In any legal proceedings in Wales or Monmouthshire the Welsh language may be spoken by any party, witness or other person who desires to use it, ..."

Das territoriale (Wales) und das personale (die Beherrschung der walisischen Sprache) Element werden insofern durch ein subjektives Kriterium ergänzt, als der Wunsch, die walisische Sprache zu verwenden, zu berücksichtigen ist. Es ist kein allgemeines Bekenntnis zur walisischen Minderheit erforderlich; der Wunsch, die walisische Sprache zu benutzen,

---

16 Vgl. dazu *D. Foulkes/J.B. Jones/R.A. Wilford* (Hrsg.), The Welsh Veto - The Wales Act 1978 and the Referendum (Cardiff 1983)

17 Vgl. *Poulter* (Anm. 9), 2.

18 Nach einem Ende 1982 von der *Commission for Racial Equality* veröffentlichten Bericht sind die Sprachen ethnischer Gruppen in Großbritannien nicht "Fremdsprachen", sondern "Sprachen der verschiedenen Gemeinschaften im Vereinigten Königreich"; vgl. Europa Ethnica 40 (1983), 103 f. (104).

19 Im Völkerrecht gibt es bislang noch keine allseits akzeptierte Definition der Begriffe nationaler oder ethnischer Minderheiten; zu den Definitionsproblemen vgl. *R. Hofmann*, Minderheitenschutz in Europa. Überblick über die völker- und staatsrechtliche Lage, ZaöRV 52 (1992), 1 ff. (2 ff.).

20 1967 c. 66.

reicht aus. Einen allgemein Minderheitenbegriff des britischen Rechts kann man daraus allerdings kaum ableiten[21].

II. Das Recht auf Gebrauch der Minderheitensprache

1. Der private Bereich

Das Recht zum Gebrauch der eigenen Muttersprache ist insofern als Freiheit garantiert, als im Vereinigte Königreich eine Rechtsordnung Geltung hat, nach der "everything is permitted except what is expressly forbidden"[22]. Mangels eines entsprechenden Verbots ist der private Gebrauch der walisischen Sprache frei. Hinzuweisen ist insbesondere auf die Schlußbestimmung des *Welsh Language Act* 1967, in der es heißt:

> "Nothing in this Act shall prejudice the use of Welsh in any case in which it is lawful apart from this Act."[23]

Dabei ist zu berücksichtigen, daß "nothing in the British constitution is guaranteed against alteration, ... (although the United Kingdom is bound by international conventions to respect certain human rights)"[24]. Großbritannien ist als Mitgliedsstaat der EMRK zwar an die Bestimmungen der Konvention gebunden. Diese ist aber nicht in innerstaatliches Recht umgesetzt worden. Allerdings zeigen die Gerichte eine wachsende Bereitschaft die EMRK bei der Entwicklung des *common law* zu berücksichtigen[25]. Da Großbritannien sowohl die Zuständigkeit der Kommission für Individualbeschwerden anerkannt als auch eine Unterwerfungserklärung gemäß Art. 46 EMRK abgegeben hat, können britische

---

[21] Zur Situation in den Schulen vgl. u. III.

[22] *Sir Robert Megarry* in: Malone v. Metropolitan Police Commissioner (1979) Ch. 344; (1979) 2 W.L.R. 700

[23] Sec. 5 para. 3 des *Welsh Language Act* von 1967.

[24] *C. Turpin*, British Government and the Constitution (2. Aufl. London 1990), 117.

[25] *Ibid.*, 289.

Bürger (letztlich) in Straßburg ihr Recht auf Verwendung der Muttersprache im privaten Bereich durchsetzen, soweit dieses Recht durch die EMRK[26] garantiert ist.

2. Behörden und Gerichte[27]

Section 17 des *Act of Union*[28] untersagte Richtern und anderen Amtsinhabern den Gebrauch der walisischen Sprache. Dies war zwar kein generelles Verbot der walisischen Sprache, führte aber zu ihrer Verdrängung im öffentlichen Verkehr. Noch im Zusammenhang mit der Vorbereitung des *Education Act* von 1870[29] wurde 1846/1847 ein Regierungsbericht verfaßt, der diskriminierende Äußerungen über die walisische Sprache enthielt[30]. So ist es nicht verwunderlich, daß die Bemühungen um eine Gleichstellung der walisischen Sprache im öffentlichen Leben zunächst erfolglos blieben. Erst aufgrund einer Petition wurde 1942 der *Welsh Courts Act*[31] verabschiedet[32]. Das Gesetz bezweckte vor allem eine Aufhebung der Sprachklausel von 1536. Der Gebrauch der walisischen Sprache vor Gerichten in Wales war damit nicht mehr

---

[26] Dabei ist insbesondere Art. 8 EMRK zu berücksichtigen.

[27] Fragen der örtlichen Selbstverwaltung werden zusammen mit den Problemen der politischen Repräsentation unter V. erörtert.

[28] Vgl. Anm. 5. Zu den 1543 in Wales errichteten *Courts of Great Session*, die das englische Recht in Wales im Rahmen einer von den Gerichten in Westminster getrennten Jurisdiktion anwenden konnten und die 1830 abgeschafft wurden, vgl. *Malanczuk* (Anm. 1), 28 m.w.Nachw.

[29] 33 & 34 Vict. c. 75.

[30] Der Bericht wurde als *Brad y Llyfrau Gleision* (*The Treachery of the Blue Books*) bekannt, vgl. *Stephens* (Anm. 2), 158. Es heißt dort u.a.: "The Welsh language is a vast drawback to Wales and a manifold barrier to the moral progress and commercial property of the people ... the Welsh element is never found at the top of the social scale ... his language keeps him under the hatches." (zit. nach *Malanczuk* (Anm. 1), 30.

[31] 5 & 6 Geo. 6 c. 40.

[32] Text auch abgedruckt bei *Andrews/Henshaw* (Anm. 5), 98 f.

verboten[33]. Nach *Section* 2 dieses Gesetzes können eidesstattliche Versicherungen und Eide in walisischer Sprache geleistet werden, ohne daß eine Übersetzung erforderlich ist. *Section 3 para.* 1 schreibt die Heranziehung von Dolmetschern vor. Allerdings müssen nach *Section 3 para.* 2 alle Protokolle weiterhin in englischer Sprache angefertigt werden. Obwohl das Gesetz von 1942 einen wesentlichen Fortschritt darstellte, konnte sich die walisische Sprache nicht als gleichberechtigte Gerichtssprache etablieren[34].

Weitergehende Bestimmungen wurden erst in den 60er Jahren entwickelt. Der *Election (Welsh Forms) Act* von 1964[35] gestattete den Druck von Wahlformularen in walisischer Sprache[36]. Entscheidend für den weiteren Fortgang der Entwicklung war dann der 1965 von einer Kommission unter Vorsitz von *Sir Hughes Parry* vorgelegte "*Report on the Legal Status of the Welsh Language*"[37]. Die Empfehlungen dieses Berichts[38] wurden Grundlage des *Welsh Language Act* von 1967[39]. Zusammenfassend heißt es in dem Bericht:

> "Speaking generally it is clear that criminal and civil justice at Assizes is administered in English with the occasional aid of Welsh interpreters. At Quarter Sessions the language is generally English, but occasionally in one or two of the north-west counties the

---

[33] Section 1 dieses Gesetzes hatte folgenden Wortlaut: "Whereas doubt has been entertained whether section seventeen of the statute 27 Hen. 8. c. 26 unduly restricts the right of Welsh speaking persons to use the Welsh language in courts of justice in Wales, now, therefore, the said section is hereby repealed, and it is hereby enacted that the Welsh language may be used in any court in Wales by any party or witness who considers that he would otherwise be at any disadvantage by reason of his natural language of communication being Welsh." (zit. nach *Andrews/Henshaw* (Anm. 5), 98).

[34] Vgl. dazu *Stephens* (Anm. 2), 171.

[35] 1964 c. 31.

[36] Vgl. dazu *Royal Commission on the Constitution* 1969 - 1973, Vol. I (Report), Cmnd. 5460 (1973), 40.

[37] Cmnd. 2785.

[38] Zum *Hughes Parry Report* vgl. *Andrews/Henshaw* (Anm. 5), 18 ff.; zum *Welsh Language Act* 1967 vgl. *ibid.*, 27 ff.

[39] 1967 c. 66.

proceedings may be wholly or partly in Welsh. Evidence is sometimes tendered in Welsh at some of the County Courts in North and West Wales. In the same areas, also, quite a number of cases in magistrates' courts are heard either wholly or partly in Welsh."[40]

Der *Welsh Language Act* von 1967 ersetzte zunächst *Section* 1 des *Welsh Courts Act* von 1942, wonach das Recht, die walisische Sprache zu verwenden, noch auf solche Parteien und Zeugen begrenzt war, die der Meinung waren, daß sie andernfalls aufgrund ihrer walisischen Muttersprache (*"natural language"*) einen Nachteil erleiden würden. *Section* 1 *para*. 1 des *Welsh Language Act* 1967 gewährleistet das Recht zum Gebrauch der walisischen Sprache in gerichtlichen Verfahren in Wales; es ist allerdings regelmäßig erforderlich, dem Gericht die Absicht, sich der walisischen Sprache zu bedienen, anzuzeigen[41]. Die entsprechende Bestimmung des Gesetzes von 1942 wurde aufgehoben[42]. Es ist allerdings zu beachten, daß die Bestimmungen des *Welsh Courts Act* von 1942, die Eide und eidesstattliche Erklärungen in walisischer Sprache zulassen, weiter in Kraft sind. Ferner sind Protokolle nach wie vor in englischer Sprache abzufassen. Die Möglichkeit, Dolmetscher in Gerichtsverfahren heranzuziehen, wird durch *Section* 1 *para*. 1 des Gesetzes von 1967 unterstrichen. Erstmals sieht das Gesetz von 1967 auch die Möglichkeit vor, daß die Exekutive die Benutzung der walisischen Sprache unter näher genannten Voraussetzungen auch im Umgang mit Behörden gestatten darf[43]. Dies betrifft

---

[40] Cmnd. 2785, *para*. 112.

[41] Die Bestimmung hat folgenden Wortlaut: "In any legal proceedings in Wales or Monmouthshire the Welsh language may be spoken by any party, witness or other person who desires to use it, subject in the case of proceedings in a court other than a magistrates' court to such prior notice as may be required by rules of court; and any necessary provision for interpretation shall be made accordingly."

[42] Vgl. *Section* 1 *para*. 2 des *Welsh Language Act* 1967.

[43] Es handelt sich um *sec*. 2 und *sec*. 3 des *Welsh Language Act* 1967. Die zentralen Bestimmungen haben folgenden Wortlaut: "Where any enactment passed either before or after this Act specifies the form of any document or any form of words which is to be or may be used for an official or public purpose the appropriate Minister may by order prescribe a version of the document or words in Welsh, or partly in Welsh and partly in English, for use for that purpose in such

allerdings nur Formulare für offizielle oder öffentliche Zwecke. Die entsprechenden Bestimmungen räumen der Exekutive einen weiten Ermessensspielraum ein. Die Interpretationsregel des *Wales and Berwick Act* von 1746, die festlegte, daß mit der Bezeichnung "England" in einem Parlamentsgesetz zugleich auch Wales gemeint ist, wird durch *Section* 4 des *Welsh Language Act* 1967 für die nachfolgende Gesetzgebung aufgehoben. Die schon erwähnte Schlußbestimmung des *Welsh Language Act* 1967[44] ergänzt die vorhergehenden Bestimmungen.

Der durch den *Welsh Language Act* 1967 geschaffene rechtliche Rahmen ist u.a. durch die *Magistrates' Courts (Welsh Forms) Rules* von 1969[45] und die *Magistrates' Courts (Children and Young Persons) (Welsh Forms) Rules* von 1973[46] ergänzt worden. Nach den *Magistrates' Courts (Welsh Forms) Rules* von 1969 müssen beispielsweise alle Betroffenen über ihr Recht aufgeklärt werden, eine gerichtliche Vorladung in walisischer Sprache zu erhalten[47]. Trotz aller Bemühungen um die Gleichstellung der walisischen Sprache vor Gericht weigerten sich auch nach dem *Welsh Language Act* 1967 viele Richter, Verhandlungen ausschließlich in walisischer Sprache zu führen. Das Gesetz verpflichtete sie dazu auch nicht. Schließlich wurde *Lord Justice Edmund Davies* 1972 mit einer vertraulichen Studie zum Gebrauch der walisischen Sprache in Gerichtsverhandlungen in Wales beauftragt[48]. Zwar ist dieser Bericht nicht veröffentlicht worden; die darin ausgesprochenen Empfehlungen sind jedoch bekannt geworden[49]. Ein Ergebnis des *Edmund Davies Reports* war die Einrichtung von Anlagen zur Simultanübersetzung in

---

circumstances and subject to such conditions as may be prescribed by the order." (*Sec.* 2 *para.* 1). "Subject to subsection (2) of this section, anything done in Welsh in a version authorised by section 2 of this Act shall have the like effect as if done in English." (*Sec.* 3 *para.* 1).

[44] Vgl. dazu oben Anm. 23.
[45] S.I. 1969 No. 258.
[46] S.I. 1973 No. 1119.
[47] Vgl. zu den Einzelheiten *Andrews/Henshaw* (Anm. 5), 33.
[48] *Ibid.*, 29 ff.
[49] Hansard, House of Lords, 12th June 1973, Vol. 343, 534 - 537.

einer Anzahl von *Crown Court centres* in Wales[50]. Die erste Gerichtsverhandlung, die von Anfang bis Ende in walisischer Sprache geführt wurde, fand im Mai 1973 in Cardiff statt[51]. Eine Untersuchung, die 1983/1984 von *Andrews* und *Henshaw* zum Gebrauch der walisischen Sprache vor Gerichten in Wales durchgeführt wurde, weist auf Schwierigkeiten in der juristischen Terminologie hin[52], stellt aber auch fest, daß es mittlerweile viele Hilfsmittel für die Durchführung von Gerichtsverfahren in walisischer Sprache gibt[53]. Die Untersuchung kommt zu dem Ergebnis, daß im Beispieljahr 1981 die Zahl der in walisischer Sprache in den *Magistrates' Courts* durchgeführten Verhandlungen zwar sehr gering war, daß jedoch

> "by and large the maintenance of the existing facilities is not costly and they can be justified not merely by the demand made on them, but as a matter of principle. In this respect those involved in the practice and administration of the law in Wales have responded well to the post 1967 situation. That the parties and witnesses choose not to make use of the facilities is not the fault of the law or the legal system, it is more a reflection of public and individual attitudes."[54]

Im Hinblick auf den Gebrauch der Sprache im Umgang mit Behörden ist darauf hinzuweisen, daß viele Behörden zweisprachige Formulare eingeführt haben oder zumindest die Verwendung beider Sprachen beim Ausfüllen eines Formulars erlauben[55]. Walisisch wird seit Oktober 1975 auf Briefkästen, in Postformularen, auf Schildern und Bekanntmachungen in allen Postämtern in Wales verwendet. In kleineren Postämtern hat die walisische Sprache auch Eingang in den normalen Geschäftsverkehr

---

[50] Entsprechende Übersetzungsanlagen wurden im November 1974 in Cardiff, im Juni 1977 in Mold, im Juni 1978 in Carmarthen und im Februar 1980 in Caernarfon eingerichtet; *Andrews/Henshaw* (Anm. 5), 31.
[51] *M. Stephens* (Anm. 2), 176.
[52] *Andrews/Henshaw* (Anm. 5), 40.
[53] Z.B. *Court Forms, ibid.*, 41 f.
[54] *Ibid.*, 93.
[55] *Stephens* (Anm. 2), 175.

gefunden. Dies entspricht einer von der britischen Regierung verfolgten Politik, Stellungnahmen und Informationsschriften möglichst auch in walisischer Sprache zu verfassen und walisischsprachige Zuschriften in dieser Sprache zu beantworten.

3. Bemühungen um eine gesetzliche Neuregelung

a) Der Entwurf des *Welsh Language Board*

Der *Welsh Language Act* von 1967 wird heute weitgehend als unzureichend angesehen[56]. Schon 1982 begann die *Welsh Language Society* (*Cymdeithas yr Iaith Gymraeg*), für ein neues Sprachengesetz zu werben. 1988 wurde vom *Secretary of State for Wales* eine Kommission (*Welsh Language Board/Bwrdd yr Iaith Gymraeg*) eingesetzt, die u.a. Vorschläge für eine gesetzliche Neuregelung ausarbeiten sollte. Im Februar 1991 legte diese Kommission einen Bericht mit einem entsprechenden Gesetzentwurf vor[57]. Die wichtigsten Bestimmungen des Kommissionsentwurfs werden im folgenden dargestellt.

Die walisische Sprache soll für Zwecke der Rechtsprechung und der öffentlichen Verwaltung aufgrund von *Section* 1 des Kommissionsentwurfs den Rang einer gleichberechtigten Amtssprache in Wales erhalten[58].

---

[56] Insoweit ist *Malanczuk* zu widersprechen, der in seiner Untersuchung zu dem Ergebnis kommt, daß von einer rechtlichen oder politischen Diskriminierung der walisischen Sprache nicht die Rede sein könne; *Malanczuk* (Anm. 1), 33.

[57] *Bwrdd yr Iaith Gymraeg/Welsh Language Board*, Recommendations for a New Welsh Language Act, A report by the Welsh Language Board to the Secretary of State for Wales, the Right Honourable David Hunt MBE MP (Februar 1991).

[58] *Sec.* 1 *para.* 1 des Entwurfs hat folgenden Wortlaut: "Welsh shall be an official language in Wales where in relation to English it shall be of equal validity for the purposes of the administration of justice and the conduct of administrative business so that, subject to the following provisions of this Act, any oral statement, and any act, writing or thing, made or done in Wales for those purposes and expressed in Welsh shall have the like effect as if it had been expressed in English."

Section 1 des Entwurfs wird von der Kommission als Grundsatznorm qualifiziert, deren nähere Ausgestaltung durch die weiteren Bestimmungen des Gesetzes erfolgt, die aber auch als Auslegungsmaßstab heranzuziehen ist[59]. *Section* 2 verpflichtet amtliche Stellen[60] in Wales dazu, sich im Verkehr mit den Bürgern derjenigen Sprache (Englisch oder Walisisch) zu bedienen, die von der betroffenen Person gewünscht wird, es sei denn, ein solcher Wunsch sei unvernünftig oder seine Realisierung undurchführbar. Von zentraler Bedeutung ist, daß die amtliche Stelle eine Weigerung zu begründen hat und es nicht der betroffenen Person obliegt, die Durchführbarkeit und Vernünftigkeit ihres Ansinnens darzulegen[61]. *Section* 3 gewährleistet das Recht, die walisische Sprache im Schriftverkehr mit Behörden zu verwenden. *Section* 4 des Entwurfs der Kommission bestimmt die Voraussetzungen der Zweisprachigkeit von öffentlichen Dokumenten. Bei der Auslegung solcher Dokumente sind gemäß *Section* 5 der englische und der walisische Wortlaut gleichermaßen zu berücksichtigen[62]. In diesem

---

[59] *Bwrdd yr Iaith Gymraeg* (Anm. 57), 12 ff.

[60] Der Entwurf verwendet die Begriffe "*government department*" sowie "*public body*" und ordnet u.a. auch privatwirtschaftlich organisierte Einrichtungen der Daseinsvorsorge dem Begriff "*public body*" zu (*sec.* 19 *para.* 2).

[61] *Sec.* 2 des Entwurfs lautet insoweit: "(1) Notwithstanding anything in this Act or any other enactment, it shall be the duty of (a) every government department; and (b) every public body, the executive responsibilities of which extend to Wales, when providing written material of whatever nature to, or otherwise communicating by any means whatsoever with, any person resident in Wales, in the course of discharging its executive responsiblities to ensure that the language used, whether Welsh or English, as the case may be, complies with the requirements of that person unless those requirements are unreasonable or compliance with them would be impracticable. (2) For the purposes of subsection (1) above a requirement made in any case by any person shall be presumed to be reasonable and compliance with it shall be presumed to be practicable unless the contrary in either case is proved and the test of what is reasonable or practicable, as the case may be, shall be objective."

[62] *Sec.* 5 *para.* 1 des Entwurfs hat folgenden Wortlaut: "Notwithstanding any provision to the contrary in any enactment, where any question or dispute arises as to the meaning of any relevant document or any other document issued, published or delivered by any government department or public body in Welsh and English versions, the

Zusammenhang wird unabhängig von den in *Section* 4 enthaltenen Voraussetzungen klargestellt, daß nachgeordnete legislative Maßnahmen[63], die nur in Wales oder einem Teil von Wales anwendbar sind und zweisprachig abgefaßt worden sind, in jedem Fall dieser Auslegungsregel unterliegen. Mit *Section* 6 werden Bestimmungen des *Welsh Language Act* von 1967 geändert. Danach ist es möglich, auf der Grundlage einer Verordnung Rechtsvorschriften auch in walisischer Sprache zu veröffentlichen. Außerdem wird die Möglichkeit eines Vorrangs der englischen Textfassung vor der walisischen ausgeschlossen[64]. *Section* 7 schafft die Möglichkeit, als Geschworener von seinen Verpflichtungen entbunden zu werden, wenn ein Verfahren in walisischer Sprache durchgeführt werden soll und der Geschworene nur über unzureichende walisische Sprachkenntnisse verfügt[65]. *Section* 8 des Kommissionsentwurfs hebt die Bestimmung des *Welsh Courts Act* von 1942 auf, nach der Protokolle grundsätzlich in englischer Sprache abzufassen sind[66]. Der Entwurf sieht eine Ergänzung des *Race Relations Act* von 1976 vor, mit der klargestellt wird, daß nicht gegen das Diskriminierungsverbot dieses Gesetzes verstoßen wird, wenn von einem Arbeitnehmer oder Bewerber um einen Arbeitsplatz walisische Sprachkenntnisse verlangt werden[67]. Der nachfolgende Teil des Gesetzentwurfs enthält zusammen mit einem Anhang Bestimmungen über Zusammensetzung und Funktion des *Welsh Language Board*. Die Schlußbestimmungen des Kommissionsentwurfs sehen Steuererleichterungen für

---

    meaning of the document shall be determined by reference to both the Welsh and English versions."

[63] Der Entwurf spricht von "subordinate legislation".

[64] *Sec.* 3 *para.* 2 (a) des *Welsh Language Act* von 1967 soll nach dem Entwurf aufgehoben werden.

[65] Der Kommissionsentwurf sieht eine entsprechende Änderung von *sec.* 10 des *Juries Act* von 1974 vor.

[66] Es handelt sich um *sec.* 3 *para.* 2 des *Welsh Courts Act* von 1942.

[67] In den *Race Relations Act* von 1976 soll als *sec.* 4A die folgende Bestimmung eingefügt werden: "For the purposes of this Part of this Act a requirement or condition relating to an ability to communicate in Welsh shall be justifiable where the person to whom it is applied would, in the course of employment to which the requirement or condition applies, deal on a regular basis with persons who normally use Welsh and the level of ability required is no greater than is needed to do so."

Einrichtungen vor, die den Gebrauch der walisischen Sprache fördern, definieren zentrale Begriffe des Gesetzes und bestimmen die Einzelheiten für den Erlaß im Gesetz vorgesehener Durchführungsbestimmungen. Der Gesetzentwurf sieht keine speziellen Rechtsmittel vor[68].

b) Der Regierungsentwurf

Die britische Regierung hatte nach den Parlamentswahlen vom Frühjahr 1992 angekündigt, dem Parlament im Herbst 1992 einen Gesetzentwurf für einen neuen *Welsh Language Act* vorzulegen[69]. Obwohl die zentralen Elemente des Kommissionsentwurfs anscheinend die Zustimmung der Regierung gefunden hatten, wurde schon im Frühjahr 1992 darauf hingewiesen, daß der Regierungsentwurf nicht in allen Einzelheiten mit den Vorschlägen der Kommission übereinstimmen würde[70]. Am 17. Dezember 1992 wurde der Regierungsentwurf veröffentlicht[71]. Die zweite Lesung im *House of Lords* begann am 19. Januar 1993. Nachfolgend sollen die Grundzüge des Regierungsentwurfs unter Herausarbeitung der Unterschiede zum Entwurf des *Welsh Language Board* skizziert werden.

Der Regierungsentwurf weist grundsätzlich andere Schwerpunkte auf als der Kommissionsentwurf. Teil I des Regierungsentwurfs regelt die Rechtsgrundlagen und Aufgaben des *Welsh Language Board*. Teil II verpflichtet öffentliche Einrichtungen (*public bodies*) in Wales dazu, Vorkehrungen für den Gebrauch der walisischen Sprache (*language schemes*) im Publikumsverkehr zu treffen und sich danach zu richten. Lediglich Teil III trifft materielle Regelungen.

---

[68] Die Kommission begründet dies damit, daß sie die vorhandenen Rechtsmittel für ausreichend hält und in speziellen Rechtsmitteln die Gefahr einer Reduzierung des Rechtsschutzes sieht; vgl. *Bwrdd yr Iaith Gymraeg* (Anm. 57), 28 ff.

[69] Her Majesty's Most Gracious Speech to Both Houses of Parliament, HMSO (London 1992), 4.

[70] Pressemitteilung des *Welsh Office* vom 27. Februar 1992, *Welsh Office News* W92086.

[71] Session 1992-93, House of Lords Bill 54, HMSO (London 1992). Der Entwurf wurde vom *Minister of State, Home Office* (*Earl Ferrers*) eingebracht.

Section 4 verpflichtet diejenigen öffentlichen Einrichtungen, die in *Section* 5 näher bezeichnet werden und vom *Welsh Language Board* dahingehend informiert worden sind, von ihnen im folgenden zu beachtende Regelungen für den Gebrauch der walisischen Sprache auszuarbeiten. Zweck dieser Regelungen soll es sein, dem Prinzip der Gleichbehandlung der englischen und walisischen Sprache in Wales insoweit Wirksamkeit zu verleihen, als dies den Umständen nach angemessen ist und in vernünftiger Weise praktiziert werden kann[72]. Die Liste der in *Section* 5 aufgeführten öffentlichen Einrichtungen und Körperschaften geht weniger weit als der Kommissionsentwurf und entspricht nicht den Vorstellungen betroffener Verbände; insbesondere führt der Regierungsentwurf nicht die privatisierten Versorgungseinrichtungen für Gas, Wasser und Strom auf. Entsprechende Änderungsanträge sind allerdings schon in das *House of Lords* eingebracht worden. Die von den öffentlichen Einrichtungen auszuarbeitenden *language schemes* sollen sich an Richtlinien des *Welsh Language Board* orientieren (*Section* 4 *para*. 3) und gebührend Rücksicht auf die Bedürfnisse der walisischsprachigen Bevölkerung nehmen (*Section* 12 *para*. 1). Das *Board* kann die *language schemes* genehmigen oder Änderungen vorschlagen. Erfolgt keine Genehmigung und kann keine Einigung zwischen dem *Board* und dem betreffenden *public body* erzielt werden, so kann letztlich der zuständige Minister entsprechende Regelungen vorschreiben (*Section* 13 *para*. 5).

Die vom *Language Board* ausgearbeiteten Richtlinien sind in dem gesamten Verfahren von besonderer Bedeutung, weil sie nicht nur dem *Secretary of State* vorgelegt werden müssen sondern auch das Parlament ein Mitspracherecht hat. Es kann innerhalb einer Frist von 40 Tagen nach Vorlage eines Richtlinienentwurfs die Rücknahme diese Entwurfs verlangen (*Section* 9 *paras*. 5 und 6).

---

[72] *Sec.* 4 *para*. 2 bestimmt insoweit: "The purpose ... is that of giving effect, so far as is both appropriate in the circumstances and reasonably practicable, to the principle that in the conduct of public business and the administration of justice in Wales the English and Welsh languages should be treated on a basis of equality."

Die Einhaltung der *language schemes* wird vom *Language Board* überwacht. Auch individuelle Beschwerden können an das *Board* gerichtet werden. Da das Gesetz allerdings hinsichtlich der Beachtung der *language schemes* wohl keine individuellen Rechte vermittelt, ist davon auszugehen, daß neben diesem Beschwerdeverfahren keine weiteren Rechtsbehelfe gegenüber den *public bodies* zur Verfügung stehen.

Die Bindung der Regierung an entsprechende Richtlinien soll durch *Section* 20 des Entwurfs gewährleistet werden. Die von *Earl Ferrers* im *House of Lords* vorgebrachte Begründung für die nur mittelbare Bindung der Krone an die Richtlinien überzeugt allerdings nicht[73].

Die materiellen Bestimmungen des Regierungsentwurfs sind im Vergleich mit dem Kommissionsentwurf durchweg enttäuschend. Abgesehen davon, daß die englische Fassung eines Dokuments bei Auslegungsstreitigkeiten nicht mehr Vorrang vor der walisischen Fassung haben soll, wie es noch nach dem *Welsh Language Act* von 1967 möglich war[74], sollen im wesentlichen nur die zentralen Bestimmungen des *Welsh Courts Act* von 1942 und die des *Welsh Language Act* von 1967 übernommen werden; im übrigen sollen diese Gesetze ebenso wie der Act of Union aufgehoben werden[75].

Schon dieser Überblick über den Regierungsentwurf macht deutlich, daß das Niveau des vielversprechenden Kommissionsentwurfs wohl nicht

---

[73] Hansard, House of Lords, 19th January 1993, 837.

[74] *Earl Ferrers* führte dazu im *House of Lords* aus: "Another provision which is to be repealed is that part of the Welsh Language Act 1967 which provided for the English version of a document to take precedence over the Welsh version where there was a case which was in dispute. In future such differences will need to be resolved by reference to both versions of the document." (*ibid.*, 838).

[75] *Sec.* 21 des Regierungsentwurfs entspricht *sec.* 1 *para.* 1 des *Welsh Language Act* 1967; *sec.* 22 des Entwurfs entspricht *sec.* 2 des *Welsh Courts Act* 1942; *sec.* 23 des Entwurfs entspricht in etwa *sec.* 3 *para.* 1 des *Welsh Courts Act* 1942; *sec.* 24 des Entwurfs ist *sec.* 2 *paras.* 1 - 3 des *Welsh Language Act* 1967 nachgebildet; *sec.* 25 des Entwurfs orientiert sich an *sec.* 3 *para.* 1 des *Welsh Language Act* 1967, ohne allerdings den Vorrang der englischen Sprache fortzuschreiben.

erreicht werden wird. Insbesondere wird von Vertretern walisischer Organisationen kritisiert[76], daß der Regierungsentwurf der walisischen Sprache nicht den Status einer Amtssprache gewährt, während der Kommissionsentwurf insoweit noch von einer *official language* sprach. Außerdem wird die Auswahl der von der Sprachregelung betroffenen öffentlichen Einrichtungen als unzureichend angesehen. Es fehlen ferner wichtige Änderungen im *Juries Act* 1974 und vor allem im *Race Relations Act* 1976. Hinsichtlich des Erfordernisses walisischer Sprachkenntnisse bei Stellenausschreibungen zeichnet sich allerdings ein politischer Konsens ab, wonach dieses Erfordernis von den Bestimmungen des *Race Relations Act* künftig unberührt bleiben soll, da ethnische und sprachliche Kriterien voneinander unabhängig seien.

Da die Regierung selbst schon Änderungsanträge zu ihrem eigenen Entwurf eingebracht hat, kann man davon ausgehen, daß letztlich eine Kompromißlösung gefunden wird, die über den Regierungsentwurf hinausgeht. Umstritten ist rechtstechnisch ohnehin, wie das im Regierungsentwurf vorgesehene Prinzip der *equal validity* näher zu präzisieren ist.

4.   Kultur und Medien[77]

Das kulturelle Leben in Wales ist sehr ausgeprägt. An dieser Stelle ist lediglich auf den alljährlich stattfindenden Künstlerwettstreit, das *Eisteddford*, hinzuweisen, mit dem das sich vor allem in Sprache und Musik ausdrückende kulturelle Erbe gepflegt wird.

Es gibt keine spezifischen Rechtsvorschriften, die die Herstellung und Verbreitung von Druckerzeugnissen in walisischer Sprache regeln, so daß deren

---

[76] Der Verfasser möchte an dieser Stelle besonders *Gareth Butler* von *Plaid Cymru* (Aberystwyth) für dessen instruktive Erläuterungen zum Regierungsentwurf danken.

[77] Im Rahmen des *Mercator* Projekts wird eine in Aberystwyth tätige Arbeitsgruppe in Kürze eine Studie über den Gebrauch von Minderheitensprachen in den Medien veröffentlichen. Diese Studie berücksichtigt neun innerhalb der Mitgliedstaaten der Europäischen Gemeinschaft existierende Minderheitensprachen, darunter auch die walisische Sprache.

Zulässigkeit keine besonderen Probleme aufwirft. Gleichwohl gibt es in Wales keine walisischsprachige Tageszeitung. Einige englischsprachige Tageszeitungen enthalten allerdings kleinere Beiträge in walisischer Sprache, so beispielsweise die in Cardiff erscheinende *Western Mail*. Die in Liverpool erscheinende und auch im Norden von Wales verbreitete *Daily Post* veröffentlicht Familienanzeigen in walisischer Sprache. Die Sonntagszeitung *Wales on Sunday* enthält eine größere Anzahl walisischsprachiger Artikel. Bei der wöchentlich erscheinenden Programmzeitschrift *Sbec* handelt es sich um eine zweisprachige Publikation. Gegenwärtig gibt es zwei walisischsprachige Wochenzeitungen, deren Verbreitungsgebiet sich auf ganz Wales erstreckt, *Y Cymro* und *Golwg*. In Gwynedd erscheinen zwei regionale Wochenzeitungen, *Yr Herald Cymraeg* und *Herald Môn*. Neben diesen Druckerzeugnissen mit tagespolitischem Inhalt gibt es eine Reihe von Fachzeitschriften, die in walisischer Sprache erscheinen, so etwa das Frauenmagazin *Y Wawr*, das in den 70er Jahren mit vierteljährlich über 5.000 Exemplaren die weiteste Verbreitung hatte[78]. Hinzuweisen ist auf die große Zahl lokaler Informationsblätter (*papurau bro*), die jeweils monatlich erscheinen. Ihre Verbreitung wird gegenwärtig insgesamt auf etwa 75.000 Exemplare geschätzt. Es bestehen Pläne, den verschiedenen Informationsblättern ein gemeinsames Magazin beizulegen.

Die Grundlagen eines Rundfunk- und Fernsehprogramms in walisischer Sprache waren zunächst sehr umstritten. Das *Crawford Committee on Broadcasting* empfahl 1974, in Wales ein eigenes Programm mit einem Schwerpunkt walisischsprachiger Sendungen einzurichten. Die Gestaltung des Programms sollten die *BBC* und *Harlech Television*, ein in Wales kommerziell arbeitendes unabhängiges Unternehmen, gemeinsam übernehmen. Die Empfehlungen der Kommission wurden von der britischen Regierung aufgegriffen. Nach dem Regierungswechsel von 1979 wurde von der konservativen Regierung ein Entwurf für ein neues Rundfunkgesetz ausgearbeitet. Die darin ursprünglich vorgesehene sogenannte *two channel solution* mit einer Aufteilung des walisischen Programms auf den Kanal

---

[78] *Stephens* (Anm. 2), 188.

BBC 2 und den künftigen vierten Kanal[79] führte zu Ausschreitungen und einer Vielzahl nachfolgender Gerichtsverfahren in Wales. Der daraufhin überarbeitete Regierungsentwurf sah ein geschlossenes walisisches Programm im vierten Kanal vor. Die einschlägigen Rechtsgrundlagen des *Broadcasting Act* von 1980 wurden im *Broadcasting Act* von 1981[80] konsolidiert[81]. Der *Broadcasting Act* von 1990[82], mit dem das Gesetz von 1981 abgelöst wurde, enthält umfangreiche Bestimmungen über die Aufgaben der *Welsh Fourth Channel Authority*, die für die Zukunft die Bezeichnung *Sianel Pedwar Cymru (S4C)* erhält. *S4C* ist verpflichtet, ein ausreichendes Programm in walisischer Sprache zu senden[83]. Zu diesem Zweck hat *S4C* die Möglichkeit, gebührenfrei walisischsprachige *BBC*-Produktionen in Anspruch zu nehmen. Die *Channel Four Television Corporation* ist verpflichtet, *S4C* gebührenfrei englischsprachige Programme zur Verfügung zu stellen[84]. Das Gesetz von 1990 enthält darüber hinaus detaillierte Bestimmungen über die Finanzierung von *S4C*.

Gegenwärtig sendet der vierte Kanal *S4C* pro Woche etwa 30 Stunden Fernsehprogramme in walisischer Sprache. *Radio Cymru* sendet täglich

---

[79] Vgl. dazu *Malanczuk* (Anm. 1), 33.

[80] 1981 c. 68.

[81] Zur Entwicklung der Bemühungen der Sprachbewegung in Wales um ein eigenes Fernsehprogramm in walisischer Sprache vgl. *Stephens* (Anm. 2), 180 ff.

[82] 1990 c. 42.

[83] Aufgrund von *sec*. 57 ist *S4C* verpflichtet, "to ensure that a substantial proportion of the programmes broadcast on S4C are in Welsh and that the programmes broadcast on S4C between 6.30 pm and 10 pm consist mainly of programmes in Welsh".

[84] Die einschlägigen Bestimmungen von *sec*. 58 haben folgenden Wortlaut: "(1) For the purpose of enabling the Welsh Authority to comply with their duty under section 57(2)(b) it shall be the duty of the BBC to provide the Authority (free of charge) with sufficient television programmes in Welsh to occupy not less than ten hours' transmission time per week, and to do so in a way which meets the reasonable requirements of the Authority. (2) It shall be the duty of the Channel Four Television Corporation ... (b) to provide the Welsh Authority (free of charge) with any programmes which are required by the Authority for the purpose of complying with that provision." *sec*. 58 *para*. 2(b) bezieht sich auf englischsprachige Programme.

ungefähr 14 Stunden walisischsprachige Rundfunkprogramme. Eine kürzlich in Ceredigion eingerichtete lokale Rundfunkstation beabsichtigt, ihr Programm in englischer und walisischer Sprache auszustrahlen.

5. Kirchen und Religionsgemeinschaften

Eine nicht zu unterschätzende Bedeutung für die Erhaltung der Identität der walisischen Volksgruppe und die Pflege und Bewahrung der walisischen Sprache kommt den Kirchen und Religionsgemeinschaften zu. Der Gebrauch der walisischen Sprache in religiösen Angelegenheiten wurde für die anglikanische Staatskirche erstmals im 16. Jahrhundert geregelt. Im 19. Jahrhundert breitete sich der religiöse Nonkonformismus in Wales erheblich aus und führte zu Konflikten mit der etablierten Staatskirche. Diese repräsentierte gegen Ende des 19. Jahrhunderts nur noch eine Minderheit in Wales. Ihre privilegierte Stellung wurde allerdings erst Anfang des 20. Jahrhunderts beseitigt.

Mit dem *English Book of Common Prayer* von 1549 und dem *Act of Uniformity*[85] war Englisch zur verbindlichen Sprache im anglikanischen Gottesdienst geworden. Allerdings veranlaßte Elisabeth I. schon 1563 auf der Grundlage des *Welsh Bible and Prayer Book Act*[86] eine Übersetzung der Bibel in die walisische Sprache, wodurch der Gebrauch der walisischen Sprache im religiösen Zusammenhang ermöglicht wurde. Die Veröffentlichung der Übersetzung erfolgte 1588[87]. Der Konflikt zwischen der anglikanischen Staatskirche und den nonkonformistischen Gemeinschaften wurde durch den 1920 in Kraft getretenen *Welsh Church Act*[88] von 1914 weitgehend beigelegt. Das Gesetz von 1914 ist durch eine Reihe weiterer Vorschriften ergänzt worden (*Welsh Church (Temporalities) Act* von 1919[89],

---

[85]   5 & 6 Edw. 6 c. 1 (1552 c. 1).
[86]   5 Eliz. 1 c. 28 (1562 c. 28).
[87]   *Stephens* (Anm. 2), 153 ff.
[88]   4 & 5 Geo. 5 c. 91.
[89]   9 & 10 Geo. 5 c. 65.

Welsh Church (Amendment) Act von 1938[90], *Welsh Church (Burial Grounds) Act* von 1945[91]). Gegenwärtig hat die anglikanische Kirche zunehmend Probleme, walisischsprachige Pfarrer für die Gemeinden in Wales zu finden. Zur Verbesserung der Situation wurden besondere Schulungsmaßnahmen für englischsprachige Pfarrer eingeführt[92].

6. Das Problem der Verkehrswegweiser

Im Dezember 1972 wurde eine Kommission unter dem Vorsitz von *Roderic Bowen* eingesetzt[93], die sich mit der Forderung nach Einführung zweisprachiger Verkehrsschilder in Wales befaßte. Zweisprachige Verkehrswegweiser wurden 1975 erst nach wiederholten Übermalungsaktionen walisischer Nationalisten zugelassen. Die Kommission hatte die Forderung unterstützt, das Walisische über das Englische setzen zu lassen. Dies lehnte die Regierung unter Hinweis auf die Verkehrssicherheit allerdings ab[94].

III. Bildungs- und Erziehungswesen

Auch im Bildungs- und Erziehungswesen spielten Kirchen und Religionsgemeinschaften zunächst eine große Rolle. In der ersten Hälfte des 18. Jahrhunderts richtete *Griffith Jones* (1683 - 1761) die sogenannten *Welsh Circulating Schools* ein, in denen Jugendlichen und Erwachsenen das Lesen der Bibel und des *Prayer Books* in walisischer Sprache vermittelt wurde. Bis zum Jahre 1761 hatten insgesamt über 158.000 Schüler die nunmehr 3.495 Wanderschulen in Wales durchlaufen[95]. Auf diese Weise wurde zumindest

---

[90] 1 & 2 Geo. 6 c. 39.
[91] 8 & 9 Geo. 6 c. 27; zur Entwicklung allgemein vgl. *Malanczuk* (Anm. 1), 29 m.w.Nachw.
[92] Europa Ethnica 41 (1984), 221.
[93] Report of the Roderic Bowen Committee on Bilingual Traffic Signs, Cmnd. 5110.
[94] *Stephens* (Anm. 2), 177 f.
[95] *Ibid.*, 156.

das Lesen der walisischen Sprache gepflegt; das Schreiben wurde nicht gelehrt.

Im Vorfeld der britischen Schulgesetzgebung des 19. Jahrhunderts verurteilte eine Kommission, die 1846/1847 nach Wales geschickt worden war, um den Zustand des Bildungs- und Erziehungswesens dort zu untersuchen, in einem Bericht den Gebrauch und die Erhaltung des Walisischen[96]. Der als *Brad y Llyfrau Gleision*[97] bekannt gewordene Bericht meinte, die walisische Sprache sei Ursache der Rückständigkeit der Waliser. Auf der Grundlage dieses Berichts wurde die walisische Sprache im 1870 verabschiedeten Schulgesetz nicht berücksichtigt und Englisch zur alleinigen Unterrichtssprache in allen staatlichen Schulen erklärt[98]. Die Verwendung der walisischen Sprache war in den meisten Schulen sogar verboten; Schüler, die dieses Verbot nicht beachteten, wurden häufig empfindlich bestraft[99]. 1889 wurde mit dem *Welsh Intermediate (Education) Act*[100] die walisische Sprache als Fremdsprache an allen öffentlich geförderten Schulen zugelassen[101]. Die *County Councils* wurden 1889 in Wales zu den ersten örtlichen Erziehungsbehörden in Großbritannien[102]. Eine eigene Inspektions- und Erziehungsbehörde erhielt Wales 1896/7 (*Central Welsh Board*)[103]. Das erste *University College* wurde 1872 in Aberystwyth eröffnet; 1893 wurde die Universität von Wales in Cardiff

---

[96] Vgl. Anm. 30.

[97] Dt. "Der Verrat der blauen Bücher".

[98] *Stephens* (Anm. 2), 157; *Malanczuk* (Anm. 1), 30.

[99] *Stephens* (Anm. 2), 157 schreibt dazu: "Even so, Welsh was prohibited in most schools and pupils caught speaking it were physically punished and obliged to suffer the shame of wearing the 'Welsh Not' around their necks - a humiliation which was inflicted on all the Celtic peoples, and others, during the nineteenth century."

[100] 52 & 53 Vict. c. 40.

[101] Vgl. dazu *Stephens* (Anm. 2), 160; *Malanczuk* (Anm. 1), 30.

[102] *Malanczuk* (Anm. 1), 29.

[103] *Ibid.*, 29.

gegründet, ein Zusammenschluß der *University Colleges* aus Aberystwyth, Bangor und Cardiff[104].

Auch im Bereich der Schulverwaltung setzten sich mit Beginn des 20. Jahrhunderts Reformtendenzen durch. So wurde 1907 das *Welsh Department of the Board of Education* eingerichtet. Als erstes regionales Element in der britischen Verwaltung von Wales ist es kennzeichnend für eine gewisse Sonderentwicklung des Erziehungs- und Bildungssystems in Wales[105]. Die Regionalisierungstendenzen in der Schulverwaltung wurden nach dem II. Weltkrieg verstärkt. Ein großer Teil der Verwaltung der Grundschulen und auch der weiterführenden Schulen wurde 1970 der dem *Secretary of State for Wales*[106] unterstehenden Verwaltung in Cardiff übertragen[107]. 1978 wurde deren Aufgabenbereich erweitert[108]. Mit der Neuordnung der Kompetenzen wurde 1970 auch die nachgeordnete Rechtsetzungsgewalt teilweise auf regionale Verwaltungseinheiten übertragen. 1978 erhielt der *Secretary of State for Wales* weitere Kompetenzen im Bereich der Lehrerbildung und der Zuweisung des Lehrpersonals zu den Schulen[109]. Eine Besonderheit ist die Zusammenarbeit lokaler Schulbehörden im *Welsh Joint Education Committee*, das 1948 eingerichtet wurde. Diese Kommission hat nicht nur beratende Funktion. Sie nimmt auch Exekutivaufgaben wahr[110].

---

[104] Zur Universität von Wales vgl. auch *A.B. Philip*, The Welsh Question - Nationalism in Welsh Politics 1945 - 1970 (Cardiff 1975), 61 ff. (226 ff.).

[105] *Malanczuk* (Anm. 1), 29.

[106] Die *Labour*-Regierung führte 1964 das *Welsh Office* als eigenes Ministerium unter einem *Secretary of State for Wales* mit Kabinettsrang ein.

[107] Seit dem 1. April 1978 ist das *Education Department* des *Welsh Office* in Cardiff für die Schulverwaltung verantwortlich.

[108] Vgl. dazu *Transfer of Functions (Wales) Order* 1970 (S.I. 1970 No. 1536) und Circ. 18/70 (W.O. 108/70); *Transfer of Functions (Wales) (No.2) Order* 1978 (S.I. 1978 No. 274) und Circ. 5/78 (W.O. 47/78).

[109] Zur Reform der Schulverwaltung vgl. auch *K.P. Poole*, Education Law (London 1988), 5 f.

[110] *Ibid.*, 11.

1927 befaßte sich ein Regierungsbericht mit der walisischen Sprache im Bildungs- und Erziehungswesen. Er führte dazu, daß in den Grundschulen in walisischsprachigen Gebieten Walisisch als Unterrichtssprache in einzelnen Fächern eingesetzt wurde. Außerdem gab es verstärkt Möglichkeiten, Walisisch als Fremdsprache zu erlernen. In Aberystwyth wurde 1939 die erste walisische Schule, *Ysgol Gymraeg*, eröffnet. Es handelte sich dabei um eine private Grundschule, deren Unterrichtssprache im wesentlichen Walisisch war. Aufgrund des *Education Act* von 1944[111] sind die lokalen Schulbehörden im Rahmen ihrer Zuständigkeit heute verpflichtet, elterliche Wünsche im Hinblick auf die Erziehung und Ausbildung der Kinder angemessen zu berücksichtigen. Dies schließt auch den Wunsch ein, die walisische Sprache als Unterrichtssprache einzusetzen. Entsprechende Schulen wurden zunächst in Cardiganshire, Flintshire, Glamorgan und in Cardiff eingerichtet. 1976 gab es etwa 60 Grundschulen, in denen Walisisch Unterrichtssprache war; die Schulen werden finanziell von den örtlichen Erziehungs- und Schulbehörden unterstützt[112]. Darüber hinaus wird die walisische Sprache sowohl als Fremdsprache als auch als Unterrichtssprache in vielen weiteren Grundschulen gelehrt.

Seit 1971 gibt es auch Vorschulerziehung in walisischer Sprache. Sie wird weitgehend von der *Mudiad Ysgolion Meithrin* (Vorschulerziehungs-Bewegung) organisiert. Im Herbst 1975 gab es etwa 230 solcher Kindergruppen, die von über 3.500 Kindern unter fünf Jahren besucht wurden[113]. Die erste weiterführende Schule mit Walisisch als Unterrichtssprache wurde 1956 in Rhyl eröffnet (*Ysgol Glan Clwyd*); weitere folgten u.a. in Mold 1961, in Rhydfelen 1962, in Wrexham 1963, in Ystalyfera 1969 und in Aberystwyth 1973. Im Herbst 1975 besuchten 5.129 Schüler solche weiterführenden Schulen[114]. Der *Education Reform Act* von 1988[115] richtete einheitliche

---

[111] 7 & 8 Geo. 6 c. 31.
[112] Vgl. dazu *Stephens* (Anm. 2), 184 ff.
[113] *Ibid.*, 185.
[114] *Id.*
[115] 1988 c. 40.

Lehrpläne ein. In Wales wurde Walisisch damit Pflichtfach für alle Schüler zwischen 5 und 16 Jahren[116].

Auch die Universitätsausbildung in walisischer Sprache wurde ermöglicht; so werden Pädagogik, walisische Geschichte, Philosophie, Geographie, Geschichte, Französisch, Englisch, Sozialwissenschaften, Walisisch und Theologie in Walisisch an der Universität von Wales gelehrt. Im Herbst 1975 wurde dieses Angebot von 349 Studenten wahrgenommen. Darüber hinaus wird auch die Lehrerausbildung für Grundschulen in walisischer Sprache angeboten[117].

Auf der Grundlage von *Section* 21 des *Education Act* von 1980[118] hat der *Secretary of State* eine Rechtsvorschrift erlassen, die finanzielle Zuwendungen an lokale Schul- und Erziehungsbehörden, sowie an andere Einrichtungen und Personen vorsieht, um zu den Kosten des Unterrichts in walisischer Sprache beizutragen[119]. Die britische Regierung hat im Februar 1992 angekündigt, im Haushaltsjahr 1992/1993 auf der Grundlage von *Section* 21 des *Education Act* von 1980 einen Betrag von 1,9 Millionen £ zur Verfügung zu stellen. Insgesamt beabsichtigt die Regierung, in diesem Haushaltsjahr einen Betrag in Höhe von 7,6 Millionen £ für die direkte

---

[116] Einige Schulen haben die Möglichkeit wahrgenommen, aus dem einheitlichen Lehrplan auszuscheiden. Das Schulsystem in Großbritannien befindet sich gegenwärtig ohnehin in einer Umbruchphase. Vereinzelt haben Schulen die Möglichkeit wahrgenommen, sich den lokalen Verwaltungsbehörden zu entziehen und sich vor allem finanziell unmittelbar in die Abhängigkeit der zentralen britischen Regierung begeben. Es bleibt abzuwarten, welche Auswirkungen davon auf den Unterricht in walisischer Sprache zu erwarten sind. Außerdem plant das *Welsh Office* in Cardiff eine Reorganisation der örtlichen Selbstverwaltung, die möglicherweise mit der Aufhebung bestehender Einheiten in Wales verbunden ist. Gwynedd und Dyfed verfolgen gegenwärtig eine relativ progressive Sprachenpolitik. Ihre Auflösung könnte ebenfalls nachteilige Auswirkungen auf den walisischsprachigen Unterricht haben.

[117] *Stephens* (Anm. 2), 186.

[118] 1980 c. 20.

[119] The Grants for Welsh Language Education Regulations 1980 (S.I. 1980 No. 1011); vgl. auch *Poole* (Anm. 109), 50, 273.

Förderung der walisischen Sprache einzusetzen[120]. Es ist in diesem Zusammenhang zu beachten, daß die Haushaltsmittel für das Schul- und Bildungswesen lediglich die Ausgaben der lokalen Behörden ergänzen.

IV. Spezifische Schranken der Vereinigungsfreiheit

Die Vereinigungsfreiheit ist in Großbritannien nicht positiv-rechtlich gewährleistet[121]. Britische Bürger haben lediglich das Recht und die Freiheit, sich so lange frei in Vereinigungen zusammenzuschließen, wie sie sich in den Grenzen der durch allgemeine Vorschriften gesetzten Regeln halten. Grundsätzlich gibt es drei Hauptbeschränkungen der Vereinigungsfreiheit im Vereinigten Königreich: *criminal conspiracy*, das Verbot von paramilitärischen Organisationen und die Bestimmungen zur Bekämpfung des Terrorismus.

Der *Criminal Law Act* von 1977[122] definiert in *Section* 1 *criminal conspiracy* als eine Vereinbarung

> "... which will necessarily amount to or involve the committing of any offence or offences by one or more of the parties to the agreement if the agreement is carried out in accordance with their intentions..."[123].

Eine Verschwörung, die Regierung oder das gegenwärtige britische politische System zu stürzen, ist nur dann rechtswidrig und strafbar, wenn Gewalt eingesetzt werden soll; wird diese tatsächlich eingesetzt, so ist die Verschwörung als *seditious conspiracy* (aufrührerische Verschwörung) rechtswidrig und strafbar. Das Verbot paramilitärischer Organisationen ist

---

[120] Pressemitteilung des *Welsh Office* vom 12. Februar 1992, *Welsh Office News* W92060.
[121] Zum folgenden vgl. *M. Moore*, The Law and Procedure of Meetings (London 1979), 10 f.
[122] 1977 c. 45.
[123] Zitiert nach *Moore* (Anm. 121), 11.

im *Public Order Act* von 1936[124] in *Section 2* enthalten. Der *Prevention of Terrorism (Temporary Provisions) Act* von 1984[125] verbietet Tätigkeiten, die einen Bezug zum Terrorismus haben. Darunter fällt auch die Mitgliedschaft in verbotenen Organisationen oder deren Unterstützung. Section 14 definiert den Terrorismus als Gewalteinsatz für politische Zwecke. Diese Definition ist zwar sehr weit, erfordert aber jedenfalls den Einsatz von Gewalt[126].

Im Zusammenhang mit der Vereinigungsfreiheit ist darauf hinzuweisen, daß es eine ganze Reihe von Gruppierungen gibt, die sich mit der Förderung walisischer Identitätsmerkmale befassen. Die bedeutendste politische Gruppe ist *Plaid Cymru (The Party of Wales)*, die auch Unterhausabgeordnete stellt[127].

V.   Politische Repräsentation

Im Regierungs- und Verwaltungssystem wurde die walisische Region zunächst von 1948 bis 1966 durch einen *Council for Wales and Monmouthshire* repräsentiert. Es handelte sich dabei um einen aus vom Premierminister ernannten Vertretern verschiedener Interessengruppen bestehenden Rat, der nur begrenzte Kompetenzen hatte[128]. 1951 wurde dann das Amt eines *Minister for Welsh Affairs* geschaffen und zunächst dem *Home Office Secretary* zugeordnet. Die Bedeutung dieses Amtes blieb gering, da der *Minister* weder exekutive Funktionen ausüben konnte noch über einen besonderen Verwaltungsapparat verfügte[129]. Die Verantwortung

---

[124]   1 Edw. 8 und 1 Geo. 6 c. 6.

[125]   1984 c. 8.

[126]   Vgl. *P. Thornton*, Public Order Law (London 1987), 58.

[127]   Zu *Plaid Cymru* vgl. *J. Davies*, Plaid Cymru in Transition, in: J. Osmond (Hrsg.), The National Question Again - Welsh Political Identity in the 1980s (Llandysul 1985), 124 ff.; zu weiteren Gruppierungen s. die Darstellung von *Philip* (Anm. 104), 124 ff.

[128]   *I.L. Gowan*, Government in Wales in the Twentieth Century, in: J.A. Andrews, Welsh Studies in Public Law (Cardiff 1970), 50 ff. (53).

[129]   *Malanczuk* (Anm. 1), 155.

für Wales wurde dann 1957 auf den *Minister of Housing and Local Government* übertragen. Eine Aufwertung erfolgte durch die Umbenennung des verantwortlichen *Under-Secretary* zum *Welsh Secretary* und eine größere Personalausstattung[130]. 1964 wurde schließlich unter der *Labour*-Regierung das *Welsh Office*, eine Modifikation des Modells des *Scottish Office*, eingeführt, dessen Verwaltungsapparat größtenteils in Cardiff lokalisiert ist[131]. In den folgenden Jahren übernahm das *Welsh Office* unter einem Minister mit Kabinettsrang immer mehr regionale Aufgaben in Wales (örtliche Selbstverwaltung, Wohnungswesen aber auch Umwelt- und Landschaftsschutz einschließlich der Wasserverwaltung sowie die Verantwortung für Straßen und Fernstraßen in Wales; dazu kamen u.a. Gesundheit, Erziehung, Landwirtschaft, Weiterbildung und höhere Bildung mit Ausnahme des Universitätsbereichs)[132]. Es ist noch darauf hinzuweisen, daß die meisten anderen Ministerien eigene Dienststellen in Wales haben[133]. *Malanczuk* ist der Auffassung, daß in Wales "die Einführung des Welsh Office zu einer größeren regionalen Konsistenz der Planung und Verwaltung geführt"[134] hat.

Kann man auf der Verwaltungsebene kaum von politischer Repräsentation sprechen (vielmehr handelt es sich dort nur um eine Frage der stärkeren regionalen Orientierung einer weiterhin überwiegend zentralen Verwaltung), so hat sich auf der Parlamentsebene zumindest in bescheidenem Rahmen eine gewisse walisische Repräsentation eingespielt. So hat sich im Unterhaus seit 1946 die Praxis erhalten, anläßlich der jährlichen Vorlage des *White Paper on Government Activitiy in Wales* im Unterhaus einen *Welsh Day* abzuhalten[135]. Schließlich wurde im Unterhaus

---

[130] *Gowan* (Anm. 128), 55.

[131] Zum Welsh Office vgl. *I.C. Thomas*, The Creation of the Welsh Office: Conflicting Purposes in Institutional Channge (Studies in Public Policy, No. 91; Centre for the Study of Public Policy, University of Strathclyde) (Glasgow 1981).

[132] *Malanczuk* (Anm. 1), 156 f.

[133] *Ibid.*, 158.

[134] *Ibid.*, 161.

[135] *Gowan* (Anm. 128), 59.

1960 ein *Welsh Grand Committee* eingeführt, dessen Bedeutung jedoch gering ist, weil es nur wenig spezielle Gesetzgebung für Wales gibt. In diesem Ausschuß sind alle walisischen Abgeordneten und 5 weitere Parlamentsmitglieder (vor 1964 waren es 25 weitere Parlamentsmitglieder) vertreten. Das *House of Commons* beschloß im Juni 1979 die Einführung eines neuen Ausschußsystems. Aufgabe der neuen Ausschüsse ist die parlamentarische Kontrolle von Ausgaben, Verwaltung und Politik der wichtigsten Ministerien. Im Zusammenhang mit der Rücknahme des *Wales Act* beschloß das Unterhaus am 26. Juni 1979 mit überwältigender Mehrheit die Einsetzung eines *Wales Select Committee*. Das Bedürfnis nach einer größeren parlamentarischen Kontrolle des *Welsh Office* war zuvor vom *Secretary of State for Wales* im Namen der Regierung anerkannt worden. Der Parlamentsausschuß bedient sich grundsätzlich der englischen Sprache. Unter Hinweis auf den *Welsh Language Act* von 1967 wird bei Beweisaufnahmen des Ausschusses in Wales die walisische Sprache unter bestimmten Voraussetzungen zugelassen[136].

Erheblich bedeutsamer im Zusammenhang mit der Frage nach der politischen Repräsentation der walisischen Bevölkerungsgruppe in Großbritannien, die im übrigen nur durch die Wahlkreiseinteilung ermöglicht wird, ist die Diskussion um den *Wales Act* 1978[137] und das vorläufige Scheitern der damit verbundenen Reformen[138]. Die im *Wales Act* von 1978 vorgesehene *Welsh Assembly* sollte keine gesetzgebenden Kompetenzen haben. Sie sollte vielmehr nur exekutive Funktionen wahrnehmen[139]. Dabei handelte es sich vor allem um solche Aufgaben, die in den Bereichen örtliche Selbstverwaltung, Wohnungswesen, Erziehung, Gesundheit und Raumplanung bis dahin von zentralen Ministerien erledigt worden waren. Die *Welsh Assembly* sollte die in Aussicht genommene

---

[136] Vgl. zu den vorhergehenden Ausführungen *Malanczuk* (Anm. 1), 143 ff.
[137] Zu den Vorschriften des *Wales Act* (1978 c. 52) und einer Analyse vgl. *D. Foulkes*, An Analysis of the Wales Act 1978, in: Foulkes/Jones/Wilford (Anm. 16), 62 ff.
[138] Vgl. dazu allgemein *Foulkes/Jones/Wilford* (Anm. 16).
[139] *Turpin* (Anm. 24), 250.

Reorganisation der örtlichen Selbstverwaltung in Wales nur überprüfen können; aufgrund der fehlenden Legislativgewalt mußten die eigentlichen Regelungen einem Parlamentsgesetz vorbehalten bleiben[140].

Ohne näher auf die mit dem Referendum an sich verbundenen rechtlichen Probleme in Großbritannien einzugehen[141], soll in diesem Zusammenhang nur noch erwähnt werden, daß der *Wales Act* im März 1979 eine unerwartet eindeutige Niederlage erlitt: 11,92 % der Abstimmungsberechtigten stimmten in einem Referendum für dieses Gesetz, 46,92 % dagegen. Die Vorschläge zur *devolution* waren damit politisch gescheitert. Formell wurde der *Wales Act* 1978 durch die *Wales Act 1978 (Repeal) Order* von 1979[142] zurückgenommen[143]. Trotz des Scheiterns der Reformen wird nach wie vor über Möglichkeiten einer begrenzten Selbstverwaltung für Wales nachgedacht. Man versucht allerdings eher administrative Aspekte und solche allgemeiner demokratischer Legitimation in den Vordergrund zu stellen, um sich von den an der Nationalitäten-(Minderheiten-)Frage orientierten Problemstellungen zu lösen[144].

Vor den Parlamentswahlen im Frühjahr 1992 hat die Debatte um eine gewählte walisische Versammlung neuen Auftrieb erhalten. Alle Parteien, außer der regierenden konservativen Partei, sprachen sich im Wahlkampf für die Einrichtung einer solchen Versammlung aus[145]. Die in den

---

[140] *Malanczuk* (Anm. 1), 242.

[141] *Ibid.*, 214.

[142] S.I. 1979 No. 933.

[143] *Malanczuk* (Anm. 1), 250.

[144] Vgl. dazu *Turpin* (Anm. 24), 251 ff.

[145] *Plaid Cymru* strebt eine weitgehende Autonomie von Wales an, die u.a. die Einrichtung einer parlamentarischen Vertretung und die Möglichkeit zur Erhebung eigener Steuern einschließen soll. Nach den Vorstellungen von *Plaid Cymru* soll Wales ein unmittelbares Mitspracherecht in europäischen Organen erhalten. Die *Labour Party* sprach sich vor der Wahl für eine gewählte Regionalversammlung aus, die über keine legislativen Kompetenzen verfügen und auch nicht die Möglichkeit zur Erhebung eigener Steuern erhalten sollte. Sie sollte keine starke Stellung in europäischen Strukturen erhalten. Die *Liberal Democrats* haben einen demokratisch gewählten *Senedd* vorgeschlagen, der Recht-

Wahlen[146] unterlegene *Labour Party* hat ihre Unterstützung für diesen Vorschlag aufgegeben. Gleichwohl bemühen sich gegenwärtig insbesondere die Gewerkschaften, *Plaid Cymru*, verschiedene Interessengruppen und einzelne Religionsgemeinschaften um Unterstützung für eine *constitutional convention*.

Abschließend ist noch auf die Bedeutung der regionalen Selbstverwaltung hinzuweisen. In einigen Körperschaften sind Simultanübersetzungen bei Ratssitzungen gebräuchlich. Im Rat des Distrikts (*district council*) von Dwyfor im Nordwesten von Wales, wo eine hoher walisischsprachiger Bevölkerungsanteil lebt, wird bei nicht-öffentlichen Sitzungen nur Walisisch gesprochen. Dies ist allerdings ein Einzelfall.

---

setzungsbefugnisse und das Recht auf eigene Steuereinnahmen haben sollte. Nach den Wahlen strebt *Plaid Cymru* gemeinsam mit den jetzt noch interessierten Interessengruppen eine *constitutional convention* für Wales an.

[146] Die 1992 in den walisischen Wahlkreisen gewählten Unterhausabgeordneten verteilen sich wie folgt auf die politischen Parteien:

Labour	27 (+1)
Conservative	6
Plaid Cymru	4 (+1)
Liberal Democrats	1 (-2)
Gesamt	38.

Die rechtliche Stellung der Minderheiten in Italien

KARIN OELLERS-FRAHM *

I.   Einleitung

1.   Statistische Angaben

Auf dem italienischen Staatsgebiet befindet sich eine beträchtliche Anzahl Minderheiten verschiedenster Größe, deren Schutz mangels eines allgemeinen Gesetzes sehr unterschiedlich ausgestaltet ist [1]. Insgesamt handelt es sich um 12 verschiedene Sprachgruppen, die 6 verschiedenen Sprachfamilien angehören und insgesamt etwa 2,8 Millionen Personen umfassen, das sind etwa 5% der Gesamtbevölkerung. Die im südlichen Teil Italiens angesiedelten Streuminderheiten sowie die Friauler im Nordwesten waren bereits bei Staatsgründung im Lande, neu hinzugekommen sind die Minderheiten im Nordosten durch die Einverleibung von Trient-Südtirol und Julisch-Venezien, die sehr beträchtliche, geschlossene Sprachgruppen bilden. Im Gefolge dieser Ereignisse kam erstmalig die Forderung nach Minderheitenschutz auf, da diese Gruppen einen ausländischen Bezugsstaat hatten und als Volksgruppen ihre Identität geschützt sehen wollten.

Die Situation der Sprachgruppen in den 20 italienischen Regionen, davon 5 mit Sonderstatut, ist sehr unübersichtlich und unterschiedlich geregelt. So ist z.B. von den beiden Regionen mit Sonderstatut, Aosta-Tal und Sardinien, die ganz überwiegend von einer nicht-italienischen Sprachgruppe bewohnt sind, nur im Aosta-Tal die französische Sprachgruppe anerkannt und geschützt, während die Sarden juristisch keine Anerkennung gefunden haben. Auch für die zahlreichen Streuminderheiten in Süditalien fehlt bisher die rechtliche Anerkennung, obwohl gesetzgeberische Erfolge nun wohl absehbar sind (vgl. unten I.4.). Ein eigenes umfassendes Schutzsystem mit

---

*   Dr. iur., wissenschaftliche Referentin am Institut.
1   Vgl. dazu unten I.2.

einem hohen Grad von Autonomie haben bisher nur die Deutschen und Ladiner in Südtirol erhalten, die insoweit mit der Stellung der Sprachgruppen in Katalonien in Spanien und in Belgien vergleichbar sind.

Ein kurzer Überblick über die lokale Verteilung und annähernde Größe der verschiedenen Minderheiten ergibt folgendes Bild [2]:

a) Deutsch: Die größte Gruppe der deutschen Minderheit umfaßt etwa 280.000 Personen. Sie leben fast ausschließlich im Gebiet Südtirol und bilden dort in der Provinz Bozen eine Zweidrittelmehrheit der Bevölkerung.

Deutsch wird, meist in Form eines Dialekts, außerhalb von Südtirol von 4 Gruppen gesprochen, die insgesamt ca. 13.000 Personen umfassen.

aa) Zimbern: Diese leben in der Gegend von Verona und Vicenza. Zahlenangaben belaufen sich auf etwa 1.000 [3]. Nur noch etwa 30% dieser Gruppe ist in der Lage, Deutsch zu sprechen, nur etwa 40% insgesamt verstehen es noch.

bb) Mocher: Im Osten der Provinz Trient leben noch etwa 2.000 Personen, die diese - bayerische - Spielart des Deutschen sprechen.

cc) Walser: Gut 1.000 Personen werden dieser Gruppe zugerechnet, die in Piemont und im Aosta-Tal leben.

dd) Karinthisch wird in der Region Friaul-Julisch-Venezien, in Belluno, von ca. 1.000 Personen gesprochen.

---

[2] Zahlen aus: Commission des Communautés Européennes (Hrsg.), Les minorités linguistiques dans les pays de la Communauté Européenne (1986), 54.

[3] Vgl. Die Minderheiten im Alpen-Adria-Raum, Arbeitsgemeinschaft Alpen-Adria, 1990, 303 sowie die Übersichten bei *J.U. Clauss*, Sprachminderheiten in den EG-Staaten am Beispiel von acht Fallstudien aus Italien und Belgien, Bd. II, Italien, 1982, 201 ff.

b) Ladinisch: Die Gruppe der Ladiner umfaßt ca. 17.700 Personen, die ganz überwiegend in der Provinz Trient, Bozen und Belluno leben.

c) Französisch: Etwa 10.300 französischsprechende Personen leben in der Gegend von Piemont. Die Erhaltung der französischen Sprache beruht hier weitgehend auf dem Willen zur Unterscheidung in Religionsangelegenheiten. Seit dem 17. Jahrhundert ist Französisch hier die offizielle Kirchensprache. Allerdings ist diese sprachliche Minderheit stark im Abnehmen begriffen.

d) Französisch-Provenzalisch: Die Minderheit dieser Sprache lebt überwiegend im Aosta-Tal. Die Statistiken weichen hier sehr stark voneinander ab; einerseits findet man eine Angabe von 24.900 Personen etwa, zum anderen eine Zahl von ca. 75.000, was wahrscheinlicher ist und als offizielle Zahl im italienischen Papier des KSZE-Expertentreffens in Genf im Juli 1991 zitiert ist.

e) Friaulisch (dem Ladinischen sehr ähnlich): Diese Sprachgruppe, die überwiegend in Friaul-Julisch-Venezien in Udine, Pordeone und Gorizia angesiedelt ist, umfaßt etwa 625.000 Personen.

f) Slowenisch: Etwa 100.000 Personen der Region Friaul-Julisch-Venezien gehören dieser Sprachminderheit an, die vor allem in der Provinz Udine, Pordeone, Gorizia und Triest ansässig sind.

g) Sardisch: Sardisch wird von etwa 158.600 Personen auf der Insel Sardinien, mit Ausnahme der Stadt Alghero, gesprochen.

h) Katalanisch: Katalanisch wird ausschließlich in der Stadt Alghero auf Sardinien von etwa 20.000 der insgesamt 40.000 Bewohner dieser Stadt gesprochen.

i) Griechisch: Eine Minderheit von ca. 20.000 Griechen findet sich im Süden Italiens, in Apulien und Kalabrien.

j) Albanisch: Verteilt auf über 40 Gemeinden in 7 Regionen Italiens, Abruzzen, Molise, Campanien, Apulien, Basilicata, Kalabrien und Sizilien, finden sich knapp 100.000 Personen mit dieser Muttersprache. Allerdings wird Albanisch fast ausschließlich mündlich benutzt, der Schriftverkehr vollzieht sich heute ganz überwiegend auf Italienisch.

k) Kroatisch: In der Region Molise, in der Provinz Campobasso, sprechen heute noch etwa 4.000 Personen kroatisch.

l) Okzitanisch: Eine nicht offizielle Ziffer von ca. 50.000 Personen mit dieser Muttersprache wird genannt. Diese Minderheit findet sich in einer Gemeinde der Region Ligurien und im übrigen in Piemont in abseits gelegenen Tälern. Die Sprache variiert von Tal zu Tal und wird im Schriftverkehr kaum benutzt.

2. Verfassungsvorschriften und allgemeine Bestimmungen

Gemäß der italienischen Verfassung genießen allein die sprachlichen Minderheiten besonderen Schutz [4], während alle anderen Minderheiten nur unter den allgemeinen Schutz der Gleichberechtigung nach Art. 3 fallen. Für religiöse Bekenntnisse [5] ist dies nochmals besonders in Art. 8 hervorgehoben. Demgemäß wird in Italien zwischen dem sogenannten negativen Schutz der Minderheiten nach Art. 3, Verbot der Diskriminierung, und dem positiven Schutz nach Art. 6 unterschieden, d.h. besondere Gesetzgebung zugunsten der Minderheiten. Dies führt wiederum zu der Unterscheidung von "einfachen" Minderheiten (minoranze loro malgrado oder necessarie), also solchen, die nichts anderes erstreben als Schutz vor Diskriminierung, ansonsten aber die Integration in die Gesellschaft wünschen, in der sie

---

[4] Art. 6 der Verfassung lautet: Die Republik schützt die sprachlichen Minderheiten durch besondere Bestimmungen.

[5] Art. 8: "Alle religiösen Bekenntnisse sind vor dem Gesetz gleichermaßen frei. Die von der katholischen Konfession abweichenden Bekenntnisse haben das Recht, sich nach ihren eigenen Statuten zu organisieren, soweit diese nicht im Widerspruch zur italienischen Rechtsordnung stehen."

leben, und den sogenannten "gewollten" Minderheiten (minoranze volontarie), die den Schutz ihrer Eigenart nicht allein durch das Verbot der Diskriminierung erstreben, sondern durch positive Aufwertung der Faktoren, die sie von der Mehrheit unterscheiden [6]. In der Regel zählen die sprachlichen Minderheiten sich zu den gewollten Minderheiten, allerdings ist wohl ihre Anerkennung als solche erst aus dem Erlaß positiver Schutznormen zu ersehen (das Verfassungsgericht spricht daher auch oft von anerkannten Sprachminderheiten).

Positive Schutznormen sind bisher insbesondere für die bedeutendsten Minderheiten, nämlich für die Deutschen und Ladiner in Trient-Südtirol, die französischsprechende Gruppe im Aosta-Tal und die friaulische (ladinische) und slowenische Minderheit in Friaul-Julisch-Venezien im Rahmen ihrer Sonderstatuten erlassen worden. Diese Statuten stellen zum Teil die Durchführung von internationalen Verpflichtungen zum Schutz sprachlicher Minderheiten dar. Dies gilt einerseits für das Abkommen zwischen Italien und Österreich (de Gasperi-Gruber-Abkommen vom 5.9.1946, Annex IV) für die deutsche Minderheit in Südtirol[7] und für das Abkommen zwischen Italien und Jugoslawien (Vertrag von London über Triest vom 5.10.1954) für die slowenische Minderheit in der italienischen Zone A.

Im übrigen sind die Regeln, die in Ausführung von Art. 6 der Verfassung erlassen wurden, äußerst spärlich. Allgemeine Bestimmungen zugunsten von Minderheiten finden sich in folgenden allgemeinen Gesetzen und Dekreten:

- Gesetz Nr. 935 vom 31. Oktober 1966 über das Recht, den Kindern ausländische Namen zu geben;

---

[6] Vgl. *A. Pizzorusso*, Tutela delle minoranze linguistiche e competenza legislativa regionale, Rivista trimestriale di diritto pubblico, 24 (1974), 1097.

[7] Der Streit um Südtirol ist durch Schreiben sowohl Italiens als auch Österreichs vom 17. Juni 1992 an den Generalsekretär der Vereinten Nationen für beigelegt erklärt worden.

- die Eintragung der Urkunden in der Fremdsprache, gemäß der Regelung der Registersteuer (Art. 11 Dekret des Staatspräsidenten (DPR) Nr. 634 vom 26. Oktober 1972);
- die Gleichsetzung von Filmen in der Muttersprache der Sprachminderheiten, die durch besonderen Schutz garantiert sind, mit italienischen Filmen, um Sonderfinanzierungen zu bekommen (Art. 35 des Gesetzes Nr. 1213 vom 4. November 1965);
- die generelle Zusicherung der Einrichtung von Schulen mit nicht-italienischer Unterrichtssprache (Art. 4 und 9 des Gesetzes Nr. 477 vom 30. Juli 1973);
- die neue Strafprozeßordnung vom 22. September 1988 Nr. 447, die festlegt, daß Untersuchungen und Verhöre der Angehörigen einer Minderheit in deren Muttersprache stattfinden können und auch Protokolle in dieser Sprache verfaßt werden können (siehe dazu unten II.2e);
- die Finanzierung der politischen Parteien unter Bezugnahme auf die Beiträge, die bei Wahlen für die Abgeordnetenkammer und in den Regionen mit Sonderstatut zuzuweisen sind (Art. 1 Abs. 4 und 3 III b des Gesetzes Nr. 195 vom 2. Mai 1974 sowie Art. 2 und 3 des Gesetzes Nr. 659 vom 18. November 1981);
- Sonderregelungen im Rundfunk- und Fernsehgesetz vom 6. September 1990 Nr. 223, Art. 3 Nr. 15 und Nr. 19, die Sendungen in den zweisprachigen Grenzgebieten betreffen (vgl. unten II. 3a).

Daher entbehren andere als die oben genannten Minderheiten praktisch des besonderen Schutzes, denn die Prinzipienerklärungen, die sich in einigen Statuten anderer Regionen finden, sind nicht als positive Regelung anzusehen [8].

Der Versuch der Regionen, durch regionale Normsetzung den Schutz der sprachlichen Minderheiten selbst zu gewährleisten, wurde regelmäßig vom Verfassungsgericht als verfassungswidrig erklärt, das den Minderheiten-

---

[8] Siehe hierzu die Statuten von Piemont, Art. 7; Venezien, Art. 2; Molise, Art. 4; Basilicata, Art. 5 und Kalabrien, Art. 56; vgl. auch C. *Brunetti*, La condizione giuridica delle minoranze, Le minoranze etniche e linguistiche, Atti del 1º Congresso internazionale, Palermo, 1985, 389 ff.

schutz gemäß Art. 6 der Verfassung als ausschließliche Angelegenheit des Zentralstaats betrachtete [9] und nicht, wie die Gegenmeinung argumentierte, diesen Schutz in die Zuständigkeitsbereiche einbezog, die den Regionen und Provinzen in Ausführung von Art. 117 der Verfassung übertragen sind. Erst in der Entscheidung Nr. 312 vom 18.10. 1983 revidierte das Verfassungsgericht diese Auffassung mit der Feststellung, daß der Minderheitenschutz nach Art. 6 der Verfassung ein Grundprinzip darstellt, das alle öffentliche Gewalt im Bereich ihrer Zuständigkeiten bindet [10]. Mit dieser Entscheidung machte das Verfassungsgericht den Weg für regionale Regelungen frei, veranlaßte damit aber auch gleichzeitig die Regierung, endlich den Entwurf eines allgemeinen Gesetzes zum Schutz aller Sprachminderheiten einzubringen, dessen Verabschiedung nunmehr durch die Abgeordnetenkammer erfolgt ist [11]; die Verabschiedung durch den Senat konnte vor der Auflösung des Parlaments 1992 nicht mehr erreicht werden.

3.   Das System des Rechtsschutzes

Die Art des den Sprachminderheiten gewährten Schutzes folgt in Italien nicht einheitlich dem Prinzip völliger Gemischtsprachigkeit oder der Sprachtrennung, sogenannter Sprachseparatismus, sondern verwendet beide. In Südtirol folgt der Schutz der deutschen Minderheit konsequent dem Prinzip des Sprachseparatismus, was sicherlich den Aspekt von Schutz

---

[9]   Vgl. vor allem die Entscheidung vom 18.5.1960, Nr. 32, Giurisprudenza Costituzionale 1960, 537 sowie vom 11.3.1961, Nr. 1, ibid., 1961, 3; siehe *C. Brunetti*, op. cit. Anm. 8, 392 f.; diese Auffassung ist wohl auch in dieser Allgemeinheit nicht vereinbar mit dem Verfassungsgesetz Nr. 7 vom 10.11.1971, wonach die Gesetzgeber der Regionen die "nationalen Interessen" zu wahren haben, zu denen ausdrücklich der Schutz der örtlichen Sprachminderheiten gezählt wird.

[10] Vgl. hierzu *R. Bin*, Regioni e minoranze etnico-linguistiche, Le Regioni 17 (1989), 1009-1016, hier 1003 und *A. Pizzorusso*, Ancora su competenza legislativa regionale (e provinciale) e tutela delle minoranze linguistische, Le Regioni 1984, 238-257, Anm. zu Corte Costituzionale 18.10.1983, Nr. 302.

[11] Gesetz "Labriola", vgl. Corriere della Sera, 21.11.1991, 1 und 15.

und Förderung der Sprachminderheit am besten verwirklicht, aber andererseits integrationshemmend wirkt. Wird, wie z.B. für die slowenische Minderheit, Unterricht und Ausbildung nicht, wie in Südtirol, für den gesamten Bereich des schulischen und universitären Lebens gewährleistet, sondern nur bis zu einer gewissen Stufe, so hat der auf Sprachseparatismus beruhende Minderheitenschutz sogar deutlich nachteilige Wirkungen für die Minderheit (sogenannter Getto-Effekt).

Dem Prinzip der völligen Zwei- bzw. Mehrsprachigkeit hingegen wird im Aosta-Tal gefolgt, da sich hier die Zweisprachigkeit (wenn man Französisch-Provenzalisch dem Französischen zuordnet) der Bevölkerung genau mit den territorialen Grenzen der Region deckt. Dieses System steht sicherlich im Schutz für die Minderheit hinter dem des Sprachseparatismus zurück, ist aber integrationsfreundlicher und in der Praxis einfacher handhabbar [12].

4. Definition der Minderheit

Art. 6 der italienischen Verfassung gewährleistet zwar den Schutz sprachlicher Minderheiten, definiert jedoch nicht, was unter dem Begriff Minderheit zu verstehen ist. Nach allgemeiner Auffassung [13] werden Minderheiten "territorial" definiert und werden als "anerkannte" Minderheit angesehen, wenn sie durch besondere Gesetze geschützt werden. Dies ist bisher allein für die 3 Regionen mit Sonderstatut erfolgt: Trient-Südtirol, Aosta-Tal und Friaul-Julisch-Venezien. Daß diese territoriale Definition akzeptiert ist, bestätigt auch der Gesetzentwurf Labriola, der die Minoritäten, die geschützt werden sollen, zwar einzeln aufzählt, den Schutz aber davon abhängig macht, daß 15% der Bevölkerung der betroffenen Gemeinde der sprachlichen oder ethnischen Minderheit angehören müssen. Die im

---

[12] Vgl. hierzu *A. Pizzorusso*, Minoranze, Enciclopedia del Diritto XXVI, 548.

[13] *E. Palici di Suni*, Corte Costituzionale e minoranze linguistiche: La Sentenza Nr. 28 del 1982 fra tradizione e innovazione, Giurisprudenza Costituzionale, 27 (1982 I, 1) 808-825.

Gesetzentwurf genannten Sprachminderheiten sind: Albanisch, Katalanisch, Deutsch, Griechisch, Slawisch, und besondere Erwähnung finden sogar die Sinti und Roma, sowie Ladinisch, Französisch-Provenzalisch und Okzitanisch. Gesondert erwähnt wird Friaulisch und Sardisch.

II. Das Recht auf Gebrauch der Minderheitensprache

1. Der private Bereich

Die Benutzung der Muttersprache im privaten Bereich ist nirgendwo ausdrücklich geregelt, ergibt sich aber aus den Grundrechtsbestimmungen der Verfassung, die in Art. 3 ausdrücklich eine unterschiedliche Behandlung aufgrund der Sprache verbietet und in Art. 2 die allgemeinen Freiheitsrechte gewährleistet, insbesondere die freie Entfaltung der Persönlichkeit. Der Gebrauch der eigenen Sprache ist zudem Teil des Rechts der Gedankenfreiheit, so daß eine ausdrückliche Bestimmung sich in der Tat erübrigt. Zudem wäre die Bestimmung in Art. 6 der Verfassung, die den besonderen Schutz der sprachlichen Minderheiten festschreibt, widersinnig, wenn im privaten Bereich die Benutzung irgendeiner Sprache verboten wäre, deren Gebrauch und Förderung in öffentlichen Einrichtungen zum Gegenstand besonderer Regelung gemacht werden könnte.

2. Behörden und Gerichte

a) Die großzügigste Regelung zum Gebrauch der Sprache vor den öffentlichen Behörden findet sich in der Region *Trient-Südtirol* für die deutschsprachige Gruppe. Hier war bereits durch ein Gesetzesdekret vom 22.12.1945, Nr. 825 für die Provinz Bozen der Gebrauch der deutschen Sprache im Verkehr mit Behörden und bei der Abfassung öffentlicher Akte gestattet. Das de Gasperi-Gruber-Abkommen von Paris vom 5.9.1946 bestätigte diese Regelung, die dann in den Friedensvertrag von 1947 als Anhang IV übernommen wurde. Heute finden sich die entsprechenden Regelungen in Art. 99-102 [14] des Sonderstatuts der Region Trient-Südtirol in DPR vom 31.8.1972, Nr. 670 und den Durchführungsbestimmungen in DPR vom 15.6.1988, Nr. 574. Nach dem Dekret von 1988 gelten die Bestimmungen über den Gebrauch der deutschen Sprache - und ebenso der ladinischen Sprache - für:

- die Verwaltungsbehörden und -ämter, die in der Provinz ihren Sitz haben oder die für die ganze Region Trient-Südtirol zuständig sind und
- die Konzessionsunternehmen, die in der Provinz Bozen Dienste von öffentlichem Interesse versehen.

Dies stellt die Ausführung der in Art. 100 Abs. 1 des Statuts vorgesehenen Bestimmungen dar. Konzessionsbetriebe sind in Art. 2 des Dekrets Nr. 574 von 1988 allgemein definiert. Außerdem sind in diesem Dekret Sprachregelungen für Versicherungsgesellschaften, Notare, für das Telefonbuch

---

[14] Art. 99 Abs. 1: Die deutsche Sprache ist in der Region der italienischen Sprache, die die amtliche Staatssprache ist, gleichgestellt. In den Akten mit Gesetzeskraft und immer dann, wenn dieses Statut eine zweisprachige Fassung vorsieht, ist der italienische Wortlaut maßgebend.

Art. 100: In den Sitzungen der Kollegialorgane der Region, der Provinz Bozen und der örtlichen Körperschaften dieser Provinz kann die italienische oder die deutsche Sprache gebraucht werden.

Die Ämter, die Organe und Konzessionsunternehmen gemäß Abs. 1 verwenden im schriftlichen und mündlichen Verkehr die Sprache dessen, der sich an sie wendet, und antworten in der Sprache, in der der Vorgang von einem anderen Organ oder Amt eingeleitet worden ist; wird der Schriftverkehr von Amts wegen eröffnet, so wird er in der mutmaßlichen Sprache des Bürgers geführt, an den er gerichtet ist.

Unbeschadet der ausdrücklich vorgesehenen Fälle wird in den anderen Fällen der getrennte Gebrauch der deutschen oder italienischen Sprache anerkannt. Unberührt davon bleibt der alleinige Gebrauch der italienischen Sprache innerhalb der Einrichtungen des Militärs.

Art. 101 Abs. 1: In der Provinz Bozen müssen die öffentlichen Verwaltungen gegenüber den deutschsprachigen Bürgern auch die deutschen Ortsnamen verwenden, wenn ein Landesgesetz ihr Vorhandensein feststellt und die Bezeichnung genehmigt hat. (Ein solches Landesgesetz wurde bisher nicht erlassen.)

Bozen, Aufschriften auf Arzneipackungen und Beipackzetteln enthalten sowie für den internen Amtsverkehr [15]. Verwaltungsakte werden in der Regel einsprachig Deutsch oder Italienisch abgefaßt außer in den drei in Art. 100 Abs. 3 des Statuts vorgesehenen Fällen:

- Verwaltungsakte, die an die Allgemeinheit gerichtet sind (z.B. Bauleitpläne, Ausschreibungen etc.)
- Verwaltungsakte, die zwar den einzelnen betreffen, aber zum öffentlichen Gebrauch bestimmt sind (Ausweise, Eheaufgebote etc.);
- Verwaltungsakte, die an mehrere Ämter gerichtet sind.

Aus der Zweisprachigkeit dürfen hierbei dem einzelnen keine besonderen Kosten erwachsen; außerdem darf auch graphisch keine Diskriminierung vorliegen, die Darstellung muß graphisch gleich sein.

Verwaltungsakte von staatlichen Behörden und öffentlichen Körperschaften mit Sitz außerhalb der Region, die die Provinz Bozen betreffen, bedürfen nach Art. 5 des DPR 574/1988 der Veröffentlichung eines deutschsprachigen Hinweises im staatlichen Gesetzblatt, der Text wird dann im Gesetzblatt der Region abgedruckt.

Gesetze und Dekrete der Republik, die die Region Trient-Südtirol betreffen, werden gemäß Art. 58 des Statuts in deutscher Sprache im regionalen Amtsblatt veröffentlicht; solche der Region nach Art. 57 zweisprachig im regionalen Amtsblatt. Im Zweifelsfall ist für die Auslegung allerdings der italienische Wortlaut maßgeblich.

Im übrigen Verkehr mit den Behörden muß die Sprache verwendet werden, deren sich der Antragsteller bedient hat; geht die Initiative von der Behörde aus, ohne Antrag, wird die mutmaßliche Sprache des Adressaten gebraucht. Im mündlichen Verkehr muß die Sprache des Bürgers benutzt werden. Die Sanktion für die Mißachtung dieser Vorschriften ist die Nichtigkeit des

---

[15] Vgl. hierzu *L. Bonell/I. Winkler*, Südtirols Autonomie 1991, 186 ff.

Verwaltungsaktes nach einem in Art. 8 des Dekrets 574/1988 vorgesehenen Einwendungsverfahren.

Damit geht also die Initiative, welche Sprache benutzt wird, vom Bürger aus, sie braucht nicht mit seiner Sprachzugehörigkeitserklärung bei der Volkszählung übereinzustimmen. Diese Zugehörigkeitserklärung wird nur erheblich als Beweismittel, wenn die Behörde ohne Antrag tätig wird und der Bürger sich dagegen wendet oder im Fall des Antrags auf Nichtigkeit des Verwaltungsaktes.

Vor Gericht wurde noch nach dem alten Autonomiestatut von 1948 an Italienisch als Gerichtssprache für die Region Trient-Südtirol festgehalten. Nach Art. 99 des neuen Statuts von 1972 ist nun jedoch die völlige Gleichstellung der deutschen Sprache in der Region erfolgt. Die Durchführung dieser Bestimmungen in der Praxis hat lange gedauert, weil man sich nicht einigen konnte, ob der Prozeß rein einsprachig oder aber zweisprachig ablaufen sollte. Erst mit DPR vom 15.7.1988 sind die Durchführungsbestimmungen erlassen worden, allerdings erst am 8.5.1989 im Gesetzblatt verkündet worden und damit in Kraft getreten. Hierin wird die strenge Einsprachigkeit des Prozesses aufgehoben in dem Sinne, daß der Vertrauensanwalt unter bestimmten Bedingungen in seiner eigenen Sprache in den ansonsten anderssprachigen Prozeß eingreifen kann. Als Ausgleich hierfür ist die Errichtung einer Bozener (deutschsprachigen) Sektion des Berufungssowie des Jugendgerichts zugestanden worden; die Berufungssektion Bozen ist mit Gesetz vom 17.10.1991, Nr. 335 geschaffen worden.

Bis zum Erlaß des Dekrets von 1988 hatten in Zivil- und Strafprozessen nach dem Durchführungsdekret zum alten Statut (DPR 3.1.1960, Nr. 103), die auch größtenteils noch bis 8.5.1993 in Kraft bleiben, deutschsprachige Bürger das Recht, die deutsche Sprache zu benutzen, deren sich dann auch die Gerichte bedienten. Die Protokollierung erfolgte jedoch grundsätzlich auf italienisch, ebenso die Ausfertigung des Originalurteils und die Ausstellung von Strafregisterauszügen; deutsche Übersetzungen gibt es im allgemeinen nur auf Antrag. Die neuen Durchführungsbestimmungen von 1989 gelten zum größten Teil erst ab 8.5.1993, damit Zeit bleibt, eine entsprechende Rechtssprache zu schaffen, was einer 6-köpfigen Expertengruppe übertragen ist, da es nicht möglich ist, einfach die österreichische oder bundesdeutsche Terminologie zu übernehmen. Räumlich gelten die Neuregelungen im Verkehr mit Gerichten mit Sitz in der Provinz Bozen und dem Oberlandesgericht, dem Berufungsschwurgericht, dem Jugendgericht und allen anderen Gerichtsbehörden mit Sitz in der Provinz Trient, deren Zuständigkeit sich auch auf die Provinz Bozen erstreckt.

Für die Polizei gab es deshalb Schwierigkeiten, weil das Statut in Art. 100 Abs. 4 für militärische Einrichtungen ausschließlich die italienische Sprache vorsah und die Polizeiaufgaben zum Teil von den Streitkräften wahrgenommen werden. Hier hat man sich jetzt darauf geeinigt, daß diese Vorschrift nur im internen Bereich gilt, im Außenverkehr aber ausnahmslos die Vorschriften der Durchführungsbestimmungen über die Sprachengleichstellung angewendet werden.

Der Strafprozeß findet grundsätzlich einsprachig statt mit Ausnahmen, die dahingehen, daß auch ein deutschsprachiger Angeklagter die Dienste eines italienischsprachigen Anwalts in Anspruch nehmen kann; die Ausnahme gilt auch für Zeugen und Sachverständige [16] (vgl. dazu unten II.2e).

Der Zivil- und Verwaltungsprozeß finden einsprachig statt, wenn Kläger und Beklagter den ersten Schriftsatz in der gleichen Sprache abfassen. Ist das nicht der Fall, läuft das Verfahren zweisprachig ab, mit Übersetzung auf Kosten des Gerichts.

Kommt ein deutsch- oder zweisprachig begonnenes Verfahren vor die Höchstgerichte, den Kassationshof bzw. Staatsrat, so muß auf italienisch fortgesetzt werden. Eine Übersetzung erfolgt auf Kosten des Gerichts.

Zu erwähnen ist schließlich die autonome Sektion des regionalen Verwaltungsgerichts für die Provinz Bozen, die durch DPR 6.4.1984, Nr. 426 in der Fassung DPR 17.12.1987, Nr. 554 geschaffen, und am 20.3.1989 eingerichtet

---

[16] Zu Einzelheiten vgl. *Bonell/Winkler*, op. cit. Anm. 15, 177 ff.

wurde. Damit wurde der unhaltbare Zustand beseitigt, der die Südtiroler Bürger zwang, in Verwaltungsstreitigkeiten in einziger Instanz den Staatsrat in Rom anzurufen, da es sonst keinen Verwaltungsrichter I. Instanz für sie gab. Es handelt sich bei dieser Sektion um ein selbständiges Gericht, das, trotz der irreführenden Bezeichnung, nicht vom regionalen Verwaltungsgericht Trient abhängig ist. In Zusammensetzung und Aufgabenbereich unterscheidet es sich von den übrigen Verwaltungsgerichten in Italien. Dieses Verwaltungsgericht Bozen besteht aus 6 Richtern, die zur Hälfte jeweils der deutschen bzw. italienischen Sprachgruppe angehören müssen, wobei die Ernennung unter Einbeziehung der jeweiligen Sprachgruppe im Südtiroler Landtag erfolgt (Art. 91 Abs. 1 Statut). Was den Aufgabenbereich betrifft, so nimmt das Verwaltungsgericht nicht nur die üblichen Aufgaben eines Verwaltungsgerichts I. Instanz in Italien wahr, sondern daneben Kompetenzen, die ihm praktisch die Rolle einer politischen Entscheidungsinstanz zuweisen: So z.B. im Rahmen der Verabschiedung des Regionalhaushalts; bei der Entscheidung von Anfechtungen gegen Landtagsbeschlüsse zur Feststellung der Repräsentativität von Gewerkschaftsverbänden ethnischer Minderheiten, bei der Entscheidung über Klagen gegen Verwaltungsakte, die gegen das Gleichheitsprinzip verstoßen, ebenso bei der Entscheidung über Anfechtungen betreffend die Einschreibung in die Schulen des Landes und bei Beschwerden gegen Verwaltungsakte wegen Verletzung der Bestimmungen über den Sprachgebrauch.

Für die andere Minderheitensprache in Trient-Südtirol, das *Ladinische*, geht die Regelung des Sprachgebrauchs in der Verwaltung und vor Gericht nicht so weit wie für das Deutsche [17]. Hier besteht keine völlige Sprachgleichheit. Die Ladiner können aber ihre Sprache gegenüber den öffentlichen Ämtern (mit Ausnahme von Armee und Polizei) benutzen, die in ladinischen Ortschaften ihren Sitz haben sowie gegenüber jenen, die sich ausschließlich oder hauptsächlich mit den Interessen der Ladiner befassen, auch wenn ihr Sitz nicht in ladinischen Ortschaften liegt. Diese Ämter antworten mündlich auf ladinisch, schriftlich auf italienisch und deutsch mit

---

[17] Vgl. *F. Chiocchetti*, La situazione attuale dei Ladini dolomitici, in op. cit. Anm. 8, 331 ff.

ladinischer Übersetzung. Vor Gericht kann ladinisch ausgesagt werden, wobei dann aber ein Gerichtsdolmetscher hinzugezogen wird.

Diese völlige Gleichstellung der deutschen und teilweise Gleichstellung der ladinischen Sprache mit dem Italienischen hat die Bestimmungen des "ethnischen Proporzes" bei Besetzung der öffentlichen Ämter nach sich gezogen (Art. 89 Statut). Danach muß die Besetzung der Stellen im öffentlichen Dienst im Verhältnis zur zahlenmäßigen Stärke der Sprachgruppen vorgenommen werden. Der Proporz gilt auch für die Zuweisungen von Wohnungen im Volkswohnbau, wobei dort aber neben dem Prinzip des Proporzes auch das Prinzip der Bedürftigkeit angewendet wird. Der Proporz wird auf das Personal der Region, des Landes, der Gemeinden und der übrigen örtlichen Körperschaften bereits seit 1957 aufgrund von Regional- und Landesgesetzen sowie Gemeindeverordnungen angewendet. Der Proporz in den staatlichen und halbstaatlichen Verwaltungen sowie die Ausnahmen hierzu werden ebenfalls durch Art. 89 festgelegt. Dazu gehören etwa 7.000 Stellen. In diesem Bereich wurde der Proporz erst 1976 zur Pflicht gemacht und muß erst im Jahre 2002 erreicht sein. Insgesamt unterliegen etwa 21.500 Stellen im öffentlichen Dienst den Proporzbestimmungen [18].

b) Im *Aosta-Tal* ist durch das Spezialstatut, Gesetz vom 26.2.1948, Nr. 4, die Gleichstellung der französischen mit der italienischen Sprache festgelegt worden (Art. 38), nicht aber der franko-provenzialischen. Verwaltungsakte können also in der einen oder anderen Sprache abgefaßt werden; Gerichtsakte hingegen werden nur in italienischer Sprache abgefaßt. Weitere Ausführungsbestimmungen sind hierzu bisher nicht ergangen, mit Ausnahme der Art. 51-53 des Gesetzes vom 16.5.1978, Nr. 196 über "Anwendungsbestimmungen zum Sonderstatut des Aosta-Tals", das sich mit der Rekrutierung der Verwaltungsbeamten und -angestellten befaßt, die

---

[18] Vgl. dazu Die Minderheiten im Alpen-Adria-Raum, op. cit. Anm. 3, 256 und *C. Consolo*, Interesse al procedimento "partecipativo" interesse alla funzionalità degli uffici giudiziari alto atesini, interesse processuale al conflitto, Anm. zu Entscheidung Corte Costituzionale, 29.12.1989 n. 589, Le Regioni 19 (1991), 151 ff.

nach Möglichkeit zweisprachig sein sollen, da hier nicht das System des Sprachseparatismus, sondern der völligen Gemischtsprachigkeit herrscht.

c) Für die Region *Friaul-Julisch-Venezien* ist in Art. 3 des Statuts, Verfassungsgesetz vom 31.1.1963, Nr. 1, die Gleichstellung der Sprachgruppen vorgesehen. Hierzu sind keine weiteren Ausführungsbestimmungen ergangen. Es bestand aber Einigkeit, daß diese Regelung die internen Regelungen beibehalten sollte, die aufgrund von Art. 5 des damaligen Statuts erlassen worden waren, das als Annex zum Memorandum des Londoner Vertrages vom 5.10.1954 bezüglich der Slowenen in der Provinz Triest ergangen war. Dies ist in Art. 8 des Vertrages von Osimo vom 10.11.1975 zwischen Italien und Jugoslawien vereinbart worden, der das internationale Regime für Friaul-Julisch- Venezien, wie es sich aus dem Anhang zum Memorandum zum Londoner Vertrag ergab, beendete [19].

Für die Slowenen in dieser Region sind öffentliche Bekanntmachungen und Verordnungen italienisch und slowenisch abgefaßt, eine Übersetzung ist hier allerdings ausreichend; Straßennamen, Ortsnamen und Aufschriften auf Gebäuden öffentlicher Ämter müssen zweisprachig sein, wenn die Minorität mindestens ein Viertel der gesamten Bevölkerung der Gemeinde ausmacht.

Vor örtlichen Gerichten ist Slowenisch zugelassen, allerdings nicht offiziell, sondern nur de facto, eine Situation, die das Verfassungsgericht in seiner Entscheidung Nr. 28 aus dem Jahre 1982 bestätigt hat [20].
Friaulisch ist im Verwaltungsverkehr nicht vorgesehen.

d) Für alle anderen Sprachminderheiten gilt bis jetzt, daß offizielle Sprache bei Verwaltung und Gericht Italienisch ist, allerdings weicht die Praxis bisweilen ab: So wird in Sardinien vor örtlichen Gerichten bisweilen

---

[19] Vgl. hierzu *S. Pahor*, Situazione attuale della minoranza slovena in Italia, in op. cit. Anm. 8, 313 ff., insbes. 315/16.

[20] Bestätigt in Entscheidung Nr. 62, 24.2.1992 in Giurisprudenza Italiana 1992 I, 1, 1214 mit Anmerkung *E. Palici di Suni*, ibid. 1213-1218.

Sardisch benutzt. Für Ortsbezeichnungen finden sich für einige Minderheiten bisweilen zweisprachige Angaben, z.B. Sardisch, Griechisch, Kroatisch und Okzitanisch.

e) Für die drei Regionen mit Sonderstatut (Punkt a-c) gelten die Bestimmungen der neuen Strafprozeßordnung vom 22.9.1988, Nr. 447, die eine Berücksichtigung aller *anerkannten* Minderheiten beinhalten: Nach Art. 109 wird zwar das Strafverfahren in italienisch geführt, aber vor Gerichten I. Instanz oder in Berufungsverfahren in einem Gebiet, in dem eine anerkannte Sprachminderheit besteht, kann ein Mitglied dieser Minderheit, auf Antrag, in seiner Muttersprache befragt und verhört und das Protokoll in dieser Sprache abgefaßt werden. Auch die Prozeßakten, die an den Betroffenen gerichtet werden, werden auf seinen Antrag hin in seine Muttersprache übersetzt. Diese Vorschriften sind unter Strafe der Nichtigkeit einzuhalten. Sie gelten heute für Deutsche und Ladiner in Südtirol, für Franzosen im Aosta-Tal, für Friauler und Slowenen in Friaul-Julisch-Venezien.

f) Sollte das von der Kammer bereits angenommene Gesetz Labriola auch vom Senat angenommen werden, so würde der Gebrauch der Muttersprache außer für die bereits genannten Fälle auch für Sardisch, Friaulisch, Okzitanisch, Franko-Provenzalisch, Albanisch, Katalanisch, Kroatisch und Griechisch in der Verwaltung zulässig sein, vor Gericht nur soweit die Strafprozeßordnung (siehe oben Punkt e) dies vorsieht und sofern die Minderheit 15% der kommunalen Bevölkerung ausmacht.

3. Kultur und Medien

Die Pflege der Kultur durch die Minderheiten ist durch die allgemeinen Grundrechte gewährleistet, insbesondere das Recht auf freie Entfaltung der Persönlichkeit (Art. 2 der Verfassung) und den Gleichheitssatz (Art. 3 der Verfassung). Einen auch nur annähernd vollständigen Überblick über die kulturellen Aktivitäten zu geben, ist nahezu unmöglich, aber wohl auch entbehrlich, weil hier den Aktivitäten keine anderen Grenzen gesetzt sind als die, die allgemein bei Ausübung der Grundrechte für jedermann gelten. Ein Überblick über kulturelles Erbe und kulturelle Aktivitäten findet sich aber bei *M. Stephens*, Minderheiten in Westeuropa, 1979, Italien, S. 391 ff. sowie bei *J.U. Clauss*, op. cit. Anm. 3, Bd. II, Italien, S. 201 ff.

a)   Der Gebrauch der Sprache in den Medien

Durch staatliche Gesetze wurden allein die drei Regionen mit Sonderstatut im Medienrecht berücksichtigt. So sieht das Pressegesetz vom 5.8.1981, Nr. 416 für diese Regionen in Art. 22 besondere Förderungsmaßnahmen für Tageszeitungen der sprachlichen Minderheiten vor. Das Rundfunk- und Fernsehgesetz vom 6.8.1990, Nr. 223 berücksichtigt in Art. 3 Abs. 15 und Abs. 19 die Regionen und autonomen Provinzen und Regionen mit Sonderstatut und damit die dortigen Minderheiten bei der Vergabe von Frequenzen bzw. Sendezeiten. Die Regelungen der Regionen im einzelnen sehen wie folgt aus:

1. Trient-Südtirol: In dieser Region gibt es mehrere deutschsprachige Zeitungen und eine zweisprachige Zeitung. Ein Radiosender (RAI-Sender Bozen) sendet 11 Stunden pro Tag in der deutschen Sprache (Art. 8 und 9 DPR 1971/693), und der Fernsehsender RAI-TV Rete Tre sendet 10 Stunden täglich in deutsch. Daneben gibt es private Radio- und Fernsehstationen, die nur deutsch oder auch zweisprachig senden. Die ladinische Sprachgruppe verfügt seit 1948 über muttersprachliche Zeitschriften sowie über dreisprachige (Ladinisch, Deutsch, Italienisch) Zeitungen und Zeitschriften. Seit 1979 ist in der Tageszeitung "Alto Adige" jede Woche eine Seite den Ladinern vorbehalten, und seit 1982 ist in der Tageszeitung "Dolomiten" (deutschsprachig, 34.000 St. Auflage) eine Monatsrubrik in ladinisch mit italienischer Übersetzung enthalten. Seit 1978 werden im Radio eine halbe Stunde pro Woche (!) zwei- und dreisprachige Sendungen ausgestrahlt[21].

---

[21]   Zu verweisen ist auf die neueste Regelung im DPR vom 3.11.1992, mit dem einem Vertrag zwischen dem Präsidium des Ministerrats und der RAI (Radiotelevisione italiana S.p.a.) über Radio- und Fernsehsendungen in deutscher und ladinischer Sprache in der Provinz Bozen zugestimmt wird, wonach z.B. 4716 Stunden pro Jahr

2. Aosta-Tal: Es gibt im Aosta-Tal zweisprachige Zeitungen (Französisch und Italienisch), in der Praxis ist der Raum für den französischen Teil jedoch gering. Zeitschriften in französischer Sprache gibt es hingegen, die auch Texte in frankoprovenzalisch publizieren. Es gibt aber keine Radiostationen, die nur französisch oder franko-provenzalisch senden. Der Lokalsender RAI-Rete tre enthält jedoch zum Teil Sendungen in französischer oder franko-provenzalischer Sprache; andere Lokalsender senden zum Teil zweisprachig. Die ebenfalls im Aosta-Tal ansässigen deutschsprachigen Walser verfügen über zweisprachige Radioprogramme, die von der Zentralverwaltung der Provinz finanziert werden.

3. In Friaul-Julisch-Venezien verfügt sowohl die friaulischsprachige Minderheit über eigene einsprachige Zeitungen und zweisprachige Zeitschriften, sowie seit 1977/80 über einen Radiosender, der ca. 40 Wochenstunden friaulisch sendet; Fernsehen gibt es zwei- aber nicht einsprachig. Auch die Slowenen verfügen über wesentlich mehr eigene Zeitschriften und Zeitungen, die nur slowenisch erscheinen; seit 1968/70 gibt es aber auch einige zweisprachige Zeitungen. Die Presse wird hier überwiegend von privater Seite, zum Teil aber auch durch die Region oder den Staat subventioniert. Seit Kriegsende gibt es mehrere Radiosender, die 80 bis 85 Stunden pro Woche slowenisch senden. Der staatliche Rundfunk RAI-TS II sendet täglich ca. 12 Stunden auf slowenisch, und er sendet zusätzlich die Sonntagsmesse auf slowenisch. Die Agentur "Alpe-Adria" sendet zweisprachig, italienisch und slowenisch, Nachrichten und Aktuelles. Fernsehen hingegen, das nur Slowenisch benutzt, gab es bis 1992 nicht (s. Anm. 22), aber Werbung in slowenischer Sprache gab es auch vor 1992 sowohl im Fernsehen als auch im Rundfunk [22].

    Deutsch im Radio und 550 Stunden im Fernsehen gesendet werden und 235 Stunden Ladinisch im Radio und 26 Stunden im Fernsehen, weiter werden Programmgestaltung, Finanzierung u.ä. geregelt.

[22] Vgl. dazu Die Minderheiten im Alpen-Adria-Raum, op. cit. Anm. 3, 80/81. Vgl. ebenfalls DPR vom 16.10.1992 mit der Zustimmung zu der Konvention zwischen dem Präsidium des Ministerrats und der RAI (Radiotelevisione italiana, S.p.a.) über Radio- und Fernsehsendungen in slowenischer Sprache in der autonomen

4. Übrige Sprachgruppen: Für die sardische Sprachgruppe gibt es seit 1949/50 zweisprachige Zeitungen, und im Radio gibt es rein sardische Sendungen, ebenso gibt es Werbung in Rundfunk und Fernsehen auf sardisch. Die katalanische Minderheit auf Sardinien verfügt nicht mehr über einsprachige Zeitungen; es gibt jedoch zweisprachige Zeitschriften und Radioprogramme. Die griechische Sprachgruppe in Kalabrien publiziert zwei Zeitungen mit einer Auflage von nur 50 Stück auf griechisch, die auch kostenlos abgegeben und von der lokalen Verwaltung finanziert werden; auch ein privater Radiosender sendet auf griechisch. In Apulien gibt es mehrere Zeitungen, die auch griechische Beiträge bringen. Die albanische Gruppe verfügt über eine zweisprachige und eine nur albanische Zeitung; private Radiosendungen werden zum Teil zweisprachig ausgestrahlt.

b)   Der Gebrauch der Muttersprache in der Kirche

1. In Trient-Südtirol, wo die deutsche Sprache der italienischen gleichgestellt ist, werden alle Gottesdienste auf deutsch oder italienisch, je nach der Sprachzugehörigkeit der Gläubigen, abgehalten. Die ladinische Minderheit in Trient-Südtirol benutzt ihre Sprache noch für bestimmte Gottesdienste und z.B. für die Beichte.

2. Im Aosta-Tal, in dem die französische Sprache mit der italienischen gleichgestellt ist, kann Französisch in der Kirche benutzt werden, und bestimmte Gottesdienste werden auch auf französisch abgehalten; Franko-Provenzalisch wird in der Kirche im Aosta-Tal hingegen nur ganz ausnahmsweise benutzt, in Piemont aber nie.

3. In Friaul-Julisch-Venezien ist für die Erhaltung der Sprache Friaulisch (ähnlich Ladinisch) die Bedeutung der Kirche sehr groß. Seit 1971 ist Friaulisch hier die Liturgiesprache und wird auch bei der Predigt und bei der Beichte benutzt. Auch im slowenischen Teil ist in der Kirche der

---

Region Friaul-Julisch-Venezien, wonach z.B. 208 Stunden pro Jahr in slowenischer Sprache, 4 pro Woche, gesendet werden.

Gebrauch des Slowenischen allgemein üblich, die Messe wird sogar im örtlichen staatlichen Rundfunk übertragen.

4. Für die übrigen Sprachgruppen gilt: Außer in Südtirol wird Deutsch allenfalls ausnahmsweise (für die Walser) oder nur für Teile des Gottesdienstes (Zimbern, Gesänge) verwendet. Sardisch wird in der Kirche noch immer gesprochen, wird aber seit dem Krieg zunehmend von Italienisch abgelöst. Katalanisch wird in der Stadt Alghero bei bestimmten Gottesdiensten benutzt; für die griechische Minorität in Kalabrien wird versuchsweise der griechische Ritus verwendet. Albanisch ist zwar in den Kirchen erlaubt, wird vor allem auch in katholischen Gemeinden praktiziert, bleibt aber dennoch die Ausnahme. Okzitanisch wird bisweilen im kirchlichen Bereich benutzt; die katholische Kirche protestiert aber regelmäßig, wenn auch der eucharistische Teil in dieser Sprache durchgeführt wird.

III. Bildungs- und Erziehungswesen

Grundsätzlich liegt das Bildungswesen in Italien in der Kompetenz des Zentralstaates. Nur die "Förderung des Schulwesens" wird in Art. 117 der Verfassung den Regionen zugewiesen. Daher ist auch in diesem Bereich eine Sonderregelung wiederum nur in den drei Regionen mit Sonderstatut vorgesehen. Im übrigen sind nur Regelungsversuche über Zuständigkeiten im kulturellen Bereich zu verzeichnen (vgl. III.4e).

1. a) In der Region *Trient-Südtirol* ist auch dieser Bereich nach dem System des Sprachseparatismus geregelt. Art. 8 des Statuts legt die primäre Zuständigkeit der Region für Kindergärten (Art. 8, Nr. 26), Schulfürsorge (Art. 8, Nr. 27) und Schulhausbau (Art. 8, Nr. 28) und sekundäre Zuständigkeit für den Unterricht an Grund- und Sekundarschulen (Art. 9, Nr. 2) fest; Art. 15 des Statuts regelt die Bereitstellung von außerordentlichen Mitteln für den Schulbau, und Art. 19 [23] des Statuts

---

23   In der Provinz Bozen wird der Unterricht in den Kindergärten, Grund- und Sekundarschulen in der Muttersprache der Kinder, d.h.

garantiert den muttersprachlichen Unterricht im Sinne von getrennten Schulen für die italienische, deutsche und ladininische Sprachgruppe. Demgemäß gibt es durchgehend für die gesamte Schulzeit drei Arten von Schulen:

aa) deutschsprachige Schulen für die Deutschen, in denen als zweite Sprache vom zweiten Grundschuljahr an Italienisch gelehrt wird;

bb) italienische Schulen für die Italiener, in denen ab dem zweiten Grundschuljahr Deutsch gelehrt wird und

cc) dreisprachige Schulen für Ladiner, in denen Ladinisch teilweise Unterrichtssprache, teilweise Unterrichtsgegenstand ist. Während in den Kindergärten nur Ladinisch vorgesehen ist (Art. 19 Statut), wird schon ab der ersten Klasse Grundschule zusätzlich Deutsch oder Italienisch als Unterrichtssprache verwendet. Danach wird nach dem paritätischen Prinzip unterrichtet, d.h. auf der Grundlage gleicher Stundenzahl und gleichen Enderfolges (Art. 19 Abs. 2 Statut, Art. 7 DPR 89/1983). Ladinisch wird zwei Wochenstunden unterrichtet, ansonsten besteht ein strikt festgelegter Plan, der bestimmt, welche Fächer in welcher Sprache unterrichtet werden (nach dem Schlüssel 12 (Deutsch), 12 (Italienisch), 1 (Ladinisch)) [24]. So ist die italienische Sprache für den Unterricht in Geographie im ersten Jahr, für Geschichte im zweiten und dritten Jahr und für Sport vorgesehen; Deutsch ist für Geographie für das zweite und dritte Jahr, für Geschichte im ersten Jahr, für Mathematik und Naturwissenschaften vorgesehen. Das gleiche Aufteilungsschema gilt auch für die höheren Klassen. Die Frage, ob auch in ladinischen Ortschaften zusätzlich deutsche und italienische Schulen errichtet werden können, beschäftigte 1976 das Verfassungsgericht, das mit Entscheidung vom 21.4.1976, Nr. 101 die Klage auf Errichtung solcher Schulen zurückwies.

---

in italienischer oder deutscher Sprache, von Lehrkräften erteilt, für welche die betreffende Sprache ebenfalls Muttersprache ist.

[24] Vgl. *J.U. Clauss*, op. cit. Anm. 3, 263.

Die Einschreibung in die verschiedenen Schulen stellt ein Elternrecht dar (Art. 19 Abs. 3 Statut); gegen die Verweigerung der Einschreibung ist Klage vor dem Verwaltungsgericht möglich. Allerdings sieht Art. 8 DPR 89 vom 10.2.1983 eine Einschränkung dahingehend vor, daß das Recht auf Einschreibung in eine der Schularten auf keinen Fall zu einem negativen Einfluß auf die Unterrichtssprache führen kann, die für diejenige Schule vorgesehen ist. Ein Dekret vom 15.7.1988 (DPR 301/1988) hat die diesbezüglich lange herrschende Unklarheit, wann eine Abweisung möglich ist, ausgeräumt. Um zu prüfen, ob der Schüler "angemessene Kenntnis der Unterrichtssprache" hat, wird in Zweifelsfällen innerhalb von 25 Tagen nach Beginn des Schuljahres eine besondere paritätische Kommission mit der Frage befaßt. Diese Kommission wird im vorhinein auf drei Jahre vom italienischen bzw. deutschen Schulamtsleiter mit einer gleichen Zahl von Fachleuten besetzt. Eine ähnliche Prüfung kann auch für die Eintragung in einen Kindergarten vorgenommen werden, wo allerdings der Kindergartenbeirat über die Sprachkenntnisse im konkreten Fall entscheidet (Art. 23 Regionalgesetz, 17.8. 1976 Nr. 36).

b)   Wenn auch die Schulordnung grundsätzlich in die Zuständigkeit der Region fällt, so ist doch daran festgehalten worden, daß die Lehrer Staatsbedienstete sind, was die Ausübung der Zuständigkeit der Region stark beschränkt bezüglich der Dienstpflichten des Lehrpersonals. Allerdings sind in bestimmtem Ausmaß Versetzungen, Beurlaubungen und auch Disziplinarmaßnahmen durch die Region möglich (Art. 19 Abs. 10 Statut). Außerdem sind für Grundschullehrer und Sekundarschullehrer an deutschen und ladinischen, teilweise auch an italienischen Sekundarschulen, eigene Stellenpläne vorgesehen (Art. 13 und 16 DPR 89/1983 und DPR 510/1987).

Die durch das Autonomiestatut geschaffenen drei Schulämter sind völlig in die Landesverwaltung eingegliedert, was allein für den Hauptschulamtsleiter und den ladinischen Schulamtsleiter, die vom Unterrichtsministerium in Rom ernannt werden, nicht restlos geklärt ist; der deutsche Schulamtsleiter hingegen wird von der Regionalregierung ernannt. In jedem Fall sind aber Stellungnahmen der jeweils anderen Seite vorgesehen (Art. 19 Abs. 4-6

Statut; Art. 21, 23 und 24 DPR 89/1983). Der Hauptschulamtsleiter muß Deutsch können und ist nicht nur für die Verwaltung der italienischen Schulen zuständig, sondern auch für die Aufsicht über die deutschen und ladinischen Schulen. Der deutsche und ladinische Schulamtsleiter verwalten die jeweiligen Schulen (Art. 21, 22 und 25 DPR 89/1983). Die Lehrerfortbildung ist im DPR 761/1981 Art. 11 geregelt; außerdem gibt es in Bozen und Trient je ein Pädagogisches Institut (DPR 89/1983 Art. 28). Im Regionalschulrat arbeiten alle drei Sprachgruppen gemäß Art. 19 Abs. 12-14 Statut zusammen.

2. Die Region *Aosta-Tal* regelt die Schulfragen in Art. 39 und 40 des Statuts. Danach sind, anders als in Südtirol, nicht getrennte Schulen vorgesehen, sondern gemischte Schulen, in denen Französisch, nicht aber Franko-Provenzalisch, in jeder Schulstufe unterrichtet wird, wenn es sich um eine Schule der Region handelt. In diesen Schulen wird eine gleiche Anzahl Unterrichtsstunden in französisch wie in italienisch abgehalten. Andere Fächer können in französischer Sprache unterrichtet werden. Diese Fächer werden jeweils von einer gemischten Kommission aus Vertretern des Schulministeriums, der Repräsentanten des Rats vom Aosta-Tal und der Repräsentanten der Lehrer festgelegt. Ein Gesetz vom 16.5.1978, Nr. 196 regelt weitere Einzelheiten. Anders als in Südtirol sind die Lehrer im Aosta-Tal vom Staat an die Region "delegiert", damit unterstehen sie einem einheitlichen Rechtsträger, was z.B. Ausschreibungen von Wettbewerben zur Aufnahme in den Schuldienst deutlich beschleunigt.

Die Kindergärten in der Region werden zweisprachig geführt.

3. In *Friaul-Julisch-Venezien* enthalten das Statut und weitere Gesetze Bestimmungen über den Sprachgebrauch in den Schulen (Annex zu Memorandum zum Londoner Vertrag von 1954; Gesetz vom 19.7.1961, Nr. 1012; Gesetz vom 19.7.1973, Nr. 477; Gesetz vom 22.12.1973, Nr. 932 sowie die Dekrete des Staatspräsidenten vom 31.5.1974, Nr. 416 (Art. 16 und 19) und Nr. 417 vom gleichen Tage; Vertrag von Osimo vom 10.11.1975). Nach diesen Vorschriften gibt es slowenische Schulen in jeder Art und Schulstufe für Slowenen, wobei aber die geographische Verteilung dieser Schulen ein

Problem darstellt, da Kinder zum Teil in andere Provinzen fahren müssen, um eine slowenische Schule zu besuchen. Die Anmeldung zur slowenischen Schule ist frei und kann nicht abgelehnt werden; sie steht auch anderen als Kindern slowenischer Muttersprache offen; die Lehrer müssen allerdings Slowenisch als Muttersprache haben. An italienischen Schulen der Region hingegen wird gar kein Slowenisch gelehrt.

In der Grundschule und Sekundarstufe wird Slowenisch als Unterrichtssprache benutzt (**DPR 8.10.1965, Nr. 128, DPR 24.4.1967, Nr. 418, DPR 30.10.1965, Nr. 1635** regeln die Einzelheiten). In bestimmten Fällen wird Slowenisch aber auch nur als besonderes Unterrichtsfach gelehrt, und zwar 4 bis 6 Wochenstunden in der Grundschule und 4 bis 7 Wochenstunden in der Sekundarschule. In diesen Fällen ist der Unterricht aber für Kinder mit anderer Muttersprache nicht obligatorisch. Im nationalen Unterrichtsrat ist einem Vertreter des slowenischen Lehrkörpers ein Sitz vorbehalten (**DPR 3.5.1975, Nr. 416**).

Für die friaulische Sprache ist die Situation weniger klar. Seit den 70er Jahren wurde Friaulisch auch in Schulen zugelassen, was bisher aber wohl nur in 10% der Schulen verwirklicht worden ist. Allgemein wird wohl Friaulisch mit einer Wochenstunde ab der ersten Grundschulklasse unterrichtet, in der Sekundarstufe seit 1974/75 ebenfalls mit einer Wochenstunde in den ersten 3 Jahren; in Ganztagsschulen der Sekundarstufe, das sind etwa 8% der Sekundarschulen, wird Friaulisch gesprochen [25].

Hingegen wird in 80% der Kindergärten Friaulisch gesprochen.

4. Nur für diese 3 Regionen ist eine ausdrückliche Regelung geschaffen, die übrigen Minderheitensprachen werden zum Teil in Kindergärten gesprochen (Sardisch), zum Teil kann ein entsprechender Antrag gestellt werden (Katalanisch). Für den Schulbereich gilt folgendes:

---

[25] Vgl. *J.U. Clauss*, op. cit. Anm. 3, 305 f.

a) Sardisch wird in der Schule nicht gelehrt, es ist auch nicht möglich, entsprechende Anträge zu stellen; seit 1980 ist die sardische Sprache aber versuchsweise in den Grundschulen und Sekundarschulen ab der ersten Klasse mit ein bis zwei Wochenstunden obligatorisch eingeführt worden, also auch für Kinder, deren Muttersprache nicht Sardisch ist; katalanische Kurse hingegen gibt es seit 1970 versuchsweise in Alghero.

b) Griechisch wird grundsätzlich nicht an den Schulen gesprochen, aber seit 1977/78 ist in zwei Grundschulen im Gebiet von Solent die griechische Sprache mit 15 Wochenstunden ab Klasse 1 eingeführt worden. In der Sekundarschule kann man Griechisch als eigenes Unterrichtsfach versuchsweise seit 1976/77 wählen. Etwa 15% der Schulen in diesem Gebiet nehmen an diesem Versuch teil.

In Kalabrien kann Griechisch auf Antrag als selbständiges Fach an Grundschulen gelehrt werden.

c) Albanisch wird an öffentlichen Schulen nicht unterrichtet, aber an etwa 20% der privaten Grundschulen und 5% der privaten weiterführenden Schulen; etwa 10% der privaten Kindergärten benutzen die albanische Sprache.

d) Im Minderheitengebiet der Zimbern wird Deutsch in Kindergärten selten gesprochen, in den Grundschulen wird es versuchsweise seit 1979 mit zwei Wochenstunden gelehrt. Für die Mocher gibt es in der Schule freiwillige Deutschstunden, die Walser im Aosta-Tal lehren Deutsch in den Grundschulen eine Stunde pro Woche, in höheren Schulen 3 bis 5 Stunden pro Woche und in der karinthischen Zone wird Deutsch zum Teil fakultativ angeboten.

e) Aufgrund der Übertragung von Zuständigkeiten von vormals zentralen staatlichen Verwaltungsbefugnissen durch das DPR vom 24.7.1977, Nr. 616 haben die Regionen nunmehr die Befugnis, Organe, Institutionen, Stiftungen oder Vereinigungen im edukativen oder kulturellen Bereich zu fördern (Art. 49).

Damit ist den Regionen auch die Förderung sprachlicher Minderheiten ermöglicht worden, ohne daß damit allerdings eine Zuständigkeit zum Erlaß von Normen zum Schutz von Minderheiten einherginge[26]. Auf der Grundlage dieses Dekrets sind einige Regionalgesetze ergangen, die Bedeutung für den Schutz sprachlicher Minderheiten beinhalten und vor allem im Bereich von Kindergärten und Schulen zum Tragen kommen:

aa) Das Regionalgesetz vom 20.6.1979, Nr. 30 der Region Piemont über den "Schutz des linguistischen und kulturellen Gutes des Piemont" sieht nicht mehr explizit den Schutz sprachlicher und kultureller Minderheiten vor und schafft damit Schulunterricht in den betroffenen Sprachen bzw. Dialekten ab. Anstelle der ausdrücklichen Erwähnung der einzelnen Minderheiten ist die Möglichkeit von Subventionen für lokale Behörden, Institute oder Verbände vorgesehen, die die Förderung des piemontesischen Kultur- und Sprachguts zum Gegenstand haben.

bb) Ausdrücklich die Förderung der sprachlichen Minderheiten sieht hingegen das Regionalgesetz Siziliens vom 6.5.1981, Nr. 85 über "Maßnahmen zur Förderung des Studiums des sizilianischen Dialekts und der Sprachen der ethnischen Minderheiten in den Schulen der Insel" vor. Danach kann die Region Maßnahmen zur Förderung des sizilianischen Dialekts ergreifen. Durch ein Regionaldekret vom 14.5.1985, Nr. 246 sind auch Maßnahmen für das Schulwesen in Aussicht gestellt [27].

cc) Auch Apulien hat ausdrücklich mit Gesetz vom 12.5.1980, Nr. 42 die "Förderung der Kultur der ethnischen Minderheiten durch geeignete Maßnahmen für die Kenntnis der historischen Sprachen und lokalen Folklore" vorgesehen.

dd) Das Gesetz vom 30.1.1986, Nr. 3 der Region Basilicata sieht "Maßnahmen zur dynamischen Erhaltung der anthropologischen, autochthonen Werte" vor.

---

26 Vgl. *C. Brunetti*, op. cit. Anm. 8, 395.
27 *M. Immordino*, Autonomia regionale siciliana e minoranze etnico-linguistiche, in op. cit. Anm. 8, 383 ff.

5. Das Gesetz Labriola verpflichtet die Regionen, in denen sprachliche Minderheiten leben, zur Erteilung von Unterricht in den Sprachen der Minderheiten in Kindergärten und Grundschulen; in den Sekundarschulen ist hierfür ein Antrag der Betroffenen vorausgesetzt. Auch hier gilt die Regel des 15%-igen Anteils der Minderheit in der Gesamtbevölkerung der betroffenen Gemeinde, damit die Verpflichtung zum Tragen kommt.

IV. Minderheitenspezifische Schranken der Vereinigungsfreiheit

Die Vereinigungsfreiheit nach Art. 18 der Verfassung steht allen Staatsbürgern zu. Die Vorschrift lautet:

> Die Bürger haben das Recht, sich zu Zwecken, die den einzelnen strafrechtlich nicht verboten sind, frei und ohne besondere Genehmigung zusammenzuschließen.
>
> Verboten sind Geheimbünde und Vereinigungen, die, auch indirekt, politische Zwecke mittels quasi-militärischer Organisationen verfolgen.

Danach ist die Vereinigungsfreiheit ein Grundrecht, das allein strafgesetzlichen Beschränkungen und keiner behördlichen Genehmigung unterliegt[28]. Die etwas eigenartige Formulierung in Abs. 1 "... zu Zwecken, die *den einzelnen* strafrechtlich nicht verboten sind ..." bringt zum Ausdruck, daß das Recht auf Vereinigung "nur ausdrückt, daß das, was jeder einzelne zu tun

---

[28] Aus Gründen der öffentlichen Sicherheit und Ordnung kann aber die Offenlegung der Gründungsakte, der Satzung, der Mitglieder und Amtsinhaber sowie jede andere Auskunft zu Organisation und Aktivität gefordert werden, vgl. Art. 209 des Gesetzes über die öffentliche Ordnung und zur Vereinbarkeit dieser Bestimmung mit Art. 18 der Verfassung P. *Petta*, Le associazioni anticostituzionali nell'ordinamento italiano, Giurisprudenza costituzionale 1973, 667 ff., 746.

berechtigt ist, ohne gegen Strafgesetze zu verstoßen, auch Gegenstand der gemeinsamen Tätigkeit mehrerer in Form einer Vereinigung sein kann"[29].

Minderheitenrelevant kann die Bestimmung von Abs. 1 vor allem mit Blick auf die Vorschriften im 2. Buch des Strafgesetzbuches, Titel I, Kap. I "Verbrechen gegen die internationale Persönlichkeit des Staates", Art. 241-275 werden. Von besonderer Bedeutung ist in diesem Zusammenhang Art. 241, der folgendermaßen lautet:

> Angriffe gegen die Integrität, Unabhängigkeit oder Einheit des Staates
>
> Wer eine Handlung vornimmt, die darauf gerichtet ist, das Staatsgebiet oder einen Teil desselben der Souveränität eines anderen Staates zu unterstellen oder die Unabhängigkeit des Staates zu beschneiden, wird mit lebenslänglicher Gefängnisstrafe belegt. (Übersetzung d. Verf.)

Demgemäß sind Vereinigungen mit separatistischen Zwecken eindeutig verboten, wie sich aus der Verbindung dieser Vorschrift mit Art. 18 Abs. 1 der Verfassung ergibt [30].

Im zweiten Absatz des Art. 18 bedurfte der Begriff "Geheimbünde" der Klärung, da, nach allgemeiner Auffassung, in einem demokratischen Staat geheime Vereinigungen nicht schlechthin rechtswidrig sein können [31]. Die Geheimhaltung der Vereinigung muß daher darauf gerichtet sein, die politisch verfolgten Zwecke zu verbergen. Zurückzuführen ist diese Vorschrift vor allem auf die Verhinderung der geheimen Tätigkeit der Freimaurerbünde, die auch Anfang der 80er Jahre den Gesetzgeber wieder haben aktiv

---

[29] Vgl. *A. Pace*, Commentario della Costituzione, Art. 18, 192.
[30] Weitere Strafvorschriften betreffen subversive Tätigkeiten, Art. 279 des Strafgesetzbuches, subversive Propaganda, kriminelle Vereinigungen u.ä., die zum Teil verfassungsrechtliche Bedenken hervorgerufen haben. Vgl. zu der Problematik insgesamt vor allem *P. Petta*, op. cit., Anm. 28, passim.
[31] Vgl. *P. Biscaretti di Ruffia*, Diritto costituzionale, XV ed. 1989, 849 f.

werden lassen. Im Zusammenhang mit den Aktivitäten der Geheimloge P 2 ist schließlich eine gesetzliche Klarstellung hierzu erfolgt (Gesetz 25.1.1982, Nr. 17). In diesem Gesetz werden Geheimbünde umschrieben als Vereinigungen, die, auch im Inneren einer offenen Vereinigung, ihre Existenz verbergen oder ihre Ziele und Aktivitäten oder ihre Mitglieder geheimhalten und die Aktivitäten verfolgen, die Einfluß nehmen sollen auf die Ausübung der Funktion der Verfassungsorgane, der öffentlichen - auch autonom organisierten - Verwaltung, öffentlicher - auch wirtschaftlicher - Organe sowie die öffentlichen Dienstleistungsbetriebe (Art. 1). Demnach ist die politische Zielsetzung der ausschlaggebende Faktor dieser Art von Vereinigungen [32].

Mit Bezug auf Minderheiten ist Art. 18 Abs. 2 der Verfassung soweit ersichtlich jedoch bisher nur im Zusammenhang mit dem Verbot der quasimilitärischen Organisationen im Zusammenhang mit den Südtiroler Schützen relevant geworden [33]. Das detaillierte Durchführungsdekret vom 14.2.1948, Nr. 43, das nunmehr als Gesetz Nr. 561 vom 17.4.1956 in Kraft ist, verbietet u.a. in Art. 2 das Tragen von Uniformen für Mitglieder von Vereinen oder Organisationen, die mit politischen Parteien verbunden sind oder ihnen zugehören oder auch nur indirekt politische Ziele verfolgen, außer solchen, die nur sportliche Ziele verfolgen oder kulturellen oder erzieherischen Charakter haben. Der Innenminister wird in Art. 3 ermächtigt, für begrenzte Zeit das Tragen von Uniformen in der Öffentlichkeit zu verbieten. Diese Bestimmungen hatte das Verfassungsgericht auf Antrag der Provinz Bozen im Zusammenhang mit dem Tragen von Uniformen der Südtiroler Schützen zu prüfen. Die Provinz Bozen war der Auffassung, daß diese Bestimmungen nicht vereinbar seien mit der Zuständigkeit der Provinz, den Schutz des kulturellen Erbes der Minderheiten zu regeln, hier

---

[32] Vgl. *A. Pace*, op. cit., Anm. 29, Art. 18, 219.

[33] Das Verbot militärisch organisierter Vereinigungen sollte die jahrzehntelangen Tätigkeiten von bestimmten Bewegungen beenden, die mittels Begleitorganisationen diese Ziele verfolgten, wie z.B. durch Folklorevereine, sportliche Vereinigungen etc., wie es vor allem die pangermanistischen Bewegungen taten. Vgl.hierzu *P. Petta*, op. cit., Anm. 28, 741. Vor diesem Hintergrund ist auch die Kürze der Begründung des Verfassungsgerichts in der Entscheidung vom 19.2.1976, Nr. 26 - hierzu vgl. den folgenden Text -besonders verwunderlich.

speziell das Uniformtragen der Südtiroler Schützen. Mit Entscheidung vom 19.2.1976, Nr. 26 hat das Verfassungsgericht die Klage für unbegründet erklärt, da uniformtragende Vereinigungen gemäß dem Gesetzesdekret von 1948 nur dann verboten sind, wenn sie Teil politischer Parteien sind oder politische Zwecke verfolgen, was bei der Vereinigung der Schützen nicht der Fall sei, außerdem gelte dieses Verbot auch nicht für solche Gruppierungen, die sich sportlichen oder erzieherischen Zwecken widmen. Die Vereinigung der Schützen sei allein im ethnisch-kulturellen Bereich tätig und falle deshalb nicht unter die Regelung des Gesetzesdekrets von 1948. Das Verfassungsgericht hat aber in dieser Entscheidung die Zuständigkeit des Staates zur Regelung dieser Fragen, die die öffentliche Ordnung betreffen, unterstrichen und damit implizit die Rechtmäßigkeit der Ministerialerlasse bestätigt, die aufgrund von Art. 3 des Gesetzesdekrets von 1948 ergangen waren. Nach Art. 3 ist der Innenminister ermächtigt, zeitlich begrenzt ein Verbot des Uniformtragens in der Öffentlichkeit auszusprechen. Hiervon hat der Innenminister regelmäßig Gebrauch gemacht, vor allem mit strengen Verordnungen für die Provinz Bozen aus besonderen Gründen der öffentlichen Sicherheit und Ordnung (Ministererlaß vom 22.4.1961, der regelmäßig verlängert wurde) [34].

V. Politische Repräsentation

1. Die politische Repräsentation von Minderheiten durch eigene Parteien richtet sich nach den allgemeinen Bestimmungen über politische Parteien. Nach Art. 49 der Verfassung ist die Gründung von Parteien frei, sofern diese den Zweck verfolgen, "in demokratischer Weise bei der Bestimmung der nationalen Politik mitzuwirken". In diesem Sinne steht es auch Minderheiten frei, sich in Parteien zu organisieren. Davon haben einige Minderheiten Gebrauch gemacht, bekannt ist vor allem die

---

[34] Vgl. hierzu *P. Biscaretti di Ruffia*, op. cit., Anm. 31, 850 sowie mit Recht kritisch zu der sehr kurzen Begründung des Verfassungsgerichts bezüglich des Zusammenhanges der Schützen mit der Südtiroler Volkspartei *A. Pace*, op. cit., Anm. 29, 220.

Südtiroler Volkspartei, SVP, in Südtirol, die SSK, Slowenische Union, der Slowenen, der MF, Movimento Friuli u.a.m.[35].

Parteien, die eine Minderheit repräsentieren, ist im Parteienfinanzierungsgesetz vom 2.5.1974, Nr. 195 eine Sonderbehandlung vorbehalten. Nach Art. 1 Abs. 4 haben solche Parteien Anspruch auf Kostenerstattung, wenn sie zwar nicht die allgemeinen Bedingungen erfüllt haben, aber wenn sie mit einer eigenen Liste angetreten sind und den Wahlquotienten zumindest in der Region erreicht haben, deren Sonderstatut einen besonderen Schutz dieser Sprachminderheit vorsieht.

Zu erwähnen ist in diesem Zusammenhang ebenfalls das Gesetz vom 24.1.1979, Nr. 18 über die Wahl der italienischen Vertreter in das Europaparlament, das in Art. 12 vorsieht, daß Kandidatenlisten, die von Parteien oder politischen Gruppen der französischen Sprachminderheiten im Aosta-Tal, der Deutschen in der Provinz Bozen und der slowenischen Minderheit in Friaul-Julisch-Venezien vorgelegt werden, sich zum Zwecke der Zuteilung der Sitze mit einer anderen Liste einer Partei desselben Wahlkreises verbinden können, die in allen Wahlkreisen antritt. Die entsprechende Angabe muß bereits bei Vorlage der Liste gemacht werden und auf Gegenseitigkeit beruhen (Art. 12 Abs. 9 und 10)[36].

2. Die politische Repräsentation von Minderheiten in Organen wird ausschließlich im Rahmen der Regionalorgane der Region Trient-Südtirol verwirklicht. Politische Organe der Region sind gemäß Art. 24 des Statuts der Regionalrat, die Regionalregierung und der Regionalpräsident. Die Repräsentanz der beiden großen Sprachgruppen ist gewährleistet dadurch, daß es nur zwei Wahlkreise gibt, Trient und Bozen. Das Amt des

---

[35] Vgl. hierzu Die Minderheiten im Alpen-Adria-Raum, op. cit., Anm. 3, 256 sowie *J.U. Clauss*, op. cit., Anm. 3, 225 ff.

[36] Hingegen hat das Verfassungsgericht bisher stets abgelehnt, den Minderheiten als solche Koalitionsfreiheit oder eigene Repräsentanz in Gewerkschaften zuzuerkennen mit der Begründung, daß in diesem Zusammenhang sowie auch bei Sozialversicherung und -hilfe, jede Einschränkung der Gleichheit der Bürger rechtswidrig sei und sich auch nicht mit Art. 6 der Verfassung rechtfertigen lasse (vgl. Entscheidung Nr. 86, 1975 und Nr. 34, 1976).

Präsidenten und Vizepräsidenten des Regionalrats alterniert zwischen einem Vertreter der deutschen und der italienischen Sprachgruppe (Art. 30 Statut). Die Regionalregierung richtet sich in ihrer Zusammensetzung nach den Sprachgruppen im Regionalrat; der Präsident hat zwei Vertreter, die je einer der Sprachgruppen angehören.

Bei den Organen der Provinzen sitzen im Provinzrat jeweils die in der Provinz gewählten Vertreter des Regionalrats. Die Provinzregierung in Bozen muß die Verhältnisse der Sprachgruppen im Provinzrat widerspiegeln. Von den beiden Vizepräsidenten muß einer der deutschen und einer der italienischen Sprachgruppe angehören.

Eine besondere Bestimmung (Art. 62 Statut) gewährleistet die Vertretung der ladinischen Volksgruppe im Provinzialrat von Bozen.

Bei der Gesetzgebung kann im Regional- und Provinzialrat der Antrag gestellt werden, nach Sprachgruppen abzustimmen; außerdem gibt es ein besonderes Verfahren vor dem Verfassungsgericht, wenn die Mehrheit der Abgeordneten einer Sprachgruppe der Ansicht ist, daß ein Gesetzentwurf die Gleichheit der Rechte zwischen den Bürgern der verschiedenen Sprachgruppen verletzt (Art. 56 Statut).

Auch bei der Annahme des Haushalts für die Region und Provinz muß auf Antrag der Mehrheit einer Sprachgruppe gesondert für die Sprachgruppen abgestimmt werden. Wenn die doppelte Zustimmung, insgesamt und in der jeweiligen Sprachgruppe, nicht erreicht wird, wird der Haushalt oder die entsprechenden Kapitel des Haushalts einer Sonderkommission vorgelegt. Diese besteht aus vier zu Beginn der Legislaturperiode gewählten Räten in paritätischer Zusammensetzung. Wenn auch diese Kommission keine Einigung erzielt, wird der Haushalt innerhalb von einer Woche dem Verwaltungsgericht Bozen zugewiesen, das innerhalb von 30 Tagen per Schiedsspruch entscheidet (Art. 84 Statut).

Die rechtliche Stellung der Minderheiten in Österreich

THILO MARAUHN[*]

I. Einleitung

Der Anteil der Minderheiten an der Gesamtbevölkerung in Österreich wird gegenwärtig auf 1,8 % (143.000) geschätzt[1]. Bei den Minderheiten handelt es sich um Slowenen, (Burgenland-)Kroaten, Tschechen, Magyaren und Slowaken[2]. Sie leben überwiegend in Kärnten, im Burgenland und in Wien; eine sehr kleine slowenische Minderheit existiert in der Steiermark. Während man bei den Slowenen und den Kroaten von ausgegliederten Volksgruppen sprechen kann[3], handelt es sich bei den Tschechen und Slowaken sowie bei den Magyaren in erster Linie um sprachliche Minderheiten. In diesem Zusammenhang ist auf die sogenannten "Windischen" in Kärnten hinzuweisen. Mit dieser - nicht mehr sehr häufig anzutreffenden - Bezeichnung wollen Sprachslowenen eine kulturell-politische Abgrenzung gegenüber denjenigen Slowenen zum Ausdruck

---

[*] Wissenschaftlicher Referent am Institut

Abkürzungen: BGBl. = (Österreichisches) Bundesgesetzblatt; B-VG = Bundesverfassungsgesetz; EMRK = Europäische Menschenrechtskonvention; EuGRZ = Europäische Grundrechte Zeitschrift; JBl. = Juristische Blätter; RGBl. = (Österreichisches) Reichsgesetzblatt; StGBl. = (Österreichisches) Staatsgesetzblatt; StGG = Staatsgrundgesetz; VfGH = (Österreichischer) Verfassungsgerichtshof; VfSlg. = Sammlung der Erkenntnisse des (österreichischen) Verfassungsgerichtshofs; VGG = Volksgruppengesetz; WZ = Wiener Zeitung; Z = Ziffer; ZaöRV = Zeitschrift für ausländisches öffentliches Recht und Völkerrecht; ZP = Zusatzprotokoll.

[1] Vgl. dazu die Übersicht zur zahlenmäßigen Stärke der Volksgruppen in Österreich 1991, in: WZ vom 21.2.1992, 2.

[2] Dieser Bericht erörtert weder die Rechtsstellung der jüdischen Bevölkerung noch die der Roma und Sinti.

[3] Zu dieser terminologischen Differenzierung vgl. *T. Veiter*, Das Österreichische Volksgruppenrecht seit dem Volksgruppengesetz von 1976, Rechtsnormen und Rechtswirklichkeit (Wien 1979), 9 f.

bringen, die sich explizit zur slowenischen Volksgruppe bekennen[4]. Die zahlenmäßige Stärke der einzelnen Minderheiten ist unklar[5]. Hinzuweisen ist besonders auf eine Sonderauswertung des Österreichischen Statistischen Zentralamtes vom Februar 1988[6]. Der Aussagewert solcher Angaben ist allerdings begrenzt. Dies liegt vor allem an den mit einer Minderheitenfeststellung in Österreich verbundenen politischen Problemen, auf die an späterer Stelle einzugehen sein wird[7].

Die Rechte der Minderheiten in Österreich sind verfassungsrechtlich abgesichert[8]. Die Bestimmung des Art. 19 StGG vom 21. Dezember 1867[9], die die Gleichberechtigung aller Volksstämme des Staates und deren Recht auf

---

[4] Zur historischen Entwicklung dieser Bezeichnung vgl. Grundlagenbericht der Bundesregierung über die Lage der Volksgruppen in Österreich, Österreich Dokumentationen (Wien 1991), 16 f.

[5] In der Presse (Anm. 1) wurden im Februar 1992 die folgenden (geschätzten) Angaben für das Jahr 1991 veröffentlicht:

Slowenen (Kärnten)	50.000
(Burgenland-)Kroaten (Burgenland)	35 - 40.000
Tschechen (Wien)	15 - 20.000
(Burgenland-)Kroaten (Wien)	10 - 15.000
Ungarn (Burgenland)	10.000
Slowaken (Wien)	5.000
Slowenen (Steiermark)	3.000

[6] Österreichische Rektorenkonferenz, Statistisches Ergänzungsheft zum Bericht der Arbeitsgruppe "Lage und Perspektiven der Volksgruppen in Österreich", Sonderauswertung des Österreichischen Statistischen Zentralamtes, Februar 1988 (Wien 1989).

[7] Vgl. dazu unten I. a.E.

[8] Für einen Überblick über die verfassungsrechtliche Sicherung der Rechte nationaler Minderheiten in Österreich in rechtsvergleichendem Kontext s. auch *R. Hofmann*, Minderheitenschutz in Europa. Überblick über die völker- und staatsrechtliche Lage, ZaöRV 52 (1991), 1 ff. (46 ff.).

[9] RGBl. Nr. 142/1867 i.d.F. StGBl. Nr. 203/1920, BGBl. Nr. 1/ 1920, 8/1974, 262/1982.

Wahrung und Pflege ihrer Nationalität und Sprache garantiert[10], ist nach Auffassung des Verfassungsgerichtshofs (VfGH) möglicherweise nicht mehr anwendbar[11]. In der Lehre dagegen geht man überwiegend von einer Fortgeltung dieser Verfassungsbestimmung aus[12]. Im übrigen sind für die verfassungsrechtliche Sicherung der Minderheitenrechte Abschnitt V des III. Teiles des Friedensvertrags von Saint-Germain-en-Laye (Art. 62-69) vom 10. September 1919[13] und Art. 7 Z. 2-4 des Staatsvertrags von Wien

---

[10] Die Bestimmung hat folgenden Wortlaut: "Alle Volksstämme des Staates sind gleichberechtigt, und jeder Volksstamm hat ein unverletzliches Recht auf Wahrung und Pflege seiner Nationalität und Sprache. Die Gleichberechtigung aller landesüblichen Sprachen in Schule, Amt und öffentlichem Leben wird vom Staate anerkannt. In den Ländern, in welchen mehrere Volksstämme wohnen, sollen die öffentlichen Unterrichtsanstalten derart eingerichtet sein, daß ohne Anwendung eines Zwanges zur Erlernung einer zweiten Landessprache jeder dieser Volksstämme die erforderlichen Mittel zur Ausbildung in seiner Sprache erhält."

[11] Der Verfassungsgerichtshof nimmt eine Derogation dieser Vorschrift an. Er begründet seine Auffassung damit, daß es die in Art. 19 StGG angesprochenen Volksstämme und landesüblichen Sprachen nach dem Zerfall der Österreichisch-Ungarischen Doppelmonarchie nicht mehr gebe; vgl. VfSlg. 2459/1952; 4221/1962. Ausdrücklich offengelassen hat er die Frage der Anwendbarkeit dieser Bestimmung dagegen in einem jüngeren Erkenntnis (VfSlg. 9224/1981).

[12] *L. Adamovich*, Handbuch des österreichischen Verfassungsrechts (Wien, 6. Aufl. 1971), 564 spricht sich gegen eine Anwendbarkeit aus. Für eine Fortgeltung treten u.a. *F. Ermacora*, Handbuch der Grundfreiheiten und der Menschenrechte (Wien 1963), 530 und *T. Veiter* (Anm. 3), 11 ein. Die Stellungnahme des Rats der Kärntner Slowenen und des Zentralverbandes slowenischer Organisationen in Kärnten zum Grundlagenbericht der Bundesregierung über die Lage der Volksgruppen, abgedruckt im Anschluß an den Grundlagenbericht der Bundesregierung (Anm. 4), 62 ff. (64 ff.) weist sämtliche Argumente, die gegen eine Anwendbarkeit des Art. 19 StGG sprechen könnten, mit ausführlicher Begründung zurück.

[13] StGBl. Nr. 303/1920. Die Art. 66 - 68 lauten:

Art. 66: "Alle österreichischen Staatsangehörigen ohne Unterschied der Rasse, der Sprache oder Religion sind vor dem Gesetze gleich und genießen dieselben bürgerlichen und politischen Rechte.

Unterschiede in Religion, Glauben oder Bekenntnis sollen keinem österreichischen Staatsangehörigen beim Genuß der bürgerlichen und politischen Rechte nachteilig sein, wie namentlich bei Zulassung zu öffentlichen Stellungen, Ämtern und Würden oder bei den verschiedenen Berufs- und Erwerbstätigkeiten.

vom 15. Mai 1955[14] zu beachten. Ihre Anwendbarkeit ist unstreitig. Zu diesen Bestimmungen traten später weitere verfassungsrechtliche Vor-

---

Keinem österreichischen Staatsangehörigen werden im freien Gebrauch irgendeiner Sprache im Privat- oder Geschäftsverkehr, in Angelegenheiten der Religion, der Presse oder irgendeiner Art von Veröffentlichungen oder in öffentlichen Versammlungen, Beschränkungen auferlegt.

Unbeschadet der Einführung einer Staatssprache durch die österreichische Regierung werden nicht Deutsch sprechenden österreichischen Staatsangehörigen angemessene Erleichterungen beim Gebrauche ihrer Sprache vor Gericht in Wort oder Schrift geboten werden."

Art. 67: "Österreichische Staatsangehörige, die einer Minderheit nach Rasse, Religion oder Sprache angehören, genießen dieselbe Behandlung und dieselben Garantien, rechtlich und faktisch, wie die anderen österreichischen Staatsangehörigen; insbesondere haben sie dasselbe Recht, auf ihre eigenen Kosten Wohltätigkeits-, religiöse oder soziale Einrichtungen, Schulen und andere Erziehungsanstalten zu errichten, zu verwalten und zu beaufsichtigen mit der Berechtigung, in denselben ihre eigene Sprache nach Belieben zu gebrauchen und ihre Religion frei zu üben."

Art. 68: "Was das öffentliche Unterrichtswesen anlangt, wird die österreichische Regierung in den Städten und Bezirken, wo eine verhältnismäßig beträchtliche Zahl anderssprachiger als deutscher österreichischer Staatsangehöriger wohnt, angemessene Erleichterungen gewähren, um sicherzustellen, daß in den Volksschulen den Kindern dieser österreichischen Staatsangehörigen der Unterricht in ihrer eigenen Sprache erteilt werde. Diese Bestimmung wird die österreichische Regierung nicht hindern, den Unterricht der deutschen Sprache in den besagten Schulen zu einem Pflichtgegenstande zu machen.

In Städten und Bezirken, wo eine verhältnismäßig beträchtliche Anzahl österreichischer Staatsangehöriger wohnt, die einer Minderheit nach Rasse, Religion oder Sprache angehören, wird diesen Minderheiten von allen Beträgen, die etwa für Erziehung, Religions- oder Wohltätigkeitszwecke aus öffentlichen Mitteln in Staat-, Gemeinde- oder anderen Budgets ausgeworfen werden, ein angemessener Teil zu Nutzen und Verwendung gesichert."

[14] BGBl. Nr. 152/1955. Art. 7 des Staatsvertrags von Wien vom 15. Mai 1955 garantiert die Rechte der slowenischen und kroatischen Minderheiten. In Verfassungsrang stehen nur die Z. 2-4. Art. 7 hat folgenden Wortlaut:

"1. Österreichische Staatsangehörige der slowenischen und kroatischen Minderheiten in Kärnten, Burgenland und Steiermark genießen dieselben Rechte auf Grund gleicher Bedingungen wie alle anderen österreichischen Staatsangehörigen einschließlich des

schriften hinzu[15]. Eine wesentliche Rolle bei der Fortentwicklung der rechtlichen Stellung der Minderheiten in Österreich spielt der VfGH, der sich seit etwa einem Jahrzehnt verstärkt mit den einschlägigen Bestimmungen befaßt. Er hat beispielsweise durch das Erkenntnis vom 15. Dezember 1989[16] verschiedene Vorschriften, die bislang den räumlichen Anwendungsbereich des Minderheiten-Schulgesetzes für Kärnten regeln, für verfassungswidrig erklärt[17]. Die Uneinheitlichkeit und die Zersplitterung der verfassungsrechtlichen Bestimmungen bringen eine Reihe von Problemen mit sich. Ohne an dieser Stelle näher auf Einzelheiten einzugehen, ist anzumerken, daß die verfassungsrechtlichen Vorschriften nur einen begrenzten Regelungsbereich erfassen und ihre Umsetzung in einfachgesetzliche Normen Defizite aufweist.

Rechtes auf ihre eigenen Organisationen, Versammlungen und Presse in ihrer Sprache.

2. Sie haben Anspruch auf Elementarunterricht in slowenischer oder kroatischer Sprache und auf eine verhältnismäßige Anzahl eigener Mittelschulen; in diesem Zusammenhang werden Schullehrpläne überprüft und eine Abteilung der Schulaufsichtsbehörde wird für slowenische und kroatische Schulen eingerichtet.

3. In den Verwaltungs- und Gerichtsbezirken Kärntens, des Burgenlandes und der Steiermark mit slowenischer, kroatischer oder gemischter Bevölkerung wird die slowenische oder kroatische Sprache zusätzlich zum Deutschen als Amtssprache zugelassen. In solchen Bezirken werden die Bezeichnungen und Aufschriften topographischer Natur sowohl in slowenischer oder kroatischer Sprache wie in Deutsch verfaßt.

4. Österreichische Staatsangehörige der slowenischen und kroatischen Minderheiten in Kärnten, Burgenland und Steiermark nehmen an den kulturellen, Verwaltungs- und Gerichtseinrichtungen in diesen Gebieten auf Grund gleicher Bedingungen wie andere österreichische Staatsangehörige teil.

5. Die Tätigkeit von Organisationen, die darauf abzielen, der kroatischen oder slowenischen Bevölkerung ihre Eigenschaft und ihre Rechte als Minderheit zu nehmen, ist zu verbieten."

[15] Vgl. beispielsweise § 7 Abs. 1 des Minderheiten-Schulgesetzes für Kärnten (BGBl. Nr. 101/1959).

[16] VfGH JBl. 112 (1990), 645 ff.

[17] Die notwendig gewordene Novellierung des Minderheiten-Schulgesetzes erfolgte mit Bundesgesetz vom 28. Juni 1990 (BGBl. Nr. 420/1990).

Während die - nach der Rechtsprechung des VfGH nicht mehr anwendbare - Vorschrift des Art. 19 StGG den Volksgruppen selbst Rechtssubjektsqualität zuerkannte, sind im übrigen nur die Angehörigen der Volksgruppen Rechtssubjekte der Verfassungsvorschriften[18]. Die Verfassungsnormen sind gegenüber dem Gesetzgeber unmittelbar anwendbar und stellen unmittelbar einklagbare subjektive öffentliche Rechte von Verfassungsrang insoweit dar, als dies durch Auslegung zu ermitteln ist. Das schon erwähnte Erkenntnis des VfGH vom 15. Dezember 1989 stellt in diesem Sinne die unmittelbare Anwendbarkeit von Art. 7 Z. 2 des Staatsvertrags von 1955 fest[19]. Die unmittelbare Anwendbarkeit anderer verfassungsrechtlicher Vorschriften ist vom VfGH ebenfalls anerkannt worden[20]. Die Rechtsprechung des VfGH geht ferner davon aus, daß es sich bei den verfassungsrechtlichen Minderheitenschutzbestimmungen um konkrete Wertentscheidungen zugunsten des Schutzes und für den Bestand der Minderheiten handelt[21]. In diesem Zusammenhang ist auf die einfachgesetzliche Vorschrift des § 1 Abs. 1 Volksgruppengesetz (VGG) vom 7. Juli 1976[22] hinzuweisen, die die Erhaltung der Volksgruppe und die Sicherung ihres Bestands gewährleistet. *Veiter* legt diese Bestimmung dahingehend aus, daß dann, wenn der zahlenmäßige Bestand einer Volksgruppe abnimmt, die Republik Österreich und das betreffende Bundesland gehalten sind, die Volksgruppe so zu behandeln wie wenn der frühere Bestand noch vorhanden wäre. Das hat zum Beispiel Bedeutung für die Herabsetzung von solchen Prozentgrenzen[23], deren Erreichen Voraussetzung für die Gewährung von Minderheitenrechten ist.

---

[18] Österreichische Rektorenkonferenz, Bericht der Arbeitsgruppe "Lage und Perpsektiven der Volksgruppen in Österreich" (Wien 1989), 153. Mittelbar können die Volksgruppen allerdings als Rechtssubjekte betroffen sein.

[19] Vgl. Anm. 16.

[20] So beispielsweise für Art. 7 Z. 3 Staatsvertrag von 1955 mit Erkenntnis vom 12. Dezember 1987 (VfSlg. 11585/1987).

[21] VfSlg. 9224/1981.

[22] BGBl. Nr. 396/1976.

[23] *T. Veiter*, Das neue österreichische Volksgruppenrecht, in: T. Veiter (Hrsg.), System eines internationalen Volksgruppenrechts, 3. Teil: Sonderprobleme des Schutzes von Volksgruppen und Sprachminderheiten (Wien 1978), 300 ff. (348).

Aufgrund eines Gutachtens des VfGH vom 19. März 1958[24] ist anerkannt, daß das Volksgruppenrecht in Österreich Bundessache ist. Dies folgt nach Ansicht des VfGH daraus, daß der Begriff der Bundesverfassung nach Art. 10 Abs. 1 Z. 1 B-VG die Grundrechte und damit auch das Nationalitätenrecht einschließt. Die Länder können nach dem Kompetenzfeststellungs-Erkenntnis allerdings auf der Grundlage von Art. 16 Abs. 1 B-VG in ihrem selbständigen Wirkungsbereich in Durchführung eines Staatsvertrages auch Maßnahmen für Volksgruppen treffen. Dies betrifft in erster Linie Durchführungsgesetze im Schulrecht.

Im Völkerrecht gibt es bislang noch keine allgemein akzeptierte Definition des Minderheitenbegriffs[25]. Auch im innerstaatlichen Recht wirft ein solcher Begriff eine Reihe von Fragen auf. Sowohl objektive als auch subjektive Definitionsmerkmale führen zu jeweils eigenen Schwierigkeiten. Zum Teil werden Hinweise auf die Größe des betroffenen Personenkreises für erforderlich gehalten. Inwieweit hier die sogenannte Minderheitenfeststellung bedeutsam sein kann, wird zu prüfen sein[26]. Das österreichische Verfassungsrecht - vor allem Art. 7 des Staatsvertrags von 1955 - setzt den Begriff der Minderheit voraus. Die einfache österreichische Bundesgesetzgebung stellt auf den Begriff der Volksgruppe ab. Daneben gibt es vereinzelt auch einfachgesetzliche Regelungen, die auf den Minderheitenbegriff zurückgreifen.

Der Staatsvertrag von 1955 verwendet den Begriff der Minderheit für ausgegliederte Volksgruppen. Art. 7 des Staatsvertrags erwähnt ausdrücklich nur die slowenischen und die kroatischen Minderheiten. Eine nähere Definition enthält diese Bestimmung nicht. Der Begriff der Minderheit wird insoweit einerseits unter Rückgriff auf das Völkerrecht zu

---

24 VfSlg. 3314/1958.

25 Hinweise auf eine sich auf europäischer Ebene durchsetzende Auffassung, wonach nur Personen gemeint sind, die die Staatsangehörigkeit des jeweiligen Staates besitzen, gibt *Hofmann* (Anm. 8), 2 f.

26 Vgl. dazu auch VfSlg. 3314/1958.

definieren sein[27]; andererseits wird man auf historisch-tatsächliche Feststellungen verweisen müssen, wenn hier von geographisch eingegrenzten Minderheiten die Rede ist. Der verfassungsrechtliche Minderheitenbegriff des Staatsvertrags von Saint-Germain-en-Laye geht darüber hinaus. Er erfaßte nach Rechtsprechung und Praxis der ersten Republik auch rein sprachliche Minderheiten und sogar Zuwanderungsminderheiten[28]. Einfachgesetzlich ist der Begriff der Minderheit noch im sogenannten Zulagengesetz vom 7. Juli 1976[29] zu finden. Es geht in diesem Fall nur um eine andere als die deutsche Muttersprache[30], also eine sprachliche Minderheit. Die objektive Komponente des Minderheitenbegriff im österreichischen Recht ist insgesamt relativ weitreichend. In bestimmten Fällen reicht eine sprachliche Minderheitensituation aus.

Davon ist der Volksgruppenbegriff zu unterscheiden. Mangels anderer Anhaltspunkte wird man bei der Frage, inwieweit subjektive Elemente im Rahmen des Minderheitenbegriffs im österreichischen Recht zu berücksichtigen sind, auch auf die Auslegung des Volksgruppenbegriffs zurückgreifen müssen. Der Begriff der Volksgruppe ist nicht erst durch das Volksgruppengesetz vom 7. Juli 1976 in das österreichische Recht eingeführt worden[31]. Die folgende Analyse beruht allerdings auf der Legaldefinition des § 1 VGG[32]. Der Volksgruppenbegriff knüpft an

---

[27] So *R. Walter/H. Mayer*, Grundriß des österreichischen Bundesverfassungsrechts (Wien, 6. Aufl. 1988), 480.

[28] Vgl. dazu *Veiter* (Anm. 23), 303.

[29] BGBl. Nr. 397/1976.

[30] *Veiter* (Anm. 23), 305.

[31] Vgl. dazu die Nachweise bei *Veiter, ibid.*, 302.

[32] § 1 Abs. 2 - 3 VGG im Wortlaut: "(2) Volksgruppen im Sinne dieses Bundesgesetzes sind die in Teilen des Bundesgebietes wohnhaften und beheimateten Gruppen österreichischer Staatsbürger mit nichtdeutscher Muttersprache und eigenem Volkstum.

(3) Das Bekenntnis zu einer Volksgruppe ist frei. Keinem Volksgruppenangehörigen darf durch die Ausübung oder Nichtausübung der ihm als solchem zustehenden Rechte ein Nachteil erwachsen. Keine Person ist verpflichtet, ihre Zugehörigkeit zu einer Volksgruppe nachzuweisen."

Wohnort, Heimat, nichtdeutsche Muttersprache und eigenes Volkstum österreichischer Staatsangehöriger an. Das Bekenntnis zu einer Volksgruppe ist frei und nicht an eine Nachweisverpflichtung gebunden. Die Definition des Volksgruppenbegriffs gibt Anlaß zu einer Reihe von Anmerkungen. Das Volksgruppengesetz gewährt allen Volksgruppen Schutz, so daß nicht nur die slowenischen und kroatischen Minderheiten erfaßt sind. Es geht also über den persönlichen Anwendungsbereich von Art. 7 des Staatsvertrags von 1955 hinaus. Art. 19 StGG dagegen, sofern man von seiner Fortgeltung ausgeht, ist inhaltlich seinerseits umfassender als die Begriffsbestimmung des Volksgruppengesetzes. *Veiter* sieht darin allerdings keinen Widerspruch zu den Normen des VGG[33]. Gleichwohl kann die Definition der Volksgruppe im VGG als unbefriedigende Durchführung von Art. 7 des Staatsvertrags von 1955 angesehen werden, denn die verfassungsrechtliche Bestimmung gewährleistet die Minderheitenrechte nach dem Personalitätsprinzip, d.h. auch außerhalb der eigentlichen Siedlungsgebiete[34], während das Kriterium der Heimat in § 1 Abs. 2 VGG möglicherweise einschränkend herangezogen werden kann[35]. Darüber hinaus bietet die Rechtsordnung keine nähere Definition dessen, was unter Heimat zu verstehen ist[36]. Die Zusammenstellung der objektiven Merkmale der Definition ist insoweit im Hinblick auf die verfassungsrechtliche Lage nicht überzeugend.

Ein weiteres Problem bei der Anwendung der Vorschriften, die auf den Begriff der Minderheit oder der Volksgruppe abstellen, ist mit der sogennanten Minderheitenfeststellung verbunden. Das Volkszählungsgesetz von 1980[37] sah in § 12 eine geheime Erhebung der Muttersprache vor. Bedenkt man, daß mit dem Ergebnis einer Minderheitenzählung zumindest

---

[33] *Veiter* (Anm. 23), 323 ff.

[34] Bericht der Arbeitsgruppe "Lage und Perspektiven der Volksgruppen in Österreich" (Anm. 18), 156; zur Verfassungswidrigkeit der ursprünglichen Fassung des § 13 VGG vgl. u. II.2.

[35] So anscheinend *Veiter* (Anm. 23), 323.

[36] Zu diesem Kriterium vgl. Grundlagenbericht der Bundesregierung (Anm. 4), 9 f.

[37] BGBl. Nr. 199/1980.

mittelbar eine Überprüfung des Ausmaßes der Zuerkennung von Volksgruppenrechten verbunden ist, so wird deutlich, daß eine Minderheitenfeststellung nicht unbedingt im Interesse der Erhaltung der Volksgruppe liegt. § 2 Abs. 1 Z. 2 VGG ist vor diesem Hintergrund verfassungsrechtlich bedenklich[38], weil Art. 7 des Staatsvertrags von 1955 keine Minderheitenfeststellung vorsieht und keine zahlenmäßigen Voraussetzungen für Minderheitenrechte bestimmt. An späterer Stelle wird noch auf die erst 1988 aufgehobene Verknüpfung von Minderheitenfeststellung und Minderheitenschulwesen einzugehen sein[39].

Zusammenfassend ist anzumerken, daß das österreichische Recht eine Reihe unterschiedlicher Begriffe und Definitionen für Minderheiten kennt. Das Begriffssystem ist uneinheitlich und läßt einige Fragen offen. Während die Bekenntnisfreiheit positiv zu bewerten ist, geben die Auswahl objektiver Merkmale ebenso wie die Ansätze zu einer sogenannten Minderheitenfeststellung tendenziell Anlaß zur Kritik. Damit soll den objektiven Kriterien nicht ihre Relevanz abgesprochen werden. Sie sollten allerdings mit Bedacht ausgewählt werden, wie das problematische Kriterium der Heimat nahelegt.

---

[38] § 2 Abs. 1 Z. 2 VGG hat folgenden Wortlaut: "Durch Verordnungen der Bundesregierung im Einvernehmen mit dem Hauptausschuß des Nationalrates sind nach Anhörung der in Betracht kommenden Landesregierung festzulegen: ... 2. Die Gebietsteile, in denen wegen der verhältnismäßig beträchtlichen Zahl (ein Viertel) der dort wohnhaften Volksgruppenangehörigen, topographische Bezeichnungen zweisprachig anzubringen sind."

Zur 25 % - Regel vgl. *Veiter* (Anm. 23), 351; zu den verfassungsrechtlichen Bedenken vgl. Bericht der Arbeitsgruppe "Lage und Perspektiven der Volksgruppen in Österreich" (Anm. 18), 157; für eine weniger kritische Einschätzung vgl. Grundlagenbericht der Bundesregierung (Anm. 4), 10 ff.

[39] Vgl. *F. Ermacora*, Minderheitenschule in Kärnten, Österreichisches Jahrbuch für Politik 1988, 535 ff.

II. Das Recht auf Gebrauch der Minderheitensprache

1. Der private Bereich

Der Gebrauch von Minderheitensprachen im privaten Bereich ist in Österreich verfassungsrechtlich garantiert. Die in Art. 66 Abs. 3 des Staatsvertrags von Saint-Germain-en-Laye[40] niedergelegte Garantie wirft keine rechtlichen Fragen auf. Die Festlegung der deutschen Sprache als Staatssprache der Republik Österreich in Art. 8 B-VG berührt - wie in dieser Bestimmung ausdrücklich klargestellt wird - die den sprachlichen Minderheiten bundesgesetzlich eingeräumten Rechte nicht.

2. Behörden und Gerichte

Ausgangspunkt sind die verfassungsrechtlichen Garantien des Art. 66 des Staatsvertrags von 1919 und des Art. 7 Z. 3 des Staatsvertrags von 1955. Aufgrund dieser Normen werden bestimmte Minderheitensprachen zusätzlich zum Deutschen als Amtssprachen zugelassen[41]. Art. 7 Z. 3 S. 1 StV 1955 ist nach der Rechtsprechung des VfGH unmittelbar anwendbar[42]. Diese Bestimmung des Staatsvertrags von Wien sieht eine Zulassung der slowenischen oder kroatischen Sprache als zusätzliche Amtssprache nicht nur in den Verwaltungs- und Gerichtsbezirken Kärntens, des Burgenlandes und der Steiermark mit slowenischer oder kroatischer Bevölkerung vor, sondern auch dort, wo die Bevölkerungsstruktur *gemischtsprachig* ist. Es wird allerdings nicht festgelegt, welches Größenverhältnis diese Vorschrift

---

[40] Die Bestimmung lautet: "Keinem österreichischen Staatsangehörigen werden im freien Gebrauch irgendeiner Sprache im Privat- oder Geschäftsverkehr, in Angelegenheiten der Religion, der Presse oder irgendeiner Art von Veröffentlichungen oder in öffentlichen Versammlungen, Beschränkungen auferlegt."

[41] Anderes könnte man aus Art. 19 StGG schließen, wonach die Volksgruppensprache in den Siedlungsgebieten der betreffenden Volksgruppe (Maßstab ist die "beträchtliche Zahl") gleichberechtigt und nicht nur zusätzlich zum Deutschen zuzulassen wäre; vgl. *Veiter* (Anm. 23), 332 ff.

[42] VfGH vom 28. Juni 1983 (VfSlg. 9744/1983); VfGH vom 12. Dezember 1987 (VfSlg. 11585/1987).

zugunsten der Minderheit voraussetzt. Auf einfachgesetzlicher Ebene traf zunächst das Kärntner Gerichtssprachengesetz[43] Bestimmungen zur Umsetzung der verfassungsrechtlichen Vorgaben. Seit dem 1. Februar 1977 sind die §§ 1, 2, 13 ff. des Volksgruppengesetzes zu beachten[44]. Grundsätzlich hat nach § 13 Abs. 2 VGG jedermann das Recht, sich im Verkehr mit Verwaltungsbehörden der Volksgruppensprache zu bedienen. Gegebenenfalls ist ein Dolmetscher beizuziehen (§ 15 Abs. 3 VGG). Es gibt allerdings territoriale Begrenzungen. Vor dem Hintergrund der verfassungsrechtlichen Garantien erweisen sich einige dieser einfachgesetzlichen Normen als problematisch. § 2 Abs. 1 Ziff. 3 VGG ist insofern verfassungsrechtlich bedenklich, als das Erfordernis einer Durchführung durch Verordnung der Bundesregierung aufgestellt wird[45]. Die Zulassung der Sprache einer Volksgruppe im Umgang mit Behörden und Gerichten kann nach dieser Bestimmung auch auf bestimmte Personen oder Angelegenheiten beschränkt werden. Die erforderliche Verordnung der Bundesregierung kann nur mit Zustimmung des Hauptausschusses des Nationalrats und nach Anhörung der in Betracht kommenden Landesregierung ergehen. § 2 Abs. 2 VGG relativiert die Verpflichtungen außerdem dadurch, daß auf die Größenordnung der jeweiligen Volksgruppe Bezug genommen wird. Dies wird ebenfalls als verfassungsrechtlich bedenklich angesehen. Das Volksgruppengesetz enthält in den §§ 13 ff. weitere Einzelheiten. Die ursprüngliche Fassung von § 13 VGG machte, wie erwähnt, die Verwendung einer Volksgruppensprache bei Behörden oder Dienststellen von ihrer Zulassung durch Verordnung abhängig. Diese Regelung berücksichtigte aber nicht, daß Art. 7 des Staatsvertrags von 1955 subjektive Rechte auch nach dem Personalitätsprinzip und nicht nur nach dem Territorialitätsprinzip gewährt. Die Durchführungsverordnung vom 31. Mai 1977[46], die nur bestimmte Gerichte, Verwaltungsbehörden und Dienststellen bestimmt, vor denen die slowenische Sprache als Amtssprache zugelassen ist, löste dieses Problem nicht. Dadurch stellte sich insbesondere die Frage des Gebrauchs der

---

[43] BGBl. Nr. 102/1959.
[44] Vgl. § 24 Abs. 4 VGG.
[45] Bericht der Arbeitsgruppe "Lage und Perspektiven der Volksgruppen" (Anm. 18), 157.
[46] BGBl. Nr. 307/1977.

Volksgruppensprachen im Umgang mit Behörden und Gerichten in Klagenfurt und Wien. Aufgrund einer Reihe von Beschwerden, die die Verwendung des Kroatischen als Amtssprache im Burgenland betrafen, wurde § 13 VGG insoweit für verfassungswidrig befunden[47], als die Verwendung einer Volksgruppensprache von ihrer Zulassung als Amtssprache abhängig war. Auch § 16 VGG wurde einer verfassungsgerichtlichen Überprüfung unterzogen[48]. Mit Erkenntnis vom 28. Juni 1983[49] legte

---

[47] Zu den Einzelheiten vgl. G 55-58/1987, VfGH vom 12.12.1987 (VfSlg. 11585/1987): "Die Worte "gemäß § 2 Abs. 1 Z. 3 bezeichneten" in Abs. 1 und der Satzteil ",soweit sie durch eine V nach § 2 Abs. 1 bei dieser Behörde oder Dienststelle zugelassen ist" in Abs. 2 des § 13 des Volksgruppengesetzes, BGBl. Nr. 396/1976, werden als verfassungswidrig aufgehoben."; vgl. auch G. *Stadler*, Anmerkung zu VfSlg. 9744/1983, EuGRZ 11 (1984), 22 ff. (23).

§ 13 Abs. 1 und 2 VGG haben jetzt folgenden Wortlaut:

"(1) Die Träger der Behörden und Dienststellen haben sicherzustellen, daß im Verkehr mit diesen Behörden und Dienststellen nach Maßgabe der Bestimmungen dieses Abschnittes die Sprache einer Volksgruppe gebraucht werden kann.

(2) Im Verkehr mit einer Behörde oder Dienststelle im Sinne des Abs. 1 kann sich jedermann der Sprache der Volksgruppe bedienen. Niemand darf sich jedoch einer ihrem Zwecke nach sofort durchzuführenden Amtshandlung eines von Amts wegen einschreitenden Organs einer solchen Behörde oder Dienststelle nur deshalb entziehen oder sich weigern, ihr nachzukommen, weil die Amtshandlung nicht in der Sprache der Volksgruppe durchgeführt wird."

Es gibt mittlerweile eine Verordnung der Bundesregierung über die Bestimmung der Gerichte, Verwaltungsbehörden und sonstigen Dienststellen, vor denen die kroatische Sprache zusätzlich zur deutschen Sprache als Amtssprache zugelassen wird (BGBl. Nr. 231/1990). Für die letzte Änderung dieser Verordnung s. BGBl. Nr. 6/1991.

[48] § 16 VGG hat folgenden Wortlaut: "Entscheidungen und Verfügungen (einschließlich der Ladung), die zuzustellen sind und die in der Sprache einer Volksgruppe eingebrachte Eingaben oder Verfahren betreffen, in denen in der Sprache einer Volksgruppe bereits verhandelt worden ist, sind in dieser Sprache und in deutscher Sprache auszufertigen."

[49] VfSlg. 9744/1983; abgedruckt auch in: EuGRZ 11 (1984), 19 ff. mit einer Anmerkung von *Stadler* (Anm. 47).

der VfGH § 16 VGG dahingehend aus, daß in allen Verfahrensarten das Recht auf Gebrauch der Volksgruppensprache besteht[50].

Das Volksgruppengesetz ist auch auf gerichtliche Verfahren anzuwenden[51]. Das Recht auf Verhandlungsführung in einer Minderheitensprache besteht möglicherweise auch bei Verfahren vor dem Verwaltungsgerichtshof und dem Verfassungsgerichtshof[52].

Die Voraussetzungen für die Verwendung einer Volksgruppensprache im Umgang mit Behörden und Gerichten sollen am Beispiel der slowenischen Sprache erläutert werden. Die einschlägige Verordnung[53] setzt die österreichische Staatsbürgerschaft[54] und die Verwendung der Sprache vor einer der in den §§ 2 ff. der Verordnung gekennzeichneten Behörden voraus. Bei der Auslegung der Verordnung ist das schon erwähnte Erkenntnis des VfGH vom 12. Dezember 1987 zu beachten[55]. Bedenklich ist vor verfassungsrechtlichem Hintergrund nach wie vor die Bezugnahme auf die Verordnung über die Bestimmung derjenigen Gebiete, in denen topographische Bezeichnungen in deutscher und slowenischer Sprache anzubringen sind[56]; diese Verordnung setzt nämlich voraus, daß sich mindestens 25 % der jeweiligen Bevölkerung zur slowenischen Sprache

---

[50] So beginnt beispielsweise für einen Beschuldigten im Verwaltungsstrafverfahren die Einspruchsfrist mit Zustellung einer zweiten Ausfertigung der Strafverfügung in der Volksgruppensprache neu zu laufen, wenn der Beschuldigte die erstmalige Gelegenheit zur Wahrnehmung und Ausübung seines Rechtes auf Gebrauch dieser Sprache erst mit Zustellung einer nur deutsch verfaßten Bescheidausfertigung hatte (VfSlg. 9744/1983).

[51] Vgl. § 24 Abs. 4 VGG.

[52] So wohl *Stadler* (Anm. 47), 23 unter Bezugnahme auf *Veiter*.

[53] BGBl. Nr. 307/1977.

[54] §§ 1, 3 Abs. 2 der Verordnung über die Bestimmung derjenigen Gerichte, Verwaltungsbehörden und sonstigen Dienststellen, vor denen neben Deutsch auch Slowenisch als Amtssprache zugelassen ist.

[55] VfSlg. 11585/1987.

[56] BGBl. Nr. 306/1977.

bekennen[57]. Im übrigen wird auch die restriktive Bestimmung des § 4 der Verordnung über die Zulassung der slowenischen Sprache als Amtssprache[58] im Lichte des Erkenntnisses vom 12. Dezember 1987 weit auszulegen sein.

Die bisherigen Ausführungen lassen erkennen, daß der Gebrauch der Volksgruppensprachen im Umgang mit der Verwaltung und Gerichten auch nach Verabschiedung des Volksgruppengesetzes und der entsprechenden Verordnungen aus verfassungsrechtlicher Perspektive zunächst nur unzureichend geregelt war. Erst das Erkenntnis des VfGH vom 12. Dezember 1987 und nachfolgende Aktivitäten der Legislative haben dazu beigetragen, daß zumindest in den in Art. 7 Z. 3 des Staatsvertrags von Wien bezeichneten Gebieten eine Begrenzung des territorialen Geltungsbereichs des Rechts auf den hier erörterten Gebrauch der Sprache nicht mehr stattfindet, andernfalls eine solche Begrenzung als verfassungswidrig angesehen werden muß.

3. Kultur und Medien

Die verfassungsrechtliche Grundlage bildet Art. 66 Abs. 3 des Staatsvertrags von Saint-Germain-en-Laye[59]. Art. 7 Z. 1 des Staatsvertrags von Wien hat

---

[57] Zu den verfassungsrechtlichen Problemen vgl. oben I. a.E.

[58] BGBl. Nr. 307/1977; § 4 der Verordnung hat folgenden Wortlaut: "(1) Vor Behörden und Dienststellen des Bundes und des Landes mit Sitz im Land Kärnten anderer als der im § 3 genannten Art, deren Sprengel (Amtsbereich) ganz oder teilweise mit dem Sprengel einer im § 3 genannten Behörde zusammenfällt, wird, soweit in dieser Verordnung nicht anderes bestimmt ist, die slowenische Sprache zusätzlich zur deutschen Sprache als Amtssprache zugelassen, wenn

1. im Fall der sachlichen Zuständigkeit einer im § 3 genannten Behörde in der betreffenden Sache die slowenische Sprache zusätzlich zur deutschen Sprache als Amtssprache zugelassen wäre oder

2. die Behörde als Rechtsmittelinstanz in einem Verfahren zuständig ist, das in erster Instanz vor einer Behörde geführt wurde, vor der die slowenische Sprache zusätzlich zur deutschen Sprache als Amtssprache zugelassen ist."

[59] Es heißt dort u.a.: "Keinem österreichischen Staatsangehörigen werden im freien Gebrauch irgendeiner Sprache ... in Angelegen-

nur einfachgesetzlichen Rang[60]. Beide Bestimmungen gewähren den genannten Minderheiten das Recht auf Presse in ihrer eigenen Sprache. Um dies auch tatsächlich zu ermöglichen, wird die Presse der Minderheiten von der österreichischen Regierung gefördert. Einschlägig ist das Bundesgesetz über die Förderung der Presse vom 2.7.1975[61]. § 2 Abs. 2 dieses Gesetzes durchbricht das Gleichheitsprinzip zugunsten in Österreich lebender Volksgruppen österreichischer Staatsbürger nichtdeutscher Sprachzugehörigkeit. Trotz dieser Bemühungen besitzt keine der Volksgruppen eine eigene Tageszeitung[62]. Es gibt allerdings eine größere Anzahl von Wochenzeitungen und Zeitschriften für die verschiedenen Volksgruppen. Der Österreichische Rundfunk sendet in den jeweiligen Lokalprogrammen für Burgenland und Kärnten regelmäßig im Hörfunk und Fernsehen in kroatischer, slowenischer und ungarischer Sprache. Für den Raum Wien gibt es weder im Hörfunk noch im Fernsehen regelmäßige Sendungen ausschließlich in einer Volksgruppensprache; in der Volksgruppensprache Tschechisch gestaltet der ORF derzeit überhaupt keine regelmäßigen Sendungen. Diesen Zustand bewertet auch die österreichische Bundesregierung kritisch.

Nur die slowenische Volksgruppe verfügt über eine spezifische wirtschaftliche Einrichtung[63]. Im kulturellen Bereich allerdings entfalten alle Volksgruppen ein großes Ausmaß an Aktivitäten. Es gibt eine Vielzahl

---

heiten ... der Presse oder irgendeiner Art von Veröffentlichungen ... Beschränkungen auferlegt."

[60] Dort heißt es: "Österreichische Staatsangehörige der slowenischen und kroatischen Minderheiten in Kärnten, Burgenland und Steiermark genießen dieselben Rechte aufgrund gleicher Bedingungen wie alle anderen österreichischen Staatsangehörigen, einschließlich des Rechtes auf ... Presse in ihrer eigenen Sprache."

[61] BGBl. Nr. 405/1975.

[62] Zu den folgenden Angaben vgl. Grundlagenbericht der Bundesregierung (Anm. 4), 52 f.

[63] Es gibt beispielsweise einen Verband slowenischer Genossenschaften; zum slowenischen Genossenschaftswesen vgl. Grundlagenbericht der Bundesregierung, *ibid.*, 44 ff.

regionaler Vereine, die sich auf kulturellem Gebiet mit Volksgruppenfragen befassen[64].

4. Kirchen und Religionsgemeinschaften

Auch das kirchliche Leben der Volksgruppen ist verfassungsrechtlich gesichert. Art. 66 Abs. 3 des Staatsvertrags von 1919 gewährt jedem österreichischen Staatsangehörigen das Recht, in Angelegenheiten der Religion eine Minderheitensprache zu gebrauchen. Im übrigen sieht § 4 Abs. 2 VGG vor, daß solche Personen zu Mitgliedern eines Volksgruppenbeirats bestellt werden können, die als Angehörige der Volksgruppe von einer Kirche oder Religionsgemeinschaft vorgeschlagen werden. Auch im Rahmen der Volksgruppenförderung werden Kirchen und Religionsgemeinschaften besonders berücksichtigt[65]. Diese herausgehobene Stellung ist vor dem Hintergrund der großen Bedeutung nachvollziehbar, die den Kirchen und Religionsgemeinschaften in Vergangenheit und Gegenwart bei der Erhaltung der Identität der Volksgruppen zugekommen ist und noch zukommt. Die Verbindungen zwischen den Volksgruppen und den Kirchen sind intensiv und äußern sich in der ethnischen Zusammensetzung der Geistlichkeit und der Organisationsstruktur, vor allem aber in der Sprache der religiösen Betreuung. Während die slowenische Volksgruppe und auch die kroatische überwiegend der römisch-katholischen Kirche zugeordnet sind, zeichnet sich die ungarische Volksgruppe durch religiöse Vielfalt aus[66]. Insgesamt ist das kirchliche Leben der Volksgruppen in Österreich sehr ausgeprägt[67].

---

[64] Vgl. dazu Grundlagenbericht der Bundesregierung, *ibid.*, 49 f.

[65] Vgl. § 9 Abs. 3 VGG.

[66] Bei der tschechischen Volksgruppe dominiert die römisch-katholische Kirche, die auch über tschechische Seelsorger verfügt; allerdings ist die tschechische Volksgruppe in Wien konfessionell nicht einheitlich.

[67] Für weitere Einzelheiten s. Grundlagenbericht der Bundesregierung (Anm. 4), 54 ff.

5. Der Ortstafelstreit in Kärnten

Zur Durchführung der verfassungsrechtlichen Bestimmung des Art. 7 Z. 3 S. 2 des Staatsvertrags von Wien[68] wurde am 6. Juli 1972 das sogenannte Ortstafelgesetz beschlossen[69], das zu einer größeren politischen Auseinandersetzung führte[70]. *Ermacora* bewertet den Ortstafelstreit sogar als Wendepunkt der österreichischen Minderheitenpolitik[71]. Ohne auf die Auseinandersetzungen im einzelnen einzugehen, soll doch darauf hingewiesen werden, daß dem Gesetz die breite politische Zustimmung fehlte. Es ging den deutschsprachigen Kärntner Bürgern zu weit und wurde von den Minderheiten als unzureichend angesehen[72]. Es ging bei diesen Auseinandersetzungen auch um Fragen der politischen Legitimation. Das Ortstafelgesetz wurde mit dem 1. Februar 1977 durch das Volksgruppengesetz aufgehoben[73]. Auf der Grundlage von § 2 Abs. 1 Z. 2 i.V.m. § 12 Abs. 2 VGG wurden am 31. Mai 1977 die Verordnungen der Bundesregierung über die Bestimmung von Gebietsteilen, in denen topographische Bezeichnungen in deutscher und slowenischer Sprache anzubringen sind, erlassen[74]. Auf die mit dem 25 % - Schlüssel verbundenen verfassungsrechtlichen Probleme ist oben schon hingewiesen worden[75].

---

[68] "In solchen Bezirken (*Verwaltungs- und Gerichtsbezirke Kärntens, des Burgenlandes und der Steiermark mit slowenischer, kroatischer oder gemischtsprachiger Bevölkerung, in denen die slowenische oder kroatische Sprache als Amtssprache zugelassen wird - Verf.* -) werden die Bezeichnungen und Aufschriften topographischer Natur sowohl in slowenischer oder kroatischer Sprache wie in Deutsch verfaßt."

[69] BGBl. Nr. 270/1972.

[70] Allgemein zu zweisprachigen Ortsnamen in Kärnten vgl. *A. Ogris*, Zweisprachige Ortsnamen in Kärnten in Geschichte und Gegenwart, Südostdeutsches Archiv 28/29 (1985/1986), 130 ff.

[71] *Ermacora* (Anm. 39), 535.

[72] Zur Frage der Berücksichtigung des Burgenlandes vgl. *Veiter* (Anm. 23), 333.

[73] § 24 Abs. 3 VGG.

[74] BGBl. Nr. 306/1977 und BGBl. Nr. 308/1977.

[75] Vgl. dazu oben I. a.E.

III. Bildungs- und Erziehungswesen[76]

1. Verfassungsrechtliche Grundlagen

Das geltende System für Minderheitenschulen in Österreich beruht auf den verfassungsrechtlichen Bestimmungen der Art. 67 und 68 des Staatsvertrags von 1919 sowie des Art. 7 Z. 2 des Staatsvertrags von 1955[77]. Darüber hinaus beinhaltet das Minderheiten-Schulgesetz für Kärnten verfassungsrechtliche Bestimmungen[78]. Art. 67 des Staatsvertrags von Saint-Germain-en-Laye gewährt Österreichern, die einer Minderheit nach Rasse oder Sprache angehören, das Recht, auf ihre eigenen Kosten Schulen und andere Erziehungsanstalten zu errichten und in diesen Einrichtungen ihre eigene Sprache zu verwenden. Nach Art. 68 Abs. 1 dieses Vertrags ist die Republik Österreich darüber hinaus verpflichtet, angemessene Erleichterungen zu gewähren, damit in Städten und Bezirken, in denen eine verhältnismäßig beträchtliche Zahl anderssprachiger als deutschsprachiger österreichischer Staatsangehöriger wohnt, den Kindern dieser österreichischen Staatsangehörigen der Volksschulunterricht in ihrer eigenen Sprache erteilt wird.

---

[76] Die folgende Darstellung beschränkt sich im wesentlichen auf die Verwendung der Minderheitensprachen als *Unterrichtssprachen* und verzichtet weitgehend auf eine Darstellung der Verwendung dieser Sprachen als *Unterrichtsgegenstand*. Im übrigen liegt der Schwerpunkt der Ausführungen auf den Normen des positiven Rechts, die den Unterricht in slowenischer Sprache betreffen. Im Hinblick auf weitere Ausführungen ist auf den folgenden Sammelband zu verweisen: Wiener Arbeitsgemeinschaft für Volksgruppenfragen - Volksgruppeninstitut (Hrsg.) / *H. Tichy* (Red.), Unterricht und Bildung in den Volksgruppensprachen (Wien 1987), im folgenden zitiert als *Tichy* (Red.).

H. Tichy bewertet die das Minderheitenschulwesen in Österreich regelnden Normen wie folgt:

"Verbindet man die Zersplitterung des Volksgruppenrechts mit der Schnellebigkeit des Schulrechts, so scheint es vermessen, von einem österreichischen "Volksgruppenschulrecht" sprechen und dieses ... darstellen zu wollen." (*H. Tichy*, Die rechtlichen Voraussetzungen für die Erteilung des Unterrichts in Volksgruppensprachen, in: Tichy (Red.), *ibid.*, 11 ff. (11)).

[77] Zu Art. 19 StGG 1867, dessen Fortgeltung str. ist, vgl. *Tichy, ibid.*, 12 f.

[78] Vgl. Anm. 15.

Schließlich ist Art. 7 Z. 2 des Staatsvertrags von Wien zu beachten, der Angehörigen der slowenischen und kroatischen Minderheiten in Kärnten, Burgenland und Steiermark Anspruch auf Elementarunterricht in slowenischer oder kroatischer Sprache und auf eine verhältnismäßige Anzahl eigener Mittelschulen gewährt[79]. Art. 7 Z. 2 dieses Staatsvertrags sieht ergänzende Bestimmungen vor. Der VfGH hat zu diesen Verpflichtungen aus dem Staatsvertrag von Wien folgendes geäußert:

> "Art 7 Z 2 StV v Wien ist unmittelbar anwendbar und gewährleistet österr Staatsangehörigen der slowenischen Minderheit in Krnt ein subjektives öffentliches Recht auf Elementarunterricht in slowenischer Sprache."[80]

Eine zusammenfassende Bewertung der verfassungsrechtlichen Grundlagen gibt *Tichy*[81]:

> "... so könnte für die österreichische Rechtsordnung von einem Recht auf die grundlegende Bildung in der jeweiligen Volksgruppensprache gesprochen werden. Mehr als ein Grundsatz kann dies angesichts der bruchstückhaften und meist nur ganz allgemein formulierten Regelungen nicht sein. Darüberhinaus stellt sich weiters die - im Detail noch ungleich schwierigere - Frage, in welchem Ausmaß ein Grundrecht auf eine über die grundlegende noch hinausreichende Bildung besteht."

---

[79] Zum Begriff des *Elementarunterrichts* bemerkt Tichy (Anm. 77), 14:
"Damit wird neben der Volksschule sicher auch die Hauptschule erfaßt ... Weniger sicher kann dies schon für den Polytechnischen Lehrgang behauptet werden ... Sehr schwierig zu beantworten ist jedoch die Frage, ob auch die Vorschulstufe zum "Elementarunterricht" zu rechnen ist: Die Vorschulstufe ist zwar Teil der Volksschule, doch ergibt sich aus dem Schulorganisationsgesetz, daß sie noch keine "Elementarbildung zu vermitteln" hat. Eine Lösung könnte darin gefunden werden, daß sie nur dann dem "Elementarunterricht" des Art. 7 Abs. 2 gleichgehalten wird, wenn ihr Besuch verpflichtend ist, nicht aber dann, wenn sie freiwillig besucht wird."

[80] Erkenntnis vom 15. Dezember 1989 (Anm. 16), 645.

[81] *Tichy* (Anm. 76), 15.

Im Sommer 1990 wurde dem Nationalrat eine Regierungsvorlage über ein Minderheiten-Schulverfassungsgesetz vorgelegt[82]. Damit sollte eine einheitliche verfassungsrechtliche Basis für das Volksgruppenschulwesen geschaffen werden. Es ist vorgesehen, dieses Vorhaben in der gegenwärtigen Legislaturperiode[83] erneut aufzugreifen und eine Zusammenfassung und Neugestaltung der verfassungsrechtlichen Grundlagen unter Beibehaltung bewährter Regelungen der einzelnen Bundesländer zu erarbeiten[84].

2. Kindergartenerziehung

Im wesentlichen steht den Ländern die Kompetenz für das Kindergartenwesen zu[85]. Erst in neuerer Zeit wird die Bedeutung zweisprachiger Kindergärten anerkannt. Allerdings besteht keine Verpflichtung zur Errichtung solcher Kindergärten. Das Burgenländische Kindergartengesetz verpflichtet seit der Novelle vom Herbst 1989 die Kindergartenhalter allerdings, unter bestimmten Voraussetzungen Erziehung (auch) in kroatischer und ungarischer Sprache anzubieten[86]. Zweisprachige Kindergärten hat es im Burgenland allerdings schon vor der Novellierung gegeben. Auch in Kärnten gibt es einige zweisprachige Gemeindekindergärten. In Wien gibt es einen privaten Kindergarten des tschechischen Schulvereins[87].

---

[82] Regierungsvorlage über ein Bundesverfassungsgesetz vom XXXXX, mit dem Bestimmungen über das Minderheitenschulwesen getroffen werden (Minderheiten-Schulverfassungsgesetz) (1386 der Beilagen zu den Stenographischen Protokollen des Nationalrates XVII. GP)

[83] Die gegenwärtige Legislaturperiode hat im Herbst 1990 begonnen.

[84] Vgl. Anm. 82.

[85] Nur für die ausdrücklich in Art. 14 B-VG genannten Bereiche besteht eine Bundeskompetenz.

[86] Gesetz vom 16. Oktober 1989, mit dem das Kindergartengesetz geändert wird, LGBl. (Burgenland) Nr. 12/1990.

[87] Zu den vorangegangenen Angaben vgl. Grundlagenbericht der Bundesregierung (Anm. 4), 37.

3. Das Minderheiten-Schulwesen in Kärnten

Für Kärnten ist das Minderheitenschulgesetz von 1959[88], ein Bundesgesetz, einschlägig. Die wichtigsten Änderungen dieses Gesetzes wurden 1988 vom Nationalrat beschlossen[89]. Darüber hinaus ist das schon zitierte Erkenntnis des VfGH vom 15. Dezember 1989 zu beachten[90]. Für das Burgenland existieren nur wenige Regelungen[91]. Als landesrechtliches Ausführungsgesetz zum Kärntner Minderheitenschulgesetz ist das Kärntner Ausführungsgesetz zum Minderheitenschulgesetz ergangen[92]. Daneben ist eine Reihe weiterer Bestimmungen zu beachten, auf die im Rahmen dieses kurzen Überblicks nicht i.e. eingegangen werden kann[93]. Immer wieder spielt in den Diskussionen auch das sogenannte Elternrecht eine Rolle, aus dem teilweise eine Beschränkung der Minderheitenschutzbestimmungen hergeleitet wird[94].

Beispielhaft sollen im folgenden die wesentlichen Bestimmungen des Kärnter Minderheitenschulgesetzes dargestellt werden. Art. I des Kärntner Minderheitenschulgesetzes von 1959 enthält Verfassungsbestimmungen und regelt in den §§ 1 - 6 die Kompetenzverteilung zwischen Bund und Land. Die Landeskompetenzen werden durch § 3 deutlich begrenzt[95]. Der in

---

[88] BGBl Nr. 101/1959 i.d.F. BGBl. Nr. 246/1959, 326/1988, 35/1990, 420/1990.

[89] Vgl. dazu Text bei Anm. 100 ff.

[90] Besprechung bei *P. Pernthaler*, Personalitätsprinzip und Territorialitätsprinzip im Minderheitenschulwesen, JBl. 112 (1990), 613 ff.

[91] Vgl. dazu unten; einschlägig ist § 7 des burgenländischen Landesschulgesetzes von 1937, das in Ausführung der Verpflichtungen aus dem Staatsvertrag als Bundesgesetz weitergilt; LGBl. (Burgenland) Nr. 40/1937.

[92] LBGl. (Kärnten) Nr. 44/1959, mehrfach geändert.

[93] Vgl. dazu u.a. *Tichy* (Red.) (Anm. 76), *passim*.

[94] Bericht der Arbeitsgruppe "Lage und Perspektiven der Volksgruppen" (Anm. 18), 156 unter Verweis auf Art. 2 des ZP I EMRK.

[95] Die Bestimmung hat folgenden Wortlaut: "Bundessache ist die Gesetzgebung über die Grundsätze, Landessache die Ausführungsgesetzgebung und die Vollziehung in den Angelegenheiten der örtlichen Festlegung der für die slowenische Minderheit im

Verfassungsrang stehende § 7 gewährleistet das Recht, die slowenische Sprache als Unterrichtssprache zu gebrauchen.

Zentrale Verfassungsbestimmung im Hinblick auf das Recht, die slowenische Sprache als Unterrichtssprache zu gebrauchen, ist § 7[96]. Maßgeblich für die Teilnahme am zweisprachigen Schulwesen Kärntens (Volks- und Hauptschulen) ist danach der Wille des gesetzlichen Vertreters. Die Verwendung der slowenischen Sprache als Unterrichtssprache ist Recht und nicht Pflicht[97]. Daneben verpflichtet § 8 allerdings zum Erlernen der deutschen Sprache. Die §§ 9 - 11 enthalten Grundsatzbestimmungen, die aufgrund des in Verfassungsrang stehenden § 9 Abs. 2 nur mit qualifizierter Mehrheit geändert, ergänzt oder aufgehoben werden können[98]. Die mehrfach geänderten Vorschriften der §§ 10 - 11 sind teilweise verfassungsrechtlich beanstandet worden[99]. Diese Bestimmungen behandeln vor allem die örtliche Festlegung von Volks- und Hauptschulen und die damit verbundene Problematik der zweisprachigen Volksschulen, Volksschulklassen und Volksschulabteilungen. § 12 bestimmt die zulässigen Formen der Ausgestaltung des slowenischen Schulwesens für Volks- und Hauptschulen und unterscheidet zwischen Volks- und Hauptschulen mit slowenischer Unterrichtssprache, zweisprachigen Volksschulen (auch zweisprachige

---

besonderen in Betracht kommenden öffentlichen Volks- und Hauptschulen."

[96] Er lautet in der Neufassung: "Das Recht, die slowenische Sprache als Unterrichtssprache zu gebrauchen oder als Pflichtgegenstand zu erlernen, ist jedem Schüler in dem gemäß § 10 Abs. 1 dieses Bundesgesetzes umschriebenen Gebiet in den gemäß § 10 Abs. 1 dieses Bundesgesetzes festzulegenden Schulen zu gewähren, sofern dies der Wille des gesetzlichen Vertreters ist. Ein Schüler kann nur mit Willen seines gesetzlichen Vertreters verhalten werden, die slowenische Sprache als Unterrichtssprache zu gebrauchen oder als Pflichtgegenstand zu erlernen."(BGBl. Nr. 420/1990).

[97] Das Gesetz verlangt nicht, daß der Schüler der slowenischen Volksgruppe zuzurechnen ist oder daß seine Muttersprache Slowenisch sein muß.

[98] Danach können die Vorschriften der §§ 9 - 11 "vom Nationalrat nur in Anwesenheit von mindestens der Hälfte der Mitglieder und mit einer Mehrheit von zwei Dritteln der abgegebenen Stimmen abgeändert, ergänzt oder aufgehoben werden" (§ 9 Abs. 2; BGBl. Nr. 101/1959).

[99] Zur Neuregelung vgl. BGBl. Nr. 420/1990.

Volksschulklassen und Volksschulabteilungen) und Abteilungen für den Unterricht in slowenischer Sprache, die in Hauptschulen mit deutscher Unterrichtssprache eingerichtet sind. § 13 legt das sogenannte Anmeldeprinzip fest. § 15 bestimmt, daß die deutsche (Staats)Sprache auch an Volks- und Hauptschulen mit slowenischer Unterrichtssprache als Pflichtgegenstand mit sechs Wochenstunden zu führen ist. 1988 erfolgten zwei umstrittene Änderungen des Minderheiten-Schulgesetzes für Kärnten: § 16 wurde geändert und ein neuer § 16 a wurde eingefügt. Unter bestimmten Voraussetzungen sieht § 16 a eine Trennung von deutschsprachigen und slowenischsprachigen Schülern nun auch an zweisprachigen Volksschulen vor. Danach darf auf der Vorschulstufe und der 1. bis 3. Schulstufe die Zahl der Schüler in einer Klasse sieben Schüler nich unterschreiten und 20 Schüler nicht übersteigen; Vorschulgruppen mit einem Unterricht an drei Tagen dürfen ab vier Schülern geführt werden[100]. Sind neun Kinder zum zweisprachigen Unterricht angemeldet oder nicht angemeldet, so müssen in der 1. bis 3. Schulstufe Parallelklassen eingeführt werden. Unabhängig davon muß in der 1. bis 3. Schulstufe unter bestimmten Voraussetzungen ein Zweitlehrer eingestellt werden[101]. Die Ausbildung der Volks- und Hauptschullehrer für slowenischen und zweisprachigen Unterricht wird durch eine ergänzende Lehrerbildung auf der Grundlage von Art. IV des Kärntner Minderheiten-Schulgesetzes besonders gefördert[102].

Für den Bereich der mittleren und höheren Schulen sieht Art. V des Minderheiten-Schulgesetzes für Kärnten die Einrichtung einer Bundesmittelschule mit slowenischer Unterrichtssprache vor. Dies ist 1957 mit der Errichtung des Bundesgymnasiums für Slowenen in Klagenfurt geschehen[103]. Mit Gesetz vom 28.6.1990 wurde in Kärnten darüber hinaus die Rechtsgrundlage für eine zweisprachige Handelsakademie an diesem

---

[100] § 16 a Z. 1 des Minderheiten-Schulgesetzes für Kärnten lt. Bundesgesetz vom 8.6.1988 (BGBl. Nr. 326/1988).

[101] *Ibid.*, Z. 2 und 3.

[102] Für die sogenannten Zweitlehrer vgl. auch den 1988 eingeführten § 20 Abs. 2 des Minderheiten-Schulgesetzes für Kärnten (BGBl. Nr. 326/1988).

[103] Für das Burgenland gibt es keine entsprechende Regelung, vgl. *Tichy* (Anm. 76), 19.

Bundesgymnasium geschaffen[104], die vom Schuljahr 1990/1991 an geführt wird.

Besondere Beachtung verdient das Erkenntnis des Verfassungsgerichtshofs vom 15. Dezember 1989, in dem einige grundsätzliche Klarstellungen zum Minderheiten-Schulwesen erfolgten. Der VfGH stellte zunächst fest, daß Art. 7 Z. 2 des Staatsvertrags von Wien ein unmittelbar anwendbares verfassungsrechtliches Recht gewährleiste[105]. Gleichwohl habe der Gesetzgeber einen rechtspolitischen Gestaltungsfreiraum, der insbesondere Fragen der Schul- und Unterrichtsorganisation betreffe, da die Verfassungsnorm lediglich einen Mindeststandard an schulischer Versorgung für alle Minderheitsangehörigen in Kärnten gewährleiste. Dieser Mindeststandard wird vom VfGH nicht näher präzisiert. Der VfGH weist ausdrücklich darauf hin, daß weder durch die Verfassungsnorm selbst noch durch die Auslegung derselben im Erkenntnis vom 15. Dezember 1989 *rechtspolitische Fragen* der Schul- und Unterrichtsorganisation des Minderheiten-Schulwesens entschieden werden. *Pernthaler* analysiert in seiner Urteilsbesprechung den Grundsatz des Elementarunterrichts in Minderheitenschulen:

> "Obwohl dies im Wortlaut des Art 7 Z 2 StV nicht ausdrücklich vorgesehen ist, schränkt der VfGH das Grundrecht auf Elementarunterricht in slowenischer Sprache dahingehend ein, daß nicht jedem einzelnen Schüler gesondert ein solcher Unterricht zu erteilen ist, sondern daß "der garantierte Elementarunterricht in Unterrichtsanstalten (Schulen) zu gewähren ist"".[106]

Letztlich kommt das Erkenntnis des VfGH zu dem Schluß, daß Art. 7 Z. 2 des Staatsvertrags den slowenischsprachigen Unterricht in Form einer allgemeinen Garantie für jeden Minderheitsangehörigen in Kärnten und als

---

[104] Art. II des Bundesgesetzes vom 28. Juni 1990 (BGBl. Nr. 420/1990); vgl. dazu auch K. *Smolle*, Das Minderheiten-Schulgesetz - Analyse der Neuregelung im Kärntner Schulwesen in bezug auf die Minderheiten, Österreichisches Jahrbuch für Politik 1988, 553 ff. (560).

[105] Vgl. oben Anm. 16.

[106] *Pernthaler* (Anm. 90), 615.

gesteigerte territorial gebundene Garantie für Minderheitsangehörige im *autochthonen Siedlungsgebiet* der Minderheit garantiert. Zur Problematik des *autochthonen Siedlungsgebiets* merkt *Pernthaler* an:

> "Man darf also nach der eindeutigen Begründung des VfGH das in ganz Krnt geltende Personalitätsprinzip auch im Schulwesen nicht gegen das Territorialitätsprinzip ausspielen und den hier erreichten Gebietsschutz auf den für ganz Krnt geltenden "verfassungsrechtlichen Mindeststandard" heruntersetzen, weil dies der Zielsetzung des Art 7 StV (als Einheit gesehen) widersprechen würde."[107]

Er hält im Hinblick auf einen zeitgemäßen Minderheitenschutz, der dem Trend der räumlichen Mobilität und Urbanisierung Rechnung trägt, die Kombination von Territorialitäts- und Personalitätsprinzip im Minderheitenschulwesen für angemessen und bewertet insoweit das Erkenntnis des VfGH positiv.

Die 1988 erfolgte Reform des Minderheiten-Schulwesens in Kärnten war mit erheblichen Auseinandersetzungen verbunden, die in dieser Darstellung nicht unberücksichtigt bleiben dürfen. Die Änderung des Kärntner Minderheiten-Schulgesetzes ging auf das sogenannte Kärntner Schulmodell[108] zurück, das vom österreichischen Nationalrat gutgeheißen wurde. Ausgelöst durch eine Initiative der FPÖ in Kärnten entwickelte sich die Diskussion um das Schulmodell über eine Volksabstimmung in Kärnten hin zu einer bundespolitischen Fragestellung, die durch eine Parteienvereinbarung vom November 1987 einer Lösung zugeführt wurde. Die Reform vom Sommer 1988 beendete das seit 1959 bestehende Provisorium, das die Einrichtung von Minderheiten-Schulen an eine amtliche Minderheitenfeststellung geknüpft hatte[109]. Dieses Junktim wurde

---

[107] *Ibid.*, 617.

[108] Zur Diskussion um das Schulmodell vgl. *R. Unkart*, Rechtspolitische Erwägungen zur Minderheitenschule, Der Donauraum 28 (1986), 51 ff.; *F. Ermacora*, (Anm. 39); *Smolle* (Anm. 104).

[109] Zur Rolle des Bekenntnisprinzips in diesem Zusammenhang vgl. *Tichy* (Anm. 76), 17.

aufgelöst. Bei den Auseinandersetzungen ging es vor allem um die Frage, ob deutschsprachige Kinder zur Teilnahme am slowenischsprachigen Unterricht verpflichtet werden konnten. Damit standen aber im Prinzip organisatorische Maßnahmen im Mittelpunkt. Vor allem das administrative Problem war politisch brisant. In der Auseinandersetzung wurde als zusätzliches juristisches Argument das Elternrecht[110] bemüht. Während das bis 1988 praktizierte zweisprachige Schulsystem einen wesentlichen Beitrag zur Integration leisten konnte[111], hat die neue Gesetzeslage gegenteilige Auswirkungen. Die politischen Auseinandersetzungen um das Minderheiten-Schulwesen in Kärnten wurden durch die Reform zwar nicht endgültig gelöst; insgesamt trat aber eine Beruhigung der Lage ein. Es ist an dieser Stelle ergänzend darauf hinzuweisen, daß das in § 7 des Kärntner Minderheiten-Schulgesetzes festgehaltene Elternrecht keinen Anspruch auf eine bestimmte Organisationsform der Schule beinhaltet. Dies hat auch das schon zitierte Erkenntnis des VfGH bestätigt[112].

4. Das Minderheiten-Schulwesen im Burgenland

Anders als das Minderheiten-Schulwesen in Kärnten ist das Minderheiten-Schulwesen im Burgenland nur rudimentär geregelt[113]. Zwar sind die durch die Staatsverträge gewährleisteten verfassungsrechtlichen Rahmenbedingungen gleich. Es gibt aber im Burgenland kein von der Regelungsintensität her vergleichbares Minderheiten-Schulgesetz wie in Kärnten. Das einschlägige burgenländische Schulgesetz stammt aus dem Jahr 1937[114]. Nach § 79 Abs. 2 des Schulunterrichtsgesetz vom 6. Februar 1974[115] sind

---

[110] Vgl. dazu § 7 des Kärntner Minderheiten-Schulgesetzes.
[111] So *Ermacora* (Anm. 39), 537.
[112] Vgl. Anm. 16.
[113] Zur praktischen Umsetzung der rechtlichen Rahmenbedingungen im Schulwesen ist auf die Darstellungen im von *H. Tichy* redigierten Sammelband zu verweisen (Anm. 76).
[114] Burgenländisches Landesschulgesetz 1937 (LGBl. (Burgenland) 1937/40).
[115] BGBl. Nr. 139/1974.

mit Ausnahme des § 7 des burgenländischen Landesschulgesetzes von 1937, der eine Regelung über die Unterrichtssprache im Burgenland trifft, alle mit dem Schulunterrichtsgesetz nach dessen § 79 Abs. 1 nicht zu vereinbarenden Vorschriften außer Kraft getreten[116]. § 7 des burgenländischen Landesschulgesetzes von 1937 gilt nunmehr als Bundesgesetz fort[117]. Danach ist in den Gemeinden mit mehr als 70% nicht-deutschsprachiger Bevölkerung deren Muttersprache Unterrichtssprache, in Gemeinden mit zwischen 30 und 70% nicht-deutschsprachiger Bevölkerung ist der Unterricht in Deutsch und der jeweiligen Minderheitensprache zu erteilen, im übrigen ist Deutsch Unterrichtssprache. Die Gemeinde kann bei einer Minderheitengruppe von weniger als 30% der Ortsbevölkerung allerdings Sorge dafür tragen, daß die Minderheitensprache als Pflichtfach unterrichtet wird. Dies bedarf der Zustimmung des Präsidenten des Landesschulrates, der allerdings bei mehr als 20 nicht-deutschsprachigen Kindern die Zustimmung nicht versagen darf. Die Umsetzung der aus dem Jahre 1937 stammenden Bestimmungen bereitet in der Praxis Schwierigkeiten. Das Quorum für Volksschulen mit ausschließlich kroatischer oder ungarischer Unterrichtssprache ist derzeit in keiner Gemeinde erreicht. Es gibt eine Reihe gemischtsprachiger Volksschulen.

---

[116] Vgl. *Veiter* (Anm. 23), 349 f.

[117] Die entscheidenden Bestimmungen haben folgenden Wortlaut: "(1) An den Volksschulen der Gebietskörperschaften bestimmt die Unterrichtssprache der Landesschulrat ..., wobei die nachfolgenden Bestimmungen in Anwendung zu bringen sind. (2) Als Unterrichtssprache kann ... die Muttersprache der Kinder ... festgesetzt werden, wobei ... die Staatssprache als verbindlicher Lehrgegenstand in allen Fällen gelehrt werden muß ... (3) Gehören in einer Schulgemeinde nach dem Ergebnisse der letzten Volkszählung 70 vom Hundert der Bewohner einer nationalen Minderheit des Landes an, so ist die betreffende Minderheitssprache die Unterrichtssprache. Gehören in einer Schulgemeinde 30 bis 70 vom Hundert zu einer nationalen Minderheit, so ist sowohl die Staats- wie die Minderheitssprache als Unterrichtssprache zu gebrauchen (gemischtsprachige Schulen). Bildet die Minderheit weniger als 30 vom Hundert der Bewohner, so ist die Staatssprache die Unterrichtssprache, wobei es jedoch der Schulgemeinde überlassen bleibt, Vorsorge zu treffen, daß die nicht deutsch sprechenden Kinder in ihrer Muttersprache durch deren Einführung als nicht verbindlichen Lehrgegenstand unterrichtet werden. Die Einführung einer Minderheitssprache als nichtverbindlicher Lehrgegenstand ... (kann) nicht versag(t) ... (werden), wenn mindestens 20 Schüler den Fremdsprachenunterricht besuchen. ..."

An den Hauptschulen ist der Stellenwert der kroatischen und ungarischen Sprache allerdings sehr gering. Dies hat zu kritischen Stellungnahmen von Minderheiten-Organisationen geführt[118]. Es gibt in Wien auf privater Ebene Sprachkurse in kroatischer Sprache für Vorschul- und Schulkinder. Im Burgenland wird das Kroatische derzeit an drei Gymnasien als Wahlpflichtgegenstand im Schulversuch unterrichtet, an einem der Gymnasien ist auch Ungarisch vorgesehen. Die Situation im Burgenland wird von den Volksgruppenorganisationen insgesamt nicht als befriedigend angesehen.

IV. Spezifische Schranken der Vereinigungsfreiheit

Die Vereinigungsfreiheit wird in Österreich durch Art. 12 StGG und Art. 11 EMRK positiv-rechtlich garantiert. Die damit verbundenen Fragen der Vereinsfreiheit[119] werden auch von dem nicht in Verfassungsrang stehende Vereinsgesetz 1951[120] berührt. Die Schranken der Vereinigungsfreiheit sind verfassungsrechtlicher und einfachgesetzlicher Art. Im Rahmen des Verfassungsrechts ist auf Art. 4 Z. 2 des Staatsvertrags von Wien hinzuweisen. Bei Art. 7 Z. 5 des Staatsvertrags dagegen handelt es sich um eine einfachgesetzliche Bestimmung. Sie verpflichtet die Republik Österreich dazu, die Tätigkeit von Organisationen, die darauf abzielen, der kroatischen oder slowenischen Bevölkerung ihre Eigenschaft und ihre Rechte als Minderheit zu nehmen, zu verbieten. Speziell für die slowenischen und kroatischen Minderheiten garantiert der ebenfalls nicht in Verfassungsrang stehende Art. 7 Z. 1 des Staatsvertrags von 1955 deren Recht auf ihre eigenen Organisationen und Versammlungen in ihrer eigenen Sprache. Auch das Volksgruppengesetz geht von der grundsätzlichen Zulässigkeit und dem Schutz von Vereinigungen von Minderheitsangehörigen aus. In § 9 Abs. 2 VGG findet sich eine Legal-

---

[118] Vgl. dazu den Grundlagenbericht der Bundesregierung (Anm. 4), 40.
[119] Zum folgenden vgl. *H. Tichy*, Die Vereinsfreiheit in Österreich, EuGRZ 11 (1984), 57 ff.
[120] BGBl. Nr. 233/1951 mit den Novellierungen BGBl. Nr. 141/1954 und BGBl. Nr. 102/1962.

definition für den Begriff der Volksgruppenorganisation, bei der es sich um einen Verein, eine Stiftung oder einen Fonds handeln muß, der dem Zweck nach der Erhaltung und Sicherung einer Volksgruppe, ihres besonderen Volkstums sowie ihrer Eigenschaften und Rechte dient. Diese Volksgruppenorganisationen werden auf der Grundlage von § 9 VGG finanziell gefördert. Die im Vereinsgesetz und im Strafgesetzbuch normierten rechtlichen Schranken der Vereinigungsfreiheit sind auch für die Volksgruppenorganisationen einschlägig. Das Vereinsgesetz sieht unter bestimmten Voraussetzungen die Untersagung der Vereinsbildung (§ 6) und die behördliche Vereinsauflösung (§ 24) vor. Danach ist die Untersagung der Vereinsbildung nur dann zulässig[121], wenn der Verein seinem Zweck oder seiner Einrichtung nach gesetz- oder rechtswidrig oder staatsgefährlich ist. Staatsgefährlichkeit ist dann anzunehmen, wenn der Verein aufgrund seines Statuts das herrschende Staatsinteresse gefährdet. Nicht ausreichend ist, daß der Verein auf legalem Weg eine Änderung der Staatsform herbeiführen will, die nicht in Widerspruch mit den Bestimmungen des Staatsvertrags von 1955 steht[122]. Aufgrund der neueren Judikatur des VfGH kann Staatsgefährlichkeit wohl nur mehr als qualifizierte Form der Gesetz- oder Rechtswidrigkeit verstanden werden, d.h. jede Staatsgefährlichkeit setzt einen Widerspruch zu einer Rechtsvorschrift voraus[123]. Im Strafgesetzbuch sind in erster Linie die Staatsschutzdelikte zu beachten (§§ 242 ff.). Die §§ 249 ff. setzen die Anwendung von Gewalt oder eine gefährliche Drohung voraus. Für die Vereinigungsfreiheit von besonderer Bedeutung ist § 246, der es unter Strafe stellt, eine Verbindung zu gründen, die (nicht unbedingt ausschließlich) darauf gerichtet ist, in gesetzwidriger Weise die Unabhängigkeit, die verfassungsrechtlich festgelegte Staatsform oder eine verfassungsmäßige Einrichtung der Republik oder eines der Bundesländer zu erschüttern. Werbung für, Unterstützung von und Teilnahme an einer solchen Verbindung sind ebenfalls strafbar. Der durch die aufgeführten

---

[121] Vgl. dazu *Tichy* (Anm. 119), 69.
[122] *P. Fessler / W. Kölbl*, Österreichisches Vereinsrecht (Wien, 2. Aufl. 1975), 45.
[123] So *Tichy* (Anm. 119), 70 unter Bezugnahme auf Erkenntnisse des VfGH.

Rechtsnormen abgesteckte Rahmen läßt Volksgruppenorganisationen ein weites Betätigungsfeld.

Auf das rege Vereinsleben der Volksgruppen ist schon an anderer Stelle hingewiesen worden[124]. Beachtung verdienen darüber hinaus die politischen Parteien[125]. Es besteht auf Bundesebene keine politische Partei, die sich ausschließlich mit Volksgruppenbelangen befaßt. Allerdings gibt es in den Parteien eine Reihe von Funktionären, die sich einer Volksgruppe zugehörig fühlen. In Kärnten gibt es auf Landesebene die Kärntner Einheitsliste, die allerdings nicht im Landtag vertreten ist[126]. Auf Gemeindeebene gibt es ebenfalls verschiedene slowenische Listen, insbesondere sogenannte Einheitslisten. Eine eigene kroatische Partei im Burgenland gibt es nicht. In Wien existiert eine Teilorganisation der Wiener SPÖ, die "Tschechoslowakische Sozialistische Partei Österreichs".

V. Politische Repräsentation

In Österreich haben in den vergangenen Jahren zwei Beteiligungsformen der Minderheiten bzw. Volksgruppen an der politischen Willensbildung eine Rolle gespielt. Zum einen gibt es seit dem Volksgruppengesetz die sogenannten Volksgruppenbeiräte. Zum anderen hat ein Erkenntnis des VfGH vom 5. Oktober 1981 den Anspruch ethnischer Minderheiten auf Vertretung in österreichischen Landtagen erörtert.

Die Volksgruppenbeiräte dienen nicht in erster Linie der politischen Repräsentation der Minderheiten im Sinne einer Teilnahme an der politischen Willensbildung. Dies ist schon dadurch bedingt, daß sie von der Bundesregierung nach Anhörung der Landesregierung für vier Jahre bestellt werden, es handelt sich also nicht um gewählte Vertreter (§ 4 Abs. 1

---

[124] Vgl. dazu oben II.3.

[125] Zum folgenden vgl. den Grundlagenbericht der Bundesregierung (Anm. 4), 48 f.

[126] Vgl. dazu die Entscheidung des VfGH vom 5. Oktober 1981 und die Anmerkung von *Veiter* (Anm. 131).

VGG). Die Volksgruppenbeiräte dienen der Beratung der Bundesregierung und der Bundesministerien in Volksgruppenangelegenheiten; sie sollen das kulturelle, soziale und wirtschaftliche Gesamtinteresse ihrer jeweiligen Volksgruppe repräsentieren; sie sind anzuhören und können Vorschläge zur Verbesserung der Lage der Volksgruppen machen (§ 3 Abs. 1 VGG). Die Landesregierungen können sich von den Volksgruppenbeiräten ebenfalls beraten lassen (§ 3 Abs. 2 VGG). Die Volksgruppenbeiräte sollen zahlenmäßig eine angemessene Vertretung der politischen und weltanschaulichen Meinungen ihrer Volksgruppe darstellen (§ 3 Abs. 3 VGG). Sie haben keine volle Geschäftsordnungsautonomie (§ 5 Abs. 2 VGG). Durch eine Verordnung der Bundesregierung vom 18.1.1977[127] wurden die Volksgruppenbeiräte für Slowenen, Kroaten, Tschechen und die magyarische Volksgruppe zahlenmäßig festgelegt. Sowohl die Zusammensetzung als auch die Funktionen der Volksgruppenbeiräte sind umstritten[128]. Bislang sind nur zwei der vier vorgesehenen Volksgruppenbeiräte gebildet worden, nämlich der für die ungarische Volksgruppe (seit 1979) und der für die slowenische Volksgruppe (seit 1989)[129]. Hinzuweisen ist noch auf aktuelle Bestrebungen, den Volksgruppenbeiräten verpflichtende Rechte zuzugestehen[130].

Der VfGH äußerte sich 1981 zum Anspruch ethnischer Minderheiten auf Vertretung in österreichischen Landtagen[131]. Er entschied, daß der Schutz von Angehörigen einer Minderheit deren Bevorzugung gegenüber den Angehörigen anderer Gruppen zwar sachlich rechtfertigen oder sogar erfordern könne, die tatsächliche Einteilung der Wahlkreise in Kärnten (es ging um eine Wahlanfechtung) aber nicht unsachlich zu Lasten der Minderheiten erfolgte. Weder der Staatsvertrag von Wien noch das StGG

---

[127] BGBl. Nr. 38/1977.
[128] Vgl. dazu *Veiter* (Anm. 23), 350 f.
[129] Vgl. dazu den Grundlagenbericht der Bundesregierung (Anm. 4), 34 f.
[130] Vgl. dazu die Auffassung des Minderheitensprechers der SPÖ, WZ vom 21. Februar 1992, 2.
[131] Umfassend dazu: *R. Unkart/G. Glantschnig/A. Ogris*, Zur Lage der Slowenen in Kärnten (Klagenfurt, 2. Aufl. 1984), 193 ff.

oder die EMRK mit dem Ersten Zusatzprotokoll vermitteln nach Auffassung des VfGH einer Minderheitenpartei einen Anspruch auf Vertretung im Landtag. Eine Privilegierung von Minderheitenparteien kennt das österreichische Recht insoweit nicht[132]. Auf die Rolle der politischen Parteien ist schon hingewiesen worden[133]. Beachtung verdient die Tatsache, daß es zwar keine kroatische Partei im Burgenland gibt, daß die Vertretung der Burgenlandkroaten im burgenländischen Landtag aber seit langem *de facto* gesichert ist; es gab zeitweise auch kroatische Mitglieder der Landesregierung[134].

Im Februar 1992 hat die ÖVP eine Petition des Österreichischen Volksgruppenzentrums im Nationalrat eingebracht, mit der eine effizientere Vertretung der ethnischen Minderheiten im Nationalrat gefordert wird[135]. Nach diesem Vorschlag sollen Vertreter ethnischer Minderheiten künftig nicht mehr an ein Grundmandat oder die geplante 4-Prozent-Klausel gebunden sein. Für ihre Wahl soll bundesweit eine Wahlzahl von etwa 26.000 Stimmen ausreichen. Der Vorschlag ist allerdings umstritten. Insbesondere die Kroaten befürchten dadurch eine Minderheitenfeststellung.

---

[132] *T. Veiter*, Anmerkung zur Entscheidung des VfGH vom 5. Oktober 1981 (VfSlg. 9224/1981), EuGRZ 9 (1982), 27 ff. (28).
[133] Vgl. dazu oben IV. a.E.
[134] Grundlagenbericht der Bundesregierung (Anm. 4), 48.
[135] Diese Informationen sind der Presse entnommen, vgl. WZ vom 21. Februar 1992, 2.

Die rechtliche Stellung der Minderheiten in Polen

MAHULENA HOŠKOVA*

Bis zum Ende der 80er Jahre gab es nach offizieller Auffassung in Polen keine nationalen oder ethnischen Minderheiten; besonders deutlich war diese Politik im Hinblick auf die deutsche Minderheit, deren Existenz von amtlicher Seite geleugnet wurde. Erst im Zusammenhang mit der politischen Wende in der Folge des "Runden Tisches" der Jahre 1988/1989 wurde diese Haltung aufgegeben und vor allem unter der Regierung *Mazowiecki* begonnen, die Rechtsstellung der nationalen und ethnischen Minderheiten neu zu ordnen. Für das Verständnis der nachfolgenden Darstellung der aktuellen Rechtslage dieser Minderheiten ist aber wichtig, vorab zu betonen, daß es sich hierbei um eine Materie handelt, deren rechtliche Regelung noch keinesfalls abgeschlossen und die in sehr vieler Hinsicht noch im Fluß ist[1].

---

* JUDr. (Prag), CSc.; Wissenschaftliche Mitarbeiterin am Institut für Staat und Recht der Akademie der Wissenschaften der ČSFR, Prag; z.Zt. wissenschaftliche Referentin am Institut.

1 Dieser Umstand erklärt auch, daß einschlägige juristische Literatur praktisch nicht vorhanden ist; für Überblicke über die tatsächliche Situation der deutschen Minderheit in polnischer Sprache vgl. aber *A. Sakson*, Mniejszość niemiecka na tle innych mniejszości narodowych we współczesnej Polsce (= Die deutsche Minderheit vor dem Hintergrund der anderen nationalen Minderheiten im gegenwärtigen Polen), Przeglad Zachodni 1991, Heft 2, 1 ff. und *D. Berlinska*, Procesy demokratyzacyjne w Polsce a mniejszość niemiecka na Śląsku Opolskim (= Der Demokratisierungsprozeß in Polen und die deutsche Minderheit im Oppelner Schlesien), Przegląd Zachodni 1991, Heft 2, 25 ff. Die nachfolgende Darstellung muß sich daher auf eine Beschreibung und Analyse der einschlägigen Gesetze und untergesetzlichen Regelungen sowie insbesondere auf die Angaben und Informationen stützen, die der Verfasserin dieses Berichts von den zuständigen Stellen in Polen gegeben wurden; für einen knappen Überblick über die aktuelle verfassungsrechtliche Lage der nationalen Minderheiten in Polen vgl. aber *R. Hofmann*, Minderheitenschutz in Europa, ZaöRV 52 (1992), 1 ff. (50 ff.).

I. **Einleitung**

a) Die Feststellung der tatsächlichen Bedeutung der Problematik nationaler Minderheiten in Polen wird vor allem dadurch erschwert, daß es bislang keine amtlichen Angaben über die Zahl der solchen Minderheiten angehörenden Personen gibt. Dies beruht darauf, daß in den Volkszählungen der Nachkriegszeit nicht nach der Nationalität der polnischen Bürger gefragt wurde[2] - ein Reflex des "Mythos" von Polen als einem - im Hinblick auf Nationalitäten - homogenen Landes. Nach aktuellen Schätzungen gehören von den zur Zeit insgesamt rund 38 Millionen polnischen Staatsbürgern zwischen 1 Million und 1,5 Millionen Personen einer nationalen Minderheit an. Nach den von polnischer Seite jüngst gemachten Angaben[3] sind hiervon 500.000 Personen Angehörige der deutschen Minderheit, je etwa 200.000 Personen Angehörige der ukrainischen und der weißrussischen Minderheit, je 20.000 - 30.000 Personen Angehörige der litauischen und der slowakischen Minderheit, 5.000 - 12.000 Personen Angehörige der jüdischen Minderheit und 20.000 - 40.000 Personen Angehörige der Roma - Minderheit; hinzu kommen noch kleinere Gruppen, wie etwa die nach dem Zweiten Weltkrieg nach Polen gekommenen griechischen und makedonischen Flüchtlinge[4] und die etwa 3.000 Tschechen, die als Nachkommen vertriebener Hussiten anzusehen sind.

Von entscheidender Bedeutung für die heute - vor allem im Vergleich zur Zwischenkriegszeit - weitgehend homogene nationale Struktur Polens waren natürlich die nach Ende des Zweiten Weltkriegs erfolgte "Westverschiebung" der Grenzen Polens und die im Zusammenhang damit stehenden Umsiedlungen großer Bevölkerungsgruppen. Es erscheint nicht

---

[2] Vgl. hierzu die Anordnung Nr. 221 des Ministerrats vom 10. Juni 1989 über die Erklärung des vollständigen Textes des Gesetzes vom 26. Februar 1982 über die staatliche Statistik (*o statystyce państwowej*), Dziennik Ustaw Nr. 40.

[3] Vgl. hierzu auch die Daten in dem von *L. Wierzycka* im Mai 1992 in Bratislava (Preßburg) gehaltenen Vortrag "National Minorities in Poland", welcher der Verf. zur Verfügung gestellt wurde.

[4] Ihre Zahl wird derzeit auf etwa 4.500 Personen geschätzt.

sinnvoll, an dieser Stelle auf den rechtlichen Hintergrund und die tatsächlichen Umstände der "Vertreibung" bzw. "Aussiedlung" der deutschen Bevölkerung aus den ehemals deutschen Ostgebieten einzugehen; festzustellen bleibt, daß ein sehr großer Teil der nach 1950 noch in den nunmehrigen polnischen Westgebieten ansässigen Deutschen bzw. nun Angehörigen der - allerdings als solche mit Ausnahme einer kleinen Gruppe in Niederschlesien nicht anerkannten - deutschen Minderheit Polen im Rahmen der Aktionen der "Familienzusammenführung" in den 70er Jahren verließen. Von der Möglichkeit, freiwillig Polen zu verlassen, machten auch etwa 0,5 Millionen Angehörige der litauischen, ukrainischen und weißrussischen Minderheit Gebrauch, von denen aber offenbar ein Teil inzwischen wieder zurückgekehrt ist. Die ganz große Mehrheit der polnischen Juden, die den Holocaust überlebt hatten, reiste nach den von Antisemitismus geprägten Ereignissen des Jahres 1968 nach Israel aus. Aber auch innerhalb der Grenzen Polens kam es zu umfangreichen Umsiedlungsmaßnahmen: So wurden in den weitgehend entvölkerten ehemaligen deutschen Ostgebieten nicht nur Polen aus den ehemaligen polnischen Ostgebieten angesiedelt, sondern im Jahre 1947 auch etwa 150.000 Ukrainer aus den südöstlichen Gebieten Polens im Rahmen der Deportationsaktion "Visla" dorthin umgesiedelt. Dem allgemein starken Assimilationsdruck waren aber alle nationalen Minderheiten ausgesetzt.

b) Für die Frage der Zugehörigkeit einer Person zu einer nationalen Minderheit gilt heute grundsätzlich das Bekenntnisprinzip als entscheidendes, subjektives Kriterium. Hinzuweisen ist in diesem Zusammenhang auf die Definition des Art. 20 des deutsch-polnischen Vertrages über gute Nachbarschaft und freundschaftliche Zusammenarbeit vom 17. Juni 1991[5]:

---

[5] BGBl. 1991 II, 1314 ff. bzw. Gesetz Nr. 454 vom 18.10.1991 über die Ratifikation des Vertrages zwischen der Bundesrepublik Deutschland und der Republik Polen über gute Nachbarschaft und freundschaftliche Zusammenarbeit vom 17. Juni 1991 (o ratyfikacji Traktatu między Rzeczapospolitą Polską a Republiką Federalną Niemiec o dobrym sąsiedztwie i przyjaznej współpracy, podpisanego w Bonn dnia 17 czerwca 1991 r.), Dziennik Ustaw Nr. 105; vgl. hierzu aus polnischer Sicht *W. Czaplinski*, The New Polish-German Treaties and the Changing Political Structure of Europe, AJIL 86 (1992), 163 ff.

Danach sind "Angehörige der deutschen Minderheit in der Republik Polen" diejenigen "Personen polnischer Staatsangehörigkeit, die deutscher Abstammung sind oder die sich zur deutschen sprache, Kultur oder Tradition bekennen", während die Angehörigen der polnischen Minderheit in Deutschland nicht als Minderheit, sondern als "Personen deutscher Staatsangehörigkeit in der Bundesrepublik Deutschland, die polnischer Abstammung sind oder die sich zur polnischen Sprache, Kultur und Religion bekennen" bezeichnet werden.

In diesem Zusammenhang auch zu erwähnen ist, daß auf polnischer Seite die Bestimmung des Art. 116 Abs. 1 GG immer noch erhebliche Irritationen weckt[6]. Zwar wird ganz offenbar die historische Bedeutung dieser Bestimmung, vor allem vor der Wiedervereinigung Deutschlands, anerkannt, doch scheint derzeit in Polen die Auffassung ganz weit verbreitet zu sein, derzufolge nach dem Inkrafttreten des Vertrages vom 14. November 1990 zwischen der Bundesrepublik Deutschland und der Republik Polen über die Bestätigung der zwischen ihnen bestehenden Grenze[7] diese Bestimmung ihren Sinn verloren habe. Nach polnischer Auffassung erschwert diese Vorschrift vor allem die Auslegung und Anwendung der in Art. 22 Abs. 2 des genannten Nachbarschaftsvertrages vom 17. Juni 1991 enthaltenen Loyalitätsklausel[8]. Nach aktuellen polnischen Schätzungen besitzen gegenwärtig etwa 100.000 polnische Staatsangehörige neben polnischen auch von der deutschen Botschaft in Warschau ausgestellte deutsche Reisepässe. Auch hätten etwa 30% der Wehrpflichtigen in Opole (Oppeln) und benachbarten Gebieten mit der Begründung ihrer deutschen Staatsangehörigkeit die Ableistung des polnischen Wehrdiensts verweigert. Insofern ist zu bemerken, daß beide

---

[6] Vgl. nur *W. Czaplinski, ibid.*, 169 und 172.

[7] BGBl. 1991 II 1328; vgl. hierzu aus polnischer Sicht *W. Czaplinski, ibid.*, 164 ff.

[8] Diese Bestimmung lautet: "Jeder Angehörige der in Artikel 20 Absatz 1 genannten Gruppen in der Republik Polen beziehungsweise in der Bundesrepublik Deutschland ist nach Maßgabe vorstehender Bestimmungen gehalten, sich wie jeder Staatsbürger loyal gegenüber dem jeweiligen Staat zu verhalten, indem er sich nach den Verpflichtungen richtet, die sich aufgrund der Gesetzes dieses Staates ergeben."

Zahlenangaben von deutscher Seite als wesentlich zu hoch angesehen werden. Schließlich wird es von manchen Kreisen in Polen offenbar als eine "Rarität" empfunden, daß alle Sejm- und Senatsmitglieder, die sich zur deutschen Minderheit bekennen, neben der polnischen auch die deutsche Staatsangehörigkeit besäßen; dies beruht darauf, daß das geltende polnische Wahlrecht[9] für das passive Wahlrecht nur das Innehaben der polnischen Staatsangehörigkeit erfordert, nicht aber ihr ausschließliches Innehaben - dies ist offenbar zunehmend Gegenstand politischer Kritik[10].

Ohne daß dies im Rahmen dieses Berichts näher auszuführen ist, sei doch erwähnt, daß die ausdrücklich als Übergangsbestimmung in das Grundgesetz aufgenommene Vorschrift des Art. 116 Abs. 1 GG immer noch geltendes deutsches Verfassungsrecht darstellt; sie bezieht sich bekanntlich auf alle Personen, die "Deutsche im Sinne des Grundgesetzes" sind[11], also Personen, welche formell die deutsche Staatsangehörigkeit besitzen[12], sowie die sogenannten "Statusdeutschen"[13], nämlich Flüchtlinge und Vertriebene deutscher Volkszugehörigkeit und deren Ehegatten und Abkömmlinge, falls sie im Gebiet des Deutschen Reichs nach dem Stand vom 31. Dezember 1937 Aufnahme gefunden haben. Wegen des "Übergangscharakters" dieser Vorschrift wird in jüngster Zeit, im Hinblick auf den Beitritt der ehemaligen Deutschen Demokratischen Republik zur Bundesrepublik Deutschland am 3. Oktober 1990, die Ablösung der alliierten Vorbehaltsrechte betreffend Deutschland als Ganzes und die endgültige Grenzregelung mit Polen, sowie angesichts der Veränderungen in Ostmittel-, Ost- und Südosteuropa, vermehrt eine Änderung der Rechtslage

---

[9] Vgl. hierzu unten unter V.

[10] Allerdings ist darauf hinzuweisen, daß von entsprechenden Regelungen auch andere Politiker profitierten; erwähnt sei nur der ja durchaus erfolgreiche Präsidentschaftskandidat *Stanislaw Tyminski*.

[11] Vgl. zu diesem Begriff statt aller *K. Hailbronner/G. Renner*, Staatsangehörigkeitsrecht (1991), 330 ff.

[12] *Ibid.*, 336.

[13] *Ibid.*, 336 ff.

jedenfalls der "Statusdeutschen" gefordert oder doch erwogen[14]. Zur verfassungsrechtlichen Problematik solcher Vorhaben kann im Rahmen dieses Berichts nicht Stellung genommen werden. Aus völkerrechtlicher Sicht erscheint eine solche Änderung der Rechtslage der "Statusdeutschen" - jedenfalls im gegenwärtigen Zeitpunkt - (noch) nicht geboten; der Erwerb der (deutschen) Staatsangehörigkeit nach dem Abstammungsprinzip (*ius sanguinis*) auch durch Personen, die selbst oder deren (deutscher) Elternteil nicht in Deutschland leben oder hier jemals gelebt haben, ist - wie etwa das Beispiel des schweizerischen "Bürgerrechts" zeigt[15] - von Völkerrechts wegen zulässig. Werden die betroffenen Personen so zu Doppelstaatern, d.h. besitzen sie im vorliegenden Fall die deutsche und die polnische Staatsangehörigkeit, ist zu berücksichtigen, daß nach den einschlägigen völkerrechtlichen Regeln über Doppelstaater sich solche Personen gegenüber sie betreffenden Hoheitsakten ihres Aufenthaltsstaates nicht auf ihre weitere Staatsangehörigkeit berufen können; dies gilt insbesondere für eine eventuell bestehende Wehrpflicht[16]. Somit können Angehörige der deutschen Minderheit in Polen aus völkerrechtlicher Sicht die Ableistung ihres Wehrdienstes in Polen nicht unter Berufung auf ihre andere, nämlich deutsche, Staatsangehörigkeit ablehnen.

c) Die noch geltende, ursprünglich aus dem Jahre 1952 stammende und seither mehrfach geänderte, polnische Verfassung[17] enthält keine Bestimmungen zum Schutz und zur Förderung nationaler Minderheiten, die in der Verfassung auch nicht als solche anerkannt sind. Allgemeine Bedeutung für Angehörige nationaler Minderheiten haben jedoch die Art. 67 und 81 der Verfassung: In Art. 67 Abs. 2 werden allen polnischen Staatsbürgern,

---

14 Vgl. hierzu jüngst *A. Zimmermann*, Rechtliche Möglichkeiten von Zuzugsbeschränkungen für Aussiedler, ZRP 24 (1991), 85 ff.

15 Vgl. hierzu statt aller *G.R. de Groot*, Staatsangehörigkeitsrecht im Wandel (1989), 156 ff.

16 Vgl. hierzu statt aller *K. Hailbronner/G. Renner* (Anm. 11), 72 f. Diese Auffassung wurde offenbar auch vom deutschen Außenminister *Kinkel* anläßlich seines Besuches in Polen Ende Juli 1992 gegenüber Angehörigen der dortigen deutschen Minderheit vertreten, vgl. FAZ vom 1.8.1992, 4.

17 Vgl. zum folgenden nur *R. Hofmann* (Anm. 1), 50 ff.

ungeachtet ihres Geschlechts, ihrer Geburt, ihrer Bildung, ihres Berufs, ihrer Nationalität, ihrer Rasse, ihres Glaubensbekenntnisses sowie ihrer sozialen Herkunft und Stellung, gleiche Rechte garantiert. Ähnlich gewährleistet Art. 81 allen polnischen Staatsbürgern, unabhängig von Nationalität, Rasse und Glaubensbekenntnis die gleichen Rechte auf allen Gebieten des staatlichen, politischen, wirtschaftlichen, gesellschaftlichen und kulturellen Lebens. Die Verletzung dieses Grundsatzes durch irgendwelche direkte oder indirekte Bevorzugung oder Beschränkung dieser Rechte aufgrund von Nationalität, Rasse oder Glaubensbekenntnis wird für strafbar erklärt.

Eine grundlegende Änderung dieses verfassungsrechtlichen Zustandes schien sich im Jahre 1991 abzuzeichnen[18]. So hieß es im Verfassungsentwurf des bis zu den Wahlen vom Herbst 1991 bestehenden - nur zur Hälfte aus freien Wahlen hervorgegangenen - Sejm in dessen Art. 15 (in englischer Übersetzung): "Everyone has the right to preserve his/her national and ethnic identity. Statute guarantees to national and ethnic minmorities the rights to enable these minorities to preserve their distinctive character"[19]. Umfassender war Art. 14 des Verfassungsentwurfs des bereits aus völlig freien Wahlen hervorgegangenen, bis zu den Wahlen vom Herbst 1991 bestehenden Senats; diese Bestimmung lautete (in englischer Übersetzung): "The Republic of Poland shall guarantee to national or linguistic minorities the right to preserve their own culture, language, customs and traditions. It shall also guarantee the right to set up their own educational, religious and cultural institutions as well as to participate in making decisions concerning the recognition and protection of their cultural identity"[20]. Angesichts der derzeitigen Zersplitterung der politischen Kräfte in beiden Kammern des polnischen Parlaments erscheint das Ziel einer baldigen Verabschiedung einer gänzlich neuen Verfassung kaum realisierbar. Möglich dürfte für das Jahr 1992 allenfalls die Verab-

---

[18] Allgemein zur polnischen Verfassungsentwicklung siehe etwa Z. *Czeszejko/R. Machacek*, Der Weg zu einer neuen polnischen Verfassung, EuGRZ 19 (1992), 93 ff.
[19] Zitiert bei *R. Hofmann* (Anm. 1), 50.
[20] *Ibid.*, 50 f.

schiedung der sogenannten "Kleinen Verfassung" sein, die sich aber nur mit den Fragen der Gewaltenteilung beschäftigt und keinesfalls einen Grundrechtskatalog oder gar die verfassungsrechtliche Sicherung der Rechtsstellung nationaler Minderheiten bringen wird.[21]

d) Unmittelbar nach der Wende infolge der Arbeiten des "Runden Tisches" der Jahre 1988/89 kam die Frage der einfach-gesetzlichen Regelung der Rechtsstellung nationaler Minderheiten auf und führte auch zur Erarbeitung eines sogenannten "kleinen" Entwurfs für ein Minderheitengesetz. Die jetzt allgemein vorherrschende Tendenz geht jedoch dahin, von der Erarbeitung eines solchen Gesetzes abzusehen und nur die Grundlage dieser Rechte in der neuen Verfassung zu regeln; dies wird damit begründet, daß die geltenden minderheitenrechtlich relevanten Bestimmungen in so vielen Gesetzen verstreut seien, daß es technisch fast unmöglich sei, sie unter einem gesetzlichen "Dach" zusammenzufassen. Die Angehörigen der nationalen Minderheiten, vor allem die Vertreter der deutschen Minderheit, sind jedoch offenbar gegenteiliger Auffassung: Sie sehen in einem künftigen "Minderheiten-Gesetz" eine Art Garantie und Instrument zur Durchsetzung ihrer Rechte, namentlich auch im Bereich der lokalen Verwaltung[22].

Andererseits ist zu unterstreichen, daß sich die Kommission für nationale Minderheiten des Sejm entschieden hat, die gesetzliche Kodifizierung der Rechte nationaler Minderheiten in zwei Stufen voranzutreiben: Zunächst soll die vorzubereitende Verfassung eine positive Garantie der

---

[21] Diese "kleine Verfassung" ist bekanntlich inzwischen, nämlich am 1.8.1992, vom Sejm mit der erforderlichen Mehrheit angenommen worden; ihre Billigung durch den Senat steht aber noch aus. Auch scheint gegenwärtig (Anfang August 1992) noch nicht sicher, welche Position Staatspräsident *Walesa* schließlich im Hinblick auf manche, hier nicht näher interessierende Bestimmungen dieser "kleinen Verfassung" einnehmen wird.

[22] In diesem Zusammenhang ist von polnischer Regierungsseite häufig zu hören, daß es "nicht uninteressant" wäre, diese als sehr weit angesehenen Vorstellungen der (deutschen) Minderheitenvertreter mit dem Umfang der Minderheitenrechte im deutschen Recht zu vergleichen, um ein realistischeres Bild zu erhalten.

Minderheitenrechte enthalten; dann soll eine Analyse der möglichen Vorbereitung eines Entwurfes für ein Minderheiten-Gesetz erfolgen.

e) Für die innerstaatliche Rechtsstellung der nationalen Minderheiten in Polen sind naturgemäß auch die von Polen mit seinen Nachbarstaaten Deutschland, Ukraine und Weißrußland geschlossenen Nachbarschaftsverträge von Bedeutung, die sämtlich Bestimmungen zur Sicherung und Förderung solcher Minderheiten enthalten: So wird bekanntlich in Art. 20 Abs. 1 des genannten deutsch-polnischen Vertrages vom 17. Juni 1991[23] auf der Basis der Gegenseitigkeit den jeweiligen, durch ihre Abstammung oder ihr Bekenntnis definierten, Angehörigen der Minderheit insbesondere das Recht garantiert, einzeln oder in Gemeinschaft mit anderen Mitgliedern ihrer Gruppe ihre Identität frei zum Ausdruck zu bringen, zu bewahren und weiterzuentwickeln, sowie Schutz vor zwangsweiser Assimilierung gewährt. In Art. 20 Abs. 3 dieses Vertrages sind dann einige grundlegende Rechte aufgeführt, wie etwa das Recht auf privaten und öffentlichen Gebrauch der Muttersprache, eigene der Wahrung der besonderen Identität dienende Institutionen zu gründen, den Religionsunterricht in ihrer Muttersprache abzuhalten, auch grenzüberschreitende Kontakte mit Bürgern anderer Staaten, mit denen sie eine gemeinsame ethnische oder nationale Herkunft teilen, herzustellen und zu pflegen, ihre Vor- und Familiennamen in ihrer Muttersprache zu führen, eigene Organisationen zu schaffen und sich wie jedermann wirksamer Rechtsmittel zur Verwirklichung ihrer Rechte zu bedienen. In Art. 21 des Vertrages verpflichten sich Deutschland und Polen dann in detaillierter Weise, die Identität der jeweiligen Minderheiten zu schützen und Bedingungen für ihre Förderung zu schaffen; unter anderem werden sie sich "bemühen, den Angehörigen der in Art. 20 Abs. 1 genannten Gruppen, ungeachtet der Notwendigkeit, die offizielle Sprache des betreffenden Staates zu erlernen, in Einklang mit den anwendbaren nationalen Rechtsvorschriften entsprechende Möglichkeiten für den Unterricht in der Muttersprache in öffentlichen Bildungseinrichtungen sowie, wo immer dies möglich und notwendig ist, für deren Gebrauch bei Behörden zu gewährleisten". Von besonderer Bedeutung ist aber vor allem auch die Vor-

---

[23] Vgl. hierzu *W. Czaplinski* (Anm. 5), 170 ff. und *R. Hofmann* (Anm. 1), 51 ff.

schrift des Art. 20 Absatz 2 dieses Vertrages, derzufolge die Parteien die "Rechte und Verpflichtungen der internationalen Standards für Minderheiten", wie sie insbesondere in den universell und regional geltenden Menschenrechtsinstrumenten und in den einschlägigen Bestimmungen der minderheitenrechtlich relevanten KSZE-Dokumente niedergelegt sind, "verwirklichen" werden.

Nach Inkrafttreten dieses Vertrages hat Polen ein weitreichendes Netz vergleichbarer Verträge über freundschaftliche Zusammenarbeit und gute Nachbarschaft geschlossen, die aber gegenwärtig (Anfang August 1992) nur unterzeichnet, jedoch noch nicht ratifiziert, geschweige denn in Kraft getreten sind. Im einzelnen handelt es sich um folgende Verträge[24]: Vertrag zwischen der Republik Polen und der Ukraine über gute Nachbarschaft, freundschaftliche Beziehungen und Zusammenarbeit vom 18. Mai 1992[25], Vertrag zwischen der Republik Polen und der Russischen Föderation über freundschaftliche und gutnachbarliche Zusammenarbeit vom 22. Mai 1992[26], Vertrag zwischen der Republik Polen und der Republik Weißrußland über gute Nachbarschaft und freundschaftliche Zusammenarbeit vom 23. Juni 1992[27], Vertrag zwischen der Republik Polen und der Republik Lettland über Freundschaft und Zusammenarbeit vom 1. Juli 1992[28] und Vertrag zwischen der Republik Polen und der Republik Estland über freundschaftliche Zusammenarbeit und baltische gute Nachbarschaft vom 2. Juli 1992[29]. Da die Bestimmungen dieser Verträge derzeit wohl noch nicht allgemein zugänglich sind, erscheint eine knappe

---

[24] Die Verf. dankt Herrn Professor *Dr. Zdzislaw Kedzia*, derzeit an der polnischen UN - Mission in Genf, für die freundliche Überlassung der Texte dieser Verträge.

[25] Traktat między Rzecząpospolitą Polską a Ukrainą o Dobrym Sąsiedztwie, Przyjaznych Stosunkach i Współpracy.

[26] Traktat między Rzecząpospolitą Polską a Federacja Rosyiska o przyjaznej i dobrosąsiedszkiej współpracy.

[27] Traktat między Rzecząpospolitą Polską a Republiką Białoruş o dobrym sąsiedztwie i przyjaznej współpracy.

[28] Traktat między Rzecząpospolitą Polską a Republiką Łotewską o przyjaźni i współpracy.

[29] Traktat między Rzecząpospolitą Polską a Republiką Estońską o przyjaznej współpracy i bałtyckim dobrosąsiedztwie.

Bescheibung ihrer minderheitenspezifischen Vorschriften von großem Interesse; wegen der tatsächlichen Gegebenheiten hinsichtlich des Bestehens nationaler Minderheiten in Polen ist dabei eine Beschränkung auf die einschlägigen Bestimmungen des polnisch-ukrainischen Vertrages vom 18. Mai 1992 und des polnisch-weißrussischen Vertrages vom 23. Juni 1992 angezeigt, auch wenn sich entsprechende Regelungen auch im polnisch-russischen Vertrag vom 22. Mai 1992 (Art. 16), im polnisch-lettischen Vertrag vom 1. Juli 1992 (Art. 15) und im polnisch-estnischen Vertrag vom 2. Juli 1992 (Art. 15) finden.

Gemäß Art. 11 Abs. 1[30] des genannten polnisch-ukrainischen Vertrages anerkennen die Vertragsparteien, in Einklang mit den allgemein ver-

---

[30] Diese Bestimmung lautet: "Strony, zgodnie z ogólnie obowiązującymi standardami międzynarodowymi dotyczącymi ochrony mniejszości narodowych, uznają prawo członków mniejszości polskiej na Ukrainie i ukraińskiej w Rzeczypospolitej Polskiej, indywidualnie lub wespół z innymi członkami danej mniejszości, do zachowania, wyrażania i rozwijania swojej tożsamosci etnicznej, kulturowej, językowej i religijnej bez jakiejkolwiek dyskryminacji i w warunkach pełnej równości wobec prawa. Strony podejmą niezbędne działania w celu realizacji tego prawa, w szczególności prawa do:

- nauczania i uczenia się języka ojczystego i w języku ojczystym, swobodnego posługiwania się nim, dostępu, rozpowszechniania i wymiany informacji w tym języku;

- zakładania i utrzymywania własnych instytucji i stowarzyszeń oświatowych, kulturalnych i religijnych;

- wyznawania i praktykowania swej religii;

- używania imion i nazwisk w brzmieniu przyjętym dla języka ojczystego;

- ustanawiania i utrzymywania niezakłóconych kontaktów między sobą w obrębie kraju zamieszkania, jak również przez granice".

In deutscher Übersetzung der Verf.: "In Einklang mit den allgemein verbindlichen internationalen Standards über den Schutz der nationalen Minderheiten anerkennen die Vertragsparteien das Recht der polnischen Minderheit in der Ukraine und der ukrainischen Minderheit in der Republik Polen, einzeln oder zusammen mit den anderen Mitgliedern dieser Minderheit, auf Wahrung, Ausdruck und Entwicklung ihrer ethnischen, kulturellen, sprachlichen und religiösen Identität, ohne jegliche Diskriminierung und in voller Gleichheit vor dem Gesetz.

bindlichen internationalen Standards zum Schutz der nationalen Minderheiten, das Recht der Angehörigen der polnischen Minderheit in der Ukraine und der ukrainischen Minderheit in Polen, einzeln oder zusammen mit den anderen Angehörigen dieser Minderheit, auf Bewahrung, Ausdruck und Entwicklung ihrer ethnischen, kulturellen, sprachlichen und religiösen Identität ohne jegliche Diskriminierung. Zur Verwirklichung dieses Rechts unternehmen die Vertragsparteien unmittelbar Aktivitäten, insbesondere hinsichtlich des Rechts auf Unterricht in oder der Muttersprache und ihrer freien Benutzung, des Rechts auf Zugang zu sowie auf Verbreitung und Austausch von Infornmationen in dieser Sprache, des Rechts auf Gründung und Unterhaltung eigener Institutionen und Vereinigungen im Erziehungs-, Kultur- und Religionswesen, des Rechts auf Führung von Vor- und Familiennamen in der in der Muttersprache gebräuchlichen Form sowie des Rechts auf Herstellung und Unterhaltung ungestörter, auch grenzüberschreitender, Kontakte. In Art. 11 Abs. 2 des Vertrages[31] bestätigen die

---

[31] Die Vertragsparteien unternehmen mit dem Ziel der Verwirklichung dieses Rechts unmittelbar Aktivitäten, insbesondere hinsichtlich des Rechts auf

- Unterricht und Erlernen der Muttersprache und Unterricht in der Muttersprache, ihre freie Benutzung und den Zugang zu und die Verbreitung und den Austausch von Informationen in dieser Sprache;

- Gründung und Unterhaltung eigener Institutionen und Vereinigungen auf dem Gebiet der Erziehung, der Kultur und der Religion;

- Benutzung der Vor- und Familiennamen in der in der Muttersprache gebräuchlichen Form;

- Herstellung und Erhaltung ungehinderter Kontakte untereinander innerhalb ihres Wohngebiets sowie über die Grenzen hinweg."

Diese Bestimmung lautet: " Strony potwierdzają, że przynaleznosc do mniejszości narodowej jest sprawą indywidualnego wyboru osoby i że nie mogą z tego wynikać dla niej żadne niekorzystne następstwa. Kadźa ze Stron będzie chroniła na swoim terytorium tożsamość narodową mniejszości drugiej Strony przed jakimkolwiek działaniem zagrażającym tej tożsamości i tworzyła warunki dla jej umacniania."

In deutscher Übersetzung der Verf.: "Die Vertragsparteien bekräftigen, daß die Zugehörigkeit zu einer nationalen Minderheit Angelegenheit der individuellen Entscheidung einer Person ist und daß hieraus für sie keine nachteiligen Folgen entstehen dürfen. Jede der Vertragsparteien wird auf ihrem Territorium die nationale Identität der Minderheit der anderen Vertragspartei bewahren vor

Vertragsparteien, daß die Zugehörigkeit zu einer nationalen Minderheit auf der individuellen Entscheidung der betreffenden Person beruht, der hieraus kein Nachteil entstehen darf. Ferner bewahren die Vertragsparteien auf ihrem jeweiligen Territorium die nationale Identität der Minderheit der anderen Partei vor irgendwelchen Aktivitäten, die deren Identität bedrohen, und schaffen die für deren Festigung notwendigen Bedingungen. In Art. 11 Abs. 3 findet sich eine inhaltlich weitgehend der Bestimmung des Art. 22 Abs. 2 des deutsch-polnischen Vertrages entsprechende Loyalitätsklausel[32].

Gemäß Art. 13 des genannten polnisch-weißrussischen Vertrages[33] verpflichten sich die Vertragsparteien zunächst zur Respektierung der internationalen Verpflichtungen und Standards auf dem Gebiet der Rechte der nationalen Minderheiten wie sie insbesondere in den einschlägigen Bestimmungen der Internationalen Menschenrechtspakte und der KSZE-

---

irgendwelchen Aktivitäten, die ihre Identität bedrohen, und die Bedingungen für ihre Festigung schaffen."

[32] Diese Bestimmung lautet: " Każda osoba należąca do mniejszości polskiej na Ukrainie oraz ukraińskiej w Rzeczypospolitej Polskiej jest zobowiązana jak każdy obywatel do lojalności wobec Państwa swego zamieszkania, kierując się ustawodawstwem tego Państwa."

In deutscher Übersetzung der Verf.: "Jede Person, die Angehöriger der polnischen Minderheit in der Ukraine sowie der ukrainischen Minderheit in der Republik Polen ist, ist wie jeder Staatsbürger zur Loyalität gegenüber dem Staat seines Aufenthalts verpflichtet, indem er sich nach dessen Gesetzgebung richtet."

[33] Diese Bestimmung lautet: "Umawiające się Strony zobowiązują się do respektowania międzynarodowych zasad i standardów dotyczących ochrony praw mniejszości narodowych, w szczególności zawartych w Międzynarodowych Paktach Praw Człowieka , Akcie Końcowym Konferencji Bezpieczeństwa i Współpracy w Europie, Dokumencie spotkania kopenhaskiego w sprawie ludzkiego wymiaru oraz Paryskiej Karcie dla Nowej Europy."

In deutscher Übersetzung der Verf.: "Die Vertragsparteien verpflichten sich zur Respektierung der internationalen Prinzipien und Standards betreffend den Sxchutz der Rechte der nationalen Minderheiten, wie sie insbesondere enthalten sind in den Internationalen Menschenrechtspakten, in der Schlußakte der Konferenz über Sicherheit und Zusammenarbeit in Europa, im Dokument des Kopenhagener Dokuments über die menschliche Dimension sowie in der Charta von Paris für ein neues Europa."

Dokumente enthalten sind. Die Vorschrift der Art. 14[34] und 15[35] dieses Vertrages entsprechen weitgehend den eben dargestellten Art. 11 Abs. 1

---

[34] Diese Bestimmung lautet: "(1) Umawiające się Strony potwierdzają, że osoby należące do mniejszości polskiej w Republice Białoruś oraz mniejszości białoruskiej w Rzeczypospolitej Polskiej mają prawo, indywidualnie lub wespół z innymi członkami swojej grupy, do swobodnego zachowania, rozwijania i wyrażania swojej tożsamości etnicznej, kulturowej, językowej i religijnej, bez jakiejkolwiek dyskryminacji i w warunkach pełnej równości wobec prawa.

(2) Umawiające się Strony potwierdzają, że przynależność do mniejszości narodowej jest sprawą indywidualnego wyboru dokonywanego przez osoby i że nie mogą z tego wynikać dla niej żadne negatywne następstwa."

In deutscher Übersetzung der Verf.: "(1) Die Vertragsparteien bestätigen, daß die Personen, die der polnischen Minderheit in der Republik Weißrußland sowie der weißrussischen Minderheit in der Republik Polen angehören, das Recht haben, einzeln oder zusammen mit anderen Mitgliedern ihrer Gruppe, auf freie Bewahrung, Entwicklung und Ausdruck ihrer ethnischen, kulturellen, sprachlichen und religiösen Identität, ohne jegliche Diskriminierung und in voller Gleichheit vor dem Gesetz.

(2) Die Vertragsparteien bestätigen, daß die Zugehörigkeit zu einer nationalen Minderheit Angelegenheit der persönlichen Entscheidung einer Person ist und daß für sie hieraus keine nachteiligen Folgen entstehen dürfen."

[35] Diese Bestimmung lautet: "Umawiające się Strony gwarantują, że osoby wymienione w artykule 14 mają w szczególności prawo, indywidualnie lub wespół z innymi członkami swej grupy, do:

- swobodnego posługiwania sie językiem ojczystym w życiu prywatnym i publicznym, dostępu do informacji w tym języku jej rozpowszechniania i wymiany, a także używania swych imion i nazwisk w brzmieniu przyjętym dla języka ojczystego;

- zakładania i utrzymywania własnych instytucji, organizacji lub stowarzyszeń oświatowych, kulturalnych i innych, które mogą ubiegać się o dobrowolną pomoc finansową lub inną jak również o pomoc państwową, zgodnie z prawem krajowym, korzystać z dostępu do środków masowego przekazu, a także uczestniczyć w działalności międzynarodowych organizacji pozarządowych;

- wyznawania i praktykowania swej religii, w tym nabywania i wykorzystywania materiałów religijnych oraz prowadzenia oświatowej działalnosci religijnej w języku ojczystym;

- ustanawiania i utrzymywania niezakłóconych kontaktów między sobą na terytorium swego państwa, jak również kontaktów poprzez granice z obywatelami innych państw, z którymi łączą je wspólne pochodzenie etniczne lub narodowe, dziedzictwo kulturalne lub przekonania religijne;

und 2 des polnisch-ukrainischen Vertrages. Hinsichtlich der Möglichkeit des Unterrichts der Muttersprache fällt auf, daß Art. 16 Abs. 3 des polnisch-weißrussischen Vertrages insofern nur davon spricht, daß sich die Vertragsparteien bemühen werden, entsprechende Möglichkeiten sicherzustellen, und daß der Gebrauch der Muttersprache vor öffentlichen Behörden nur unter erheblichen Einschränkungen möglich sein soll; überhaupt ähnelt Art. 16 des polnisch-weißrussischen Vertrages[36] in vielem ganz

---

- korzystania ze środków prawnych, przewidzianych ustawodawstwem wewnętrznym państwa zamieszkania dla urzeczywistnienia i ochrony swych praw."

In deutscher Übersetzung der Verf.: "Die Vertragsparteien garantieren, daß die in Artikel 14 erwähnten Personen insbesondere das Recht haben, einzeln oder zusammen mit anderen Mitgliedern ihrer Gruppe, auf

- freie Benutzung der Muttersprache im privaten und öffentlichen Leben, Zugang zu Informationen in dieser Sprache, ihre Verbreitung und ihren Austausch, sowie Benutzung ihrer Vornamen und Namen in der in der Muttersprache gebräuchlichen Form;

- Gründung und Unterhaltung eigener Erziehungs-, Kultur- und sonstiger Institutionen, Organisationen und Vereinigungen, die um freiwillige Beiträge finanzieller oder sonstiger Art sowie öffentliche Unterstützung im Einklang mit den nationalen Rechtsvorschriften ersuchen können, Zugang zu den Massenmedien haben und so an der Tätigkeit internationaler nicht-staatlicher Organisationen teilnehmen;

- Herstellung und Entwicklung ungestörter Kontakte untereinander auf dem Territorium ihres Staates sowie auch von Kontakten über Grenzen hinweg mit den Staatsbürgern anderer Staaten, mit denen sie eine gemeinsame ethnische oder nationale Herkunft, ein gemeinsames kulturelles Erbe oder religiöses Bekenntnis verbindet;

- Ausnutzung der in der innerstaatlichen Rechtsordnung des Aufenthaltsstaates vorgesehenen Rechtsmittel zur Verwirklichung und zum Schutz ihrer Rechte."

[36] Diese Bestimmung lautet: "(1) Umawiajace się Strony będą rozwijać konstruktywną współpracę w zakresie ochrony praw osób należących do mniejszości narodowych, traktując je jako czynnik wzmocnienia wzajemnego zrozumienia i dobrosąsiedzkich stosunków między narodami polskim i białoruskim.

(2) Umawiające się Strony w trakcie realizacji rozwoju regionalnego będą uwzględniać społeczne i ekonomiczne interesy osób wymienionych w artykule 14 oraz ich organizacji lub stowarzyszeń.

(3) Umawiające się Strony będą starać się zapewnić osobom, o których mowa w artykule 14, odpowiednie możliwości nauczania ich języka ojczystego lub nauczania w tym języku w placówkach

weitgehend den entsprechenden Formulierungen in Art. 21 Abs. 2 des deutsch-polnischen Vertrages. In Art. 17 des polnisch-weißrussischen Vertrages findet sich schließlich die übliche Loyalitätsklausel[37].

---

oświatowych, a także, gdzie jest to możliwe i konieczne, posługiwania się językiem ojczystym wobec władz publicznych. W programach nauczania placówek oświatowych, do których uczęszczają wyżej wymienione osoby, będzie uwzględniona w szerszym zakresie historia i kultura mniejszości narodowych.

(4) Umawiające się Strony będą szanować prawo osób, o których mowa w artykule 14, do uczestnictwa w sprawach publicznych, w szczególności dotyczących ochrony i umacniania ich tożsamości, a także w razie potrzeby przeprowadzać konsultacje z organizacjami lub stowarzyszeniami tych osób."

In deutscher Übersetzung der Verf.: "(1) Die Vertragsparteien werden eine konstruktive Zusammenarbeit entwickeln im Bereich des Schutzes der Personen, die Angehörige der nationalen Minderheiten sind, und sie behandeln als ein Element der Stärkung des gegenseitigen Verständnisses und der gut-nachbarschaftlichen Beziehungen zwischen der polnischen und der weißrussischen Nation.

(2) Die Vertragsparteien werden bei der Verwirklichung der regionalen Entwicklung die sozialen und wirtschaftlichen Interessen der in Artikel 14 genannten Personen sowie ihrer Organisationen und Vereinigungen berücksichtigen.

(3) Die Vertragsparteien werden sich bemühen, für die in Artikel 14 genannten Personen die entsprechenden Möglichkeiten zum Erlernen ihrer Muttersprache und auch, wo möglich und notwendig, zum Gebrauch der Muttersprache vor den öffentlichen Behörden zu sichern. In den Programmen der Bildungseinrichtungen, an denen die oben genannten Personen teilnehmen, wird die Geschichte und Kultur der nationalen Minderheiten in breiterem Umfang berücksichtigt.

(4) Die Vertragsparteien werden das Recht der in Artikel 14 genannten Personen auf Teilnahme an den öffentlichen Angelegenheiten, insbesondere solche betreffend den Schutz und die Stärkung ihrer Identität, achten und auch, falls nötig, in Konsultationen mit Organisationen oder Vereinigungen dieser Personen treten."

[37] Diese Bestimmung lautet: "Umawiajace się Strony są zgodne co do tego, że osoby, o których mowa w artykule 14, powinny przestrzegać ustawodawstwa państwa swego zamieszkania."

In deutscher Übersetzung der Verf.: "Die Vertragsparteien stimmen darin überein, daß die in Artikel 14 genannten Personen verpflichtet sind, die Gesetze des Staates ihres Aufenthaltes zu respektieren."

In diesem Zusammenhang stellt sich naturgemäß die Frage der innerstaatlichen Anwendbarkeit solcher völkervertraglicher Bestimmungen[38]. Insoweit ist zu bemerken, daß die polnische Verfassung von 1952 hierzu keine Regelung enthielt; das Völkerrecht war nur in ihrem Art. 30 Abs. 1 erwähnt, der dem Staatsrat die Kompetenz zur Ratifikation völkerrechtlicher Verträge zuwies. Nach fast einhelliger Auffassung in der polnischen Lehre bewirkte jedoch die Ratifikation eines völkerrechtlichen Vertrages und seine anschließende Veröffentlichung im Gesetzblatt die innerstaatliche Anwendbarkeit der völkervertraglichen Bestimmungen[39]. Diese Auffassung setzte sich aber in der Praxis der Gerichte nicht durch[40]. Aber auch hier brachte die politische Wende der Jahre 1988/89 eine grundlegende Änderung: In Anknüpfung an Art. 49 der polnischen Verfassung von 1921 bestimmt nun der durch Gesetz vom 7. April 1990[41] neu eingeführte Art. 32 (g) der Verfassung, daß der Staatspräsident zur Ratifizierung eines völkerrechtlichen Vertrages, der u.a. Änderungen der nationalen Gesetzgebung erfordert, der Zustimmung des Sejm bedarf. Auch wenn diese Frage bislang noch nicht eindeutig geklärt ist, herrscht jedenfalls in der Lehre offenbar die Auffassung vor, daß die genannte Zustimmung des Sejm in der Form eines Gesetzes ergehen müsse, was wiederum bewirke, daß die so in innerstaatliches Recht transformierten völkervertraglichen Bestimmungen innerstaatlich unmittelbar anwendbar wären[42]. Dies träfe dann - nach ihrem Inkrafttreten[43] - auch auf die

---

[38] Vgl. hierzu jüngst umfassend Z. *Kedzia*, The Place of Human Rights Treaties in the Polish Legal Order, European Journal of International Law 2 (1991), 133 ff.

[39] Grundlage hierfür war die sogenannte *ex proprio vigore* - Lehre; vgl. hierzu Z. *Kedzia, ibid.*, 133 f. und K. *Skubiszewski*, Das Verhältnis zwischen Völkerrecht und polnischem Recht, in FS Bindschedler (1980), 241 ff.

[40] Vgl. hierzu das grundlegende Urteil des Obersten Gerichts vom 25.8.1987, erörtert bei Z. *Kedzia, ibid.*, 134 f.

[41] Gesetz Nr. 101 vom 7.4.1990 über die Änderung der Verfassung der Republik Polen (o zmianie Konstytucji Polskiej Rzeczypospolitej Ludowej), Dziennik Ustaw Nr. 19.

[42] Vgl. hierzu ausführlich Z. *Kedzia* (Anm. 38), 135 ff.

[43] Während die Verträge Polens mit der Ukraine und Weißrußland noch nicht ratifiziert sind, ist der deutsch-polnische Vertrag am 16.1.1992 in Kraft getreten, vgl. BGBl. 1992 II 118.

einschlägigen minderheitenrechtlichen Bestimmungen der genannten, von Polen geschlossenen Nachbarschaftsverträge zu.

Mit Litauen ist es hingegen bislang noch nicht zum Abschluß eines entsprechenden Vertrages gekommen. Bekanntlich trägt die nachwievor ungelöste Problematik des rechtlichen Status der polnischen Minderheit in Litauen[44] und der litauischen Minderheit in Polen immer noch erheblich zu einer Belastung der bilateralen Beziehungen bei. Immerhin wurde von den Regierungen beider Staaten am 3. Januar 1992 eine "Deklaracja o przyjaznych stosunkach i dobrosąsiedzkiej współpracy między Rzecząpospolitą Polską a Republiką Litewska" (Erklärung über freundschaftliche Beziehungen und gut-nachbarschaftliche Zusammenarbeit zwischen der Republik Polen und der Republik Litauen) verlautbart[45]. Zufolge dieser Deklaration werden sich die beiden Parteien bemühen, für die beiden nationalen Minderheiten Bedingungen zu schaffen, die ihre Belange hinsichtlich Sprache, Kultur, Religion und Erziehung, einschließlich des Unterrichts ihrer Muttersprache auf allen schulischen Ebenen, erfüllen und jegliche Diskriminierung im politischen, sozialen und wirtschaftlichen Leben verhindern sowie die Aufrechterhaltung grenzüberschreitender Kontakte ermöglichen. Beide Parteien verpflichten sich ferner sicherzustellen, daß Institutionen und Organisationen beider Minderheiten freiwillig um finanzielle Unterstützung (auch aus öffentlichen Mitteln) im Rahmen der Rechtsordnung beider Staaten nachsuchen können. Beide Parteien garantieren den Angehörigen der jeweiligen nationalen Minderheiten in Übereinstimmung mit den einschlägigen Bestimmungen der verschiedenen KSZE-Dokumente das Recht, ihre Namen und Vornamen in der Form benutzen zu können, wie sie in der jeweiligen Muttersprache geschrieben werden. In Einklang mit internationalen Standards werden sich

---

[44] Vgl. hierzu den jüngst von Rudolf Bernhardt und Henry Schermers der Parlamentarischen Versammlung des Europarats erstatteten Bericht (Lithuanian law and international human rights standards), abgedruckt in HRLJ 13 (1992), 249 ff. (253 ff.).

[45] Zu dieser der Verf. von Professor *Dr. Zdzislaw Kedzia*, derzeit an der Polnischen UN - Mission in Genf, überlassenen Deklaration vgl. auch den Bericht des Danske Helsingfors Komité (The Danish Helsinki Committee) unter dem Titel "The Polish and Lithuanian Minorities in Lithuania and Poland Respectively" (ohne Datum), 8 ff.

beide Parteien jeglicher Handlungen enthalten, die zu Änderungen der "nationality situation within the territories inhabited by national minorities" führen können. Staatsangehörigkeitsrechtliche Fragen betreffend Angehörige der beiden nationalen Minderheiten sollen entsprechend den völkerrechtlichen Regeln gelöst werden. Schließlich erklären beide Staaten, daß sie die historischen und kulturellen Denkmäler beider Völker auf ihrem jeweiligen Territorium schützen werden.

In rechtlicher Hinsicht ist zu betonen, daß es sich bei dieser Deklaration selbstverständlich nicht um einen bindenden völkerrechtlichen Vertrag handelt. Die obigen Ausführungen zur innerstaatlichen Anwendbarkeit der Bestimmungen solcher Verträge in Polen treffen auf den Inhalt dieser Deklaration daher nicht zu.

II. Das Recht auf Gebrauch der Minderheitensprache

1. Der private Bereich

Für den privaten Bereich gibt es keine Regelung des Gebrauchs der Sprache. Privat kann deswegen die eigene Sprache mittlerweile ohne Einschränkungen benutzt werden, wenn auch zu berücksichtigen ist, daß die sprachliche Kompetenz in den Minderheitensprachen infolge der langjährigen Assimilationspolitik häufig nur gering ist.

2. Behörden und Gerichte

a) Verfassungsrechtliche Bestimmungen zur Benutzung der Minderheitensprachen vor Behörden und Gerichten gibt es nicht. Für die einfachgesetzliche Ebene ist zunächst zu bemerken, daß schon 1945 eine Änderung des Gesetzes vom 31. März 1925 über die Amtssprache vor den Gerichten, der Prokuratur (Staatsanwaltschaft) und den Notariaten in den Bezirken der Appellationsgerichte in Poznan (Posen) und Torun (Thorn), das am 7. August 1937 auf den Bezirk des Bezirksgerichts Katowice (Kattowitz) erweitert worden war, erfolgte. Diese Bestimmungen aus der Zwischenkriegszeit, welche die Benutzung der deutschen Sprache vor den genannten Institutionen regelte, sind nach polnischer Auffassung somit nur noch von rechtshistorischer Bedeutung.

Wichtigste Quelle für die Bestimmung der heutigen Regelung der Benutzung von Sprachen als Amtssprachen in Polen ist das Dekret Nr. 324 vom 30. November 1945 über die Staatssprache und die Amtssprache bei den Staats- und Selbstverwaltungsbehörden[46]. In seinem Art. 1 heißt es eindeutig, daß "...die Staatssprache der Polnischen Republik die polnische Sprache ist." In dieser Staatssprache haben alle Staats- und Selbstverwaltungsorgane zu handeln. Mit der Umsetzung dieses Dekrets wurden seinerzeit der Ministerpräsident und die entsprechenden Ressortminister beauftragt.

Auf dieser Grundlage beruht dann auch die sonstige Gesetzgebung, so z.B. das Gesetz Nr. 138 über die Ordnung der allgemeinen Gerichte (das polnische Gerichtsverfassungsgesetz) vom 20. Juni 1985 in der Fassung vom 14. März 1990[47], das aber als Ausnahmeregelung in seinem Art. 8 die Bestimmung enthält, daß "...die Person, die Polnisch nicht beherrscht, <hat> das Recht, vor dem Gericht in ihrer Muttersprache aufzutreten und kostenlos die Unterstützung eines Dolmetschers zu nutzen...". Insoweit ist zu bemerken, daß nach vorherrschender Auffassung davon ausgegangen wird, daß aufgrund der allgemeinen schulischen Erziehung alle polnischen Staatsbürger Polnisch in ausreichendem Maße beherrschen und sich somit die genannte Bestimmung nur auf Ausländer beziehe.

---

[46] Dekret Nr. 324 z dnia 30 listopada 1945 r. o języku panstwowym i języku urzedowania rzadowych i samorzadowych władz administracyjnych, Dziennik Ustaw Nr. 57.

[47] Vgl. die Bekanntmachung Nr. 138 des Justizministers vom 14. März 1990 über die Erklärung des vollständigen Textes des Gesetzes vom 20. Juni 1985 - Gesetz über die Ordnung der allgemeinen Gerichte (Obswieszczenie Ministra Sprawedliwości w sprawie ogłoszenia jednolitego tekstu ustawy z dnia 20 czerwca 1985 r. - Prawo o ustroju sądów powszechnych), Dziennik Ustaw Nr. 23.

b) Die politische Wende der Jahre 1988/89 brachte u.a. auch die Möglichkeit, Namen und Vornamen wieder in der ursprünglichen, also etwa deutschen oder litauischen, Form zu führen und zu benutzen, eine für die Wahrung der eigenständigen Identität von Angehörigen nationaler Minderheiten ganz essentielle Voraussetzung. Nach gegenwärtig herrschender Auffassung und entsprechender Praxis ist der entgegenstehende Erlaß des Ministerpräsidenten Nr. 72 vom 7. April 1952 über die Schreibweise der Vor- und Familiennamen in Personalausweisen und vorläufigen Identitätsbescheinigungen[48], auf dessen Grundlage die Schreibweise solcher Namen von Amts wegen polonisiert wurde, für die zuständigen Behörden außer Kraft getreten. Die fünf Vorschriften dieses Erlasses - der im übrigen nie veröffentlicht wurde (!)[49] - beruhten auf der Ermächtigung des Art. 10 Abs. 2 des Dekrets Nr. 382 vom 22. Oktober 1951 über die Personalausweise[50]: Danach war der Ministerpräsident berechtigt, die Schreibweise der Vor- und Familiennamen in den Personalausweisen durch Erlaß zu regeln. Auf dieser Grundlage bestimmte sein § 1, daß diejenigen Schriftzeichen, die im "polnischen Alphabet" nicht vorkommen, durch entsprechende polnische Schriftzeichen zu ersetzen seien. In ähnlicher Weise bestimmten die folgenden Vorschriften, daß zwar polnisch klingende, aber nicht korrekt geschriebene, verunstaltete und fremdklingende Namen von Amts wegen zu polonisieren waren. Diese Änderungen waren gemäß § 5 des Erlasses in alle amtlichen Schriftstücke aufzunehmen.

Eine eigene Regelung zu dieser Frage enthält Art. 20 Abs. 3 des genannten deutsch - polnischen Vertrages vom 17. Juni 1991: Danach haben die in Abs. 1 dieses Artikels genannten Personen insbesondere das Recht, "...ihre Vor- und Familiennamen in der Form der Muttersprache zu führen". Zuständig für solche Änderungen sind nach Art. 6 Abs. 4 des Gesetzes Nr. 198 vom 17. Mai 1990 über die Verteilung in besonderen Gesetzen

---

48 Zarządzenie Nr. 72 Prezesa Rady Ministrów z dnia 7. kwietnia 1952 roku w sprawie pisowni nazwisk i imion w dówodach osobistych i tymczasowych zaświadczeniach tożsamości.

49 Der Wortlaut dieses Erlasses ist der Verf. von den zuständigen polnischen Stellen zugänglich gemacht worden.

50 Dekret Nr. 382 o dowodach osobistych, Dziennik Ustaw Nr. 55.

bestimmter Aufgaben und Kompetenzen zwischen den Organen der Gemeinden und den Organen der Staatsverwaltung und über die Änderung etlicher Gesetze[51] in Verbindung mit Art. 36 Abs. 1 des Gesetzes Nr. 123 vom 22. März 1990 über die örtlichen Organe der Staatsverwaltung[52] grundsätzlich die Staatsverwaltungsorgane der jeweiligen Wojedwodschaften, deren Befugnisse aber gemäß Art. 40 des erstgenannten Gesetzes auf die Gemeindeorgane übertragen werden können. Diese Möglichkeit hat bei der deutschen Minderheit verhältnismäßig große Resonanz gefunden[53], während die Angehörigen der litauischen Minderheit von einer entsprechenden Möglichkeit kaum Gebrauch gemacht hätten[54]. In anderen Gebieten wurde von Angehörigen der deutschen Minderheit offenbar häufiger nicht die Führung des Namens in seiner ursprünglichen Form, sondern eine Änderung des Namens beantragt, was aber einem anderen Verfahren, nämlich dem allgemein für Anträge auf Namensänderungen, unterliegt. Das Verfahren zur Genehmigung zur Führung des Namens in seiner ursprünglichen Form kostet die geringe Verwaltungsgebühr von 20.000 - 30.000 Zloty; unter bestimmten Voraussetzungen kann auf die Erhebung dieser Gebühr verzichtet werden.

c) Auf das besondere Problem topographischer Bezeichnungen bezieht sich der im Zusammenhang mit der Unterzeichnung des genannten deutsch - polnischen Vertrages vom 17. Juni 1991 erfolgte Briefwechsel[55]. Ursache dieses Problems ist bekanntlich, daß die polnische Verwaltung nach Ende des Zweiten Weltkriegs nicht nur die von den Nationalsozialisten erstmals

---

[51] Ustawa o podziale zadań i kompetencji określonych w ustawach szczególnych pomiędzy organy gminy a organy administracji rządowej oraz o zmianie niektórych ustaw, Dziennik Ustaw Nr. 34.

[52] Ustawa o terenowych organach rządowej administracji ogólnej, Dziennik Ustaw Nr. 48.

[53] So wurden nach den der Verf. gemachten Angaben bei den Behörden der Wojewodschaft Opole (Oppeln) allein schon 500 solche Anträge gestellt, die alle positiv behandelt worden seien, wobei in vielen Fällen ein Antrag eine ganze Familie betraf.

[54] Nach den der Verf. gemachten Angaben wurden aus diesem Personenkreis bislang nur sechs entsprechende Anträge gestellt, die alle positiv beschieden worden seien.

[55] BGBl. 1991 II 1326.

eingeführten deutschen Ortsbezeichnungen wieder polonisiert (d.h. ihnen ihren alten polnischen Namen zurückgegeben) und in anderen Fällen die alten slawischen Namen wieder eingeführt hat, sondern von der Polonisierung auch die historischen deutschen topographischen Bezeichnungen betroffen waren. Wie in Ziffer 4 des genannten Briefwechsels festgehalten ist, sieht die polnische Regierung "derzeit keine Möglichkeit der Zulassung offizieller topographischer Bezeichnungen in traditionellen Siedlungsgebieten der deutschen Minderheit in der Republik Polen auch in deutscher Sprache", erklärte jedoch zugleich immerhin, daß sie bereit sei, "diese Frage zu gegebener Zeit zu prüfen". Als Folge dieser Haltung werden Versuche der Bevölkerung, auf einvernehmliche Weise Ortsnamen in deutscher Sprache zu führen, von polnischen Behörden häufig als "Verletzung der subtilen Grenze zwischen gutem Willen und Provokation" angesehen.

Zu diesem Komplex ist ferner anzumerken, daß gemäß Art. 1 (a) des genannten Gesetzes Nr. 198 vom 17. Mai 1990 über die Verteilung bestimmter Aufgaben und Kompetenzen zwischen den Organen der Gemeinden und den Organen der Staatsverwaltung die Zuständigkeit zur Anbringung von Straßenschildern nunmehr bei den betroffenen Gemeinden liegt.

3. Kultur und Medien

a) Kultur

Die allgemeinen Regeln für kulturelle Tätigkeiten in Polen finden sich im Gesetz Nr. 493 vom 25. Oktober 1991 über die Organisation und Verwirklichung kultureller Tätigkeiten[56].

Im Falle der nationalen Minderheiten werden solche kulturellen Aktivitäten hauptsächlich durch ihre Vereine organisiert; allein die im

---

[56] Ustawa o organizowaniu i prowadzeniu działalności kulturalnej, Dziennik Ustaw Nr. 114.

Kulturministerium geführte Liste über solche kulturell aktiven Vereinigungen von Angehörigen nationaler Minderheiten umfaßt etwa 50 Organisationen[57]. Über diese Vereine werden auch kulturelle Aktivitäten der nationalen Minderheiten durch das Kulturministerium subventioniert.

Bei diesem Ministerium (*Ministerstwo kultury i sztuki*) wurde ein Amt für Angelegenheiten der nationalen Minderheiten eingerichtet (*Biuro do spraw Mniejszości Narodowych*), das derzeit fünf Mitarbeiter zählt. Hauptaufgabengebiet dieses Büros ist es, die Angelegenheiten der deutschen, litauischen, slowakischen, ukrainischen und weißrussischen sowie kleinerer nationaler Minderheiten zu betreiben und die internationale Entwicklung auf diesem Gebiet, etwa die Herausbildung völkerrechtlicher Standards, zu verfolgen.

Zu den wichtigsten Ausdrucksformen eigenständiger kultureller Identität gehört ohne jeden Zweifel die Presse. Ihre Subventionierung, die bei Presseerzeugnissen in Minderheitensprachen wegen des faktisch eher geringen Leserkreises besonders notwendig ist, fällt in Polen in die Zuständigkeit des Kulturministeriums. Auf der Grundlage des Gesetzes Nr. 24 vom 26. Januar 1984 mit nachfolgenden Änderungen[58] und der Verordnung Nr. 275 des Justizministeriums vom 9. Juli 1990 über das Register der Zeitungen und Zeitschriften[59] erscheinen heute zahlreiche Periodika, die in Sprachen nationaler Minderheiten oder zweisprachig publiziert werden; ihre Herausgabe wird vom Kulturministerium in jeweils unterschiedlichem Umfang finanziell unterstützt.

Die jüngste Änderung des Pressegesetzes vom 11. April 1990[60] führte neue Regeln über die Registrierung der periodischen Presseerzeugnisse ein:

---

[57] Allgemein zur Vereinigungsfreiheit s. unten unter IV.

[58] Gesetz Nr. 24 vom 26.1.1984 (Dziennik Ustaw Nr. 5) mit Änderungen durch Gesetz Nr. 324 (1988) (Dziennik Ustaw Nr. 41), Nr. 187 (1989) (Dziennik Ustaw Nr. 34) und Nr. 173 vom 11.4.1990 (Dziennik Ustaw Nr. 29)- Presserecht (Prawo prasowe).

[59] Rozporzadzenie w sprawie rejestru dzienników i czasopism (Dziennik Ustaw Nr. 46).

[60] Dziennik Ustaw Nr. 29.

Nach Art. 20 des Pressegesetzes in dieser Fassung sind nun für die Registrierung solcher Periodika die Wojewodschafts(Bezirks-)gerichte zuständig, in deren Amtsbereich sich der Wohnsitz des Herausgebers befindet. Der Antrag auf Registrierung muß gemäß Art. 20 Abs. 2 neben dem Titel der Zeitung oder Zeitschrift nur den Sitz und die genaue Anschrift der Redaktion, die persönlichen Daten des Chefredakteurs und des Herausgebers sowie Angaben über die beabsichtigte Erscheinungsform enthalten. Aufgehoben wurden durch diese Änderung auch die bisher geltenden Vorschriften über das "Hauptamt für die Kontrolle der Publikationen und Vorstellungen" (*Glówny Urząd Kontroli Publikacji i Widowisk*) und die entsprechenden Behörden auf Kreisebene.

b)   Unter den anderen Medien sind vor allem Rundfunk und Fernsehen von Belang. Zuständiges Organ für Rundfunk- und Fernsehsendungen in den Minderheitensprachen ist der Ausschuß für Radio und Fernsehen (*Komitet do spraw radio i televizii*, das sogenannte *Radiokomitet*), ein Staatsorgan, das faktisch die Funktion eines Ministeriums ausübt.

Für Rundfunksendungen in Minderheitensprachen[61] sind im öffentlichen Sektor bestimmte Zeiträume reserviert: In den Gebieten von Katowice (Kattowitz) und Opole (Oppeln) werden eine Stunde pro Woche zweisprachige Programme für die deutsche Minderheit und im Gebiet von Bialystok Sendungen für die litauische Minderheit in Litauisch ausgestrahlt. In weißrussischer Sprache werden täglich von Montag bis Freitag Programme in einer Länge von 20 Minuten, am Wochenende von 30 Minuten, in Ukrainisch ein- bis zweimal pro Woche eine halbe Stunde gesendet. Im Fernsehen gibt es keine festen Programme in Minderheitensprachen.

Die Möglichkeit, Privatsender zur Ausstrahlung von Programmen in Minderheitensprachen zu gründen, stößt sich an der noch fehlenden Gesetzgebung auf diesem Gebiet; alle derzeit schon betriebenen privaten

---

61   Die nachstehenden Angaben beruhen auf den der Verf. von Angehörigen des genannten Büros für die Angelegenheiten der nationalen Minderheiten gegebenen Informationen.

Rundfunkstationen (Radio S, Radio Zet-67 FM oder WAWA) funktionieren aufgrund einer provisorischen Lizenz, für die es in der geltenden Gesetzgebung aber an sich keine Grundlage gibt. Auch daher wird derzeit ein neues Mediengesetz diskutiert, das dann auch die Einrichtung und den Betrieb privater Radiosender ermöglichen soll.

4. Kirche

Die Religion gehört in Polen bekanntlich traditionell zu den wichtigsten Elementen des gesellschaftlichen Lebens. Dementsprechend wurde schon im Jahre 1989 dasjenige Gesetz verabschiedet, das die Grundprinzipien der staatlichen Einflußnahme in die religiösen Angelegenheiten bestimmt bzw. richtiger gesagt begrenzt, nämlich das Gesetz Nr. 155 vom 17. Mai 1989 über die Garantien der Bekenntnis- und Glaubensfreiheit[62]. In seinem Art. 10 Abs. 1 bezeichnet sich der polnische Staat als "...ein weltlicher Staat, neutral in den Angelegenheiten der Religion und des Bekenntnisses". Eine Regelung zur Benutzung von Sprachen in kirchlichen Angelegenheiten enthält dieses Gesetz jedoch nicht.

Ebensowenig findet sich eine Bestimmung betreffend den Gebrauch von Sprachen im Gesetz Nr. 154 vom 17. Mai 1989 über die Beziehung des Staates zur Katholischen Kirche in der Republik Polen[63], das diese Frage allgemein dahin regelt, daß die Kirche sich grundsätzlich nach ihrem eigenen Recht leitet, frei ihre geistliche Gewalt und Jurisdiktion ausübt und ihre inneren Angelegenheiten verwaltet. Anders ist dies jedoch im Fall des Gesetzes Nr. 287 vom 4. Juli 1991 über die Beziehung des Staates zur Polnischen Autokephalen Orthodoxen Kirche[64], dessen Art. 3 bestimmt,

---

[62] Ustawa o gwarancjach wolności sumienia i wyznania, Dziennik Ustaw Nr. 29.

[63] Ustawa o stosunku Państwa do Kościoła Katolickiego w Polskiej Rzeczypospolitej Ludowej, Dziennik Ustaw Nr. 29.

[64] Ustawa o stosunku Państwa do Polskiego Autokefalicznego Kościoła Prawosławnego, Dziennik Ustaw Nr. 66.

daß "...die Kirche in ihrer inneren Tätigkeit die alt-kirchenslawische Sprache und die Muttersprachen ihrer Gläubigen benutzt"[65].

Insgesamt ist zu sagen, daß im religiösen Leben Polens die Benutzung der ukrainischen Sprache schon seit langen geschieht, während (katholische) Messen in deutscher Sprache im Hauptsiedlungsgebiet der deutschen Minderheit in Oberschlesien in den letzten zwei Jahren verstärkt gelesen werden.

III. Bildungs- und Erziehungswesen

1. Die rechtliche Lage

a) Entscheidende gesetzliche Grundlage für das Bildungs- und Erziehungswesen ist das Gesetz Nr. 425 vom 7. September 1991 über das Bildungssystem[66], dessen Art. 1 das Recht eines jeden polnischen Staatsbürgers auf Bildung garantiert. Dem Schulwesen für nationale und ethnische Minderheiten ist Art. 13 dieses Gesetzes gewidmet: Nach dessen Abs. 1 ermöglichen die öffentlichen Schulen[67] den solchen Gruppen angehörenden Schülern die unterstützende Bildung ihres Gefühls ihrer nationalen, ethnischen, sprachlichen und religiösen Identität, insbesondere den Unterricht in ihrer Muttersprache und die Vermittlung der eigenen Geschichte und Kultur. Entscheidendes Moment für die Eingliederung eines Schülers in das Minderheitenschulwesen ist ein entsprechender

---

[65] "Muttersprache ihrer Gläubigen" ist zum größten Teil Ukrainisch.

[66] Ustawa o systemie oświaty, Dziennik Ustaw 95. Mit dem Inkrafttreten dieses Gesetzes trat das Gesetz Nr. 160 vom 15. Juli 1961 über die Entwicklung des Bildungssystems (Ustawa o rozwoju systemu oświaty i wychowania) (mit seinen späteren Änderungen), Dziennik Ustaw Nr. 32, außer Kraft.

[67] Diese werden in Art. 7 des Gesetzes beschrieben als schulische Anstalten mit unentgeltlichem Unterricht in den von den Rahmenplänen vorgeschriebenen Fächern, die allgemein zugänglich sind, nach bestimmten Vorschriften qualifizierte Lehrer beschäftigen sowie die Vorgaben des Mindestlehrplans und die ministeriellen Rahmenrichtlinien zur Qualifizierung und Fortbildung der Schüler erfüllen.

Antrag der Erziehungsberechtigten, in höheren Schulstufen des Schülers selbst. Aufgrund eines solchen Antrags kann gemäß Art. 13 Abs. 2 des genannten Gesetzes der Unterricht entweder in speziellen Klassen, Abteilungen oder Schulen oder in den allgemeinen Klassen, Abteilungen oder Schulen mit zusätzlichem Unterricht der Minderheitensprachen und der eigenen Geschichte und Kultur oder in zwischenschulischen Unterrichtsanstalten erteilt werden. Gemäß Art. 13 Abs. 3 dieses Gesetzes obliegt es dem Minister für nationale Erziehung (Schulminister) (*Minister Edukacji Narodowej*), in der Form der Verordnung die Bedingungen und die Art der Verwirklichung der genannten Aufgaben sowie die für die Einrichtung der genannten Institutionen erforderlichen Mindestzahlen an Schülern festzulegen. Schließlich bestimmt Art 13 Abs. 4 dieses Gesetzes noch, daß die öffentlichen Schulen in ihrer didaktischen und sonstigen erzieherischen Tätigkeit ganz allgemein die regionalen kulturellen Traditionen unterstützen sollen.

Dem genannten Auftrag aus Art. 13 Abs. 3 dieses Gesetzes ist mit der Verordnung des Ministers für nationale Erziehung vom 24. März 1992 über die Organisation der Bildungseinrichtungen zur Ermöglichung der Unterstützung der Gefühle der nationalen, ethnischen und sprachlichen Identität der nationalen Minderheiten[68] entsprochen worden. In § 1 dieser Verordnung wird erklärt, daß die Vorschulen und die allgemeinen öffentlichen Schulen den Schülern die Bedingungen zur Entwicklung ihres Gefühls der eigenständigen nationalen, ethnischen und sprachlichen Identität sichern; diese Bedingungen müssen sich im Rahmen allgemein zugänglicher curriculärer und extra-curriculärer Lehrangebote halten. Die Aufsicht über die Verwirklichung der spezifischen Bildungsrechte der

---

[68] Rozporządzenie Ministra Edukacji Narodowej w sprawie organizacji kształcenia umożliwiającego podtrzymywanie poczucia tożsamości narodowej, etnicznej i językowej mniejszości narodowych; mit dem Inkrafttreten dieser Verordnung trat der Erlaß Nr. 67 des Ministers für nationale Bildung vom 21.12.1988 über die Organisation des muttersprachlichen Unterrichts für Kinder und Jugendliche nichtpolnischer Nationalität in den Grundschulen und allgemeinen Lyzeen (Zarzadzenie w sprawie organizowania nauki języka ojczystego dla dzieci i młodzieży narodowości niepolskiej w szkołach podstawowych i liceach ogólnokształcocych) außer Kraft.

nationalen und ethnischen Minderheiten wird gemäß § 2 der Verordnung vom sogenannten "Kurator für Bildung" (*Kurator oświaty*)[69] ausgeübt. Diese Kuratoren verfügen über umfassende Kompetenzen im polnischen Schulwesen: Gemäß Art. 30 des genannten Gesetzes unmittelbar dem Minister für nationale Bildung unterstellt, bilden sie nach Art. 3 des Gesetzes das sogenannte "Terrainorgan" der staatlichen Schulverwaltung, d.h. sie sind gemäß Art. 31 des Gesetzes für die Umsetzung der staatlichen Schulpolitik auf dem Gebiet einer Wojewodschaft verantwortlich, wobei sie nach Art. 32 des Gesetzes von einem "Bildungskuratorium" (*Kuratorium oświaty*) unterstützt werden.

Gemäß Art. 13 Abs. 2 des Gesetzes über das Bildungssystem sowie § 3 der genannten Verordnung erfolgt der Unterricht der "Minderheiten-Muttersprache" auf freiwilliger Basis. Organisiert wird er durch den Direktor der Schule, bei dem die Erziehungsberechtigten bzw. gegebenenfalls der Schüler selbst einen entsprechenden Antrag stellen; solche Anträge sind entweder bei der Anmeldung des Kindes in die Vorschule bzw. Schule oder in der Vorbereitungsphase für das nächste Schuljahr, spätestens im April oder Mai jeden Jahres, bei dem Direktor der jeweiligen Schule abzugeben. Dabei haben die Antragsteller auch zu erklären, welche Form des Unterrichts der Minderheitensprache sie wünschen.

Die möglichen Formen des Unterrichts der Minderheitensprache werden in § 4 der Verordnung näher bestimmt: Danach kann solcher Unterricht entweder in Vorschulen und Schulen mit der Muttersprache (= Minderheitensprache) als Unterrichtssprache (*Przedszkola i szkoła z ojczystym językiem nauczania*) oder in zweisprachigen Vorschulen und Schulen (*Przedszkola i szkoła dwujęzyczna*) oder in Schulen mit zusätzlichem Unterricht in der Muttersprache (= Minderheitensprache) (*szkoła z dodatkową nauką języka ojczystego mniejszości*) oder in schulübergreifenden Gruppen (*w międzyszkolnych zespołach nauczania języka ojczystego mniejszości*) erteilt werden. Als "Schule mit der Muttersprache als Unterrichtssprache" definiert § 5 der genannten Verordnung eine Schule, in der alle Fächer mit

---

[69] Die Funktion des Kurators entspricht in etwa der eines Präsidenten des Oberschulamtes in Deutschland.

Ausnahme des Unterrichts in der polnischen Sprache, Literatur und Geschichte in der Minderheitensprache gelehrt werden; als "zweisprachige Schule" werden solche Schulen bezeichnet, in deren Unterricht Polnisch und die Sprache der jeweiligen nationalen Minderheit gleichberechtigt berücksichtigt werden; in "Schulen mit zusätzlichen Unterricht in der Muttersprache" wird der gesamte Unterricht in Polnisch erteilt und nur zusätzlich die Minderheitensprache unterrichtet.

Die zahlenmäßigen Mindestvoraussetzungen für die Einrichtung von "Abteilungen" mit Unterricht in der Minderheitensprache, die Schüler der gleichen Jahrgangsstufe umfaßt (d.h. aus mehreren bestehenden Parallelklassen werden die entsprechenden Schüler in einer solchen Abteilung zusammengefaßt), beträgt gemäß § 6 der Verordnung für die Grundschule sieben Schüler, in den weiterführenden Schulen 14 Schüler. Wird diese Zahl nicht erreicht, wird der Unterricht in der Minderheitensprache gemäß § 7 der Verordnung in sogenannten "Zwischenabteilungs-" oder "Zwischenklassengruppen" gegeben. Die Einrichtung einer Zwischenabteilungsgruppe, welche die Schüler einer Jahrgangsstufe (also z.B. Schüler der - nach deutscher Terminologie - Klassen III a und III b) umfaßt, erfordert mindestens sieben Schüler; eine Zwischenklassengruppe, die Schüler unterschiedlicher Jahrgangsstufen umfaßt (also z.B. Schüler der - nach deutscher Terminologie - Klassen II a und III a), darf nicht weniger als drei und nicht mehr als vierzehn Schüler haben. Werden diese Zahlen nicht erreicht, besteht die Möglichkeit des Erlernens der Minderheitensprache im Rahmen zusätzlichen Unterrichts.

Auch der Unterricht in Schulen mit der Muttersprache (= Minderheitensprache) als Unterrichtssprache wird gemäß § 8 der genannten Anordnung im Rahmen vorgegebener Lehrpläne erteilt. Nach § 9 der Verordnung hat auch der Unterricht der Minderheitensprache, der Geschichte und der Geographie des Siedlungsgebiets der jeweiligen nationalen Minderheit den Programmen des nationalen Erziehungsministeriums zu entsprechen. Schließlich ist zu betonen, daß auch Absolventen solcher Schulen die Berechtigung des Zugangs zu den höheren Schulen, d.h. den Gymnasien, erwerben.

b) Während sich die dargestellte Verordnung nur auf das staatliche Schulsystem bezieht, enthält Kapitel 8 des genannten Gesetzes über das Bildungssystem die Regeln für die Gründung und den Betrieb nichtöffentlicher, d.h. privater Schulen. Diese können durch Eintragung in eine sogenannte "Evidenzliste", die beim örtlich zuständigen "Kurator für Bildung" geführt wird, gegründet werden; dieser übt gemäß Art. 89 dieses Gesetz auch die pädagogische Aufsicht über die privaten Schulen aus.

In Art. 90 dieses Gesetzes wird der Umfang der staatlichen Subventionen bestimmt, welche die privaten Schulen erhalten können: Unter der Voraussetzung, daß ein entsprechender Antrag bis Ende September des vorherigen Jahres gestellt wurde, können private Schulen von ihren Ausgaben pro Schüler bis zu 50 % der entsprechenden Ausgaben in staatlichen Schulen aus dem Budget der Gemeinden oder des Staatshaushalts ersetzt erhalten.

Aufgrund eines entsprechenden Antrags kann der örtlich zuständige Kurator gemäß § 85 Abs. 3 dieses Gesetzes einer privaten Schule die Berechtigung geben, staatlich anerkannte Zeugnisse und Diplome zu erteilen, falls diese die Voraussetzungen des § 7 Abs. 3 dieses Gesetzes erfüllt. Dies bedeutet, daß eine solche private Schule den staatlich vorgeschriebenen Mindestlehrplan unterrichtet und die staatlichen Grundsätze für die Qualifizierung der Schüler anwendet.

c) Die Bestimmungen des genannten Gesetzes in Verbindung mit der ausführenden Verordnung dürften weitgehend die völkerrechtlichen Anforderungen aus dem deutsch - polnischen Vertrag vom 17. Juni 1991 erfüllen. Bekanntlich haben die in Art. 20 Abs. 1 dieses Vertrages definierten Personen nach dessen Art. 20 Abs. 3 u.a. das Recht, ihre eigenen Bildungseinrichtungen zu gründen und zu unterhalten und den Religionsunterricht in ihrer Muttersprache abzuhalten. Gemäß Art. 21 des Vertrages werden sich die Vertragsparteien bemühen, den in Art. 20 Abs. 1 genannten Personen, in Einklang mit den anwendbaren Rechtsvorschriften, entsprechende Möglichkeiten für den Unterricht ihrer Muttersprache in öffentlichen Bildungseinrichtungen zu gewähren; ferner werden sie im Zusammenhang mit dem Unterricht von Geschichte und Kultur in Bildungseinrichtungen die Geschichte und Kultur der in Art. 20 Abs. 1 des Vertrages genannten Gruppen berücksichtigen.

2. Die Umsetzung

a) Zum 20. September 1991 nahmen im Schuljahr 1991/92 in den öffentlichen Grundschulen[70] an den dargestellten verschiedenen Formen des Unterrichts in der (nicht-polnischen) Muttersprache an 118 Grundschulen insgesamt 5.213 Schüler nicht-polnischer Nationalitäten teil[71]. An 46 Schulen wurde Weißrussisch, an 43 Schulen Ukrainisch, an 19 Schulen Slowakisch und an 10 Schulen Litauisch unterrichtet; dabei gehörten 2.878 Schüler der weißrussischen, 1.156 Schüler der ukrainischen, 494 Schüler der slowakischen und 685 Schüler der litauischen Nationalität an[72]. Für das Schuljahr 1992/93 ist geplant, als Pilotprojekt fünfzehn öffentliche Grundschulen einzurichten, an denen später Deutsch als Muttersprache unterrichtet werden soll[73]. Ferner nahmen an 7 Lyzeen insgesamt 1.086 Schüler nicht-polnischer Nationalität an Unterrichtsformen in der (nicht-polnischen) Muttersprache teil: dabei wurden in 3 als "Schulen mit der Muttersprache als Unterrichtssprache" eingerichteten Lyzeen 307 Schüler der ukrainischen Minderheit und an jeweils einem solchem Lyzeum 18 bzw.

---

[70] Die nachfolgenden Angaben beruhen auf den der Verf. von Mitarbeitern des polnischen Schulministeriums gegebenen Informationen.

[71] *W. Czaplinski* (Anm. 5), 170 nennt für 1990 die Zahl von "109 schools for ethnic minorities in Poland attended by 6.118 children". (Offenbar unterscheidet er aber nicht zwischen Grundschulen und Lyzeen).

[72] *W. Czaplinski, ibid.*, 170 nennt für 1990 3.928 Schüler weißrussischer, 882 Schüler ukrainischer, 465 Schüler slowakischer und 670 Schüler litauischer Nationalität.

[73] *W. Czaplinski, ibid.*, 170 berichtet, daß Ende 1990 "German was introduced in 157 schools in Silesia"; allerdings wird hier nicht klar, in welcher Form Deutsch an diesen Schulen unterrichtet wird. Offenbar handelt es sich um Unterricht von Deutsch als Fremdsprache (anstelle von Russisch).

131 Schüler der slowakischen bzw. litauischen Minderheit unterrichtet; an zwei als "zweisprachige Schule" eingerichteten Lyzeen wurden 630 Schüler der weißrussischen Minderheit unterrichtet.

Der Staat stellt die Lehrbücher für den Unterricht in den Minderheitensprachen; vom hierfür zuständigen Verlag "Wydawnictwo Szkolne i Pedagogiczne" wurden aber bis jetzt noch keine deutschsprachigen Lehrbücher herausgegeben, weil es bis jetzt keine deutschsprachigen Schulen gab. Nach den im Schulministerium erhaltenen Auskünften entspricht der allgemeine Zustand der Schulen für nationale Minderheiten dem üblichen Standard der Schulen mit Polnisch als Unterrichtssprache; in letzter Zeit seien aber eine Reihe neuer Schulgebäude zur Nutzung übergeben worden. Den niedrigsten Standard könne man bei den kleinen Dorfschulen beobachten; dies gelte aber keinesfalls nur für die Minderheitenschulen. Obwohl im Schuljahr 1991/92 die Zahl der wöchentlichen Unterrichtsstunden allgemein um vier Stunden gekürzt worden sei, habe sich diese Maßnahme nicht auf den Unterricht in der Muttersprache der Minderheiten bezogen.

b)   Eine spezielle Lage besteht für den deutschen Sprachunterricht in den Siedlungsgebieten der deutschen Minderheit: Bekanntlich galt bis zum Jahre 1989 in ihren Hauptsiedlungsgebieten ein informelles Verbot des Unterrichts der deutschen Sprache; es war nicht einmal erlaubt, Deutsch als Fremdsprache zu lernen. Nach dem politischen Umbruch der Jahre 1988/89 hat der Unterricht in deutscher Sprache von allen Minderheitensprachen in Polen den größten Wandel erfahren: Am Anfang stand die Möglichkeit, auch in den Siedlungsgebieten der deutschsprachigen Minderheit Deutsch (anstelle von Russisch) als Fremdsprache zu lernen - im nächsten Schuljahr, d.h. 1992/93, sollen fünfzehn Schulen mit Deutsch als Unterrichtssprache eröffnet werden, in denen nach einer Übergangsphase zur Vermittlung der notwendigen Grundkenntnisse der deutschen Sprache entweder alle Klassen einer Schule Deutsch als Unterrichtssprache haben oder jedenfalls Klassen mit Deutsch als Unterrichtssprache eingerichtet werden.

Ein besonderes Problem besteht offenbar darin, ausreichend qualifizierte Lehrer für den Unterricht in Deutsch zu finden. Eine Verbesserung dieser Lage wird von deutscher wie polnischer Seite angestrebt; neben der Weiterqualifikation polnischer Deutschlehrer wird auch an eine Erhöhung der Zahl von Deutschland nach Polen entsandter Deutschlehrer gedacht. Zur Illustration der äußerst schwierigen Lage sei auch erwähnt, daß es in vielen Fällen notwendig ist, für die Schüler erst Adaptationskurse der deutschen Sprache einzurichten. Ein weiteres schwerwiegendes Problem liegt im Fehlen von Lehrbüchern und Unterrichtsmaterial in deutscher Sprache.

Insgesamt befindet sich also das Schulwesen mit Deutsch als Unterrichtssprache noch im Vorbereitungsstadium. Es ist ferner zu erwarten, daß neben deutschsprachigen Grundschulen auch deutschsprachige Kindergärten eröffnet werden.

c)   In organisatorischer Hinsicht ist zu erwähnen, daß sich im polnischen Schulministerium (*Ministerstwo edukacji*) die Abteilung der allgemeinen Bildung (*Departament Ksztalcenia ogólnego*) mit den Minderheitenschulen befaßt; ihre insgesamt sechzehn Mitarbeiter sind für die Gebiete der Fürsorge für alle Schultypen, ihre Kontrolle, die Vorschuleinrichtungen, die Vorbereitung der entsprechenden Rechtsakte, das Abitur und die polnischen Schulen im Ausland zuständig. In dieser Abteilung ist gleichfalls der Hauptspezialist für Angelegenheiten des Schulwesens der nationalen Minderheiten tätig. In den Siedlungsgebieten dieser Minderheiten arbeitet in den zuständigen Kuratorien für Bildung jeweils ein Referent für Angelegenheiten des Schulwesens der nationalen Minderheiten.

In bezug auf die von der katholischen Kirche und anderen Religionsgemeinschaften gemäß Art. 21 Abs. 1 des Gesetzes Nr. 155 vom 17. Mai 1989 über die Garantien der Bekenntnis- und Glaubensfreiheit[74] gegründeten und unterhaltenen Schulen übt die staatliche Verwaltung keine unmittelbare Kontrolle aus. Nach Art. 21 Abs. 2 dieses Gesetzes ist aber

---

[74] Ustawa o gwarancjach wolności sumienia i wyznania, Dziennik Ustaw Nr. 29.

der Schulminister befugt, in Übereinstimmung mit den Trägern solcher Bildungsanstalten die Grundzüge ihrer Organisation und Tätigkeit zu bestimmen.

IV. Spezifische Schranken der Vereinigungsfreiheit

1. Die Vereinigungsfreiheit

a) Den verfassungsrechtlichen Rahmen der Vereinigungsfreiheit in Polen schafft Art. 84 der polnischen Verfassung, der den Bürgern in seinem Abs. 1 das Recht gewährleistet, Vereinigungen zu bilden. Gleichzeitig werden hier die Schranken dieser Freiheit bestimmt, indem die Gründung oder Mitgliedschaft in solchen Vereinigungen, deren Zweck oder Tätigkeit gegen die gesellschaftliche oder politische Ordnung oder gegen die polnische Rechtsordnung gerichtet sind, verboten werden.

Das polnische Vereinsgesetz, unter dessen Anwendungsbereich grundsätzlich alle Vereinigungen der nationalen Minderheiten fallen, stammt vom 7. April 1989[75]. Nach Art. 3 Abs. 1 dieses Gesetzes steht das Recht, Vereinigungen zu bilden, allen polnischen Staatsbürgern zu, die uneingeschränkte Rechtsfähigkeit und alle öffentlichen Rechte besitzen. Während in den Abs. 2 und 3 dieser Vorschrift sich die Regeln für die Teilnahme von Minderjährigen an solchen Vereinigungen finden, enthält Art. 4 die Bestimmungen über die Mitgliedschaft von Ausländern[76].

Die vor allem in den einschlägigen Bestimmungen der völkerrechtlichen Menschenrechtsinstrumente niedergelegten üblichen Schranken der Vereinigungsfreiheit wie Schutz der öffentlichen Sicherheit und Ordnung,

---

[75] Gesetz Nr. 104 vom 7.4.1989, Prawo o stowarzyszeniach, Dziennik Ustaw Nr. 20.

[76] Ausländer mit ständigem Aufenthalt in Polen haben danach hinsichtlich der Vereinigungsfreiheit die selben Rechte wie polnische Staatsangehörige, während andere Ausländer nur Mitglied in solchen Vereinigungen werden können, deren Statut dies ausdrücklich vorsieht.

Gesundheit und Moral finden sich in Art. 1 Abs. 2 des Vereinsgesetzes. Eine zusätzliche Beschränkung der Vereinigungsfreiheit enthält Art. 6 Abs. 1 dieses Gesetzes, wonach die Gründung von Vereinen verboten ist, die auf dem Prinzip unbedingten Gehorsams ihrer Mitglieder gegenüber der Vereinsführung beruhen.

Alle Vereinigungen unterliegen grundsätzlich gemäß Art. 8 des Gesetzes der Registratur. Hierfür örtlich und funktionell zuständig ist nach dessen Abs. 2 in Berücksichtigung des (angestrebten) Sitzes des Vereins das Registergericht der jeweiligen Wojewodschaft. Als ersten Schritt zur Gründung eines Vereins müssen gemäß Art. 9 des Gesetzes mindestens fünfzehn Personen eine Satzung beschließen und ein Gründungskomitee wählen. Die Satzung des zu registrierenden Vereins muß nach Art. 10 des Gesetzes folgenden Mindestinhalt haben: Name des Vereins (der von anderen Vereinsnamen so unterschiedlich sein muß, daß Verwechslungen ausgeschlossen werden können), seinen Sitz und das Gebiet seiner Tätigkeit, seine Ziele und die Wege ihrer Verwirklichung, Regelungen über Erwerb und Verlust der Mitgliedschaft, Rechte und Pflichten der Mitglieder sowie Wahl der Vereinsorgane und ihre Befugnisse. Vereine, die beabsichtigen, Gebietsunterorganisationen zu schaffen, müssen gemäß Art. 10 Abs. 2 des Gesetzes in der Satzung auch deren Organisationsstruktur und die Prinzipien für deren Gründung festlegen. Der Antrag auf Registrierung ist nach Art. 12 vom Gründungskomitee zu stellen. Das örtlich zuständige Registergericht ist dann verpflichtet, binnen dreier Monate ab Antragstellung über die Registrierung zu entscheiden. Mindestens drei Vereine können sich gemäß Art. 22 des Gesetzes in einem "Bund" von Vereinen zusammenschließen.

In diesem Zusammenhang ist auf ein derzeit noch vor den zuständigen polnischen Gerichten anhängiges Verfahren einzugehen, das für den vereinigungsrechtlichen Status von Organisationen nationaler Minderheiten in Polen von allgemeiner und für Vereinigungen der deutschen Minderheit von besonderer Bedeutung ist[77]. Ausgangspunkt des Verfahrens war der

---

[77] Da die nachstehend referierten Urteile der Verf. nicht vorlagen, stützt sich die nachfolgende Darstellung auf Pressemitteilungen,

Antrag der "Towarzystwo Społeczno Kulturalne Mniejszości Niemieckiej na Śląsku Opolskim" (Sozial-Kulturelle Gesellschaft der deutschen Minderheit im 'Oppelner Schlesien'), die Änderung ihres Namens in "Towarzystwo Społeczno Kulturalne Niemców na Ślasku Opolskim" (Sozial-Kulturelle Gesellschaft der Deutschen im 'Oppelner Schlesien') und eine neue Satzung registrieren zu lassen, in der u.a. die Möglichkeit der Benutzung deutscher Ortsnamen vorgesehen war. Offenbar nicht zuletzt aufgrund erheblicher Interventionen seitens des polnischen Außenministeriums, wo man anscheinend die Befürchtung hegte, in der Aufnahme des Wortes "Niemców" ("der Deutschen") anstelle "Mniejszości Niemieckiej" ("deutscher Minderheit") sei eine Anerkennung der deutschen Staatsangehörigkeit der betroffenen Personen im Sinne von Art. 116 GG zu sehen, hatte das zuständige Wojewodschaftsgericht Opole (Oppeln) im März 1992 den genannten Antrag auf Registrierung der Änderungen abgelehnt.

Mit einem im Mai 1992 ergangenen Urteil[78] hat das von der Antragstellerin angerufene Appellationsgericht in Wroclaw (Breslau) das angegriffene Urteil des Wojewodschafsgerichts Opole (Oppeln) teilweise aufgehoben und die Sache zur erneuten Entscheidung dahin zurückverwiesen. Offenbar hat es sich dabei in erster Linie auf einen formalen Grund gestützt, nämlich die fehlerhafte Besetzung des Wojewodschaftsgerichts, das nicht - wie offenbar vorgeschrieben - durch einen Einzelrichter, sondern unter Beteiligung von Laienrichtern entschieden hatte. Von besonderer Bedeutung sind aber die im Urteil gleichwohl enthaltenen Ausführungen zu den materiell-rechtlichen Problemen des Falles: Nach den vorliegenden Presseberichten habe das Appellationsgericht insbesondere festgestellt, daß es - wie oben ausgeführt - den Gründern einer Vereinigung in Übereinstimmung mit dem Vereinsgesetz frei stehe, deren Namen festzulegen. Weiter sei ausgeführt worden, daß die vorgesehene Änderung des Namens nicht mit der in Polen geltenden Rechtsordnung in Wider-

---

insbesondere auf Berichte in den Zeitungen Trybuna Opolska vom 18.5.1992, S. 3 und Glob vom 12./14.6.1992.

[78] Nähere Angaben hinsichtlich Datum oder Aktenzeichen der Entscheidung sind in den genannten Presseberichten nicht enthalten.

spruch stehe; Bedenken staatlicher polnischer Stellen wie der Wojedwodschaftsverwaltung von Opole (Oppeln) und des Außenministeriums, die mit der Problematik des Art. 116 GG zusammenhingen, seien nicht durchschlagend, da die Verfassung eines fremden Staates - hier also der Bundesrepublik Deutschland - in Polen nicht verbindlich sei. Andererseits habe es das Appellationsgericht für zweckmäßig und notwendig gehalten, diejenigen Bestimmungen der Satzung der Gesellschaft zu konkretisieren, die sich auf ihre Mitglieder beziehen; insofern müsse eindeutig festgelegt werden, daß es sich um polnische Staatsbürger handele, die deutscher Abstammung sind und sich zur deutschen Sprache, Kultur und zu deutschen Traditionen bekennen wie es der Formulierung in Art. 20 Abs. 1 des deutsch-polnischen Vertrages vom 17. Juni 1991 entspreche. Hinsichtlich der zweiten materiellrechtlichen Frage, nämlich der Benutzung deutscher Ortsnamen, habe das Appellationsgericht offenbar weitgehend die Auffassung des Wojewodschaftsgerichts geteilt und festgestellt, daß in der Satzung der Gesellschaft die Eintragung einer Verpflichtung zur ausschließlichen Benutzung polnischer Ortsnamen sinnvoll sei.

Naturgemäß kann eine Wertung dieser Urteile, die sich allein auf Presseberichte stützt, in juristisch verantwortungsvoller Weise kaum geschehen. Immerhin scheint aber die Begründung des Appellationsgerichts zur Möglichkeit der Bezeichnung "Niemców" (der Deutschen) anstelle von "Mniejszości Niemieckiej" (der deutschen Minderheit) der genannten Bestimmung des Art. 10 des Vereinsgesetzes durchaus zu entsprechen; bemerkenswert ist auch die überzeugende Ausführung, mit der auf Art. 116 GG gestützte Bedenken gegen diese Bezeichnung zurückgewiesen wurden[79]. Hinsichtlich der fehlenden Möglichkeit zur Benutzung deutscher

---

[79] Nur am Rande sei bemerkt, daß auch Organisationen anderer nationaler Minderheiten den Begriff "Minderheit" nicht führen, was offenbar bisher nicht zu Beanstandungen führte; so gibt es etwa eine Organisation der ukrainischen Minderheit mit den Namen "Zwiazek Ukrainców w Polsce" (Bund der Ukrainer in Polen) und die Vereinigung der tschechischen und slowakischen Minderheit mit dem Namen "Towarzystwo Społeczno Kulturalne Czechów i Słowaków w Polsce" (Sozial-Kulturelle Gesellschaft der Tschechen und Slowaken in Polen).

Ortsnamen ist zu sagen, daß diese auch in den einschlägigen KSZE-Dokumenten nicht vorgesehen ist, auch wenn betont werden muß, daß diese Möglichkeit für die Wahrung der eigenständigen Identität einer nationalen Minderheit ähnlich wichtig ist wie das - in Polen bestehende - Recht auf Führung von Personennamen in der Form der Muttersprache.

Eine weitere Form des Bestehens von Vereinen regelt Kapitel 6 des Gesetzes: Es handelt sich um den "gewöhnlichen Verein" (*Stowarzyszenia zwykłe*), der zwar gemäß Art. 40 Abs. 1 des Gesetzes keine Rechtspersönlichkeit erwirbt, dessen Gründung aber in formeller Hinsicht wesentlich einfacher ist, da hierfür z.B. nur die Mitteilung über die Gründung an das Registergericht und kein Antrag auf Registrierung erforderlich ist. Diese "gewöhnlichen Vereine" können aber, im Unterschied zu den anderen, in den Kapiteln 1-5 des Gesetzes behandelten Organisationen, keine Schenkungen empfangen oder öffentliche Subventionen erhalten.

Die Aufsicht über die Tätigkeit der Vereine wird gemäß Art. 8 Abs. 5 des Gesetzes von den Organen der Staatsverwaltung auf Wojewodschafts-Ebene ausgeübt; zur Auflösung eines Vereins ist gemäß den Art. 29 Abs. 4, 31 des Gesetzes auf entsprechenden Antrag der Staatsanwaltschaft oder der allgemeinen vereinsrechtlichen Aufsichtsbehörde das Registergericht zuständig.

Schließlich ist darauf hinzuweisen, daß gemäß Art. 18 des Gesetzes der Justizminister zum Erlaß von Verordnungen ermächtigt ist, welche die Einzelheiten des Registrierungsverfahrens und des zu führenden Registers regeln. Auf dieser Grundlage ist am 17. April 1989 die einschlägige Verordnung Nr. 126 ergangen[80].

b)   Auf der dargestellten gesetzlichen Grundlage - das Vereinigungsgesetz enthält keine spezifischen Bestimmungen für Organisationen der nationalen Minderheiten - wurden in Polen auch die Vereine der deutschen

---

[80] Rozporzadzenie w sprawie wzoru i sposobu prowadzenia rejestru stowarzyszeń.

Minderheit registriert[81]. Als ihr Dachverband tritt der "Związek Niemieckich Stowarzyszeń Społeczno-Kulturalnych w Polsce" (Verband der deutschen sozial-kulturellen Gesellschaften in Polen) auf[82], der seinen Sitz in Opole (Oppeln) hat. Von den regional tätigen Organisationen der deutschen Minderheit sind am aktivsten und bedeutendsten die "Towarzystwo Społeczno Kulturalne Mniejszości Niemieckiej na Śląsku Opolskim " (Sozial-Kulturelle Gesellschaft der deutschen Minderheit im 'Oppelner Schlesien') mit ihrem Vorsitzenden Johann Kroll, die "Towarzystwo Społeczno Kulturalne Ludności Pochodzenia Niemieckiego Województwa Czestochowskiego" (Sozial-Kulturelle Gesellschaft der Bevölkerung deutscher Abstammung der Wojewodschaft Tschenstochau), die "Związek Ludności Pochodzenia Niemieckiego z siedzibą w Gdańsku" (Verband der Bevölkerung deutscher Abstammung mit Wohnsitz in Danzig) und die "Towarzystwo Społeczno Kulturalne Ludności Pochodzenia Niemieckiego Województwa Katowickiego" (Sozial-kulturelle Gesellschaft der Bevölkerung deutscher Abstammung in der Wojedwodschaft Kattowitz).

Die weißrussische Minderheit hat sich bislang in vier Vereinen organisiert, von denen die "Białoruskie Towarzystwo Społeczno Kulturalne"

---

[81] Die nachstehenden Angaben beruhen auf den der Verf. von Mitarbeitern des polnischen Kulturministeriums gegebenen Informationen.

[82] Sein Vorsitzender ist der Sejm - Abgeordnete *Georg Brylka*; weitere Vorstandsmitglieder sind der Sejm - Abgeordnete *Heinrich Kroll* sowie *Friedrich Petrach*, *Friedrich Sikora* und *Leo Stosch*; für die minderheitenpolitischen Forderungen des Verbandes siehe die Rede von *Georg Brylka* auf dem 25. Deutschlandtreffen der Schlesier in Nürnberg am 8. Juli 1991, abgedruckt in: Deutscher Ostdienst - Informationsdienst des Bundes der Vertriebenen, INFO Nr. 27, in der neben den "üblichen" Forderungen nationaler Minderheiten (Sprachgebrauch vor Behörden und Gerichten, Deutschunterricht in Schulen, Zweisprachige Ortsnamen) vor allem das Verlangen nach Anerkennung doppelter Staatsangehörigkeit der Mitglieder der deutschen Minderheit durch Polen betont wurde. Für eine Übersicht über die politischen Aktivitäten und Forderungen dieser Dachorganisation in polnischer Sprache siehe die Dokumentation Mniejszość niemiecka w Polsce w świetle dokumentów i publicystyki (= Die deutsche Minderheit in Polen im Lichte der Dokumente und der Publizistik), Przegląd Zachodni 1991, Heft 2, 105 ff.

(Weißrussische Sozial-Kulturelle Gesellschaft) mit Sitz in Białystok am bedeutendsten ist. Die litauische Minderheit hat zwei Organisationen gegründet, von denen die "Litewskie Towarzystwo Społeczno Kulturalne" (Litauische Sozial-Kulturelle Gesellschaft) mit Sitz in Sejny am wichtigsten erscheint. Von den insgesamt sechs Vereinen der ukrainischen Minderheit ist die "Związek Ukraińców w Polsce" mit Sitz in Warschau hervorzuheben; in Krakau ist die Vereinigung der tschechischen und slowakischen Minderheit in Polen ("Towarzystwo Społeczno Kulturalne Czechów i Słowaków w Polsce") registriert. Mindestens fünf Vereine nehmen die Interessen der polnischen Roma wahr und auch die jüdische Minderheit hat sich in eigenen Organisationen zusammengeschlossen. An kleineren Minderheitenorganisationen sind noch zu nennen die Vereinigung der griechischen Minderheit in Polen ("Towarzystwo Greków w Polsce") mit Sitz in Wrocław (Breslau) und eine Organisation der aus dem Lemberger Raum stammenden Menschen, die sich offenbar von den allgemeinen ukrainischen Verbänden nicht vertreten fühlen, nämlich die "Stowarzyszenie Łemków" mit Sitz in Legnica (Liegnitz).

2. Das Parteiengesetz

Das Gesetz Nr. 311 über die politischen Parteien vom 28. Juli 1990[83] enthält keinerlei Beschränkungen hinsichtlich der Rechte der Angehörigen nationaler Minderheiten, politische Parteien zu gründen bzw. in ihnen mitzuarbeiten. Gemäß Art. 2 des Gesetzes können Mitglieder politischer Parteien, deren allgemeines Ziel nach Art. 1 des Gesetzes die Teilnahme am öffentlichen Leben ist, diejenigen Staatsbürger Polens werden, die das 18. Lebensjahr vollendet haben.

Eine politische Partei erlangt ihre Rechtsfähigkeit aufgrund Art. 4 des Gesetzes im Zeitpunkt der Anmeldung zur Aufnahme in das Parteiregister, das vom Wojewodschaftsgericht in Warschau geführt wird. Eine solche Anmeldung muß den Namen der Partei, ihren Sitz, das Verfahren der

---

[83] Ustawa o partiach politycznych, Dziennik Ustaw Nr. 54.

Einrichtung und Besetzung ihres Repräsentationsorgans sowie die Namen, Vornamen, Adressen und Unterschriften von mindestens fünfzehn voll geschäftsfähigen polnischen Staatsangehörigen enthalten. Die Bestätigung über die Anmeldung dient als Nachweis der Erlangung der Rechtsfähigkeit einer politischen Partei.

Wichtig ist Art. 5 des Gesetzes, der bestimmt, daß der polnische Verfassungsgerichtshof, wenn er auf Vorlage des Wojewodschaftsgerichts in Warschau oder auf Antrag des Justizministers über die Unvereinbarkeit der Ziele oder der Tätigkeit einer politischen Partei mit der Verfassung der Republik Polen entscheidet, gemäß Art. 5 Abs. 1 die Einfügung der entsprechenden notwendigen Änderungen in die Satzung oder das Programm empfehlen kann. Zielt die Tätigkeit einer politischen Partei auf die gewaltsame Änderung der Verfassungsordnung der Republik Polen oder drückt sich in der Organisation einer Partei durch ihre Leitungsorgane die Anwendung von Gewalt als Mittel der politischen Auseinandersetzung aus, stellt der Justizminister gemäß Art. 5 Abs. 2 beim Verfassungsgerichtshof einen Antrag auf Verbot der Tätigkeit dieser Partei; eine entsprechende Entscheidung des Verfassungsgerichts bewirkt danach die Streichung der Partei aus dem Parteiregister.

Für eventuelle politische Parteien nationaler Minderheiten von erheblicher Bedeutung könnte die Vorschrift des Art. 6 Abs. 3 des Gesetzes sein: Danach dürfen politische Parteien keine Sachbeihilfen oder finanzielle Unterstützung von ausländischen Personen im Sinne des Devisenrechts oder von juristischen Personen mit ausschließlicher Beteiligung ausländischer Rechtssubjekte entgegennehmen.

3. Das Versammlungsgesetz

Die in Art. 83 der polnischen Verfassung garantierte Vereinigungsfreiheit wird durch das Gesetz Nr. 297 vom 5. Oktober 1990[84] näher bestimmt.

---

[84] Prawo o zgromadzeniach, Dziennik Ustaw Nr. 51.

Dieses allen Personen garantierte Recht unterliegt denjenigen Einschränkungen wie sie auch in den einschlägigen Bestimmungen der völkerrechtlichen Menschenrechtsinstrumente vorgesehen sind. Mit Ausnahme der von Staats- oder Gemeindeorganen sowie der Kirche organisierten Versammlungen sowie von Wahlveranstaltungen sind für die Genehmigung solcher öffentlicher Versammlungen gemäß Art. 5 des Gesetzes die Gemeinden zuständig. Danach sind die Veranstalter einer Versammlung verpflichtet, diese mindestens drei Tage vor dem beabsichtigten Termin bei der Gemeinde anzuzeigen; diese kann eine öffentliche Versammlung gemäß Art. 8 des Gesetzes verbieten, falls deren Ziele gegen Bestimmungen des Versammlungsgesetzes oder des Strafgesetzbuches verstoßen oder falls zu befürchten ist, daß die Veranstaltung der Versammlung in schwerwiegender Weise die Gesundheit von Personen oder ihr Eigentum bedroht.

4. Vereinigungsfreiheit und Strafrecht

Unter den Vorschriften des *Kodeks Karny*[85] (Strafgesetzbuch) könnten von - heute wohl nur noch theoretischer - Bedeutung für Tätigkeiten Angehöriger nationaler Minderheiten die Bestimmungen der Art. 122 ff. sein. Diese Vorschriften, die sich bereits im Kapitel XIX der ursprünglichen Fassung des Strafgesetzbuches aus dem Jahre 1969 fanden, betreffen die gegen die grundlegenden politischen und wirtschaftlichen Interessen des polnischen Staates gerichteten Straftaten. Gemäß Art. 122 Strafgesetzbuch erfüllt ein polnischer Staatsangehöriger, der sich an Aktivitäten fremder Staaten oder ausländischer Organisationen beteiligt, die u.a. auf die Abtrennung von Gebieten des polnischen Territoriums zielen, die Tatbestandsmerkmale des Hochverrats; hierfür ist eine Mindeststrafe von zehn Jahren Freiheitsentzug oder die Todesstrafe vorgesehen. Werden solche Tätigkeiten zwar nicht in Zusammenarbeit mit fremden Staaten oder

---

[85] Gesetz Nr. 94 vom 19. April 1969 mit späteren Änderungen. Insoweit ist zu unterstreichen, daß die der Verf. vorliegende Fassung des polnischen Strafgesetzbuches nur die Änderungen bis Ende 1991 umfaßte.

ausländischen Organisationen, aber zusammen mit anderen Personen begangen, ist diese Tat, für die auch nicht-polnische Staatsangehörige bestraft werden können, gemäß Art. 123 Strafgesetzbuch mit Freiheitsstrafe von mindestens fünf Jahren oder der Todesstrafe bedroht. Für Täter, deren Handlungen an sich die Tatbestandsmerkmale der Art. 122 und 123 Strafgesetzbuch erfüllen, ist in Art. 125 Strafgesetzbuch ein ermäßigter Strafrahmen von einem bis zu zehn Jahren Freiheitsstrafe vorgesehen, wenn solche Täter auf eigenen Antrieb ihre Handlungen einstellen und ihre entsprechenden Kenntnisse den zuständigen Untersuchungs- und Strafverfolgungsorganen zur Verfügung stellen.

V. Politische Repräsentation

Im Rahmen des weiten Begriffes "Politische Repräsentation" werden nachfolgend zwei Fragenkomplexe erörtert, nämlich die rechtlichen Bestimmungen der Wahlen zu den höchsten staatlichen Repräsentationsorganen Sejm und Senat, welche die beiden Häuser des polnischen Parlaments bilden, sowie zu den Institutionen der lokalen Selbstverwaltung.

1. Sejm und Senat

a) Die insgesamt 460 Abgeordneten des Sejm werden nach den Vorschriften des Gesetzes Nr. 252 vom 28. Juni 1991, der Wahlordnung für den Sejm der Polnischen Republik[86], in einem recht komplizierten Verfahren bestimmt: Im vorliegenden Zusammenhang von Bedeutung ist vor allem Art. 2 der Wahlordnung, wonach 391 Abgeordnete über Bezirkslisten und weitere 69 Abgeordnete über eine "all-polnische Liste" gewählt werden. Das aktive Wahlrecht besitzen nach Art. 6 der Wahlordnung alle polnischen Staatsangehörigen, die am Tag der Wahl das 18. Lebensjahr vollendet haben; das passive Wahlrecht haben hingegen nur diejenigen polnischen Staatsangehörigen, die am Tag der Wahl das 21. Lebensjahr vollendet und

---

[86] Ordynacja wyborcza do Sejmu Rzeczypospolitej Polskiej, Dziennik Ustaw Nr. 59.

zu diesem Zeitpunkt seit mindestens fünf Jahren ihren ständigen Aufenthalt in Polen hatten.

Im einzelnen sind in der Wahlordnung enthalten die Vorschriften über die Aufstellung der Wählerlisten (Kapitel 3), über den Wahlvorgang (Kapitel 4), über die Einteilung der Wahl- und Abstimmungsbezirke (Kapitel 5) und zu den Wahlkommissionen (Kapitel 6). Das der Anmeldung von Kandidatenlisten gewidmete Kapitel 7 der Wahlordnung enthält zwei Bestimmungen, welche die Repräsentation von politischen Vereinigungen nationaler Minderheiten im Sejm gegenüber sonstigen Vereinigungen erheblich erleichtern: Nach der Grundnorm des Art. 69 Abs. 4 der Wahlordnung ist für die Zulassung einer Bezirkskandidatenliste notwendig, daß diese von 5.000 Wahlberechtigten durch ihre Unterschriften unterstützt wird. Wird dieses allgemeine Quorum nicht in allen Wahlbezirken erreicht, genügt es nach Art. 70 Abs. 1 der Wahlordnung für die Zulassung solcher Bezirkskandidatenlisten in allen Bezirken, wenn die entsprechende Organisation entweder in fünf Wahlbezirken das notwendige Quorum von jeweils 5.000 Unterschriften gesammelt hat oder wenn mindestens 50.000 Wahlberechtigte eines Wahlbezirkes den Antrag auf Registrierung einer Kandidatenliste mit ihrer Unterschrift unterstützt haben. Diese Erleichterung der Zulassung von politischen Organisationen mit starker regionaler Verankerung wird durch die einschlägigen Bestimmungen für Kandidatenlisten von Vereinigungen nationaler Minderheiten zusätzlich verbessert: Nach Art. 70 Abs. 2 der Wahlordnung ist für die Zulassung ihrer Bezirkskandidatenlisten in allen Bezirken ausreichend, wenn die entsprechende Organisation entweder in nur zwei Wahlbezirken das notwendige Quorum von jeweils 5.000 Unterschriften gesammelt hat oder wenn mindestens 20.000 Wahlberechtigte eines Wahlbezirkes den Antrag auf Registrierung einer Kandidatenliste mit ihrer Unterschrift unterstützt haben.

Eine weitere Erleichterung der politischen Repräsentation von Vereinigungen nationaler Minderheiten enthält die Vorschrift des Art. 76 Abs. 3 der Wahlordnung, die sich auf die Zulassung von Kandidatenlisten für die "all-polnische Liste" bezieht: Während Art. 76 Abs. 2 der Wahlordnung bestimmt, daß zu dieser "all-polnischen Liste" diejenigen politischen Vereinigungen zuzulassen sind, deren Kandidatenlisten in mindestens fünf Wahlbezirken zugelassen worden sind, erlaubt Abs. 3 dieser Vorschrift die Zulassung von Kandidatenlisten von nationalen Minderheiten zur "all-polnischen Liste" unabhängig von der Zahl der registrierten Bezirkslisten.

Die Verteilung der jeweils auf einen Wahlbezirk entfallenden Abgeordnetensitze bzw. die Verteilung der aus der "all-polnischen Liste" zu besetzenden Mandate erfolgt dann nach dem Verhältnismäßigkeitsprinzip. Zu erwähnen ist schließlich noch, daß die Wahlordnung keine Sperrklausel kennt, was naturgemäß zur starken Zersplitterung der Abgeordnetenmandate auf die einzelnen politischen Parteien beigetragen hat.

b) Die 100 Senatoren werden nach den Vorschriften des Gesetzes Nr. 246 vom 10. Mai 1991, der Wahlordnung für den Senat der Republik Polen[87], gewählt. In ihrem Art. 1 findet sich die Bestimmung, daß für die Wahlen zum Senat grundsätzlich die Regeln der genannten Wahlordnung für den Sejm Anwendung finden, soweit die Wahlordnung für den Senat keine abweichenden Vorschriften enthält. Nach ihrem Art. 2 Abs. 1 werden die Senatoren nach dem Mehrheitsprinzip in den Senatswahlbezirken gewählt, deren Ausdehnung dem Gebiet einer Wojewodschaft entspricht. Gemäß Art. 2 Abs. 2 und 3 entsendet jede Wojewodschaft zwei Senatoren, nur die bevölkerungsreichsten Wojewodschaften von Warschau und Kattowitz je drei Senatoren. Irgendwelche besonderen Bestimmungen für die Repräsentation von Organisationen nationaler Minderheiten im Senat finden sich in dieser Wahlordnung aber nicht.

c) Auf der Grundlage dieser Wahlordnungen fanden die Parlamentswahlen im Oktober 1991 statt. Dabei wurden insgesamt acht Angehörige der deutschen Minderheit, die als die politisch am besten organisierte anzusehen ist, in die beiden Häuser der Parlaments gewählt, nämlich sieben Abgeordnete in den Sejm und ein Senator. Aufgrund dieses Wahlergebnisses konnten die Abgeordneten der deutschen Minderheit den

---

[87] Organizacja wyborcza do Senatu Rzeczypospolitej Polskiej, Dziennik Ustaw Nr. 58.

einzigen auf dem Kriterium der Nationalität beruhenden Abgeordnetenklub (=Fraktion) bilden, den "Parlamentarny Klub Mniejszości Niemieckiej" (PKMnN) (Parlamentarischer Klub der deutschen Minderheit)[88].

Mit Fragen betreffend die nationalen und ethnischen Minderheiten beschäftigen sich die 23 Mitglieder des Sejm-Ausschusses für nationale und ethnische Minderheiten. Zentraler Arbeitsbereich dieses Ausschusses ist gegenwärtig die Vorbereitung des Entwurfs für ein Minderheitengesetz, dessen Referenten- bzw. Expertenprojekt eigentlich im Juni erörtert werden sollte, bislang aber noch nicht in einer abschließenden Form vorliegt. Andererseits ist insoweit zu wiederholen, daß die wirklich intensive Beschäftigung mit dem Projekt eines Minderheitengesetzes nach dem gegenwärtigen Stand (Mitte Juni 1992) erst nach der Verabschiedung der neuen Verfassung einsetzen wird, die Bestimmungen zur Rechtsstellung der nationalen und ethnischen Minderheiten enthalten soll.

Als weiteres wichtiges Staatsorgan, das sich mit der Problematik nationaler und ethnischer Minderheiten befaßt, ist vor allem die *Komisja do spraw mniejszości narodowych* (Kommission für nationale Minderheiten) zu nennen, deren Mitglieder der Kultur-, der Bildungs-, der Arbeits- und Sozial-, der Justiz- und der Innenminister, der Vorsitzende des Komitees

---

[88] Vgl. Sejm Rzeczypospolitej Polskiej, I. Kadencja, Informator, Wydawnictwo Sejmowe, S. 186. Vorsitzender des Klubs ist *Heinrich Kroll* (Mitglied des Ausschusses für Außenpolitik und stellvertretender Vorsitzender des Ausschusses für nationale und ethnische Minderheiten), stellvertretender Vorsitzender ist *Willibald Fabian* (Mitglied der Ausschüsse für Umweltschutz, natürliche Ressourcen und Forstwirtschaft sowie für Raumordnung, Bau- und Wohnungspolitik); weitere Klubmitglieder sind die Abgeordneten *Erhard Bastek* (Mitglied der Ausschüsse für Verwaltung und innere Angelegenheiten sowie für Kultur und Massenmedien), *Georg Brylka* (Mitglied der Ausschüsse für nationale und ethnische Minderheiten sowie für Handel und Dienstleistungen), *Dr. Anton Kost* (Mitglied der Ausschüsse für Sozialpolitik und für Gesundheitswesen), *Bruno Kozak* (Mitglied der Ausschüsse für Bildung, Forschung und technischen Fortschritt sowie für Mandatsüberprüfungen und Abgeordnetenangelegenheiten) und *Helmut Pazdzior* (Mitglied der Ausschüsse für territoriale Selbstverwaltung sowie für Außenwirtschaftsbeziehungen und Seewirtschaft).

für Rundfunk und Fernsehen und der Minister für Zusammenarbeit mit den politischen Parteien sowie vier Wojewoden sind. Diese Kommission wurde aufgrund des Beschlusses Nr. 142 des Ministerrats vom 7. September 1990 eingerichtet und hat die Funktion eines Konsultativorgans innerhalb des Ministerrates[89].

2. Lokale Selbstverwaltungsorgane

Die Vorschriften über die Wahl der Mitglieder der lokalen Selbstverwaltungsorgane finden sich im Gesetz Nr. 96 vom 8. März 1990 - die Wahlordnung für die Gemeinderäte[90]. Das aktive Wahlrecht besitzen nach ihrem Art. 2 Abs. 1 alle polnischen Staatsangehörigen, die am Wahltag das 18. Lebensjahr vollendet haben, sowie diejenigen Personen, deren polnische Staatsangehörigkeit nicht festgestellt werden konnte und die aber auch nicht Staatsangehörige eines anderen Staates sind (also Staatenlose), sofern sie ihren ständigen Aufenthalt auf dem Gebiet der Polnischen Republik haben. Derselbe Personenkreis besitzt gemäß Art. 4 i.V. mit Art. 2 Abs. 3 das passive Wahlrecht.

Die insgesamt 123 Bestimmungen der Wahlordnung, die in teilweise sehr detaillierter Form die Wahl der Gemeinderäte und der von diesen Gremien zu wählenden Bürgermeister regeln, enthalten keine besonderen Vorschriften betreffend die Vertretung der nationalen Minderheiten in diesen Organen der lokalen Selbstverwaltung. Der inzwischen erreichte hohe Grad der politischen Organisation der deutschen Minderheit und ihr zahlenmäßiges Gewicht in ihren Siedlungsgebieten zeigt sich darin, daß nach den Kommunalwahlen von 1992 in etwa 30 Gemeinden, zumeist in

---

[89] Vgl. hierzu auch Ziffer 3 des Briefwechsels anläßlich der Unterzeichnung des deutsch - polnischen Vertrages vom 17.7.1991, BGBl. 1991 II 1327.

[90] Ordynacja wyborcza do rad gmin, Dziennik Ustaw Nr. 16.

den Gebieten um Opole (Oppeln) und Ratiborsz (Ratibor), Bürgermeister deutscher Nationalität gewählt wurden[91].

Der Umfang der Kompetenzen der Gemeinden ist im Gesetz Nr. 95 vom 8. März 1990 über die territoriale Selbstverwaltung[92] geregelt. Nach der Grundnorm des Art. 2 Abs. 1 dieses Gesetzes betreffen diese Kompetenzen diejenigen öffentlichen Angelegenheiten von lokaler Bedeutung, die nicht durch Gesetz auf andere staatliche Organe übertragen sind.

VI. Schlußbemerkung

Die politische Wende in der Folge der Ergebnisse der Verhandlungen des "Runden Tisches" der Jahre 1988/89 löste ohne jeden Zweifel einen bedeutsamen Fortschritt auf dem Gebiet des Schutzes der Rechte der nationalen und ethnischen Minderheiten in Polen aus. Dies gilt insbesondere für die Rechtsstellung der deutschen Minderheit, deren Existenz ja über einen sehr langen Zeitraum hinweg schlicht geleugnet wurde. Vor dem Hintergrund der polnischen Geschichte, insbesondere der Politik der Zwischenkriegszeit, ist diese allgemeine Entwicklung, auch wenn sie in vielen Bereichen sicher noch nicht als abgeschlossen gelten kann, unbedingt als positiv zu werten; so ist zu hoffen, daß die Problematik der Existenz nationaler Minderheiten in einer solchen Weise gelöst wird, daß die bisherigen Belastungen der bilateralen Beziehungen Polens zu seinen Nachbarn Deutschland, Litauen, Ukraine und Weißrußland bald der Vergangenheit angehören werden. Zu bemerken ist auch, daß die durchaus schwierige innenpolitische Lage in Polen dazu geführt hat, daß die Arbeiten an einer neuen Verfassung - mit Bestimmungen zur Rechtslage nationaler Minderheiten - noch weit von ihrer Beendigung entfernt sind; auch auf einfach-gesetzlicher Ebene steht die endgültige Entscheidung noch aus, ob

---

[91] Diese Angaben beruhen auf den Informationen, die der Verf. von den zuständigen polnischen Stellen gegeben wurde; entsprechende Angaben zu anderen nationalen Minderheiten standen nicht zur Verfügung.

[92] Ustawa o samorządzie terytorialnym, Dziennik Ustaw Nr. 16.

die minderheitenspezifischen Regelungen besser in einem gesonderten Minderheitengesetz zusammenzufassen sind, oder ob der bisherige, in vielen Bereichen auch in rechtsvergleichender Sicht durchaus befriedigende Ansatz weiter verfolgt werden soll, solche Bestimmungen in die jeweiligen Fachgesetze aufzunehmen. In mehr (rechts-)politischer Sicht ist zu hoffen, daß die derzeit jedenfalls von den wichtigsten politischen Gruppierungen geteilte Einschätzung, daß nationale und ethnische Minderheiten einen in ihrer Existenz anerkannten Bestandteil der polnischen Gesellschaft bilden, deren innerstaatliche Rechtslage sich an den einschlägigen Prinzipien des KSZE-Prozesses zu orientieren hat, auch in Zukunft uneingeschränkt Bestand hat; dies verlangt andererseits naturgemäß auch, daß sich die Angehörigen solcher nationaler Minderheiten zwar wohl durchaus ihrer eigenständigen Identität bewußt sind und die sich hieraus ergebenden spezifischen Interessen geltend machen, darüber aber nicht ihre Zugehörigkeit zur Gemeinschaft der polnischen Staatsangehörigen vergessen. Schließlich sei noch betont, daß in Polen, wie auch in vielen anderen ehemals sozialistischen Staaten Europas, die Problematik der Rechtslage nationaler und ethnischer Minderheiten angesichts der ja wahrlich gravierenden Probleme des Übergangs von einer Plan- zu einer Marktwirtschaft sowie der Schaffung eines freiheitlichen und demokratischen Rechtsstaates mit den notwendigen sozialstaatlichen Elementen für die ganz überwiegende Mehrheit der Bevölkerung - und infolgedessen auch für die politischen Akteure - verständlicherweise nicht zu den dringlichsten Problemen gehören kann.

Insgesamt ist daher die Einschätzung gerechtfertigt, daß sich die polnischen Staatsorgane auch innenpolitisch ernsthaft und auch erfolgreich bemühen, ihr im völkerrechtlichen Verkehr mehrfach verlautbartes Ziel zu erreichen, nämlich eine Minderheitenpolitik in Einklang mit den Prinzipien des KSZE-Prozesses zu verwirklichen; daß diesem Bereich in einer in politischer, sozialer und wirtschaftlicher Sicht wahrlich problematischen Umbruchphase nicht immer höchste Priorität eingeräumt und - wie in den meisten Staaten Europas - nicht von allen politischen Kräften mitgetragen wird, steht dieser grundsätzlichen Einschätzung nicht entgegen.

Die rechtliche Stellung der Minderheiten in der Schweiz

DAGMAR RICHTER[*]

I. Einleitung

1. Das Schweizervolk als integrative Verfassungsgemeinschaft

Die Eidgenossenschaft der Schweizer umfaßt ein mehrsprachiges und mehrkonfessionelles Staatsvolk[1]. Anders als bei einem Nationalstaat beruht ihr staatlicher Zusammenhalt nicht auf der ethnisch-kulturellen Zusammengehörigkeit ihrer Angehörigen, sondern auf dem Konzept einer "politischen Nation" als einer politischen Wertegemeinschaft des Staatsvolks; als solche hat sie sich die Mehrsprachigkeit als eine der tragenden Staatsideen gegeben[2]. Die Regelung der Rechtsstellung von "Mehrheit" und "Minderheit"[3] erscheint auf dieser Grundlage als natürlicher Bestandteil eines sprachlich und kulturell integrierenden Verfassungsstaats.

Weil der Minderheitenschutz grundlegend in die freiheitlich-föderale Rechtsordnung eingebettet ist, so daß er fast nicht mehr als solcher in Erscheinung tritt[4], wurde die Auffassung vertreten, es könne in der Schweiz

---

[*] Ass.iur., wissenschaftliche Mitarbeiterin an der Universität Heidelberg

[1] Vgl. Art. 1 der Schweizerischen Bundesverfassung vom 29.5.1874, SR (Systematische Sammlung des Bundesrechts) 101, wonach die "durch gegenwärtigen Bund vereinigten Völkerschaften der dreiundzwanzig souveränen Kantone" in ihrer Gesamtheit die Schweizerische Eidgenossenschaft bilden.

[2] R. Viletta, Abhandlung zum Sprachenrecht mit besonderer Berücksichtigung des Rechts der Gemeinden des Kantons Graubünden, Grundlagen des Sprachenrechts I, 1978, 44 f.

[3] Siehe zum Begriff der Minderheit statt vieler: F. Capotorti, Study on the Rights of Persons Belonging to Ethnic, Religious and Linguistic Minorities, United Nations 1979, E/CN.4/Sub.2/384/Rev.1, 5 ff. (Paragraphen 20 ff.).

[4] So die zutreffende Charakterisierung von O. Kimminich, Rechtsprobleme der polyethnischen Staatsorganisation, 1985, 164.

einen eigentlichen Minderheitenschutz gar nicht geben[5]. Diese Auffassung wird im Bericht über die rechtliche Stellung der Minderheiten in der Schweiz eine scheinbare Bestätigung finden, indem er bis auf wenige Ausnahmen kein "Sonderrecht der Minderheiten" zutagefördert; er befaßt sich aber mit der Frage, wie eine bundesstaatliche Rechtsordnung den Ausgleich zwischen verschiedenartigen Gemeinschaften leisten kann. In der unterschiedlich starken Stellung der beteiligten Gruppen in der Eidgenossenschaft und den Kantonen, die überdies in ihrer Überschneidung und Durchmischung typische Minderheitenprobleme hervorbringen, liegen der Ansatz und die Herausforderung für einen Minderheitenschutz der anspruchsvollsten Art[6].

Die Wohnsitzbevölkerung der Schweiz unterteilt sich in 65 % deutsche, 18,4 % französische, 9,8 % italienische, 0,8 % rätoromanische[7] und 6 % sonstige Sprachzugehörige[8]. Quer durch diese Sprachgruppen - jedoch nicht ohne jede Affinitäten - verlaufen verschiedene konfessionelle Orientierungen[9]. Beide Kriterien, Sprache wie Religion, kommen als Anknüpfungspunkte einer Minderheitensituation grundsätzlich in Betracht. Während es aber im 19. Jahrhundert noch schwere konfessionelle Auseinander-

---

[5] *Kimminich, ibid.,* 163, unter Hinweis auf Hangartner sowie ältere Schweizer Literatur. Siehe stattdessen aber unten Anm. 18 f.

[6] Vgl. *Th. Fleiner-Gerster,* Minderheitenschutz im kantonalen Recht der Schweiz, Jahrbuch des öffentlichen Rechts 40, (1991), 45, 46: "Die Grenzen der schweizerischen Kantone sind weder identisch mit den Sprach- noch den Religionsgrenzen. Dies führt dazu, daß es in fast allen Kantonen irgendwelche Minderheitenprobleme gab oder auch heute noch gibt."

[7] Hierbei handelt es sich um einen Sammelbegriff, der fünf verschiedene Idiome bezeichnet, vgl. *G.-R. Gieré,* Die Rechtsstellung des Rätoromanischen in der Schweiz, Diss. Zürich (1955), 1956, 1 ff.

[8] Die Daten sind den Ergebnissen der Volkszählung 1980 entnommen, s. *Statistisches Bundesamt* Bern, Statistisches Jahrbuch, Basel 1982, 31. S. zu den Daten von 1850 bis 1970 *Viletta,* (Anm. 2), 385; in bezug auf 1990 liegt die Gesamtauswertung noch nicht vor. Bereits bekannte Einzeldaten belegen einen weiteren Rückgang des Rätoromanischen. Hierzu NZZ F.A. Nr. 279 vom 1.12.1992, 13.

[9] 50,4 % Protestanten, 43,6 % Katholiken, 6 % Sonstige (Volkszählung 1980).

setzungen gab[10], ist das Unterscheidungsmerkmal der Religion für sich betrachtet heute fast in die Bedeutungslosigkeit gesunken[11]. Deshalb erscheint eine Darstellung religiöser Minderheiten in der Schweiz, zumal unter normativen Kriterien, wenig lohnend. Eine faktische Bedeutung dürfte dem konfessionellen Faktor noch dort zukommen, wo er mit dem sprachlichen Differenzierungsmerkmal zusammentrifft. Religiös-kulturelle Prägungen dürften im Jura-Konflikt[12] zwischen einer vorwiegend französisch-katholischen und einer vorwiegend deutsch-protestantischen Parteischaft die Unterscheidungskraft der Sprache verstärkt haben[13]. Weil aber die Bedeutung von Kirche und Religion allgemein im Schwinden begriffen ist, steht zu erwarten, daß die jüngere "Sprachenfrage" im weiteren Verlauf der Entwicklung die ältere "Konfessionsfrage" völlig überlagern wird. Die Untersuchung soll sich aus diesem Grunde auf das Unterscheidungsmerkmal der Sprache als Träger unterschiedlicher Kulturen in der Schweiz konzentrieren.

Historisch betrachtet hat die Anerkennung eigener sprachlicher Minderheiten auch in der Eidgenossenschaft zeitweise eine klare Ablehnung erfahren. Ähnlich der heute noch geltenden französischen Doktrin[14] ließ die offizielle Schweiz in den dreißiger Jahren dieses Jahrhunderts verlautbaren, daß man aus Gesichtspunkten der Gleichbehandlung seiner Bürger schon begrifflich keine Minderheiten haben könne. Eine insoweit

---

[10] Vgl. zum sogenannten "Sonderbundskrieg" *Schneider*, Geschichte des Schweizerischen Bundesstaates 1848-1918, 1. Halbband 1848-1874, Stuttgart 1931; *F. Fleiner/Z. Giacometti*, Schweizerisches Bundesstaatsrecht, 1949, hier: Historische Einleitung, 9 ff.; *U. Häfelin/ W. Haller*, Schweizerisches Bundesstaatsrecht, 2. Aufl. 1988, Rz. 46 ff.

[11] Anders wohl noch *P. Schäppi*, Der Schutz sprachlicher und *konfessioneller* Minderheiten im Recht von Bund und Kantonen, Diss. Zürich 1971 (Hervorhebung durch Verf.).

[12] Siehe noch unten Anm. 39.

[13] Vgl. auch *Fleiner-Gerster* (Anm. 6), 55 f.: "sowohl sprachliche wie auch religiöse Ursachen".

[14] Vgl. die als Vorbehalt zu wertende Erklärung der Französischen Republik zu Art. 27 IPBPR, UN Doc. CCPR/C/22/Add.2, 40 (1982).

berühmte Botschaft des Schweizerischen Bundesrats[15] aus dem Jahre 1937 über die Anerkennung des Rätoromanischen als Nationalsprache stellte fest: "Das eidgenössische Staatsrecht kennt den Begriff des sprachlichen Minderheitenschutzes nicht. Es kennt nur den Rechtsbegriff der Gleichberechtigung der Sprachen."[16]

Die darin liegende Leugnung eines Bedarfs an Regelungen des Minderheitenschutzes wurde in der Folgezeit dahingehend mißverstanden, daß von Minderheiten in der Schweiz keine Rede sein könnte. Bei der Deutung des scheinbar eindeutigen Wortlauts blieb aber unberücksichtigt, daß im Jahre 1937 nicht die Klärung des Rechtsbegriffs der Minderheit im Vordergrund stand, sondern die politische Akzentsetzung gegenüber dem expansionistischen, einheitsnationalen Deutschland. Indem man gerade die schwach verbreitete Sprachgruppe der Rätoromanen aufwertete, erhoffte man sich, insbesondere den von Deutschland in die Deutschschweiz getriebenen Keil zu entschärfen und die innerschweizerische Integration zu festigen[17]. Wie sehr die damaligen Stellungnahmen politisch motiviert waren, zeigt das Verhalten sowohl der schweizerischen Rechtswissenschaft[18] als auch der

---

[15] Hierbei handelt es sich um das kollegiale Regierungsorgan der Schweiz.

[16] *Botschaft des Schweizerischen Bundesrates über die Anerkennung des Rätoromanischen als Nationalsprache*, BBl. 1937 II 13.

[17] In diesem Sinne auch *G. Malinverni* zur Änderung des Art. 116 BV (hierzu noch u.) im Jahre 1938, in: *Kommentar zur Bundesverfassung der Schweizerischen Eidgenossenschaft*, III, Art. 116 (Stand 1986), Rz. 1; ebenso *D. Thürer*, Zur Bedeutung des sprachenrechtlichen Territorialitätsprinzips für die Sprachenlage im Kanton Graubünden, ZBl. 1984, 241, 247.

[18] Als Beispiele für eine explizite Verwendung des Minderheitenbegriffs in Literaturtiteln oder Untertiteln: *Schäppi* (Anm. 11); *A. Cattani/A.A. Häsler*, Minderheiten in der Schweiz, Zürich 1984; *Th. Fleiner*, Die Stellung der Minderheiten im schweizerischen Staatsrecht, in: Menschenrechte, Föderalismus, Demokratie, Häfelin/Haller/ Schindler (Hrsg.), Festschrift für Werner Kägi, Zürich 1979, 115 ff.; *Th. Fleiner-Gerster* (Anm. 6); vgl. auch *Association romande de Berne* (ed.), Les minorités linguistiques dans l'administration fédérale, Documents 1950-1970, Bern 1973; *Malinverni* (Anm. 17), Rz. 3: "Sprachminderheit", Rz. 6: "Sprachminderheiten"/ "Minderheit".

schweizerischen Staatsorgane[19], sich nach dem Fortfall des Verdrängungsmotivs wieder zwanglos des Begriffs der Minderheiten zu bedienen.

2. Die mehrdimensionale Struktur der Minderheitenlage im föderalen Staat

Die "Sprachenfrage" der Schweiz betrifft im einzelnen eine sehr komplexe Minderheitensituation, die zwei ineinandergreifende Perspektiven erfaßt: zum einen geht es um eine starke Ungleichgewichtigkeit der vier anerkannten Sprachgruppen bezogen auf den Schweizer Bund; zum anderen geht es um Minderheitensituationen innerhalb von Kantons- und Verwaltungsgrenzen, welche gerade durch diese wiederum bedingt sein können. Letzteres erklärt sich mit der Geltung eines Sprachgebietsprinzips, das trotz gewisser rechtlicher Grenzen[20] die Tendenz hat, Kantonsgebiete sprachlich einheitlich zu definieren, auch wenn anderssprachige Minderheiten dort leben. So bedeutet die Ausweisung des Kantons Zürich als deutschsprachig für alle französischsprachigen Kantonsbewohner, daß sie auf diesem Gebiet einer geradezu nicht wahrgenommenen Minderheit angehören; im Kanton Jura wären sie umgekehrt Angehörige der Mehrheit[21].

Die bedeutende Stellung der Schweizer Kantone im sprachenrechtlichen Kontext gründet sich darauf, daß sie die sogenannte "kantonale Sprachensouveränität" innehaben. Diese Kompetenz zur Sprachordnung fließt aus dem *verfassungsrechtlichen Territorialitätsprinzip*, demzufolge die Kantone

---

19 *Botschaft des Schweizerischen Bundesrates über die Revision des Sprachenartikels der Bundesverfassung (Art. 116 BV)* vom 4.3.1991, BBl. 1991 II 309, insbesondere 317: "Probleme der Mehrsprachigkeit und der Sprachminderheiten in der modernen Schweiz"; s. auch *Materialien* zur Totalrevision der Bundesverfassung, Antworten auf die Fragen der Arbeitsgruppe, Band I: Kantone, 16 ff.: Titel "Minderheitenschutz"; Vorschläge und Empfehlungen einer Arbeitsgruppe des Eidgenössischen Departementes des Innern, EDI (Hg.), *Zustand und Zukunft der viersprachigen Schweiz*, August 1989, 59: "Verständnis für die schweizerischen "Minderheitenkulturen"?".

20 Siehe dazu noch unten II.2.e).

21 Vgl. hierzu *Th. Fleiner* (Anm. 18), 115: "Fast jeder Schweizer ist in irgendeiner Weise gleichzeitig auch Angehöriger einer Mehrheit und einer Minderheit."

Maßnahmen ergreifen, um die Grenzen der Sprachgebiete und deren Homogenität zu erhalten[22]; sie umfaßt im weitesten Sinne die Pflege und den Gebrauch der Sprache in der bundesstaatlichen Schweiz. In Ausübung ihrer Sprachenkompetenz erlassen die Gliedstaaten der Schweiz dasjenige Sprachenrecht, das die Lebensumgebung des Einzelnen maßgeblich prägt. Weil es die legitime Aufgabe der Kantone ist, tradierte Sprachräume zu erhalten, darf der Einzelne dabei auch Einschränkungen seiner freien Sprachentfaltung erleiden[23]. Er kann sich dementsprechend nicht ohne weiteres mit Erfolg auf einen Minderheitenschutz oder sonstige individuelle Rechtspositionen berufen.

Im einzelnen haben sich überwiegend viele Kantone rein deutschsprachig konstituiert, einige rein französischsprachig, einige mehrsprachig (Bern, Freiburg, Graubünden, Wallis[24]), nur einer rein italienischsprachig (Ticino), kein einziger aber rein rätoromanisch. Rätoromanische Schweizer können im Kanton Graubünden ihre Sprache zwar als Amtssprache verwenden, finden jedoch eine kantonsinterne Konkurrenz mit dem Italienischen und dem Deutschen vor. Es kommt hinzu, daß Italienischsprachige wie auch Französischsprachige im Hinblick auf die Nachbarländer Italien und Frankreich Außengruppen einer größeren Kultursprachgruppe der Italianità bzw. Francophonie darstellen, auch wenn sie gegenüber den Deutschschweizern absolut gesehen alle in der Minderheit sind. Während die rätoromanische Sprachzugehörigkeit also überall in der Schweiz eine Zugehörigkeit zur Minderheit begründet, befinden sich alle anderen Sprachgruppen in mindestens einem Kanton in der Mehrheit. Die Minderheitensituation der letzteren drei ist damit relativ und territorial bezogen, während die rätoromanische Minderheit einen absoluten

---

[22] *G. Malinverni* (Anm. 17), Stichwort "Sprachenfreiheit" (Stand: Juni 1987), Rz. 23. Siehe Weiteres noch unten.

[23] Siehe noch unten zur Sprachenfreiheit.

[24] Bern/Berne (deutsch/französisch); Freiburg/Fribourg (deutsch/französisch); Graubünden/Grigioni/Grischun (deutsch/italienisch/rätoromanisch); Wallis/Valais (deutsch / französisch).

Charakter hat und personal fixiert ist, sich also grundlegend von den anderen unterscheidet[25].

Selbst die Position der Italienischsprachigen hebt sich von den Rätoromanen deutlich ab, weil sie im Kanton Tessin eine uneingeschränkt dominante Stellung einnehmen. Die kulturelle Eigenart des Landes wurde durch kantonales "Legislativdekret" vom 3. Juni 1932 juristisch besonders unnachgiebig abgesichert, indem etwa alle öffentlichen Aufschriften ohne Ausnahme in italienischer Sprache verfaßt sein müssen[26]. Das Kantonsgebiet erscheint infolgedessen zwar nach außen hin als italienisch, die Stabilität der überlieferten italienischen Sprachprägung im Inneren ist aber nicht auf Dauer garantiert[27]. Um auch der Gesamtperspektive des Italienischen in der Schweiz gerecht zu werden, bewertet der Schweizer Bundesrat Italienisch generell als eine besonders zurückgedrängte und förderungswürdige Sprache[28]. Bereits im Jahre 1932 hatte das Schweizerische Bundesgericht die mit der Assimilierungspolitik des Kantons

---

[25] Vgl. zu den einzelnen Gründen für den dramatischen Rückgang des Rätoromanischen den Bericht *Zustand und Zukunft der viersprachigen Schweiz* (Anm. 19), 262 ff., sowie NZZ F.A. Nr. 279 vom 1.12.1992, 13.

[26] Art. 5 des Gesetzes "sulle insegne e scritte destinate al pubblico" vom 29.3.1954, RL 4.173: "(1) Le insegne permamenti e non permamenti devono essere redatte in lingua italiana. (2) Alle insegne potrà essere aggiunta, in caratteri non superiori a quelli del testo, nè più appariscenti, la traduzione in una o più lingue nazionali o straniere, presentata in guisa che manifesti sempre il carattere di traduzione." Vgl. zu dieser Thematik im rätoromanischen Sprachkreis *Schweizerisches Bundesgericht*, in: EuGRZ 1991, 284 ff. (Beschränkung der Handels- und Gewerbefreiheit zugunsten des Rätoromanischen). Zur sprachenrechtlichen Situation im Kanton Tessin insgesamt siehe den Bericht *Zustand und Zukunft der viersprachigen Schweiz* (Anm. 19) 454 ff.

[27] Hingewiesen wird in diesem Zusammenhang z.B. auf den gesellschaftlichen Befund, wonach deutschsprachige Touristen in der Rolle der Dienstleistungsempfänger die einheimischen Tessiner vom konsequenten Gebrauch der italienischen Sprache abhalten sollen.

[28] Vgl. *Botschaft des Bundesrates über die Revision des Sprachenartikels (Art. 116 BV)* vom 4.3.1991, BBl. 1991 II 309, 317; *Zustand und Zukunft der viersprachigen Schweiz* (Anm. 19) 272 ff. (Probleme der italienischen Schweiz).

Tessin verbundenen Härten in einem interessanterweise nicht veröffentlichten Entscheid[29] für gerechtfertigt erklärt.

Die vorstehenden Ausführungen mögen verdeutlichen, daß qualitative Kriterien bei der Einschätzung der spezifischen Minderheitensituation neben dem numerischen Befund des 'Wenigerseins' nicht außer Betracht bleiben können. Denn die Schutzbedürftigkeit von Rätoromanen, Französisch- und Italienischsprachigen als Minderheiten scheint auch davon beeinflußt, ob eine exklusive Sprachgeltung in einem Kanton erreicht werden kann oder nicht. Allein dann nämlich besteht die Möglichkeit, jenen "kantonalen Filter" um sich zu errichten, der die sprachliche Identität staatsrechtlich absichert. Der Angehörige einer solchen Sprachgruppe erlebt sich in einem kantonalen Regelungssachverhalt kaum mehr als Angehöriger einer Minderheit.

Im Falle der italienischsprachigen Schweizer und nicht anders der französischsprachigen Romands stellt sich weiterhin die Frage, ob sich ihre "Minderheitenposition" auf Bundesebene auch dann auswirkt, wenn es um den Status ihrer kantonal dominierenden Teilgruppen geht. Einerseits genießen diese dann zwar die Mehrheitsposition auf der staatsrechtlichen Ebene des Gliedstaats; es nimmt aber andererseits gerade hier das kantonale Territorium die Funktion einer Festung zum Schutz ihrer (Minderheiten-) Identität ein. Diese janusköpfige Erscheinung des einerseits Minderheit andererseits Mehrheit, der gewissermaßen relativen Minderheiteneigenschaft, ist das Ergebnis eines *Minderheitenschutzes durch kantonale Dezentralisierung*[30], den so nur das föderale System hervorbringen kann.

---

29 Entscheid *Zähringer* vom 3.6.1932; vgl. hierzu *M.M. Pedrazzini*, La Lingua Italiana Nel Diritto Federale Svizzero, 1952, 235 ff.; *C. Marti-Rolli*, La liberté de la langue en droit suisse, 1978, 20, 50; Bericht *Zustand und Zukunft der viersprachigen Schweiz*, ibid., 223.

30 Zum Begriff *Fleiner-Gerster*, Minderheitenschutz im kantonalen Recht der Schweiz (Anm. 6), 51 f., unter Hinweis auf die kantonale Autonomie. Siehe zur sprachenrechtlichen Funktion der Dezentralisierung des Bundes auch *C. Hegnauer*, Das Sprachenrecht der Schweiz, Studien zur Staatslehre und Rechtsphilosophie 3, 1947, 156 ff.

Die Problematik wird aber erst dann in ihrer vollen Tragweite offenkundig, wenn die Perspektive einer jeweiligen kantonalen Minderheit miteinbezogen wird. Je stärker sie wiederum durch das Schutzbedürfnis der kantonalen Mehrheit betroffen wird, umso intensiver wird sie sich zwecks Unterstützung ihrer Interessen an außerkantonale Sprachverwandte wenden. Dieser Befund der Schutzsuche bei außenstehenden Bezugsgruppen läßt an den völkerrechtlichen Begriff der "*Außengruppen*" denken, der im Bereich von Minderheitenrecht und -politik das Außenvolkstum einer Gemeinschaft bezeichnet, der (im Ausland) ein Nationalstaat oder Nationalgliedstaat zur Verfügung steht[31]. Hier handelt es sich jedoch um einen staatsrechtlichen Kontext, bei dem eine Streitigkeit um die Minderheitensituation nicht primär im Verhandlungswege zwischen Aufenthaltsstaat und Schutzstaat beigelegt werden müßte; der Bundesstaat sieht vielmehr die Bindung des Kantons an die Bundesverfassung kraft Staatsrechts vor und garantiert so der kantonalen Minderheit die vollen Bürgerrechte. Die im Völkerrecht geführte Abgrenzungsdiskussion zwischen einer erlaubten Schutzmachtfunktion und einer nach Art. 2 Ziffer 7 der Charta der Vereinten Nationen verbotenen Intervention[32] verlagert sich daher hier auf den bundesstaatlich relevanten Gesichtspunkt der Kompetenz. Weil die mögliche Einflußnahme der anderssprachig dominierten und orientierten Kantone und ihrer Repräsentanten über die Bundesorgane erfolgt, geht es insbesondere auch um die Kompetenz des Bundes in Sprachenfragen[33].

---

[31] *H. Kloss*, Grundfragen der Ethnopolitk im 20. Jahrhundert, Ethnos 7, 1969, 361, 362; *R. Viletta*, Die Regelung der Beziehungen zwischen den schweizerischen Sprachgemeinschaften, Schweizerisches Zentralblatt für Staats- und Gemeindeverwaltung (ZBl.) 1981, 193, 201 Anm. 33.

[32] Hierzu *G. Hafner*, Schutzmachtfunktion und völkerrechtliches Interventionsverbot (Art.2 Z.7 der UNO-Charta), in: Internationales Symposion "Volksgruppen im Spannungsfeld von Recht und Souveränität in Mittel- und Osteuropa", Wien 13.-15.11.1991, Erscheinen voraussichtlich 1993.

[33] Vgl. zu der im Rahmen einer Änderung des Art. 116 BV geführten Diskussion um eine Förderungskompetenz des Bundes *Botschaft des Bundesrates über die Revision des Sprachenartikels der Bundesverfassung (Art. 116 BV)* vom 4.3.1991, BBl. 1991 II 309, 339 ff.

In der Praxis stellen sich Kontroversen z.B. im Kanton und in der Stadt Freiburg deshalb ein, weil deutschsprachige Minderheiten in französischsprachigen Gebieten Sprachenrechte begehren, die die auch auf Bundesebene zurückstehenden Romands wiederum als Bedrohung ihrer Interessen durch die übermächtigen Deutschschweizer auffassen. Vertreter und Parlamentarier der welschen Kantone sprechen sich deshalb sehr einmütig für die Geltung eines "harten" Territorialitätsprinzips aus[34]. Nur aus diesem Rechtsprinzip läßt sich ihrer Ansicht nach die Chance begründen, den insbesondere deutschsprachigen Zuwanderer zur Assimilierung[35] an die vorgefundene französische Sprachprägung zu zwingen. Dadurch versucht man vom frankophonen Standpunkt aus, das sprachliche 'Umkippen' französisch dominierter Kantone oder Kantonsbezirke zu verhindern.

Der Kampf um die Spracherhaltung spielt sich naheliegend nicht in den Kerngebieten der vier Sprachgruppen[36] ab, sondern an deren Rändern, wo Kantonsgrenzen nicht mit den Sprachgrenzen übereinstimmen und daher gemischtsprachige Sprachgrenzgebiete entstehen. Diese Gebiete bringen die kompliziertesten Regelungssachverhalte hervor. In solchen Überschneidungsräumen befinden sich in Abweichung zum Idealfall kantonaler Sprachhomogenität die offiziell mehrsprachigen Kantone Bern, Freiburg, Graubünden und Wallis. Das Territorialitätsprinzip[37] erfährt hier aus sich selbst heraus eine Beschränkung, weil seine Zwecksetzung, die Erhaltung der Homogenität eines tradierten Sprachgebiets, in solchen Gebieten gar keine Berechtigung hat. Andererseits erscheint es aber gerade hier, wo Ein-

---

[34] Vgl. statt vieler *J. Cavadini*, Staats- und Ständerat des Kantons Neuchâtel, Eine Antwort auf nicht gestellte Fragen, -Das Projekt eines neuen Sprachenartikels der Bundesverfassung-, in: Neue Zürcher Zeitung, Fernausgabe Nr. 82 vom 8.4.1992, 31. Zur Position der Romands allgemein: NZZ FA Nr. 104 vom 7.5.1992, 29 ("Der Sprachenartikel in der Bundesverfassung -Festhalten am Primat des Territorialprinzips-").

[35] Zur rechtlichen Zulässigkeit und zu den Grenzen der Assimilierung siehe noch unten Anm. 73.

[36] Sehr grob: Deutsch: Nord-/Ost-/Zentralschweiz; Französisch: Westschweiz, Zentralschweiz; Italienisch: Südschweiz, vornehmlich Tessin; Rätoromanisch: Graubünden.

[37] Vgl. hierzu eingehend *Th. Fleiner-Gerster*, Das Territorialitätsprinzip in gemischtsprachigen Gebieten, in: Gesetzgebung heute, 1991, 93 ff.

wohnerfluktuation und Austausch am stärksten wirken, besonders unentbehrlich. Es verlagert sich deshalb nach Möglichkeit von der Kantonsebene in die unteren Verwaltungsebenen. Das bedeutet beispielsweise, daß ein Kanton insgesamt sowohl Deutsch als auch Französisch als Amtssprache führt, seine Bezirke aber rein deutschsprachig, rein französischsprachig oder (notfalls) gemischtsprachig sein können[38]. Mit der offiziellen Mehrsprachigkeit versucht der Kanton, einen ungerechten Vergröberungseffekt auszugleichen, den eine erzwungene Sprachhomogenität des gesamten Kantonsgebiets zur Folge haben würde.

Das Hauptbeispiel für einen problematischen Überschneidungsraum bietet der vormalige Kanton Bern, dessen ehemalige Situation auch die Grenzen des mehrsprachigen Miteinanders aufzeigt. Die hier sehr spezifische Konfliktlage, die seit dem sogenannten "rattachement" des Jura an Bern im Jahre 1815 entstanden war, konnte in ihrem Endstadium nur noch durch eine staatsrechtlich wirksame Abspaltung entschärft werden. Ohne daß Einzelnes dargestellt werden könnte, bildeten durch mehrere Volksabstimmungen bestimmte jurassische Bezirke und Gemeinden den neuen, rein französischsprachigen *Kanton Jura*[39]. Volksabstimmungen auch unter der Gesamtheit der Eidgenossen legitimierten diesen Prozeß begleitend und sicherten ihn ab. Mit ihm wurde im Interesse einer frankophonen, katholischen Minderheit im Kanton Bern *Selbstbestimmung in einer staatsrechtlichen Form* verwirklicht[40].

---

[38] Siehe dazu noch unten, insbesondere die Darstellung des Rechts des Kantons Freiburg. In Graubünden bezieht sich diese Erscheinung auf die Gemeinden.

[39] Hierzu *P. Boillat*, Jura, Naissance d'un État, -Aux sources du droit et des institutions jurassiennes-, 1989; *D. Thürer*, Das Selbstbestimmungsrecht der Völker, -mit einem Exkurs zur Jurafrage-, 1976, 207 ff.; ders., Kanton Jura: Die Rechtsprobleme des Übergangs, in: Schweizer Monatshefte für Politik, Wirtschaft und Kultur 1976, 191 ff.

[40] *Fleiner-Gerster* (Anm. 6), 47, spricht insoweit von der Lösung von Minderheitenproblemen durch Kantonsgründungen. Als weiteres Beispiel verweist er auf die konfessionelle Aufspaltung des Kantons Appenzell im 19. Jahrhundert.

3. Neuere Tendenzen zur rechtsstaatlichen Abwägung im Minderheitenkontext

In der Zeit nach dem Jurakonflikt entwickelt sich in der Schweiz allmählich die Ansicht, daß sich das aus dem Territorialitätsprinzip fließende Recht der Kantone zur Assimilierung zureisender "Fremdschweizer" am Grad der Gesamtbedrohung der betroffenen Sprache orientieren müßte[41]. Überlegungen dieser Art zeichnen sich in der Schweiz schon länger deutlich ab, ohne daß es allerdings zu einer systematischen Anwendung und Ausformung durch die Gerichte gekommen wäre. In ihrer Konsequenz würde das Territorialitätsprinzip einer rechtlichen Relativität unterliegen, demnach z.B. der Kanton Tessin zum Schutze seiner italienischen Sprachprägung weitergehende und belastendere Maßnahmen treffen dürfte als der Kanton Zürich zum Schutze der deutschen Sprache. Die Wahrung des sogenannten Sprachfriedens, welcher in der Schweiz als eigener Rechtswert anerkannt ist[42], liefert dafür ein Hauptargument. Um den folgenden Darstellungen eine normative Leitlinie mitzugeben, läßt sich im Sinne der aktuellen Entwicklung formulieren: Die Gesamtperspektive einer zu schützenden Sprache fließt in die notwendigen Abwägungen zwischen dem Territorialitätsprinzip auf der einen Seite und kollidierenden (Individual-) Rechtsgütern auf der anderen Seite ein.

---

[41] Vgl. hierzu den Bericht *Zustand und Zukunft der viersprachigen Schweiz* (Anm. 19), 237 f., insbesondere 238: "Die innerkantonalen und innerkommunalen Mehrheitsverhältnisse müssen im Licht der nationalen Mehrheit betrachtet werden. Gehört eine kantonale sprachliche Minderheit auf der nationalen Ebene zu einer Mehrheit, verdient sie weniger Schutz als wenn sie auch national eine Minderheit ist."

[42] *C.-A. Morand*, La liberté de la langue, in: Mélanges André Grisel, Neuchâtel 1983, 161, 174 f.; *Malinverni* (Anm. 17), Stichwort "Sprachenfreiheit", Rz. 26. Das Prinzip des Sprachfriedens motiviert danach insbesondere Art. 116 der Bundesverfassung sowie das Territorialitätsprinzip.

II. Das Recht auf den Gebrauch der Minderheitensprache

1. Der private Bereich

Der Gebrauch der Minderheitensprache in der Privatsphäre betrifft den Gebrauch der Sprache durch den Einzelnen und gleichermaßen auch die Abwehr des Staates aus einem speziellen Aspekt der menschlichen Privatsphäre. Dieser Aspekt eines Grund- oder Freiheitsrechts hat in der Schweiz eine konsequente Entwicklung erfahren:

Mit einer bereits in der Literatur vertretenen Auffassung entschied das Schweizerische Bundesgericht im Jahre 1965 im Rechtsfall *Association de l'Ecole française*[43], die *Sprachenfreiheit* als sogenanntes *ungeschriebenes Verfassungsrecht*[44] anzuerkennen. Es führte zur Begründung aus:

"... Wie die persönliche Freiheit (...), so ist auch die Sprachenfreiheit, das heisst die Befugnis zum Gebrauche der Muttersprache, eine wesentliche, ja bis zu einem gewissen Grade notwendige Voraussetzung für die Ausübung anderer Freiheitsrechte; im Falle der Sprachenfreiheit ist dabei an alle jene Grundrechte zu denken, welche die Freiheit der Äusserung durch das gesprochene oder geschriebene Wort gewährleisten. ..."[45]

Die eigentliche Brisanz der Einführung dieses Freiheitsrechts durch die Judikative ist hinter diesen plausiblen Ausführungen nur zu vermuten. Sie liegt nach Ansicht ihrer Gegner in der Gefahr eines Einbruchs in die territoriale Sprachgeltung mit den Mitteln des personalen Freiheitsrechts[46].

---

[43] BGE 91 I 480 unter Hinweis auf *Z. Giacometti*, Bundesstaatsrecht, 393 ff.; hierzu *P. Saladin*, Bemerkungen zur schweizerischen Rechtsprechung des Jahres 1965, Zeitschrift für Schweizerisches Recht 1966, 419, 454 ff.

[44] Vgl. hierzu eingehend *M. Rossinelli*, Les libertés non écrites, 1987, 135 ff. (La liberté de la langue).

[45] BGE 91 I 485 f.

[46] Zur Gegensätzlichkeit zwischen Territorialitätsprinzip und individueller Sprachenfreiheit siehe den Bericht *Zustand und Zukunft der viersprachigen Schweiz* (Anm. 19), 220 ff.; *Malinverni* (Anm. 17), Stichwort "Sprachenfreiheit", Rz. 30 ff.; *J.P. Müller*, Die Grundrechte der schweizerischen Bundesverfassung, 1991, 80 f.

Der grundrechtliche Gehalt der Sprachenfreiheit ergreift dabei nicht nur den Privatbereich im engeren Sinne einer Privatsphäre und als weiteren Privatbereich auch das Berufsleben, sondern darüberhinaus auch den Verkehr des Bürgers mit dem Staat. Für den hier interessierenden Privatbereich kann festgehalten werden, daß die Sprachenfreiheit insoweit keinen Einschränkungen unterliegt[47]. Das gilt uneingeschränkt für den Bereich der persönlichen Privatsphäre, wo schlechthin kein öffentliches Interesse, auch nicht das an der Amtssprache oder territorialen Spracherhaltung, ein regulierendes Eingreifen des Staates zu rechtfertigen vermag.

Dagegen scheinen Einschränkungen der Sprachenfreiheit im privatgewerblichen Bereich im Hinblick auf ein öffentliches Interesse nicht von vornherein ausgeschlossen[48]. Eine regelrechte Drittwirkung der Sprachenfreiheit, etwa gerade innerhalb privater Arbeitsstätten, läßt sich in der Schweiz nicht als anerkannt feststellen. Weil die überregional tätigen Betriebe an einem sprachregulierenden Eingreifen des Gesetzgebers kein Interesse haben, richtet sich bereits ihre Einstellungspraxis auf die Vermeidung eventueller Sprach- und Verständigungsprobleme. Die praktische Lösung liegt erstaunlicherweise auch in der Einführung der englischen Sprache als innerbetriebliches Verständigungsmittel[49], während Sprachgruppen-Quoten im privaten Sektor unpopulär sind.

---

[47] *Malinverni, ibid.*, Stichwort "Sprachenfreiheit" Rz. 15; *C.-A. Morand* (Anm. 42), 177; *Müller, ibid.*, 81: "grundrechtlicher Kerngehalt".

[48] Im einem jüngeren Fall des Bundesgerichts hätte die Sprachenfreiheit Gewerbetreibender eine Rolle spielen können, wurde aber von der beschwerdeführenden Partei nicht geltend gemacht und durfte daher nach schweizerischem Recht nicht beurteilt werden, vgl. *Schweizerisches Bundesgericht*, in: EuGRZ 1991, 284 ff. (Beschränkung der Handels- und Gewerbefreiheit zugunsten des Rätoromanischen). Es ging allerdings nicht um den innerbetrieblichen Bereich, sondern das Auftreten der Firma nach außen.

[49] Zu dieser Thematik behauptet *Oppenheim* (s. noch unten Anm. 142) 159, daß ein schweizerisches Großunternehmen der chemischen Industrie Englisch als offizielle interne Kommunikationsform eingeführt habe; s. auch *L. Forster*, Englisch - eine Gefahr für die Schweiz ?, in: *J.-P. Vouga* (Red.), La Suisse face à ses langues/ Die Schweiz im Spiegel ihrer Sprachen, 1990; *U. Dürmüller*, Englisch in

Der Schutzbereich der Sprachenfreiheit umfaßt nach einer neueren Formel des Schweizerischen Bundesgerichts die *Muttersprache* im Sinne einer Sprache, der man nahesteht und derer man sich vernünftigerweise bedient. Das Bundesgericht entwickelte diese Auffassung im Rechtsfall der zweisprachig rätoromanisch-deutschen *Eheleute G. gegen Skilifte Bivio AG*[50] mit der erklärten Absicht, auch gut beherrschte Zweit- oder Drittsprachen in den Schutz der Sprachenfreiheit einzubeziehen. Weil rätoromanische Schweizerbürger regelmäßig zweisprachig sind[51], liegt in dieser höchstrichterlichen Auslegung des Begriffs der Muttersprache eine versteckte Form des Minderheitenschutzes im Hinblick auf die vom Aussterben bedrohten fünf rätoromanischen Idiome. Sie wird flankiert durch die weitere Entscheidung, auch die Nicht-Standard-Dialekte in den Begriff der "Sprache" einzubeziehen[52].

Die Ausgestaltung der Sprachenfreiheit als ungeschriebenes Freiheitsrecht im Sinne eines Menschenrechts bedeutet, daß das Recht nicht vom Schweizer Bürgerrecht abhängt[53]. Als *Jedermann-Recht* ist es zudem unabhängig von einer Minderheiteneigenschaft oder einer Gruppenzugehörigkeit. Damit wirkt es unmittelbar am betroffenen Individuum als ein Instrument der Feinabstimmung in einer komplexen Interessenlage: Die Geltendmachung individueller Sprachenfreiheit reicht grundsätzlich nur soweit, wie das Interesse an einer territorialen Amtssprachengeltung es

---

der Schweiz (1987), in: Eidgenössisches Departement des Innern, *Materialienband* zum Schlußbericht der Arbeitsgruppe zur Revision von Artikel 116 der Bundesverfassung (Zustand und Zukunft der viersprachigen Schweiz), August 1989, 1 ff.

50 *Schweizerisches Bundesgericht*, in: ZBl. 1982, 356, 361 (Eheleute G. gegen Skilifte Bivio AG).

51 Vgl. *I. Camartin*, Die Nöte der Rätoromanen mit ihrer unvermeidlichen Mehrsprachigkeit, in: Vouga (Anm. 49), 83 ff.

52 *Schweizerisches Bundesgericht* ZBl. 1982, 361; *Malinverni* (Anm. 17), Stichwort "Sprachenfreiheit", Rz. 10. Die Problematik der sogenannten "Mundartwelle" in der Schweiz kann hier nicht erörtert werden, siehe hierzu den Bericht *Zustand und Zukunft der viersprachigen Schweiz* (Anm. 19), 139 ff.

53 *Malinverni*, in: Kommentar, *ibid.*, Stichwort "Sprachenfreiheit", Rz. 13.

zuläßt. In der hier notwendig werdenden *Abwägung der beiden Verfassungsgüter Sprachenfreiheit und Territorialitätsprinzip* wird das Interesse des Einzelnen mit dem Interesse der vom Territorialitätsprinzip begünstigten Sprachgruppe sowie den Erfordernissen eines praktikablen Amtssprachenregimes in einen billigen Ausgleich gebracht. Alle beteiligten Gesichtspunkte, also auch das Über- oder Untergewicht der Sprachgruppe, der der Einzelne angehört bzw. die durch das beteiligte Territorialitätsinteresse begünstigt werden soll, können damit Berücksichtigung finden[54].

Auf diese Weise praktiziert die Schweiz letztlich einen *Minderheitenschutz durch Konkordanzbildung*, wobei die zu schützende Minderheit auf beiden Seiten gefunden werden kann: auf der des Einzelnen, aber auch auf der der kantonal organisierten Sprachkollektivität. Das Territorialitätsprinzip dürfte in der Praxis eine eher vorrangige Position beanspruchen, weil seine tragende Idee, nämlich die der Assimilierung Zugereister, eine möglichst ausnahmslose Anwendung erfordert. Inwieweit deshalb aber das Verhältnismäßigkeitsprinzip auf Seiten des Individuums eine spezifische, und das hieße einschränkende Anwendung erfahren könnte, ist ungeklärt[55]. An seiner prinzipiellen Geltung kann kein Zweifel bestehen[56].

2. Behörden und Gerichte

a) Der Sprachenartikel 116 der Bundesverfassung

Den Schlüssel zu einem Verständnis der Rechtsstellung von Minderheitensprachen in der Schweiz enthält Art. 116 der Bundesverfassung. In dieser Bestimmung ist das Sprachenrecht der Schweiz verfassungsunmittelbar niedergelegt, soweit es die Rechtsstellung der Sprachgruppen

---

[54] Eine Auflistung möglicher Abwägungskriterien findet sich im Bericht *Zustand und Zukunft der viersprachigen Schweiz* (Anm. 19), 237 ff.

[55] Vgl. hierzu die kritischen Bemerkungen zur noch nicht gefestigten Rechtsprechung von *Müller* (Anm. 46), 84 ff., und noch unten zur Schrankenwirkung des Territorialitätsprinzips.

[56] Vgl. *Schweizerisches Bundesgericht*, BGE 91 I 480, 487 (Association de l'Ecole française); 106 Ia 299, 303 (Brunner).

grundsätzlich regelt. Wie eingangs dargestellt wurde, erschließt sich die Position der Sprachminderheiten aber aus der Stellung der vier Sprachgruppen und ist untrennbar mit dieser verbunden.

Art. 116 der Bundesverfassung[57] lautet in seinen zwei Absätzen:

> "(1) Das Deutsche, Französische, Italienische und Rätoromanische sind die Nationalsprachen der Schweiz.
> (2) Als Amtssprachen des Bundes werden das Deutsche, Französische und Italienische erklärt."

Der Verfassungstext unterscheidet damit zwischen "Nationalsprachen" und "Amtsssprachen" und ordnet das Rätoromanische in Anwendung dieser Unterscheidung unter die Nationalsprachen, nicht aber unter die Amtssprachen ein. Damit erfüllt diese Sprache ersichtlich nur die Voraussetzungen einer Nationalsprache, nicht aber einer Amtssprache. Vergegenwärtigt man sich, daß unter dem Begriff der "Nationalsprache" in der Staatenpraxis gerade die Amtssprache verstanden wird[58], hat der verfassungsrechtliche Nationalsprachenbegriff in der Schweiz offenbar eine besondere Entwicklung erfahren:

Die rätoromanische Sprache hatte ursprünglich gar keine verfassungsrechtliche Erwähnung gefunden, weil die Bundesverfassung lediglich die anderen drei Sprachen des Landes berücksichtigte und diese in Gestalt des heutigen Absatz 1 des Art. 116 BV als die "Nationalsprachen" bezeichnete[59]. Eine benennende Regelung über die "Amtssprachen" war

---

[57] Aufnahme in die Bundesverfassung durch Bundesbeschluß vom 29.4.1938, AS 1938, 197; zur derzeitigen Revisionsbestrebung s. *Botschaft des Bundesrates über die Revision des Sprachenartikels der Bundesverfassung (Art. 116 BV)* vom 4.3.1991, BBl. 1991 II 309.

[58] F. Korkisch, Amts- und Gerichtssprache, in: Veiter (Bearb.), System eines internationalen Volksgruppenrechts, 3. Teil 1978, 115, 117, unter Hinweis auf die belgische und finnische Gesetzespraxis (ohne Nachweise).

[59] Art. 116 BV lautete bis 1938: "Die drei Hauptsprachen der Schweiz, die deutsche, französische und italienische, sind Nationalsprachen des Bundes.", BBl. 1937 II 1.

unterblieben, da sich der Nationalsprachenbegriff damals noch mit dem Amtssprachenbegriff deckte. Besondere verfassungspolitische Gründe zwangen erst in den dreißiger Jahren dieses Jahrhunderts dazu, von der herkömmlichen Konzeption abzuweichen:

Im Gefolge der außenpolitischen Lage und ihrer Einflüsse auf das interne Volksgruppengefüge sollte die kleine rätoromanische Sprachgemeinschaft auf der einen Seite aufgewertet und als gleichberechtigte Sprachgruppe in den Sprachenartikel der Verfassung aufgenommen werden[60]; auf der anderen Seite hielt der Bundesverfassungsgeber aber die fünf rätoromanischen Idiome für nicht amtssprachenfähig, da sie einer etablierten Schriftsprache entbehrten[61]. Beide Bewertungen gleichzeitig konnten durch den traditionellen Begriff der "Nationalsprachen" jedoch nicht mehr erfaßt werden.

Die schweizerische Verfassungsgebung löste das Problem, indem sie den überkommenen Rechtsbegriff der "Nationalsprache" von seinem amtssprachenrechtlichen Gehalt befreite. Das bewerkstelligte man dadurch, daß man die Amtssprachenregelung in einen neuen Art. 116 Abs. 2 hinein ausgliederte. Indem der Nationalsprachenbegriff auf diese Weise partiell 'entrechtlicht' wurde, eröffnete sich die Schweiz den Weg zu einem differenzierten Sprachenrecht.

---

[60] S.o. zur *Botschaft des Bundesrates über die Anerkennung des Rätoromanischen* (1937).

[61] A.A. *Gieré* (Anm. 7), 6 ff. Siehe auch zu den Erfolgen der vor zehn Jahren initiierten Schöpfung der Standardschriftsprache rumantsch grischun Neue Zürcher Zeitung, F.A. Nr. 162 vom 16.7.1992, 19 ("Rumantsch Grischun als Amtssprache?"). Vgl. auch den Entwurf eines neuen Art. 116 Abs. 5 (Sätze 2 und 3) BV:
"Im Verkehr zwischen dem Bund und rätoromanischen Bürgerinnen und Bürgern sowie rätoromanischen Institutionen ist auch das Rätoromanische Amtssprache. Die Einzelheiten regelt das Gesetz". Botschaft des Bundesrates vom 4.3.1991, BBl. II 346.

b) Das Territorialitätsprinzip

In der Folge der Ausgliederung der Amtssprachenregelung wurde der Auflistung der Nationalsprachen in *Art. 116 Abs. 1 BV* zunächst ein eher deklarativer als rechtlich relevanter Gehalt zugeschrieben[62]. Das änderte sich wesentlich, als sich das Schweizerische Bundesgericht der Auffassung anschloß, daß Art. 116 Abs. 1 BV die überkommene sprachliche Zusammensetzung der Eidgenossenschaft bestätigen würde und den Kantonen dadurch die Befugnis einräume, die erforderlichen Maßnahmen zur Erhaltung der Grenzen und der Homogenität der Sprachgebiete zu ergreifen[63]. Spätestens seit dieser Entscheidung gilt das Territorialitätsprinzip als verfassungsrechtlich verankertes Prinzip, wobei es entweder unmittelbar auf Art. 116 Abs. 1 der Bundesverfassung gestützt[64] oder aber als ungeschriebener Grundsatz der Bundesverfassung aus ihm gefolgert wird[65]. Kraft Bundesverfassung garantiert sind in jedem Falle die tradierten Sprachgebiete und damit die Mehrsprachigkeit der Schweiz[66]. Das Territorialitätsprinzip und die Gleichheit der vier Sprachgemeinschaften stellen sich als deren notwendige verfassungsrechtlichen Verwirklichungsinstrumente dar. Der Erhalt einer Sprache darf danach aber auch nicht um jeden Preis betrieben werden, sondern erfordert mindestens einen Erhaltungswillen der betroffenen Bevölkerung[67].

---

[62] *Botschaft des Bundesrates* (Anm. 60), BBl. 1937 II 24: "lediglich der Charakter einer Feststellung"; *Viletta* (Anm. 2), 177 f. mwN.

[63] BGE 106 I a 302 f. (Brunner).

[64] So *Malinverni* (Anm. 17), Stichwort "Sprachenfreiheit", Rz. 24, unter Berufung auf die Rechtsprechung und einen Teil der Lehre (ohne Nachweise).

[65] So der Bericht *Zustand und Zukunft der viersprachigen Schweiz* (Anm. 19), 202; weitere Nachweise hierzu bei *Malinverni, ibid.,* Stichwort "Sprachenfreiheit", Rz. 24.

[66] *Malinverni, ibid.,* Art. 116 Rz. 2.

[67] *Malinverni, ibid.,* Stichwort "Sprachenfreiheit" Rz. 28 mwN.

aa) Die Schrankenwirkung zulasten der Sprachminderheiten

Wie die Praxis des obersten schweizerischen Gerichts erkennen läßt, liegt die Funktion des Territorialitätsprinzips heute ganz wesentlich darin, eine Verfassungsschranke gegenüber dem ungeschriebenen Freiheitsrecht der individuellen Sprachenfreiheit zu errichten[68]. Diese Schranke entfaltet gerade dann ihre Wirksamkeit, wenn die Sprachenfreiheit des in der Schweiz freizügigen Einzelnen[69] in Konflikt mit der lokal geltenden Amtssprachenregelung gerät. Weil eine wechselwirkende Beeinflussung von Recht und Schranke[70] und die Anwendung des Verhältnismäßigkeitsprinzips[71] hier noch eine ungeklärte Rolle spielen, setzt sich das Territorialitätsprinzip regelmäßig durch und erweist sich so als ein weitreichender Vorbehalt der Sprachenfreiheit[72].

Das Territorialitätsprinzip vermag danach selbst eine rigide Amtssprachenpolitik der Kantone zu rechtfertigen, die jedenfalls *Zuwanderungsminderheiten* von der sprachlichen Berücksichtigung völlig ausschließt und einer erklärten Pflicht zur Anpassung unterwirft. Die gefürchtete *Assimilierung* von Minderheiten kann daher gegenüber Zuzügern im Sprachgebietsprinzip eine Rechtfertigung finden[73], weil dieses Prinzip

---

68 Vgl. die Darstellung bei *Y. Hangartner*, Grundzüge des Schweizerischen Staatsrechts, Bd. II 1982, 107 ff., 108 f. mN, sowie *A. Haefliger*, Die Sprachenfreiheit in der bundesgerichtlichen Rechtsprechung, in: Mélanges Henri Zwahlen, Lausanne 1977, 77 ff., 79.

69 Siehe zur Niederlassungsfreiheit Art. 45 Abs. 1 BV.

70 Vgl. zur sogenannten "Wechselwirkungstheorie" im deutschen Recht *v. Mangoldt/Klein/Starck*, Das Bonner Grundgesetz Bd. 1, 3. Aufl. 1985, Art. 5 Abs. 1, 2 Rz. 124 mN zur std. Rechtssprechung des Bundesverfassungsgerichts.

71 Hierzu kritisch *Haefliger* (Anm. 68), 82; *L. Wildhaber*, Der belgische Sprachenstreit vor dem Europäischen Gerichtshof für Menschenrechte, Schweizerisches Jahrbuch für Internationales Recht 1969/70, 9 ff., 37.

72 Vgl. *Malinverni* (Anm. 17), Stichwort "Sprachenfreiheit", Rz. 32 ff. mN.

73 Vgl. insbesondere *Schweizerisches Bundesgericht*, BGE 91 I 491 f.; zu dieser Rechtsprechung kritisch *Malinverni*, ibid., Stichwort "Sprachenfreiheit", Rz. 36.

seinerseits gerade dem Schutz eidgenössischer Minderheiten dienen soll. Je schwächer die durch das Territorialitätsprinzip begünstigte Sprachgruppe in der Eidgenossenschaft insgesamt ist, umso schwerer wiegt ihr Interesse, ihre kantonale Mehrheitsposition zu verteidigen; je älter und verfestigter aber umgekehrt das Heimatrecht ansässiger Minderheiten etwa in Überschneidungsräumen ist, umso weniger wiegt es.

Dieser Befund der notwendigen Abwägung, die die Einführung des individuellen Sprachenrechts notwendig machte, wird in der rechtlichen Praxis -der Brisanz des Individualrechts wegen- nur in verdeckter Form durchgeführt: Die Grenzen des Sprachgebietsprinzips gelten danach als denkbar weit und sollen nur aus dem Sinn und Zweck des Sprachgebietsprinzips selbst im Wege einschränkender Interpretation gewonnen werden können[74]. Indem das Territorialitätsprinzip dieser Auffassung nach aber dann nicht nur die kantonale Mehrheit in ihren tradierten Sprachgrenzen schützt, sondern gleichzeitig auch die Unterdrückung kantonaler Minderheiten mit ebenfalls tradierten Sprachgrenzen verbieten soll, verliert es jede Kontur[75].

bb) Die Pflichtenbindung der Kantone zugunsten der Sprachminderheiten

Seit geraumer Zeit schon wird in der Schweiz die Frage diskutiert[76], ob und inwieweit den Kantonen aus dem Territorialitätsprinzip nicht nur Rechte,

---

[74] *Schweizerisches Bundesgericht*, BGE 106 Ia 299, 302 (Brunner gegen Tiefnig u.a.).

[75] Kritisch deshalb zu Recht *Malinverni* (Anm. 17), Stichwort "Sprachenfreiheit", Rz. 27, der vorschlägt, das Verbot sprachlicher Repression stattdessen auf die Sprachenfreiheit der Betroffenen zu stützen.

[76] Ausgangspunkt dieser Problematik ist eine möglicherweise überbewertete Aussage des Bundesgerichts in BGE 91 I 486 f. (Association de l'Ecole française): "Den Kantonen obliegt es, in ihren Grenzen über die Erhaltung der Ausdehnung und Homogenität der gegebenen Sprachgebiete zu wachen." In BGE 106 Ia 299, 303 (Brunner) formulierte das Bundesgericht hingegen: "Die Kantone sind ... befugt, Maßnahmen zu ergreifen, ..." Vgl. zu den

sondern vielmehr auch Pflichten erwachsen, wie es jeder Kompetenz eigentümlich ist[77]. Wenn dem uneingeschränkt so wäre, würden sich gravierende Auswirkungen für das erwähnte Spannungsverhältnis zwischen dem Territorialitätsprinzip einerseits und der individuellen Sprachenfreiheit andererseits ergeben. Denn indem eine territoriale Sprachenordnung zum "Muß" ausgestaltet wird, gewinnt sie an Gewicht und verliert entsprechend die individuelle Gegenposition an Gewicht. Damit würde wohl das Verhältnismäßigkeitsprinzip, das auf die individuell-konkrete Güterabwägung zugeschnitten ist, bereits auf einer abstrakt-generellen Ebene einschränkend modifiziert.

Weil dies problematisch scheint, wird auf breiterer Ebene nur eine Pflicht der Kantone erwogen, Maßnahmen zum Schutze besonders gefährdeter Nationalsprachen zu ergreifen[78], wenn diese auf ihrem Territorium zum überkommenen und damit geschützten Bestand zählen. Eine solche Pflichtenstellung der Kantone zielt auch nicht mittelbar auf die Beschränkung der Sprachenfreiheit, sondern auf eine mögliche Not- oder subsidiäre Kompetenz der Eidgenossenschaft für den Fall, daß der Kanton seiner Schutzpflicht nicht nachkommt. Etabliert haben sich bislang in der Praxis nur sprachfördernde Maßnahmen des Bundes in Gestalt der reinen Sachmittelförderung[79]. Ihre Handhabung wird von den Sprachgruppen aufmerksam beobachtet und dürfte dort an eine Verträglichkeitsgrenze stoßen, wo die Eidgenossenschaft auch nur den Anschein erregt, durch ihre

---

unterschiedlichen Ansichten den Bericht *Zustand und Zukunft der viersprachigen Schweiz* (Anm. 19), 202 ff. mN.

[77] Vgl. Botschaft des Bundesrates BBl. 1991 II 336: "... Auch die ihm zugedachte Funktion des Schutzes sprachlicher Minderheiten konnte das Territorialitätsprinzip in seiner bisherigen Ausgestaltung kaum erfüllen. Vielmehr hat es sich in einer Mehrzahl der bisher entschiedenen Fälle zulasten der sprachlichen Minderheiten ausgewirkt. ..."

[78] *Thürer* (Anm. 17), 253 ff.; *Malinverni* (Anm. 17), Art. 116 Rz. 2.

[79] Vgl. Bundesgesetz vom 24.6.1983 über Beiträge an die Kantone Graubünden und Tessin zur Förderung ihrer Kultur und Sprache, SR 441.3, hierzu BBl. 1981 III 737.; Bundesratsbeschluß vom 20.12.1982 betreffend weitere Maßnahmen zugunsten des Rätoromanischen und des Italienischen in den Kantonen Graubünden und Tessin, in: Verwaltungspraxis der Bundesbehörden (VPB) 1985, 37.

Mittelvergabe eine Verschiebung der Gewichte zu bewirken und auf diese Weise den Sprachfrieden stört[80]. Weil selbst die Förderung bedrohter Sprachgruppen als außerordentlich heikel im Hinblick auf das vertikale Kompetenzgefüge gilt, hat der Bundesrat in seiner Entschließung zur Neuregelung des Sprachenartikels 116 nunmehr eine ausdrückliche Regelung vorgeschlagen[81].

c) Die Amtssprachenregelung der Eidgenossenschaft

Wie zur jüngeren Entwicklungsgeschichte des Sprachenartikels schon dargelegt, enthält die schweizerische Verfassung nun eine spezielle Amtssprachenregelung in Gestalt des *Art. 116 Abs. 2 BV*. Aus dem Verfassungswortlaut "Amtssprachen des Bundes" wird allgemeiner Ansicht zufolge eine Beschränkung des Anwendungsbereiches auf den Verkehr zwischen Bürger und Bundesbehörden abgeleitet[82]. Daß es auf Bundesbehörden statt etwa auf das Bundesrecht ankommen soll, läßt eine bestimmte bundesstaatliche Kompetenzregel erkennen. Danach kann der Bund nur dort die Verfahrenssprache regeln, wo er auch die Organisationskompetenz besitzt, nämlich bei seinen eigenen Behörden. Die Sprache als Kompetenzgegenstand orientiert sich also nicht am Verfahrensrecht und gilt auch nicht als ihr Bestandteil, sondern sie folgt dem Organisationsrecht. Daraus läßt sich folgerichtig die ebenfalls allgemein anerkannte Ansicht begründen, daß die Amtssprachenkompetenz auch dann bei den Kantonen und nicht beim Bund liegt, wenn die Kantone Bundesrecht ausführen[83].

---

[80] Vgl. zum Sonderfall der Subventionierung der französischsprachigen Schule in Bern durch den Bund noch unten zur Schulsprache.

[81] Ein neuer Art. 116 Abs. 3 BV soll nach diesem Gesetzesvorschlag lauten: "Bund und Kantone sorgen für die Erhaltung und Förderung der Landessprachen in ihren Verbreitungsgebieten. Die Kantone treffen besondere Massnahmen zum Schutze von Landessprachen, die in einem bestimmten Gebiet bedroht sind; der Bund leistet ihnen dabei Unterstützung." BBl. 1991 II 346.

[82] BGE 102 I a 35; 110 II 401; *Malinverni* (Anm. 17), Art. 116 Rz. 5 mwN.

[83] Das ist im Ergebnis wohl unstreitig, *Malinverni, ibid.*, Art. 116 Rz. 5 Anm. 13; ZBl. 1982, 363.

Für den Bürger bedeutet die Amtssprachenregelung nach Abs. 2 praktisch, daß er ein Recht hat, sich in den genannten drei Sprachen, also deutsch, französisch oder italienisch, an alle Bundesbehörden zu wenden und entsprechend kein Recht hat, dies in irgendeiner anderen Sprache zu tun[84].

Die Amtssprachenregelung soll auch die innerdienstliche Kommunikation des Bundes insoweit erfassen, als sich die Beamten der Bundesverwaltung nur der drei Amtssprachen bedienen dürfen[85]. In jedem Falle müßte der Amtsverkehr zwischen Bundesbehörden und kantonalen Behörden bzw. kantonalen Behörden davon ausgenommen werden, weil Art. 116 Abs. 2 BV ausdrücklich nur die "Bundesbehörden" als Regelungsgegenstand bezeichnet. Einige Autoren[86] entnehmen dem Territorialitätsprinzip, daß sich die übergeordneten Behörden in der örtlichen Arbeitssprache der untergeordneten Behörden verständigen müssen.

Obwohl in den Abhandlungen zu Art. 116 Abs. 2 BV üblicherweise von "Bundesbehörden" die Rede ist, wird aus ihm auch eine Konsequenz für den Bereich der *Gesetzgebung* abgeleitet, nämlich die, daß Gesetzestexte in allen drei Amtssprachen publiziert werden und alle drei Fassungen gleichen Rang besitzen[87].

Für den Bereich der *Rechtsprechung* enthält Art. 107 Abs. 1 der Bundesverfassung zunächst eine Vorschrift über die Repräsentation der Sprachgruppen im obersten Bundesgericht. Sie stellt sich aber als Voraussetzung der Mehrsprachigkeit im Bereich der Gerichtssprache dar, indem sie lautet:

---

[84] *Malinverni, ibid.*, Art. 116 Rz. 5 hebt hier einen positiven und negativen Aspekt hervor. Vgl. zur geplanten Berücksichtigung des Rätoromanischen oben Anm. 60.

[85] *Häfelin/Haller* (Anm. 10), Rz. 632; *Malinverni, ibid.*, Art. 116 Rz. 21.

[86] Z.B. *Malinverni, ibid.*, Art. 116 Rz. 21.

[87] *Häfelin/Haller* (Anm. 10), Rz. 632; *Malinverni, ibid.*, Art. 116 Rz. 8 ff. Vgl. hierzu Bundesgesetz über den Geschäftsverkehr der Bundesversammlung sowie über die Form, die Bekanntmachung und das Inkrafttreten ihrer Erlasse (Geschäftsverkehrsgesetz) vom 23.3.1962, SR 171.11.

"Die Mitglieder des Bundesgerichts und die Ersatzmänner werden von der Bundesversammlung gewählt. Bei der Wahl derselben soll darauf Bedacht genommen werden, dass alle drei Amtssprachen des Bundes vertreten seien."[88]

Hieraus soll sich kein Anspruch der Sprachgebiete darauf ergeben, mindestens einen Vertreter in das Bundesgericht zu entsenden[89]. Unter Verzicht darauf, die Freiheit des Wahlorgans einzuschränken, stellt sich Art. 107 Abs. 1 Satz 2 BV vielmehr als politische Richtlinie dar, deren Verletzung rechtlich nicht sanktioniert ist[90]. Lediglich die Praxis offenbart eine streng anteilsmäßige Vertretung der Sprachgruppen, wobei es überdies dem Brauch entspricht, nur Personen mit Kenntnissen in allen drei Amtssprachen zu Bundesrichtern zu wählen[91]. Trotz der minderheitenschützenden Tendenz des Art. 107 Abs. 1 Satz 2 BV muß man einschränkend festhalten, daß das tragende Motiv für seine Entstehung ein anderes war, nämlich die Sicherung des rechtlichen Gehörs im mehrsprachigen Staat[92].

Das Verfahren des höchsten schweizerischen Gerichts in der Sprachenfrage regelt sich nach dem Organisationsgesetz[93], das aber nur in Art. 37 Abs. 3

---

[88] Ebenso nahezu wörtlich Art. 2 Abs. 2 des Organisationsgesetzes des Bundes vom 16.12.1943, SR 173.110.

[89] *Hegnauer* (Anm. 30), 300 ff., 302; *F. Matter*, Der Richter und seine Auswahl, Diss. Zürich, Zürcher Studien zum öffentlichen Recht 7, 1978, 88.

[90] *Hegnauer*, ibid., 300.

[91] *Matter* (Anm. 89), 88 f. mit näherer Aufschlüsselung.

[92] *Hegnauer* (Anm. 30), 302 f. Vgl. hierzu Art. 1 Abs. 1 Nr. 2 und 3 des Bundesgesetzes über die Bundesstrafrechtspflege vom 15.6.1934, SR 312.0: "Die Strafrechtspflege des Bundes wird durch folgende eidgenössische Strafgerichtsbehörden ausgeübt: ... (2) die Kriminalkammer von drei Mitgliedern, in der die drei Amtssprachen vertreten sein müssen; (3) das Bundesstrafgericht, bestehend aus den drei Mitgliedern der Kriminalkammer und zwei weiteren Richtern des Bundesgerichts; ..." Wortgleich Art. 12 Abs. 1 lit. e des Organisationsgesetzes (Anm. 93).

[93] Bundesgesetz vom 16.12.1943 über die Organisation der Bundesrechtspflege, SR 173.110.

OG eine Bestimmung über die Ausfertigung von Gerichtsentscheiden enthält. Darin heißt es: "Die Ausfertigung erfolgt in der Amtssprache, in der die Instruktion des Prozesses stattgefunden hat, sonst in der Sprache des angefochtenen Entscheides." Im übrigen verweist Art. 40 OG für das Verfahren auf den Bundeszivilprozeß, in dem nach Art. 4 des Bundesgesetzes über den Zivilprozeß[94] eine Sprachenregelung getroffen wurde. Sie lautet: "(1) Der Richter und die Parteien haben sich einer der Nationalsprachen des Bundes zu bedienen. (2) Nötigenfalls ordnet der Richter Übersetzung an."
Die logische Folge einer solchen Regelung müßte sein, daß die Prozeßbeteiligten in einer möglichst allen Beteiligten geläufigen Sprache verhandeln. Eine wenig verbreitete Nationalsprache wird dies regelmäßig nicht sein.

d) Die Amtssprachenregelungen der Kantone

Das sprachenrechtliche Verhalten der kantonalen Behörden gegenüber dem Bürger wird von Art. 116 Abs. 2 BV aus den dargestellten Gründen nicht erfaßt; die Kantone bestimmen also ihre kantonalen Amtssprachen selbst, und zwar auch dann, wenn sie Bundesrecht ausführen.

Für Fragen des Minderheitenschutzes relevant erweisen sich dabei nur die Regelungen solcher Kantone, die Minderheiten in einem erheblichen Umfang haben. Unabhängig von dem Umstand, daß einzelne Schweizer jeglicher Sprachangehörigkeit in jedem Kanton niedergelassen sind, rücken die sogenannten zweisprachigen Kantone Bern, Freiburg und Wallis bzw. der einzige dreisprachige Kanton Graubünden in den Mittelpunkt des Interesses. Um deren kantonales Amtssprachenrecht besser zu verstehen, ist es an dieser Stelle erforderlich, auf eine Regel des kantonalen Verfassungsrechts der Schweiz hinzuweisen. Sie ergibt sich aus der Verankerung einer oder mehrerer bestimmter Amtssprachen des Kantons in der Kantonsverfassung in Verbindung mit dem Rechtsprinzip des Vorrangs der Verfassung für alles kantonales Recht:

---

[94] Bundesgesetz vom 4.12.1947 über den Bundeszivilprozeß, SR 273.

Danach setzt sich das Territorialitätsprinzip des Kantons in die Bezirke und Gemeinden des Kantons in Abhängigkeit der unteren zur oberen Einheit fort: Sieht z.B. die kantonale Verfassung sowohl deutsch als auch französisch als Amtssprachen vor, so können die Bezirke, sofern es sich auch statistisch nach ihrer Bevölkerungszusammensetzung rechtfertigt, deutsch oder französisch oder beides als Amtssprache des Bezirks führen. Eine Bestimmung des Sprachenregimes der Bezirke ist häufig in der Kantonsverfassung der mehrsprachigen Kantone vorgegeben. Die Wahlfreiheit der Gemeinden wiederum hängt regelmäßig vom 'Sprachenangebot' ihres Bezirks ab[95]. Weil das Gerichtswesen grundsätzlich nicht in den kommunalen Regelungsbereich fällt, richtet sich die Gerichtssprache nach der Amtssprache oder den Amtssprachen des Bezirks[96]. Es ist grundsätzlich nicht möglich, daß eine untere Verwaltungseinheit eine Amtssprache verwendet, die nicht zumindest auch Amtssprache der übergeordneten Einheit ist. So könnte es beispielsweise in einem deutsch-französischen Kanton keinen italienischen Bezirk geben.

aa)   Kanton Bern/Berne

Im Kanton Bern hat sich auch nach Abspaltung derjenigen Bezirke und Gemeinden, aus denen sich der neue Kanton Jura[97] gebildet hatte, eine französischsprachige Minderheit erhalten. Sie lebt vornehmlich in den drei rein französischen Bezirken des *Jura bernois*, Courtelary, Moutier und La Neuveville, sowie im zweisprachigen Bezirk *Biel/Bienne*. Ihre Anzahl beträgt nach der Volkszählung von 1980 insgesamt etwas über 8 %, davon entfallen über 7 % auf die drei genannten französischen Bezirke und den

---

[95]   Das gilt so nicht für Graubünden, wo wegen des verstreuten Siedelns der Rätoromanen die Gemeinden selbst maßgeblich sind. S. unten II.2.d) dd).

[96]   *Fleiner-Gerster* (Anm. 6), 52.

[97]   Der Kanton Jura hat sich strikt einsprachig französisch organisiert. Art. 3 der Verfassung des Kantons Jura vom 3.2.1977 (SR 131.235) lautet: "Le français est la langue nationale et officielle de la République et Canton du Jura." Abgedruckt in: JöR 34 (1985), 424 ff., 425.

Bezirk Biel[98]. Eine besondere Spätfolge der Jura-Abspaltung begründet der deutschsprachige Amtsbezirk *Laufental* im französischsprachigen Berner Jura, der sich unterdessen dem deutschsprachigen Baselland anschloß[99].

Im Hinblick auf die kleiner gewordene 'Restminderheit' wurde das Sprachenrecht nach der Abspaltung des Jura nicht etwa zurückgenommen, sondern aufgrund der Erfahrungen durch ein besonderes Minderheitenstatut für die problematischen Gebiete[100] zunächst verbessert. Weil eine total revidierte Kantonsverfassung[101] völlig neue Grundlagen schaffen wird, erscheint es sinnvoll, die alte Lage[102] der neuen gegenüberzustellen.

---

[98] Eine genaue Aufschlüsselung der Sprachdaten für den Kanton Bern im Jahre 1980 findet sich bei *E. Weibel*, Institutions politiques romandes, -Les mécanismes institutionnels et politiques des cantons romands et du Jura bernois-, Editions Universitaires Fribourg Suisse, 1990, 165, s. auch 152.

[99] Vgl. dazu *H. Koller*, Gebietsveränderungen im Bundesstaat - Ansichten und Aussichten nach dem Laufental-Entscheid, in: Festgabe für A. Rötheli, 1990, 173 ff. Die Entscheidung für Baselland statt Bern wirkt sich folgenreich auf die kommunale deutschsprachige Landschaft in der Region aus. So hatte die Gemeinde *Ederswiler* anläßlich des ersten Jura-Plebiszits für das Laufental und für den Kanton Bern gestimmt und sieht sich nun vor veränderte Verhältnisse gestellt. Innerhalb des frankophonen Lagers begründet die französischsprachige Gemeinde *Vellerat* einen Problemfall, nachdem sie sich nicht wunschgemäß dem Kanton Jura anschließen konnte. Vellerat verweigerte deshalb die Leistung von Beiträgen an den Berner Kommunalverband und boykottierte die Wahlen. Dies führte zu rechtlichen Konsequenzen durch die Kommunalaufsicht. Siehe hierzu *L. Wildhaber*, Ederswiler und Vellerat, -Zur Gebietsveränderung im Bundesstaat-, in: Festschrift H. Huber, 1981, 343 ff., sowie Europa Ethnica 1984, 39, 108.

[100] Siehe hinsichtlich der Gebiete Berner Jura, Biel und Laufental (vgl. zu letzterem allerdings oben) noch unten zur politischen Repräsentation.

[101] Staatsverfassung des Kantons Bern vom 4.6.1893, Bernische Systematische Gesetzessammlung (BSG) 101.1, SR 131.212. Das Inkrafttreten der revidierten Fassung ist zum 1.1.1994 geplant. I.e. noch unten.

[102] Vertiefend zum Recht des Kantons: *F. Dessemontet*, Le droit des langues en Suisse, Documentation du Conseil de la langue française 15, Quebec 1984, 122 ff.

Bisher sieht ein Art. 17 Abs. 1 der Kantonsverfassung vor, daß die deutsche und die französische Sprache die anerkannten Landessprachen sind. Art. 17 Abs. 2 stellt dabei klar, daß sich diese kantonale Zweisprachigkeit für den Bürger nur im Verhältnis zu den kantonsweit zuständigen Kantonsbehörden realisiert[103]. Denn nach Abs. 2 ist (nur) Französisch im Berner Jura Amtssprache, Französisch und Deutsch in Biel/Bienne und (nur) Deutsch in allen übrigen Bezirken. Art. 17 Abs. 3 regelt hiermit übereinstimmend, daß alle staatlichen Akte im deutschen Sprachgebiet deutsch und im französischen Sprachgebiet französisch bekanntgegeben werden müssen. Insgesamt verankert die bisherige Kantonsverfassung damit in ihrem Art. 17 ein relativ strenges Territorialitätsprinzip, das nur für Biel durchbrochen wird.

Die durch das Territorialitätsprinzip geforderte Trennung der Sprachen nach dem Gesichtspunkt territorialer Anknüpfung konnte für den zweisprachigen Bezirk *Biel* mit einem Verhältnis der französischsprachigen zu den deutschsprachigen Einwohnern von 40 % zu 60 %[104] nicht durchgeführt werden. Die Stadt und ihr Bezirksumland stehen daher bislang unter einem *besonderem Sprachenregime*, das der Große Rat des Kantons gemäß Art. 17b der Verfassung zu beschließen hatte[105]. Nur hier knüpft also die praktizierte *Zweisprachigkeit*, die bei optimaler Umsetzung eine sprachliche Verdopplung aller Institutionen zur Folge hätte, letztlich nicht mehr an das territoriale Kriterium an (- das hier nur noch den Geltungsbereich der Zweisprachigkeit umschreibt -), sondern an das personale: In der Konsequenz wählt der Bürger von Biel unter den in beiden Sprachen vorhandenen Einrichtungen nach seiner persönlichen Sprachprägung aus. Nicht befriedigend war für die französische Minderheit in Biel stets, daß nach dem gemäß Art. 17b KV beschlossenen Sprachendekret aus dem Jahre 1952[106] Französisch wie Deutsch zwar Amtssprache ist (Art. 1 Dekret), für den

---

[103] *Weibel* (Anm. 98), 160 f.

[104] Eine genaue Aufschlüsselung der Sprachdaten für Biel im Jahre 1985 findet sich bei *Weibel*, *ibid.*, 166.

[105] Vgl. hierzu das Dekret betreffend Amtssprachen im Amtsbezirk Biel vom 26.2.1952, BSG 152.381.

[106] Siehe Anm. 105.

Regelfall aber ausdrücklich das Deutsche als Gerichtssprache gilt (Art. 2 Dekret)[107].

Für die *Sprache vor Gericht* bestimmt Art. 17 a der Verfassung bislang (nur) für Gerichte mit Zuständigkeit für den Gesamtkanton, also vornehmlich das Kantonsgericht:

> "(1) Die für den ganzen Kanton zuständigen Gerichtsbehörden verwenden in der Regel die Sprache des zuständigen Amtsbezirks. Im Einverständnis mit den Parteien kann der Richter die andere Landessprache zulassen.
> (2) Vor diesen Behörden steht jeder Partei die Wahl unter den beiden Landessprachen frei.".

Daraus wird deutlich, daß hier zwischen der Sprache, die die Richter verwenden sollen (Absatz 1) und der Sprache, in der sich die Parteien äußern können (Absatz 2), unterschieden wird. Absatz 1 trifft für die Richter eine Sprachregelung auf der Basis des Territorialitätsprinzips, während Absatz 2 den Parteien die Möglichkeit beläßt, sich in der ihnen vertrauten Sprache vor Gericht Gehör zu verschaffen. Damit sucht der kantonale Gesetzgeber von Bern einen Ausgleich zwischen dem Territorialitätsprinzip auf der einen Seite und dem rechtlichen Gehör auf der anderen Seite. Die Regelung wird flankiert durch Art. 59 der Verfassung, wonach alle höchsten Richter des Kantons beide Sprachen kennen müssen[108].

Das einfache Verfahrensrecht im übrigen stützt sich wesentlich auf das Territorialitätsprinzip. So bestimmen Art. 121 Abs. 1 ZPO-Bern[109], Art. 59

---

[107] Nur in bestimmten Fällen, die in Art. 2 Abs. 2 des Dekrets aufgeführt sind, z.B. beide Prozeßparteien im Zivilprozeß zweisprachig sind, ist Französisch die Gerichtssprache; hierzu kritisch *Weibel* (Anm. 98), 163.

[108] S. hierzu auch die VerfO für das Kantonsgericht Bern vom 23.2.1987, BSG 162.11.

[109] Art. 121 ZPO-Bern vom 7.7.1918, BSG 271.1, lautet: "(1) Bei den untern Gerichtsbehörden sollen die Verhandlungen in den deutschen

Abs. 1 StPO-Bern[110] und Art. 43 Abs. 1 VerwaltungsgerichtsG-Bern[111], daß Verfahrenssprache erster Instanz die Sprache des Bezirks ist[112]. Damit kann die Verfahrenssprache in der überwiegenden Anzahl aller Fälle einfach nach der Amtssprache des Bezirks festgestellt werden. Auch in den Fällen, in denen das Kantonsgericht als einzige Instanz entscheidet, soll es darauf ankommen, zu welchem Bezirk die Rechtssache den engsten Bezug hat; dabei finden die Grundsätze über die gerichtliche Zuständigkeit entsprechende Anwendung[113]. Vor der Rechtsmittelinstanz ist die Sprache, was deutsch oder französisch betrifft, frei[114].

Inwieweit sich das neue kantonale Verfassungsrecht ab 1994 auf das bisherige einfache Recht auswirken wird, kann zum jetzigen Zeitpunkt noch nicht abschließend beurteilt werden. Die total revidierte Kantonsverfassung soll statt der Art. 17, 17a und 17b nun einen neuen Art. 6 enthalten:

"(1) Das Deutsche und das Französische sind die bernischen Landes- und Amtssprachen.

(2) Die Amtssprachen sind

a) im Berner Jura das Französische,

b) im Amtsbezirk Biel das Deutsche und das Französische

Bezirken des Kantons in deutscher, in dem französischen Kantonsteile in französischer Sprache geführt werden. (2) In den vom Appellationshofe gemäss Artikel 7 Absatz 2 zu beurteilenden Streitsachen werden die Verhandlungen in der Sprache des örtlich zuständigen Bezirkes geführt. Vor dem Appellationshofe als Rechtsmittelinstanz steht den Parteien die Wahl unter den beiden Landessprachen frei."

[110] Art. 59 Abs. 1 StPO-Bern vom 20.5.1918, BSG 321.1, lautet: "Im deutschen Sprachgebiet ist die deutsche Sprache Gerichtssprache, im französischen Sprachgebiet die französische." Wahlfreiheit besteht hingegen nach Maßgabe des Art. 59 Abs. 2 in der Rekursinstanz.

[111] Verwaltungsgerichtsgesetz-Bern vom 22.10.1961, BSG 155.21; zu den Besonderheiten des Bernischen Verwaltungsgerichts als höchster Instanz s. *Weibel* (Anm. 98), 162.

[112] Vgl. *Dessemontet* (Anm. 102), 124: principe de territorialité devant les autorités de première instance.

[113] *Weibel* (Anm. 98), 161 f. unter Hinweis auf Art. 121 Abs. 2 ZPO-Bern.

[114] Z.B. Art. 121 Abs. 2, 2 ZPO-Bern, oben Anm. 109.

c) in den übrigen Amtsbezirken das Deutsche.
(3) Kanton und Gemeinden können besonderen Verhältnissen, die sich aus der Zweisprachigkeit ergeben, Rechnung tragen.
(4) Alle können sich in der Amtssprache ihrer Wahl an die für den ganzen Kanton zuständigen Behörden wenden. Diese antworten in derselben Sprache."[115]

Der besonders bemerkenswerte Art. 6 Abs. 3 n.F. wird von seinen Verfassern als eine Lockerung des Territorialitätsprinzips zugunsten der französischsprachigen Minderheit verstanden[116]. Er wurde ergänzt durch eine ausdrückliche Verankerung der Sprachenfreiheit im Grundrechte-Teil der revidierten Verfassung (Art. 14, 27 Abs. 4e). Im Gegensatz zur alten Verfassung sollen die Mitwirkungsrechte der französischsprachigen Bevölkerung von Biel demgegenüber nicht mehr verfassungsunmittelbar erwähnt werden, sondern sich nun auf einen neuen Art. 4 Abs. 2 der revidierten Verfassung stützen[117]. Mit dieser Vorschrift hätte erstmals ein allgemeiner Minderheitenschutzartikel Eingang in die Kantonsverfassung gefunden. Er lautet insgesamt:

"(1) Den Bedürfnissen von sprachlichen, kulturellen und regionalen Minderheiten ist Rechnung zu tragen.
(2) Zu diesem Zweck können diesen Minderheiten besondere Befugnisse zuerkannt werden."

Eine erste, vorsichtige Bewertung der Neuerungen im Kanton Bern könnte dahingehend lauten, daß das Territorialitätsprinzip Einschränkungen erleidet, die durch allgemeine Minderheitenschutzartikel kompensiert werden sollen. Damit hätte der Kanton Bern möglicherweise eine methodische Kursänderung vorgenommen.

---

[115] Vernehmlassungsentwurf der Verfassungskommission vom 9.4.1991, in: Verfassungssekretariat (Hrsg.), Die Neue Verfassung, Bern 30.4.1991. Die dem Volk zur Abstimmung unterbreitete Fassung wird eine leicht veränderte Formulierung des Art. 6 Abs. 4 enthalten.
[116] Vernehmlassungsentwurf, *ibid.*, 46.
[117] Vernehmlassungsentwurf, *ibid.*, 45.

bb)   Kanton Freiburg/Fribourg

Der Kanton Freiburg besitzt eine deutschsprachige Minderheit, die im Jahre 1980 ca. 32 % der Kantonsbevölkerung zählte[118]. Obwohl auch dritte Sprachgruppen in geringfügigem Umfang - wie in allen offiziell mehrsprachigen Kantonen - vertreten sind, hat nur die erheblich vertretene, stärkste Sprachminderheit eine rechtliche Berücksichtigung erfahren.

Der zentrale, jüngst geänderte Art. 21 der Verfassung des Kantons Freiburg[119] lautet:
"(1) Französisch und Deutsch sind die Amtssprachen. Ihr Gebrauch wird in Achtung des Territorialitätsprinzips geregelt.
(2) Der Staat fördert das Verständnis zwischen den beiden Sprachgemeinschaften."

Im Gegensatz zu den vielfältigen Regelungen im Kanton Bern ist das zweisprachige[120] Amtssprachenrecht, das Art. 21 der Freiburgischen Verfassung erst angelegt hat, noch rudimentär ausgeführt. Vor allem fehlt es an einer klaren Bezeichnung der in den Bezirken geltenden Amtssprachen. Offiziell ist nur festgestellt, daß es französischsprachige und deutschsprachige Kommunen gibt; daß der Sense-Bezirk als deutschsprachig und der Seebezirk als zweisprachig anerkannt werden, gilt dagegen nur als eine althergebrachte Übung, die in der Literatur schon als *Gewohnheitsrecht* bezeichnet wird[121]. Bereits höchstrichterlich beurteilt und bestätigt wurde

---

[118]   Eine genaue Auflistung der Sprachdaten für den Kanton Freiburg im Jahre 1980 findet sich bei *Weibel* (Anm. 98), 27.

[119]   Siehe hierzu die Botschaft des Bundesrates über die Gewährleistung der geänderten Verfassungen der Kantone Zürich, Luzern, Freiburg, Schaffhausen, Graubünden, Waadt und Wallis vom 29.5.1991, BBl. 1991 II 1593, 1597 f.

[120]   Hierzu *P. Boschung*, Zweisprachigkeit und Diglossie im Kanton Freiburg, in: Vouga (Anm. 49), 93 ff.

[121]   *Weibel* (Anm. 98), 10 Anm. 27 unter Hinweis auf *Boschung*, Le bilinguisme fribourgois vu par un Fribourgois germanophone, in: Institut national genevois, Majorités et minorités linguistiques en

der Status des Saanebezirks, der insbesondere in der Stadt Freiburg eine starke deutschsprachige Minderheit aufweist: Im Rechtsfall *Brunner gegen Tiefnig und Gerichtspräsidenten des Saanebezirks*[122] präzisierte das Bundesgericht im Jahre 1980 das *Verhältnis zwischen der bezirklichen Zweisprachigkeit und dem prozentualen Minderheitenanteil*. Das Ergebnis lautete dahingehend, daß jedenfalls bei einem Minderheitenanteil von 26 % gegenüber der Mehrheit bzw. 23 % Gesamtanteil an der Bezirksbevölkerung die bezirkliche Gemischtsprachigkeit noch zu Recht verweigert werden durfte[123].

Der *Sprachgebrauch vor den Gerichten* ist etwa in Art. 10 der freiburgischen Zivilprozessordnung[124] als Beispiel für die Prozeßordnungen genau geregelt. Art. 10 ZPO-Freiburg lautet:
"(1) Vor den unteren Gerichten führen die Parteien die Verhandlungen in französischer Sprache in den Bezirken oder Kreisen des französischen, und in deutscher Sprache in denjenigen des deutschen Kantonsteils. (2) In den gemischten Bezirken und Kreisen wird der Rechtsstreit in der Sprache des Beklagten geführt, sofern die Parteien nicht eine andere Vereinbarung treffen. (3) Vor dem Kantonsgericht wird der Rechtsstreit im Rechtsmittelverfahren in der Sprache des angefochtenen Entscheides ausgetragen. Wird das Kantonsgericht als erste Instanz angerufen, so erfolgen die Verhandlungen in der Sprache des Beklagten, sofern die Parteien nicht anders übereinkommen. (4) Streitigkeiten über die Gerichtssprache entscheidet der Präsident endgültig."[125]. Hinsichtlich der Besetzung des Kantonsgerichts gilt, daß mindestens zwei von sieben Kantonsrichtern deutschsprachig sein müssen[126].

Suisse, -Fribourg, Valais, Tessin et Grisons-, Ed. l'Age d'homme, 1988, 225 ff.

[122] BGE 106 I a 299 (= EuGRZ 1981, 221 -Auszug-).

[123] Das Gericht machte darüberhinaus die bemerkenswerte Andeutung, daß dies nicht ohne weiteres auf die Schulsprache übertragbar wäre.

[124] ZPO vom 28.4.1953, Freiburgische Gesetzessammlung (FGS) 270.1.

[125] Siehe hierzu *Weibel* (Anm. 98), 26.

[126] Art. 16 Abs. 2 OG-Freiburg vom 22.11.1949, Art. 61 Verfassung des Kantons Freiburg.

cc) Kanton Wallis/Valais

Die Sprachgrenze zwischen der deutschen und französischen Sprache trennt den Kanton Wallis in das französischsprachige Nieder- und Zentralwallis im Westen und das mehr oder weniger deutschsprachige Oberwallis im Osten. Dabei beträgt der französischsprachige Bevölkerungsanteil insgesamt ca. 60 %, der deutschsprachige ca. 30 %[127].

Art. 12 Verfassung des Kantons Wallis[128] bestimmt:
"(1) Die französische und die deutsche Sprache sind als Landessprachen erklärt.
(2) Der Grundsatz der Gleichberechtigung beider Sprachen soll in der Gesetzgebung und in der Verwaltung durchgeführt werden."

Die *Gerichtssprache*[129] regelt sich zunächst nach einem Durchführungsdekret zum Gerichtsorganisationsgesetz[130]. Der insoweit einschlägige Art. 17 des Dekrets lautet:
"(1) Schriftliche Eingaben und mündliche Vorträge der Parteien oder ihrer Vertreter können in einer der beiden Landessprachen erfolgen; vor dem Gemeinderichter und vor den Polizeigerichten hingegen gilt grundsätzlich die Sprache am Amtssitz.
(2) Bezirks- und Kreisgerichte fassen ihre Akten, Beschlüsse oder Urteile in der Sprache des Amtssitzes ab. Das gleiche gilt grundsätzlich für die Jugendrichter.
(3) Das Kantonsgericht erlässt Gerichtsakten, Beschlüsse und Urteile grundsätzlich in der Sprache des instruierenden Gerichts.
(4) Von diesem Grundsatz darf abgegangen werden, wenn es die Umstände rechtfertigen, namentlich zur besseren Wahrung des rechtlichen Gehörs

---

[127] S. die genaue Aufschlüsselung bei *Weibel* (Anm. 98), 252.

[128] Verfassung des Kantons Wallis vom 8.3.1907, SR 131.232; vertiefend zum Recht des Kantons: *Dessemontet* (Anm. 102), 119 ff.

[129] Vgl. hierzu A. *Volken*, Problem der Gerichtssprache -insbesondere in einem zweisprachigen Kanton-, Zeitschrift für Walliser Rechtsprechung 1976, 507 ff.

[130] Vollzugsdekret vom 28.5.1980 zum Gesetz vom 13.5.1960 über die Gerichtsbehörden, Wallisische Gesetzessammlung (WGS) 166.

einer Partei. Stehen der Staat oder von ihm abhängige Anstalten oder Körperschaften als Partei einem Privaten gegenüber, so überwiegt die Rücksicht auf dessen Sprache."[131]

Danach wird hinsichtlich der Verfahrenssprache deutlich getrennt zwischen der (Publikations-)Sprache der Gerichte und der (Verhandlungs-)Sprache der Parteien. Während die Gerichte selbst ihre Akte in der Sprache des Gerichtsorts verfassen und auch das Kantonsgericht in der Sprache des Ausgangsverfahrens agiert, sind die Rechtssuchenden frei darin, welche der beiden kantonalen Amtssprachen sie verwenden. Diese grundsätzliche Wahlfreiheit zwischen den beiden Amtssprachen wird sowohl durch die Zivilprozessordnung[132] als auch die Strafprozessordnung[133] des Kantons noch einmal spezifisch ausgeführt. Die Walliser Regelung stellt sich damit zwar als Parallele zum Berner Recht über die Sprache in Gerichten mit kantonsweiter Zuständigkeit dar, weicht aber bemerkenswert davon ab, indem der Bürger sich vor jedem, nicht nur dem Kantonsgericht[134], beider Sprachen bedienen kann.

---

[131] Näheres zu dieser Vorschrift bei *Weibel* (Anm. 98), 251 f.

[132] Art. 385 der Zivilprozessordnung des Kantons Wallis vom 22.11.1919, WGS 251, lautet: "Für die Prozessakten und in den mündlichen Verhandlungen können sich die Parteien nach ihrer Wahl einer der beiden im Kanton üblichen Landessprachen bedienen."

[133] Art. 4 der Strafprozessordnung des Kantons Wallis vom 22.2.1962, WGS 302, lautet: "(1) Für jeden Akt des Verfahrens wie für die Hauptverhandlung können sich die Beteiligten der Landessprachen bedienen. (2) Doch wird das Verfahren vor den Polizeigerichten des Oberwallis in deutscher Sprache, das Verfahren vor den Polizeigerichten des welschen Kantonsteils in französischer Sprache geführt. (3) Falls eine Person, die an einem Prozess teilnehmen muß, der Sprache, in welcher der Prozess geführt wird, nicht mächtig ist, hat der Richter einen Übersetzer zu bezeichnen, es sei denn, der Richter oder Schreiber beherrsche die Sprache der betreffenden Person. Für die Bezeichnung des Übersetzers und die ihm obliegenden Pflichten sind die Vorschriften über die Sachverständigen massgebend."

[134] Vgl. zu dessen Besetzung Art. 62 Abs. 2 Verfassung des Kantons Wallis (Anm. 128) sowie Art. 7 Abs. 1 OG-Wallis vom 13.5.1960, WGS 165.

dd)   Kanton Graubünden/Grigioni/Grischun

Im Kanton Graubünden leben ca. 58 % Deutschsprachige, 16 % Italienischsprachige und 23 % Rätoromanen nebst einigen sonstigen Sprachangehörigen. Dieser Sachverhalt hat sich rechtlich trotz der oder gerade wegen der deutlichen Minderheitenposition der italienischen und rätoromanischen Sprachangehörigen vollständig niedergeschlagen. Denn Graubünden ist der einzige offiziell dreisprachige Kanton der Schweiz. Das Deutsche, Rätoromanische und Italienische nehmen seit 1892 unverändert eine durch Art. 46 der Kantonsverfassung verfassungsrechtlich gesicherte Position ein, wonach gilt: "Die drei Sprachen des Kantons sind als Landessprachen gewährleistet."

Weil diese Verfassungsbestimmung seit einer Zeit gilt, in der auch die Bundesverfassung nur einheitlich die "Nationalsprachen" regelte, wird der Begriff der "Landessprachen" durch die ganz herrschende Meinung so ausgelegt, daß er auch den Begriff der Amtssprachen umfaßt[135]. Als Amtssprachen gelten die drei Sprachen uneingeschränkt nur auf kantonaler Ebene, während es auf der Gemeinde-, Kreis- und Bezirksebene auf das angestammte Verbreitungsgebiet der jeweiligen Sprache ankommt.

Das Bündner Recht weist gegenüber allen anderen Kantonen, die ihre Minderheiten im Sprachenrecht berücksichtigt haben, eine erhebliche Besonderheit auf: Im Kanton Graubünden bezieht sich nämlich die Geltung des Territorialitätsprinzips nicht auf bezirkliche Untergliederungen, sondern auf die Kommunen. Das Bündner Amtssprachenrecht liegt damit entscheidend im Bereich der *Gemeindeautonomie*[136]. Die Kreise und Bezirke als nächsthöhere Ebenen umfassen demnach alle Amtssprachen der in ihnen liegenden Gemeinden. Die Zulässigkeit dieser Kompetenzordnung im Hinblick auf Kantons- und Bundesverfassung wird nicht zuletzt infolge

---

[135] *Dessemontet* (Anm. 102), 125 f.; *Gieré* (Anm. 7), 57 f.; *Schäppi* (Anm. 11), 109; *Viletta* (Anm. 2), 147.

[136] S.J. *Voyame*, Le statut des langues en Suisse, in: Woehrling (ed.), Langue et droit, Actes du premier congrès de l'Institut international de droit linguistique comparé, 27-29 avril 1988, Université du Québec (Montréal), 346 sub 3.1.4., 349 sub 4.3.

eines Gutachtens von Daniel Thürer[137] allgemein anerkannt. Dabei dürfte der eigentliche Hintergrund der Regelung in dem Umstand liegen, daß vornehmlich die schwach vertretene Gruppe der Rätoromanen allenfalls in einzelnen Gemeinden, nicht aber in ganzen Bezirken beträchtliche Anteile an der Wohnbevölkerung erreichen kann. Zudem stellen nur die Gemeinden Verwaltungseinheiten dar, die die Rätoromanen überhaupt zu dominieren vermögen. Wäre also die Sprachkompetenz nicht entscheidend auf die kommunale Ebene verlagert, hätte diese Sprachgruppe als einzige nirgendwo in der Schweiz die Chance, als Mehrheitsvolk rechtlich und politisch wirksam zu agieren.

Die gemeindliche Selbstbestimmung bezieht sich im hier interessierenden Zusammenhang speziell auf die Bestimmung der Amtssprache für den kommunalen Zuständigkeitsbereich und auch die Wahl des sprachlichen Volksschultypus[138].

Der *Sprachgebrauch vor den Gerichten* richtet sich nach denjenigen Amtssprachen, die innerhalb des Zuständigkeitsbereichs des entscheidenden Gerichts anerkannt sind. Das Schweizerische Bundesgericht hatte im Rechtsfall *Eheleute G. gegen Skilifte Bivio AG*[139] die Gelegenheit zu entscheiden, daß die Amtssprachenregelung der Gemeinde, in der sich der fragliche Rechtsstreit ereignet hatte bzw. die tätige Behörde oder der Kläger ihren Sitz hätten, daneben irrelevant sei. Darüberhinaus bestehen wenige ausdrückliche Regelungen. So bestimmen Organisationsverordnungen für das Kantonsgericht und das Verwaltungsgericht, daß alle drei Landessprachen zwar formell Gerichtssprachen sind, das Deutsche jedoch einen Vorrang entweder nur hinsichtlich der Urteilsausfertigung

---

[137] *Thürer* (Anm. 17), 241 ff.
[138] Zu kommunalem Baurecht, das die ausschließliche Verwendung des Rätoromanischen für Außenaufschriften vorschreibt: *Schweizerisches Bundesgericht* EuGRZ 1991, 184 ff.
[139] ZBl. 1982, 356 ff.

(Kantonsgericht) oder gar als Verhandlungssprache (Verwaltungsgericht) beansprucht[140].

e) Die Begrenzung des kantonalen Sprachenrechts durch die Bundesverfassung

Die Kompetenz der Kantone bedeutet nicht, daß das Bundesverfassungsrecht keinen Einfluß auf die kantonale Amtssprachenregelung haben würde. Denn zum einen müssen die Kantone das ungeschriebene Bundesverfassungsrecht der Sprachenfreiheit respektieren; zum anderen müssen sie der sprachlichen Zusammensetzung der Kantonsbevölkerung Rechnung tragen. Letzteres bedeutet, daß Sprachminderheiten berücksichtigt und respektiert werden müssen. Diese für das Minderheitenrecht zentrale Anforderung leitet sich rechtlich aus Absatz 1 des Art. 116 ab, wodurch es zu einem komplexen Zusammenspiel beider Absätze kommt: Hier ist jener Schutz der überkommenen sprachlichen Zusammensetzung in Gestalt des sogenannten Territorialitätsprinzips niedergelegt. Mit diesem Prinzip wird gerechtfertigt, daß der Kanton zum Schutz der überkommenen Zusammensetzung belastende Maßnahmen ergreift. Dabei kann aber nur schutzwürdig sein, was tatsächlich besteht. Lebt auf dem Kantonsgebiet eine nach ihrem Anteil an der Bevölkerung beträchtliche Minderheit, muß der Kanton ihre Existenz berücksichtigen und es ist ihm untersagt, in seinem Sprachenrecht einseitig auf die Mehrheit abzustellen. Das ergibt sich, wie das Schweizerische Bundesgericht im Rechtsfall Brunner gegen Tiefnig und Gerichtspräsidenten des Saanebezirks[141] entwickelte, aus dem Sinn und Zweck des Territorialitätsprinzips.

---

[140] Vgl. Art. 28 der Verordnung über die Organisation und Geschäftsführung des Kantonsgerichts vom 2.6.1961, Bündner Rechtsbuch (BR) 173.110, sowie Art. 13 der Verordnung über Organisation, Geschäftsführung und Gebühren des Verwaltungsgerichts vom 30.11.1966, BR 173.300. Teilweise abgedruckt in: *Zustand und Zukunft der viersprachigen Schweiz* (Anm. 19), 448.

[141] S. oben II.2.d) bb).

3. Kultur und Medien[142]

Im Jahre 1984 stimmten das Schweizervolk und die Stände dafür, dem Bund durch einen neuen Art. 55bis Bundesverfassung die ausschließliche Kompetenz für gesetzliche Regelungen im Bereich der elektronischen[143] Massenmedien zuzuweisen[144]. Dessen Absatz 2 enthält für den Radio- und Fernsehfunk einen "Leistungsauftrag"[145], der hier von besonderem Interesse ist. Denn aus ihm wird implizit die Verpflichtung des Rundfunks entnommen, das ganze Land in seiner Vielfältigkeit und Mehrsprachigkeit mit Programmen zu versorgen[146] bzw. Minderheitsinteressen und spezifisch schweizerisch-nationale Interessen besonders zu beachten[147]. Um diesem Auftrag gerecht zu werden, hat der Gesetzgeber die Pflicht, vom Mittel der staatlichen Konzessionierung in entsprechend gestaltender Weise Gebrauch zu machen[148]. Dieses Ziel schlägt sich ebenfalls im Ausführungsgesetz zu Art. 55bis nieder[149]. Es deutet sich dabei an, daß das Rätoromanische im

---

[142] Vgl. hierzu umfassend die *Stellungnahme des Zentralvorstandes der Schweizerischen Radio- und Fernsehgesellschaft (SRG)* zu: Zustand und Zukunft der viersprachigen Schweiz vom 26.4.1990; zusammenfassend hierzu R. *Oppenheim*, Radio und Fernsehen und die schweizerische Sprachkultur, in: Vouga (Anm. 49) 158 ff.

[143] Die *Printmedien* erscheinen im Hinblick auf den Regelungsbestand wenig ergiebig und werden daher hier nicht berücksichtigt. In diesem Bereich spielt faktisch eine große Rolle, daß die drei großen Sprachgruppen auch auf ausländische Presseprodukte zugreifen können, während das Romanische auf eigene Printmedien angewiesen ist. Jegliche Sprachförderung bei den schweizerischen Medien und Mediendiensten, so z.B. der dreisprachige Nachrichtenservice der schweizerischen Depeschenagentur, wird von der Privatwirtschaft als eine problematische Verteuerung der Betriebskosten angesehen. Vgl. hierzu den Bericht *Zustand und Zukunft der viersprachigen Schweiz* (Anm. 19), 115 ff.

[144] Vgl. hierzu J.P. *Müller*, in: Kommentar zur Schweizerischen Bundesverfassung, III, Art. 55bis (Stand Juni 1986) Rz. 1 ff. mwN.

[145] L. *Schürmann*, Medienrecht, Bern 1985, 99; *Müller*, ibid., Art. 55bis Rz. 44.

[146] *Schürmann, ibid.*, 99.

[147] *Müller* (Anm. 144), Art. 55bis Rz. 49 mwN.

[148] *Schürmann* (Anm. 145), 99.

[149] Siehe zum Entwurf des Bundesrats die *Botschaft zum Bundesgesetz über Radio und Fernsehen* vom 28.9.1987 (BBl. 1987 III 689 ff.).

Bereich der Radiosendungen in Abweichung zu seiner Stellung nach Art. 116 der Bundesverfassung wie eine Amtssprache behandelt werden soll[150].

Die Grundgedanken der neuen Verfassungsvorschrift vorwegnehmend war die staatliche Schweizerische Radio- und Fernsehgesellschaft (SRG) mittels der Konzession von Anfang an schon so organisiert worden, daß sie sich aus drei Regionalgesellschaften für die drei großen Sprachregionen zusammensetzt und die rätoromanische Sprachregion hierbei besonders vertreten ist[151]. Inwieweit das neue Bundesgesetz über Radio und Fernsehen[152] in Zukunft allgemeine und spezielle Konzessionsauflagen zur Sprachförderung stützen könnte[153], kann an dieser Stelle nicht im einzelnen erörtert werden. Obwohl die Konzession es gestattet hätte, hat die SRG weitgehend davon Abstand genommen, lokale Rundfunkprogramme zu gestalten[154]. Das scheint im Kontext der Minderheitenversorgung nicht unerheblich, weil sie damit für Überschneidungsräume keine maßgebliche Rolle spielen kann.

Der lokale Rundfunk wurde im Wege der Regierungsverordnung zu Beginn der achtziger Jahre in der Schweiz eingeleitet. Nach der zunächst erlassenen Verordnung über lokale Rundfunk-Versuche (RVO) vom 1.7.1982[155] mußten Versuchsbewilligungen jeweils vom Bundesrat erteilt werden. Dabei haben alle französischsprachigen Kantone Versuchsbewilligungen erhalten und haben sich auch zweisprachige Lokalradios etablieren können[156].

---

[150] Vgl. Bericht *Zustand und Zukunft der viersprachigen Schweiz* (Anm. 19) 106.

[151] Art. 7 der Konzession. Näheres hierzu bei *Schürmann* (Anm. 145), 100.

[152] S. oben Anm. 149.

[153] So der Bericht *Zustand und Zukunft der viersprachigen Schweiz* (Anm. 19) 107.

[154] *Schürmann* (Anm. 145), 108.

[155] SR 784.401.

[156] *Schürmann* (Anm. 145), 118. Vgl. speziell hierzu das *Berner Gesetz über die Mitwirkungsrechte des Berner Jura und der französisch-*

Wegen der relativen Neuheit der Entwicklung vermag nicht festgestellt zu werden, inwieweit die Praxis im Bereich des lokalen Rundfunkwesens eine Durchbrechung des Territorialitätsprinzips bewirken wird. Es erscheint in diesem Zusammenhang interessant, daß es in der Schweiz dem Bund gelungen ist, die Medienkompetenz gerade in neuerer Zeit endgültig an sich zu ziehen. Im Gefolge dieser Entwicklung hat der Bundesrat die in ihren Folgen noch nicht absehbare Aufgabe wahrgenommen, im Wege der Bewilligung die Streuung lokaler Radiosender über das ganze Land zu steuern.

Ob die Steuerung der geplanten verstärkten Berücksichtigung der Sprachminderheiten[157] auch mit den Mitteln des Rechts gelingt, hängt nicht zuletzt von der faktischen Akzeptanz des Vorhabens ab. Wie die staatliche SRG zu Recht vertritt, kann auch der öffentliche Rundfunk "- schon um seines Ueberlebens willen - auf die Dauer keine Sprach- oder andere Normen gegen die Mehrheit seines potentiellen Publikums durchsetzen"[158]. Weil Radio- und Fernsehen nicht "Schulmeister der Nation"[159] sein sollen, wird es für die Schweizer Medien letztlich darum gehen, das gegebene Spannungsverhältnis zwischen der Medienfreiheit einerseits und der "Lösung elementarer Systemprobleme" andererseits anzunehmen und es unter möglichster Schonung der Einschaltquoten aufzulösen. Die Internationalisierung der Medienmärkte steht einer nationalen Sprachenpolitik durch die Medien faktisch dabei im Wege, nicht aber notwendig auch rechtlich. Soweit es einen zukünftigen Beitritt der Schweiz zur Europäischen Gemeinschaft angeht, dürfte von Interesse sein, daß der Europäische Gerichtshof die nationale Sprachenpolitik Irlands mit Hinweis

---

sprachigen Bevölkerung des zweisprachigen Amtsbezirks Biel in der Änderung vom 6.9.1989. Art. 5 a Abs. 3 dieses Gesetzes lautet: "Ferner kann die Fédération des communes du Jura bernois ein Lokalradio für den Berner Jura sowie ein Lokalradio für den zweisprachigen Amtsbezirk Biel unterstützen."

[157] Vgl. die Empfehlungen im Bereich der Medien im Bericht *Zustand und Zukunft der viersprachigen Schweiz* (Anm. 19), 407 ff.
[158] *Stellungnahme der SRG* (Anm. 142) 5.
[159] *Ibid.*, 6.

auf eine "sprachliche Sonderstellung Irlands" als mit der Freizügigkeit der Arbeitnehmer vereinbar angesehen hat[160]. Ähnliche europäische Entwicklungen im Medienrecht liegen nahe.

III. Bildungs- und Erziehungswesen[161]

1. Die Unterrichtssprache im Konfliktfeld zwischen Amtssprache und Sprachenfreiheit

Die Schulhoheit liegt in der Schweiz mangels geregelter Zuständigkeit des Bundes bei den Kantonen[162]. Entsprechend wird auch die Schulsprache als Sprache, in der der Unterricht erteilt wird, durch die Kantone festgelegt. Die Kantone richten sich im allgemeinen nach der Amtssprache des Schulorts[163], was in mehrsprachigen Kantonen zu mehreren Schulsprachen führen kann, u.U. auch innerhalb einer Gemeinde, soweit diese mehrere kommunale Amtssprachen anerkennt. Darüberhinaus existieren gesetzlich nicht vorgesehene Ausnahmen[164]. Die Praxis ist im einzelnen sehr unterschiedlich.

Der Einzelne kann durch die regelmäßig an der Amtssprache orientierte Schulsprache Einschränkungen seiner Sprachenfreiheit erleiden. Die Befugnis der Kantone hierzu ergibt sich aus ihrer Kompetenz nach Art. 116 Abs. 1 Bundesverfassung, Maßnahmen zum Schutz eines überkommenen Sprachgebiets zu treffen. Damit steht auf der einen Seite das genannte

---

[160] *EuGH*, Rechtssache C-379/87 (*Anita Groener* gegen Minister for Education and the City of Dublin Vocational Education Committee), Urteil vom 28.11.1989, Slg. 1989, 3967 ff.

[161] Zum schweizerischen Bildungswesen unter dem Blickwinkel der Sprachenproblematik eingehend *A. Gretler*, in: *Materialienband* (Anm. 49), 15 ff.

[162] Art. 27 Bundesverfassung.

[163] *H. Plotke*, Schweizerisches Schulrecht, 1979, 166 ff., 166.

[164] Dazu verweist *Fleiner-Gerster* (Anm. 6), 48, auf einen nicht veröffentlichten Regierungsratsbeschluß aus dem Tessin, der dortigen deutschsprachigen Gemeinde *Bosco/Gurin* ausnahmsweise Deutschunterricht zu ermöglichen.

Interesse des Kantons und auf der anderen Seite das Interesse von Eltern und Kindern, die Angehörige einer lokalen Minderheit sind, an einer Unterrichtung in der Muttersprache. Wo diese Grenze unter dem Gesichtspunkt der Verhältnismäßigkeit genau verläuft, ist eine von Fall zu Fall zu entscheidende Frage.

Das Bundesgericht hatte mehrmals Gelegenheit, gerade im Kontext der Schulsprache maßgebliche Aussagen über die Reichweite von Sprachenfreiheit einerseits und Territorialitätsprinzip andererseits zu treffen.

Im Jahre 1965 entschied das Bundesgericht in Sachen *Association de l'Ecole française*[165], daß die Stadt Zürich eine französischsprachige Privatschule dahingehend regulieren dürfte, daß sie Kindern französischsprachiger Schweizer nur für eine begrenzte Übergangszeit den Besuch gestattete. Damit sollte eine -offen so benannte- *Assimilierung* der französischsprachigen Schweizer im Raum Zürich bewirkt werden. Der Umstand einer verschwindend geringen Anzahl der französischsprachigen Minderheit wurde damals für unerheblich gehalten.

Im Jahre 1974 judizierte das Bundesgericht im Rechtsfall *Derungs*[166], daß eine rätoromanische Familie, die ihre Kinder zum romanischen Unterricht in die Nachbargemeinde schicke, keinen Anspruch auf Erstattung des Schulgelds durch die Heimatgemeinde habe[167]. Es ließ erkennen, daß es das Ergebnis im Hinblick auf die Bedrohung der rätoromanischen Idiome nicht für glücklich hielt, sah sich aber durch die Beschränkung auf eine Willkürprüfung der kantonalen Rechtsakte an einer anderen Entscheidung gehindert. Interessanterweise warf das Gericht in dieser Entscheidung

---

[165] BGE 91 I 480.

[166] BGE 100 I a 462 (= EuGRZ 1975, 103).

[167] Der Erstattungsanspruch wäre begründet gewesen, wenn das Kind die Schule seiner Heimatgemeinde besucht hätte oder ein "wichtiger" Grund für den Besuch in der Nachbargemeinde vorgelegen hätte. Als wichtig wurden sprachliche Gründe trotz der bedrohten Situation der rätoromanischen Idiome aber damals nicht anerkannt.

erstmals die Frage auf, ob in einem Gemeinwesen mit einer starken sprachlichen Minderheit eine Pflicht zum Unterrichtsangebot in der Minderheitensprache bestehen könnte. Sie wurde im zu entscheidenden Fall nur für eine Kleinstgemeinde verneint und blieb im übrigen offen.

Im Rechtsfall *Hartmann u.a. gegen Einwohnergemeinde Nidau*[168] entschied das Verwaltungsgericht Bern ähnlich dem Falle Derungs, daß Eltern, die ihre Kinder zum Zwecke französischen Unterrichts in eine Nachbargemeinde schickten, gewissermaßen auf den unentgeltlichen Besuch der öffentlichen Schulen verzichteten. Sprachliche Gründe seien keine "wichtigen" Gründe[169], die eine Ausnahme erforderlich machten. Das Territorialitätsinteresse überwiege also letztlich das individuelle Sprachinteresse.

Im Falle *Brunner gegen Tiefnig und Gerichtspräsidenten des Saanebezirks* kam es, wie bereits oben dargestellt[170], zu einer wichtigen Abschichtung nach Prozentanteilen.

2. Das Schulsprachenrecht der Kantone

Die Schulsprache kann, wie die Beispiele aus der Rechtsprechung zeigen, als derjenige sensitive Bereich angesehen werden, wo die Verteidigung der überkommenen Sprachgeltung manifest wird. In herausragender Weise wird die Abwehr fremdsprachigen Einflusses vom Kanton *Tessin* betrieben, dessen Wohnbevölkerung 86 % Italienischsprachige im Verhältnis zu bundesweit 9,8 % beträgt. Die Folge ist eine kompromißlose Einsprachigkeit zugunsten der italienischen Sprache speziell im Schulwesen[171].

---

[168] Bernische Verwaltungsrechtsprechung (BVR) 1976, 283 ff. sowie ZBl. 1977, 234 ff., jeweils in Auszügen.

[169] Vgl. hierzu auch oben (Anm. 166) den Fall Derungs.

[170] S. oben II.2.d) bb).

[171] Art. 207 Abs. 2 Legge scuola (TI). Danach sind alle Kinder in öffentlichen und privaten Schulen während der Zeit der Schulpflicht auf Italienisch zu unterrichten, *Plotke* (Anm. 163), 166 Anm. 138.

a) Kanton Bern

Der Unterricht an staatlichen Schulen wird nach Maßgabe des Territorialitätsprinzips, also in der Amtssprache des jeweiligen Bezirks erteilt. Gleichzeitig sind die Kinder des Kantons Bern gehalten, die Schule ihres ständigen Wohnorts zu besuchen[172], haben also grundsätzlich keine Möglichkeit, die Wirkung des Territorialitätsprinzips zu umgehen. Wie die erwähnte Entscheidung des Bernischen Verwaltungsgerichts in Sachen Hartmann u.a. gegen Einwohnergemeinde Nidau zeigt, dürfte der Schulbesuch in einer Nachbargemeinde aus sprachlichen Gründen zwar hingenommen werden[173]; er wird jedoch keinesfalls als "wichtiger Grund" im Sinne eines ausnahmebegründenden Tatbestands anerkannt. Damit entfällt in solchen Fällen die sonst bestehende Kostenpflicht der Wohnortgemeinde für den Schulbesuch.

b) Kanton Freiburg

Das freiburgische Schulrecht sieht vor, daß sich die Schulsprache nach der für den Schulkreis geltenden Amtssprache richtet; enthält der Schulkreis verschiedensprachige Gemeinden oder gilt Zweisprachigkeit, so müssen die Gemeinden dafür Sorge tragen, daß in beiden Sprachen öffentlicher Unterricht erteilt werden kann (Art. 7 Schulgesetz-Freiburg[174]). In seltenen Fällen kann ein Schulkreis auch eine Schulsprache haben, die mit der Amtssprache des betreffenden Bezirks nicht übereinstimmt[175].

Die Schüler müssen zwar grundsätzlich die Schule ihres Wohnorts besuchen (Art. 8), Ausnahmen können jedoch insbesondere aus sprachlichen

---

[172] Art. 9 Gesetz über die Primarschule (Bern) vom 2.12.1851, BSG 432.211.

[173] Zumindest könnte er zwischen der Wohnortgemeinde und den Eltern vereinbart werden, vgl. *Dessemontet* (Anm. 102), 125.

[174] SchulG vom 23. 5. 1985, FGS 411.0.1.

[175] *Fleiner-Gerster* (Anm. 6), 48, nennt hierzu als Beispiel unter Hinweis auf Art. 7 des Freiburgischen Schulgesetzes den deutschsprachigen Unterricht der Gemeinde Jaun im französischen Bezirk Gruyère.

Gründen bewilligt werden (Art. 9). Je nach Bewilligungspraxis dürfte dies zu einer Abschwächung des Territorialitätsprinzip führen.

c) Kanton Graubünden[176]

In Graubünden richtet sich die Unterrichtssprache der Primarschule entsprechend der dreisprachigen Vielfalt des Kantons nach der Amtssprache der jeweiligen Kommune. Eine eigene Dorfschule setzt dabei mindestens fünf Schüler voraus, ansonsten muß die Schule im Nachbarort besucht werden[177]. Wegen der wichtigen Rolle, die das Deutsche in Graubünden spielt, wird in allen romanisch- und italienischsprachigen Gemeinden zusätzlich von Gesetzes wegen Deutschunterricht erteilt[178]. Speziell zum Schutz der rätoromanischen Minderheit besteht die Regelung, daß Gemeinden mit deutschsprachiger Grundschule romanischen oder italienischen Sprachunterricht in einzelnen oder allen Klassen für obligatorisch erklären können[179]. Soweit ersichtlich, kann daneben auch die Kantonsregierung in deutschsprachigen Gemeinden mit starker rätoromanischer Minderheit Romanisch als Unterrichtssprache in allen oder einzelnen Klassen für obligatorisch erklären[180].

---

[176] Hierzu speziell der Bericht *Zustand und Zukunft der viersprachigen Schweiz* (Anm. 19), 74 f.; 449 ff.

[177] Zu den sprachlichen Konsequenzen vgl. den oben (Anm. 166) dargelegten Rechtsfall Derungs.

[178] Art. 15, 16bis VollziehungsVO zum Schulgesetz des Kantons Graubünden; *Fleiner-Gerster* (Anm. 6), 53.

[179] Art. 4^{quinquies} Schulgesetz Graubünden lautet: "Gemeinden mit deutschsprachiger Grundschule können den romanischen bzw. den italienischen Sprachunterricht in einzelnen oder allen Klassen obligatorisch erklären."

[180] Art. 15 Abs. 2 f VollziehungsVO zum Schulgesetz Graubünden. Näheres hierzu im Bericht *Zustand und Zukunft der viersprachigen Schweiz* (Anm. 19) 449 ff.

3. Die besonderen Verhältnisse der Bundeshauptstadt

Obwohl die sogenannte "*Bundesstadt*"[181] *Bern* nicht als spezielles Sprachgebiet wie z.B. Brüssel/Bruxelles formell ausgewiesen ist, wurde doch die Notwendigkeit erkannt, der Realität der zahlreichen Bundesbediensteten und ihrer Familien Rechnung zu tragen. Hier konnte es also nicht um den Gesichtspunkt der Wahrung des überkommenen Sprachgebiets Bern allein gehen, sondern mußten auch die Belange der Repräsentanten aus anderen Sprachgebieten berücksichtigt werden. Um deren Kindern die Möglichkeit zur Ausbildung in der Muttersprache zu geben, wurde in der deutschsprachigen Stadt Bern eine französischsprachige Schule eingerichtet, deren Kosten die Eidgenossenschaft aufgrund Bundesgesetzes trägt[182]. Um einer Durchbrechung des Territorialitätsprinzips im Verwaltungsbezirk Bern zu entgehen, stützte der Bundesgesetzgeber seine Kompetenz zur Subventionierung nicht auf Art. 116, sondern auf Art. 115 der Bundesverfassung[183]. Damit war klargestellt, daß Art. 116 Bundesverfassung im Hinblick auf das sprachliche Umfeld der Bundesbehörden keinen Anwendungsvorrang beanspruchen sollte. Außerdem wurde der Zugang zur Schule dahingehend beschränkt, daß nur ein beschränkter Kreis von Bundesbeamten- und Diplomatenkindern aufgenommen wird.

---

[181] Zum Begriff *Malinverni* (Anm. 17), Art. 115 Rz. 4 Anm. 3.

[182] Siehe das kantonale Dekret über Struktur und Organisation der kantonalen französischsprachigen Schule in Bern, BSG 430.102.11, sowie das Bundesgesetz über die Beiträge für die kantonale französischsprachige Schule in Bern, SR 411.3, hierzu BBl. 1959 II 42, 1969 I 1061.

[183] Vgl. *Malinverni* (Anm. 17), Art. 116 Rz. 3 Anm. 9 sowie Art. 115 Rz. 10. Art. 115 BV lautet: "Alles, was sich auf den Sitz der Bundesbehörden bezieht, ist Gegenstand der Bundesgesetzgebung."

4.   Unterricht in anderen Landessprachen[184]

Während der oben dargestellte Unterricht in der Muttersprache unmittelbar den Erhalt der einzelnen Sprachgruppen gewährleisten soll, dient der Unterricht in einer anderen Landessprache dem guten Verhältnis der Sprachengruppen untereinander. Dabei ergibt sich für den mehrsprachig zusammengesetzten Staat zum einen die Aufgabe, eine optimal breite Verständigungsbasis für alle anzulegen, und zum anderen die Chance, schwach verbreitete Sprachen zu stärken.

In der Schweiz läßt die Vielzahl der kantonalen Regelungen die Tendenz erkennen, als erste Fremdsprache eine zweite Landessprache zu lehren, also insbesondere in deutschsprachigen Kantonen französisch und umgekehrt. Der Unterricht darin setzt regelmäßig nach dem Übergang von der sogenannten Primarstufe[185] in die obligatorische Sekundarstufe I ein[186]. Ausnahmen gelten für Graubünden, Tessin und Wallis, die bereits in der Primarstufe die zweite Landessprache lehren[187]. Soweit das Erlernen einer weiteren Fremdsprache an höheren Schulen vorgesehen ist, konkurriert in aller Regel die italienische Sprache aussichtslos mit Englisch. Der Schulgesetzgeber sieht sich damit bei der zweiten, spätestens dritten Landessprache einem Konflikt zwischen der nationalen Sprachenpolitik und der Wettbewerbsfähigkeit seiner Bürger im internationalen Verkehr ausgesetzt. Die beiden Zielen gerecht werdende Formel in schweizerischen Ausbildungsreglements lautet daher: "Unterricht in einer dritten Landessprache oder Fremdsprache"[188].

---

[184]   Siehe hierzu die vergleichenden Übersichten bei *Gretler*, in: Materialband (Anm. 49), 22 f., sowie den Bericht *Zustand und Zukunft der viersprachigen Schweiz* (Anm. 19), 83 f.

[185]   Diese umfaßt von Kanton zu Kanton verschieden die ersten vier bis sechs Schuljahre. Hierzu die Überblicke über das Schulsystem der Schweiz bei *Gretler, ibid.*, 19, und im Bericht *Zustand und Zukunft der viersprachigen Schweiz, ibid.*, 72.

[186]   *Gretler, ibid.*, 20; Bericht *Zustand und Zukunft der viersprachigen Schweiz, ibid.*, 79.

[187]   Hierzu *Gretler, ibid.*, 20.

[188]   Vgl. für den Bereich der Berufsschulen *Gretler, ibid.*, 29.

IV. Minderheitenspezifische Schranken der Vereinigungsfreiheit

1. Die verfassungsrechtliche Lage

Die Vereinigungsfreiheit ist in der Schweiz verfassungsunmittelbar geschützt. Der einschlägige Artikel 56 der Eidgenössischen Verfassung lautet:

"Die Bürger haben das Recht, Vereine zu bilden, sofern solche weder in ihrem Zweck noch in den dafür bestimmten Mitteln rechtswidrig oder staatsgefährlich sind. Über den Mißbrauch dieses Rechts trifft die Kantonalgesetzgebung die erforderlichen Bestimmungen."

Obwohl die Eignung des Zwecks oder der Mittel zur "Staatsgefährlichkeit" ausdrücklich Aufnahme in den Verfassungstext gefunden hat, bildete gerade die Garantie freier politischer Betätigung in Vereinsform den eigentlichen rechtspolitischen Anlaß zur Verankerung der Vereinsfreiheit[189]. Oder umgekehrt ausgedrückt: weil die Vorschrift durch politische Vereine motiviert ist, enthält sie das einschränkende Merkmal der Staatsgefährlichkeit. Gerade dieses Merkmal stellt über die Brücke separatistischer, die "nationale Einheit" gefährdender Bewegungen die Beziehung zum Minderheitenrecht her.

2. Minderheitenrelevante Gemeinschaften und personaler Schutzbereich

Für *politische Parteien* ist Art. 56 Bundesverfassung trotz der Bemühungen um eine spezielle verfassungsrechtliche Verankerung die einzige Grundlage

---

[189] *Malinverni*, Kommentar (Anm. 17), II, Art. 56 Rz. 5; *Müller* (Anm. 46), 165; jeweils mwN.

in der Verfassung geblieben[190]. Das bedeutet, daß spezifische *Minderheitenparteien*[191] grundsätzlich auch dem dort enthaltenen Kriterium der Staatsgefährlichkeit unterliegen, das einschränkende Maßnahmen durch die kantonale Gesetzgebung erlaubt[192].

Keine Grundlage finden die *Religionsgemeinschaften* in Art. 56 Bundesverfassung, weil sie im Gegensatz zu den politischen Parteien eine spezielle Regelung erfahren haben, nämlich durch die Art. 49 und 50 BV. Die dort auffällig hervorgehobene negative Religionsfreiheit (Art. 49 Abs. 2, 4, 6 BV) und die polizeiliche Eingriffsbefugnis zum Schutz des konfessionellen Friedens (Art. 50 Abs. 2 BV) offenbaren, daß die konfessionellen Vereinigungen hierdurch keinen vermehrten Schutz genießen sollen. Die genannten Bestimmungen tragen vielmehr Restbestände des historischen Schweizer Kulturkampfs aus dem 19. Jahrhundert in die Neuzeit[193]. Immerhin wurden die schärfsten verfassungsrechtlichen Reaktionen auf konfessionelle Vereinigungen, nämlich der berüchtigte "Jesuitenartikel" (Art. 51 BV) sowie der "Klosterartikel" (Art. 52)[194], 1973 aufgehoben[195]. Durch sie waren dem Jesuitenorden jede Tätigkeit in der Schweiz und im übrigen die Wiedererrichtung aufgelöster Klöster und Orden verboten worden.

---

[190] Hierzu *G. Schmid*, Politische Parteien, Verfassung und Gesetz, Basel/Frankfurt 1981.

[191] Eine eingehende Darstellung der im Jura-Konflikt beteiligten Parteien und Gruppierungen findet sich bei *J.-C. Rennwald*, Combat jurassien, Institut de Science Politique, Mémoires et documents 10, Lausanne 1978, 96 ff.

[192] S. eingehender noch unten IV.4.

[193] Der heutige Verfassungstext geht unverändert auf die Bundesverfassung von 1874 zurück, *Müller* (Anm. 46), 166; zur Entstehungsgeschichte insgesamt *E. Abderhalden*, Die Vereinsfreiheit im schweizerischen Verfassungsrecht, Diss. Bern 1938.

[194] Hierzu *W. Kägi*, Gutachten zum Jesuiten- und Klosterartikel der Bundesverfassung, Zürich 1973.

[195] BBl. 1973 I 590, 591, 1660.

3. Sachlicher Schutzbereich

Der sachliche Schutzbereich der Vereinsfreiheit nach Art. 56 BV[196] umfaßt die Freiheit der Bildung von Vereinen, des Beitritts und Austritts; sie schützt die Versammlungen und Aktivitäten des Vereins und ihn selbst vor Auflösung. Erfaßt werden, wie etwa in Gestalt des Schutzes von Beitritt wie Austritt anklingt, sowohl das positive Recht auf den Verein als auch die negative Freiheit vom Verein.

Als für die Minderheitenthematik spezifisch bedeutend wird in der schweizerischen Literatur die Frage angesehen, ob Vereine gezwungen werden können, ihre Mitgliederlisten zu offenbaren[197]. Dafür wird auf die Rechtsprechung des Supreme Court der Vereinigten Staaten von Amerika zur *Offenlegungspflicht der Vereine über ihre Mitglieder* oder umgekehrt der staatlich Bediensteten über ihre Mitgliedschaften verwiesen[198]. Das höchste US-amerikanische Gericht hatte diese Fragen im Kontext der Bürgerrechtsbewegung zu entscheiden und argumentierte hier mit einer unzulässigen *Abschreckungswirkung* (chilling effect) auf die Grundrechtsausübung. Im Hinblick auf den Gesichtspunkt der Abschreckung geht es in der schweizerischen Grundrechtslehre um die Frage, ob auch solche Eingriffe von Art. 56 BV umfaßt werden, die nicht an seinem unmittelbar geschützten Freiheitsbereich ansetzen. So setzen abschreckende Maßnahmen nicht an der Ausübung der Mitgliedschaft im Verein unmittelbar an, beeinträchtigen diese aber mit ähnlicher Wirkung und sind möglicherweise auch darauf angelegt.

---

[196] Vgl. zum Folgenden *Müller* (Anm. 46), 168 ff.
[197] *Müller, ibid.*, 169 f. mwN.
[198] NAACP v. Alabama, 357 U.S. 449 (1958); Shelton v. Tucker, 364 U.S. 479 (1960).

4. Zur Abgrenzung zwischen erlaubter Vereinigung und verbotenem Separatismus

Wie bereits dargelegt, verläuft die Grenze der Vereinigungsfreiheit zu Hochverrat und Strafbarkeit entlang dem Kriterium der Staatsgefährlichkeit. Staatsgefährlich sind Vereine, welche die staatliche Ordnung mit Gewalt abändern wollen und den gewaltsamen Umsturz propagieren[199]. Das Bundesgericht erklärte es deshalb z.B. für zulässig, paramilitärische Kampfformationen einer Partei behördlich aufzulösen[200].

Das Merkmal der Staatsgefährlichkeit erfährt selbst wiederum eine Einschränkung, indem es nach herrschender schweizerischer Lehre nicht als selbstständiges Kriterium, sondern als eine besondere Form der Widerrechtlichkeit begriffen wird[201]. Aus der Notwendigkeit eines wirksamen Schutzes der Vereinsfreiheit wird abgeleitet, daß Vereine nur dann verboten werden dürfen, wenn sie die Existenz des Staates tatsächlich infragestellen und aufgrund ihrer Mittel sowie ihres konkreten Verhaltens auch dazu in der Lage scheinen[202]. Entsprechend sind dann jene einfachgesetzlichen Vorschriften auszulegen, die dem Staatsschutz in hier einschlägiger Weise zuzuordnen sind.

Das schweizerische Recht regelt den *Hochverrat*[203] in Art. 265 StGB mit folgendem Wortlaut:

"Wer eine Handlung vornimmt, die darauf gerichtet ist, mit Gewalt die Verfassung des Bundes oder eines Kantons abzuändern,

---

[199] *Häfelin/Haller* (Anm. 10), Rz. 1348.

[200] BGE 60 I 349, 350 f. (Nationale Front).

[201] *Malinverni* (Anm. 17), Art. 56 Rz. 10; *Müller* (Anm. 46), 173, mit zahlreichen Nachweisen sowie dem Hinweis auf die durch ältere Rechtsprechung noch vertretene Gegenansicht in BGE 58 I 95.

[202] Vgl. *Malinverni*, ibid., Art. 56 Rz. 14.

[203] Hierzu N. *Feinberg*, Das Vergehen des Hochverrats, Diss. Zürich, Berlin 1920; R. *Schnorf*, Der Hochverrat im schweizerischen Recht, Zürcher Beiträge zur Rechtswissenschaft N.F. 46, 1935.

die verfassungsmässigen Staatsbehörden abzusetzen oder sie außerstand zu setzen, ihre Gewalt auszuüben, schweizerisches Gebiet von der Eidgenossenschaft oder Gebiet von einem Kanton abzutrennen, wird mit Zuchthaus oder Gefängnis von einem bis zu fünf Jahren bestraft."

Ergänzend hierzu ist Art. 266 (Angriffe auf die Unabhängigkeit der Eidgenossenschaft) in seinem hier interessanten Absatz 1 zu sehen:

"Wer eine Handlung vornimmt, die darauf gerichtet ist,
die Unabhängigkeit der Eidgenossenschaft zu verletzen oder zu gefährden,
eine die Unabhängigkeit der Eidgenossenschaft gefährdende Einmischung einer fremden Macht in die Angelegenheiten der Eidgenossenschaft herbeizuführen,
wird mit Zuchthaus oder Gefängnis bis zu fünf Jahren bestraft."

Art. 265 wie auch Art. 266 StGB werden durch eine Vorschrift in Bezug genommen, die einen speziell vereinigungsrechtlichen Charakter hat, nämlich Art. 275ter StGB:

"Wer eine Vereinigung gründet, die bezweckt oder deren Tätigkeit darauf gerichtet ist, Handlungen vorzunehmen, die gemäss den Artikeln 265, 266, 266bis, 271 bis 274, 275 und 275bis mit Strafe bedroht sind,
wer einer solchen Vereinigung beitritt oder sich an ihren Bestrebungen beteiligt, wer zur Bildung solcher Vereinigungen auffordert oder deren Weisungen befolgt, wird mit Gefängnis bestraft."

Art. 275ter soll nicht anwendbar sein, wenn Art. 266 zutrifft[204].

---

[204] *Schweizerisches Bundesgericht*, BGE 73, 103.

Gerade der letztere, Art. 275ter, wird in der schweizerischen Strafrechtsliteratur als bedenklich weiter Tatbestand kritisch erörtert[205]. Heikel erscheint insbesondere, daß die in bezug genommenen Vorschriften ihrerseits weit in das Vorfeld der Vorbereitung hineinreichen[206]. Art. 266 Abs. 1 StGB erfährt dabei zumindest durch das Kriterium der Gefährdung der Unabhängigkeit eine tatbestandliche Verengung. Inwieweit darüberhinaus Art. 56 der Bundesverfassung (Vereinsfreiheit) sowie die verfassungsmäßig garantierte Meinungsfreiheit eine Reduktion aus verfassungsrechtlichen Gründen gebieten, kann hier nicht abschließend beurteilt werden. Diskutierbar erscheint nach schweizerischem Recht, die Strafbarkeit auf Fälle konkreter separatistischer Akte zu begrenzen. Insoweit müßte sich das Bezwecken der Vornahme von Handlungen im Sinne des Art. 275ter über die bloße Erklärung einer separatistischen Absicht hinaus niedergeschlagen haben, indem gerade Aktionen in Aussicht genommen würden.

V. Politische Repräsentation[207]

In der Schweiz gilt grundsätzlich, daß Minderheiten wegen des Grundsatzes der Rechtsgleichheit keine privilegierenden politischen Rechte eingeräumt werden können[208]. Danach ist insbesondere die Entsendung von Vertretern in die Parlamente der Eidgenossenschaft und der Kantone allein aufgrund ethnischer, sprachlicher oder religiöser Kriterien ausgeschlossen. Im Hinblick auf die Regierungen haben sich dagegen in der Praxis durchaus Proporzlösungen verschiedener Art etabliert.

---

[205] Siehe *G. Stratenwerth*, Schweizerisches Strafrecht, Besonderer Teil II, 1984, § 47 N 16 ff.; *S. Trechsel*, Schweizerisches Strafgesetzbuch, 1989, Art. 275ter N 1.

[206] *Stratenwerth, ibid.*, § 47 N 20.

[207] Vgl. zum Sprachgebrauch in Politik und Verwaltung sowie in ausgewählten Bereichen des öffentlichen Lebens die Darstellung in: *Zustand und Zukunft der viersprachigen Schweiz* (Anm. 19), 123 ff.

[208] *Fleiner-Gerster* (Anm. 6), 53, unter Hinweis auf das "Universalitätsprinzip".

1. Regierung

Im Gegensatz zur Besetzung der Richterämter im Bundesgericht gibt es auf der *Bundesebene* keine ausdrückliche Verfassungsvorschrift, die eine Aussage über die Grundsätze der Ernennung von Bundesräten, also Regierungsmitgliedern, im Hinblick auf die Sprache treffen würde. Insoweit regelt Art. 95 BV lediglich, daß dieses Bundesorgan aus sieben Mitgliedern besteht. Der Grund für den Verzicht auf eine Regelung des Sprachenproporzes dürfte gerade im Hinblick auf die Regierung darin liegen, daß man das demokratische Mehrheitsprinzip nicht noch weiter einschränken wollte als es in der Schweizer "Proporzdemokratie" ohnehin schon der Fall ist[209].

Andererseits wurde durchaus die Notwendigkeit gesehen, um des inneren Friedens willen eine gerechte Vertretung aller Sprachgruppen im zentralen Regierungsorgan des Landes sicherzustellen. Es bürgerte sich daher eine *feste Wahlpraxis* ein, mindestens einen Bundesrat, regelmäßig aber mehrere, aus dem romanischen Sprachkreis zu berufen[210]. Die Regel dürfte bei zwei, zeitweise und gerade in jüngster Zeit (seit 1987) auch bei drei französischsprachigen Vertretern liegen[211].

Im Gegensatz zur Eidgenossenschaft hat der Kanton *Bern* im Hinblick auf seine Erfahrungen in der Jurafrage eine Bestimmung in seine Verfassung aufgenommen, durch die dem bei Bern verbliebenen Berner Jura ein Vertreter in der siebenköpfigen Kantonsregierung ausdrücklich garantiert

---

[209] S. zu weiteren Einschränkungen des Kreises geeigneter Kandidaten durch den parteipolitischen und kantonalen Proporz *Häfelin/Haller* (Anm. 10), Rz. 809 f.

[210] *Häfelin/Haller, ibid.*, Rz. 809 zu dieser Wahlpraxis: "Seit jeher stammt mindestens ein Mitglied aus der welschen Schweiz."

[211] Zum Verteilungsschlüssel in einzelnen zeitlichen Etappen s. *R. de Pretto*, Bundesrat und Bundespräsident: Das kollegiale Regierungssystem schweizerischer Prägung, Diss. Basel, Reihe Staatsrecht 7, 1988, 121 mwN.

wird[212]. Während die bisherige Kantonsverfassung vorsieht, daß auch der betreffende jurassische Vertreter von der Mehrheit des Gesamtkantons, nicht aber von der jurassischen Minderheit allein gewählt wird[213], soll nun ab 1994 eine getrennte Ermittlung der Abstimmungsergebnisse erfolgen (Art. 81 Abs. 3 n.F.). Unterhalb der Ebene der eigentlichen Regierung, also in deren Direktionen, sehen bislang die Richtlinien über die Vertretung der Amtssprachen in der Zentralverwaltung[214] eine Vertretung durch französischsprachige Muttersprachler ausdrücklich vor.

Die Verfassung des Kantons *Wallis* sieht vor, daß drei von fünf Mitgliedern der Kantonsregierung die drei Kantonsregionen Ober-, Nieder- und Zentralwallis repräsentieren müssen[215]. Da das Oberwallis deutschsprachig ist, wird auf diese Weise eine Vertretung der Deutschsprachigen zu mindestens einem Fünftel Anteil am Regierungskollegium bewirkt.

2. Parlament

Im Hinblick auf die Wahl der Vertreter in die Parlamente ist es von großer Bedeutung, daß die Wahlkreise regelmäßig mit den Bezirken der Kantone übereinstimmen. Diese wurden nämlich nach historischen, sprachlichen und kulturellen Gesichtspunkten geformt[216]. Weil es sich um relativ kleine Gebiete handelt, liegt entsprechend häufig eine sprachliche Homogenität des Wahlvolks in den einzelnen Wahlkreisen vor. Dadurch erhalten geschlossen siedelnde Minderheiten dann eine spezifische Interessenver-

---

[212] Art. 33 Abs. 4 der Kantonsverfassung Bern lautet: "Dem Berner Jura wird ein Sitz gewährleistet." Dem entspricht im wesentlichen Art. 80 Abs. 2 der revidierten Verfassung.

[213] Vgl. Art. 33 Abs. 2 KV: "Die Mitglieder des Regierungsrates werden vom Volk gewählt." Art. 33 Abs. 3 KV: "Das ganze Staatsgebiet bildet für diese Wahlen einen Wahlkreis."

[214] Richtlinien des Regierungsrates des Kantons Bern 1103/88 vom 16.3.1988.

[215] Art. 52 Abs. 2 Kantonsverfassung Wallis.

[216] Vgl. *Fleiner-Gerster* (Anm. 6), 54.

tretung, wenn sie jedenfalls einen Wahlkreis dominieren[217]. Eine Zerreißung der als Wahlkreis zusammengehörigen territorialen Einheit dürfte durch die Koppelung mit den Verwaltungsgrenzen (Bezirken) deutlich erschwert sein.

Das Parlament des eidgenössischen Bundes, die sogenannte *Bundesversammlung*, unterteilt sich im Rahmen eines echten Zweikammersystems in zwei gleichberechtigte Kammern, den Nationalrat und den Ständerat. Weder für den Nationalrat, der die Gesamtbevölkerung vertritt (Art. 72 Abs. 1 BV), noch für den Ständerat als Repräsentationsorgan der Kantone (Art. 80 BV) bestehen aber Regelungen über die Beteiligung der Sprachgruppen. Weil sich nicht nur der Ständerat aus den Kantonen rekrutiert, sondern auch die Sitze zum Nationalrat proportional nach der Wohnbevölkerung der Kantone verteilt werden (Art. 72 Abs. 2 BV), kommt es entscheidend auf einen gemeinsamen politischen Willen bzw. den Mehrheitswillen des Wahlvolks in den einzelnen Kantonen an[218].

Der Kanton *Bern* vergibt 200 Mandate zum sogenannten Großen Rat, dem kantonalen Parlament, nach Wahlkreisen, die sich nach den Kantonsbezirken ausrichten. Dabei decken sich die Bezirke der französischen Minderheit, Courtelary, La Neuveville und Moutier, mit entsprechenden Wahlbezirken[219]. Nach der bisherigen Kantonsverfassung werden den parlamentarischen Abgeordneten des Berner Jura und des Laufentals[220] sowie den französischsprachigen Abgeordneten von Biel besondere Mitwirkungsrechte in den sie betreffenden Fragen eingeräumt[221].

---

[217] *Fleiner-Gerster*, ibid., 55, weist in diesem Zusammenhang zutreffend darauf hin, daß das politische System der Schweiz weder eine Sperrklausel noch den Fraktionszwang kennt.

[218] Hierzu insgesamt *Häfelin/Haller* (Anm. 10), Rz. 635 ff.

[219] Näheres bei *Weibel* (Anm. 98), 156 ff. mN.

[220] Siehe zum Laufental allerdings oben sub II.2.d) aa).

[221] Art. 28 a der bisherigen Berner Verfassung lautet: "Vereinigen Beschlüsse über die in Artikel 2 vorgesehenen Angelegenheiten nicht die Mehrheit der abgegebenen Stimmen der Grossräte des Berner Jura und der französischsprachigen Grossräte des Amtsbezirks Biel,

Das darin ursprünglich enthaltene faktische Vetorecht der Minderheit in bezug auf Parlamentsbeschlüsse[222] soll in Zukunft einem allgemeiner gehaltenen Art. 5 der revidierten Verfassung weichen.

"(1) Dem Berner Jura, ..., wird eine besondere Stellung zuerkannt. Diese soll es ihm ermöglichen, seine eigene Identität zu wahren, seine sprachliche und kulturelle Eigenart zu erhalten und an der kantonalen Politik aktiv teilzunehmen.
(2) Der Kanton trifft Vorkehren, um die Verbundenheit zwischen dem Berner Jura und dem alten Kantonsteil zu stärken."

Ähnlich wie im Kanton Bern orientieren sich auch die Wahlkreise des Kantons *Freiburg* an den Kantonsbezirken (Art. 22 Abs. 5 Kantonsverfassung). Der problematische Saanebezirk wurde in Freiburg-Stadt und das Saaneland unterteilt[223]. Um die Vertretung der deutschsprachigen Minderheit auch im Eidgenössischen Ständerat sicherzustellen, ließ man früher die beiden Vertreter des Kantons durch das Parlament wählen, während man sich heute mit demselben Erfolg auf das Wahlvolk verläßt[224].

---

beziehungsweise der Grossräte des Laufentals auf sich, so können diese verlangen, dass eine andere Regelung zur Abstimmung gebracht wird." Art. 2 lautet: "(1) Den spezifischen Bedürfnissen des Berner Jura und, soweit Sprache und Kultur angehen, der französischsprachigen Bevölkerung des zweisprachigen Amtsbezirks Biel einerseits, sowie des Laufentals andererseits, ist Rechnung zu tragen. (2) Zu diesem Zwecke werden der Bevölkerung dieser Gebiete besondere Mitwirkungs-, namentlich Antrags- und Anhörungsrechte in den sie besonders betreffenden kantonalen und interkantonalen Angelegenheiten zuerkannt. (3) Das Nähere wird in der Gesetzgebung geregelt." Art. 2 Abs. 3 KV wurde durch das Gesetz über die Mitwirkungsrechte des Berner Jura und der französischsprachigen Bevölkerung des zweisprachigen Amtsbezirks Biel vom 10.4.1978 (BSG 104.1) mit Änderungen vom 9.11.1987 und vom 6.9.1989 entsprochen.

[222] Vgl. Anm. 221.
[223] Eingehend *Weibel* (Anm. 98), 12 ff.
[224] *Fleiner-Gerster* (Anm. 6), 55.

Im Kanton *Wallis* werden die Abgeordneten zum Großen Rat ebenfalls nach Bezirken gewählt (Art. 84 der Verfassung). Hierdurch kann beiden Sprachregionen Rechnung getragen werden[225]. Darüberhinaus hat sich außerhalb der Verfassung zur Kenntnis der Schweizer Literatur[226] zusätzlich die Praxis eingebürgert, daß die beiden Vertreter des Kantons im Eidgenössischen Ständerat aus den beiden Sprachgebieten stammen müssen.

Schlußbemerkung:

Die Kompetenz der Kantone als "Herren eines territorialen Sprachenregimes" kann als ein ebenso effektives wie grobes Grundinstrument der Organisation eines mehrsprachigen Staatsvolks angesehen werden. Eine sogenannte "territoriale Ausscheidung" nach Schweizer Sprachgebrauch relativiert dabei die Eidgenossenschaft in ihrer Eigenschaft als übergroße absolute Bezugsgröße; sie produziert dabei neue, interne Minderheiten, die sich nun einer kantonalen Mehrheit gegenübersehen. Ihre individuellen Sprachen- und sonstigen Freiheitsrechte sind aber nicht von vorneherein unbeachtlich, sondern müssen gegen das Interesse der kantonalen Mehrheit abgewogen werden. Dabei haben die Angehörigen einer alteingesessenen Minderheit erheblich stärkere Rechte als fremdsprachige Zuwanderer, die grundsätzlich zur Assimilation verpflichtet sind. Die kantonale Mehrheit ihrerseits hat dann stärkere Rechte, wenn sie als Gemeinschaft auf der Gesamtstaatsebene besonders bedrängt ist, sie hat schwächere, wenn sie dort ebenfalls dominiert. Zu Unrecht lehnt sich damit der jüngst entworfene politische Begriff der "Kantonalisierung"[227] an die Schweizer Verhältnisse an, denn die Eidgenossenschaft selbst steht nicht für grobe territoriale

---

[225] Vgl. *Weibel* (Anm. 98), 237, sowie 239 f. mwN.

[226] *Fleiner-Gerster* (Anm. 6), 55.

[227] Hierbei handelt es sich um die Vorstellung einiger Beteiligter im Konflikt um das zerfallene Jugoslawien, bestimmte neuentstandene Einzelstaaten in ethnisch homogene Gebietsteile zu untergliedern. Zu diesem Konflikt im Hinblick auf das Minderheitenproblem *W. Hummer/P. Hilpold*, Die Jugoslawien-Krise als ethnischer Konflikt, Europa-Archiv 1992, 87 ff.

Lösungen[228]: Der Rechtsstaat Schweiz stellt sich den Anspruch, seine Minderheitenprobleme durch differenzierte Abwägungen im Einzelfall zu lösen.

---

[228] Vgl. hierzu die Ausführungen *Malinvernis* über eine Relativierung des Territorialitätsprinzips, in: Kommentar (Anm. 17), Stichwort "Sprachenfreiheit" Rz. 40 ff.

Die rechtliche Stellung der Minderheiten in Spanien

STEFAN OETER[*]

I. Einleitung

Spanien ist ein trotz seiner zentralistischen Tradition ethnisch und kulturell sehr vielfältiger Staat. Obwohl selten unter dem Rubrum 'Minderheitenschutz' behandelt, bietet das im Zuge der Demokratisierung und 'Autonomisierung' entwickelte System der Autonomen Gemeinschaften[1] interessantes Anschauungsmaterial für die praktische Lösung komplizierter Nationalitätenkonflikte, gerade auf dem Gebiet der Sprachenregelungen. Noch ist viel zuwenig ins allgemeine Bewußtsein gedrungen, daß das traditionell an

---

[*] Dr. iur., wissenschaftlicher Referent am Institut.

Abkürzungen: BCA = Boletín de Legislación de las Comunidades Autónomas; BJC = Boletín de Jurisprudencia Constitucional; CE = Constitución Española; RAP = Revista de Administración Publica; REDA = Revista Española de Derecho Administrativo; REDC = Revista Española de Derecho Constitucional; STC = Sentencia del Tribunal Constitucional.

[1] Die spanische Literatur zu diesem Thema ist fast unüberschaubar; an jüngeren Veröffentlichungen sei hingewiesen auf *P. Cruz Villalón*, La jurisprudencia constitucional sobre autonomias territoriales: 1988, 1989, 1990, Administración de Andalusía 1991 (No. 7), 115 f.; *S. Muñoz Machado*, Los pactos autonómicos de 1992. La ampliación de competencias y la reforma de los estatutos, Revista de Administración Publica 1992 (No. 128), 85 ff. sowie die Beiträge in *S. Martín Retortillo*, Pasado, presente y futuro de las Comunidades Autónomas (1989); grundlegend noch immer *J.J. González Encinar*, El Estado unitario-federal (1985) und *S. Muñoz Machado*, Derecho público de las Communidades Autónomas, 2 Bde. (1982/1984). An Veröffentlichungen in deutscher Sprache vgl. vor allem *P. Cruz Villalón*, Die Neugliederung des spanischen Staates durch die 'Autonomen Gemeinschaften', JöR 34 (1985), 195 ff.; *ders.*, Zehn Jahre spanische Verfassung, JöR 37 (1988), 87 ff.; *ders.*, Die Rechtsprechung des Verfassungsgerichts zu den Autonomen Gebietskörperschaften (1981-1986), in: A. López Pina (Hrsg.), Spanisches Verfassungsrecht (1993), 195 ff.; *J. Solé Tura*, Das politische Modell des Staates Autonomer Gebietskörperschaften, in: A. López Pina, *ibid.*, 249 ff. sowie die Beiträge in *D. Nohlen/J.J. González Encinar* (Hrsg.), Der Staat der Autonomen Gemeinschaften in Spanien (1992).

einem extremen Zentralismus krankende Gefüge des spanischen Staates mit dem nun schon zehn Jahre dauernden Prozeß der Dezentralisierung, der Kompetenzverlagerung an regionale Selbstverwaltungseinheiten, den Weg zu einer föderalistischen Lösung der Probleme der 'mitwohnenden Nationalitäten' angetreten hat. Die Stellung der Minderheiten (bzw. besser: Nationalitäten) ist nur im Zusammenhang dieses Systems der Autonomen Gemeinschaften zu verstehen, die ihrerseits noch immer in einem Stadium progressiver Entwicklung befindlich sind, in den meisten Fällen noch nicht die abzusehende Endstufe des Kompetenzausbaus erreicht haben. Schon heute genießen die nicht-kastilischsprachigen Volksgruppen jedoch im Rahmen der erreichten Autonomien (mit allerdings sehr unterschiedlicher Kompetenzausstattung) eine - verglichen mit den meisten anderen Minderheiten in Europa - sehr privilegierte Stellung mit großen Freiräumen, vor allem im Bereich der Kulturpolitik.

Schon der Begriff der 'Minderheit' bereitet im spanischen Kontext aber einige Probleme, da er als Kategorie von den betroffenen Volksgruppen abgelehnt wird und in der offiziellen Terminologie dementsprechend keine Verwendung findet. Der Begriff der Minderheit wäre im Falle Spaniens in der Regel auch insoweit problematisch, als er sich hier auf territorial mehr oder weniger geschlossen siedelnde Volksgruppen der spanischen Randregionen mit eigener historischer Identität und bis in die Neuzeit hinein auch weitgehender Selbstverwaltung bezöge, die einzig durch ihre im Verlauf der neueren Geschichte erfolgte Integration in den spanischen Zentralstaat zu 'Minderheiten' geworden sind.

Das definitorische Problem hat der spanische Staat im Rahmen der Schaffung der Autonomen Gemeinschaften durch eine strikte Territorialisierung der Nationalitätenprobleme vermeiden können. Da es sich bei den nicht-kastilischen Volksgruppen um historische Staatsnationen mit im Verlaufe ihrer Geschichte klar abgegrenzten Territorien handelt, hat das Spanien der "transición" durch Rekurs auf diese (auch von den betroffenen Volksgruppen als selbstverständlich vorausgesetzten) territorialen Abgrenzungen Probleme einer (personalen) Definition der 'Minderheiten' umgehen können.

Durch Umwandlung dieser historisch überlieferten besonderen Gebietseinheiten (traditionell bewohnt von nicht-kastilischsprachigen Volksgruppen) in Autonome Gemeinschaften sind die Detailprobleme des 'Minderheitenstatus' weitgehend auf die Ebene der neuen Autonomen Gemeinschaften übertragen worden, die diese Fragen selbständig regeln können. Die Kompetenzen für Sprachenregelungen (im Rahmen der verfassungsrechtlichen Vorgaben) sind im Falle der sogen. 'Historischen Gemeinschaften' - i.e. Baskenland, Katalonien, Galizien und bedingt Navarra - sowie in den beiden anderen Fällen autonomer Gemeinschaften mit traditionell nicht-kastilischsprachiger Bevölkerung (Valencia und Balearen) fast ausnahmslos durch die Autonomiestatute an die damit geschaffenen Autonomen Gemeinschaften delegiert worden.

Regelungen zu 'Minderheitenfragen' im technischen Sinne sind daher praktisch immer Regelungen der Autonomen Gemeinschaften - und in deren Fall eigentlich immer Regelungen zugunsten einer 'staatstragenden', d.h. die Identität der betroffenen Region definierenden (das Gebiet historisch prägenden) Volksgruppe. Die Amtssprachenregelungen z.B. sind zwar in ihrer Regelung (schon aufgrund ihres Charakters als Recht der Autonomen Gemeinschaft) territorial beschränkt, insofern auf Gesamtspanien bezogen Regelungen für eine (quantitativ gesehen) Minderheit, für das jeweilige Gebiet der betroffenen Gemeinschaft jedoch Regelungen über den Rechtsstatus der regionalen Mehrheit (oder zumindest der de jure als prägend angesehenen Volksgruppe).

Dies sollte allerdings nicht darüber hinwegtäuschen, daß in weiten Teilen faktisch die traditionell das Gebiet prägenden Sprachgemeinschaften zu 'Minderheiten' (im quantitativen Sinne) geworden sind. Die forcierte Politik der Kastilisierung, die der spanische Zentralstaat in den drei Jahrhunderten seines Bestehens betrieben hat und die in der neueren Geschichte mit der Franco-Ära einen traurigen Höhepunkt erreichte, hat in zahlreichen traditionell durch geschlossene Siedlung anderssprachiger Volksgruppen geprägten Gebieten zu fortschreitender Kastilisierung der Bevölkerung und im Ergebnis oft zu kastilischsprachigen Mehrheiten geführt[2]. Einzig auf den Balearen und im Kernland Kataloniens, dem als Autonome Gemeinschaft Katalonien wiedererstandenen "Principat", bildet die eingesessene Volksgruppe der Katalanen auch heute noch die Mehrheit[3] - auf den Balearen sprechen knapp 65% der (ca.660.000) Bewohner, in Katalonien gut 50% der (knapp 6 Mio.) Einwohner Katalanisch als Muttersprache, knapp zwei Drittel der Bevölkerung sprechen und verstehen es jeweils einigermaßen und ungefähr 90% haben in beiden Regionen zumindest passive Kenntnisse der regional vorherrschenden katalanischen Sprache.

In der traditionell gleichfalls mehrheitlich katalanischsprachigen Region von Valencia liegen diese Werte schon deutlich niedriger. Das ehemalige Königreich Valencia enthält nicht nur seit alters im Westen eine rein kastilischsprachige Bevölkerungsgruppe, sondern ist auch in seinen ursprünglich katalanischen (bzw. 'valencianischen') Teilen seit Jahrhunderten stetig zunehmendem Einfluß des Kastilischen ausgesetzt. Im Laufe der Jahrhunderte war die valencianische Variante des Katalanischen zu einer rein mündlichen Umgangssprache der einfachen Landbevölkerung geworden, während das städtische Bürgertum, die Oberschicht und der Staatsapparat sich einzig des Kastilischen bedienten[4]. Erst in neuerer Zeit ist es zu Bemühungen einer (auch offiziellen) Revitalisierung der einheimischen Sprache gekommen, doch können nur noch ca.40% der Bevölkerung als muttersprachlich Katalanisch bezeichnet werden, und nur knapp 50% können die Sprache überhaupt noch sprechen[5]. Symptomatisch für diesen Prozeß der kulturellen Abdrängung der Regionalsprache ist die hohe Rate des Analphabetismus (bezogen auf die katalanische Sprache): nach Daten des Zensus von 1986 können gerade 25% der Bewohner der Region Texte

---

[2] Vgl. dazu die Daten und Erläuterungen in: Commission of the European Communities, Linguistic Minorities in the European Community: Spain, Portugal, Greece (1990), 3 ff.

[3] Die folgenden Daten sind entnommen Commission of the European Communities, Linguistic Minorities..., a.a.O., 8 sowie 11 ff., 22 ff.

[4] Vgl. Commission of the European Communities, Linguistic Minorities..., a.a.O., 17 ff.

[5] *Ibid.*, 8.

in Katalanisch lesen, und nur gerade 7% sind auch des Schreibens mächtig[6] (dies ein Produkt der bis in allerneueste Zeit rein auf Kastilisch durchgeführten Schulerziehung).

Ähnliche Probleme bestehen im Fall Galiziens. Auch hier ist die traditionelle Regionalsprache (eng mit dem Portugiesischen verwandt) im Laufe der Jahrhunderte auf den Status einer rein mündlich überlieferten Umgangssprache reduziert worden[7]. Zwar verstehen beinahe 95% der Bewohner der Region das Galizische und nahezu 90% können es auch halbwegs sprechen, aber selbst von den gut 50%, die man als Muttersprachler bezeichnen könnte, sind die meisten als zweisprachig anzusehen, da das Galizische nur im Hausgebrauch und im engen lokalen Umkreis benutzt wird, während im Geschäftsleben und für alle offiziellen Zwecke seit langem fast einzig das Kastilische Verwendung findet. Dementsprechend sollte es nicht verwundern, daß trotz der hohen Rate der aktiven und passiven Kenntnis des Mündlichen nur weniger als 20% der Galizier die althergebrachte Sprache als Schriftsprache wirklich aktiv beherrschen[8].

Für das Baskenland besteht schließlich eine ganz schwierige Situation, schon aufgrund der völligen Andersartigkeit der Sprache gegenüber dem Kastilischen. Traditionell ist das Baskenland ein zwar auf der Gesamtebene zweisprachiges, im Lokalen tendenziell jedoch jeweils einsprachiges Land. In den großen Städten und in den meisten ländlichen Gegenden des Südens wie Westens hat sich im Laufe der Zeit das Kastilische völlig als Sprache durchgesetzt und das Baskische total verdrängt, während in einigen (abgelegeneren) Rückzugsgebieten und im Kernbereich der Provinz Guipúzcoa das Baskische sich voll gehalten hat, diese Gebiete also bis in unsere Zeit tendenziell einsprachig Baskisch geblieben sind[9]. Insgesamt sprechen aber nur 25% der Einwohner des Baskenlandes "Euskera" als Muttersprache, und knapp 20% haben noch rudimentäre (meist passive)

---

[6] *Ibid.*, 19

[7] *Ibid.*, 39 f.

[8] *Ibid.*, 38 ff.

[9] Vgl. Commission of the European Communities, Linguistic Minorities..., a.a.O. 28 f.

Kenntnisse der Sprache[10]. Wiederbelebung des Baskischen als für die ganze Region gebräuchliche Sprache (oder auch nur offizielle Zweisprachigkeit) sind unter diesen Bedingungen besonders schwer zu etablieren.

Als Minderheiten in einem ganz engen Sinne wären schließlich noch die - ebenfalls territorial definierten - Basken in Navarra und die Bewohner des Arán-Tales anzusprechen. Der (von der Bevölkerungszahl her allerdings recht unbedeutende) Westteil von Navarra ist traditionell ein rein baskischsprachiges Gebiet, der nun ein (territorial definiertes) Sonderregime in sprachenrechtlichen Fragen hat (insgesamt sprechen aber nur 10% der Bewohner Navarras Baskisch)[11]. Das Val d'Arán schließlich, ein geographisch nach Frankreich orientiertes Pyrenäen-Tal in der Nordwestecke Kataloniens, ist von einer Volksgruppe bewohnt, die sich einer Variante des Okzitanischen bedient. Da dieses (immer sehr abgelegene) Gebiet traditionell eine sehr weitgehende Autonomie genoß, die nun im Autonomiestatut für Katalonien erneut festgeschrieben wurde, hat sich diese lokale Eigenheit auch bis in die Moderne recht ungestört erhalten können. Auch diese 'Minderheit in der Minderheit' hat ein territorial definiertes Sonderregime[12].

II. Das Recht auf Gebrauch der Minderheitensprache

1. Der private Bereich

Der private Gebrauch der Minderheitensprachen (und auch der Gebrauch im gesellschaftlichen Bereich, in kulturellen Vereinigungen und auf öffentlichen Veranstaltungen) unterliegt heute keinerlei Einschränkungen mehr. Noch in der Franco-Ära war dies völlig anders; in den frühen, durch harte Unterdrückung der widerstrebenden Gruppen gekennzeichneten Jahren der Diktatur wurde der Gebrauch vor allem des Baskischen offiziell verpönt

---

10 *Ibid.*
11 *Ibid.*, 32 ff.
12 Zum Aran-Tal vgl. *ibid.*, 45.

und - soweit in der Öffentlichkeit geschehen - auch mit Strafen belegt[13]. Schon in den Fünfziger Jahren ließ diese massive Verfolgung allerdings nach, und bereits in den letzten Jahren des Franco-Regimes konnten im Baskenland auf genossenschaftlicher Basis die sogen. "ikastolas", private Vor- und Ergänzungsschulen mit Baskisch als Unterrichtssprache, etabliert werden[14].

Heute ist in allen Autonomiestatuten der Gemeinschaften mit nichtkastilischsprachiger Bevölkerung eine Verpflichtung zum Schutz und zur besonderen Förderung der "eigenen" Sprachen enthalten, der die Autonomen Gemeinschaften jeweils durch besondere Sprachengesetze mit darauf aufbauenden, mehr oder weniger umfangreichen Förderprogrammen nachkommen.

2. Behörden und Gerichte

Im Bereich der Amtssprachenregelung ist die spanische Rechtslage von erheblicher Komplexität. Schon die Verfassung von 1978 weist Spanien als ein Land mit einem ganz besonderen Sprachenregime aus[15]. In Art. 3 Abs. 1 der Verfassung heißt es zwar zunächst:

> "El castellano es la lengua española oficial del Estado. Todos los españoles tienen el deber de conocerla y el derecho a usarla."

Auffallend ist schon hier, daß eine Unterscheidung zwischen "castellano" als *der* Amtssprache des Staates und der Bezeichnung des Staates als 'spanisch'

---

[13] Vgl. *M. Stephens*, Minderheiten in Westeuropa (1979), 586.
[14] Zur "ikastola"-Bewegung vgl. *ibid.*, 588 f.
[15] Zu diesem Sonderregime vgl. *L.C. Fernández-Espinar*, El alcance de la cooficialidad lingüística en el procedimiento administrativo y en la administración de justicia, REDA 58 (1988), 287 ff.; vgl. daneben auch *A. Milian Massana*, Regulación constitucional del multilingüismo, REDC 10 (1984), 123 ff. sowie *J.M. Puig Salellas*, La doble oficialitat lingüística a l'Estat Espanyol, in: Llengua i dret, Treballs de l'àrea 5 del segon Congrés Internacional de la Llengua Catalana Barcelona-Andorra 1986 (1987), 29 (36 ff.).

getroffen wird. Der Verfassungsgeber war sich dabei sehr wohl bewußt, daß das Kastilische zwar die traditionelle Amtssprache Spaniens ist, daß es aber auch noch andere 'spanische' Sprachen gibt. Dies wird deutlich aus Abs. 2 des Art. 3 CE, der lautet:

> "Die anderen spanischen Sprachen (las demás lenguas españolas) sind gleichfalls Amtssprachen in ihren jeweiligen Autonomen Gemeinschaften in Übereinstimmung mit deren Autonomiestatuten."

Schon hier ist festgelegt, daß es sich beim Kastilischen zwar um die allgemeine Amtssprache des spanischen Staates (mit entsprechender Sonderstellung und Vorrechten) handelt, daß aber daneben auch andere 'spanische' Sprachen mit jeweils territorial begrenzter Stellung als zusätzlicher Amtssprache existieren[16]. Allerdings kommt der kastilischen Amtssprache schon nach der Verfassung eine deutliche Sonderstellung zu: Nur bezogen auf diese primäre Amtssprache besteht eine (in Satz 2 des oben zitierten Abs. 1 des Art. 3 CE verankerte) Pflicht aller Staatsbürger, diese Sprache zu kennen und ein besonderes Recht aller Bürger, sie im gesamten Staatsgebiet, ungeachtet aller regionalen Sonderregeln, im Verkehr mit den Staatsorganen zu benutzen, besteht also eine räumlich unbeschränkte Pflicht aller Staatsorgane, sie - soweit gewünscht - zu benutzen im Kontakt mit den Bürgern.

Gleichzeitig bestimmt Abs. 3 des Art. 3 CE:

> "Der Reichtum der unterschiedlichen sprachlichen Formen Spaniens (la riqueza de las distintas modalidades lingüísticas de España) ist ein kulturelles Erbe, das Gegenstand besonderer Achtung und besonderen Schutzes zu sein hat."

Und der vierte Absatz der Präambel zur Verfassung von 1978 proklamiert es als Staatsziel, "alle Spanier und spanischen Völker im Genuß ihrer

---

16 Vgl. *Fernández-Espinar* (o. Anm. 15), 288 f. sowie *Puig Salellas* (o. Anm. 15), 37 ff.

Menschenrechte, ihrer Kulturen und Traditionen, Sprachen und Institutionen zu schützen", wobei der Gebrauch des Plurals bei den Begriffen der Völker, Kulturen, Traditionen und Sprachen mit besonderer Klarheit den multiethnischen Charakter des spanischen Staates herausstellt.

Diese zunächst eher programmatisch klingenden Normen sind insoweit keine reine Rhetorik, als der spanische Verfassungsgerichtshof aus ihnen sehr konkrete Rechtsfolgen abgeleitet hat. So hat er z.B. 1986 in der Entscheidung zum baskischen Sprachengesetz[17] unter Rückgriff auf den schon von der Verfassung vorgesehenen Charakter auch dieser anderen 'spanischen' Sprachen als Amtssprachen klargestellt, daß das Kastilische zwar normales Kommunikationsmittel für den Bereich der Verwaltung in ganz Spanien sei, daß die Gleichzeitigkeit zweier Amtssprachen, die sogen. "cooficialidad", aber implizit beinhalte, daß beide Sprachen Amtssprachen im Verkehr mit allen Zweigen der Verwaltung im jeweiligen Geltungsbereich des Autonomiestatuts seien. Nicht nur die Organe der Autonomen Gemeinschaft, sondern auch die Behörden der Zentralverwaltung und alle anderen staatlichen Institutionen auf dem jeweiligen Gebiet seien an die Amtssprachenregelung des jeweiligen Autonomiestatuts gebunden[18].

Konstitutiv für den Status der "cooficialidad lingüistica" sind also die Autonomiestatute der jeweiligen autonomen Gemeinschaften. In Anknüpfung an Art. 3 Abs. 2 CE haben die Autonomiestatute für das Baskenland und Katalonien aus dem Jahre 1978, das Statut für Galizien von 1981, das Statut der Comunidad Valenciana von 1982 sowie das Autonomiestatut der Balearen von 1983 die jeweilige Sprache der ansässigen Volksgruppe zur zweiten Amtssprache erklärt[19]. Vergleichbares wurde für Navarra durch die

---

[17] Entsch. v. 4.7.1986 - STC 82/1986, BJC 63 (Julio 1986), 808 ff.
[18] *Ibid.*, 816.
[19] Art. 6 Estatuto de Autonomía del Pais Vasco; Art. 3 Estatuto de Autonomía de Cataluña; Art. 5 Estatuto de Autonomía de Galicia; Art. 7 Estatuto de Autonomía de la Comunidad Valenciana; Art. 3 Estatuto de Autonomía de las Islas Baleares.

1982 erlassene 'Ley Orgánica de Reintegración y Amejoramiento del Régimen Foral de Navarra (LORAFNA)' bewirkt[20].

Im Prinzip sind all diese Amtssprachenbestimmungen gleichen Inhalts. Sie erklären das Katalanische, Baskische bzw. Galizische zur "eigenen Sprache" der jeweiligen Autonomen Gemeinschaft und legen fest, diese eigene Sprache der Gemeinschaft sowie das Kastilische seien Amtssprachen im Bereich der Autonomen Gemeinschaft. Jeder Bürger der Gemeinschaft habe das Recht, diese Amtssprachen zu lernen bzw. zu kennen (de conocerlos) und sie zu benutzen. Die Behörden auf dem Gebiet der Gemeinschaft haben den privaten wie amtlichen Gebrauch der Amtssprachen (uso normal y oficial) zu garantieren und unternehmen es, den Gebrauch der eigenen Sprache der Gemeinschaft zu fördern und zu unterstützen und Mittel zur Erlernung dieser Sprache zur Verfügung zu stellen.

Ausgefüllt wurden diese allgemeinen Vorgaben der Autonomiestatute dann durch ein jeweils von der Autonomen Gemeinschaft erlassenes Sprachengesetz. Da die Autonomen Gemeinschaften in diesen Sprachengesetzen die (zwischen ihnen und der Zentralregierung umstrittenen) Grenzen des rechtlich Möglichen auszuloten suchten, wurden fast alle derartigen Sprachengesetze auf Antrag der Zentralregierung zur Überprüfung des Verfassungsgerichts gestellt, das in einer Reihe von Urteilen den verfassungsrechtlichen Rahmen für diese Sprachengesetzgebung herauspräparierte.

Das älteste dieser Sprachengesetze war die (baskische) Ley 10/1982 "Básica de Normalización del Uso del Euskera" vom 24.11.1982[21], der dann in den

---

20 Navarra hat einen ganz besonderen Status. Es verfügt über kein (vertragsähnlich ausgehandeltes) Autonomiestatut, sondern hat als grundlegenden Verfassungstext die vom Zentralstaat erlassene 'Ley Orgánica de Reintegración y Amejoramiento del Regímen Foral de Navarra (LORAFNA)', die allerdings die (sehr weitgehenden) historischen Vorrechte, die sogen. "fueros", von Navarra verfassungsgesetzlich festschreibt; vgl. zu diesem Sonderregime *J.I. del Burgo*, Los derechos históricos de Navarra y la doctrina del Tribunal Constitucional, REDA N.61 (1989), 33 ff.

21 BCA N° 0 (1980-1982), 140 ff.

Jahren 1983-85 weitgehend gleichartige Sprachengesetze der Autonomen Gemeinschaften Katalonien und Galizien, der Gemeinschaft von Valencia und schließlich der Balearen folgten[22]. Neben einer Wiederholung und Bekräftigung der im Prinzip schon im Autonomiestatut enthaltenen Regelung, nach der die eigene Sprache als Amtsprache von jedem Bürger im Verkehr mit der Verwaltung gebraucht werden kann (vor allem im Fall des Baskenlandes zunächst allerdings unter den Vorbehalt gestellt, die Verwaltung habe sich in einer Übergangszeit mit allen möglichen Mitteln um die zunehmende Verwirklichung dieses Rechts zu bemühen[23]), sorgen diese Gesetze sich um eine umfassende Verankerung des Baskischen, Katalanischen bzw. Galizischen als Amtssprache im Bereich der Autonomen Gemeinschaft. Es wird der Gebrauch der einheimischen Sprache in öffentlichen Registern, bei Bescheinigungen etc. vorgesehen (auf Antrag), es wird verlangt die zweisprachige Publikation aller Rechtsakte der Autonomen Gemeinschaft und der regionalen wie lokalen Gebietskörperschaften, ebenso wie die Zweisprachigkeit aller Bekanntmachungen, Mitteilungen und Verwaltungsakte (soweit nicht ausdrücklich für eine der beiden Amtssprachen von den Betroffenen optiert wurde); eine weitergehende Bestimmung des baskischen Sprachengesetzes, nach der in rein baskischsprachigen Gemeinden die lokalen Behörden sich ausschließlich des Baskischen bedienen könnten[24], wurde vom Verfassungsgericht allerdings für ver-

---

[22] Ley del Parlamento de Catalunya 7/1983, de 18 de abril, de normalización lingüistica; Ley 3/1983, del Parlamento de Galicia, de 15 de junio, de normalización lingüistica; Ley 4/1983, de las Cortes Valencianas, de 23 de noviembre, de uso y enseñanza del valenciano; Ley 3/1986, de 29 de abril, de normalización lingüistica de la Comunidad Autónoma de las Islas Baleares. Zum Sprachengesetz Kataloniens vgl. ausführlich *A. Font i Ribas/A. Mirambell i Abancó/ F. Badosa i Coll*, Els conceptes jurídics fonamentals en materia de dret lingüistic de Catalunya, in: Llengua i dret (o. Anm. 15), 111 (130 ff.) sowie *J.M. Puig Salellas*, La llei de normalització lingüistica a Catalunya i els àmbits administratius autonòmic i local, *ibid.*, 203 ff.

[23] Art. 6 Abs. 1 2 Ley 10/1982: "A tal efecto se adoptarán las medidas oportunas y se arbitrarán los medios necesarios para garantizar de forma progresiva el ejercicio de este derecho." Vgl. dazu auch *Fernández-Espinar* (o. Anm. 15), 292 ff.

[24] Art. 8.3 Ley 10/1982: "No obstante lo preceptuado anteriormente, los poderes públicos podrán hacer uso exclusivo del euskera para el ámbito de la Administración Local, cuando en razón de la deter-

fassungswidrig erklärt[25]. Daneben fordert es Zweisprachigkeit der Ortsnamen und Ortsbezeichnungen, Verkehrsschilder und sonstiger Toponyme, außerdem Zweisprachigkeit der Hinweise und Durchsagen im öffentlichen Personenverkehr, der Formulare bei öffentlichen Dienstleistungen usw. Schließlich sieht das baskische Gesetz (analog später das von Katalonien) eine 'progressive Baskisierung' (la progresiva euskaldunización) des Verwaltungspersonals vor, mit der Zielvorstellung völliger Zweisprachigkeit der Verwaltung; dazu schreibt es vor, die Kenntnis des Baskischen sei als ein wichtiges Qualifikationsmerkmal der öffentlichen Bediensteten zu behandeln.

Als heikel erwies sich in der verfassungsgerichtlichen Überprüfung vor allem die Norm des Art. 6 Abs. 2 des baskischen Sprachengesetzes, die den Fall des Verwaltungsverfahrens regelt, bei dem Antragsteller und Drittbetroffener unterschiedlichen Sprachgruppen angehören. Im Prinzip haben bei solchen Verfahren mit mehreren Beteiligten die Betroffenen selbst durch gegenseitige Übereinkunft die Verfahrenssprache zu bestimmen; fehlt diese Übereinkunft, so sah der baskische Gesetzgeber die bindende Wahl der Verfahrenssprache durch den Antragsteller bzw. Kläger vor, während er den übrigen Parteien nur das Recht zugestand, in der anderen Amtssprache über das Verfahren "informiert zu werden"[26]. Dies ging dem spanischen Verfassungsgericht dann doch zu weit und wurde in dessen Urteil vom 26.6.1986[27] unter Verweis nicht nur auf die dadurch als verletzt angesehene Verfahrensgleichheit der Parteien, sondern auch unter Rekurs auf Art. 3 Abs. 1 der spanischen Verfassung (privilegierter Charakter der kastilischen Amtssprache) für verfassungswidrig erklärt.

---

minación socio-lingüística del municipio, no se perjudiquen los derechos de los ciudadanos. "

[25] STC 82/1986, de 26 de junio, BJC 1986-63, 808 (820).

[26] Art. 6 Abs. 2 2 Ley 10/1982: "En caso de no haber acuerdo se utilizará la que disponga la persona que haya promovido el expediente o procedimiento, sin perjuicio del derecho de las partes a ser informadas en la lengua que deseen."

[27] STC 82/1986, de 26 de junio, BJC 1986-63, 808 (820).

In der mit gleichem Datum ergangenen Entscheidung des spanischen Verfassungsgerichts[28] zum Sprachengesetz Kataloniens (Llei 7/1983, de 18 de abril, de normalització lingüística a Catalunya[29]) war die etwas gemäßigter abgefaßte vergleichbare Kollisionsbestimmung des katalanischen Sprachengesetzes gar nicht Gegenstand der Überprüfung gewesen. Auch das Sprachengesetz der katalanischen Gemeinschaft geht vom Prinzip der Wahl der Verfahrenssprache durch den Antragsteller bzw. Kläger aus, gibt der Verwaltung jedoch auf, anderen Betroffenen auf Wunsch alle Verfahrensakte und Schriftstücke in Übersetzung zugänglich zu machen[30].

Endgültig geklärt wurde die Vereinbarkeit dieser Lösung mit der spanischen Verfassung dann durch die Entscheidung des Verfassungsgerichts vom 23.6.1988 zum Sprachengesetz der Balearen[31]. In der 'Ley 3/1986, de 29 de abril, de normalización lingüística' hatte der balearische Gesetzgeber - aufbauend auf dem Grundsatz der Bestimmung der Verfahrenssprache durch den Antragsteller - ausdrücklich die Übersetzung aller Schriftsätze und Verfahrensakte vorgesehen, soweit in Verwaltungsverfahren die Betroffenen für unterschiedliche Verfahrenssprachen optieren[32]. Das spanische Verfassungsgericht erklärte diese Bestimmung in seiner Entscheidung vom 23.6.1988 für verfassungsgemäß[33].

Einzelne über das Normalmaß hinausgehende Bestimmungen der Sprachengesetze der Autonomen Gemeinschaften - die Sprachengesetze gleichen im Prinzip in ihren Bestimmungen zum Gebrauch der Regional-

---

[28] STC 83/1986, de 26 de junio, BJC 1986-63, 823 ff.

[29] BCA 1983-2, 434 ff.; siehe auch Diari Oficial de la Generalitat de Catalunya, Núm. 322, 22 abril 1983, 892 ff.

[30] Art. 8 Abs. 2 Llei 7/1983: "En los expedientes iniciados a instancia de parte, cuando hubiere otros interesados y así lo soliciten, la Administración deberá entregarles en el idioma solicitado testimonio de lo que les afecta."

[31] STC 123/1988, de 23 de junio, BJC 1988-87, 985 ff.

[32] Art. 10.1 Ley 3/1986: "En caso de no haber acuerdo entre los interesados, se ha de utilizar la lengua de la persona que haya promovido el expediente o procedimiento, sin perjuicio del derecho de las partes a que les sea librada la traducción correspondiente."

[33] STC 123/1988, de 23 de junio, BJC 1988-87, 985 (989).

sprache als Amtssprache weitgehend dem baskischen Gesetz - wurden später vom Verfassungsgericht in den Entscheidungen vom 26.6.1986[34] und vom 23.6.1988[35] für verfassungswidrig erklärt. Die im Sprachengesetz Kataloniens enthaltene Auslegungsregel, nach der (bei grundsätzlich zweisprachiger Ausfertigung der katalanischen Gesetzgebung) im Zweifelsfall die Fassung in katalanischer Sprache als die authentische Fassung zu gelten habe[36], wurde wegen Überschreitung der Gesetzgebungskompetenz für mit der Verfassung nicht vereinbar gehalten[37]. Eine gleichartige Bestimmung im Sprachengesetz der Autonomen Gemeinschaft der Balearen wurde zwei Jahre später, in der Entscheidung vom 23.6.1988, ebenfalls für ungültig erklärt[38]. In der gleichen Entscheidung wurde auch die Vorschrift des Sprachengesetzes der Balearen für verfassungswidrig erkannt, nach der das Katalanische im Gebiet der Gemeinschaft auch für den militärischen Dienstgebrauch der spanischen Streitkräfte als gleichberechtigte Amtssprache zu gelten habe. Unvereinbarkeit mit der Verfassung wurde außerdem in der Entscheidung vom 26.6.1986 zum Sprachengesetz Galiziens[39] angenommen, soweit der Art. 1 Abs. 2 dieses Gesetzes festlegte, jeder Galizier habe die Pflicht, die galizische Sprache zu kennen[40].

Das jüngste Urteil des spanischen Verfassungsgerichts zu Sprachenfragen[41] schließlich hatte sich mit dem Gesetz Kataloniens über den Öffentlichen

---

[34] Urteile Nr.82, 83 und 84/1986, BJC 1986-63, 808 ff., 823 ff., 830 ff.

[35] STC 123/1988, de 23 de junio, BJC 1988-87, 985 ff.

[36] Art. 6 Abs. 1 Llei 7/1983: "Las leyes que apruebe el Parlamento de Catalunya deben publicarse en ediciones simultáneas, en lengua catalana y en lengua castellana, en el 'Diari Oficial de la Generalitat'. El Parlamento debe hacer la versión oficial castellana. En caso de interpretación dudosa, el texto catalán será el autentico.(...)"

[37] STC 83/1986, BJC 1986-63, 823 (828/29).

[38] STC 123/1988, de 23 de junio, BJC 1988-87, 985 (989).

[39] STC 84/1986, de 26 de junio, BJC 1986-63, 830 (834).

[40] Art. 1 der Ley 3/1983, de 15 de junio, de Normalización Lingüistica (BCA 1983-4, 1358 ff.): "El gallego es la lengua propia de Galicia. Todos los gallegos tienen el deber de conocerlo y el derecho de usarlo."

[41] STC 46/1991, de 28 de febrero, BJC 1991-119, 37 ff.

Dienst der Autonomen Gemeinschaft vom 23.7.1985[42] zu befassen. Stein des Anstoßes für die Zentralregierung, die dieses Gesetz vor das Verfassungsgericht gebracht hatte, war hier die Norm des Art. 34 des Gesetzes, der vorsieht, daß bei der Rekrutierung von Bediensteten für die Verwaltung der Autonomen Gemeinschaft zwingend ein Nachweis der Kenntnis des Katalanischen (im Mündlichen wie Schriftlichen) zu verlangen sei[43]. Einen Verstoß gegen die allgemeine Gleichheit wie das Prinzip des gleichen Zugangs zum öffentlichen Dienst - so die Rüge der Zentralregierung - vermochte das Verfassungsgericht ebensowenig zu sehen wie eine Verletzung der Grundsätze der Eignung, Befähigung und fachlichen Leistung[44]; das Gesetz wurde vom Verfassungsgericht dementsprechend als verfassungsgemäß bestätigt.

Das Gerichtswesen fällt - bezogen auf das bisher Dargestellte - insoweit aus dem Rahmen, als die Regelung der Gerichtssprache nicht in der Kompetenz der Autonomen Gemeinschaften liegt, sondern durch den zentralstaatlichen Gesetzgeber erfolgt ist. In Art. 231 des spanischen Gerichtsverfassungsgesetzes[45] ist in Absatz 1 zunächst das Kastilische als die gerichtliche Verfahrenssprache vorgeschrieben. Absatz 2 dieser Bestimmung ermächtigt dann allerdings als Ausnahme Gerichte und Staatsanwaltschaften auf dem Gebiet der Autonomen Gemeinschaften, die eine weitere (regionale) Amtssprache besitzen, Gerichtshandlungen auch in dieser anderen Amtssprache durchzuführen, soweit keine der

---

[42] Llei 17/1985, de 23 de juliol, de la funció pública de l'Administració de la Generalitat, Diari Oficial de la Generalitat de Catalunya, Núm.569, 31-VII-1985, 2562 ff.

[43] Art. 34 Llei 17/1985: "D'acord amb els principis enunciats per l'article 103.1 de la Constitució, l'Administració de la Generalitat selecciona tot el seu personal amb criteris d'objectivitat, en funció dels principis d'igualtat, mèrit i capacitat dels aspirants, i mitjançant convocatòria pública. En el procés de selecció s'ha d'acreditar el coneixement de la llengua catalana, tant en l'expresió oral com en l'escrita."

[44] STC 46/1991, de 28 de febrero, BJC 1991-119, 37 (40/41).

[45] Ley Organica 6/1985, de 1 de julio, del poder judicial - BOE núm.157, de 2 de julio.

Verfahrensparteien sich dem widersetzt[46]. Daneben können Parteien und deren Vertreter sowie Zeugen in diesen Autonomen Gemeinschaften nach Abs. 3 des Art. 229 auch die jeweilige zweite Amtssprache für ihre (mündlichen wie schriftlichen) Äußerungen benutzen[47]. Gerichtsakten wie eingereichten Parteischriftsätzen in der eigenen Amtssprache der Autonomen Gemeinschaft kommt volle rechtliche Gültigkeit zu, ohne daß es einer Übersetzung ins Kastilische bedürfte; allerdings ist ex officio eine Übersetzung anzufertigen, sobald das Verfahren Wirkungen außerhalb der Autonomen Gemeinschaft zeitigen soll.

Soweit die Sprachengesetze der Autonomen Gemeinschaften diese Grundsätze schlicht wiederholen (was üblicherweise geschieht), ist dies - nach Auffassung des Verfassungsgerichts - nicht zu beanstanden[48]. Verfassungswidrig sind jedoch Bestimmungen, die der Regierung der Autonomen Gemeinschaft die Befugnis zuerkennen, den Gebrauch der eigenen Amtssprache als Gerichtssprache durchzusetzen (so erkannt im Falle des baskischen Sprachengesetzes[49]).

3.   Kultur und Medien

Gerade im Bereich der Kultur und der Medien zeigen sich die Unterschiede in der Situation der Sprachgemeinschaften mit besonderer Deutlichkeit.

---

[46] "Los Jueces, Magistrados, Fiscales, Secretarios y demás funcionarios de Juzgados y Tribunales podrán usar también la lengua oficial propia de la Comunidad Autónoma, si ninguna de las partes se opusiere, alegando desconocimiento de ella, que pudiere producir indefensión." Vgl. zu dieser Regelung *Font i Ribas* u.a. (o. Anm. 22), 133 ff.

[47] "Las partes, sus representantes y quienes les dirijan, así como los testigos y peritos, podrán utilizar la lengua que sea también oficial en la Comunidad Autónoma en cuyo territorio tengan lugar las actuaciones judiciales, tanto en manifestaciones orales como escritas."

[48] STC 82/1986, de 26 de junio, BJC 1986-63, 808 (820).

[49] *Ibid.*

Das Katalanische ist - wie schon am Anfang erwähnt - soziolinguistisch in der bei weitem vorteilhaftesten Position. Nicht nur ist diese Sprachgemeinschaft zahlenmäßig am stärksten; auch die Verankerung der nationalen Sprache im gesellschaftlichen Leben ist hier noch am ausgeprägtesten. Dies läßt sich schon an den Absatzzahlen der Druckmedien sehen. Die Buchproduktion in Katalanisch erreicht mehr als 4000 Titel pro Jahr (das sind mehr als 10% der spanischen Buchproduktion), und auch die Auflagenhöhen sind zum Teil beträchtlich[50]. Es erscheinen drei Tageszeitungen in Katalanisch, daneben ein umfangreiches Programm an Zeitschriften[51]. Nach Titel III des Sprachengesetzes Kataloniens[52] hat die Generalitat auch die Aufgabe, nicht nur allgemein den Gebrauch der katalanischen Sprache als Medium der sozialen Kommunikation zu fördern, sondern z.B. - so Art. 22 des Sprachengesetzes - auch gezielt Druckwerke in Katalanisch, vor allem Zeitungen, zu subventionieren, oder (Art. 23) die Theater- und Filmproduktion in Katalanisch anzuregen und zu begünstigen.

Im Bereich der Telekommunikationsmedien besitzt das Katalanische ebenfalls eine recht starke Position (zumindest im Kernland Katalonien). Es gibt dort eine ganze Anzahl regionaler Radiosender, die nur in katalanischer Sprache senden, zwei davon unter der Regie der Generalitat (Regionalregierung Kataloniens). Die kommerziellen Sender benutzen zwar hauptsächlich das Kastilische, haben aber auch Programmblöcke in Katalanisch; daneben gibt es zahlreiche Lokalsender, die hauptsächlich in Katalanisch senden. Von den zwei Kanälen des spanischen Staatsfersehens sendet der erste, zentrale, nur auf kastilisch, während der zweite Kanal, der auf regionale Sendezentren abgestützt ist, in Katalonien mehrheitlich Programmteile auf Katalanisch ausstrahlt. Ein dritter staatlicher Fernseh-

---

50 Commission of the European Communities, Linguistic Minorities..., a.a.O., 16.
51 *Ibid.*
52 Ley 7/1983, de 18 de abril, de normalización lingüistica en Catalunya, BCA 1983-2, 434 ff.

kanal, der in der Regie der Generalitat betrieben wird, sendet ausschließlich in Katalanisch[53].

In den Massenmedien der Comunidad Valenciana ist die Stellung des Katalanischen sehr viel schwächer[54]. Nur zwei regionale Kanäle der nationalen Radiosender strahlen zum Großteil Programme in Katalanisch aus, die anderen dagegen senden alle in Kastilisch. Das regionale Sendezentrum des staatlichen zweiten Kanals (TV2) sendet daneben Nachmittags einen Programmblock von 90 Minuten in katalanischer Sprache. Allerdings kann, dank eines privaten Netzes von Verstärkern, das katalanische Fernsehen fast überall auf dem Gebiet der Gemeinschaft empfangen werden[55].

Auf den Balearen ist die Situation noch schwieriger. Trotz der nach wie vor ungebrochen starken Verankerung des Katalanischen als Umgangssprache der Bevölkerungsmehrheit ist die katalanische Sprache in den Massenmedien kaum präsent, abgesehen von einigen kleineren Programmblöcken im zweiten staatlichen Fernsehen[56].

Besonders heikel ist die Situation der baskischen Sprache. Aufgrund der relativen Kleinheit der Sprachgruppe (nur ca. 500.000 sprechen noch Baskisch als Muttersprache) ist die Buchproduktion recht beschränkt (ca.600-700 Titel pro Jahr, fast nur Lehrbücher und einige literarische Werke). Tageszeitungen rein in Baskisch erscheinen nicht, nur zwei der Blätter baskisch-nationalistischer Orientierung veröffentlichen Teile ihres Inhalts in 'Euskera'. Daneben existieren gerade zwanzig Zeitschriften in baskischer Sprache[57]. Etwas besser ist die Situation einzig im Bereich der elektronischen Medien. Hier existiert ein Radiosender mit rein baskischem

---

53   Daten nach: Commission of the European Communities, Linguistic Minorities..., a.a.O., 16 f.
54   Vgl. dazu die Darstelung in: Commission of the European Communities, Linguistic Minorities..., a.a.O., 21.
55   Siehe *ibid.*
56   Siehe Commission of the European Communities, Linguistic Minorities..., a.a.O., 25.
57   Darstellung nach: Commission of the European Communities, Linguistic Minorities..., a.a.O., 31 f.

Programm, und neuerdings ein regionaler Fernsehsender in der Regie der baskischen Regionalregierung, der mehrheitlich Programme in baskischer Sprache ausstrahlt[58]. Die Regierung des Baskenlandes versucht damit einem Auftrag gerecht zu werden, den der baskische Gesetzgeber ihr in Art. 23 ff. des baskischen Sprachengesetzes[59] erteilt hat; Art. 23 dieses Gesetzes verpflichtet die Regionalregierung nämlich, den vorzugsweisen Gebrauch des Baskischen in den Massenmedien unter ihrer Kontrolle durchzusetzen ("El Gobierno promoverá el empleo preferente del euskera en los medios de comunicación de la Comunidad Autónoma..").

Auch in Galizien ist die Buchproduktion in der eigenen Sprache eher schmal. Die lokalen Zeitungen veröffentlichen zwar Teile in Galizisch, und einer der nationalen Radiosender strahlt über seine lokale Station überwiegend Programme in Galizisch aus; am wichtigsten für die Förderung der eigenen Sprache aber ist wohl auch hier die Errichtung eines regionalen Fernsehkanals in der Regie der Regierung von Galizien, dessen Sendungen zum großen Teil in galizischer Sprache ausgestrahlt werden[60].

Zum Gebrauch des Baskischen, Katalanischen und Galizischen in der Kirche läßt sich dagegen kaum Gesichertes sagen. Literatur mit Angaben zu dieser Fragestellung scheint nicht zu existieren. Allerdings ist hier auch zu bedenken, daß das Problem bis in die jüngste Zeit keinen allzu großen Stellenwert hatte, da die spanische katholische Kirche, die seit alters von einem starken Traditionalismus geprägt ist, bis vor nicht allzu langer Zeit Gottesdienste normalerweise in lateinischer Sprache abhielt.

Daneben sollte man sich auch der Tatsache bewußt sein, daß sowohl im Fall der Basken wie der Katalanen die regionale Kirche traditionell eines der Hauptbollwerke der jeweiligen Nationalkultur gebildet hatte. Zwar war das Franco-Regime durch ein starkes Bemühen gekennzeichnet, auch die bas-

---

[58] Siehe *ibid.*

[59] Ley 10/1982, de 24 de noviembre, 'Basica de Normalización del Uso del Euskera', BCA 1980/82 - 0, 140 ff.

[60] Commission of the European Communities, Linguistic Minorities..., a.a.O., 42.

kische und katalanische Kirche durch eine gezielte Personalpolitik zu 'kastilisieren', aber gerade im Baskenland ist der ländliche Klerus immer einer der Hauptträger des baskischen Nationalismus gewesen, aus dem auch nicht wenige Vertreter der radikalen Nationalbewegung hervorgegangen sind. Eine vergleichbar wichtige Rolle für den katalanischen Nationalismus hat vor allem das Kloster Montserrat und der von diesem Kloster geprägte Teil des katalanischen Klerus gespielt. Angesichts der weitgehend lokalen Rekrutierung des niederen Klerus in diesen Gebieten und der starken Dominanz der baskischen bzw. katalanischen Volkskultur in den ländlich-traditionalistischen Rückzugsgebieten kann davon ausgegangen werden, daß zumindest in den ländlichen Kerngebieten das Baskische bzw. Katalanische immer die vorherrschende Sprache auch im Kontakt mit dem Klerus und in dessen seelsorgerischer Tätigkeit geblieben war.

Ein anderer Befund hat dagegen wohl für Galizien und die Comunidad Valenciana zu gelten. In beiden Gebieten war die einheimische Sprache zu einem sozialen Randphänomen degeneriert, zu einer Art 'Küchensprache' für den Hausgebrauch und das enge dörfliche Umfeld. Als offizielle Sprache, die von allen im Kontakt mit Behörden, Kirche und Fremden benutzt wurde, hatte sich dagegen das Kastilische durchgesetzt, das auch für den Kontakt mit dem Pfarrer, als einer quasi-offiziellen Institution, zuständig war. Inwieweit hier in neuerer Zeit Veränderungen eingetreten sind, läßt sich aufgrund der mehr als dürftigen Materiallage jedoch nicht beurteilen.

III. Bildungs- und Erziehungswesen

Auch die Fragen der Unterrichtssprache sind in den von den Autonomen Gemeinschaften erlassenen Sprachengesetzen geregelt. Die Modelle sind hier - je nach unterschiedlicher Situation der Sprachengemeinschaft - von großer Verschiedenheit. Auch die Kompetenzen der Autonomen Gemeinschaften unterscheiden sich im Schulbereich deutlich, je nach dem Ausbaustand der Autonomie[61].

Am weitesten vorangetrieben wurde der Ausbau der eigenen Sprache zur regulären Unterrichtssprache in Katalonien. Als Grundprinzip (zunächst allerdings eher programmatischer Natur) legte Art. 14 Abs. 1 des Sprachengesetzes Kataloniens von 1983[62] fest, das Katalanische als eigene Sprache der Autonomen Gemeinschaft habe als Hauptunterrichtssprache in allen Schulen auf dem Gebiet der Gemeinschaft zu gelten[63]. Kinder und Eltern hätten jedoch das Recht - so Abs. 2 des Art. 14 - die ersten Jahre der Grundschulerziehung in ihrer Muttersprache (sei es Katalanisch, sei es Kastilisch) zu empfangen; Eltern und Erziehungsberechtigten steht insoweit ein Wahlrecht zu. Die katalanische und die kastilische Sprache sind jedoch in allen Schulzweigen und auf allen Ebenen der Schulerziehung zwingend als Schulfächer zu unterrichten[64], mit der im Gesetz festgeschriebenen Zielvorstellung (Art. 14 Abs. 4), alle Kinder in Katalonien hätten bis zum Ende ihrer Grundschulerziehung (8 Schuljahre, bis zum 14. Lebensjahr) die Fähigkeit zu erwerben, sich korrekt des Katalanischen wie des Kastilischen zu bedienen[65]. Zu diesem Zweck ist in Art. 15 des Gesetzes vorgeschrieben, daß für das Schulabschlußzeugnis genügende Kenntnisse beider Amtssprachen nachzuweisen seien (mit Befreiungsmöglichkeiten für Kinder, die ihre Erziehung zum Teil außerhalb des katalanischen Bildungssystems verbracht haben).

---

[61] Zur generellen Kompetenzverteilung im Schulwesen vgl. *A. Embid Irujo / J.L. Bernal Agudo*, Manual de Legislación Escolar (1989), 57 f.

[62] Ley 7/1983, de 18 de abril, de normalización lingüistica en Catalunya, BCA 1983-2, 434 ff.

[63] "El catalán, como lengua propia de Catalunya, lo es también de la enseñanza en todos los niveles educativos. "

[64] Art. 14 Abs. 3 Ley 7/1983: "La lengua catalana y la lengua castellana deben ser enseñadas obligatoriamente en todos los niveles y los grados de la enseñanza no universitaria."

[65] "Todos los niños de Catalunya, cualquier que sea su lengua habitual al iniciar la enseñanza, deben poder utilizar normal y correctamente el catalán y el castellano al final de sus estudios básicos. "

Da die Zielvorstellung, das Katalanische als Hauptunterrichtssprache durchzusetzen, nur allmählich erreicht werden kann, schreibt die Ausführungsgesetzgebung eine allmähliche Ausweitung des in Katalanisch erteilten Unterrichts in der mittleren und oberen Stufe der Grundschulausbildung ('Ciclo Medio' und 'Ciclo Superior') vor[66]. Das erste in diesem Prozeß gesetzte Zwischenziel, fünf Wochenstunden Unterricht in Katalanisch, aufgeteilt auf Unterricht in der katalanischen Sprache selbst und auf in Katalanisch gegebenen Unterricht in einem weiteren Schulfach, ist inzwischen in allen Schulen der Autonomen Gemeinschaft erreicht[67]. Parallel dazu ist die Zahl der Schulen zunehmend größer geworden, die Unterricht generell in Katalanisch geben (1988 schon über 30% aller Schulen, mit steigender Tendenz).

Das damit angestrebte Ziel der Zweisprachigkeit führt auf der Ebene der universitären Ausbildung zur faktischen Gleichberechtigung der Sprachen. Zwar schreiben die Statuten der drei katalanischen Universitäten fest, Kurssprache sei grundsätzlich Katalanisch[68], aber Art. 16 des Sprachengesetzes gibt Professoren wie Studenten das Recht, im Unterricht die gewünschte Sprache zu wählen[69]. Die Unterrichtssprache steht damit grundsätzlich im Belieben des Lehrpersonals, und die Studenten können im Unterricht und in Examina jeweils auch die andere Amtssprache benutzen, da zumindest passive Kenntnis beider Sprachen vorausgesetzt wird. Faktisch wird wohl etwas mehr als die Hälfte der universitären Veranstaltungen auf Katala-

---

[66] Siehe das 'Decreto 362/1983, de 30 de agosto, sobre aplicación de la Ley 7/1983, de 18 de abril, de normalización lingüistica en Catalunya, en el ámbito de la enseñanza no universitaria' (BCA 1983 - 4, 1343 ff.), dessen Art. 9 bestimmt: "Se llevará a cabo una extensión progresiva de la lengua catalana como lengua de enseñanza a partir del Ciclo Medio de la E.G.B., con el fin de conseguir un conocimiento de la lengua catalana y castellana ponderado y compensatorio en el Ciclo Superior y en los niveles de enseñanza secundaria."

[67] Commission of the European Communities, Linguistic Minorities..., a.a.O., 15.

[68] *Ibid.*

[69] Art. 16 Abs. 1 Ley 7/1983: "En los centros de enseñanza superior los profesores y los alumnos tienen derecho a expresarse en cada caso, de palabra o por escrito, en la lengua oficial que prefieran."

nisch durchgeführt, mit starken Unterschieden je nach Fakultät und Abteilung[70].

Das Sprachengesetz der Comunidad Valenciana vom 23.11.1983[71] ist diesbezüglich schon sehr viel vorsichtiger formuliert. Die - zunächst programmatisch gemeinte - Grundsatznorm sieht die Einführung des Katalanischen (bzw. Valencianischen, das eine Abart der katalanischen Sprache ist) als Unterrichtssprache auf allen Stufen der Grundschulausbildung vor (Art. 18 Ley 4/1983)[72]. Es geht insoweit bisher in seinem praktischen Effekt nicht nennenswert über die schon vor Einführung der Autonomie noch vom Zentralstaat erlassenen sog. "Zweisprachigkeits-Dekrete" des Jahres 1978 hinaus, die eine Mindestzahl von vier Wochenstunden für die einheimische Sprache vorsahen. In den katalanischsprachigen Regionen ist dieses Zwischenziel mittlerweile erreicht, während für die traditionell kastilischsprachigen Gegenden eine allmähliche Annäherung an diese Zielmarke vorgesehen ist[73].

Die Regelung der Comunidad Valenciana ist dabei deutlich von einem Territorialitätsprinzip geprägt; im Gesetz werden unterschiedliche Regime für die katalanischsprachigen und die traditionell kastilischsprachigen Gegenden bzw. Gemeinden geschaffen[74], wobei das Gesetz in einem Schlußartikel auch noch ausdrücklich durch zwei Listen regelt, welche Gemeinden welcher Kategorie zuzuordnen sind[75]. Kriterium der Unterscheidung war dabei allerdings für den Gesetzgeber nicht der aktuelle soziologische Befund (der fast überall durch eine Dominanz des Kastili-

---

[70] Commission of the European Communities, Linguistic Minorities..., a.a.O., 16.

[71] Ley 4/1983, de 23 de noviembre, de uso y enseñanza del valenciano, BCA 1983 - 6, 2601 ff.

[72] "La incorporación del valenciano a la enseñanza en todos los niveles educativos es obligatoria.(...)"

[73] Siehe Commission of the European Communities, Linguistic Minorities..., a.a.O., 21.

[74] Vgl. dazu *M. Martínez Sospedra*, Derecho Autonómico Valenciano (1985), 59 f.

[75] Art. 35 Ley 4/1983.

schen geprägt ist), sondern die traditionelle ethnische Prägung der Gemeinden[76].

Für die kastilischsprachige Region ist das Gesetz insoweit sehr zurückhaltend, schreibt es doch nur die 'progressive' Einführung des 'Valencianischen' als Unterrichtssprache vor, wobei es den Schülern bzw. Erziehungsberechtigten auch noch die Möglichkeit einräumt, auf schlichten Antrag von diesem Unterricht befreit zu werden[77]. Für die katalanischsprachigen Gemeinden dagegen ist als Zielvorstellung der Unterricht auf Katalanisch vorgesehen, mit der Möglichkeit, den Grundschulunterricht in den ersten Schuljahren auf Kastilisch zu empfangen[78]; in den Möglichkeiten der Befreiung vom Unterricht auf Katalanisch ist es deutlich weiter als das Sprachengesetz Kataloniens[79]. Außerdem ist der vom Gesetzgeber vorausgesetzte Zeithorizont in der Durchsetzung dieses Programms sehr viel weiter gesteckt, was sich auch darin äußert, daß bisher nicht einmal 10% der Schulen den Unterricht auf Katalanisch abwickeln[80]. Auch an der Universität von Valencia spielt das Katalanische bisher nur eine eher untergeordnete Rolle, trotz theoretischer Gleichberechtigung der Sprachen; nur ca.20% der Lehrveranstaltungen werden hier auf Katalanisch abgehalten, und an anderen höheren Bildungseinrichtungen ist diese Zahl noch weit niedriger[81].

Noch weniger weit als die Comunidad Valenciana ist die Autonome Gemeinschaft der Balearen in der faktischen Durchsetzung des Katalanischen als Sprache in der Schulerziehung. Noch nicht einmal das Ziel des (vor der Autonomie erlassenen) 'Zweisprachigkeits-Dekrets' der Zentralregierung von 1978, nämlich vier Wochenstunden Unterricht in der katalanischen Sprache, ist in den Schulen der Gemeinschaft bisher erreicht

---

[76] *Martínez Sospedra* (o. Anm. 74), 59.
[77] Art. 24 Abs. 2 Ley 4/1983.
[78] Vgl. *Martínez Sospedra* (o. Anm. 74), 60.
[79] Art. 24 Abs. 1 Ley 4/1983.
[80] Vgl. Commission of the European Communities, Linguistic Minorities..., a.a.O., 21.
[81] *Ibid.*

worden[82], ganz zu schweigen von weiter gesetzten Zielen des Sprachengesetzes von 1986[83]. Auch an der Universität der Balearen nimmt, trotz offizieller Gleichstellung der katalanischen Sprache, die Lehre in der einheimischen Sprache nur eine untergeordnete Rolle ein; der Anteil der Kurse in Katalanisch beträgt nach Schätzungen 20 - 30% des gesamten Lehrangebotes[84].

Beinahe ähnlich unerreicht blieben bisher die hochgesteckten Ziele des Sprachengesetzes von Galizien[85]. Zwar ist die aus dem (zentralstaatlichen) 'Zweisprachigkeits-Dekret' von 1978 übernommene Verpflichtung, zumindest vier Wochenstunden Galizisch in allen Schulzweigen und Stufen der Schulausbildung zu unterrichten, inzwischen an allen Schulen erfüllt[86]. Doch das darüberhinausgehende Ziel des Ausführungsdekretes zum Sprachengesetz für den Bereich der Schulerziehung[87], nämlich ein ungefähres Gleichgewicht im Gebrauch des Kastilischen und des Galizischen als Unterrichtssprache zu erzielen, ist bei weitem nicht erreicht. Noch nicht einmal das politisch gesteckte Zwischenziel, zumindest ein weiteres Schulfach an jeder Schule und auf jeder Stufe in galizischer Sprache zu unterrichten, ist bisher verwirklicht. Erst 67% der Grundschulen und 30% der Sekundarschulen erfüllten Ende der Achziger Jahre dieses Erfordernis[88].

---

[82] So Commission of the European Communities, Linguistic Minorities..., a.a.O., 24.

[83] Ley 3/1986, de 29 de abril, de normalización lingüística de la Comunidad Autónoma de las Islas Baleares, Boletin Oficial de la Comunidad Autónoma de las Islas Baleares núm.15, de 20 de mayo de 1986; vgl. vor allem Art. 19, 20 und 22 des Gesetzes.

[84] Commission of the European Communities, Linguistic Minorities ..., a.a.O., 24.

[85] Ley 3/1983, de 15 de junio, de normalización lingüística en Galicia, BCA 1983 - 4, 1358 ff.

[86] Siehe Commission of the European Communities, Linguistic Minorities..., a.a.O., 41.

[87] Decreto 135/1983, de 8 de septiembre, por el que se desarrolla, para la enseñanza, la Ley 3/1983, de Normalización Lingüística, BCA 1983 - 5, 1853 ff.

[88] Daten nach: Commission of the European Communities, Linguistic Minorities..., a.a.O., 41.

Einzig an der Universität von Santiago hat sich der halbwegs gleichberechtigte Gebrauch des Galizischen im Lehrbetrieb durchsetzen lassen; nicht nur werden gut 20% der Kurse in Galizisch abgehalten, sondern auch in den anderen Veranstaltungen ist der Gebrauch der galizischen Sprache zumindest durch die Studenten verbreitet, begünstigt durch die sehr hohe Rate der zumindest mündlich noch des Galizisch Mächtigen in der Region[89].

Besonders kompliziert ist schließlich die Schulsituation im Baskenland. Angesichts der äußerst schwierigen sozio-linguistischen Situation des Baskischen begnügte sich das Sprachengesetz des Baskenlandes aus dem Jahre 1982[90] zunächst mit eher programmatischen Zielsetzungen, die durch weitere Schritte (und Ausführungsregelungen der baskischen Regierung) auszufüllen waren. Dies betraf nicht nur die Heranbildung einer (bis dahin weitgehend fehlenden) Lehrerschaft, die in der Lage wäre, Unterricht in Baskisch zu geben, sondern auch die Rolle des Baskischen im Schulunterricht überhaupt. Einzig die schon in den 'Zweisprachigkeits-Dekreten' der Zentralregierung von 1978 festgeschriebene Verpflichtung, einen Unterricht von mindestens vier Wochenstunden in der baskischen Sprache an allen Schulen und auf allen Stufen der Schulerziehung einzuführen, wurden als bindende Norm auch im Sprachengesetz von 1982 festgeschrieben[91].

Der weitere Ausbau des Unterrichts in baskischer Sprache wurde dagegen der Verordnungsgebung überlassen[92]. Mit Dekret des baskischen Erziehungs- und Kultusministeriums vom 11.Juli 1983[93] wurden dann drei Regeltypen der Schulerziehung geschaffen, die als Modelle A, B und D im An-

---

[89] Vgl. Commission of the European Communities, Linguistic Minorities..., a.a.O., 41 f.
[90] Ley 10/1982, de 24 de noviembre, 'Básica de Normalización del Uso del Euskera', BCA 1980/82 - 0, 140 ff.
[91] Art. 16 Abs. 1 Ley 10/1982.
[92] Vgl. vor allem Art. 16 Abs. 2 Ley 10/1982.
[93] Decreto 138/1983, de 11 de julio, del Departamento de Educación y Cultura, por el que se regula el uso de las lenguas oficiales en la enseñanza no universitaria en el País Vasco, BCA 1983 - 4, 1241 ff.

hang des Dekrets festgeschrieben wurden[94]. Modell A verwendet Kastilisch als grundlegende Unterrichtssprache, und wird nur dem Minimalerfordernis einiger Stunden Baskischunterricht gerecht. Modell B ist eine eigentlich zweisprachige Erziehung, bei der beide Sprachen ungefähr gleichgewichtig als Unterrichtssprache Verwendung finden, während Modell D das Baskische als Grundunterrichtssprache benutzt, mit der Ausnahme des Unterrichts der kastilischen Sprache. Das Gewicht dieser Schultypen hat sich seit dem Beginn der offiziellen 'Reeuskaldunización' im Jahre 1983 deutlich verschoben: Gingen 1983/84 noch beinahe drei Viertel der Schüler in Schulen mit praktisch nur kastilischsprachigem Unterricht, nur ca. 10% in eigentlich zweisprachige Schulen und gut 15% in dominant baskische Schulen (die genossenschaftlich organisierten 'ikastolas'), so besuchten 1989/90 nur noch etwas mehr als 50% der Schüler Schulen des Modells A (Unterricht in Kastilisch), dagegen knapp 23% genuin zweisprachige Schulen des Modells B und sogar etwas mehr als 23% rein baskische Schulen des Modells D[95]. Interessant ist dabei insgesamt der niedrige Anteil der staatlichen Schulen, die nur knapp 44% der Schüler aufnehmen, während kastilischsprachige Privatschulen, die den Baskischunterricht in der Regel am gesetzlich gerade noch zulässigen Minimum halten, 37% der Schüler unterrichten, und der Anteil der baskisch-nationalistisch orientierten genossenschaftlichen 'ikastolas' mehr als 19% beträgt[96].

Neben dieser zunehmenden Verankerung der baskischen Sprache im allgemeinen Schulunterricht betreibt die Regierung des Baskenlandes eine sehr rege Erwachsenenbildungspolitik zur Förderung der Baskischkenntnisse, ein Politikbereich, dem erhebliche Finanzmittel gewidmet werden[97]. Die Gruppe der "Cuasi-Euskaldunes", der Personen mit bestimmten, in der Regel sekundär erworbenen Kompetenzen in der baskischen Sprache, ist in

---

[94] Vgl. Annex I und II des Decreto 138/1983; vgl. auch *G. Kremnitz*, Aktuelle Probleme der Sprachpolitik in Euskadi, Europa Ethnica 48 (1991), 10 ff. (16/17).

[95] Zahlen nach *Kremnitz, ibid.*, 17.

[96] Siehe *ibid.*

[97] Vgl. dazu *Kremnitz, ibid.*, 17 f.; vgl. außerdem Commission of the European Communities, Linguistic Minorities..., a.a.O., 30.

den letzten Jahren so merklich größer geworden[98]. Vor allem in der Lehrerfortbildung hat diese Politik deutliche Erfolge gezeigt; Beherrschten noch Ende der Siebziger Jahre nur knapp 5% der Lehrer an staatlichen Schulen die baskische Sprache, so haben heute schon nahezu 50% der Lehrer die eingeführte Prüfung in der baskischen Sprache erfolgreich absolviert[99].

Einzig in der universitären Ausbildung ist der Gebrauch der baskischen Sprache bisher noch kaum entwickelt[100], was auch mit der sehr viel problematischeren Stellung der baskischen Sprache zusammenhängt, kann doch - anders als beim Katalanischen und Galizischen - nicht von allen Professoren und Studenten eine zumindest passive Kenntnis der regionalen Sprache erwartet werden.

Ähnliche Schwierigkeiten bestehen in Navarra. Nicht nur besitzt Navarra - im Gegensatz zu den anderen hier erwähnten Autonomen Gemeinschaften - keine Kompetenzen im Schulbereich. Baskischsprachig ist auch nur eine geographisch eher periphere Region im Westteil der Gemeinschaft, in der nur ca. 15% der Bevölkerung Navarras wohnen. Nach dem Gesetz Navarras über den Gebrauch der baskischen Sprache vom 15.12.1986[101] ist in der baskischsprachigen Zone sowohl Baskisch als auch Kastilisch so zu unterrichten, daß die Schüler am Ende der Grundschulausbildung beide Sprachen beherrschen[102]. In der sogenannten 'gemischten Zone' wird nach dem Gesetz schrittweise die (fakultative) Möglichkeit geschaffen, Unterricht in der baskischen Sprache zu besuchen[103]; daneben subventioniert die Regierung Navarras massiv die genossenschaftlichen

---

[98] Vgl. *Kremnitz, ibid.*, 13.
[99] *Ibid.*, 16.
[100] Vgl. Commission of the European Communities, Linguistic Minorities..., a.a.O., 31.
[101] Ley Foral 18/1986, de 15 de diciembre, del vascuence - Boletin Oficial de Navarra núm.154, de 17 de diciembre de 1986.
[102] Siehe Art. 24 Ley Foral 18/1986.
[103] Siehe Art. 25 Ley Foral 18/1986.

'ikastolas', in die gut die Hälfte der muttersprachlich baskischen Schüler gehen[104].

An der Praxis dieser - zumindest in den Kerngebieten der Nationalitäten - auf Zweisprachigkeit angelegten Schulmodelle waren zunächst allerdings massive verfassungsrechtliche Zweifel angemeldet worden. Die Rechtsprechung des spanischen Verfassungsgerichts und der verwaltungsrechtlichen Sektionen des Tribunal Supremo hat die ursprünglich geltend gemachten Bedenken jedoch inzwischen beiseitegeschoben. In Entscheidungen vom 27. 11. 1989 und vom 12. 2. 1990 hat das Verfassungsgericht klargestellt, daß aus der Verfassung keinerlei subjektives Recht folge, die Schulerziehung der Kinder in der von den Eltern gewünschten Sprache in einer bestimmten, möglichst wohnnahen Schule zu erlangen[105]. Ursprünglich ergangen aufgrund von Beschwerden katalanischsprachiger Eltern in der Comunidad Valenciana, die ein Recht auf Schulerziehung in Katalanisch in jeder Schule der Region geltend gemacht hatten (was in den Anfängen der "progressiven Einführung" des Katalanischen als Unterrichtssprache kaum zu gewährleisten war), ist diese Doktrin vom Tribunal Supremo inzwischen auch auf Fälle ausgedehnt worden, in denen kastilischsprachige Eltern ein Recht auf ausschließlich kastilischsprachigen Unterricht in der wohnortnächsten Schule geltend gemacht hatten. Auch das Argument des Gleichheitsverstoßes und die Berufung auf den Art. 3 der Verfassung (Erklärung des Kastilischen zur allgemeinen Amtssprache) wurde dabei zurückgewiesen, da es kein absolutes Recht auf Gebrauch der kastlischen Amtsprache in jeder Schule und für jedes Unterrichtsfach geben könne, angesichts der naturgemäß begrenzten Ressourcen der Unterrichtsverwaltung, die zum möglichst zweckmäßigen Einsatz der Mittel zwinge[106]. Das geltend gemachte Modell des Vorrangs des Kastilischen, das zum all-

---

[104] Vgl. zur Situation in Navarra: Commission of the European Communities, Linguistic Minorities..., a.a.O., 35/36.

[105] STC 195/1989, de 27 de noviembre de 1989, Jurisprudencia Constitucional (Amtl. Sammlung) T. XXV (1989), 562; STC 19/1990, de 12 de febrero de 1990, Jurisprudencia Constitucional T. XXVI (1990), 183.

[106] Tribunal Supremo (Cont.-Adm.), Sala 3.ª-Sección 7.ª, Sentencia de 18 de julio 1991, 5607/1991, Aranzadi 1991-IV, 7575.

gemeinen Gebrauch des Kastilischen im Unterricht zwingen würde, sei im übrigen - so hat das Tribunal Supremo in dieser Entscheidung ausdrücklich anerkannt - völlig ungeeignet, das Problem zu lösen, das im Bereich der Schulerziehung durch die Unterschiedlichkeit der Amtssprachen in den Autonomen Gemeinschaften entstanden sei ("... la solución propugnada ... que equivalía a imponer la utilización generalizada del castellano en la totalidad de la docencia, no contribuía precisamente a resolver el problema creado en la enseñanza por la diversidad de lenguas oficiales en la Comunidad Valenciana ..."). Einem umfassenden Ausbau der zweisprachigen Schulerziehung in den nicht-kastilischsprachigen Autonomen Gemeinschaften steht damit auch rechtlich nichts mehr im Wege.

IV. Vereinigungsfreiheit und Strafrecht

Spezielle Straf- und Verbotsbestimmungen gegen separatistische Vereinigungen sind heute nicht mehr in der straf- wie vereinigungsrechtlichen Gesetzgebung enthalten. Im alten Código Penal von 1944 war dies noch anders, waren dort in Art. 173 Abs. 2 doch "unerlaubte Vereinigungen" (asociaciones ilícitas) definiert, deren Aktivitäten mit Strafe bedroht wurden. Verboten waren demnach unter anderem "die Gruppen oder Vereinigungen, die auf dem oder außerhalb des nationalen Territoriums begründet werden, um in irgendeiner Form die Einheit der spanischen Nation anzugreifen oder um separatistische Aktivitäten zu fördern oder zu verbreiten."[107] Die Strafbestimmung kam - zusammen mit den anderen inkriminierten Typen 'verbotener Vereinigungen' - einer praktischen Unterdrückung jeglicher Form politischer Vereinigungsfreiheit gleich[108]. Daran änderte auch die Umformulierung des Art. 173 Abs. 2 im neuen Código Penal von 1973 nichts, wurden doch auch nach diesem Tatbestand

---

[107] Nach Art. 173 Abs. 2 Código Penal i.d.F. v. 1944 fallen unter den Begriff der "asociaciones ilícitas" auch: "Los grupos o asociaciones, constituidos dentro o fuera del territorio nacional, para atacar en cualquier forma la unidad de la Nación española o para promover o difundir actividades separatistas."

[108] Zur Auslegung des Art. 173 Abs. 2 Código Penal vgl. *A. Ferrer Sama*, Comentarios al Código Penal, T.III (1.Aufl. 1948), 120 f.

alle Vereinigungen strafrechtlich verfolgt, deren Zielsetzung als Kampf "gegen die Einheit oder Unabhängigkeit des Vaterlandes, die Integrität seines Territoriums, die nationale Sicherheit oder die institutionelle Ordnung" anzusehen waren[109].

Erst im Zuge der 'transición' wurden die Straftatbestände der franquistischen Ära gegen separatistische Aktivitäten aus dem Código Penal gestrichen[110]. Dementsprechend kann sich heute selbst eine radikal-separatistische Organisation wie die mit der baskischen ETA verbundene Herri Batasuna, deren Parteiprogramm offen die Sezession des Baskenlandes von Spanien und die Gründung eines unabhängigen baskischen Staates propagiert, politisch frei betätigen und um Mandate bewerben (die Partei hat Mandate im baskischen Regionalparlament wie der spanischen Nationalversammlung, nicht zu reden von der kommunalpolitischen Ebene, wo sie sogar einige Bürgermeister stellt). Die in Spanien immer wieder aufflammende Diskussion über ein eventuelles Verbot von Herri Batasuna bezieht sich insoweit einzig auf deren nie geleugnete enge Verbindung zur klar terroristischen Organisation ETA, als deren politischer Arm sie sich versteht. Einzig die Verfolgung separatistischer Ziele mit gewalttätigen Mitteln, und die Unterstützung zu diesem Zwecke gegründeter terroristischer Vereinigungen (die bei Herri Batasuna eigentlich eindeutig vorliegt) sind nach dem spanischen Strafrecht mit Strafe bedroht[111]; doch selbst diese Normen werden im Falle der Herri Batasuna aus Gründen politischer Opportunität nicht durchgesetzt.

---

[109] Nach Art. 173 Abs. 2 des Código Penal i.d.F. v. 1973 (Decreto 3096/1973, de 14 sept. por el que se publica el Código Penal, texto refundido conforme a la ley 44/1971, de 15 nov.) umfaßte der Begriff der 'asociaciones ilícitas' u.a.: "Los grupos o asociaciones constituidos dentro o fuera del territorio nacional para atacar en cualquier forma la unidad o independencia de la Patria, la integridad de sus territorios, la seguridad nacional o el orden institucional."

[110] Geschehen durch die Ley 23/1976, de 19 de julio, die Ley Orgánica 4/1980, de 21 de mayo, und eine weitere Ley Orgánica von 1983 - vgl. *T.Vives Anton*, in: Derecho Penal, Parte Especial (1990), 77; vgl. auch *F. Garrido Falla* et al., Comentarios a la Constitución (1985), Art. 22 Anm. IV.2.b) (429/30).

[111] Zur geltenden Fassung des Art. 173 Código Penal vgl. *Garrido Falla*, ibid., Art. 22 Anm. IV.2.b) (429).

V. Politische Repräsentation

Die hauptsächliche Ebene politischer Repräsentation für die Nationalitäten ist in Spanien das System der Autonomen Gemeinschaften. Da diese Autonomen Gemeinschaften auf historische Einheiten rekurrieren, die in ihrer Geschichte eng mit den Nationen der Katalanen, Basken und Galizier verbunden waren, und da diese Gemeinschaften in ihrer territorialen Abgrenzung jeweils die Kernsiedlungsräume der einzelnen Nationalitäten zu politischen Einheiten zusammenfassen, eignen sie sich gut zur politischen Repräsentation dieser ethnisch andersartigen spanischen Randnationen.

Begünstigt wird diese Repräsentation ethnisch-kultureller Eigenständigkeit durch die - zumindest in den Fällen der beiden Nationalitäten mit starkem Eigenbewußtsein erfolgte - Herausbildung gesonderter Parteiensysteme[112] (so geschehen in den Gemeinschaften des Baskenlands und Kataloniens). In Katalonien kam es zur Verschmelzung der traditionellen bürgerlich-nationalistischen Parteien zur 'Convergéncia i Unió' (CiU), während die katalanischen Sozialisten mit dem Regionalverband der gesamtspanischen Sozialisten (PSOE) zu einer in die sozialistische Regierungspartei integrierten Parteiallianz fusionierten (PSC-PSOE)[113]. Die programmatisch an der westeuropäischen Christdemokratie orientierte CiU repräsentiert dabei die mittelständisch geprägte bürgerliche Mehrheit der Katalanen und beherrscht als dominante Partei des insgesamt recht gemäßigten katalanischen Nationalismus mit einer absoluten Mehrheit der Abgeordnetensitze

---

[112] Vgl. dazu allgemein *J.M. Vallès*, Wahlverhalten und Wahlentwicklung in Spanien (1977-1988). Ein Überblick, Zeitschrift für Parlamentsfragen 19 (1988), 346 ff. (352/53); zu den soziologischen Hintergründen vgl. *J.J. Linz*, De la Crisis de un Estado Unitario al Estado de las Autonomías, in: *F. Fernández Rodríguez*, La España de las Autonomías (1985), 527 ff. (611 ff.).

[113] Vgl. *R. Arias-Salgado*, Entstehung und Struktur des spanischen Parteiensystems, Zeitschrift für Parlamentsfragen 19 (1988), 377 ff. (382).

das Parlament wie die Exekutive der Autonomen Gemeinschaft[114]. Im Baskenland dagegen sind zwar auch die Parteien des baskischen Nationalismus dominant, doch sind diese ideologisch tief gespalten[115]. Die größte Partei - die traditionsreiche, christdemokratisch geprägte 'Partido Nacional Vasco' (PNV) - stellt zusammen mit einer Abspaltung (Euskarto Alkartasuna/EA) nur 30 der insgesamt 75 Abgeordneten im baskischen Regionalparlament und ist damit auf weitere Koalitionspartner angewiesen[116]. Der ideologische Graben zu den beiden anderen betont linken Parteien des baskischen Nationalismus - der sozialistischen Euskadiko Ezkerra/EE und der marxistisch-revolutionären Herri Batasuna/HB - hat sich jedoch als so tief herausgestellt, daß die baskischen Mitte/Rechts-Parteien mittlerweile in einer Koalition mit der sozialdemokratischen Regierungspartei Gesamtspaniens (PSOE) das Baskenland regieren.

In Navarra treten in einer ähnlichen Verteilungsstruktur ebenfalls die Parteien des baskischen Nationalismus auf[117], während Galizien politisch insofern eine Anomalie darstellt, als dort - allem Regionalismus zum Trotz - die traditionell eher nationalspanisch-zentralistisch gesinnten Konservativen Spaniens (Alianza Popular / AP, nun Partido Popular / PP) die größte Partei sind, die im Verein mit bürgerlichen Regionalisten Parlament und Exekutive der Autonomen Gemeinschaft beherrschen[118]. Comunidad Valenciana und Balearen dagegen sind durch die auch ansonsten für Spanien typischen Parteien und Mehrheitsverhältnisse gekennzeichnet[119]. Galizien, Balearen und Valencia kennen allerdings neben den dominanten

---

[114] Vgl. zur Sitzverteilung: Commission of the European Communities, Linguistic Minorities..., a.a.O., 11.

[115] Vgl. *Linz* (o. Anm. 112), 611 ff.

[116] Zur Sitzverteilung vgl. Commission of the European Communities, Linguistic Minorities..., a.a.O., 27.

[117] Vgl. Commission of the European Communities, Linguistic Minorities..., a.a.O., 32 f.

[118] Zur Parteienstruktur in Galizien vgl. Commission of the European Communities, Linguistic Minorities..., a.a.O., 38.

[119] Zum Parteiensystem Spaniens allgemein vgl. *M. Ramirez*, El sistema de partidos en España tras las elecciones de 1989, Rev. de Estudios Politicos (Nueva Época) 67 (1990), 29 ff.

gesamtspanischen Parteien auch noch kleinere regionalistische Parteien (Coalición Galega, Unió Mallorquina, Unión Valenciana), die als für die Mehrheitsbeschaffung notwendige Koalitionspartner das 'Zünglein an der Waage' spielen[120].

In der verfassungsrechtlichen Stellung und der Kompetenzstruktur weisen die Autonomen Gemeinschaften deutliche Unterschiede auf. Schon in einer Zusatzbestimmung der Verfassung von 1978[121] wird dem Baskenland eine ganz besondere Stellung zugewiesen. Unter Verweis auf die vom Baskenland bis in die Moderne hinein bewahrten besonderen Privilegien (die sogen. "fueros")[122] wurde das im Zuge der 'transición' wieder als autonome Region auferstandene Baskenland mit besonders weitgehenden Kompetenzen ausgestattet[123]. Nicht nur die sonst üblichen Gesetzgebungs- und Ausführungskompetenzen in den Bereichen Kultur, Bildung und Wissenschaft, Wirtschaft, lokale Verwaltung sowie Verwaltungsverfahren und -organisation, Raumordnung und Städtebau, Landwirtschaft oder Sozialpolitik wurden im Autonomiestatut dem Baskenland zugewiesen, sondern auch besondere Befugnisse in sonst dem Zentralstaat vorbehaltenen Bereichen des Justizwesens, der öffentlichen Sicherheit und des Erziehungswesens[124]. So verfügt das Baskenland über die Gerichtsbarkeit in

---

[120] Zur Sitzverteilung und der Bedeutung der regionalistischen Parteien vgl. Commission of the European Communities, Linguistic Minorities..., a.a.O., 38 f., 17, 22.

[121] Disposición Adicional Primera: "La Constitución ampara y respeta los derechos históricos de los territorios forales. La actualización general de dicho régimen foral se llevará a cabo, en su caso, en el marco de la Constitución y de los Estatutos de Autonomía."

[122] Zu den 'fueros' vgl. *G. Monreal Zia*, Evolución historica del poder politico vasco, in: *J.A. Ayestarán* et al., Euskadi y el Estatuto de Autonomía (1979), 11 ff.; *A. Celaya Ibarra*, Derecho foral y autonómico vasco (1984), Bd.I, 7 ff.; *T.R. Fernández Rodríguez*, Los derechos historicos de los territorios forales (1985).

[123] Vgl. dazu *I.M. Lojendio Irure*, La Disposición Adicional primera de la Constitución española (1986) sowie *I. Lasagabaster Herrarte*, El sistema competencial en el Estatuto de Autonomía (1989), 35 ff.

[124] *Ibid.*; siehe in concreto Art. 13-19 Estatuto de Autonomía del Pais Vasco, insbes. Art. 13 und 14 (eigenes Gerichtswesen des Baskenlandes), Art. 16 (Erziehungswesen) und Art. 17 (Polizeihoheit des Baskenlandes).

Zivil-, Straf- und Verwaltungssachen sowie über eine eigene Polizeihoheit, was im Kontext der Autonomien ebenso einzigartig ist wie die finanzverfassungsrechtliche Stellung des Baskenlandes: im Gegensatz zu allen anderen Gemeinschaften, die durch Zuweisungen aus dem zentralen Haushalt finanziert werden, liegt die Steuer- und Finanzhoheit im Baskenland bei der Gemeinschaft selbst, die die Steuern auf eigene Rechnung einzieht und an den Haushalt des Zentralstaates nur eine pauschale Zuweisung abführt[125].

Nach dem Baskenland kommt den beiden anderen 'Historischen Gemeinschaften' Katalonien und Galizien die stärkste verfassungsrechtliche Stellung zu[126]. Diese sind im vollen Umfang mit den für den Regelfall der Autonomie vorgesehenen Kompetenzen ausgestattet (Katalonien besitzt sogar - genau wie das Baskenland - eine eigene Polizeigewalt und kontrolliert das Gerichtswesen auf seinem Territorium[127]) und können die meisten Angelegenheiten von örtlicher und regionaler Bedeutung politisch selbst bestimmen. Im Falle der übrigen Autonomien sind nur Teile der für die Autonomen Gemeinschaften vorgesehenen Kompetenzen wirklich durch die Autonomiestatute auf die regionale Ebene verlagert worden[128]; andere

---

[125] Siehe Art. 40-45 Estatuto de Autonomía del Pais Vasco; zur finanzverfassungsrechtlichen Sonderstellung des Baskenlandes und Navarras vgl. auch *S. Muñoz Machado*, Derecho Público de las Comunidades Autónomas, Bd.II (1984), 442 ff. sowie E. *Aja* et al., El sistema jurídico de las Comunidades Autónomas (1985), 386 ff.

[126] Zur Sonderstellung der drei 'Historischen Gemeinschaften' vgl. *J.L. Meilán Gil*, La ordenación jurídica de las Autonomías (1988), 29 ff.

[127] Siehe Art. 13 und Art. 18 ff. Estatuto de Autonomía de Catalunya; zur Sonderstellung des Baskenlandes und Kataloniens im Polizeibereich vgl. auch *S. Muñoz Machado*, Derecho Público de las Comunidades Autónomas Bd.I (1982), 620 ff.

[128] Zum sehr komplizierten System der Kompetenzverteilung zwischen Zentralstaat und Autonomen Gemeinschaften vgl. *S. Muñoz Machado*, Derecho Público de las Comunidades Autónomas Bd. I (1982), 315 ff.; *E. Aja / J. Tornos / T. Font / J.M. Perulles / E. Alberti*, El sistema jurídico de las Comunidades Autónomas (1985), 115 ff.; R. *Martín Mateo*, Los Estados de las Autonomías, in: *F. Fernández Rodríguez* et al., La España de las Autonomías (1985), 345 (395 ff.); *J.L. Meilán Gil*, La ordenación jurídica de las Autonomías (1988), 51 ff.; *J. Tornos Mas* et al., Informe sobre las Autonomías (1988),

Befugnisse hat sich der Zentralstaat dagegen zunächst vorbehalten, um sie dann zum Teil später durch einfachgesetzliche Delegationsnormen auf die Ebene der Gemeinschaften zu verlagern (Möglichkeit der Rücknahme) und bei der Übertragung mit entsprechenden Auflagen und Ingerenzbefugnissen zu versehen[129]. Zum Teil hat der Zentralstaat die Befugnisse auch schlicht in seinem Machtbereich behalten. Das Bild der Kompetenzverteilung ist insofern äußerst kompliziert und diffus, da beinahe jede Autonome Gemeinschaft über eine etwas andere Kompetenzausstattung verfügt[130]. Im übrigen steht zur Zeit (nach Ablauf der in Art. 148 Abs. 2 CE vorgesehenen Frist von fünf Jahren ab Inkrafttreten des jeweiligen Autonomiestatuts) eine weitgehende Überprüfung der Kompetenzverteilung an, in deren Zusammenhang auch eine Vereinheitlichung des Bilds der Autonomien diskutiert wird[131].

Vertretungskörperschaft der Regionen und Provinzen auf der Ebene des Zentralstaates sollte von der Intention der Verfassungsgeber her eigentlich der Senat sein[132]. Aufgrund seiner eigentümlichen Zusammensetzung vermag dieser die ihm zugedachte Rolle jedoch kaum zu spielen; sind doch 208 der 256 Senatoren direkt in einer Volkswahl in den einzelnen Provinzen gewählt (vier für jede Provinz), und nur 48 werden von den Parlamenten der Autonomen Gemeinschaften in proportionaler Widerspiegelung der jewei-

---

      37 ff.; *I. Lasagabaster Herrarte*, El sistema competencial en el Estatuto de Autonomía (1989), 13 ff.

[129] Zu diesen Formen der Kompetenzdelegation vgl. *Lasagabaster Herrarte* (o. Anm. 127), 23 ff.

[130] Zu den daraus resultierenden Problemen vgl. *J. Tornos Mas* et al., Informe sobre las Autonomías (1988), 39 ff.

[131] Zu der darüber geführten Diskussion vgl. *J. Tornos Mas* et al., Informe sobre las Autonomías (1988), 213 ff.; *E. García de Enterría*, La revisión del sistema de Autonomías Territoriales: reforma de Estatutos, leyes de transferencia y delegación, federalismo (1988), 31 ff.; *Martín-Retortillo*, Estudio preliminar, in: Martín-Retortillo et al., Pasado, presente y futuro de las Comunidades Autónomas (1989), 13 (62 ff.).

[132] So lautet Art. 69 Abs. 1 der spanischen Verfassung: "El Senado es la Cámara de representación territorial."

ligen Sitzverteilung im Regionalparlament bestimmt[133]. Die direkte Volkswahl der überwiegenden Mehrheit der Senatoren, die den Parteizentralen in Zusammenhang mit den einzureichenden Wahllisten beherrschenden Einfluß auf die Kandidatenaufstellung sichert, hat den Senat in der Praxis zu einer relativ bedeutungslosen zweiten Kammer werden lassen mit praktisch immer identischen Mehrheitsverhältnissen zum Abgeordnetenkongreß[134].

Im Abgeordnetenkongreß selbst stellen die Regionalparteien der Basken und Katalanen, die sich als politische Vertretungen der beiden wichtigen Nationalitäten verstehen, zwar nur relativ wenige Abgeordnete (die katalanische CiU hat ca. 5% der gesamtspanischen Stimmen, die vier baskischen Parteien zusammen 3-4%)[135]; angesichts der inzwischen sehr prekären Mehrheitsverhältnisse für die regierende PSOE und der tiefen ideologischen Spaltung unter den gesamtspanischen Parteien kommt ihnen jedoch zumindest potentiell eine sehr wichtige Rolle zu. So wird die christdemokratische CiU seit einiger Zeit von den regierenden Sozialisten im Parlament mit viel Aufmerksamkeit bedacht (nicht wenige Anträge der CiU werden von der sozialistischen Mehrheit aufgegriffen und durch das Parlament gebracht), womit man sich offensichtlich das Wohlwollen der katalanischen Christdemokraten als des in naher Zukunft wohl wahrscheinlichsten Koalitionspartners der PSOE zu sichern sucht.

Die Politik des spanischen Zentralstaates dürfte somit in Zukunft vielleicht sogar noch aufgeschlossener für die Belange der Nationalitäten und der Autonomen Gemeinschaften werden. Welche Richtung die weitere Entwicklung des Systems der Autonomien jedoch nehmen wird, läßt sich im

---

[133] Vgl. dazu *E. Alvarez Conde*, El régimen político español (1983), 127 ff.; *J. Tornos Mas* et al., Informe sobre las Autonomías (1988), 151 ff.

[134] Zur Kritik an der Institution des Senates vgl. *Alvarez Conde* (o. Anm. 132), 127 ff.; *Tornos Mas* et al. Informe, *ibid.*, 152 ff. (vgl. ebda. auch die Vorschläge zur Umwandlung des Senates in eine Regionenkammer nach dem Vorbild des deutschen Bundesrates).

[135] Zur Sitzverteilung während der letzten Legislaturperioden vgl. *Vallès*, Zeitschrift für Parlamentsfragen 19 (1988), 349.

Moment noch nicht wirklich absehen. Ob es zu einem weiteren Ausbau der Eigenständigkeit der regionalen Gebietseinheiten in Richtung auf ein eigentlich bundesstaatliches System (mit vereinheitlichtem Kompetenzniveau der Gemeinschaften) kommen wird, oder ob die weitgehende Autonomie der politischen Einheiten der 'mitwohnenden Nationalitäten' ein Sonderfall bleiben wird, der keine Entsprechungen bei den anderen Gemeinschaften kennt, wird erst die Zukunft zeigen. Schon das bisher im Rahmen der 'transición' Erreichte läßt Spanien jedoch insgesamt zu einem positiven Beispiel eines multiethnischen Staates mit ausgebautem Schutz der sprachlichen und kulturellen Eigenarten seiner Nationalitäten werden.

Die rechtliche Stellung der Minderheiten in der Tschechoslowakei

MAHULENA HOŠKOVA[*]

I. Einleitung

In der Folge der "samtenen Revolution" des Novembers 1989, der politischen Wende in der Tschechoslowakei, wurde eine Reihe durchaus ernster Probleme "entdeckt", die unter der Ägide des politischen Zentralismus des früheren Systems jahrelang ungelöst überdauert hatten. Unter ihnen ist die Problematik des Nationalismus in seinen verschiedenen Äußerungsformen, zu der ebenfalls die Frage des Verhältnisses zu den anderen im Gebiet der CSFR ansässigen "Nationalitäten" zählt, sicherlich eine der wichtigsten; in diese Kategorie gehört zweifellos auch die Frage der rechtlichen Stellung der nationalen Minderheiten in der ČSFR. Für die nachfolgende Darstellung der Rechtslage dieser nationalen Minderheiten ist vorab zu betonen, daß es sich hierbei um eine Materie handelt, deren rechtliche Regelung noch nicht völlig abgeschlossen und die in mancher Hinsicht noch im Fluß ist[1]. Hinzukommt auch, daß aufgrund der Zuständigkeitsverteilung zwischen der Föderation einerseits und den beiden Gliedstaaten Tschechische und Slowakische Republik andererseits föderale und gliedstaatliche Regelungen berücksichtigt werden müssen.

---

[*] JUDr. (Prag), CSc.; Wissenschaftliche Mitarbeiterin am Institut für Staat und Recht der Akademie der Wissenschaften der ČSFR, Prag; z.Zt. wissenschaftliche Referentin am Institut.

[1] Dieser Umstand erklärt auch, daß einschlägige Literatur kaum vorhanden ist. Die nachfolgende Darstellung muß sich daher auf eine Beschreibung und Analyse der einschlägigen Gesetze und untergesetzlichen Regelungen sowie insbesondere auf die Angaben und Informationen stützen, die der Verfasserin dieses Berichts von den zuständigen Stellen in der Tschechoslowakei gegeben wurden; für einen knappen Überblick über die aktuelle verfassungsrechtliche Lage der nationalen Minderheiten in der ČSFR vgl. aber *R. Hofmann*, Minderheitenschutz in Europa, ZaöRV 52 (1992), 1 ff. (59 ff.)

Die Bedeutung der rechtlichen Stellung der nationalen Minderheiten in der ČSFR wird in rein tatsächlicher Hinsicht durch die Ergebnisse der letzten Volkszählung vom März 1991 unterstrichen; insoweit ist zu bemerken, daß bei diesem Zensus für die Staatsbürger erstmals die Möglichkeit bestand, ihre Zugehörigkeit auch zur mährischen, schlesischen, russischen und zur Roma-Nationalität anzugeben[2]. Hierbei haben sich von den insgesamt 15.567.666 Staatsbürgern der ČSFR 8.426.070 (54,1%) zur tschechischen, 4.819.948 (31,0%) zur slowakischen, 1.360.155 (8,7%) zur mährischen, 45.223 (0,3%) zur schlesischen, 586.884 (3,8%) zur ungarischen (die in der Tschechischen Republik 0,2% und in der Slowakischen Republik 10,8% der Bevölkerung stellt), 114.116 (0,7%) zur Roma-Nationalität, 61.542 (0,4%) zur polnischen (die in der Tschechischen Republik 0,6% der Bevölkerung stellt), 53.418 (0,3%) zur deutschen (die in der Tschechischen Republik 0,5% und in der Slowakischen Republik 0,1% der Bevölkerung stellt), 18.648 (0,1%) zur ruthenischen, 20.654 (0,1%) zur ukrainischen, 5.930 (0,0%) zur russischen und 24.306 (0,3%) zu sonstigen Nationalitäten zugehörig erklärt; 30.772 (0,2%) haben keine Angaben über ihre Nationalität gemacht[3].

Für die nationalen Minderheiten sind zahlreiche staatliche Verwaltungsorgane zuständig, wobei häufig die entsprechenden Organe in der Slowakischen Republik als in personeller und materieller Hinsicht besser ausgestattet bezeichnet werden. Auf föderaler Ebene besteht in der Kanzlei des Präsidiums der Föderalen Regierung die Abteilung für Menschenrechte und humanitäre Angelegenheiten (*Oddělení pro lidská práva a humanitární*

---

[2] Hervorzuheben ist, daß die Zugehörigkeit einer Person zu einer nationalen Minderheit ausschließlich auf ihrem eigenen Willen beruht, wie er in der Volkszählung zum Ausdruck kommt.

[3] Zitiert nach Hospodářské noviny, Juli 1991. Im Vergleich hierzu hatten sich bei der vorangehenden Volkszählung im Jahre 1980 63,8% der Gesamtbevölkerung zur tschechischen, 30,4% zur slowakischen, 4% zur ungarischen, je 0,5% zur deutschen und polnischen und je 0,1% zur ruthenischen und ukrainischen Nationalität bekannt. Das Absinken der Angehörigen der tschechischen Nationalität ist vor allem auf die Möglichkeit zurückzuführen, sich zu einer eigenständigen mährischen Nationalität zu bekennen. Zu betonen ist auch, daß 1980 die Roma nicht als eigenständige Nationalität angesehen wurden.

záležitosti), die indirekt vom stellvertretenden Ministerpräsidenten geleitet wird. Allgemeine Aufgabe dieser Abteilung ist es, Unterlagen für die einschlägige Tätigkeit der Föderalen Regierung zu erstellen. Bei der Föderalen Versammlung arbeitet der Ausschuß für die Problematik der Nationalitäten, ethnischen Gruppen und Menschenrechte (*Stálá komise FS pro lidská práva*). Entsprechende Ausschüsse sind auch bei den beiden Nationalräten, den Parlamenten der beiden Gliedstaaten, tätig (Beim Tschechischen Nationalrat ist dies der *Výbor pro problematiku národností, etnických skupin a pro lidská práva* und beim Slowakischen Nationalrat der *Výbor SNR pre národnosti, etnické skupiny a lidské práva*). Bei den Regierungskanzleien der Regierungen der beiden Teilrepubliken sind für diese Fragen die Räte für nationale Minderheiten zuständig (in der Tschechischen Republik der *Rada pro národnostní menšiny vlády ČR* und in der Slowakischen Republik der *Rada vlády SR pre národnostné a etnické menšiny*), in denen auch die nationalen Minderheiten repräsentiert sind. Beim slowakischen Kulturministerium ist mit diesem Fragenkomplex ein Sektor für nationale Kultur befaßt; daneben besteht innerhalb des slowakischen Schulministeriums eine Sektion für das Schulwesen in den Gebieten mit gemischtnationaler Bevölkerung. Entsprechende Institutionen gibt es auch im tschechischen Kultur- bzw. Schulministerium.

Von entscheidender Bedeutung für die rechtliche Stellung der nationalen Minderheiten in der ČSFR ist das Verfassungsgesetz Nr. 23 vom 9. Januar 1991[4], die Charta der Grundrechte und Grundfreiheiten der ČSFR[5], die in ihren Art. 24 und 25[6], die ein eigenes Kapitel 3 der Charta

---

[4] Slg. Nr. 6 vom 8.2.1991.

[5] Vgl. hierzu M. *Hošková*, Die Charta der Grundrechte und Grundfreiheiten der ČSFR, EuGRZ 18 (1991), 369 ff. (mit deutscher Übersetzung des Texts der Charta, *ibid.*, 397 ff.).

[6] Diese Bestimmungen lauten: Art. 24: "Die nationale oder ethnische Identität einer Person darf nicht zu ihrem Nachteil mißbraucht werden." und Art. 25: "(1) Den Staatsbürgern, die eine nationale oder ethnische Minderheit bilden, wird umfassende Entwicklung gewährleistet, insbesondere das Recht, gemeinsam mit anderen Angehörigen der Minderheit ihre eigene Kultur zu entwickeln, das Recht, in ihrer Sprache Informationen zu verbreiten und zu empfangen, und das Recht, sich in ethnischen Vereinigungen zusammenzuschließen. Genauere Bestimmungen hierzu trifft das Gesetz. (2) Den Staats-

bilden, den verfassungsrechtlichen Rahmen der Rechtsstellung der nationalen Minderheiten gibt.[7] Im Unterschied zum durch § 5 Abs. 2 des Einführungsgesetzes zur Charta aufgehobenen Verfassungsgesetz Nr. 144 vom 27. Oktober 1968 betreffend den Status der Nationalitäten in der ČSSR[8], verzichtet die Charta auf eine Aufzählung der von den Bestimmungen des Kapitels 3 der Charta umfaßten Minderheiten und führt im Gegenteil einen allgemeinen Terminus "nationale und ethnische Minderheiten" ein, die alle gleichermaßen den Schutz der einschlägigen Vorschriften genießen[9]. Neben dem speziellen Diskriminierungsverbot des Art. 24 ist dies der Art. 25; dieser umfaßt sowohl Gruppen- als auch Individualrechte und entspricht somit der modernen völkerrechtlichen Entwicklung des Minderheitenschutzes[10]. Als Gruppenrechte sind gewährt das Recht auf Entwicklung der eigenen Kultur, das Recht, in der Minderheitensprache Informationen zu empfangen und zu verbreiten, sowie das Recht, sich in ethnischen Vereinigungen zusammenzuschließen. An Individualrechten sind garantiert das für jede Minderheit essentielle Recht auf Erziehung in der eigenen Sprache, das Recht auf Teilnahme an der Regelung der die nationalen Minderheiten betreffenden Angelegenheiten sowie das Recht auf Gebrauch der eigenen Sprache im öffentlichen Verkehr. Besonders das letzte Recht war sehr umstritten; etliche slowakische Abgeordnete sahen hierin eine Beschränkung der

---

bürgern, die nationalen oder ethnischen Minderheiten zugehören, wird unter den vom Gesetz bestimmten Voraussetzungen auch gewährleistet: (a) das Recht auf Erziehung in ihrer Sprache; (b) das Recht auf Gebrauch ihrer Sprache im öffentlichen Verkehr; (c) das Recht auf Teilnahme an der Regelung von die nationalen und ethnischen Minderheiten betreffenden Angelegenheiten." (Übersetzung der Verf.)

[7] Vgl. zum folgenden *Hofmann* (Anm. 1), 59 ff. und *Hošková* (Anm. 5), 372 f.

[8] Dieses Gesetz bezog sich ausdrücklich nur auf die dort enumerativ aufgezählten Nationalitäten, nämlich die ungarische, deutsche, polnische, ukrainische und ruthenische Minderheit.

[9] In diesem Zusammenhang ist darauf hinzuweisen, daß die *infra* (III 1. a) näher behandelte Novelle des Schulgesetzes, das Gesetz Nr. 171 vom 8.5.1990, noch die enumerative Aufzählung der Nationalitäten aus dem Verfassungsgesetz Nr. 144 vom 27.10.1968 übernommen hatte.

[10] Vgl. hierzu statt aller *Hofmann* (Anm. 1), 4 ff. mwN.

Rechte des slowakischen Volkes und strebten daher die Aufnahme der im Entwurf des Slowakischen Nationalrats für die Charta enthaltenen Bestimmung an, wonach "die Ausübung der Rechte der Angehörigen der nationalen und ethnischen Minderheiten nicht die Rechte der sonstigen Bevölkerung beeinträchtigen" dürfe. Diese slowakische Initiative fand schließlich aber keine Mehrheit[11].

Auf verfassungsrechtlicher Ebene taucht bislang der Begriff der nationalen und ethnischen Minderheiten nur noch an einer anderen Stelle auf, nämlich im Verfassungsgesetz Nr. 103 vom 8. April 1991 über die tschechoslowakische Föderation[12]. Im Rahmen der Vorschriften über die Verteilung der Gesetzgebungskompetenzen zwischen der Föderation und den beiden Teilrepubliken bestimmt dessen Art. 37 Abs. 3, daß die Föderale Versammlung, falls dies die Einheit der Rechtsordnung verlangt, unter anderem auch die gesetzlichen Regelungen in bezug auf die "Nationalitäten und ethnischen Minderheiten" trifft.

Die von Art. 25 der Charta vorgesehene einfach-gesetzliche Regelung der Rechtslage der nationalen und ethnischen Minderheiten, die wiederum mit den durch die Charta gesetzten verfassungsrechtlichen Vorgaben übereinstimmen muß, steht in mancher Hinsicht noch aus. Wie auch im Fall des genannten Verfassungsgesetzes Nr. 144/1968, dessen Art. 5 gleichfalls die Verabschiedung von Ausführungsgesetzen vorsah (was aber tatsächlich nie umfassend geschah !), stößt man bei der Erfüllung des gesetzgeberischen Auftrags aus Art. 25 der Charta auf vielfältige Probleme. Diskutiert wird zum einen die Schaffung eines einzigen, alle Materien umfassenden Nationalitätengesetzes[13], oder eines Systems materienbezogener Nationalitätengesetze oder die Einfügung entsprechender Bestimmungen in die jeweiligen Fachgesetze. Gegenwärtig scheint, nicht zuletzt aus pragmatischen Gründen, die letzte Variante bevorzugt zu werden; so

---

11 Vgl. *Hošková* (Anm. 5), 373.
12 Slg. Nr. 22 vom 8.4.1991.
13 Für vergleichbare Vorhaben in Ungarn s. *Hofmann* (Anm. 1), 61 ff.

gibt es gegenwärtig auch keinen "offiziösen" Entwurf eines umfassenden Nationalitätengesetzes.

Als faktische Grundlage für die künftige staatliche Tätigkeit in bezug auf die nationalen Minderheiten verdienen drei wichtige Dokumente Erwähnung. Zum einen ist dies das von der genannten Abteilung für Menschenrechte und humanitäre Angelegenheiten in der föderalen Regierungskanzlei erstellte programmatische Papier betreffend die Roma-Bevölkerung, das auf folgenden Grundsätzen aufbaut: Jeder Staatsbürger der ČSFR hat das Recht, sich zur Bevölkerungsgruppe der Roma zu bekennen; der Staat ist verpflichtet, günstige Voraussetzungen für eine umfassende, allseitige Entwicklung dieser Bevölkerungsgruppe zu schaffen, was insbesondere die Reorganisation des Schulsystems und den Aufbau eines speziellen Schulwesens für die Roma bedinge; es wird die Notwendigkeit anerkannt, die tatsächliche Benachteiligung der Roma, namentlich in sozialer Hinsicht, durch die Schaffung entsprechender regionaler Entwicklungsprogramme zu mindern bzw. zu beseitigen; die Verwirklichung dieser Grundsätze soll erreicht werden im Rahmen der Lösung der allgemeinen Minderheitenproblematik in der ČSFR, wobei auch die Erziehung der Bevölkerung zu größerer Toleranz gegenüber Minderheiten vorrangig ist. Zu unterstreichen ist in diesem Zusammenhang, daß Pläne, diese Konzeption als Grundlage für ein eigenständiges Roma-Gesetz heranzuziehen, eindeutig abgelehnt wurden, da eine solche Lösung zu deutlich an die erniedrigenden Regeln aus der Zeit der Ersten Republik[14] erinnert hätte.

Ebenfalls die Roma betrifft ein in der Slowakischen Republik ausgearbeitetes Dokument, das von der dortigen Regierung am 9. April 1991 mit Beschluß Nr. 153/1991 verabschiedet wurde[15]. Grundprinzip dieses Papieres ist die Anerkennung der ethnischen Eigenständigkeit der Roma als

---

[14] Gesetz Nr. 117/1927 über die nomadisierenden Zigeuner.
[15] Dieses Dokument liegt in amtlicher Übersetzung auch in Englisch vor und trägt den Titel "Principles of Governmental Policy of the Slovak Republic towards the Romanies".

gleichberechtigt mit den anderen auf dem Gebiet der Slowakischen Republik ansässigen ethnischen Minderheiten[16].

Das dritte zu erwähnende Dokument sind die sogenannten "Grundsätze der Regierungspolitik der ČSFR in bezug auf die nationalen und ethnischen Minderheiten", die als Beschluß Nr. 86 der Regierung der ČSFR am 6. Februar 1992 verabschiedet wurden. Ausgangspunkt dieser Grundsätze ist ist das Prinzip, daß die Angehörigen der nationalen Minderheiten die gleichen Rechte wie alle anderen Staatsbürger haben, ohne irgendeine Diskriminierung. Im übrigen werden folgende Grundsätze ausdrücklich bestätigt: Die aus den die ČSFR bindenden völkerrechtlichen Abkommen fließenden völkerrechtlichen Verpflichtungen stellen den auch auf der Ebene des nationalen Rechts zu wahrenden Minimum-Standard dar; das Recht jedes Einzelnen, sich frei zu seiner Nationalität zu bekennen, wird anerkannt und respektiert; die Gewährleistung der gleichberechtigten Stellung der Angehörigen der nationalen Minderheiten gehört zu den wichtigsten Voraussetzungen für eine erfolgreiche Innenpolitik des Staates; die Regierung der ČSFR versteht ihre Politik in bezug auf die nationalen und ethnischen Minderheiten als einen wichtigen Bestandteil des Schutzes der Menschenrechte und unterstützt die Durchführung derjenigen Maßnahmen, die für die Herstellung der völligen Gleichheit der Angehörigen dieser Minderheiten mit den anderen Staatsbürgern notwendig sind; Fragen betreffend die nationalen und ethnischen Minderheiten bilden einen integralen Bestandteil der Außenpolitik der föderalen Regierung, wobei die Beziehungen zu Angehörigen nationaler und ethnischer Minderheiten in anderen Staaten, die durch ihre Identität und ihre Herkunft mit der ČSFR verbunden sind, nicht durch die Haltung der Regierungen dieser Staaten zu den nationalen und ethnischen Minderheiten auf dem Gebiet der ČSFR beeinflußt werden soll; die

---

[16] In dem Dokument heißt es insofern, daß notwendig sei "to acknowledge the ethnic independence of the Romanies on the level of other ethnic minorities living in the territory of the Slovak Republic in the legislative-legal system starting with the Constitution of the Republic; i.e. to acknowledge the Romanies to be a nationality in the contemporary terminology and to guarantee their political and legal equality of rights."

Regierung respektiert die gleichberechtigte Stellung aller auf dem Gebiet der ČSFR ansässigen nationalen und ethnischen Minderheiten; die Politik der föderalen Regierung zielt auf Toleranz gegenüber nationalen und ethnischen Minderheiten; zur Gewährleistung der institutionellen Voraussetzungen für die Verwirklichung dieser Grundsätze aktualisiert die Regierung ihren Beschluß Nr. 80 vom 8. Februar 1990, durch den ein Regierungsausschuß für Nationalitätenfragen eingerichtet wurde; finanzielle Zuschüsse der Föderation für die Entwicklung der Belange nationaler und ethnischer Minderheiten werden infolge der Regeln über die Kompetenzverteilung zwischen Föderation und den Teilrepubliken und wegen der noch ausstehenden Formulierung der Prinzipien der Regierung der ČSFR für die Gewährung solcher finanzieller Mittel vorläufig nur als zusätzliche Mittel gegeben, wobei über ihre Verteilung die Regierung der ČSFR auf der Grundlage einer entsprechenden Empfehlung des Regierungsausschusses für Nationalitätenfragen unter Berücksichtigung der zahlenmäßigen Stärke der jeweiligen nationalen und ethnischen Minderheiten und ihrer Bedürfnisse entscheiden wird; schließlich wird die Regierung der ČSFR die Gesetzgebungsverfahren für die notwendigen Gesetze einleiten.

Offenkundig hat die Problematik nationaler und ethnischer Minderheiten auch eine völkerrechtliche Komponente. Neben Bestimmungen bilateraler Verträge, wie etwa der Art. 20 und 21 des deutsch-tschechoslowakischen Vertrages über gute Nachbarschaft und freundschaftliche Zusammenarbeit vom 27. Februar 1992[17], und ihren Auswirkungen auf die innerstaatliche Rechtsordnung[18] sollen hier drei Komplexe angesprochen werden, die für

---

[17] Abgedruckt etwa in Bull. 1992, 233 ff.

[18] Die Frage der innerstaatlichen Anwendbarkeit der Bestimmungen völkerrechtlicher, von der ČSFR ratifizierter Verträge wird seit langem diskutiert, ohne daß sich bislang ein eindeutiges Ergebnis feststellen läßt. Der Grund hierfür liegt in dem Umstand, daß es in der Rechtsordnung der ČSFR hierfür keine allgemeine gesetzliche Regelung gibt; eine Ausnahme bildet insofern § 2 des Einführungsgesetzes zur Charta der Grundrechte und Grundfreiheiten, demzufolge "von der ČSFR ratifizierte und verkündete völkerrechtliche Verträge über Menschenrechte und Grundfreiheiten auf ihrem Staatsgebiet allgemein verbindlich" sind und "ihren eigenen Gesetzen vorgehen", vgl. *Hošková* (Anm. 5), 370; diese Bestimmung gilt

die ČSFR von Bedeutung sind. Zunächst ist dies die Frage, ob und inwieweit die minderheitenrechtlichen Bestimmungen des Vertrages von Saint-Germain-en-Laye vom 10. September 1919 zwischen den Alliierten und den Assoziierten Hauptsiegermächten einerseits und der Tschechoslowakei andererseits heute noch Geltung beanspruchen können. Ohne daß hier auf eine offizielle Stellungnahme der föderalen Regierung verwiesen werden kann, scheint doch der Eindruck zutreffend zu sein, daß eine jedenfalls sehr beachtliche Auffassung im Außenministerium der ČSFR davon ausgeht, daß diese Verträge, die nie aufgehoben wurden und in der amtlichen Gesetzessammlung aufgeführt sind, nicht zuletzt auch im Hinblick auf die - im übrigen auch in der Präambel des genannten deutsch-tschechoslowakischen Vertrages anerkannte - Tatsache, daß der tschechoslowakische Staat seit 1918 nie zu bestehen aufgehört hat, einen Teil der geltenden Rechtsordnung der ČSFR bilden.

Die zweite Frage betrifft die möglichen Auswirkungen der Bestimmung des Art. 6 Abs. 3 der geltenden ungarischen Verfassung[19] auf insbesondere die rechtliche Situation innerhalb der Slowakischen Republik. Eine abschließende Meinungsbildung, namentlich zu der Frage, ob hierin ein "Schutzmachtanspruch" Ungarns zu sehen ist, scheint aber soweit ersichtlich noch nicht erfolgt zu sein.

---

unstreitig für die Europäische Menschenrechtskonvention, die von der ČSFR am 18.2.1992 einschließlich des 1., 4., 6. und 7. Zusatzprotokolls ratifiziert wurde, und den Internationalen Pakt über bürgerliche und politische Rechte vom 19.12.1966 mit seinem der Rechtsstellung von Minderheiten gewidmeten Art. 27, der am 23.3.1976 für die (damalige) ČSFR in Kraft trat. Unstreitig ist bislang nur, daß die Bestimmungen völkerrechtlicher Verträge jedenfalls dann innerstaatlich anwendbar sind, wenn sie ausdrücklich in die nationale Rechtsordnung transformiert, durch ein nationales Gesetz inkorporiert oder durch Verweis in einem nationalen Gesetz für anwendbar erklärt (rezipiert) wurden. Welchen innerstaatlichen Rang die Bestimmungen des deutsch-tschechoslowakischen Vertrags haben werden, kann daher jetzt noch nicht gesagt werden; immerhin ist zu betonen, daß ihm - nach durchaus kontroverser Diskussion - von der Föderalen Versammlung am 22.4.1992 zugestimmt wurde.

[19] Diese Bestimmung lautet: "Die Republik Ungarn fühlt sich verantwortlich für das Wohlergehen der im Ausland lebenden Ungarn und fördert die Pflege der Bindungen zwischen ihnen und Ungarn". (zitiert nach der Übersetzung von *G. Halmai* in JÖR 39 [1991], 258 ff.)

Der dritte Fragenkomplex betrifft die zukünftige Haltung der ČSFR zu der Behandlung von Minderheitenfragen insbesondere im Rahmen der KSZE. Während einerseits kein Zweifel an der Bereitschaft der ČSFR besteht, die in den einschlägigen KSZE-Dokumenten, namentlich des Kopenhagener Treffens über die menschliche Dimension der KSZE vom 29. Juni 1990, enthaltenen politischen Verpflichtungen zu erfüllen[20], gibt es offenbar gewisse Bedenken hinsichtlich des niederländischen Vorschlags eines "Hoch-Kommissars der KSZE für Minderheiten", insbesondere in bezug auf das mögliche Verhältnis einer solchen Institution zu den bereits existierenden KSZE-Mechanismen.

II. Das Recht auf Gebrauch der Minderheitensprache

1. Der private Bereich

Für den privaten Bereich gibt es keine Regelung des Gebrauchs der Sprache. Privat kann man deswegen die eigene Sprache ohne Einschränkungen benutzen.

2. Behörden und Gerichte

a) Die rechtliche Grundlage für die Gewährleistung des Rechtes, die eigene Sprache im Verkehr mit den staatlichen Organen zu benützen, hat Art. 25 der Charta der Grundrechte und Grundfreiheiten vom 8. Februar 1991[21] gelegt: Den Staatsbürgern, die den nationalen und ethnischen Minderheiten zugehören, wird unter den vom Gesetz bestimmten Voraussetzungen gemäß dessen Abs. 2 lit. a) auch das Recht auf Gebrauch ihrer Sprache im

---

[20] Bekanntlich haben sich Deutschland und die ČSFR im genannten Vertrag vom 27.2.1992 in dessen Art. 20 Abs. 1 sogar verpflichtet, diese politischen Verpflichtungen als rechtlich verbindliche Verpflichtungen zu erfüllen.

[21] Für den Wortlaut dieses Artikels s. Anm. 7.

öffentlichen Verkehr gewährleistet. Auf derselben verfassungsrechtlichen Ebene gewährt die Charta in ihrem Art. 37 Abs. 4 jedem, der behauptet, er spreche nicht die Sprache, in der das Verfahren vor Gerichten, anderen Organen des Staates oder der öffentlichen Verwaltung geführt wird, einen Anspruch auf die Stellung eines Dolmetschers.[22]

Hingegen enthält das Verfassungsgesetz Nr. 103 vom 8. April 1991 über die tschechoslowakische Föderation in seiner vollständigen Fassung[23] keine Bestimmung zum Gebrauch der Minderheitensprachen: In seinem Art. 6 Abs. 2 wird nur festgestellt, daß die tschechische und die slowakische Sprache bei der Verkündung von Gesetzen und sonstigen Rechtsvorschriften gleichberechtigt benutzt werden müssen; diese Vorschrift gilt für die *Sbírka zákonů České a Slovenské Federativní Republiky* (Sammlung der Gesetze der Tschechischen und Slowakischen Föderativen Republik sowie der Gesetze der Tschechischen Republik und der Slowakischen Republik), deren Herausgeber das Föderale Ministerium des Innern ist. Auch die Bestimmung über die Benutzung der Sprache bei den Behörden bleibt auf das Tschechische und das Slowakische begrenzt: Abs. 2 des genannten Artikels legt fest, daß bei den Verhandlungen aller staatlichen Organe der ČSFR und beider Republiken, bei den Verfahren vor ihnen und in ihren sonstigen Kontakten mit den Staatsbürgern Tschechisch und Slowakisch gleichberechtigt benützt werden.

b) Auf der einfach-gesetzlichen Ebene sind insbesondere die dem Gebrauch der Sprachen gewidmeten einschlägigen Bestimmungen der Zivil- und der Strafprozeßordnung von Bedeutung. In § 18 der Zivil-

---

[22] Diese Bestimmung, die sich im dem Recht auf gerichtlichen und anderen Rechtsschutz gewidmetem Kapitel 5 der Charta findet, lautet: "(1) Jedermann hat das Recht, eine Aussage zu verweigern, wenn er hierdurch sich selbst oder eine ihm nahestehende Person belasten würde. (2) Jedermann hat in Verfahren vor Gerichten, anderen Organen des Staates oder der öffentlichen Verwaltung vom Beginn solcher Verfahren an das Recht auf Rechtsbeistand. (3) Alle Parteien sind in diesen Verfahren gleich. (4) Jeder, der behauptet, er spreche nicht die Sprache, in welcher das Verfahren geführt wird, hat Anspruch auf die Stellung eines Dolmetschers." (Übersetzung der Verf.).

[23] Slg. Nr. 22 vom 8.4.1991.

prozeßordnung[24] heißt es, daß die Verfahrensbeteiligten das Recht haben, vor Gericht sich ihrer Muttersprache zu bedienen; das jeweilige Gericht ist danach verpflichtet, allen die gleichen Möglichkeiten zur Umsetzung ihrer Rechte zu gewährleisten. Analog hierzu garantiert die Strafprozeßordnung[25] in ihrem § 2 Abs. 14 das Recht einer jeden Person, vor den im Bereich der Strafverfolgung tätigen Organen ihre Muttersprache benutzen zu können. Naturgemäß wird die Verwirklichung dieser Rechte in der Praxis gegebenenfalls die Hinzuziehung eines Dolmetschers notwendig machen; insoweit sind die §§ 2 und 29 der Strafprozeßordnung einschlägig: Danach ist ein Dolmetscher hinzuzuziehen, falls es notwendig ist, den Inhalt einer Aussage zu übersetzen oder falls der Angeklagte die Verfahrenssprache nicht beherrscht.

c) Neben diesen Bestimmungen föderaler Gesetze sind auch Regelungen von Belang, die auf der Ebene der Teilrepubliken gelten. Von besonderer Bedeutung ist insoweit das Gesetz des Slowakischen Nationalrates Nr. 428 vom 25. Oktober 1990 über die offizielle Sprache in der Slowakischen Republik[26], das in internationalen Fora gewisser Kritik begegnete. Obwohl seine Einführungsbestimmungen erklären, daß die Anwendung der slowakischen Sprache zur Entwicklung der Demokratie innerhalb der Slowakischen Nation sowie, im Geist der völkerrechtlichen Verpflichtungen im Bereich der Menschenrechte[27], auch der nationalen Minderheiten beitragen soll, bedeutet der Inhalt des Gesetzes faktisch eine Beschränkung der entsprechenden Rechte: § 2 des Gesetzes stellt zunächst fest, daß offizielle Sprache auf dem slowakischen Staatsgebiet Slowakisch ist; ferner sind die Staatsorgane und die Organe der kommunalen Selbstverwaltung verpflichtet, bei ihrer Tätigkeit Slowakisch zu benutzen. Auch die natürlichen und juristischen Personen haben sich im amtlichen Verkehr grundsätzlich der offiziellen Sprache zu bedienen, falls nicht Sonderregeln ausdrücklich eine andere Regelung festschreiben (so z.B. die genannten

---

[24] Gesetz Nr. 70 vom 13.3.1992, Slg. Nr. 18 vom 13.3.1992.
[25] Gesetz Nr. 141 vom 9.11.1961, Slg. Nr. 66 vom 9.12.1961.
[26] Slg. Nr. 73 vom 25.10.1990.
[27] Vgl. § 1 Abs. 2 dieses Gesetzes.

Bestimmungen der Zivil- oder der Strafprozeßordnung). Gemäß § 1 Abs. 3 dieses Gesetzes sind die amtlichen Urkunden in der offiziellen Sprache zu verfassen. Die Möglichkeit der Benutzung der tschechischen Sprache im amtlichen Verkehr verbirgt sich unter dem Titel des § 6 dieses Gesetzes: "Benutzung sonstiger Sprachen". Dazu gehören auch die Sprachen der nationalen Minderheiten, deren Verwendung allerdings durch das Erfordernis einer bestimmten numerischen Stärke beschränkt wird: Die Angehörigen der nationalen Minderheiten[28] dürfen nämlich gemäß § 6 Abs. 2 dieses Gesetzes nur in denjenigen Gebieten ihre Muttersprache im offiziellen Verkehr benutzen, in denen sie mehr als 20% der Bevölkerung ausmachen. Die Beamten der Gemeindeverwaltungen sind jedoch nicht verpflichtet, die Sprache der jeweiligen nationalen Minderheit zu beherrschen oder zu benutzen[29]; durch diese Bestimmung ist der mögliche Anwendungsbereich der Benutzung der Minderheitensprachen natürlich noch mehr begrenzt. Eine weitere, ganz erhebliche Schranke stellt auch § 6 Abs. 3 dieses Gesetzes dar, der die Organe des Staates und der kommunalen Selbstverwaltung berechtigt, die Möglichkeit, Zweckmäßigkeit und die Art der Sprachbenutzung zu beurteilen, unter Berücksichtigung der Vorschriften des § 1 dieses Gesetzes (Slowakisch als allgemeine Kommunikationssprache auf dem slowakischen Staatsgebiet) und seines § 4 (Verpflichtung des Staates zu gewährleisten, daß die Staatsbürger der Slowakischen Republik Slowakisch im für den öffentlichen Verkehr erforderlichen Umfang beherrschen). Diese Regelung betrifft, neben der ukrainischen (ruthenischen) Minderheit, faktisch vor allem die zahlenmäßig eigentlich sehr starke ungarische Minderheit, die in manchen ihrer Siedlungsgebiete jedoch unter dieser Grenze von 20% bleibt. Die Vorschrift

---

[28] Insofern fällt auf, daß das slowakische Gesetz den Begriff "nationale Minderheiten" verwendet, während in Art. 24 und 25 der Charta der Grundrechte und Grundfreiheiten der Terminus "nationale und ethnische Minderheiten" verwendet wird. Bisher ist noch nicht völlig geklärt, ob sich aus diesen unterschiedlichen Begriffen rechtliche Folgen dergestalt ergeben, daß in der Slowakei nur diejenigen Minderheiten gemeint sind, deren Angehörige in einem anderen Staat das Staatsvolk stellen (nationale Minderheiten), was in der Praxis die Roma (als ethnische Minderheit) vom Anwendungsbereich des Gesetzes ausschlösse; indes spricht viel dafür, daß es sich nur um redaktionelle Unterschiede ohne rechtliche Bedeutung handelt.

[29] Vgl. § 6 Abs. 2 dieses Gesetzes.

des § 6 Abs. 4 ist schließlich der Bezeichnung der Gemeinden, Orte und ihrer Teile, Straßen, Plätze, öffentlicher Räume und sonstiger topographischer Benennungen gewidmet, die alle in der offiziellen Sprache, d.h. in Slowakisch, gefaßt sein müssen.

Dieses slowakischen Gesetz erinnert an die Bestimmung des Art. 1 des Verfassungsgesetzes Nr. 103 vom 8. April 1991, das erklärt, daß die ČSFR "... ein föderativer Staat der *zwei* [Unterstreichung durch die Verfasserin] gleichberechtigten Brudervölker, der Tschechen und der Slowaken, ist." Verglichen mit diesen Regelungen gehen die minderheitenrechtlichen Bestimmungen der Charta der Grundrechte und Grundfreiheiten hinsichtlich der Wahrung der Rechte der Minderheiten offenkundig wesentlich weiter; es stellt sich sogar die Frage, ob die genannten Bestimmungen des slowakischen Gesetzes im Widerspruch zur Konformitätsklausel des § 1 Abs. 1 des Einführungsgesetzes zur Charta der Grundrechte und Grundfreiheiten[30] stehen, was gemäß § 6 Abs. 1 dieses Einführungsgesetzes[31] zur Folge hätte, daß sie als mit dem 31. Dezember 1991 außer Kraft getreten anzusehen wären.

3. Kultur und Medien

a) Kultur

Der Staat gewährleistet nach Art. 25 Abs. 1 der Charta der Grundrechte und Grundfreiheiten[32] den Staatsbürgern, die eine nationale oder ethnische

---

[30] Diese Bestimmung lautet: "Verfassungsgesetze, andere Gesetze und andere Rechtsnormen, ihre Auslegung und Anwendung müssen mit der Charta der Grundrechte und Grundfreiheiten in Einklang stehen". (Übersetzung der Verf.)

[31] Diese Bestimmung lautet: "Gesetze und andere Rechtsnormen sind spätestens bis zum 31. Dezember 1991 in Einklang mit der Charta der Grundrechte und Grundfreiheiten zu bringen. Vorschriften, die nicht in Einklang mit der Charta der Grundrechte und Grundfreiheiten stehen, treten zu diesem Tag außer Kraft." (Übersetzung der Verf.)

[32] Für den Wortlaut dieser Bestimmung s. Anm. 7.

Minderheit bilden, das Recht, gemeinsam mit anderen Angehörigen der Minderheit ihre eigene Kultur zu entwickeln. Es erscheint aufschlußreich, am Beispiel der Tschechischen Republik zu untersuchen, wie diese Pflicht des Staates erfüllt wird[33].

Auf dem Kulturministerium der Tschechischen Republik arbeitet die sogenannte "Sektion der Aufklärung" (*sekce osvěty*); zwei ihrer Arbeitsstellen sind für die Kultur der nationalen Minderheiten reserviert.

Die politische Wende im November 1989 hat sich wesentlich auf die Tätigkeit der Organisationen der nationalen Minderheiten ausgewirkt: Die Zahl ihrer Organisationen ist gewachsen, auch wenn manche dieselben Interessen repräsentieren und bei ihrer Entstehung persönliche Konkurrenzen, Selbständigkeitbedürfnisse und persönliche Ambitionen eine gewisse Rolle spielen. So waren am 10. Februar 1992 bei dem Tschechischen Innenministerium 11 Vereinigungen der deutschen, 8 der polnischen, 2 der ukrainischen, 2 der ungarischen, 1 der kroatischen und 19 der Roma-Minderheit registriert.

Jede Vereinigung, die kulturelle Tätigkeiten für die nationalen Minderheiten ausübt und die "... an den wichtigen Aufgaben im Bereich der Kultur teilnehmen wird, ..." hat einen Anspruch, beim Kulturministerium im Rahmen der Regeln für die Gewährleistung von Zuschüssen aus dem Staatsbudget der Tschechischen Republik an Bürgervereinigungen[34] einen solchen Zuschuß zu beantragen. Als Kriterien wurden bei den Verhandlungen im Jahre 1992 die Höhe des Staatszuschusses im vergangenen Jahr, die wachsende Zahl der nationalen Bürgervereinigungen (im Jahre 1991 wurden aus dem Staatsbudget der Tschechischen Republik 12 Organisationen gefördert, im Jahre 1992 haben schon 26 Bürgerver-

---

[33] Diese Beschränkung auf die Lage in der Tschechischen Republik beruht auch darauf, daß der Verf. keine entsprechenden Informationen zur Situation in der Slowakischen Republik zur Verfügung standen.

[34] Vgl. hierzu den Erlaß Nr. 131/1991 der Tschechischen Regierung.

einigungen einen Zuschuß beantragt), ihre Mitgliederbasis und der Umfang sowie der Charakter ihrer Aufgaben und Tätigkeiten zugrunde gelegt.

In der Regel wurde um Zuschüsse für Publikationen, die Erforschung der eigenen Geschichte, kulturelle Interessengemeinschaften, Informations- und Bildungstätigkeit sowie für Kontakte mit der "Heimatnation" angesucht. Die Organisationen, die auf dem gesamten Gebiet der Republik tätig sein wollen, bemühen sich, ihre eigenen Informationszentren, Vereinigungen und Zentren kultureller Tätigkeit zu bilden; oft haben sie jedoch die Absicht, für ihre Aktivitäten geeignete Gebäude mit umfassender Einrichtung übereignet zu erhalten, mit entsprechendem Personal ausstatten oder Fahrzeuge zu kaufen und ihren Betrieb bezahlen zu lassen, was nicht immer den gegebenen finanziellen Möglichkeiten entspricht; solche Forderungen müssen dann korrigiert werden. Alle Zuschüsse sind zweckgebunden; das Ministerium behält das Recht, ihre Verwendung zu kontrollieren.

Für das Jahr 1992 hat das tschechische Kulturministerium einen Betrag in Höhe von 28 Millionen Kčs für die Belange solcher Organisationen der nationalen Minderheiten reserviert. Davon erhalten 3 Millionen Kčs die polnischen Organisationen, 3 Millionen Kčs die Organisationen der deutschen Minderheit, die Organisationen der Roma 11 Millionen Kčs und den Rest die sonstigen Vereinigungen. Außerhalb der Zuständigkeit des Kulturministeriums bleibt der Bereich der periodischen Presse, die direkt aus den Quellen der Staatsbudgets finanziert wird: Im Jahre 1991 wurde für die periodische Presse aus dem föderalen Budget ein Betrag von 28 Millionen Kčs (7 Millionen Kčs für Presseerzeugnisse auf dem Gebiet der Tschechischen und 21 Millionen Kčs für Presseerzeugnisse auf dem Gebiet der Slowakischen Republik) bereitgestellt; eine vergleichbare Summe wurde aus Mitteln des tschechischen Staatsbudgets zur Verfügung gestellt.

b) Medien

Für die Darstellung der rechtlichen Lage der Medien ist es notwendig, auf die einschlägige Regelung in der Charta der Grundrechte und Grundfreiheiten zurückzukommen, deren Art. 17 in seinen Absätzen 1-4 die allgemeinen, den international üblichen Standards entsprechende Vorschriften enthält[35]: In diesen Bestimmungen garantiert der Staat im Abs. 1 zunächst die Meinungsfreiheit und das Recht auf Information. Ferner hat nach Abs. 2 jedermann das Recht, seine Meinung durch Wort, Schrift, Druck, in Bildern oder in jeder anderen Form frei zu äußern sowie ohne Rücksicht auf die Staatsgrenzen Ideen und Informationen sich zu beschaffen, zu empfangen und weiterzugeben. In Anknüpfung an diese Rechte wird durch Art. 25 Abs. 1 der Charta[36] den Staatsbürgern, die eine nationale oder ethnische Minderheit bilden, das Recht gewährt, in ihrer Sprache Informationen zu verbreiten und zu empfangen. Genauere Bestimmungen sind durch Gesetz zu treffen.

aa) Zu den wichtigsten dieser einfach-gesetzlichen Normen auf der föderalen Ebene gehört zweifellos eine erste gesetzliche Änderung, die einen breiteren Raum für die Tätigkeit der Massenmedien eröffnete: Schon am 28. März 1990 wurde nämlich die Novelle des Gesetzes Nr. 81/1966 Slg. über die periodische Presse und über sonstige Massenmedien, das Gesetz

---

[35] Diese Bestimmung lautet: "(1) Die Meinungsfreiheit und das Recht auf Information werden gewährleistet. (2) Jedermann hat das Recht, seine Meinung durch Wort, Schrift, Druck, in Bildern oder in jeder anderen Form frei zu äußern, sowie ohne Rücksicht auf die Staatsgrenzen Ideen und Informationen frei sich zu beschaffen, zu empfangen und weiterzugeben. (3) Zensur ist nicht gestattet. (4) Die Meinungsfreiheit und das Recht, Informationen sich zu beschaffen und weiterzugeben, dürfen durch Gesetz im Fall von Maßnahmen eingeschränkt werden, die in einer demokratischen Gesellschaft zum Schutz der Rechte und Freiheiten anderer, der Sicherheit des Staates, der öffentlichen Sicherheit, Gesundheit und Moral notwendig sind. (5) Die Organe des Staates und der örtlichen Selbstverwaltung geben in angemessener Weise Auskunft über ihre Tätigkeiten. Die Voraussetzungen und die Art der Verwirklichung dieser Verpflichtung werden durch Gesetz geregelt." (Übersetzung der Verf.)

[36] Für den Wortlaut dieser Bestimmung s. Anm. 6.

Nr. 86/1990 Slg., verabschiedet. Diese neue Regelung verläßt eindeutig das allgemeine System der früheren "Durchregulierung" und trennt sich von dem Staatsmonopol im Pressewesen. Der Kern der Novelle, der auch für die Herausgabe der Presse der nationalen Vereinigungen seine Bedeutung hat, liegt in ihrem § 4: Zur Herausgabe von periodischen Presseerzeugnissen sind die tschechoslowakischen juristischen Personen sowie diejenigen tschechoslowakischen Staatsbürger berechtigt, die das Alter von 18 Jahren erreicht haben. Diese Berechtigung, periodische Presseerzeugnisse herauszugeben, entsteht durch die Registration. Zu ergänzen ist, daß sonstige juristische und natürliche Personen, also Ausländer, nach dieser Vorschrift als Verleger periodischer Presseerzeugnisse nur mit Genehmigung des zuständigen Organs der Staatsverwaltung der Tschechischen oder Slowakischen Republik, je nach dem Sitz des Herausgebers, tätig sein können.

bb) Während die Novelle des Gesetzes über die periodische Prese und über sonstige Massenmedien das Staatsmonopol im Bereich der Presse aufgehoben hatte, wurde dies für das Gebiet der wichtigsten sonstigen Massenmedien durch das Gesetz Nr. 468 vom 30. Oktober 1991 über Radio- und Fernsehsendungen[37] bewirkt: Dieses Gesetz schafft die Basis für ein duales System von Sendungen, in dem parallel die demonopolisierten und entstaatlichten Nachfolgeorganisationen "der bisherigen staatlichen Massenmedien" (öffentlicher Sektor) neben den privaten Betreibern von Rundfunk- und Fernsehsendungen (privater Sektor) funktionieren werden.

"Betreiber der Sendung" sind diejenigen, die die Befugnis zur Sendung aufgrund eines Gesetzes der Föderalen Versammlung, des Tschechischen Nationalrates oder des Slowakischen Nationalrates (Betreiber aufgrund Gesetzes) oder infolge der Verleihung einer Lizenz (Lizenzbesitzer) erworben haben. Eine juristische Person kann eine Lizenz erhalten, falls sie ihren Sitz auf dem Gebiet der ČSFR hat und im Handelsregister eingeschrieben ist. Eine natürliche Person kann die Lizenz gemäß § 3 Abs. 3

---

[37] Slg. Nr. 91 vom 22.11.1991.

des Gesetzes nur erhalten, wenn sie ihren ständigen Aufenthalt auf dem Gebiet der ČSFR hat.

Für beide Gruppen der Betreiber gilt ausdrücklich die Pflicht, die Entwicklung der Nationalitäten und ethnischen Gruppen der ČSFR zu berücksichtigen: Die Betreiber aufgrund Gesetzes sind verpflichtet, "den wesentlichen Teil der auszustrahlenden Programme so zu produzieren oder produzieren zu lassen, daß die kulturelle Identität der Nationen, Nationalitäten und ethnischen Gruppen der ČSFR erhalten wird"[38]. Die Lizenzbesitzer werden durch die lizenzverleihenden Organe nach § 10 Abs. 4 des Gesetzes danach beurteilt, in welchem Maße sie zur "... Gewährleistung der Entwicklung der eigenen Kultur der Nationen, Nationalitäten und ethnischen Gruppen in der ČSFR ..." beitragen.

Am 24. Mai 1991 sind zwei nationale Regelungen im Bereich der Massenmedien verabschiedet worden, nämlich das Gesetz des Slowakischen Nationalrates Nr. 254 über das Slowakische Fernsehen[39] und das Gesetz des Slowakischen Nationalrates Nr. 255 über den Slowakischen Rundfunk[40]. Diese beiden legislatorischen Schritte, die in erster Linie die Schaffung nationaler Massenmedien in der Slowakei ermöglichen sollten, äußern sich auch zur Kultur der nationalen Minderheiten: Eine der Aufgaben des Slowakischen Fernsehens ist nach § 6 lit. j) des Gesetzes Nr. 254, zur Entwicklung der nationalen Kultur und der Kultur der auf dem Territorium der Slowakischen Republik lebenden Nationalitäten beizutragen. Daher verpflichtet § 3 Abs. 2 dieses Gesetzes das Slowakische Fernsehen, mit Hilfe von Fernsehsendungen in ihren Muttersprachen auch die Interessen der in der Slowakischen Republik lebenden Nationalitäten und ethnischen Gruppen zu gewährleisten. Das Gesetz über den Slowakischen Rundfunk enthält analoge Bestimmungen im § 6 lit. d) bzw. § 5 Abs. 2.

---

[38] Vgl. § 9 Abs. 2 lit. c) des Gesetzes.
[39] Slg. Nr. 49/1991.
[40] *Ibid.*

Sechs Monate später wurde die entsprechende tschechische Gesetzgebung verabschiedet: Am 7.November 1991 hat der Tschechische Nationalrat das Gesetz Nr. 483 über das Tschechische Fernsehen[41] sowie das Gesetz Nr. 484 über den Tschechischen Rundfunk angenommen[42]. In § 2 des erstgenannten Gesetzes wird als eine der Aufgaben des Tschechischen Fernsehens definiert, "... die kulturelle Identität der tschechischen Nation, sowie der Nationalitäten und ethnischen Minderheiten in der Tschechischen Republik zu entwickeln ...". Dieselbe Regelung enthält § 2 des Gesetzes über den Tschechischen Rundfunk. Hervorzuheben ist insofern, daß auf diesem Gebiet die Slowakische Gesetzgebung mit ihrer Garantie von Sendungen in der Muttersprache der Nationalitäten und ethnischen Grupen wesentlich weitergeht.

III. Bildungs- und Erziehungswesen

1. Die rechtliche Lage

a) Für die rechtliche Lage im Bereich des Bildungs- und Erziehungswesens in der ČSFR ist entscheidend die am 1. Juni 1990 in Kraft getretene Novelle des Schulgesetzes, Gesetz Nr. 171 vom 3. Mai 1990[43], welches das Gesetz Nr. 29/1984 über das System der Grund- und Mittelschulen (das Schulgesetz) änderte und ergänzte. Durch ihren § 3 hat jedoch die Novelle diejenige Bestimmung des Schulgesetzes von 1984 übernommen, die bestimmt, daß die Erziehung und Bildung in der tschechischen und der slowakischen Sprache zu erfolgen hat; den Bürgern der ungarischen, deutschen, polnischen und ukrainischen (ruthenischen) Nationalität wird, im Umfang ihrer angemessenen Interessen ihrer nationalen Entwicklung, das Recht auf Bildung in ihrer Sprache gewährleistet. Diese taxative Aufzählung der Nationalitäten, denen dieses Recht garantiert wird, erinnert an die Regelung des schon durch § 5 des

---

41   Slg. Nr. 93/1991.
42   *Ibid.*
43   Slg. Nr. 30 vom 18.5.1990.

Einführungsgesetzes zur Charta der Grundrechte und Grundfreiheiten aufgehobenen Verfassungsgesetzes Nr. 144/1968 Slg., dessen Art. 3 Abs. 1 lit. a) das Recht auf Bildung in der eigenen Sprache der Staatsbürger sowie der Angehörigen der ungarischen, deutschen, polnischen und ukrainischen (ruthenischen) Nationalität - und nur dieser Minderheiten - deklariert hatte. Die Charta selbst hat nun, wie schon erwähnt, in ihrem Art. 25 auf eine Aufzählung der berechtigten Nationalitäten ausdrücklich verzichtet.[44]

Von den neuen Bestimmungen der Novelle seien diejenigen erwähnt, die, in Anknüpfung an Art. 33 Abs. 3 der Charta[45], die Existenz von Privatschulen respektieren. So hat § 57 der Novelle die Zuständigkeit der nationalen Ministerien für Schulwesen um die Sicherung des Pflichtschulbesuches sowie um die allgemeinen pädagogischen Belange im Hinblick auf diese nicht-staatlichen Schulen erweitert. Diese Regelung kann etwa im Zusammenhang mit der Einrichtung fremdsprachiger Privatschulen in der ČSFR (z.B. der privaten Grundschule mit deutscher und tschechischer Unterrichtssprache im 8. Prager Bezirk) durchaus eine praktische Bedeutung erlangen.

Der Gebrauch der Lehrbücher richtet sich nach § 40 der Novelle: Neben den in den Listen der Ministerien für Schulwesen aufgeführten Lehrbüchern und Lehrtexten können auch sonstige Lehrbücher und Lehrtexte benützt werden.

b) Wesentlich mehr Bestimmungen zu dem nationalen Schulwesen findet man im Gesetz des Tschechischen Nationalrates über die Staats- und Selbstverwaltung im Schulwesen, Nr. 564 vom 13.Dezember 1990[46]. Für die Option für Unterricht in einer anderen als der tschechischen Sprache sind vor allem die folgenden Bestimmungen dieses Gesetzes relevant: So

---

[44] Vgl. hierzu *Hošková* (Anm. 5), 372 f.

[45] Diese Bestimmung lautet: "Andere als staatliche Schulen dürfen nur eingerichtet und Unterricht dort angeboten werden unter gesetzlich bestimmten Bedingungen; die Ausbildung an solchen Schulen darf gegen Schulgeld gewährt werden." (Übersetzung der Verf.)

[46] Slg. Nr. 91 vom 27.12.1990.

berechtigt sein § 3 Abs. 4 die Direktoren der Schule, die Ausgestaltung des Unterrichts aufgrund der Anforderungen der Organe, welche die jeweilige Schule gegründet haben, im Rahmen der allgemein festgestellten Lehrpläne zu regeln. Nach den Angaben des tschechischen Schulministeriums gilt derzeit die Richtlinie, derzufolge der Direktor der Schule bis zu 30% des Lehrplanes an die allgemein verbindlichen Lehrinhalte anzupassen hat; diese Richtlinie kann gleichfalls auf den Sprachunterricht angewendet werden.

Zur Gründung von Vorschuleinrichtungen, Schulen und anderer Unterrichtsanstalten mit anderer Unterrichtssprache als Tschechisch ist gemäß § 12 Abs. 3 lit. d) dieses Gesetzes das Ministerium des Schulwesens, der Jugend und der Körpererziehung berechtigt, "... falls diese Einrichtungen nicht durch die Gemeinden gemäß § 14 Abs. 2 eingerichtet werden." Dieser Hinweis führt zu der Regelung der Selbstverwaltung im Schulwesen, konkret zur Erklärung, daß die Gemeinden mit Zustimmung des Schulamtes Vorschuleinrichtungen, Grundschulen und diesen dienende Einrichtungen wie Horte, Sportanlagen und Kantinen einrichten und auflösen können.

Für die Gewährleistung des Unterrichtes in einer anderen Sprache als Tschechisch sind, unter Berücksichtigung der lokalen Bedingungen und Bedürfnisse, gemäß § 6 Abs. 4 des Gesetzes die örtlich zuständigen Schulämter verantwortlich, die gemäß § 5 des Gesetzes unmittelbar dem Schulministerium unterstellt sind. Dieselben Organe verteilen auch die Finanzmittel für diejenigen Privatschulen, die in das allgemeine Schulsystem eingeordnet sind[47].

Die slowakische Paralelle dieses Gesetzes, das Gesetz des Slowakischen Nationalrates Nr. 542 vom 26. November 1990[48] über die Staatsverwaltung im Schulwesen und die Schulverwaltung enthält keine ausdrückliche Bestimmung über den Unterricht in einer anderen als der slowakischen

---

47 Vgl. § 10 Abs. 2 des Gesetzes.
48 Slg. Nr. 88 vom 22.12.1990.

Sprache: In § 5 Abs. 1 des Gesetzes wird bloß konstatiert, daß die Schulverwaltung die Schulen und Schuleinrichtungen nach Erörterung mit den zuständigen Organen der lokalen Selbstverwaltung einrichtet und auflöst.

Ebensowenig enthält der Erlaß des tschechischen Schulministeriums Nr. 35 vom 17. Dezember 1991 über die Kindergärten[49] solche speziellen Bestimmungen, obwohl sein § 4 Abs. 7 lit. d) die Einrichtung von Klassen mit spezifischer Ausrichtung ihrer Tätigkeit nach den Interessen und Talenten der Kinder vorsieht.

2. Die Umsetzung

Organisatorisch ist die Problematik des Nationalitäten-Schulwesens bei den Ministerien für Schulwesen der Republiken angesiedelt. In der Tschechischen Republik funktioniert beim Ministerium für Schulwesen, Jugend und Körpererziehung die "Abteilung der spezifischen Tätigkeiten in der Erziehung und Bildung", die einschließlich ihres Leiters acht Stellen umfaßt. Dabei gehört die Problematik des Nationalitäten-Schulwesens zu den insgesamt sieben Bereichen (u.a. das Sonderschulwesen für Kinder mit verschiedenen Behinderungen, die Schulhorte, Kindergärten usw.), deren konzeptionelle und methodische Fragen diese Abteilung lösen soll. Im Vergleich hierzu wurde in der Slowakischen Republik für diese Fragen eine ganze Sektion des entsprechenden Schulministeriums eingerichtet, die "Sektion für das Schulwesen auf den Territorien mit gemischter Nationalität". Bei beiden Ministerien arbeitet dazu die Kommission für das nationale Schulwesen, in der die Repräsentanten der Nationalitäten zu den entsprechenden Problemen Stellung nehmen können.

Zur Übersicht über die Strukturierung der Schüler verschiedener Nationalitäten können etliche Zahlen beitragen: Am 15. September 1990 waren in der ČSFR insgesamt 1.912.967 Schüler registriert; davon waren

---

[49] Slg. Nr. 6 vom 23.1.1992.

1.175.256 tschechischer und 364.415 slowakischer Nationalität. Daneben gehörten 2.465 Schüler zu der ukrainischen (ruthenischen) Nationalität, während 3.729 die polnische, 65.459 die ungarische, 638 die deutsche und 1.005 eine sonstige Nationalität angaben. Aufschlußreich scheint auch die Verteilung dieser Zahlen auf die beiden Republiken: Auf dem Gebiet der Tschechischen Republik waren insgesammt 1.192.641 Schüler registriert, von denen 14.304 slowakischer, 155 ukrainischer (ruthenischer), 3.648 polnischer, 766 ungarischer, 565 deutscher und 749 sonstiger Nationalität waren. In der Slowakischen Republik waren 720.326 Schüler in die Schulen eingeschrieben: 2.822 tschechischer, 650.111 slowakischer, 2.310 ukrainischer (ruthenischer), 81 polnischer, 64.693 ungarischer, 53 deutscher und 256 sonstiger Nationalität. Die höchste Konzentration der deutschen Schüler wurde im west-böhmischen und im nord-böhmischen Kreis registriert; die Bürger der polnischen Nationalität haben ihre Kinder meist auf dem Gebiet des nord-mährischen Kreises eingeschrieben, während die ungarische Bevölkerung wesentlich im Süden der Slowakischen Republik siedelt.

Die konkreten Voraussetzungen des Schulwesens der einzelnen Minderheiten-Nationalitäten auf dem Gebiet der *Tschechischen Republik*[50] kann man deutlich aus zwei Materialien erkennen: Eine ist die "Konzeption des Nationalitäten-Schulwesens", die 1991 das Pädagogische Institut in Prag für das Tschechische Schulministerium ausgearbeitet hat und die später vom Tschechischen Nationalrat verabschiedet wurde; die zweite ist die "Information über den Stand im Gebiet des Nationalitäten-Schulwesens in der Tschechischen Republik" vom September 1991, ein Arbeitsmaterial des Schulministeriums. Als Ausgangspunkt beider Dokumente dient das Prinzip, daß eindeutig im Bildungswesen jede Diskriminierung aufgrund der Nationalität oder der ethnischen Angehörigkeit ausgeschlossen sein muß. Ein Kernpunkt der organisatorischen Tätigkeit bei der Sicherung der Bildung in einer anderen als der tschechischen Sprache liegt nach dieser Konzeption bei den lokalen Selbstverwaltungsorganen.

---

[50] Entsprechende Informationen zur Situation in der Slowakischen Republik waren der Verf. nicht zugänglich.

Das *deutsche* Nationalitäten-Schulwesen ist gekennzeichnet durch die weitgehende Assimilierung des deutschen Bevölkerungselementes mit der tschechischen Bevölkerung bis zum November 1989. Aus ökonomischen und organisatorischen Gründen wurden keine Grundlagen für die Kompetenz der Schüler der deutschen Nationalität in ihrer Muttersprache geschaffen[51]; für die Mehrheit dieser Schüler ist Deutsch schon eine Fremdsprache geworden, die sie im Rahmen des nicht-obligatorischen, fakultativen Unterrichts erlernt haben. Im Schuljahr 1991/92 ist die Zahl der diese Form des Unterrichtes besuchenden Schüler wesentlich gesunken - das ist jedoch eine Folge der positiven Änderung, welche die Möglichkeit, Deutsch als Pflichtfach zu unterrichten, eröffnet hat. Derzeit werden die Kinder mit den Grundlagen der deutschen Sprache auch in verschiedenen Kindergärten vertraut gemacht, so etwa in Abertamy (Abertham), Český Krumlov (Krumau), Liberec (Reichenberg), Lenora (Eleonorenhain), Prachatice (Prachatitz), Vimperk (Winterberg), und Volary (Wallern); ein Projekt eines internationalen deutsch-tschechischen Kindergartens ist in Vorbereitung in der Gemeinde Tři Sekery (Dreihacken).

Die Organisation "Svaz Němců v ČSFR" (Verband der Deutschen in der ČSFR) hat in Prag 8 eine private Grundschule mit deutscher und tschechischer Unterrichtssprache eingerichtet, die ihre Tätigkeit im Jahre 1991 aufgenommen hat. Diese Schule hat acht Jahrgänge und eine Vorbereitungsklasse für ein zweisprachiges Gymnasium, zusammen ungefähr 150 Kinder in 11 Klassen. Diese sollen nicht mehr als 15-16 Schüler umfassen; schrittweise soll ebenfalls der Unterricht einer zweiten Fremdsprache eingeführt werden. Die Schule selbst organisiert morgens den Transport der Schüler, im Sommer sollen Austausch-Programme und Ferienaufenthalte in Deutschland und Österreich veranstaltet werden. Für das Schuljahr 1991/92 hat das tschechische Schulministerium diese Schule mit 90% des Beitrages, den die Staatsschulen bekamen, dotiert, d.h. 3.922 Kčs jährlich für jeden Schüler. Außerdem gewährt der genannte Bund

---

[51] Für die Gründung einer Grundschule sind nach den der Verf. von Beamten des tschechischen Schulministeriums gemachten Angaben mindestens 150 Schüler erforderlich.

der Deutschen in der ČSFR weitere Zuschüsse. Das Schulgeld pro Kind beträgt in diesem Jahr monatlich 900 Kčs[52].

In Zusammenarbeit mit dieser Organisation wurde seit September 1991 auch die Erziehung im Kindergarten und im 1. Jahrgang der Grundschule in Český Krumlov (Krumau) begonnen, gleichfalls in deutscher und tschechischer Sprache.[53]

Zur Gewährleistung des Rechtes auf die Bildung in der eigenen Sprache wird im Zusammenhang mit der deutschen Minderheit ferner vorgeschlagen: In den Grenzgebieten soll an den Kindergärten nach den Wünschen der Eltern die zweisprachige Erziehung organisiert werden. In den Grundschulen soll Deutsch als Pflicht- oder Wahlfach unterrichtet werden, wiederum nach den Wünschen der Eltern. Schrittweise sollen auch die Voraussetzungen für die Einrichtung zweisprachiger Klassen mit Deutsch als Unterrichtssprache an den tschechischen Grundschulen geschaffen werden; in der Zukunft sollen in den Grenzgebieten, je nach Bedarf, zweisprachige Klassen mit Deutsch als Unterrichtssprache auch an den tschechischen Mittelschulen eingerichtet werden.

Im Unterschied zur Lage im Schulwesen mit Deutsch als Unterrichtssprache erscheint die Situation bei der *polnischen* Minderheit im Grunde stabilisiert. Das Netz der Schulen mit Polnisch als Hauptsprache schaffen die Kindergärten, Grund- und Mittelschulen einschließlich der Schulen mit polnischer Unterrichtssprache an den tschechischen Grundschulen. Nach den Angaben der "Information über den Stand des Nationalitäten-Schulwesens" befinden sich aber die Unterrichtslokale - Schulen,

---

[52] So die Angaben in den Briefen der Direktorin an die Eltern vom 14.8.1991 und 14.1.1991 sowie der Verf. gegebene Auskünfte der Schulverwaltung.

[53] Obwohl diese Schule ursprünglich für Kinder der deutschsprachigen Minderheit gedacht war, sind in ihr verstärkt auch Kinder aus tschechischen Familien angemeldet worden, welche ihren Kindern die Gelegenheit geben möchten, Deutsch zu lernen. Bereits jetzt gibt es aber im Schulministerium Diskussionen darüber, ob Unterricht in zwei Sprachen schon in der ersten Grundschulklasse tatsächlich "optimal" sei.

Turnhallen usw. - wegen des Mangels an finanziellen Mitteln in einem katastrophalen Zustand. Als wichtige Aufgabe bleibt ebenfalls, ein genügendes Maß an Lehrbüchern zu gewährleisten, weil weder die tschechischen noch die polnischen die Forderungen des Unterrichtes decken. Als Ergänzung zu den sonstigen Lehrbüchern benutzt man im Unterricht zusätzliche Lehrmittel zur Geschichte und Musikerziehung, die - wie der Kunstunterricht - auf die polnische Wirklichkeit orientiert sein sollen. Parallel zum Unterricht selbst sollen auch die Kontakte zwischen den Schulen mit Polnisch als Unterrichtssprache und den Schulen in Polen gepflegt werden. Für die Zukunft ist die Erweiterung des Netzes der Schulen und Kindergärten um Einrichtungen für geringe Schüler- bzw. Kinderzahlen geplant: Insbesondere geht es um diejenigen Gemeinden mit einem kleineren Bevölkerungsanteil von Menschen polnischer Nationalität, als die derzeitigen Vorschriften zur Einrichtung solcher Bildungsanstalten erfordern.

Das *ungarische* Schulwesen hat auf dem Gebiet der Tschechischen Republik keine Tradition; aufgrund einer Initiative des "Bundes der Ungarn in der Tschechischen Republik" hat jedoch der Unterricht von zwei Gruppen von Kindern in Prag im Herbst 1990 begonnen. Als Minderheit werden auf dem Gebiet der Tschechischen Republik für die Zwecke des Schulwesen die *Slowaken* angesehen, die besonders im Gebiet des Bezirks Karviná leben (25.551 Bürger slowakischer Nationalität). Die Erziehung der Schüler in ihrer Muttersprache wird an der Grundschule in Karvina verwirklicht, welche die einzige Schule dieses Typs in der Tschechischen Republik ist. In Prag wird Slowakisch an zwei Grundschulen unterrichtet. Unter Berücksichtigung der Wünsche der Eltern werden auch in anderen Gebieten Klassen mit Slowakisch als Unterrichtssprache eröffnet. Dabei ist es aber notwendig, die Absolventen dieser Klassen auf die weiterführende Schulbildung vorzubereiten; Tschechisch muß daher als Wahlfach unterrichtet werden.

Anders ist die Lage der Tschechen in der Slowakei: Obwohl in Bratislava (Preßburg) 17.ooo Bürger tschechischer Nationalität leben, gibt es keine

Schule mit tschechischem Unterricht und der Besuch slowakischer Schulen wird als Selbstverständlichkeit angesehen.

Äußerst komplizierte Aufgaben entstehen bei der Bildung und Erziehung der *Roma*, einer Nationalität mit ganz spezifischen Problemen. So heißt es in der oben erwähnten "Konzeption des Nationalitäten-Schulwesens, daß die unbefriedigende Situation der Roma-Bevölkerung einschließlich ihres Bildungsniveaus ungünstige Folgen im sozialen, ökonomischen, kulturellen Bereich hat, Gruppen- und Gesellschaftskonflikte vertieft und bedeutende Probleme unter dem Gesichtspunkt des Verständnisses zwischen den Nationalitäten schafft. Nach der Auffassung der Autoren dieses Dokumentes muß für die Integration der Roma in die bürgerliche Gesellschaft die ganze Konzeption des Schulsystems geändert werden; der Anfang ist schon in den Kindergärten zu machen, bei der Erziehung soll auch die Roma-Sprache benutzt werden. An der Grundschule muß unter anderem die Fähigkeit der Kinder für den Pflichtschulbesuch beurteilt werden. Ein Projekt von Klassen für Roma-Schüler mit verstärktem Unterricht in Musik und Körpererziehung soll ausgearbeitet werden. In die Schulpläne soll die Erziehung zum besseren Verständnis anderer Kulturen und Minderheiten eingeführt werden. Ähnlich muß auch die weiterführende Ausbildung gewährleistet werden, auch für die Schüler ohne Schulabschluß. Den Schülern, die hierfür Fähigkeiten und Interesse besitzen, soll vorrangig die Ausbildung an den Mittelschulen ermöglicht werden. Gleiches gilt für die Hochschulen und Universitäten; so sollen an den Universitäten Lehrstühle für Romaistik gegründet werden.

IV. Spezifische Schranken der Vereinigungsfreiheit

Für die Garantie der Vereinigungsfreiheit und die Bestimmung ihres Inhalts spielt wiederum die Charta der Grundrechte und Grundfreiheiten die entscheidende Rolle, die in ihrem Art. 20 dieses Recht garantiert[54].

---

54 Diese Bestimmung lautet: "(1) Die Vereinigungsfreiheit wird gewährleistet. Jedermann hat das Recht, sich mit anderen in Vereinen, Gesellschaften und anderen Vereinigungen zusammenzu-

An diese verfassungsrechtliche Grundlage knüpfen die einschlägigen einfachgesetzlichen Regelungen an, nämlich zum einen das Gesetz Nr. 83 vom 27. März 1990 über die Vereinigungen der Staatsbürger[55] [Vereinigungsgesetz] und zum anderen das Gesetz Nr. 242 vom 2. Oktober 1991 über die Vereinigung in politischen Parteien und politischen Bewegungen[56] [Parteiengesetz].

1. Das Vereinigungsgesetz

In seinem § 1 stellt das Vereinigungsgesetz fest, daß die Staatsbürger das Recht haben, sich in Vereinigungen frei zusammenzuschließen. Zur Verwirklichung dieses Rechts bedarf es danach keiner Bewilligung durch ein staatliches Organ. Eine Ausformung dieses Grundsatzes enthält dann § 2 Vereinigungsgesetz, demzufolge die Staatsbürger Vereine, Gesellschaften, Bünde, Bewegungen, Klubs und sonstige Bürgervereinigungen sowie Gewerkschaften frei gründen und sich solchen Vereinigungen anschließen können. In die Tätigkeit solcher Vereinigungen, die ihrer Rechtsnatur nach juristische Personen sind, dürfen die Organe des Staates nur aufgrund und im Rahmen eines Gesetzes eingreifen.

Diese Vereinigungen entstehen rechtlich gemäß § 6 Vereinigungsgesetz durch ihre Registrierung im Vereinigungsregister; die entsprechenden Anträge sind bei den Innenministerien der beiden Teilrepubliken zu stellen. Die Registrierung hat gemäß § 9 Vereinigungsgesetz grundsätzlich

---

schließen. (2) Die Staatsbürger haben auch das Recht auf Gründung politischer Parteien und politischer Bewegungen und sich in solchen zusammenzuschließen. (3) Die Ausübung dieser Rechte darf nur in den gesetzlich vorgesehenen Fällen eingeschränkt werden, wenn Maßnahmen betroffen sind, die in einer demokratischen Gesellschaft zum Schutz der Sicherheit des Staates, der öffentlichen Sicherheit und Ordnung, zur Verbrechensverhütung oder zum Schutz der Rechte und Freiheiten anderer notwendig sind. (4) Politische Parteien und politische Bewegungen sowie andere Vereinigungen sind vom Staat getrennt." (Übersetzung der Verf.)

[55] Slg. Nr. 19 vom 29.3.1990, geändert und ergänzt durch Gesetz Nr. 300 vom 19.6.1990, Slg. Nr. 47 vom 19.6.1990.
[56] Slg. Nr. 81 vom 1.11.1991.

innerhalb einer Frist von zehn Tagen zu erfolgen. Ferner ist darauf hinzuweisen, daß alle registrierten Vereinigungen in eine vom Föderalen Statistischen Amt geführte "Evidenzliste" aufzunehmen sind[57]. Vereinigungen können miteinander Verträge und sonstige Absprachen über gemeinsame Aktivitäten schließen; auf einer solchen Grundlage können auch neue Vereinigungen mit der Qualität eigenständiger juristischer Personen entstehen[58]. In Einklang mit den Zielen ihrer Tätigkeit haben die Vereinigungen insbesondere auch gemäß § 18 Vereinigungsgesetz das Recht, sich mit Anträgen und Petitionen an die zuständigen Organe des Staates zu wenden.

Hinsichtlich der in Art. 20 Abs. 3 der Charta der Grundrechte und Grundfreiheiten vorgesehenen Einschränkungsmöglichkeiten der Vereinigungsfreiheit bestimmt zum einen § 4 lit. a) Vereinigungsgesetz, daß u.a. diejenigen Vereinigungen nicht erlaubt, d.h. nicht registriert, bzw. gegebenenfalls verboten werden, die darauf abzielen, die Rechte von Staatsbürgern aufgrund ihrer Nationalität, ihres Geschlechtes, ihrer Rasse oder vergleichbarer Eigenschaften einzuschränken, oder zum Haß gegen so definierte Teile der Bevölkerung aufstacheln sowie zu Gewaltmaßnahmen auffordern. Zum anderen wird das zuständige Ministerium solche Vereinigungen gemäß § 12 Abs. 3 Vereinigungsgesetz auflösen, die Tätigkeiten entwickeln, die den politischen Parteien und politischen Bewegungen vorbehalten sind.

Das Vereinigungsgesetz ist am 1. Mai 1990 in Kraft getreten. Aufgrund seiner Bestimmungen ist auch schon eine große Zahl von Vereinigungen der nationalen Minderheiten auf dem Gebiet der beiden Teilrepubliken registriert worden[59].

---

[57] Vgl. § 9 Abs. 2 Vereinigungsgesetz.

[58] Vgl. § 16 Vereinigungsgesetz.

[59] Die erste auf dem Gebiet der Tschechischen Republik registrierte Vereinigung einer nationalen Minderheit war, noch im Mai 1990, die Vereinigung der Ukrainer in der Tschechischen Republik, die bislang letzte der am 4.2.1992 eingeschriebene Bund der Deutschen - Region Eger (Cheb).

2. Das Parteiengesetz

Auch wenn sich von den nationalen Minderheiten in der Tschechoslowakei bislang nur die ungarische Minderheit in nennenswerter Weise in politischen Parteien zusammengeschlossen hat[60], während die anderen nationalen Minderheiten ihre politischen Ziele ganz überwiegend mittels der von ihnen gegründeten staatsbürgerlichen Vereinigungen im Sinne des Vereinigungsgesetzes oder innerhalb der bestehenden politischen Parteien und politischen Bewegungen verfolgen, erscheint es wichtig zu erwähnen, daß das oben genannte Parteiengesetz keine Beschränkungen der in Art. 20 Abs. 2 der Charta der Grundrechte und Grundfreiheiten garantierten Parteigründungsfreiheit aufgrund der Nationalität der Mitglieder einer solchen Organisation vorsieht: Nach § 4 Parteiengesetz sind (nur) diejenigen Parteien verboten, deren Ziele verfassungswidrig sind, die auf die Beseitigung der demokratischen Grundlagen des Staates abzielen, die keine demokratische Satzung oder keine demokratisch gewählten Organe besitzen, die zur Anwendung von Gewalt aufrufen, die den anderen politischen Parteien die Möglichkeit entziehen wollen, gleichberechtigt mit den verfassungsrechtlich vorgesehenen Mitteln um die Macht im Staate zu konkurrieren, die auf die Unterdrückung der gleichberechtigten Stellung aller Staatsbürger abzielen oder deren Programme oder Tätigkeit die Moral, die öffentliche Sicherheit und Ordnung oder die Rechte und Freiheiten der anderen Staatsbürger gefährden.[61]

---

[60] Zu erwähnen sind insbesondere die "Maď'arská ľudová strana" (Ungarische Volkspartei), die "Maď'arská občianska strana" (Ungarische Bürgerpartei) und die "Maď'arské kresťansko-demokratické hnutie" (Ungarische Christdemokratische Bewegung) sowie die sich an alle nationalen Minderheiten wendende Bewegung "Együttélés" (Zusammenleben).

[61] Insoweit erscheint der Hinweis wichtig, daß gemäß Art. 7 des Verfassungsgesetzes über das Verfassungsgericht der ČSFR vom 27. Februar 1991 (Slg. Nr. 91 vom 22.3.1991) das föderale Verfassungsgericht über die Vereinbarkeit von Entscheidungen über die Auflösung politischer Parteien oder politischer Bewegungen, deren Tätigkeiten nicht auf das Gebiet einer der Teilrepubliken beschränkt sind, mit von der Föderalen Versammlung verabschiedeten Verfassungs- und anderen Gesetzen entscheidet; vgl. hierzu *M. Hošková*, Zur Wiederherstellung der Verfassungsgerichtsbarkeit in der Tschechoslowakei, ZaöRV 52 (1992), 334 ff.

3. Vereinigungsfreiheit und Strafrecht

Hinsichtlich der Problematik strafrechtlicher Einschränkungen der Vereinigungsfreiheit ist als Grundsatz zunächst festzuhalten, daß das Strafgesetzbuch, Gesetz Nr. 456 vom 30. Oktober 1990[62], keine Bestimmungen enthält, die sich ausdrücklich auf die Tätigkeit von Vereinigungen der nationalen Minderheiten bezieht. Von potentieller Bedeutung[63] in diesem Zusammenhang könnten aber folgende Vorschriften allgemeinen Inhalts aus dem Bereich der Staatsschutzdelikte und anderer Tatbestände sein: An erster Stelle ist hier § 92 Strafgesetzbuch zu nennen, der die "Zerrüttung der Republik" (*Rozvracení republiky*) unter Strafe stellt; gemäß seinem Abs. 1 wird mit Freiheitsstrafe von acht und bis zwölf Jahren bestraft, wer in der Absicht, die verfassungsmäßige Ordnung, die territoriale Integrität oder Verteidigungsfähigkeit der Republik oder ihre Unabhängigkeit zu "zerrütten" oder zu beseitigen, gewaltsame Aktionen gegen die Republik oder ihre Organe begeht oder an ihnen teilnimmt[64]. Entscheidende Tatbestandsmerkmale sind einmal die Absicht der "Zerrüttung der Republik" und zum anderen die Ausübung von Gewalt. Schließlich ist zu erwähnen, daß der Täterkreis nicht auf Staatsbürger der ČSFR beschränkt ist.

Von Bedeutung für die strafrechtliche Verfolgung von Handlungen der Angehörigen nationaler Minderheiten oder gegen solche Personen gerichteter Aktivitäten könnten auch die §§ 196 Abs. 2 ("Gewalt gegen eine Bevölkerungsgruppe oder gegen einen Einzelnen" - *Násilí proti skupině*

---

[62] Slg. Nr. 76 vom 30.10.1990.

[63] Insoweit ist zu bemerken, daß bislang noch keine einschlägige Gerichtspraxis vorliegt; insofern bleibt daher die künftige Entwicklung abzuwarten.

[64] Für Täter, die als Mitglieder einer organisierten Vereinigung diesen Tatbestand erfüllen, sieht § 92 Abs. 2 Strafgesetzbuch einen Strafrahmen von zwölf bis fünfzehn Jahren vor.

obyvatelů a proti jednotlivci)[65], 198 ("Schändung der Nation, einer Rasse und einer Überzeugung" - *Hanobení národa, rasy a přesvědčení*)[66], 259 (Genozid)[67] und 260[68] Strafgesetzbuch (Unterstützung und Propaganda des Faschismus und ähnlicher Bewegungen) sein. Abschließend ist zu betonen, daß das Strafgesetzbuch der ČSFR keine Vorschrift enthält, die "Separatismus" als solchen, d.h. das gewaltlose Eintreten für solche Ziele, unter Strafe stellt.

V. Politische Repräsentation

Verfassungsrechtliche Grundlage des Rechts der Staatsbürger auf politische Repräsentation ist wiederum die Charta der Grundrechte und

---

[65] Diese Bestimmung lautet: "Wer Gewalt gegen eine Bevölkerungsgruppe oder gegen einen Einzelnen wegen deren politischer Überzeugung, Nationalität, Rasse, Glaubensbekenntnis oder fehlenden Glaubensbekenntnisses ausübt oder mit Tötung, Körperverletzung oder Zufügen eines Schadens in großem Umfang droht, wird mit Freiheitsstrafe von bis zu zwei Jahren bestraft." (Übersetzung der Verf.)

[66] Diese Bestimmung lautet: "Wer öffentlich und auf anstößige Art a) eine Nation, ihre Sprache oder eine Rasse oder b) eine Gruppe der Bewohner der Republik wegen ihrer politischen Überzeugung, ihres Glaubensbekenntnisses oder fehlenden Glaubensbekenntnisses schändet, wird mit Freiheitsstrafe von bis zu einem Jahr bestraft."

[67] Diese Bestimmung entspricht in ihrem Wortlaut fast vollständig § 220a (deutsches) StGB, da auch ihre Aufnahme in das tschechoslowakische Strafgesetzbuch letztlich auf der Konvention vom 9.12.1948 über die Verhütung und Bestrafung des Völkermordes entspricht, die für die (damalige) ČSSR am 21.3.1951 in Kraft getreten war.

[68] Diese Bestimmung lautet: "(1) Wer Faschismus oder eine andere vergleichbare Bewegung, die auf die Unterdrückung der Rechte und Freiheiten der Staatsbürger abzielt oder die den nationalen, rassischen oder religiösen Haß predigt, unterstützt oder propagiert, wird mit Freiheitsstrafe von ein bis fünf Jahren bestraft. (2) Mit Freiheitsstrafe von drei bis acht Jahren wird der Täter bestraft, falls er (a) die Tat des Abs. (1) durch Presse, Film, Rundfunk, Fernsehen oder auf andere wirksame Art begeht, (b) diese Tat als Mitglied einer organisierten Gruppe begeht, oder (c) diese Tat in der Zeit der Wehrbereitschaft des Staates begeht." (Übersetzung der Verf.)

Grundfreiheiten, nämlich ihr Art. 21[69]. Für den 5. und 6. Juni 1992 haben das Präsidium der Föderalen Versammlung sowie die Nationalräte der Tschechischen und der Slowakischen Republik Wahlen zu diesen Organen ausgeschrieben. Zur Anwendung kommen dabei erstmals die neuen Wahlgesetze, nämlich das Gesetz Nr. 60 über die Wahlen zur Föderalen Versammlung vom 29. Januar 1992[70] und die entsprechenden Gesetze der beiden Nationalräte[71].

Das aktive Wahlrecht zur Föderalen Versammlung besitzen gemäß § 2 Abs. 1 des Gesetzes Nr. 60 alle Staatsbürger der ČSFR, die am Wahltag 18 Jahre alt und im jeweiligen Wahlkreis registriert sind; das passive Wahlrecht haben nach § 3 dieses Gesetzes alle Staatsbürger der ČSFR, die am Wahltag 21 Jahre alt sind und das aktive Wahlrecht innehaben. Kandidatenlisten sind gemäß § 18 Abs. 1 dieses Gesetzes von den politischen Parteien einzureichen, wobei anzumerken ist, daß in § 13 Abs. 6 dieses Gesetzes der Begriff der "politischen Partei" um politische Bewegungen und Listenverbindungen ("Koalitionen") erweitert wird. Um an den Wahlen teilnehmen zu können, müssen nach den genannten Bestimmungen politische Parteien bzw. politische Bewegungen und Listenverbindungen einen Antrag auf Zulassung stellen. Einem solchen Antrag ist zu entsprechen, wenn die antragstellenden Organisationen nachprüfbar erklären können, daß sie 10.000 Mitglieder zählen; falls diese Erklärung nicht abgegeben werden kann, ist ein Antrag auf Befreiung von

---

[69] Diese Bestimmung lautet: "(1) Die Staatsbürger haben das Recht, an der Gestaltung der öffentlichen Angelegenheiten unmittelbar oder durch frei gewählte Vertreter teilzunehmen. (2) Wahlen müssen in Zeitabständen abgehalten werden, welche die gesetzlich vorgesehenen Wahlperioden nicht überschreiten. (3) Das Wahlrecht ist allgemein und gleich und wird durch geheime Stimmabgabe ausgeübt. Die Voraussetzungen, unter denen das Wahlrecht ausgeübt wird, regelt das Gesetz. (4) Die Staatsbürger haben unter gleichen Bedingungen Zugang zu allen Wahl- und sonstigen öffentlichen Ämtern." (Übersetzung der Verf.)

[70] Slg. Nr. 14 vom 28.2.1992

[71] Gesetz Nr. 94 vom 20.2.1992 des Tschechischen Nationalrats über die Wahlen zum Tschechischen Nationalrat (Slg. Nr. 23 vom 28.2.1992) und Gesetz Nr. 104 vom 26.2.1992 des Slowakischen Nationalrats über die Wahlen zum Slowakischen Nationalrat (Slg. Nr. 26 vom 12.3.1992).

diesem Erfordernis zu stellen, dem dann stattzugeben ist, wenn er von soviel Wahlberechtigten durch ihre Unterschriften unterstützt wird, wie den entsprechenden Organisationen an der genannten Zahl von 10.000 Mitgliedern fehlen. Für diejenigen Organisationen, die bereits in der Föderalen Versammlung vertreten sind oder bei den letzten Wahlen des Jahres 1990 mindestens 10.000 Stimmen auf sich vereinigen konnten, gelten die genannten Zulassungsvoraussetzungen jedoch nicht. Zur Vertretung in der Föderalen Versammlung gilt zufolge von § 42 dieses Gesetzes für politische Parteien und politische Bewegungen die 5%-Klausel, für Verbindungen von zwei oder drei politischen Parteien oder Bewegungen die 7%-Klausel und für Verbindungen von vier oder mehr solcher Organisationen die 10%-Klausel[72]. Irgendeine Privilegierung von politischen Organisationen der nationalen Minderheiten, etwa der Art, daß für sie die genannten Mindeststimmenzahlen zur Vertretung im Parlament nicht gelten, gibt es nicht.

In der Praxis suchen die nationalen Minderheiten ihre politischen Interessen in der Regel im Rahmen der oben behandelten staatsbürgerlichen Vereinigungen im Sinne des Vereinigungsgesetzes oder innerhalb der bestehenden politischen Parteien und Bewegungen zur Geltung zu bringen und durchzusetzen[73]. So befinden sich im Vorstand solcher von Angehörigen der nationalen Minderheiten gebildeten Vereinigungen häufig Personen, die als Kandidaten der "allgemeinen" politischen Parteien zu Abgeordneten der Föderalen Versammlung oder eines der Nationalräte gewählt wurden. Die wichtigste Ausnahme betrifft die ungarische Minderheit in der Slowakei, die sich in den oben genannten politischen Parteien und Bewegungen[74] organisiert hat. Die erwähnte Bewegung *Együttélés* ist in

---

[72] Vergleichbare Regelungen finden sich in den Wahlgesetzen der beiden Republiken; so hat etwa der Tschechische Nationalrat in § 42 seines Wahlgesetzes für politische Parteien und Bewegungen die 5%-Klausel, für Verbindungen zweier solcher Organisationen die 7%-Klausel, für Verbindungen dreier solcher Organisationen die 9%-Klausel und für Verbindungen von vier und mehr solcher Organisationen die 11%-Klausel eingeführt.

[73] Zu betonen ist, daß es kein Verbot für Parteien nationaler Minderheiten gibt.

[74] Vgl. oben Anm. 61.

der Föderalen Versammlung mit insgesamt 12 Abgeordneten vertreten[75]. Insgesamt gehören in der Föderalen Versammlung[76] in der im Juni 1992 zu Ende gehenden Wahlperiode von insgesamt 300 Abgeordneten 170 der tschechischen, 109 der slowakischen, 15 der ungarischen, 3 der polnischen und 3 der ukrainischen Nationalität an; keiner der Abgeordneten zählte zur deutschen Minderheit[77]. Im aus 200 Abgeordneten bestehenden Tschechischen Nationalrat gehörte jeweils ein Abgeordneter der deutschen und der polnischen Nationalität an[78]. Neben der bereits erwähnten Organisation *Együttélés* ist noch die politische Partei *ROI* ("Romská občanská iniciativa v Československu") (Bürgerinitiative der Roma in der Tschechoslowakei) zu nennen, die bei den letzten Wahlen mit dem Bürgerlichen Forum verbunden war und einige Abgeordnete zählt, die zur Minderheit der Roma gehören.

Stärker als auf föderaler oder gliedstaatlicher Ebene sind die Angehörigen der nationalen Minderheiten in den lokalen Organen vertreten; dies gilt insbesondere für die Siedlungsgebiete der ungarischen Minderheit in der Slowakischen Republik. Ein aktuelles Bild hinsichtlich der Repräsentation der nationalen Minderheiten auf dieser Ebene werden die für den Herbst

---

[75] Aufgrund ihrer in der Slowakei erzielten Stimmen entsandte sie in die Kammer des Volkes 5 Abgeordnete und in die Kammer der Nationen 7 Abgeordnete.

[76] Diese besteht aus den 150 Abgeordneten der Kammer des Volkes, die proportional nach der Bevölkerungsverteilung im gesamten Staatsgebiet zusammengesetzt ist, und den 150 Abgeordneten der Kammer der Nationen, in der die Bevölkerung der Tschechischen und der Slowakischen Republik mit jeweils 75 Abgeordneten repräsentiert ist.

[77] Diese Angaben entsprechen dem Stand vom Juni 1991.

[78] Die Feststellung der Nationalität eines Abgeordneten in den Nationalräten ist deswegen schwierig, weil für diese beiden Organe keine amtlichen Angaben über die Zugehörigkeit ihrer Mitglieder zu den jeweiligen Nationalitäten geführt werden; für den Slowakischen Nationalrat mit seinen 150 Abgeordneten ist aufgrund der Bevölkerungsverhältnisse von einer relativ erheblichen Anzahl von Abgeordneten ungarischer und einer geringeren Anzahl von Abgeordneten ukrainischer (ruthenischer) Nationalität auszugehen. Immerhin ist zu bemerken, daß die mehrfach erwähnte Bewegung *Együttélés* im Slowakischen Nationalrat aufgrund der von ihr erzielten 8,66% der Stimmen mit 14 Abgeordneten vertreten ist.

1992 vorgesehenen Wahlen zu den Organen der kommunalen Selbstverwaltung ergeben.

VI. Schlußbemerkung

Die politische Wende des Novembers 1989 löste ohne jeden Zweifel einen bedeutsamen Fortschritt auf dem Gebiet des Schutzes der Rechte der nationalen und ethnischen Minderheiten in der ČSFR aus. Die Anerkennung der existierenden Probleme, ihre Untersuchung und Einordnung, die Ausarbeitung und Verabschiedung weitreichender Gesetzgebung - dies alles gehört fraglos zu den unbedingt als positiv zu wertenden Errungenschaften der post-revolutionären Gesellschaft, vor allem wenn man bedenkt, daß dies in wenig mehr als zwei Jahren und noch dazu in einer Situation geschah, in der diese Gesellschaft mit allen möglichen, für die ganz überwiegende Mehrheit der Bevölkerung sicherlich dringlicheren Problemen konfrontiert war und ist. Diese erste Phase einer fast stürmisch zu nennenden Entwicklung ist nun jedoch vorbei. Jetzt kommt eher die "graue" Phase der tatsächlichen Umsetzung der geltenden Rechte, des alltäglichen "kleinen" Kampfes um ihre Verwirklichung. Der größte Erfolg hierbei wären sicherlich nicht so sehr spektakuläre Aktionen, sondern die allseits geteilte Auffassung von nationalen und ethnischen Minderheiten als eines selbstverständlichen und allgemein respektierten Bestandteils der bürgerlichen Gesellschaft der Tschechoslowakei.

VII. Nachtrag

Der vorstehende Bericht wurde Ende Mai 1992 abgeschlossen. Aufgrund des Ergebnisses der Parlamentswahlen vom 5. und 6. Juni 1992 ist bekanntlich ein politischer Prozeß in Gang gekommen, der gemäß der am 27. August 1992 in Brno (Brünn) zwischen dem Ministerpräsidenten der Tschechischen Republik, *Václav Klaus*, und dem Ministerpräsidenten der Slowakischen Republik, *Vladimír Mečiar*, getroffenen Einigung zum 31. Dezember 1992 zum Entstehen zweier unabhängiger Staaten auf dem

Gebiet der Tschechoslowakei führen soll. Zum gegenwärtigen Zeitpunkt (Anfang September 1992) läßt sich naturgemäß noch nicht sagen, welchen Einfluß diese Entwicklung auf die künftige rechtliche Stellung der nationalen Minderheiten in den beiden neu entstehenden Staaten haben wird.

Während hinsichtlich der künftigen Rechtsordnung der Tschechischen Republik offenbar allgemein angenommen wird, daß sich die bisherige Rechtsstellung der nationalen Minderheiten nicht ändern wird, trifft diese Einschätzung für die künftig unabhängige Slowakei wohl nicht zu. Bekanntlich wurde nach längerer Debatte im Slowakischen Nationalrat am 31. August und 1. September 1992 die neue slowakische Verfassung am 1. September 1992 in namentlicher Abstimmung mit einer die erforderliche Mehrheit von drei Fünfteln weit übersteigenden Mehrheit der abstimmenden Abgeordneten (114 Ja-Stimmen, 16 Nein-Stimmen und 4 Enthaltungen bei insgesamt 150 Parlamentsmitgliedern) angenommen[79]. Dabei stimmten alle 74 Abgeordneten der von *Mečiar* geführten *Hnutie za demokratické Slovensko* (HZDS) (Bewegung für eine Demokratische Slowakei), die 15 Deputierten der *Slovenská národná strana* (SNS) (Slowakische Nationalpartei) und die Mehrheit der Abgeordneten der *Strana demokratickej l'avice* (SDL) (Partei der Demokratischen Linken) für die neue Verfassung; die Gegenstimmen kamen aus dem Lager der vom ehemaligen slowakischen Ministerpräsidenten *Čarnogursky* geführten *Krest'anskodemokratické hnutie* (KDH) (Christlich-Demokratische Union)[80],

---

[79] Vgl. zum folgenden die Berichte in der Frankfurter Allgemeinen Zeitung vom 3.9.1992, S. 1 und der Neuen Zürcher Zeitung vom 4.9.1992, S. 1; nach der feierlichen Unterzeichnung der Verfassungsurkunde durch Ministerpräsident *Mečiar* und Parlamentspräsident *Gasparović* am 3.9.1992 trat die Verfassung - mit Ausnahme der Bestimmungen über die zu schaffende slowakische Zentralbank und die Bildung eines slowakischen Zollgebiets - in Kraft.

[80] Ihre Kritik zielte vor allem auf das ungeklärte Verhältnis der neuen slowakischen Verfassung zur noch bestehenden föderalen Verfassung sowie auf Unausgewogenheiten in der Kompetenzverteilung zwischen Parlament und Exekutive und der mangelnden Gewährleistung der Unabhängigkeit der Judikative; ihr Vorschlag, daher zunächst nur eine provisorische Verfassung zu verabschieden, fand aber keine Mehrheit.

während die 14 der ungarischen Minderheit[81] zugehörenden Abgeordneten aus Protest gegen die neue Verfassung das Parlament vor der Abstimmung verlassen hatten. Sie hatten die Befürchtung geäußert, daß sich ihre Rechtsstellung unter der neuen Verfassung verschlechtern werde und nicht nur hinter den oben dargestellten Garantien aus der Charta der Grundrechte und Grundfreiheiten vom 9. Januar 1991, sondern sogar noch hinter den Bestimmungen der einstigen kommunistischen Verfassung zurückbliebe. Während sämtliche Anträge der Vertreter der ungarischen Minderheit, etwa auf Aufnahme von verfassungsrechtlichen Garantien im Bereich der lokalen Selbstverwaltung und des Schul- und Kulturbereichs abgelehnt wurden, nahmen die Abgeordneten zwei Änderungsanträge an, die dem ohnehin gespannten Verhältnis zwischen slowakischer Mehrheit und ungarischer Minderheit nicht förderlich sein dürften: Statt mit der Formel "Wir, die Bürger der Slowakischen Republik ..." beginnt die Präambel nun mit den Worten "Wir, das slowakische Volk ..."; diese Formulierung wird aber noch in der Präambel selbst ergänzt durch die Passage "gemeinsam mit den auf dem Territorium der Slowakischen Republik lebenden Angehörigen der nationalen Minderheiten und ethnischen Gruppen", wobei alle diese Personengruppen unter dem Oberbegriff "Wir, die Staatsbürger der Slowakischen Republik" zusammengefaßt werden[82]. Ferner wurde Slowakisch nicht als Amts-, sondern als Staatssprache in Art. 6 Abs. 1 der Verfassung verankert; hinsichtlich der Möglichkeit der Benutzung anderer Sprachen im öffentlichen Verkehr verweist Art. 6 Abs. 2 der Verfassung auf eine einfachgesetzliche

---

[81] Diese Minderheit weitgehend repräsentierende Koalitionen sind seit den Wahlen vom 5./6.6.1992 in der Föderalen Versammlung aufgrund der erzielten 7,38% der Stimmen mit zwölf Abgeordneten (Koalition aus *Együttélés, Mad'arské krest'ansko-demokratické hnutie* und *Mad'arská l'udová strana*) und im Slowakischen Nationalrat aufgrund der erzielten 7,42% der Stimmen mit 14 Abgeordneten vertreten (Koalition aus *Együttélés* und *Mad'arské krest'ansko-demokratické hnutie*).

[82] Die Präambel lautet insofern: "My, národ slovenský, ..., spoločne s príslusnikmi národnostných menšín a etnických skupín žijúcich na území Slovenskej republiky, ..., teda my, občania Slovenskej republiky ..."

Regelung[83]. In der Debatte im Slowakischen Nationalrat über die künftige Verfassung der Slowakei hatte sich Ministerpräsident *Mečiar* bemüht, die Sorgen der Vertreter der ungarischen Minderheit (und wohl auch der europäischen Öffentlichkeit) zu zerstreuen, indem er versicherte, daß die verfassungsrechtliche Ausgestaltung des Minderheitenschutzes in der künftigen Slowakei dem europäischen Standard entsprechen werde. Die Ablehnung der genannten Änderungsanträge der Vertreter der ungarischen Minderheit begründete er zum einen mit dem Argument, in ihren Siedlungsgebieten lebte auch eine die Mehrheit der Bevölkerung darstellende Zahl von Slowaken, und zum anderen mit der Einschätzung, die Anträge seien "schlecht" gewesen und entsprächen nicht "dem Geist der Zeit".

Die verfassungsrechtlichen Grundlagen der Rechtsstellung der nationalen Minderheiten in der Slowakei finden sich in den Art. 33 und 34 der Verfassung. Während dieser Art. 33 der oben genannten[84] Bestimmung des Art. 24 der Charta der Grundrechte und Grundfreiheiten der ČSFR vom 9. Januar 1991 voll entspricht, ist zwar der Kern des Art. 34 der slowakischen Verfassung dem gleichfalls oben genannten[85] Art. 25 dieser Charta entnommen, die Bestimmung als solche aber der "spezifischen Situation" in der Slowakei angepaßt[86], wobei insbesondere die - in der

---

[83] Diese Bestimmung lautet: "(1) Na území Slovenskej republiky je štátnym jazykom slovenský jazyk. (2) Používanie iných jazykov než štátneho jazyka v úradnom styku ustanoví zákon." "(1) Auf dem Staatsgebiet der Slowakischen Republik ist die Staatssprache die Slowakische Sprache. (2) Die Benutzung anderer Sprachen als der Staatssprache im amtlichen Verkehr wird durch Gesetz geregelt " (Übersetzung der Verf.).

[84] Vgl. Anm. 6.

[85] Vgl. oben Anm. 6.

[86] Diese Bestimmung lautet (Übersetzung der Verf.): "(1) Den Staatsbürgern, die in der Slowakischen Republik eine nationale Minderheit oder eine ethnische Gruppe bilden, wird umfassende Entwicklung gewährleistet, insbesondere das Recht, gemeinsam mit anderen Angehörigen der Minderheit oder Gruppe ihre eigene Kultur zu entwickeln, das Recht, in ihrer Muttersprache Informationen zu verbreiten und zu empfangen, das Recht, sich in ethnischen Vereinigungen zusammenzuschließen, und das Recht, Bildungs- und Kulturinstitutionen zu gründen und zu unterhalten. Genauere

Charta nicht enthaltene - Vorschrift des Art. 34 Abs. 3 möglicherweise als potentielle Beschränkung für die Ausübung der Minderheitenrechte genutzt werden könnte. Andererseits ist in diesem Zusammenhang auf den in Art. 104 der slowakischen Verfassung niedergelegten Amtseid des Staatspräsidenten hinzuweisen, der sich danach ausdrücklich verpflichtet, auch für das Wohl der nationalen Minderheiten und ethnischen Gruppen Sorge zu tragen.

Die oben geäußerte Erwartung, daß die Entstehung der unabhängigen Tschechischen Republik die Rechtsstellung der auf ihrem Territorium lebenden nationalen Minderheiten jedenfalls in grundsätzlicher Hinsicht nicht ändern wird, hat sich bestätigt: Gemäß den Art. 3 und 112 der Verfassung der Tschechischen Republik vom 16. Dezember 1992 bildet die Charta der Grundrechte und Grundfreiheiten vom 9. Januar 1991 "einen Bestandteil des Verfassungsgefüges der Tschechischen Republik". Damit ist insbesondere sichergestellt, daß vor allem die grundlegenden Bestimmungen der Art. 24 und 25 der Charta die verfassungsrechtliche Grundlage der Rechtsstellung nationaler Minderheiten in der Tschechischen Republik darstellen. Von entscheidender Bedeutung ist ferner, daß gemäß den Vorschriften des vom Tschechischen Nationalrat am 15. Dezember 1992 verabschiedeten Verfassungsgesetzes Nr. 4 über Maßnahmen im Zusammenhang mit dem Untergang der ČSFR (ústavní zákon České národní rady o opatřeních souvisejících se zánikem ČSFR) die (föderalen) Gesetze der ČSFR - jedenfalls vorläufig - für die Tschechische Republik weiter gelten. Dies betrifft die oben dargestellten einfachgesetzlichen Regelungen.

Bestimmungen hierzu trifft das Gesetz. (2) Den Staatsbürgern, die nationalen Minderheiten oder ethnischen Gruppen zugehören, wird unter den vom Gesetz bestimmten Voraussetzungen neben dem Recht auf Erlernen der Staatssprache auch gewährleistet: (a) das Recht auf Erziehung in ihrer Sprache; (b) das Recht auf Gebrauch ihrer Sprache im öffentlichen Verkehr; (c) das Recht auf Teilnahme an der Regelung von die nationalen Minderheiten oder ethnischen Gruppen betreffenden Angelegenheiten. (3) Die Ausübung der in dieser Verfassung gewährleisteten Rechte der Staatsbürger, die nationalen Minderheiten und ethnischen Gruppen zugehören, darf nicht zu einer Gefährdung der Souveränität und territorialen Integrität der Slowakischen Republik und zur Diskriminierung ihrer sonstigen Bevölkerung führen."

Die rechtliche Stellung der Minderheiten in der Türkei

CHRISTIAN RUMPF[*]

I. Einleitung

Die Frage nach Status und Rechten von Minderheiten ist in der Türkei unauflöslich verknüpft mit der Frage nach der ideologischen Struktur der Verfassungs- und Rechtsordnung. Es erscheint daher notwendig, vor einer Darstellung der positiven Rechtslage kurz die verfassungsgeschichtliche Entwicklung und die Grundzüge des türkischen Nationalismus vorzutragen. Die Ideologisierung der türkischen Verfassung ist auch dafür verantwortlich, daß Literatur und Rechtsprechung in der Türkei die Anerkennung von Minderheitenrechten allein aus den Bestimmungen des Lausanner Vertrages vom 24. Juli 1923 herleiten, wobei durchweg die bestreitbare Annahme zugrundegelegt wird, daß die einschlägigen Vorschriften *nur* auf diese religiösen Minderheiten anzuwenden seien. Eine systematische rechtswissenschaftliche Untersuchung des Minderheitenrechts in der Türkei ist bisher nicht erfolgt. Ob sie infolge der seit 1990 zu beobachtenden Öffnung der Diskussion über die Kurdenfrage erwartet werden kann, ist derzeit noch fraglich. Dennoch dokumentieren gerade das Fehlen einschlägiger Literatur und die durchweg negative Haltung von Literatur und Rechtsprechung sowie der in den Strafprozessen gegen "Separatisten" tätigen Rechtsgutachter den spezifischen Stand des Minderheitenrechts in der Türkei.

1. Geschichtlicher Hintergrund

Der nach dem Ende des Ersten Weltkrieges und dem damit verbundenen Zusammenbruch des Osmanischen Reiches vom osmanischen Sultan abgeschlossene Friedensvertrag von Sèvres vom 10. August 1920[1] war von der

---

[*] Dr. iur., Rechtsanwalt in Mannheim und freier Mitarbeiter am Institut.

nationalen Unabhängigkeitsbewegung, die am 19. Mai 1919 mit der Landung des osmanischen Generals und späteren Republikgründers Mustafa Kemal Pascha (*Atatürk*) in Samsun am Schwarzen Meer begonnen hatte, nie anerkannt worden. Stattdessen führte diese Bewegung zur Bildung eines neuen Staatswesens, das seit dem 23. April 1920 von der Großen Nationalversammlung der Türkei in Ankara geführt wurde. Diese Nationalversammlung war neben das osmanische Parlament in der alten Hauptstadt Istanbul, die damals noch von den Besatzungsmächten Englands und Frankreichs kontrolliert wurde, getreten[2]. Sie verabschiedete am

---

A b k ü r z u n g e n: AMKD = Anayasa Mahkemesi Kararlarì Dergisi (Entscheidungssammlung des Verfassungsgerichts); ANAP = Anavatan Partisi (Mutterlandspartei); ATG = Antiterrorgesetz; Belleten = Zeitschrift der Türkischen Gesellschaft für Geschichte; CEMOTI = Cahiers d'Etudes sur la Méditerranée; Cumhuriyet = türk. Tageszeitung; Düstur = Halbamtliche Gesetzes- und Verordnungensammlung (seit 1839); E. = Esas (Rechtssache); EPIL = Encyclopedia of Public International Law; GNVT = Große Nationalversammlung der Türkei; İHMD = İnsan Haklarì Merkezi Dergisi (Zeitschrift des Zentrums für Menschenrechte); InfAuslR = Informationsbrief Ausländerrecht; İÜHFM = İstanbul Üniversitesi Hukuk Fakültesi Mecmuasì (Zeitschrift der Juristischen Fakultät der Universität Istanbul); JöR = Jahrbuch des öffentlichen Rechts (Neue Folge); K. = Karar (Entscheidung); LoNTS = League of Nations Treaty Series; Nokta = türk. Wochenzeitschrift; PKK = Partiye Karkeren Kurdistan (Arbeiterpartei Kurdistans); RG = Resmî Gazete (Amtsblatt); RVOmG = Rechtsverordnung mit Gesetzeskraft; SprVG = Sprachenverbotsgesetz; TBMM = Türkiye Büyük Millet Meclisi (Große Nationalversammlung der Türkei); Tempo = türk. Wochenzeitschrift; Tercüman = türk. Tageszeitung; TV = türkische Verfassung (mit Jahresangabe); VRÜ = Verfassung und Recht in Übersee; ZAR = Zeitschrift für Ausländerrecht und Ausländerpolitik; ZfTS = Zeitschrift für Türkeistudien; ZGB = Zivilgesetzbuch; 2000e Doğru = türk. Wochenzeitschrift.

[1] Text in zum Teil fehlerhafter türkischer Übersetzung bei *R. Parla* (Hrsg.), Türkiye Cumhuriyeti'nin Uluslararasì Temelleri - Lozan, Montrö (Die internationalen Grundlagen der Republik Türkei - Lausanne, Montreux), Lefkoşa (Nikosia) 1985, 295 ff.

[2] Dieses Parlament tagte zuletzt von Januar bis April 1920 und zeichnete sich bereits durch Sympathiekundgebungen gegenüber der revolutionären Alternative in Ankara aus, einige seiner Abgeordneten wechselten in die neue Nationalversammlung über (vgl. *S.J. Shaw/E.K. Shaw*, History of the Ottoman Empire and Modern Turkey, vol. II, Cambridge 1977, 340).

21.1.1921 eine erste rudimentäre Verfassung[3], die damals allerdings noch nicht als Grundlage eines völlig neuen Staatswesens, sondern als verfassungsänderndes Gesetz zur osmanischen Verfassung von 1876 in der Fassung von 1909 verstanden wurde[4]. Wichtig im Hinblick auf die weitere Entwicklung ist, daß mit der Bezeichnung der Großen Nationalversammlung der "Türkei" sich diese Landesbezeichnung erstmals als staatsrechtlicher Begriff manifestiert hat. Im genannten Verfassungsgesetz ist dann auch erstmals von "türkischer" Verfassung und Regierung die Rede, nachdem bisher Staat und Regierung als osmanisch bezeichnet und die Bürger dieses osmanischen Staates von Verfassungs wegen als "Osmanen" definiert worden waren. Es wurde also erstmals ein türkischer Staat auf anatolischem Boden mit einem Begriff verbunden, der eine ethnische Komponente enthielt. Zugleich wurde in der Bezeichnung des neuen Parlaments erstmals zum Ausdruck gebracht, daß es sich hier um das Organ handelte, das die "Nation" vertrat, die nunmehr anstelle des vorläufig weiter bestehenden osmanischen Herrscherhauses zur Quelle aller staatlichen Souveränität wurde. Hier findet sich also die Wurzel für den heutigen zentralistischen Einheitsstaat, den Nationalstaat "Republik Türkei".

Das erfolgreiche Ende des Unabhängigkeitskrieges am 30.8.1922 führte nicht nur zur Vertreibung der griechischen Invasionstruppen aus der Westtürkei, sondern förderte auch den Rückzug der Besatzungsmächte. Damit wurde die Möglichkeit eröffnet, mit neuem Selbstbewußtsein nach außen in erneute Friedensverhandlungen einzutreten und nach innen das neue Staatswesen zu konsolidieren und zu strukturieren.

Etwa zeitgleich mit dem Eintritt in die Friedensverhandlungen von Lausanne wurde am 1.11.1922 das Sultanat abgeschafft. Die Friedensverhandlungen, an denen das neue türkische Regime als gleichberechtigter

---

[3] Text bei *E.E. Hirsch*, Die Verfassung der Türkischen Republik (Staatsverfassungen der Welt Bd.7), Frankfurt 1966, 208; vgl. *C. Rumpf*, Das Rechtsstaatsprinzip in der türkischen Rechtsordnung, Bonn 1992, 52 ff.

[4] Vgl. *O. Aldıkaçtı*, Anayasa Hukukumuzun Gelişmesi ve 1961 Anayasası (Die Entwicklung unseres Verfassungsrechts und die Verfassung von 1961), Istanbul 1978, 76.

Partner teilnahm, endeten am 24. Juli 1923 mit einem für die türkische Seite überraschend günstigen Ergebnis. Bis heute gehört der Lausanner Vertrag[5] zu den wichtigsten Dokumenten mit staatsrechtlicher Bedeutung für die Türkei. Diese Bedeutung ist vor allem auf seine Minderheitenklauseln des Vertrages zurückzuführen (Art. 37 - 44).

Der nächste Schritt war die Ausrufung der Republik am 29. Oktober 1923. Am 3. März 1924 folgte die Abschaffung des Kalifats. Am 20. April 1924 schließlich wurde die erste vollständige Verfassung der Republik Türkei verabschiedet[6]. Diese Verfassung, die neben einem ausführlichen Staatsorganisationsteil einen eigenen Grundrechteteil enthielt, erhielt im November 1937 endgültig die der kemalistischen Staatsideologie entsprechende Gestalt[7]. Sie wurde nach dem ersten Militärputsch in der Geschichte der Republik (27. Mai 1960) von einer modernen Verfassung abgelöst, die sich durch umfangreiche Grundrechtsgewährleistungen und das ausdrückliche Bekenntnis zum Rechtsstaat auszeichnete[8]. Nach einer Verfassungsreform in den Jahren 1971 und 1973[9], die auf die im Jahre 1968 beginnende Verbreitung politischer Unruhe zurückzuführen war, kam es im September 1980 zu einem weiteren Militärputsch. Aus dem folgenden Militärregime ging am 7. November 1982 die heute geltende Verfassung hervor, die seit Anfang Dezember 1983 "vollständig" in Kraft ist[10] - einschließlich des Übergangs-Art. 15 TV 1982 (vgl. unten V 1).

---

[5] LoNTS 28, 11 ff.; Düstur III 5, 16 ff.; Texte und Verhandlungsprotokolle bei *S.L. Meray*, Lozan Barış Konferansı, Tutanak ve Belgeler (Friedensvertrag von Lausanne, Protokolle und Dokumente), Ankara 1973 (insbesondere Serie I Bd. 1, Buch 1 und 2); *Parla* (Anm. 2), 1 ff.

[6] Text bei *Hirsch, ibid.*, 209 ff.; Düstur III 5, 576 ff.; RG Nr. 71 v. 24.5.1924. Vgl. *Rumpf*, Rechtsstaatsprinzip (Anm. 4), 59 ff.

[7] RG Nr. 3773 v. 1.12.1937; Düstur III 19, 37.

[8] Text und Kommentierung bei *Hirsch, ibid.*; vgl. *Rumpf, ibid.*, 69 ff.

[9] Texte und Kommentierung bei *E.E. Hirsch*, Verfassungsänderungen in der Türkei (Staatsverfassungen der Welt Ergänzungsband 7a), Hamburg 1973; *ders.*, Die Änderungen der türkischen Verfassung von 1961, JöR 23 (1974), 335 ff.; vgl. *Rumpf, ibid.*, 75 ff.

[10] Texte bei *E.E. Hirsch*, Die Verfassung der Türkischen Republik, JöR 32 (1983), 507 ff.; *C. Rumpf*, Die Verfassung der Republik Türkei, Beiträge zur Konfliktforschung 1983, 105 ff.; vgl. außerdem

Dies ist der verfassungsgeschichtliche Rahmen[11] für die Entwicklung der die türkische Verfassungs- und Rechtsordnung beherrschenden Ideologie des Kemalismus, aus der im Hinblick auf das Problem des Minderheitenschutzes der "Nationalismus" herauszugreifen ist.

2.   Der türkische Nationalismus

Die türkische Minderheitenpolitik stand, abgesehen von den Ergebnissen des Lausanner Vertrages (dazu unten II 1 b), seit der Gründung der Republik unter der Führung von Mustafa Kemal *Atatürk* unter den Vorzeichen der kemalistischen Ideologie, insbesondere des Nationalismus. Ohne eine kurze Betrachtung des türkischen Nationalismus ist eine Darstellung und Bewertung des türkischen Minderheitenrechts nicht möglich.

aa)   Entwicklung bis zur Gründung der Republik

Der Zusammenbruch des osmanischen Reiches war sowohl auf zahlreiche wirtschaftliche Faktoren als auch - damit zusammenhängend - die Konstellation der Mächte im europäischen und nahöstlichen Raum unter der Vorherrschaft Englands, Frankreichs und Rußlands als auch auf das Erwachen nationalistischer Bestrebungen im Vielvölkerstaat der Osmanen zurückzuführen, die unter dem Einfluß des sich in ganz Europa ausbreitenden nationalistischen Gedankenguts standen. Ebenfalls mit diesem Gedankengut kann der osmanische Nationalismus in Zusammenhang gebracht werden, der auch die erste moderne Verfassung des Reiches im Jahre 1876[12] beeinflußte. Dieser von den "Jungosmanen" seit etwa der Mitte des 19. Jahrhunderts vertretene osmanische Nationalismus bestand in

---

C. Rumpf, Verfassung und Verwaltung, in: Südosteuropa-Handbuch Bd.IV, "Türkei", hrsg. v. *Klaus-Detlev Grothusen*, Göttingen 1985, 169 ff.; *Rumpf*, Rechtsstaatsprinzip 81 ff.

11   Vgl. zum Teil auch *Y. Abadan*, Die Entstehung der Türkei und ihre verfassungsrechtliche Entwicklung bis 1960, JöR 9 (1960), 353 ff.; *ders.*, Die türkische Verfassung von 1961, JöR 13 (1964), 326 ff.

12   Dazu *Rumpf*, Rechtsstaatsprinzip, 45 ff.

dem wenig erfolgreichen Versuch, das Vielvölkergemisch mit Hilfe der Definition des Bürgers als "Osmane" in einer "osmanischen Nation" zu integrieren[13]. Schon die Jungtürken, die im Jahre 1908 Sultan Abdülhamit II. stürzten und die Verfassungsordnung in eine parlamentarische Monarchie verwandelten, zeigten Neigungen für eine neue Form des Nationalismus, die sich den bis dahin fast nur im Ausland gebrauchten Begriff "türkisch" zu eigen machte. Dieser neue türkische Nationalismus zeigte verschiedene Varianten[14]. Während sich im Zusammenhang mit dem Unabhängigkeitskrieg auf dem Weg zur Republik der Turanismus als rassistische Form eines pantürkischen Nationalismus[15] letztlich nicht durchsetzen konnte, schöpfte die Unabhängigkeitsbewegung ihre Kraft aus einem Nationalismus, der aufgrund des sogenannten "nationalen Pakts" (Misakî Millî) eine Nation in den Grenzen des neuen Staates schuf, für die man sich zwar auf "türkisch" einigte, die jedoch ausdrücklich auch alle anderen ethnisch definierbaren Gruppen auf anatolischem Boden wie Kurden, Tscherkessen, Laz und andere umfassen sollte[16]. Nicht ohne Grund hatte daher Mustafa Kemal Pascha in den Anfängen der Staatswerdung der Republik noch nicht von der "türkischen Nation", sondern von der "Nation der Türkei" gesprochen[17], bevor sich mit der Verfassung von 1924 der Begriff "türkische Nation" als staatsrechtliche Bezeichnung des Souveräns endgültig durchsetzte.

---

[13] Vgl. zu den Jungosmanen *B. Lewis*, The Emergence of Modern Turkey, London 1961, 147 ff.; *D. Kushner*, The Rise of Turkish Nationalism 1876-1908, London/Totowa 1977, 7 (37 ff.); *E.J. Zürcher*, The Unionist Factor, Leiden 1984, 1 ff.

[14] Vgl. *Kushner*, 97 ff.; *Z. Gökalp*, The Principles of Turkism, übers. und komm. v. *R. Devereux*, Leiden 1968; *Zarevand*, United and Independent Turania, Leiden 1971 (aus dem armenischen Original [Boston 1926] übers. v. *V.N. Dadrian*); *O.C. Aktar*, L'occidentalisation de la Turquie, Paris 1985, 59 ff.

[15] Dazu ausführlich *Zarevand, ibid.*

[16] Zu den Debatten in der Großen Nationalversammlung 1920 vgl. *H. V. Velidedeoğlu*, İlk Türkiye Büyük Millet Meclisi'nde Atlatılan Etnik Sorun (Die in der ersten Großen Nationalversammlung der Türkei gemeisterte ethnische Frage), Cumhuriyet v. 12.6.1988, 2, mit umfangreichen Zitaten.

[17] Vgl. *S. Turan*, Atatürk Milliyetçiliği (Der Nationalismus Atatürks), Belleten LII/204 (Nov. 1988), 849 ff. (853 f.).

bb)   Entwicklung in der Republik

Das - im Verlauf der Gründungsphase und weiteren Geschichte der jungen Republik keineswegs einheitliche - kemalistische Nationalismus-Konzept gilt der Variante des Zentralstaats, ohne sich zwingend entweder für die Berücksichtigung ethnischer Gruppeninteressen oder für strikte Assimilation zu entscheiden. Ausgangspunkt war jedenfalls - ähnlich wie in Frankreich - das Verhältnis des der Staatsgewalt Unterworfenen zum Staat, die Staatsangehörigkeit (dazu unten II 2). Grundlage des kemalistischen Nationalismus-Konzepts ist also der Begriff der Staatsnation.

Offen blieb dagegen zunächst das Verhältnis des Kemalismus zu ethnischen Identifizierungsversuchen im Sinne eines Kulturnation-Begriffs, der ja gegenüber dem staatsrechtlichen Staatsnation-Begriff für die Bestimmung der Struktur der Gesellschaftsordnung des Staatsvolkes durchaus Gültigkeit haben kann. Die Eigenständigkeit der Kurden war ein politisches Problem, jedoch kein kulturelles. Die türkische Delegation bei den Friedensverhandlungen in Lausanne ging zum Beispiel von der ethnischen Eigenständigkeit der Kurden aus[18]. Gegen diese Offenheit spricht auch nicht, daß Atatürk einmal das "Türkentum" als Grundlage des Nationalismus und der Republik bezeichnet hat[19]. Er sah das, wenn man die einschlägigen Zitate richtig einordnet, nämlich vor allem im Zusammenhang mit dem Problem der multinationalen Struktur auch der Bevölkerung des Reststaates, die ein gemeinsames Nationalgefühl zu entwickeln hatte; der einzige Begriff, der der Bevölkerung plausibel gemacht werden konnte, war eben derjenige des "Türkentums" - ein "kultur"-nationaler Identifizierungsversuch, der erst noch zum Erfolg geführt, dessen kulturelle Grundlage erst noch geschaffen werden mußte. Denn das zweite aufkeimende und im Verlauf der Verfassungsgeschichte besondere Bedeutung entwickelnde Prinzip, der Laizismus, verbot die kontraproduktive Betonung der gemeinsamen Zugehörigkeit der überwältigenden Mehrheit der türkischen Staatsangehörigen[20] zum

---

[18]   Vgl. *Meray* I Bd. 1/1 (Anm. 5), 154 ff.
[19]   Vgl. *Kafesoğlu*, 60.
[20]   So aber noch hervorklingend bei den Verhandlungen in Lausanne, wo die türkische Delegation sich für ihre Haltung gegen den von den

Islam als tragendes Element türkischer Kultur. Das subjektive Zusammengehörigkeitsgefühl, das für den Nationalismus charakteristische integrative subjektive Element, das Nationalgefühl, mußte erst noch geschaffen werden. Dies sollte durch eine spezifische Kultur- und Siedlungspolitik erreicht werden[21].

Trotz des theoretischen Ansatzes zu einem pragmatischen Nationalismus kam es zu Lebzeiten Mustafa Kemal Atatürks zu gesetzgeberischen Aktivitäten, die auf eine Assimiliation andersartiger Kulturelemente hinausliefen. So ermöglichte ein heute noch geltendes Gesetz aus dem Jahre 1934 die Zwangsumsiedlung solcher Bevölkerungsgruppen, die nicht der "nationalen Kultur" verbunden waren (dazu unten III 1 e bb i). Hier zeigte sich, jedenfalls in der Praxis, ein kulturnationales Element im Nationalismus-Begriff der dreißiger Jahre, das bis heute die Möglichkeit einer klaren, rationalen Linie des kemalistischen Nationalismus-Konzepts vereitelt. Ähnlich verlief auch die Forschungspolitik der Türkischen Geschichtsgesellschaft, die auf die Erforschung der Geschichte der Kurden als wichtigster ethnisch nicht-türkischen Gruppe verzichtete[22]. Das auf der Nation der Staatsangehörigen

---

Verhandlungspartnern geforderten weiten Minderheitenbegriff auf die Einheit aller muslimischen Staatsangehörigen berief (*Meray*, *ibid.*).

[21] Vgl. dazu z.B. *E.E. Hirsch*, Die kemalistische Türkei, in: Mustafa Kemal Atatürk (1881-1938), Vorträge und Aufsätze zu seinem 100. Geburtstag, Heidelberg 1982, 25 ff. Eine wesentliche Rolle spielten die von Atatürk eingerichtete Türkische Sprachgesellschaft und die Türkische Gesellschaft für Geschichte, die die gemeinsame Sprache fast völlig neu zu entdecken und zu entwickeln und die türkische Geschichte insbesondere unter dem Blickwinkel des Unabhängigkeitskampfes mit seinem solidarisierenden Effekt neu zu schreiben hatten, um das zu unterfüttern, was als Türkentum im kemalistischen Sinne erst noch Konturen zu gewinnen hatte.

[22] Allein das dem Kulturministerium unterstehende Institut zur Erforschung der türkischen Kultur brachte im Zusammenhang mit dem 100. Geburtstag Atatürks einige Werke heraus, die die Zugehörigkeit der Kurden zu den türkischen Völkern nachzuweisen suchten: *S.M. Sekban*, Kürt Sorunu (Die Kurdenfrage), 4. Aufl., Ankara 1981 [1. Auflage: La Question Kurde, Paris 1933]; *N. Sevgen*, Doğu ve Güneydoğu Anadolu'da Türk Beylikleri (Die türkischen Landherrschaften in Ost- und Südostanatolien), Ankara 1982; *M.S. Fırat*, Doğu İlleri ve Varto Tarihi (Die Ostprovinzen und die Geschichte Urartus), 4. Aufl., Ankara 1981 (1. Aufl. Istanbul

aufbauende kemalistische Nationalismus-Konzept steht ethnischem und kulturellem Anderssein sowohl rechtlich als auch faktisch feindlich gegenüber; es hat also eine assimilatorische Funktion.

Dieser von einem pragmatischen Nationalismus-Konzept in manchem wichtigen Punkt abweichenden Variante des kemalistischen Nationalismus folgt die türkische Rechtsordnung.

3. Minderheiten in der Türkei heute[23]

Dem strikten türkischen Zentralismus, der - wie unten näher ausgeführt - auf einem strengen Staatsnationsbegriff und einem extremen Nationalismus als einem der wesentlichen Merkmale der Staatsideologie des Kemalismus beruht, steht die Realität der Bevölkerungsstruktur der Republik Türkei gegenüber. Denn anders als in Frankreich hat es im Osmanischen Reich keine integrativzentralistische Staats- und Gesellschaftspolitik gegeben. Eine solche Politik gibt es erst seit Anfang der zwanziger Jahre dieses Jahrhunderts. Aus diesem Grunde blieben die kulturellen Eigenheiten, Sprachen und Dialekte der zahlreichen Minderheiten erhalten.

Mindestens 47 verschiedene ethnisch, sprachlich und religiös diffenzierbare Gruppen sowie weitere Untergruppen sind mit empirischen Mitteln feststellbar[24]. Dazu zählen neben zahlreichen verschiedenen Gruppen verschiedener Türkvölker ethnologisch in jeder Hinsicht eindeutig anders ein-

---

1948); *S.K. Seferoğlu*, Anadolu'nun İlk Türk Sakinleri Kürtler (Die Kurden als erste türkische Bewohner Anatoliens), Ankara 1982.

[23] Grober Überblick bei *B. Stowasser*, The Society and Its Environment, in: Turkey - a country study (ed. *P M. Pitman* III), Washington 1988, 108 ff.; sehr ausführlich: *P.A. Andrews* (Hrsg.), Ethnic Groups in Turkey, Wiesbaden 1989; außerdem *B. Spuler*, Religiöse Minderheiten, Südosteuropa-Handbuch (Anm. 10), 613 ff.; Bericht des deutschen Generalkonsulats Istanbul v. 28.8.1986 zur Lage der Christen in der Türkei; *O. Oehring*, Christliche Minderheiten in der laizistischen Türkei, CIBEDO-Texte Nr. 41 (15.9.1986).

[24] Hilfreich als Ansatzpunkt war hier, daß der Zensus im Jahre 1965 noch Fragen nach der Muttersprache enthielt und Rückschlüsse auf die ethnische Zuordnung erlaubte.

zuordnende Gruppen (und ihre Untergruppen) wie Kurden, Araber, Lasen, Tscherkessen, Zigeuner, Georgier, Griechen, Armenier, Juden - um nur die bekanntesten herauszugreifen. Dabei beruht die gegenwärtige Zusammensetzung der Bevölkerung Anatoliens nur zum Teil auf längerer Verwurzelung. Vor allem in West- und Zentralanatolien sowie in Thrakien sind Millionen von Menschen infolge der verschiedenen Kriege seit dem 19. Jahrhundert, insbesondere nach 1878, 1913, 1919 angesiedelt worden. Bis heute gibt es Zuwanderungen aus dem Balkan (Bulgarien, Griechenland), in den fünfziger und achtziger Jahren sind einige Tausend afghanische Flüchtlinge aufgrund ihrer ethnischen Verwandtschaft angesiedelt worden, neuerdings werden die Kasachen, Aseris, Tartaren, Uyguren, Turkmenen und andere Türkvölker wieder durch neue Zuwanderungen verstärkt. Markant abgenommen haben nur der byzantinische[25] Bevölkerungsanteil[26] und die armenische Minderheit[27]; auch die im Südosten lebenden Suryanî (aramäische Christen) haben sich in den letzten fünfzehn Jahren auf wenige Tausend reduziert, wohl mehr als die Hälfte ist nach Mitteleuropa, vor allem nach Deutschland und in die Schweiz, ausgewandert[28]. Infolge der relativ höheren Geburtenrate ist wiederum der kurdische Bevölkerungsanteil gewachsen[29], der sich

---

[25] Die Byzantiner werden in der Regel als "Griechen" bezeichnet. Da aber keine Identität mit den Griechenland-Griechen besteht, wird hier dieser Begriff bevorzugt. Diese Minderheit bezeichnet sich selbst ebenfalls nicht als "Griechen", sondern als "Römer". Erst damit tritt auch begrifflich vor Augen, daß der Exodus der Byzantiner nicht etwa in eine "Stammheimat" erfolgte, sondern eben diese Stammheimat verlassen werden mußte.

[26] Laut Zensus 1965: 130.000; 1974 rund 80.000; 1984 rund 6.000 (Quellen: *Andrews, ibid.*, 142 f.; Bericht, *ibid.*; *Oehring, ibid.*) [350.000 vor 1923].

[27] Zensus 1965: 70.000 (davon 56.000 Armenisch sprechend); 1984 rund 50.000 (Quellen: dito) [vor 1915: rund 2.000.000, davon 1.500.000 in Anatolien]. In diesen Zahlen nicht enthalten sind gegenwärtig rund 24.000 Armenisch sprechende, muslimische Chemschinli.

[28] Syrisch-orthodoxe Aramäer (Jakobiten bzw. Westsyrer): 1968 rund 50.000; 1984 rund 27.000. Hinzuzurechnen sind noch einige Tausend katholische und protestantische Suryanî; Ostsyrische Aramäer: 1982 rund 2.000 Chaldäer und 2.000 Nestorianer.

[29] Laut Zensus 1965: 4.000.000; 1970 rund 7.500.000; heute hochgerechnet wohl rund 13.000.000 (einschließlich Zaza's [Zensus 1965: 150.000], die zwar eine dem Kurdischen und Iranischen verwandte

seinerseits wiederum in verschiedene Gruppen aufteilen läßt. Exotisch mutet bereits an, wenn festgestellt wird, daß in einem Dorf in der Provinz Kars, die erst 1921 von Rußland an die Türkei kam, seit 1886 evangelische Esten und einige Deutsche siedeln[30], in der Nähe von Istanbul gibt es seit 1839 ein polnisches Dorf, im Süden und Westen einige sudanesische Dörfer. Zum Teil quer durch die Ethnien ziehen sich religiöse und konfessionelle Unterschiede. Die größte religiöse Minderheit ist mit vielleicht rund 20% die der Alewiten, die - entgegen dem eigenen Selbstbekenntnis - weder von den Sunniten noch von den Schiiten als Muslime anerkannt werden[31]. Zu ihnen gehören vor allem Kurden, Araber und Turkmenen; es gibt griechisch sprechende Muslime sowie türkisch-orthodoxe, katholische und protestantische Türken.

Regionale Siedlungsschwerpunkte sind zwar durchaus feststellbar, aber im großen und ganzen stark verwischt. Beigetragen hat hierzu nicht nur die bereits genannte Politik der Ansiedlung von Einwanderern und Flüchtlingen, sondern auch die Umsetzung von Bevölkerungsteilen sowie die freiwillige Umsiedlung innerhalb der Türkei. So gehen die in den westlichen Großstädten und in westlichen ländlichen Gebieten bis nach Thrakien lebenden Kurden in die Millionen, mehrere Tausend syrisch-orthodoxe Christen sind nicht nur nach Europa ausgewandert, sondern auch nach Istanbul gezogen.

Die größte sprachlich und damit wohl auch ethnisch einigermaßen klar identifizierbare Bevölkerungsgruppe dürften die Kurden stellen. Die "Türken" sind zwar zahlenmäßig weit überlegen, jedoch ethnisch überwiegend gerade nicht mehr eindeutig zuzuordnen. Dies ist nur noch hinsichtlich späterer Zuwanderer aus Asien möglich. Der Grund hierfür dürfte darin liegen, daß Assimilationsbestrebungen die Vereinigung mit "den Türken" suchten, die Aufgabe endogamer Heiratspolitik und damit

---

Sprache sprechen, aber entgegen verbreiteter Ansicht eigentlich keine Kurden sind).

[30] U. *Johansen*, Die Esten in Anatolien, in: *Andrews, ibid.*, 538 ff.

[31] Dazu K. *Kehl-Bodrogi*, Das Alevitum in der Türkei: Zur Genese und gegenwärtigen Lage einer Glaubensgemeinschaft, in: *Andrews, ibid.*, 503 ff.

gegebenenfalls der Verlust eindeutiger ethnischer Identität das Selbstverständnis als "Türke" im Sinne der kemalistischen Staatsideologie förderte.

Insgesamt ergibt sich also ein buntes Bild verschiedenster Minderheiten, für deren Namen, Anzahl und verschiedene Merkmale an dieser Stelle nur auf das Werk von *Andrews* verwiesen werden kann[32].

II. Geschichte und Begriffe: Minderheit und Türken

1. "Minderheiten"

a) Geschichtlicher Hintergrund

Das türkische Recht kennt den Begriff der Minderheit nur im Zusammenhang mit den Minderheitenklauseln des Lausanner Vertrages. Obwohl diese Klauseln *generell* von den Westmächten durchgesetzt worden waren, stehen sie infolge des türkischen Beharrens auf einer eigenen Variante im Ergebnis in der Tradition des islamischen NationBegriffs. Denn das islamische "millet" = Nation grenzt staatsrechtlich nicht nach ethnischen oder politischen Merkmalen ab, sondern nach religiösen. Nationen innerhalb der "Welt des Islams" und gegebenenfalls des islamischen Staatsverbandes bestehen aus den Angehörigen solcher "Buchreligionen", die mit den Muslimen Schutzverträge abgeschlossen und damit einen besonderen staatsrechtlichen Status erlangt haben. Dies gilt insbesondere für Christen und Juden. Wenn auch im Osmanischen Reich der staatsrechtliche Status der "anerkannten Minderheiten", also der Juden sowie der armenischen und griechischen Christen wieder einen gegenüber dem traditionellen islamischen Staats- und Völkerrecht abweichenden Charakter erhalten hat, so blieb es doch grundsätzlich bei der Einordnung dieser Gruppen als Nationen und - in Übereinstimmung mit der Terminologie der europäischen Mächte - seit dem 19. Jahrhundert auch als "Minderheiten". Daß der Begriff der Minderheit von einer religiösen

---

[32] Anm. 23.

Unterscheidung ausging, war politisch insoweit auch konsequent, als das Osmanische Reich auf einer Vielzahl politisch abgrenzbarer und staatsrechtlich durch zahlreiche verwaltungstechnische Aufteilungen und Gewährung unterschiedlicher Autonomie-Rechte berücksichtigter Bevölkerungsgruppen beruhte, die die Definition einer ethnischen oder politischen Mehrheit auf dem Boden des Reiches praktisch nicht zuließ. Darüberhinaus gründete die Staatsverfassung des Osmanischen Reiches auf dem Koran und definierte damit - abgesehen von politisch opportunen Privilegien und Statusunterschieden - die Staatsbürgerschaft islamrechtlich, also nach Religionszugehörigkeit. Als "Mehrheit" waren daher ungeachtet ihrer ethnischen Herkunft und Volkszugehörigkeit die Muslime anzusehen, als "Minderheit" die Nichtmuslime. Unter den Nichtmuslimen konnten sich wiederum diejenigen gewisse staatsrechtliche Privilegien erkämpfen, die über den notwendigen zahlenmäßigen und wirtschaftlichen Einfluß verfügten. Das waren die in der Zentrale des osmanischen Staates, in Konstantinopel am stärksten vertretenen Gruppen der Juden sowie der griechischen und armenischen, schließlich auch der aramäischen Christen (letztere verzichteten jedoch im Hinblick auf Lausanne auf ihren Status).

Diese Unterscheidung wurde auch von den europäischen Mächten aufgegriffen, die im 19. Jahrhundert die Funktion von Schutzmächten vor allem der christlichen Minderheiten zu übernehmen suchten. Auf dieser Unterscheidung beruhen schließlich auch die Regelungen des Lausanner Vertrages.

b)   Lausanner Vertrag[33]

Unter dem Aspekt der Rechtsstellung der Minderheiten in der Türkei ist der Lausanner Vertrag das wichtigste geltende Rechtsdokument. Dies rechtfertigt es, die einschlägigen Vorschriften dieses Vertrages vollständig zu zitieren:

---

[33]   Allgemein hierzu *L. Weber*, Lausanne Peace Treaty (1923), EPIL 3, 242 ff.

"Abschnitt 3: Schutz der Minderheiten

Art. 37 - Die Türkei verpflichtet sich, die in den Art. 38 bis 44 niedergelegten Vorschriften als grundlegende Gesetze anzuerkennen, keine entgegenstehende Gesetzes- oder Verwaltungsvorschrift und keine entgegenstehende Amtshandlung zu erlassen sowie keiner Gesetzes- oder Verwaltungsvorschrift und keiner Amtshandlung den Vorrang gegenüber den genannten Vorschriften einzuräumen.

Art. 38 - Die türkische Regierung verpflichtet sich, Leben und Freiheiten für alle Einwohner der Türkei ohne Unterschied nach Geburt, Nationalität, Sprache, Rasse oder Religion zu gewährleisten.

Alle Einwohner der Türkei sollen das Recht haben, jede Religion, Konfession und jeden Glauben, soweit er nicht gegen die öffentliche Ordnung und die guten Sitten verstößt, öffentlich oder privat auszuüben. Die nichtmuslimischen Minderheiten genießen in vollem Umfang die den türkischen Staatsbürgern vorbehaltlich der von Seiten der türkischen Regierung zur nationalen Verteidigung oder zum Schutz der öffentlichen Ordnung im gesamten Land oder in einem Teil desselben zu ergreifenden Maßnahmen eingeräumte Freiheit der Reise sowie Ein- und Ausreise.

Art. 39 - Die türkischen Staatsbürger, die nichtmuslimischen Minderheiten angehören, genießen die gleichen bürgerlichen und politischen Rechte wie die Muslime.

Alle Einwohner der Türkei sind ohne Ansehung ihrer Religion vor dem Gesetz gleich.

Unterschiede in Religion, Glauben oder Konfession können gegenüber keinem türkischen Staatsangehörigen als Hindernis bei der Ausübung seiner bürgerlichen und politischen Rechte, insbesondere im Hinblick auf die Aufnahme in den öffentlichen Dienst und in

Ehrenämter sowie auf die Tätigkeit in verschiedenen Berufszweigen und Handwerken, geltend gemacht werden.

Keinem türkischen Staatsangehörigen können irgendwelche Beschränkungen beim Gebrauch irgendeiner Sprache in seinen privaten und geschäftlichen Beziehungen, bei der Ausübung der Religion, in der Presse oder jeder Art von Veröffentlichungen und auf öffentlichen Versammlungen auferlegt werden.

Den türkischen Staatsangehörigen, die eine andere Sprache als Türkisch sprechen, werden ohne Rücksicht auf das Bestehen einer Amtssprache für die mündliche Benutzung ihrer eigenen Sprache vor Gericht die notwendigen Erleichterungen gewährt.

Art. 40 - Die türkischen Staatsangehörigen, die nichtmuslimischen Minderheiten angehören, genießen die gleiche Behandlung und die gleichen Gewährleistungen, wie sie rechtlich und tatsächlich den übrigen türkischen Staatsangehörigen eingeräumt werden; insbesondere haben sie das gleiche Recht, auf eigene Kosten jede Art von wohltätigen, religiösen und sozialen Einrichtungen sowie Schulen und sonstige Erziehungs- und Ausbildungseinrichtungen zu schaffen, zu leiten und zu kontrollieren, dort ihre Sprache frei zu verwenden und dort ihren religiösen Riten nachzugehen.

Art. 41 - Soweit es das öffentliche Bildungswesen angeht, wird die türkische Regierung in den Städten und Bezirken, wo in bedeutender Anzahl Nichtmuslime ansässig sind, angemessene Erleichterungen schaffen, um den Unterricht der Kinder solcher türkischer Staatsangehöriger in ihrer eigenen Sprache an den Grundschulen sicherzustellen. Diese Vorschrift steht der Einführung von Pflichtunterricht der türkischen Sprache in den betreffenden Schulen durch die türkische Regierung nicht entgegen.
In den Städten und Bezirken, in denen in bedeutender Anzahl Nichtmuslime ansässig sind, erhalten die nichtmuslimischen Minderheiten, soweit es um die Nutzung von Geldern geht, die im Staatshaushalt, in

Stadt- und anderen Haushalten aus den allgemeinen Einkünften zur Finanzierung von Bildungs-, Religions- und Wohlfahrtsangelegenheiten bereitgestellt worden sind, einen gerechten Anteil.

Solche Beträge werden an die zuständigen Vertreter der betreffenden Einrichtungen ausgezahlt.

Art. 42 - Die türkische Regierung verpflichtet sich, auf dem Gebiet des Familien- und Personenstandsrechts Vorschriften zu erlassen, die eine geeignete Regelung gemäß den Sitten und Gebräuchen der betreffenden Minderheiten zulassen[34].

Diese Vorschriften werden von besonderen Kommissionen ausgearbeitet werden, die aus Vertretern der türkischen Regierung und in je gleicher Anzahl aus Vertretern der betreffenden Minderheiten bestehen. Im Fall eines Konfliktes werden die türkische Regierung und der Rat des Völkerbundes gemeinsam einen europäischen Juristen als Schiedsrichter bestimmen[35].

Die türkische Regierung verpflichtet sich, jeglichen Schutz der Kirchen, Synagogen, Friedhöfe und sonstigen religiösen Einrichtungen der betreffenden Minderheiten sicherzustellen. Den derzeitigen frommen Stiftungen, religiösen und wohltätigen Einrichtungen derselben Minderheiten werden jegliche Erleichterungen gewährt; die türkische Regierung wird auch den neu zu gründenden religiösen und wohltätigen Einrichtungen diejenigen notwendigen Erleichterungen, wie sie entsprechenden privaten Einrichtungen gewährt werden, nicht versagen.

---

[34] Art. 42 Abs. 1 ist nach türkischer Auffassung nach Einführung des ZGB auf der Grundlage des schweizerischen ZGB im Jahre 1926 obsolet geworden.

[35] Art. 42 Abs. 2 ist nach türkischer Auffassung nach Einführung des ZGB auf der Grundlage des schweizerischen ZGB im Jahre 1926 obsolet geworden.

Art. 43 - Die türkischen Staatsangehörigen, die nichtmuslimischen Minderheiten angehören, werden in keiner Weise zu Handlungen gezwungen, die ihren religiösen Überzeugungen widersprechen oder ihre religiösen Riten stören; sie werden aufgrund des Umstandes, daß sie an ihrem Wochenfeiertag nicht vor Gericht erscheinen oder sich sonstigen Rechtsakten entziehen, keine Rechtsverluste erleiden. Diese Vorschrift befreit die genannten türkischen Staatsangehörigen nicht von solchen Verpflichtungen, die zum Schutz der öffentlichen Ordnung in gleicher Weise den anderen türkischen Staatsangehörigen auferlegt sind.

Art. 44 - Die Türkei erkennt an, daß die vorstehenden Vorschriften dieses Abschnitts, soweit sie nichtmuslimische Minderheiten betreffen, als Verpflichtungen von internationalem Interesse gelten und unter die Aufsicht des Völkerbundes gestellt werden. Diese Vorschriften können ohne die Zustimmung der Mehrheit des Rates des Völkerbundes nicht geändert werden. England, Frankreich, Italien und Japan verpflichten sich, auf die Ablehnung jeglicher Änderung, die von der Mehrheit der Versammlung des Völkerbundes gemäß diesen Vorschriften verabschiedet wird, zu verzichten.

Die Türkei erkennt an, daß jedes Mitglied des Rates des Völkerbundes befugt ist, eine Verletzung oder die Gefahr einer Verletzung gegen eine jede dieser Verpflichtungen dem Rat anzuzeigen, und daß der Rat ein Verfahren bestimmen und Maßnahmen ergreifen kann, die er für den Erfordernissen angemessen und wirksam erachtet.

(Streitbeilegung; Unterwerfung unter die Rechtsprechung des StIGH)

Art. 45 - Die Rechte, die den nichtmuslimischen Minderheiten in der Türkei durch die Vorschriften dieses Abschnitts zuerkannt worden sind, werden von Griechenland auch für die auf eigenem Boden befindliche muslimische Minderheit anerkannt."

Die Vorschriften des Lausanner Vertrages perpetuieren den osmanischen Minderheitenbegriff, indem sie allein auf religiöse Minderheiten abstellen. Hartnäckig erkämpft wurde dies von der türkischen Delegation, nachdem die europäischen Mächte zunächst auf der Verwendung eines weiten, alle ethnischen Gruppen umfassenden Minderheitenbegriffs verharrt hatten[36]. Damit konnten sich die europäischen Mächte lediglich mit ihrer Minimalforderung durchsetzen, nämlich zu verhindern, daß die religiösen Minderheiten einem Assimilationsprozeß in einem *islamischen* Staatswesen ausgesetzt wurden, als welches zu Zeiten der Friedensverhandlungen die Türkei noch anzusehen war. Es ging also letztlich nicht um eine Relativierung der Gleichbehandlung durch Minderheitenrechte im modernen Sinne, sondern zunächst einmal im Gegenteil um die Sicherstellung der in einer islamischen Staatsverfassung gefährdeten Gleichbehandlung hinsichtlich der bürgerlichen und politischen Rechte von Nichtmuslimen einschließlich der Religionsfreiheit. Die Zugehörigkeit zu einer Minderheit sollte gerade nicht Begründung für eine Privilegierung oder Diskriminierung bei der Ausübung dieser Rechte sein.

Als selbstverständliches Annex des osmanischen Minderheitsbegriffs wurde zwar auch das Recht auf den Gebrauch der eigenen Muttersprache fixiert, also das Recht der armenischen Christen, Armenisch zu sprechen, das Recht der Byzantiner Griechisch zu sprechen und das Recht der Juden, ihren spätmittelalterlichen spanischen Dialekt (Ladino) zu sprechen. Inwieweit aber diese Komponente, die sich weitgehend mit bestimmten ethnischen Gegebenheiten deckt, auch für muslimische Minderheiten - z.B. die Kurden - gilt, wird unten III 2 d noch einmal angesprochen werden. Im Minderheitenbegriff des Lausanner Vertrages ist sie jedenfalls selbst nicht enthalten.

---

[36] Vgl. *Meray* I Bd.1/1, 154 ff., 175 ff.

c) Verfassung und Gesetze

In der Verfassung von 1982 kommt der Begriff "Minderheit" überhaupt nicht vor. Hier ist nur in verschiedenen Vorschriften die Rede von der - verbotenen - "Schaffung von Unterschieden in Sprache, Rasse, Religion oder Bekenntnis" (Art. 14 TV 1982). In einigen gesetzlichen Vorschriften dagegen wird der Begriff zwar genannt, dabei jedoch grundsätzlich auf das Verbot der "Schaffung von Minderheiten" abgestellt. Als Beispiel sei Art. 81 ParteienG[37] zitiert[38]:

"Art. 81 - Die politischen Parteien dürfen
a) nicht behaupten, daß auf dem Gebiet der Republik Türkei Minderheiten bestehen, die auf Unterschieden in der nationalen oder religiösen Kultur, in Konfession oder in Rasse oder Sprache beruhen;
b) nicht das Ziel verfolgen, durch Pflege, Entwicklung und Verbreitung anderer Sprachen und Kulturen als der türkischen Sprache und Kultur auf dem Gebiet der Republik Türkei Minderheiten zu schaffen und die Integrität der Nation zu zerstören oder in dieser Richtung aktiv zu sein ..."

Der hier verwendete Begriff der Minderheit bezieht sich auf Kultur, Sprache und Religion, verzichtet also auf die Verwendung des Elements "ethnisch". Dahinter dürfte die Einsicht zu suchen sein, daß die Existenz ethnisch abgrenzbarer Bevölkerungsgruppen auf türkischem Boden nicht zu leugnen ist, diese Bevölkerungsgruppen jedoch im Sinne des kemalistischen Nationalismus als unter einem gemeinsamen Dach der türkischen Kultur und Sprache vereint anzusehen sind. Wenn diese Vorschrift auch kein Assimilierungsgebot enthält, so schützt sie jedoch gegebenenfalls eine mit dem Prinzip des Nationalismus begründete Politik der Assimilation gegen parteipolitischen Widerstand bzw. eine auf die Förderung des Minderheitenschutzes ausgerichtete Parteipolitik.

---

[37] Gesetz Nr. 2820 v. 22.4.1983, RG Nr. 18027 v. 24.4.1983; vollständige Übersetzung des Gesetzes über die politischen Parteien bei *E.E. Hirsch*, JöR 32 (1983), 595 ff.
[38] Eigene Übersetzung.

Die Verwendung des Begriffs der Minderheit in diesem Zusammenhang zeigt, daß dieser Begriff von dem der Nation im Sinne des Prinzips des Nationalismus nicht zu trennen ist. Minderheit ist jede soziale Gruppe, die mit der Einheit der Nation - auf welcher Basis (politisch, ethnisch, religiös etc.) auch immer - nicht in Einklang zu stehen scheint.

Eine ähnliche wie die hier wiedergegebene Vorschrift findet sich in Art. 5 Ziff. 6 VereinsG[39]; andere gesetzliche Vorschriften verweisen immerhin auf das der türkischen Rechtsordnung zugrundeliegende kemalistische Nationalismus-Konzept, indem sie Formulierungen wie die des oben zitierten Art. 14 TV 1982 verwenden oder auf den Begriff der "unteilbaren Einheit von Staatsgebiet und Staatsvolk" Bezug nehmen (dazu unten III 1 c).

2. Der "Türke"

Die Bestimmung des Staatsvolkes erfolgt ähnlich wie in Frankreich nach einem "formalen" Begriff des "Türken" als Staatsangehörigen, der in der Verfassung niedergelegt ist und für die türkische Auffassung zur Existenz von Minderheiten von zentraler Bedeutung ist.
Art. 54 TV 1961 bzw. Art. 66 Abs. 1 TV 1982 lauten:

"Jeder, den mit dem Türkischen Staat das Band der Staatsangehörigkeit verbindet, ist Türke".

Die Notwendigkeit, den "Türken" in einer Verfassungsvorschrift zu definieren, weist von selbst darauf hin, daß wir es mit einer Verfassung zu tun haben, die das Problem Kulturnation/Staatsnation in staatsnationalem Sinne zu lösen sucht. Die Verfassung verzichtet hier ausdrücklich und konsequent auf eine nähere Spezifizierung des "Türken" nach ethnischen, rassischen, sprachlichen oder sonstigen Gesichtspunkten und formuliert einen staatsrechtlichen Begriff des "Türken"[40]. Geht man davon aus, daß

---

[39] Gesetz Nr. 2908 v. 4.10.1983, RG Nr. 18184 v. 7.10.1983.
[40] Vgl. VerfG, Urteil v. 16.7.1991, E.1990/1 (Parteiverbot), K.1991/1, RG Nr. 21125 v. 28.1.1992, 15 ff. (73).

der Verfassunggeber objektiv gewußt hat, daß das türkische Staatsvolk uneinheitlicher ethnischer Herkunft ist, so kann dies nur heißen, daß der verfassungsrechtliche Nation-Begriff an die Staatsangehörigkeit anknüpft[41]. Es kann zwar hieraus kein Zwang der Assimilation oder auch nur der unfreiwilligen Gleichbehandlung aller Türken geschlossen werden, soweit es um kulturelle Identitätsmerkmale geht. Als Türken gleich sind sie als Staatsbürger, nicht aber dort, wo sie faktische Unterschiede aufweisen wie zum Beispiel als Zugehörige verschiedener Volksgruppen. Dennoch entfalten die staatsangehörigkeitsrechtlichen Bestimmungen der Verfassung in der Praxis eine assimilatorische Funktion, die sich vor allem im Zusammenhang mit der Auslegung und Konkretisierung des Art. 8 ATG[42] zeigt[43] (zu dieser Vorschrift unten III 1 d cc ii).

Wenn es also auch faktisch Minderheiten geben kann[44], bleiben sie der geltenden Auslegung des Art. 66 TV 1982 zufolge rechtlich ausgeschlossen, ja "inexistent"[45].

---

[41] So etwa auch *E. Cihan*, Millî Duygulara Aykırı Propaganda Yapma Suçu (TCK. m. 142/b.3) (Die Straftat der Propaganda gegen die nationalen Gefühle [Art. 142 Abs. 3 türk.StGB]), IÜHFM XLIII (1-4), 45 ff. (54).

[42] Dazu *B. Tanör*, Gedanken zum türkischen Gesetz Nr. 3713 zur Bekämpfung des Terrors ("Antiterrorgesetz" - ATG), ZfTS 1991/2, 153 ff.; *S. Tellenbach*, Das türkische Antiterrorgesetz, ZAR 1991, 162 ff.; *C. Rumpf*, Das türkische Gesetz zur Bekämpfung des Terrors (Antiterrorgesetz), InfAuslR 1991, 285 ff.

[43] Vgl. z.B. Rechtsgutachten von *Z. Hafızoğulları*, Etnik Ayrımcılık Üzerine İki Bilirkişi Raporu (Terörle Mücadele Kanunu M.8) (Zwei Gutachten über ethnischen Separatismus [Art. 8 des Gesetzes zur Bekämpfung des Terrors]), IHMD 1/2-3 (1991), 31 ff. (35).

[44] Das VerfG (Anm. 40) spricht *ibid.* zum Beispiel erstmals davon, daß die neueren Entwicklungen über die Diskussion der Frage der Existenz der Kurden hinausgegangen sei und es jetzt eigentlich nur noch um die Frage gehe, wieviel kulturelle Eigenständigkeit ihnen zugestanden werden solle.

[45] In dieser Richtung die Regierung in ihrer Begründung des Vorbehalts zu Art. 27 des UN-Paktes über die bürgerlichen und politischen Rechte auftaucht (Cumhuriyet v. 23.7.1992).

III. Rechtsordnung und Minderheiten heute

1. Die grundlegenden Prinzipien

a) Allgemeine Grundlage: Das Nationalismus-Prinzip

Der Kemalismus mit seinen sechs Grundsätzen (Republikanismus, Nationalismus, Laizismus, Populismus, Etatismus und revolutionärer Reformismus) bildet spätestens seit der im Jahre 1937 erfolgten ausdrücklichen Aufnahme dieser Prinzipien in die Verfassung von 1924 die Staatsideologie der Republik. Als solche wirkt sie sich entscheidend auf die normative Gestaltung der Verfassungs- und Rechtsordnung aus. Zentrales Element dieser Ideologie ist, wie bereits oben I 2 gesagt, der Nationalismus. Die Begriffe "national" und "nationalistisch" durchziehen wie ein roter Faden die Texte des türkischen Rechts von der Verfassung über das Grundgesetz über die nationale Erziehung[46] und die Gesetze der Kulturverfassung bis zu denjenigen Gesetzen, die die politische Ordnung bestimmen.

b) Präambel der Verfassung

Die Präambel ist gemäß Art. 176 TV 1982 Bestandteil des Verfassungstextes. Sie ist daher, wenn sie auch keinen eigenständigen normativen Gehalt aufweist, zur Auslegung der übrigen Verfassungsvorschriften heranzuziehen.

---

[46] Art. 10 dieses Gesetzes Nr. 1739 v. 14.6.1973, RG Nr. 14574 v. 24.6.1973:
"Bei der Anwendung der Curricula in allen Stufen und Arten unseres Erziehungssystems und bei sämtlichen pädagogischen Aktivitäten werden die Reformen und Prinzipien Atatürks und der Nationalismus Atatürks, wie er in der Verfassung zum Ausdruck kommt, zur Grundlage genommen. Dem Schutz und der Entwicklung der nationalen Moral und Kultur wird unverbrüchlich in der uns eigenen Form und im Rahmen der universellen Kultur besondere Bedeutung beigemessen."

Im Text der Präambeln von 1961 und 1982 werden Verfassung und Nation miteinander in engen Zusammenhang gebracht. Die Verfassung ist das normative, rechtliche Gerüst der Staats- und Gesellschaftsordnung; die Nation ist als ideelles Element sozial und kulturell integrierender Faktor der Staats- und Gesellschaftsordnung und zugleich Grundlage und Rechtfertigung ihrer Einheit.

Im Vergleich zu der ohnehin schon ideologisch befrachteten Präambel der Verfassung von 1961 erscheint in der Präambel von 1982 eine stark ideologisierende Überhöhung des Prinzips des Nationalismus. Die Verfassung wurde durch "ES" (das türkische Volk) gegeben

> "in der Idee, dem Glauben und der Entschlossenheit, daß entsprechend der Auffassung vom Nationalismus Atatürks ... keine Meinung und Ansicht gegenüber türkischen nationalen Interessen, dem Grundsatz der Unteilbarkeit von türkischem Dasein, Staat und Staatsgebiet, den geschichtlichen und geisten Werten des Türkentums und dem Nationalismus ... Atatürks werde geschützt [und] jeder türkische Staatsbürger ... von seiner Geburt an das Recht und die Möglichkeit habe, innerhalb der nationalen Kultur-, Zivilisations- und Rechtsordnung ein würdiges Leben zu führen, [und] die türkischen Staatsbürger in nationalem Stolz, in nationaler Freude und nationalem Leid, in ihren Rechten und Pflichten gegenüber dem nationalen Dasein, in Segen und Mühsal sowie in jeglicher Manifestation des Nationallebens geeint seien" ...

Hier werden nicht nur ein mehr oder weniger ausfüllungsbedürftiger Nationalismus Atatürks, sondern auch die geistigen und kulturellen Werte des Türkentums sowie die nationale Kultur und Zivilisation, die emotionale Gemeinschaftlichkeit in Freud und Leid innerhalb der "Nation" hervorgehoben; das Individuum des Bürgers wird auf das "Nationale" seines sozialen Wesens eingeschworen, sein Persönlichkeitskern, seine Würde, in die Grenzen nationaler Kultur und Zivilisation verwiesen.

c)   Grundlagen der Republik (Art. 2 TV)

Die Verfassungen von 1924, 1961 und 1982 haben sämtlich die Grundlagen der Republik in jeweils ihrem Art. 2 normiert. Eine markante Metamorphose hat nur Art. 2 TV 1924 durchgemacht, der in der ursprünglichen Fassung den Islam zur "Religion des türkischen Staates" erhoben hatte. Dies entfiel 1928, stattdessen erhielt die Vorschrift im Jahre 1937 die Klausel: "Der türkische Staat ist ... nationalistisch ...".

Mit der Verfassung von 1961 wurde daraus ein "... nationaler ... Rechtsstaat", wobei der Begriff "national" überhaupt erst nach längeren Debatten der Repräsentantenversammlung aufgenommen wurde[47], die in der Übergangszeit 1960/1961 wesentlich an der Verfassunggebung beteiligt war.

1982 verspürte der Verfassunggeber das Bedürfnis, die integrierende Funktion des Nationalismus fruchtbar zu machen. Gleich mehrfach wurde in Art. 2 TV 1982[48] mit den Begriffen "nationale Solidarität", "Nationalismus Atatürks" und mit dem Verweis auf die Grundprinzipien in der Präambel das nationalistische Element eingebracht.

d)   Die "unteilbare Einheit von Staatsgebiet und Staatsvolk"[49]
aa)   Zum Begriff

Die Formel der unteilbaren Einheit von Staatsgebiet und Staatsvolk, wie sie auch in der französischen Verfassung zu finden ist, kann man als materiales

---

[47]   Vgl. *Rumpf*, Rechtsstaatsprinzip, 253.

[48]   Text: "Die Republik Türkei ist ein im Geiste des Wohles der Gemeinschaft, der nationalen Solidarität und der Gerechtigkeit die Menschenrechte achtender, dem Nationalismus Atatürks verbundener und auf den in der Präambel verkündeten Grundprinzipien beruhender demokratischer, laizistischer und sozialer Rechtsstaat".

[49]   Vgl. dazu *S. Dönmezer*, Devletin Ülkesi ve Milleti ile Bütünlüğü ve Bölünmezlik İlkesi (Der Grundsatz der unteilbaren Einheit von Staatsgebiet und Staatsvolk), in: Cumhuriyet Döneminde Hukuk - İstanbul Üniversitesi Hukuk Fakültesinin 50 Yıl Armağanı (Das Recht im Zeitalter der Republik - 50-Jahre-Festschrift der Juristischen Fakultät der Universität Istanbul), Istanbul 1973, 1 ff.

Element des Nationalismus-Prinzips bezeichnen. Sie spielt als Rechtsbegriff die wichtigste Rolle im Zusammenhang mit der Frage nach dem Minderheitenschutz in der Türkei. In der Verfassung von 1924 war sie noch nicht enthalten, nicht einmal in den Eidestexten für die Abgeordneten oder den Präsidenten der Republik. Sie taucht erst in Art. 3 TV 1961 auf. Von dort wurde sie in Art. 3 TV 1982 übernommen. In beiden Fassungen ist sie mit der Anordnung "Türkisch als Amtssprache" (1961) bzw. "Türkisch als Sprache des Staates" (1982) verbunden.

Der Grundsatz der unteilbaren Einheit von Staatsgebiet und Staatsvolk ist für den zentralistischen Einheitsstaat Türkei so wichtig wie für die Bundesrepublik Deutschland das Föderalismusprinzip. Ersterer ist aber auch genauso unbestimmt wie der zweitere. Dies wird insbesondere dann virulent, wenn es darum geht, den durch dieses Prinzip begrenzten Schutzbereich von Grundrechten festzustellen bzw. zu konkretisieren. Der Begriff zielt nämlich schon seinem Wortlaut nach nicht nur auf die Unteilbarkeit des Staatsgebiets ab, sondern auch auf die Unteilbarkeit des Volkes, der Nation. Mit *Dönmezer* ist dann zu fragen[50], ob dieser Grundsatz schon dann berührt ist, wenn es nicht um eine Abtrennung von Staatsgebiet geht, sondern lediglich um kulturelle Autonomie, die etwa die Ermöglichung des Unterrichts in einer anderen Muttersprache als dem Türkischen in den Schulen einer bestimmten Region umfaßt. Man könnte auch - mit demselben Autor - noch weiter gehen und fragen, ob das Prinzip berührt ist, wenn unterschiedlichen sozialen Gruppen Sonderrechte oder Selbstverwaltungsrechte eingeräumt werden.

Zunächst darf als feststehend angesehen werden, daß der Grundsatz die Einheit der Ausübung souveräner Herrschaftsgewalt enthält, und zwar sowohl nach außen im Sinne völkerrechtlicher Souveränität als auch nach innen im Sinne der Ausübung von Souveränität im Namen der einen Nation. Soweit es dann um die "Einheit des Staatsvolkes" geht, ist die Einheit der Nation gemeint. Für die Einheit der Nation wiederum setzt *Dönmezer* soziologisch an, indem er zwar die Existenz zahlreicher sozialer

---

50   *Dönmezer*, 11 ff.

Gruppen akzeptiert, die jeweils ihren legitimen Interessen nachgehen, aber zugleich auf den Faktor "Integration" abstellt, ohne den es zur "Einheit" des Staatsvolkes nicht kommen kann[51]. Schwierig bleibt allerdings, den durch den Grundsatz der unteilbaren Einheit von Staatsgebiet und Staatsvolk geschützten Grad der Einheit festzustellen. *Dönmezer* - und damit dürfte er das von der Verfassung vorausgesetzte Verständnis treffen - setzt diesen Grad im Ergebnis recht hoch an: er lehnt solche Faktoren der Abgrenzung sozialer Gruppen ab, die einen negativen Einfluß auf das Bewußtsein der Einheit bzw. das nationale Bewußtsein und damit auf die Integration der in der Nation vereinten Gesellschaft haben. Hierunter zählt er die Abgrenzung durch Sprache, Rasse, Religion, sofern diesen Elementen subjektiv die Funktion der Ausgrenzung aus der Nation zugeschrieben wird. Demzufolge scheidet also das Postulat aus, das Staatsvolk könne noch aus anderen Nationen bestehen als der türkischen[52]; ein Rechtsstatus der "Minderheit" ist durch dieses Prinzip ausgeschlossen[53].

bb)   Verfassungsebene

In der Verfassung von 1961, und zwar erst in der Fassung nach der großen Verfassungsreform im Jahre 1971[54], erscheint die "unteilbare Einheit von Staatsgebiet und Staatsvolk" als allgemeine Grundrechtsschranke in Art. 11 Abs. 1 TV 1961 und als Schranke eines speziellen Grundrechts in Art. 22 Abs. 3 TV 1961 (Pressefreiheit) und anderen Grundrechten (z.B. Vereinigungsfreiheit Art. 29 TV 1961, Gewerkschaftsfreiheit Art. 46 TV 1961 u.a.m.) oder in Art. 57 TV 1961 über die Parteien; die mit der zweiten Etappe der Verfassungsreform im Jahre 1973 ins Leben gerufenen und kurz danach aufgrund eines Urteils des Verfassungsgerichts wieder aufgelösten

---

51 *Dönmezer*, 15 ff.

52 So auch VerfG (Anm. 40), 74 ff.

53 VerfG, *ibid.*, 76.

54 Dazu *Hirsch*, Die Änderungen (Anm. 9); *B. Tibi*, Die Verfassungsänderung in der Türkei und ihr gesellschaftlicher Kontext, VRÜ 1972, 447 ff.; *K. Rabl*, Nochmals die türkische Verfassungsreform von 1971, VRÜ 1973, 219 ff.

Staatssicherheitsgerichte hatten für den strafrechtlichen Schutz der unteilbaren Einheit von Staatsgebiet und Staatsvolk zu sorgen[55].

In der Verfassung von 1982 ist ein Anstieg des Gebrauchs der Floskel "der unteilbaren Einheit von Staatsgebiet und Staatsvolk" zu verzeichnen, die auch als "allgemeines Rechtsprinzip" bezeichnet worden ist[56]: Schon die Präambel enthält sie, danach erscheint sie in Art. 3 Abs. 1, wo sie in engen systematischen Zusammenhang mit der Einheitssprache gebracht wird. Sie taucht in der allgemeinen Schrankenbestimmung des Art. 13 Abs. 1 TV 1982, der mißglückten Vorschrift über den Grundrechtsmißbrauch (Art. 14 TV 1982) und zahlreichen Grundrechtsvorschriften auf. Sie ist in den Bestimmungen über die Parteien (Art. 68 f. TV 1982), über die Universitäten (Art. 130 TV 1982) und über Radio und Fernsehen (Art. 133 TV 1982) zu finden. Zum Schutz der unteilbaren Einheit von Staatsgebiet und Staatsvolk (und der "freiheitlich demokratischen Ordnung" und anderer die innere und äußere Sicherheit betreffender Rechtsgüter) wird wieder die Staatssicherheitsgerichtsbarkeit eingeführt (Art. 143 TV 1982)[57]. Die Schrankenvorschriften, insbesondere die "Mißbrauchsvorschrift" des Art. 14 TV 1982 sind es, die der strafrechtlichen Abwehr antinationalistischer Tendenzen - früher Art. 141 Abs. 4 und Art. 142 Abs. 3 türk.StGB, jetzt Art. 8 ATG[58] - die verfassungsrechtliche Legitimation vermitteln sollen.

cc) Gesetzesebene

Als "allgemeines Rechtsprinzip der unteilbaren Einheit von Staatsgebiet und Staatsvolk"[59] spiegelt sich dieses materiale Element des Nationalismus dann konsequent auch auf Gesetzesebene in zahlreichen Vorschriften wider.

---

55   Dazu *Rumpf*, Rechtsstaatsprinzip, 156 ff.
56   *Dönmezer*, 10.
57   *Rumpf*, Rechtsstaatsprinzip, 295 ff.
58   Vgl. Lit. in Anm. 42.
59   *Dönmezer*, 10.

(i) Das Strafgesetzbuch enthält als wichtigste Vorschrift in diesem Zusammenhang den Art. 125 türk.StGB[60]. Diese Vorschrift bedroht mit der Todesstrafe, der es unternimmt, Teile des Staatsgebietes aus dem Staatsverband herauszulösen oder der Herrschaft der Zentralgewalt zu entziehen. Bei dieser Vorschrift handelt es sich um ein Gefährdungsdelikt, das die Anwendung von Gewalt weder objektiv noch subjektiv voraussetzt. Die Folge hiervon ist, daß die türkische Rechtsprechung die Schwelle für die Erfüllung des Tatbestandes in den letzten zehn Jahren zunehmend gesenkt hat[61]. Flankiert wird diese Vorschrift durch Art. 168 türk.StGB, der die bloße Mitgliedschaft in "bewaffneten Banden", die die Ziele des Art. 125 (und des Art. 146 [Verfassungsumsturz]) verfolgen, mit mindestens fünfzehn Jahren Zuchthaus bedroht.

(ii) Das bis zum Erlaß des ATG in Art. 142 Abs. 3 türk.StGB enthaltene Verbot der "rassistischen" und der "die Nationalgefühle verletzenden" Propaganda hatte infolge der weiten Auslegung dieser Vorschrift durch die Rechtsprechung dazu geführt, daß schon der Gebrauch der kurdischen Sprache in der Öffentlichkeit als das Nationalgefühl anderer verletzende Propaganda angesehen werden konnte[62]. Durch Art. 8 ATG, der die Nachfolge dieser Vorschrift antrat, wurde das Mindeststrafmaß auf zwei Jahre herabgesetzt und das Verbot neu definiert. Es wurde nunmehr auf die

---

[60] Vgl. zu dieser in ihrer Ausgestaltung durch die Rechtsprechung außerordentlich gefährlich gewordenen Vorschrift C. *Rumpf*, Die asylrechtliche Relevanz der Art. 125 ff. des türkischen Strafgesetzbuches, InfAuslR 1986, 250 ff. (257 ff.); A.P. *Gözübüyük*, Türk Ceza Kanunu (Türkisches StGB [Kommentar]), 5. Aufl., Istanbul 1990, Bd.II, zu Art. 125.

[61] Der Mord an einem anders Gesinnten durch ein einfaches Mitglied der separatistischen PKK erfüllt den Tatbestand nicht nur des Mordes, sondern auch des Art. 125 türk.StGB, weil diese Einzeltat nicht von den allgemeinen Zielen der separatistischen Organisation zu trennen sei: 3. Senat des Militärkassationshofs, Urteil v. 29.4.1986 (zit. bei *Gözübüyük, ibid.*, 11 f.).

[62] Die türkische Rechtsprechung hatte auch hier die Maßstäbe sehr niedrig angesetzt. Es kam nicht auf die Öffentlichkeit der propagandistischen Äußerung an, es genügte, wenn man bereits eine Person propagandistisch zu beeinflussen suchte; selbst private Briefe von Freund zu Freund wurden daher als tatbestandsmäßig angesehen (dazu *Rumpf, ibid.*, 262 f.).

Propaganda gegen die unteilbare Einheit von Staatsgebiet und Staatsvolk abgestellt. Der Gebrauch des Kurdischen als solchem ist dadurch erleichtert worden, die Behauptung der Existenz einer geographischen Einheit namens "Kurdistan" auf türkischem Boden bleibt jedoch grundsätzlich strafbar.

(iii) Art. 82 ParteienG verbietet den Parteien, "in dem ein ungeteiltes Ganzes bildenden Land die Ziele des Regionalismus oder Rassismus" zu verfolgen. In dieser Vorschrift, deren zurechenbare tatbestandsmäßige Erfüllung für die Täter eine Gefängnisstrafe von mindestens sechs Monaten nach sich zieht (Art. 117), zeigt sich mehr als nur das Verbot einer Politik der Abtrennung von Teilen des Staatsgebiets aus dem Staatsverband; schon föderalistisches Gedankengut entfällt damit als Gegenstand parteipolitischer Betätigung und Diskussion. Die Verwaltungsautonomie einer regionalen Minderheit ist damit als parteipolitisches Ziel ausgeschlossen.

(iv) Art. 5 Ziff. 1 VereinsG verbietet Vereinen das Ziel zu verfolgen, die unteilbare Einheit von Staatsgebiet und Staatsvolk zu zerstören. Verstöße hiergegen ziehen neben dem Verbot des Vereins die Bestrafung der Gründer und Mitglieder mit ein bis drei Jahren Gefängnis (Art. 76 VereinsG) nach sich.

(v) Art. 74 TarifVG[63] verbietet die Durchführung von Streiks und Aussperrungen zulasten der unteilbaren Einheit von Staatsgebiet und Staatsvolk, konkretisiert hier also noch einmal das ohnehin schon in der Verfassung enthaltene Verbot des politischen Streiks (Art. 54 Abs. 7 TV 1982). Für die Strafsanktionen wird auf Art. 73 TarifVG verwiesen, der sich auf die Durchführung und Teilnahme illegaler Streiks bezieht.

(vi) Art. 28 GewerkschaftsG[64] verbietet die Mitgliedschaft von Arbeitnehmer- und Arbeitgeberverbänden in solchen internationalen Konföderationen, die nicht die unteilbare Einheit von Staatsgebiet und Staatsvolk achten. Darüberhinaus wird in Art. 58 des Gesetzes bestimmt, daß die

---

[63] Gesetz Nr. 2822 über Tarifverträge, Streik und Aussperrung v. 5.5.1983, RG Nr. 18040 v. 7.5.1983.

[64] Gesetz Nr. 2821 v. 5.5.1983, RG Nr. 18040 v. 7.5.1983.

Gefährdung der unteilbaren Einheit von Staatsgebiet und Staatsvolk durch Aktivitäten sowie die Begehung entsprechender Straftaten (vgl. oben [i]) durch Vorstandsmitglieder solcher Verbände zum Verbot des betreffenden Verbandes führt.

(vii) Das Gesetz über Rundfunk und Fernsehen[65] formuliert als "Sendegrundsatz" der Rundfunk- und Fernsehanstalten in Art. 4 Buchst. a unter anderem die Aufgabe, "die unteilbare Einheit von Staatsgebiet und Staatsvolk" zu schützen; die gleichlautende Aufgabe wird dann in Art. 9 Buchst.e Ziff. 2 noch einmal ausdrücklich der Rundfunk- und Fernsehanstalt der Türkei zugewiesen.

(viii) Auch das seit seiner Verabschiedung in akademischen Kreisen äußerst umstrittene Hochschulgesetz[66] verzichtet nicht auf eine ausdrückliche Zielsetzung, den Staat "als in seinem Gebiet und Volk unteilbares Ganzes" zum "konstruktiven, schöpferischen und auserwählten Mitglied moderner Zivilisation" zu machen (Art. 4 Ziff. 2).

(ix) Das Pressegesetz[67] räumt mit seinem Art. 31 dem Ministerrat die Möglichkeit ein, die Einfuhr von Presseartikeln aus dem Ausland zu verbieten, die zum Beispiel gegen den Grundsatz der unteilbaren Einheit von Staatsgebiet und Staatsvolk verstoßen[68].

---

[65] Gesetz Nr. 2954 v. 11.11.1983, RG Nr. 18221ter v. 14.11.1983.

[66] Gesetz Nr. 2547 v. 4.11.1981, RG Nr. 17506 v. 6.11.1981; vgl. dazu *A. Mumcu/C. Rumpf*, Das türkische Hochschulgesetz und die Forschungsfreiheit als Voraussetzung akademischer Freiheit. Einige rechtliche Probleme. Beiträge zur Hochschulforschung (Bayer. Staatsinstitut für Hochschulforschung und Hochschulplanung) 1/2 - 1990, 69-88; *H. Widmann*, Hochschulen und Wissenschaft, Südosteuropa-Handbuch (Anm. 10), 549 ff.

[67] Gesetz Nr. 5680 v. 15.7.1950, RG Nr. 7564 v. 24.7.1950.

[68] Opfer dieser Vorschrift sind z.B. Karl May's "Durchs wilde Kurdistan" und "Von Bagdad nach Stambul" geworden; regelmäßig wird auch christliche Literatur auf diesem Wege mit einem Einfuhrverbot belegt.

(x) Das Gesetz über Versammlungen und Aufzüge[69] enthält in seinem Art. 17 für den Provinzpräfekten oder Bezirksvorsteher die Möglichkeit, eine Versammlung zum Schutz der unteilbaren Einheit von Staatsgebiet und Staatsvolk zu verbieten oder für höchstens zwei Monate aufzuschieben. Daß diese Vorschrift auch für Aufzüge unter freiem Himmel gilt, ergibt sich aus Art. 23 Buchst. i DemoG. Die Durchführung von und Teilnahme an rechtswidrigen Versammlungen oder Aufzügen ist durch die allgemeinen Strafvorschriften des Art. 28 DemoG sanktioniert.

e) Die nationale Kultur
aa) Verfassungsebene

Als weiterer integrierender Faktor ist von verfassungspolitischer und verfassungsrechtlicher Bedeutung der Begriff der "nationalen Kultur". Er taucht erstmals in der Verfassung von 1982 auf. So will die Präambel die Grundrechtsausübung nur im Rahmen der "nationalen Kultur" erlauben; die Hohe Atatürk-Gesellschaft für Kultur, Sprache und Geschichte ist durch Art. 134 TV 1982 eigens eingerichtet worden, näher zu bestimmen, was nationale Kultur ist. Eben diese Vorschrift legt nahe, daß die Verfassung eine nationale Kultur im Sinne des kemalistischen Nationalismus postuliert[70]. Wenn auch grundsätzlich ein solcher Begriff die kulturelle Vielfalt innerhalb einer Staatsnation nicht ausschließt und durchaus als Gesamtheit der "anatolischen Zivilisationen" und Kulturen - einschließlich der kurdischen - angesehen werden könnte[71], so sind die Bemühungen des türkischen Erziehungsministeriums über das Institut für

---

[69] Gesetz Nr. 2911 v. 6.10.1983, RG 18185 v. 8.10.1983.

[70] Der gleiche Begriff wird auch von den Vertretern der Türkisch-Islamischen Synthese verwendet (vgl. dazu *C. Rumpf*, Laizismus und Religionsfreiheit, Stiftung Wissenschaft und Politik, Ebenhausen 1987, 97 f.; *B. Oran*, Occidentalisation, nationalisme et synthèse "turco-islamique", CEMOTI 10 (1990), 33 ff.). Diese einflußreiche Gruppe mit zahlreichen Vertretern in den verschiedenen Eliten (akademische, gesellschaftliche, Staatselite etc.) verficht eine auf einem spezifischen türkischen Islam beruhende Ideologie mit pantürkistischen Zügen.

[71] Dafür *E. Akurgal*, Kürtlerin Kökeni ve Türkiye'nin Kültür Bütünlüğü (Die Wurzeln der Kurden und die kulturelle Einheit der Türkei), Cumhuriyet v. 8.6.1988, 2.

die Erforschung der türkischen Kultur und der Hohen Atatürk-Gesellschaft nicht zu übersehen, ihren Blick über die Osmanen zurück zu den türkischen Horden und Stadtstaaten Zentralasiens zu wenden, also eben doch der gegenwärtigen Wirklichkeit widersprechende ethnisch-türkische Faktoren zur Geltung zu bringen[72].

Damit befinden sich derartige Bemühungen, die sich auch in der auf die ethnisch-türkische Kultur als nationale Kultur konzentrierten türkischen Schulhistoriographie widerspiegeln, durchaus im Einklang mit der gegenwärtigen Verfassung.

Zwar enthält die Verfassung selbst auf den ersten Blick keine eindeutige Definition der "nationalen Kultur" als ethnisch-türkische Kultur. Dennoch gibt es Hinweise auf eine derartige enge Auslegung des Begriffs. Wenn nämlich die Präambel fordert, daß keine Ansicht oder Meinung geschützt werden dürfe, die gegen die geschichtlichen und geistigen Werte des Türkentums verstößt, bringt sie das wichtigste Ausdrucksmittel von Kultur (die Rede) und den inhaltlichen Kern einer Kultur (geschichtliche und geistige Werte) in engsten Zusammenhang. Dabei liefert die Präambel zugleich einen Hinweis darauf, daß es um die ethnisch-türkische Kultur zu gehen scheint. Denn anders ist der Begriff "Türkentum" (türk.: türklük) kaum zu verstehen. Dennoch sollte im Auge behalten werden, daß die im Sinne des kemalistischen Nationalismus gebrauchte Formel des staatsangehörigkeitsrechtlichen "Türken" auch auf die Bedeutung des Begriffs "Türkentum" zurückwirken kann.

In jedem Falle aber schließt der verfassungsrechtliche Begriff der nationalen Kultur die Kultur einer Minderheit mit eigenem rechtlich geschützten Status aus.

---

[72] Vgl. die in Anm. 22 wiedergegebene Literatur. *Andrews* (Anm. 23), 36, stellt fünfzehn Buchtitel fest, mit denen das Institut zur Erforschung der türkischen Kultur den Nachweis zu unterstützen sucht, daß es sich bei den Kurden Wirklichkeit um Türken handle.

bb) Gesetzesebene

Der Begriff der nationalen Kultur taucht nicht nur in solchen Gesetzen auf, die einen Bezug zur "Kulturverfassung" des Staates aufweisen, sondern auch in Gesetzen, die der Durchsetzung staatlicher Assimilierungspolitik dienen.

(i) Zunächst ist das noch geltende Siedlungsgesetz aus dem Jahre 1934 zu erwähnen[73]. Dieses Gesetz, das auch Bestimmungen über Einwanderung und Asyl enthält[74], formuliert in seinem Art. 1 als Ziel die Korrektur der Bevölkerungsstruktur zum Zwecke der Verbreitung der türkischen Kultur. Mittel hierzu ist die Umsiedlung von Personen, die nicht der türkischen Kultur verbunden sind, in Gegenden, in denen türkische Kultur besonders stark verbreitet ist. Dabei war früher gemäß Art. 11 des Gesetzes, zu beachten, daß die Gruppen klein bleiben und sich nicht ganze Dörfer oder Stadtteile von Personen bilden konnten, die als Muttersprache nicht türkisch sprechen, auch die Arbeitsbeschaffung durch solche Personen für solche Personen war untersagt worden[75]. Diese Vorschrift ist jedoch schon im Jahre 1947 wieder aufgehoben worden, so daß eine konsequente "Lösung der Kurdenfrage" aufgrund dieses Gesetzes unterblieb. Sowohl aus dem seither geltenden Wortlaut des Art. 1 als auch aus dem weiteren Gesetzeszusammenhang geht hervor, daß das Gesetz in seiner

---

[73] Gesetz Nr. 2510 v. 14.6.1934, RG Nr. 2733 v. 21.6.1934 (in der Fassung des Gesetzes Nr. 5098 v. 17.6.1947, RG 6640 v. 24.6.1947). Das Schwergewicht des Gesetzes lag ursprünglich auf der Integration von Einwanderern, insbesondere von solchen Personen, die im Rahmen der Bevölkerungsaustäusche mit Griechenland und den anderen Nachbarländern infolge des Zusammenbruchs des Osmanischen Reiches in der Türkei angesiedelt worden waren (vgl. auch die Debatten der Nationalversammlung [TBMM Zabit Ceridesi, Devre 4 cilt 23 - Verhandlungen der GNVT, Periode 4 Bd. 23 (14.6.1934), 140 ff.]).

[74] Personen, die nicht "der türkischen Kultur verbunden sind" sowie "nichtseßhafte Zigeuner, Anarchisten, Spione und Ausgewiesene" unterliegen einer Einwanderungssperre (dies gilt dem Gesetzeswortlaut ausdrücklich nicht für Flüchtlinge, wie *U. Baran*, Deportationen: "Tunceli Kanunları", in: Dokumentation zur Internationalen Konferenz Menschenrechte in Kurdistan, hrsg. v. d. Initiative Menschenrechte in Kurdistan, Bremen 1989, 114 ff. [116] irrtümlich meint).

[75] Diese Bestimmung wurde offenbar kaum durchgesetzt.

gegenwärtigen Fassung auf Nomaden und Einwanderer zugeschnitten ist, ein Umstand, der allerdings auf einen Teil derjenigen Kurden gemünzt werden könnte, die saisonbedingt ihre festen Winterdörfer verlassen und auf die Sommerweide gehen.

(ii) In diesem Sinne läßt sich auch der bereits oben erwähnte Art. 81 Buchst.a und b ParteienG verstehen, wonach politische Parteien keine andere Kultur oder Sprache fördern oder vertreten dürfen als die türkische. Auch hier zeigt sich wieder eine Bevorzugung der ethnisch-türkischen Kultur. Zwar könnte man unter "türkische Kultur" hier durchaus noch eine nationale Kultur aller türkischen Staatsangehörigen erkennen, was dann sogar das Verbot der Pflege einer ethnisch-türkischen Kultur durch die politischen Parteien zur Folge hätte. Doch bedürfte eine solche Auffassung angesichts der unmittelbaren Verknüpfung zwischen dem Begriff der türkischen Kultur und dem tragenden Element, nämlich der türkischen Sprache, eines großen Überzeugungsaufwandes. Hinzu tritt die im gleichen Zusammenhang ausgesprochene Ausgrenzung "anderer" Kulturen. Die neue Praxis des Verfassungsgerichts hat hier Schwierigkeiten, dem aus der Abgrenzung von "türkischer" gegenüber "kurdischer" Kultur erwachsenden alten Mißverständnis entgegenzutreten, dies bedeute die Gleichstellung von nationaler und ethnisch-türkischer Kultur[76].

(iii) Fast wortgleichen Inhalts ist Art. 5 Ziff. 6 VereinsG.

(iv) Zentrale Bedeutung für die "nationale Kultur" hat die durch Art. 134 TV 1982 und Gesetz Nr. 2876[77] ins Leben gerufene Hohe Atatürk-Gesellschaft für Kultur, Sprache und Geschichte, deren Ziele in ausladender Ausführlichkeit in Art. 4 des Gesetzes niedergelegt sind. Der Grundtenor dieser Vorschrift liegt in der Herausbildung der nationalen Kultur auf modernem Zivilisationsniveau, wobei an Begriffen eines extrem ideologisierten Natio-

---

[76] So VerfG (Anm. 40), 73.
[77] Beschlossen am 11.8.1983, RG Nr. 18138 v. 17.8.1983.

nalismus nicht gespart wird[78]. Kernvorschrift ist Art. 4 d, wonach auf wissenschaftlichem Weg "unsere Kultur, Sprache und geschichtlichen Werte aufgedeckt, dokumentiert, erforscht und untersucht" werden sollen. Betont wird auch (Buchst.h) der einigende Charakter der "nationalen geschichtlichen Werte", die zur Grundlage einer Geschichte gemacht werden sollen, die dem türkischen Volk "zur Verfügung gestellt" werden und seiner "leuchtenden Vergangenheit angemessen" sein soll. Hier wird also der umfassendste Begriff von der türkischen nationalen Kultur definiert, der stark ethnizistische und kulturelle Eigenheiten von Minderheiten ausschließende Züge hat.

(v) Das Rundfunk- und Fernsehgesetz fordert in Art. 5 im Zusammenhang mit den Sendegrundsätzen die Bindung an die Grundziele der nationalen Erziehung, die nationalen Traditionen und geistigen Werte; darüberhinaus wird verlangt, ein "sauberes und leicht verständliches Türkisch" zu verwenden. Im Zusammenhang mit den Aufgaben der Rundfunk- und Fernsehanstalt der Türkei (TRT) wird dann in Art. 9 Buchst.e Ziff. 3 noch einmal eigens die Mitwirkung an der Entwicklung der nationalen Erziehung und nationalen Kultur gefordert.

(vi) Das Hochschulgesetz verwendet den Begriff der "nationalen Kultur" gleich zweimal, und zwar in Art. 4 Ziff. 1 Buchst.b, wonach die "Studenten ... zu Staatsbürgern erzogen werden" sollen, "die die nationalen, moralischen, menschlichen, geistigen und kulturellen Werte des türkischen Volkes tragen und stolz und glücklich sind, Türken zu sein"; unter den allgemeinen Grundsätzen taucht der Begriff dann noch einmal in Art. 5 Ziff. 2 auf, wonach die Hochschulbildung "in Verbundenheit mit unserer nationalen Kultur und unseren Sitten und Gebräuchen" entwickelt werden und die nationale Einheit und Gemeinschaftlichkeit stärken soll.

---

[78] Republik Türkei in Ewigkeit; nationaler Stolz; nationale Freude und nationales Leid; nationale Kultur und Ideale; nationales Wohl und gesellschaftliches Glück etc.

f) Gleichheitssatz und Minderheiten
aa) Verfassungsebene

Art. 69 TV 1924 war bei der Formulierung des Gleichheitssatzes noch ohne die Verwendung des Begriffs "Rasse" ausgekommen und hatte auf die Aufhebung von Gruppen-, Klassen- und Familienprivilegien abgezielt. Art. 12 TV 1961 und dann auch Art. 10 TV 1982 haben den Gleichheitssatz entsprechend den völkerrechtlichen Regeln zum Schutz der Menschenrechte (vgl. z.T. Art. 14 EMRK) weiter nach Sprache, Rasse, Geschlecht, politischer Meinung, Weltanschauung, Religion und Bekenntnis ausdifferenziert, die nicht zum Maßstab unterschiedlicher Behandlung gemacht werden dürfen.

Dies wird in der Türkei dahingehend verstanden, daß hier eine Ermächtigung zugunsten des Staates vorliege, die "Schaffung einer Rasse oder einer ethnischen Gruppe" zu unterbinden, objektiv gegebene und von den Grundrechtsträgern zudem selbst gewollte (und durch das moderne Völkerrecht geförderte) Ungleichheiten in ethnischer und religiöser Hinsicht durch Assimilation zu verhindern oder einzuebnen. Die Geltendmachung von ethnischen Minderheitenrechten kann, da sie gegebenenfalls naturgemäß auch auf rassischen (ethnischen) Unterschieden beruht, auf dieser Grundlage dann als "rassistische Propaganda" sanktioniert werden[79]. Dadurch verliert der Gleichheitssatz seine grundrechtebezogene Schutzfunktion zugunsten des Einzelnen und wird zur Waffe des Staates gegen das Individuum denaturiert.
Diese Auffassung führt zu einer Fiktion nicht nur der rechtlichen, sondern auch der sachlichen Gleichheit aller türkischen Staatsbürger. Damit die Norm paßt, wird ihr Sachbereich bzw. der ihr zugrundeliegende Lebenssachverhalt manipuliert. Dieser Fiktion gemäß gibt es keine Kurden; wer

---

[79] So *Hafızoğulları* (Anm. 43), 33 in Übereinstimmung mit der Praxis der Rechtsprechung; so auch *Gözübüyük* (Anm. 60) zu Art. 141 (81 f.). *Hafızoğulları* verweist zudem für seine Ansicht auf das "universelle (völkerrechtliche) Verbot der rassistischen Propaganda" und verkennt damit den Unterschied zwischen dem Verbot der Rassen*diskriminierung* und der Geltendmachung solcher Rechte, die auf einer durch das Völkerrecht als sachlich gerechtfertigt angesehenen Unterscheidung beruhen.

sich als Kurde bezeichnet bzw. die Existenz des kurdischen Volkes behauptet, schafft eine ethnische Gruppe.

bb)   Gesetzesebene

Auf Gesetzesebene schlägt sich diese Vorstellung im "Verbot der Behauptung der Existenz oder der Schaffung von Minderheiten" nieder: das Faktum der Existenz bestimmter Minderheiten wird hier durch Gesetz gewissermaßen aus der Welt zu schaffen versucht, indem man die kollektive Artikulierung ihrer Existenz untersagt und erst recht das Erwecken der subjektiven Identität einer Minderheit durch Förderung ihrer Kultur und Sprache verbietet. Wieder anzuführen ist hier Art. 81 ParteienG und der ähnliche Art. 5 Ziff. 6 VereinsG.

g)   Der zentralistische Einheitsstaat

Wenn bisher schon herausgearbeitet worden ist, wie sehr die türkische Verfassung der Einheit von Staatsgebiet und Staatsvolk zu dienen bestimmt ist, so findet dies seinen Ausdruck auch in der bürokratischen Struktur der Republik als zentralistischer Einheitsstaat. An der Spitze steht als einzige Gesetzgebungskörperschaft die Große Nationalversammlung der Türkei als integrativer Repräsentant der Volkssouveränität und der Souveränität der Nation. Dezentrale Elemente sind allein im Bereich der Exekutive auszumachen, dort vor allem in verwaltungstechnischer Hinsicht in Form von Provinzen, die strukturell dem französischen Departements-System nachempfunden sind. Zwar sehen Art. 115 Abs. 3 TV 1961 und heute Art. 126 Abs. 3 TV 1982 "Regionen" vor, sie dienen jedoch lediglich der ökonomischeren Befriedigung einzeln definierbarer Bedürfnisse (z.B. Kultur, Verteidigung, Wirtschaft u.a.) mit dem Ziel der Herstellung eines gesamtstaatlichen Gleichgewichts. Der 1983 gemachte Ansatz zur Schaffung fester Regionen mit eigenen Verwaltungskompetenzen nach französischem Vorbild blieb in der Verabschiedung einer Rechtsverordnung mit Gesetzeskraft stecken[80], die - trotz angleichender Änderungen anderer Gesetze[81] - nie

---

[80]   RVOmG Nr. 71, RG Nr. 18181 v. 4.10.1983.

umgesetzt und später vom Parlament zurückgenommen wurde[82]. Allein der Regionalpräfekt der Notstandsverwaltung läßt sich als begrenzte Wiedergeburt jenes Ansatzes erkennen - aber eben nur für den Notstand[83]. Regionalismus und Föderalismus gelten darüberhinaus nach wie vor als mit dem Grundsatz des zentralistischen Einheitsstaates nicht vereinbar, ja werden - wie anläßlich der Rücknahme der genannten Rechtsverordnung mit Gesetzeskraft behauptet - als "Separatismus" diskreditiert. Der Umstand, daß die gegenwärtige Regierung unter Süleyman *Demirel* eine föderale Lösung der Kurdenfrage ablehnt, weist auf einen engen Zusammenhang zwischen Nation-Verständnis und bürokratischer Struktur hin. Das dahintersteckende enge Nationalismus-Verständnis geht von einer Einheit von Staatsgebiet und Staatsvolk aus, die sich im Sinne des Staatsnationsbegriffs vor allem an den äußeren, völkerrechtlichen Grenzen des Staates orientiert und eine über die praktische Unterteilung in rein exekutive Verwaltungseinheiten hinausgehende Gewährung auch nur partieller Herrschaftsrechte nicht zuläßt.

Zentralistisch ist darüberhinaus nicht nur das allgemeine Bildungssystem strukturiert, sondern auch das Universitätssystem. Zwar soll es gemäß Art. 130 TV 1982 autonom sein. Aber schon die ausführlichen Verfassungsbestimmungen der Art. 130-132 und das Hochschulgesetz schränken diese Autonomie sowohl durch die enge Begrenzung des Aktionsspielraums im Rahmen der türkischen Staatsideologie und insbesondere des Nationalismus ein; zudem hat der Präsident der Republik entscheidende Funktionen bei der Gestaltung der Zusammensetzung des Hochschulrats, der zentralen Rechts- und Fachaufsichtbehörde, die auch umfassende Eingriffs- und Wahlbefugnisse hinsichtlich der akademischen und verwaltungstechnischen Führung der einzelnen Universitäten hat. Damit kann die Herausbildung regionaler Eigenheiten einzelner Universitäten von vorneherein zentral unterbunden werden. Im Verein mit dem "Kulturmonopol" der Hohen

---

[81] Der unten zitierte Art. 17 DemoG stellt auch eine Ermächtigung für den Regionalpräfekten dar.

[82] Gesetz Nr. 3036 v. 11.7.1984, RG Nr. 18472 v. 28.7.1984.

[83] Vgl. hierzu *C. Rumpf*, Der Not- und Ausnahmezustand im türkischen Verfassungsrecht, ZaöRV 48 (1988), 683 ff.

Atatürk-Gesellschaft für Kultur, Sprache und Geschichte und der von Verfassung und Gesetzes wegen verordneten staatsideologischen Ausrichtung des öffentlichen Rundfunks und Fernsehens bleibt auch im Bereich von Kultur und Bildung für die Entwicklung eigenständiger Elemente von Minderheiten kein Raum.

2.   Die Sprache

a)   Zur Sprache der Türken

Türkisch ist die Sprache zahlreicher Völker Zentralasiens (Türkvölker). In Kleinasien faßten zahlreiche türkische Stämme seit dem 11. Jahrhundert Fuß. Nach den Seldschuken, die sich auf anatolischem Boden erstmals 1071 gegen Byzanz durchsetzten und ein erstes kulturell hoch entwickeltes und gut organisiertes Reich schufen, war es schließlich seit Ende des 13. Jahrhunderts das Haus Osmans, eines kleinen türkischen Fürsten aus Brussa (Bursa - Westtürkei), das sich gegen konkurrierende Herrschaften und schließlich gegen Byzanz behauptete, das Osmanische Reich gründete und ausweitete. Die Sprache der Türken, wie sie heute in weniger entwickelter Form, aber in verwandten Dialekten in Aserbeidschan, Kasachstan und anderen Gegenden Asiens gesprochen und geschrieben wird[84], entstammt der Sprachfamilie der Altai-Sprachen; es weist eine entfernte Verwandtschaft mit dem Mongolischen und dem Japanischen auf; Ähnlichkeiten bestehen mit der finnisch-ukrischen Sprachfamilie (Finnisch, Magyarisch, Estisch). Keinerlei Verwandtschaft besteht mit dem der indo-europäischen Sprachfamilie zugerechneten Iranisch (Persisch) oder dem den semitischen Sprachen zuzuordnenden Arabisch. Das Kurdische etwa enthält zwar naturgemäß zahlreiche Anleihen aus dem Türkischen (und Arabischen), ist jedoch mit dem Iranischen verwandt[85].

---

[84]   Die türkischen Republiken der Sowjetunion hatten zum Teil die ihnen eigene Variante der türkischen Sprache als zweite, heute als erste Amtssprache. Aserbeidschan ist gerade dabei, das geschriebene Türkisch von der kyrillischen auf die lateinische Schrift umzustellen.

[85]   In der Türkei kommt es hin und wieder zu wissenschaftlichen Äußerungen, wonach das Kurdische ein türkischer Dialekt sei (vgl. das in

Im Vielvölkerstaat des Osmanischen Reiches war Türkisch ursprünglich die Sprache der herrschenden Schicht und der Zentralverwaltung. Sie wurde aber im Laufe der Zeit derart vom "vornehmeren" Arabisch (der Sprache des Korans, der Wissenschaft und der Literatur) und Persisch durchsetzt, daß etwa der Text der Verfassung von 1876 zu 95% aus arabischem und persischem Vokabular bestand. In der Umgangssprache der Gebildeten trat seit dem 18. Jahrhundert ein beachtlicher Anteil an französischen Fremdwörtern hinzu; geringfügige Anleihen gab es auch aus Minderheitensprachen wie etwa dem Griechischen (z.B. Meeresprodukte u.a.). Reines Türkisch fand sich dagegen noch auf dem Lande in den rein türkischen Siedlungsgebieten. Kaum angetastet blieben im Osmanischen Reich die Muttersprachen der unterworfenen Völker, so daß sich etwa das Kurdische vollständig hat erhalten können - ein für das heutige Selbstverständnis der Kurden besonders wichtiger Umstand. Gleiches gilt für das Griechische[86], Armenische, das Ladino der osmanischen Juden und andere Sprachen kleiner Minderheiten[87].

Die türkische Sprache wurde seit Beginn der Republik durch verschiedene Maßnahmen privilegiert bzw. besonders geschützt. Es gehört zu den noch heute gepriesenen Leistungen Atatürks, das Türkische als Sprache der Nation gegen die osmanische Sprachtradition durchgesetzt zu haben, die in älteren Rechtstexten immer noch zu beobachten ist[88]. Mit Hilfe der bereits erwähnten Türkischen Sprachgesellschaft gelang es in den dreißiger Jahren und bis heute, unter Ausschöpfung sowohl des auf dem Land gesprochenen

---

Tercüman v. 26.2.1991 referierte Symposium des radikal-nationalistischen "Clubs der Intellektuellen" [Aydınlar Ocağı]). Diese Auffassung konnte sich jedoch bisher weder in der Türkei noch international durchsetzen (vgl. z.B. die Reportage in Tempo v. 28.4.1991, 58 f.).

[86] Das Griechisch der Byzantiner hatte wesentlichen Einfluß auf das moderne Hochgriechisch.

[87] Vgl. Tempo v. 29.7.1990, 14 ff. mit einer Reportage über die Existenz bzw. Gefährdung zahlreicher nichttürkischer Minderheitensprachen wie Lasisch, Tscherkessisch, Arabisch u.v.a.m.; *Andrews* (Anm. 23).

[88] Die Textausgaben des ZGB etwa werden regelmäßig von den Herausgebern mit einem Glossar versehen, das die neutürkischen Übersetzungen "osmanischer" Rechtsbegriffe enthält.

Volkstürkisch als auch unter Ausnutzung der großen Flexibilität der Wurzeln und Endungen ("Baukastensystem") ein reiches, modernes Türkisch zu entwickeln, das - theoretisch - mit immer weniger Anleihen aus anderen Sprachen auskommt und heute auch als Vorbild für die Sprachenpolitik der neuen türkischen Republiken der ehemaligen Sowjetunion dient.

b)   Verfassungsebene

Schon mit Art. 2 TV 1924 wurde die Amtssprache auf das Türkische festgelegt. Übernommen wurde dies durch Art. 3 TV 1961 und, leicht modifiziert, durch Art. 3 TV 1982, wo es heißt:

"Seine (i.e.: des Staates) Sprache ist Türkisch".

Sinn dieser Vorschrift ist es, das Staatsleben auf eine einzige Sprache einzuschwören, die dadurch eine integrative Funktion entfalten soll. Letztere Funktion wird noch dadurch verstärkt, daß es im Satz zuvor heißt, daß der Staat in seinem Staatsgebiet und Staatsvolk ein unteilbares Ganzes sei. Dies gilt auch für Vorschriften wie Art. 68 Abs. 2 TV 1961, wonach Abgeordneter nur werden konnte, wer *Türkisch* lesen und schreiben kann; den gleichen Effekt hat, wenn auch weniger deutlich, die entsprechende Vorschrift des Art. 76 Abs. 2 TV 1982, wonach ein Abgeordneter zumindest Grundschulausbildung haben muß, die ausschließlich in türkischer Sprache erfolgt.

Bedenklich und zur Ermächtigungsgrundlage für eine rücksichtslose Assimilationspolitik können dann aber Vorschriften wie Art. 26 Abs. 3 S. 1 TV 1982 (Verbot der Meinungsäußerung "in einer durch Gesetz verbotenen Sprache") und Art. 28 Abs. 2 TV 1982 (Verbot der Veröffentlichung "in einer durch Gesetz verbotenen Sprache") werden, die gegen die Verwendung nichttürkischer Sprachen im politischen oder privaten Alltag zum Einsatz kommen können.

Die Sprachregelungen der türkischen Verfassung privilegieren also nicht nur das Türkische als offizielle Sprache, sondern erlauben dem Gesetzgeber eine entschieden gegen Minderheiten mit anderen Muttersprachen gerichtete Sprach- und damit Kulturpolitik.

c)   Gesetzesebene

Die Sprachenregelung der Verfassung hat sich bisher in unterschiedlicher Weise in der Gesetzgebung niedergeschlagen, insgesamt kommt aber auch hier eine klare Privilegierung der türkischen Sprache zum Ausdruck, deren Gebrauch darüber hinaus in verschiedenen Zusammenhängen auch zur Pflicht gemacht worden ist.

aa)   Siedlungsgesetzgebung

Oben war bereits auf die Siedlungsgesetzgebung eingegangen worden. Zu betonen ist an dieser Stelle nur noch einmal, daß die ursprünglich angestrebte kulturelle Assimilation auch den Zweck verfolgte, die Bildung größerer Gruppen mit nichttürkischer Muttersprache im neuen Siedlungsgebiet zu vermeiden und die zuständigen Ministerien zu ermächtigen, Maßnahmen zu treffen, um faktische Möglichkeiten zu unterbinden, in größeren Gruppen die nichttürkische Muttersprache am Leben zu erhalten (Art. 11 SiedlungsG a.F.). "Dieses Gesetz soll ein Land schaffen, in dem eine einzige Sprache gesprochen, einheitlich gedacht und einheitlich gefühlt wird"[89]. Die Schlagkraft dieses Gesetzes wurde jedoch im Jahre 1947 erheblich reduziert, so daß Umsiedlungsmaßnahmen heute - wenn sie auch im eben genannten Sinne motiviert sein können - auf die Waldgesetzgebung und das Notstandsrecht gestützt werden können.

bb)   Sprachenverbotsgesetz

Den schärfsten Einschnitt in das Sprachgefüge in Anatolien bildete das Sprachenverbotsgesetz aus dem Jahre 1983[90]. Es signalisierte eine neue

---

[89]   Verhandlungsprotokolle (Anm. 73), 141.

[90]   Gesetz Nr. 2932 v. 19.10.1983, RG Nr. 18199 v. 22.10.1983; dazu ausführlich *C. Rumpf*, Das türkische Sprachenverbotsgesetz unter besonderer Berücksichtigung der völkerrechtlichen Verpflichtungen

Sprachenpolitik als tragende Säule einer integrativen Türkisierung, die vom Militärregime der Übergangszeit nach dem Putsch vom 12. September 1980 angestrebt worden war und sich auch in den oben erläuterten Verfassungsvorschriften niedergeschlagen hat. Art. 2 SprVG verbot jegliche Meinungsäußerung schlechthin, soweit sie in einer Sprache erfolgte, die nicht erste Amtssprache eines von der Türkei völkerrechtlich anerkannten Staates ist. Die autorisierte wissenschaftliche Beschäftigung mit solchen Sprachen war hiervon ausgenommen wie auch diejenigen Sprachen, die durch die Minderheitsschutzbestimmungen des Lausanner Vertrages geschützt werden (dazu unten d). Darüberhinaus wurde in Art. 3 SprVG in einer völlig realitätsfremden Klausel unterstrichen, daß Türkisch als die Muttersprache aller türkischen Staatsbürger zu gelten habe. Ziel dieses Gesetzes war die sprachliche und damit kulturelle Assimilation vor allem der Kurden.

Das Sprachenverbotsgesetz, das trotz eher vereinzelter Strafurteile der türkischen Justiz kaum durchzusetzen war, wurde nach langen und umständlichen Debatten durch Art. 23 ATG am 12.4.1991 wieder aufgehoben.

cc)   Parteiengesetz

Art. 81 Buchst.b ParteienG verbietet es den politischen Parteien, auf die Pflege anderer Sprachen als des Türkischen hinzuwirken. Art. 81 Buchst. c ParteienG bestimmt darüber hinaus, daß politische Parteien

> "in ihren Schriften und Publikationen, Satzungen und Programmen, auf ihren Parteitagen, auf Tagungen in der Öffentlichkeit oder in geschlossenen Räumen, auf Demonstrationen und in ihrer Werbung keine andere Sprache als die türkische gebrauchen [dürfen]; Aushängeschilder, Plakate, Schallplatten, Ton- und Bildträger, Broschüren und Flugblätter dürfen in einer anderen Sprache als der türkischen nicht verwendet oder verteilt werden; sie dürfen sich auch

---

der Türkei, Orient 1989, 413 ff.; zuvor schon *ders.*, Das türkische Sprachenverbotsgesetz, InfAuslR 1985, 251 ff.

nicht indifferent verhalten, wenn diese Handlungen und Verhaltensweisen von anderen geübt werden. Jedoch ist es zulässig, Satzungen und Programme in eine andere gesetzlich nicht verbotene fremde Sprache zu übersetzen."

Letztere Floskel läuft zwar nun seit der Aufhebung des Sprachenverbotsgesetzes leer, so daß eine Übersetzung eines Parteiprogramms in das Kurdische als denkbar erscheint. Grundsätzlich sind aber die Parteien nicht nur gehalten, intern allein die türkische Sprache zu gebrauchen, sondern auch aktiv dafür Sorge zu tragen, daß entsprechende Verstöße anderer Parteien ans Licht gefördert werden.

dd) Vereinsgesetz

In Art. 6 Abs. 1 Ziff. 3 VereinsG wird der Gebrauch einer durch Gesetz verbotenen Sprache bei sämtlichen Veranstaltungen und schriftlichen bzw. akustischen und visuellen Äußerungen des Vereins untersagt. Diese Vorschrift läuft nach Aufhebung des Sprachenverbotsgesetzes nunmehr ebenfalls leer.

ee) Gesetz über den Fremdsprachenunterricht

Schließlich ist noch Art. 2 Abs. 1 Buchst.a des Gesetzes über den Unterricht in fremden Sprachen[91] zu nennen, wonach als Muttersprache türkischer Staatsangehöriger allein Türkisch gelehrt werden darf. Der in diesem Zusammenhang formulierte Vorbehalt der Geltung internationaler Verträge, wie er auch im Sprachenverbotsgesetz zu finden war, bezieht sich wieder auf den Lausanner Vertrag. Die Empfindlichkeit gegenüber der Gefahr, daß das Ausland oder aber anderssprachige Minderheiten über die Sprache negativen Einfluß auf die türkische Sprach- und Kulturpolitik nehmen könnten, wird durch die weiteren Buchstaben b und c dokumentiert. Erstere Bestimmung enthält das Gebot, in all denjenigen Fächern, die

---

[91] Gesetz Nr. 2923 v. 14.10.1983, RG Nr. 18193 v. 16.10.1983. Auffallend ist der enge zeitliche Zusammenhang und im Text die Ähnlichkeit mit dem Sprachenverbotsgesetz.

- wie "Geschichte", "Literatur", "Türkische Kultur" u.a. - mit der nationalen Kultur zusammenhängen, ausschließlich auf Türkisch gelehrt und geprüft werden darf; die zweitere Bestimmung verlangt für die Zulassung von Fremdsprachenunterricht durch den Ministerrat die Stellungnahme des Nationalen Sicherheitsrats, die in der türkischen Praxis grundsätzlich befolgt wird.

d) Lausanner Vertrag

Spätestens im Zusammenhang mit dem Erlaß des Sprachenverbotsgesetzes trat das Problem seiner Übereinstimmung mit dem Lausanner Vertrag auf[92]. Bei genauer Lektüre der Vorschriften des Abschnitts 3 zeigt sich nämlich ein uneinheitlicher Gebrauch des Begriffs "nichtmuslimische Minderheiten"; einzelne Rechte schienen - jedenfalls dem Wortlaut nach - *allen* türkischen Staatsbürgern zugestanden worden zu sein, so auch der Gebrauch jeder gewünschten Sprache in den "privaten und geschäftlichen Beziehungen" (Art. 39 Abs. 4). Ohne nähere Prüfung hat die türkische Praxis, darunter auch das türkische Verfassungsgericht[93], wohl aus dem Textzusammenhang und der Abschnittsüberschrift geschlossen, daß die dort eingeräumten Rechte ausschließlich nichtmuslimischen Minderheiten vorbehalten seien. Das Verfassungsgericht, das durchgängig dieser Meinung folgt, hat zuletzt im Zusammenhang mit dem Verbot der Vereinigten Kommunistischen Partei auf die amtliche Begründung zu Art. 81 ParteienG verwiesen, wonach der Lausanner Vertrag nur die Rechte der nichtmuslimischen Minderheiten schütze. Bei dieser Auffassung handelt es sich jedoch um unreflektierte Feststellungen, die nicht auf eine kritische Auseinandersetzung mit den aufgeworfenen Auslegungsfragen zurückzuführen sind. Weder der Wortlaut noch die Genese der betreffenden Vorschriften stützen nämlich diese Auffassung. Der Wortlaut erkennt eindeutig *allen* türkischen Staatsangehörigen den beliebigen Gebrauch irgendeiner Sprache zu; nichttürkische Muttersprachler haben - ohne daß auf ihre Religion Bezug genommen wird - auch Anspruch auf Erleichterungen vor

---

[92] Dazu eingehender *Rumpf*, Orient, 419 ff.
[93] AMKD 18, 6 ff. (36); VerfG (Anm. 40), 76 f.

den Gerichten (Art. 39 Abs. 5). Anders als in einem großen Teil der anderen Bestimmungen dieses Abschnitts wurde hier gerade nicht auf die "nichtmuslimischen Minderheiten" abgestellt. Das entspricht auch der damals ebenso eindeutig anerkannten Realität. Zwar bestritt die türkische Delegation einmal die Existenz "rassischer" Minderheiten, gab jedoch gleichzeitig mehrfach die Existenz der Kurden zu, die "Schulter an Schulter mit den Türken" den Unabhängigkeitskrieg geführt hätten und daher nicht der gleichen Sonderrechte bedürften wie die nichtmuslimischen Minderheiten[94]. Wie oben bereits angeschnitten, war es bei den Verhandlungen um den Abschnitt über die Minderheiten vor allem um die Frage gegangen, ob der Begriff "Minderheiten" allgemein oder aber der Begriff "nichtmuslimische Minderheiten" verwendet werden sollte. Die türkische Delegation setzte sich zwar grundsätzlich durch, gerade im Zusammenhang mit dem Gebrauch der Sprache blieb es aber beim Entwurf der Westmächte.

Die nach dem Lausanner Vertrag folgenden Entwicklungen - insbesondere die Kurdenaufstände 1925[95] und in den dreißiger Jahren - förderten jedoch eine rigide Auslegung im heute geltenden Sinne, ohne die die spätere assimilatorische Rechtspolitik nicht möglich gewesen wäre. In der Praxis gilt also eine dem Wortlaut nicht entsprechende, sich für alle Bestimmungen eng auf die nichtmuslimischen Minderheiten beschränkende Auslegung der Art. 37 ff. des Lausanner Vertrages.

3. Die Religion

Bis zu einem gewissen Grade kann auch der Religion, nämlich dem Islam eine von der türkischen Rechtsordnung gewollte und geförderte assimilatorische Funktion zugeschrieben werden; zugleich wird damit die Abgrenzung gegenüber nichtmuslimischen Minderheiten unterstrichen.

---

[94] Näher dazu *Rumpf, ibid.*

[95] Dazu *M. van Bruinessen*, Vom Osmanismus zum Separatismus: Religiöse und ethnische Hintergründe der Rebellion des Scheich Said, in: Jahrbuch zur Geschichte und Gesellschaft des Vorderen und Mittleren Orients 1984 (Thema: Islam und Politik in der Türkei), Berlin 1985, 109 ff.

Die Rolle der Nation (millet) im Islam und damit auch im Osmanischen Reich war oben schon erläutert worden, insbesondere auch die religiöse Abgrenzung zwischen der Gemeinschaft der Muslime und den Nationen der religiösen Minderheiten.

Trotz des ausdrücklichen Bekenntnisses zum kemalistischen Laizismus hat die Verfassung von 1982 einen Weg gesucht, wenigstens punktuell das Integrationsdefizit eines säkularen Nationalismus in der islamischen Türkei auszugleichen, indem sie - wie Mustafa Kemal Pascha vor der Großen Nationalversammlung im Jahre 1920[96] - daran erinnert, daß das "Band der Staatsangehörigkeit" durch die gemeinsame Religion zusätzlich gefestigt werden kann - wenn auch nur im Hinblick auf die Mehrheit der Bevölkerung.

Hinzuweisen ist hier auf Art. 136 TV 1982, der die Bestimmung über das Präsidium für Religionsangelegenheiten[97] enthält. Dieses Präsidium, dessen Übereinstimmung mit einem strikten Laizismus-Konzept recht fragwürdig ist, dient in erster Linie dazu, den Islam[98] als gesellschaftlichen Faktor unter staatliche Kontrolle zu bringen. Eine kleine Floskel in jener Vorschrift weist jedoch auf eine weitere Funktion hin: Das Präsidium soll nämlich seine Aufgaben im "Hinblick auf nationale Solidarität und Integration" erfüllen, also das gemeinsame Bewußtsein der überwiegend muslimischen Bevölkerung einschließlich ethnischer Minderheiten für eine gemeinsame Identität fruchtbar machen.

---

[96] Siehe *Velidedeoğlu* (Anm. 16).

[97] Dazu näher *C. Rumpf*, Das Präsidium für Religionsangelegenheiten, ZfTS 1989/1, 21 ff.

[98] Genauer: den sunnitischen Islam. Die Alewiten beschweren sich regelmäßig darüber, daß ihre Glaubensrichtung von dieser Behörde nicht beachtet wird und sie daher auch gezwungen sind, am sunnitisch-islamischen Religionsunterricht teilzunehmen.

IV. Verwaltungspraxis

Hinsichtlich der Verwaltungspraxis liegen nur wenige Informationen vor, die jedoch den Eindruck vermitteln, daß auf Verwaltungsebene die Anerkennung selbst der gemäß Lausanner Vertrag zu schützenden Minderheiten auf praktische Schwierigkeiten stößt. Abgesehen von den bürgerkriegsähnlichen Zuständen im türkischen Südosten, wo die Fronten zwischen der durch große Teile der Bevölkerung unterstützten PKK und den Sicherheitskräften der Zentralregierung verlaufen, kommt es in letzter Zeit Nachrichten in der türkischen Presse zufolge auch im Westen hin und wieder zu Akten der Verwaltung - insbesondere der Paßverwaltung und der Polizei - die auf eine Schlechterbehandlung der Kurden hinweisen. Eine Systematik, die ein näheres Eingehen hierauf veranlassen würde, ist derzeit noch nicht zu erkennen.

Längere Tradition[99] haben dagegen die Schwierigkeiten der christlichen (weniger der jüdischen) Minderheiten[100].

1. Militär

Die Zeitschrift 2000e Dogru berichtete am 8.10.1989 über einen Erlaß des Kommandeurs der 1. Armee aus dem Jahre 1985, der diejenigen Bereiche aufzählt, in denen bestimmte Gruppen von Personen nicht beschäftigt werden dürfen. Besonderes Augenmerk wurde dabei unter anderem auf Nichtmuslime gerichtet, die nicht in sicherheitsrelevanten Bereichen tätig sein dürfen. Ausgeschlossen sind sie von Beschäftigungen in zentralen Kommandanturen und Kasinos; darüber hinaus sind sie ständig "unter Aufsicht" zu halten. Ob es ähnliche Erlasse auch in anderen Truppenteilen gibt, ist dem Berichterstatter nicht bekannt. Klar wird hieraus jedoch, daß

---

[99] Auf frühere Vorgänge, wie etwa das in der Praxis Christen und Juden diskriminierend belastende Vermögenssteuergesetz Anfang der vierziger Jahre oder die Geheimverordnungen über den Verfall von Vermögenswerten bei der Ausreise, soll hier nicht eingegangen werden.

[100] Vgl. Bericht (Anm. 23); *Oehring* (Anm. 23).

Nichtmuslime in den Streitkräften eine negative Sonderstellung einnehmen. Daß diese Stellung auch in anderen Zusammenhängen Auswirkungen hat, liegt auf der Hand. So sind "Zwangsbeschneidungen" schon des häufigeren Gegenstand der Erörterung in Asylverfahren in Deutschland geworden[101]; als bekannt gilt auch, daß die aktive Offizierslaufbahn Nichtmuslimen in der Praxis verschlossen ist.

2. Regierung und Wirtschaft

Die bis Oktober 1991 an der Macht befindliche Regierung der ANAP, in der es einen starken islamisch orientierten Flügel gab, erließ 1988 eine Verordnung zum Schutze gegen Sabotage-Akte, wonach "als Saboteure" unter anderen "in der Türkei ansässige Ausländer mit türkischer Staatsangehörigkeit" (Eingebürgerte) und "Türken nichttürkischer Rasse" (christliche und jüdische Minderheiten) in Frage kommen[102], die erst vor kurzem in der entscheidenden Passage gestrichen wurde[103]. Politische Ämter werden von Christen und Juden kaum bekleidet. Andererseits sind Christen und Juden nach wie vor in den Wirtschaftsverbänden und in Industrie und Handel besonders stark vertreten und üben einflußreiche Positionen aus.

3. Sonstige Verwaltung

Regelmäßig als schwierig oder unmöglich erweist sich, baubehördliche Genehmigungen für die Renovierung von Gebetshäusern zu erhalten; nach Enteignung und Entwidmung abgerissene Gebäude dürfen nicht durch

---

[101] Bestätigend der Bericht, *ibid.*, 15.

[102] VO Nr. 88/13543 v. 16.10.1988 mit Anhängen 1-3, RG Nr. 20033 v. 28.12.1988 (vgl. Nokta v. 6.8.1989); der hier entscheidende Anhang 1 ist mit VO Nr. 92/2859 v. 16.3.1992, RG Nr. 21189 v. 1.4.1992 wieder aufgehoben worden.

[103] Verordnung Nr. 92/2859 v. 16.3.1992, RG Nr. 21189 v. 1.4.1992.

anderweitige Neubauten ersetzt werden[104]. Die Genehmigung für die grundlegende Renovierung des im Jahre 1941 abgebrannten Hauptgebäudes des Ökumenischen Patriarchats wurde erst im Jahre 1986 erteilt. Nachdem es noch zu Verzögerungen mit der Genehmigung der Baupläne gekommen war, konnte das renovierte Gebäude erst im Jahre 1991 eingeweiht werden. Weitere administrative Behinderungen gibt es regelmäßig im Zusammenhang mit der Paßerteilung.

V. Geltung internationalen Minderheitenrechts

Internationales Minderheitenrecht gilt in der Türkei nur im Rahmen des Lausanner Vertrages, der oben bereits einer Untersuchung unterzogen worden ist. Anders als es den damaligen Tendenzen der Entwicklung eines neuen Minderheitenrechts unter dem Völkerbund entsprach, regeln die einschlägigen Bestimmungen dieses Vertrages nach türkischer Auffassung und zum großen Teil tatsächlich auch nach seinem Wortlaut, Sinn und Zweck lediglich die Rechtsstellung religiöser ("nichtmuslimischer") Minderheiten, die in der Türkei heute quantitativ kaum noch eine Rolle spielen. Wenn auch im Zeitpunkt des Abschlusses dieses Berichts der Entschluß der Regierung, den UN-Pakt über die bürgerlichen und politischen Rechte zu ratifizieren, bekannt geworden ist, so wurde zugleich auch verlautbart, daß jedenfalls Art. 27 IPBPR mit einem Vorbehalt versehen werden soll, wie ihn Frankreich[105] mit der Folge angebracht hat, daß eine völkerrechtliche Verpflichtung zum Minderheitenschutz im Sinne dieser Vorschrift nicht entsteht.

---

104 Bericht, *ibid.*; *Oehring, ibid.*, 13.
105 Vgl. dazu den Bericht von *J. Polakiewicz*.

VI. Schlußfolgerungen für die Rechtsstellung der Minderheiten in der Türkei

1. De lege lata

a) Verfassungsebene

Die rechtliche Stellung der Minderheiten in der Türkei ist auf Verfassungsebene nicht ausdrücklich geregelt. Das Prinzip des Nationalismus mit seinen verschiedenen Elementen und das Verständnis des Gleichheitssatzes versagen den Minderheiten jedoch spezifische Minderheitenrechte im Sinne des Art. 27 IPBPR. Mehr noch, bestimmte Begriffe wie der des Prinzips der unteilbaren Einheit von Staatsgebiet und Staatsvolk und der nationalen Kultur sowie die Sprachenregelungen begründen den Charakter der einschlägigen Bestimmungen einschließlich des Gleichheitssatzes als verfassungsrechtliche Ermächtigungsgrundlage für eine Assimilationspolitik. Auf Gesetzesebene findet sich dann die weitere Konkretisierung.

b) Gesetzesebene

So bestehen in den wichtigsten Gesetzen zur Gestaltung der Teilhabe des Bürgers an der Artikulation von grundrechtlich geschützten Interessen in der Öffentlichkeit klare Vorschriften, die die "Schaffung" oder die "Behauptung der Existenz" von Minderheiten - auf welcher Grundlage auch immer - verbieten, die unteilbare Einheit von Staatsgebiet und Staatsvolk wiederholt unter den ausdrücklichen und sanktionierten gesetzlichen Schutz stellen und die Beachtung, Pflege und Förderung der nationalen Kultur fordern. Als ideologische Grundlage dient auch hier allenthalben der kemalistische Nationalismus, der auch im Bildungssystem zu den Grundprinzipien der nationalen Erziehung gehört. Immerhin wurde jedoch, nach der Abschaffung des Sprachenverbotsgesetzes aus dem Jahre 1983 im April 1991 wieder eine Liberalisierung des Gebrauchs anderer Muttersprachen als des Türkischen in den privaten und geschäftlichen Beziehungen herbeigeführt. Die Pflege dieser Sprache durch muttersprachlichen Unterricht bleibt jedoch unmöglich, im öffentlichen Leben wird der Gebrauch von

Minderheitensprachen - abgesehen von einer gewissen Liberalisierung auch im Pressewesen - durch verschiedene einschneidende Verbote und Beschränkungen unterbunden.

c) Ergebnis

Insgesamt stehen Zusammenwirken von Gleichheitssatz und Prinzip des Nationalismus jeglicher minderheitenspezifischen Ausübung von Grundrechten entgegen; grundsätzlich kann *kein Grundrecht* in einer Weise ausgeübt werden, die die öffentlich artikulierte Identifikation mit irgendwelchen Minderheiten, die nicht durch den Lausanner Vertrag eigens geschützt sind, zuläßt; das *politische System* stellt keine Möglichkeit für die Vertretung von Minderheitsinteressen zur Verfügung. Die türkische Rechtsordnung erweist sich daher - abgesehen vom Lausanner Vertrag - gegenüber jeglichem Anschluß an internationales Minderheitenrecht, sei es auf UNO- oder auf Europaratsebene, als verschlossen.

2. De lege ferenda

Die gegenwärtige Rechtslage ist nur zu einem Teil Produkt der kemalistischen Tradition der türkischen Verfassungsordnung. Auffallend ist, daß die meisten der hier zitierten Gesetze aus der Zeit zwischen dem 12. September 1980 und dem 6. Dezember 1983, der Übergangszeit des letzten Militärregimes stammen. Vor allem unmittelbar vor der Übergabe der Regierungsgewalt in demokratisch legitimierte Hände, zwischen März und November 1983, hat das Militärregime emsig an einer politischen und rechtlichen Ordnung nach seinen Vorstellungen gezimmert. Alle hier relevanten Gesetze sind bis heute gemäß Übergangs-Art. 15 TV 1982 der verfassungsrichterlichen Kontrolle entzogen, das Verfassungsgericht hat sich in der letzten Zeit häufiger mit diesem Problem auseinandersetzen müssen[106]. Allein der Gesetzgeber hätte die Möglichkeit, die einschlägigen Gesetze im Wege des ordentlichen Gesetzgebungsverfahrens zu ändern, hat

---

106 VerfG (Anm. 40), 55 ff.; VerfG, Beschluß v. 12.9.1991, E.1991/31, K.1991/27, RG Nr. 21111 v. 14.1.1992.

dies aber bisher nur hinsichtlich des Sprachenverbotsgesetzes - immerhin mit Konsequenzen auch für das Vereinsgesetz und das Parteiengesetz - getan.

Änderungen der gegenwärtigen Rechtslage zeichnen sich noch nicht ab. Nachdem sich die türkische Regierung dazu durchgerungen hat, die Ratifizierung des IPBPR in Erwägung zu ziehen, hat sie dies erwartungsgemäß mit der Ankündigung eines Vorbehalts zu Art. 27 IPBPR verbunden, der voraussichtlich demjenigen Frankreichs entsprechen wird. Dennoch ist nicht auszuschließen, daß der von den politischen Problemen der Kurdenfrage ausgehende Druck die türkische Regierung in absehbarer Zeit zwingen wird, im Rahmen der ins Auge gefaßten Verfassungsreform das Faktum der Existenz von Minderheiten auch rechtlich - zunächst wohl nur im Hinblick auf die Kurden - umzusetzen.

Die rechtliche Stellung der Minderheiten in Ungarn

GEORG NOLTE*

I. Einleitung

Minderheitenrecht und -politik Ungarns stellen im Rahmen der Staaten des ehemaligen Ostblocks einen Sonderfall dar. Die freiheitlich-rechtsstaatliche Verfassung aus dem Jahr 1989/90[1] legt weitgehende Minderheitenrechte fest. Es ist bald mit der Verabschiedung eines der großzügigsten Minderheitengesetze in Europa durch das ungarische Parlament zu rechnen. Die ungarische Öffentlichkeit steht den Minderheiten im eigenen Land bislang offen gegenüber und empfindet sie nicht als Bedrohung der eigenen Stellung[2].

---

*   Dr. iur., wissenschaftlicher Referent am Max-Planck-Institut für ausländisches öffentliches Recht und Völkerrecht, Heidelberg. Für gehaltreiche Gespräche und wertvolle Unterstützung bei der Vorbereitung dieses Beitrags bedanke ich mich bei Frau Dr. Mária Baraczkáné (Ungarisches Innenministerium) und den Herren Lazló Bodnar (Universität Szeged), Otto Heinek (Amt für nationale und ethnische Minderheiten, Budapest), Jenö Kaltenbach (Ungarisches Verfassungsgericht und Universität Szeged), Boldiszar Nagy (Eötvös Lorand Universität, Budapest); Johann Wolfart (Vorsitzender des Amtes für nationale und ethnische Minderheiten, Budapest). Der Beitrag gibt den Stand vom 1.9.1992 wieder.

[1]   Eine deutsche Übersetzung der ungarischen Verfassung einschließlich ihrer Änderungen bis zum 9.8.1990 ist veröffentlicht in JöR Bd. 39 (1990), 258, siehe dazu auch die Einleitung von *G. Halmai*, *ibid.*, 253; Erläuterungen zur jüngsten Verfassungsentwicklung bei *G. Kilényi*, Hungary's Road to a Democratic State of the Rule of Law, in: Democratic Changes in Hungary (Basic Legislations on a Peaceful Trasition from Bolshevism to Democracy (*G. Kilényi* and *V. Lamm*, eds.), Budapest 1990, 5 ff.; *F. Majoros*, Ungarns neue Verfassungsordnung: Die Genese einer neuen demokratischen Republik nach westlichen Maßstäben, in: Osteuropa - Recht Bd. 36 (1990), 85 ff. und 161 ff.

[2]   *G. Seewann*, Die nationalen Minderheiten in Ungarn, Südosteuropa Bd. 41 (1992), 293 (303); diese Aussage trifft nicht in demselben Maße für die Minderheit der Roma zu, siehe "Bias Against Gypsies on Rise in Hungary", in: San Francisco Chronicle vom 20.12.1990 (Datenbank LEXIS, Suchwort: Minorities in Hungary).

1.   Statistische Angaben

In Ungarn leben viele Minderheiten. Zuverlässige Zahlenangaben liegen allerdings nicht vor. Zwar ist jeder Ungar bei der Volkszählung im Jahr 1990 auch nach seiner nationalen oder ethnischen Zugehörigkeit gefragt worden, man ist sich jedoch einig, daß die Bereitschaft zu einem Bekenntnis zu diesem Zeitpunkt noch nicht sehr hoch gewesen ist[3]. Die ungarische Regierung legt daher vorsichtig die Schätzungen der Minderheitenorganisationen selbst zugrunde. Danach sollen in Ungarn etwa 400.000 - 600.000 Roma, 200.000 - 220.000 Deutsche, 110.000 Slowaken, 80.000 Kroaten, 25.000 Rumänen, 5.000 Serben und 5.000 Slowenen leben[4]. Danach würden bis zu zehn Prozent der Bevölkerung einer Minderheit angehören.

Aussagekräftiger als diese Zahlen sind jedoch die verfügbaren Angaben zu Siedlungsstruktur und Sprachbeherrschung der Minderheitenbevölkerung: Die Minderheiten besaßen auf dem Gebiet des heutigen Ungarn schon traditionell kaum irgendwo großflächige Siedlungsschwerpunkte, in denen sie über den dörflichen Bereich hinaus prägend wirken konnten[5]. Die Entwicklung nach dem Zweiten Weltkrieg hat diese Lage noch verstärkt[6]. So kam eine ernstzunehmende Untersuchung im Jahr 1980 zu dem Ergebnis, daß es zu diesem Zeitpunkt nur noch 159 Gemeinden gab, in denen die Angehörigen einer Minderheit die Mehrheit der Bevölkerung bildeten (davon 74 deutsche, 42 slowakische, 37 südslawische und 6 rumänische Mehrheitsgemeinden). Nur noch in 38 Gemeinden übertraf der Anteil einer

---

[3]   *Seewann* (Anm. 2), 300; Die Einwohnerzahl Ungarns beträgt 10.375.000; bei der Volkszählung bekannten sich zu ihrer jeweiligen Volksgruppe 10.459 Slowaken, 10.740 Rumänen, 13.570 Kroaten, 2905 Serben, 1930 Slowenen, 30.824 Deutsche, 142.683 Roma und 19.640 Sonstige, Tabelle bei *Seewann* (Anm. 2), 322.

[4]   Minderheiten in Ungarn, Broschüre herausgegeben vom Amt für Nationale und Ethnische Minderheiten, Budapest 1990, 7; danach soll es darüberhinaus in Ungarn etwa 10.000-15.000 Polen, 6.000 Griechen, 3.000 Armenier und 2.500 Bulgaren geben.

[5]   *Seewann* (Anm. 2), 294.

[6]   *Seewann* (Anm. 2), 297.

Minderheit die Grenze von neunzig Prozent (18 südslawische, 11 slowakische, 8 deutsche und 1 rumänische)[7].

Zum Grad der Sprachbeherrschung stehen weniger genaue Angaben zur Verfügung. Allgemein kann jedoch gesagt werden, daß der Anteil der Minderheitenbevölkerung, der nur noch ungarisch und nicht mehr die nationale Muttersprache spricht, sehr hoch ist. Besonders deutlich kommt dies bei den zusammen mit den Slowaken am stärksten integrierten Deutschen zum Ausdruck: So konnten im Jahr 1980 nurmehr zehn Prozent der Schulanfänger ungarndeutscher Herkunft deutsch sprechen[8], für fünfundsiebzig Prozent der Roma ist heute ungarisch die Muttersprache.

Die Angaben zu Siedlungsstrukur und Sprachbeherrschung machen deutlich, daß es bei der Minderheitenproblematik in Ungarn nicht, wie in anderen Staaten des ehemaligen Ostblocks, um mögliche Sezession oder um die Frage der grundsätzlichen Loyalität geht, sondern um die Frage der Ausgestaltung des gegenseitigen Zusammenlebens. Die Minderheiten fordern auch keine territoriale Autonomie. So gesehen stellt sich die Minderheitenproblematik in Ungarn nicht in ihrer schärfsten Form.

2. Auslandsungarn

Die großzügige Einstellung gegenüber den Minderheiten in Ungarn kann aber nicht allein mit der relativen politischen Gefahrlosigkeit der Problematik erklärt werden. Eine wichtige und nicht leicht zu unterschätzende Rolle bei der ungarischen Minderheitenpolitik spielt die Sorge um die eigenen ungarischen Minderheiten in den Nachbarländern. Den Stellenwert dieses Problems kann man daran ermessen, daß Art. 6 Abs. 3 der Verfassung erklärt, daß sich die Republik Ungarn "verantwortlich für das Wohlergehen der im Ausland lebenden Ungarn fühlt". Als Mitverlierer des Ersten Weltkrieges war Ungarn im Vertrag von Trianon gezwungen

---

[7] *Seewann* (Anm. 2), 297 m.w.N.
[8] *Seewann* (Anm. 2), 302.

worden, mehr als zwei Drittel des Staatsgebietes des Stephansreiches, das bis heute auch von etwa drei Millionen in ihrer Mehrzahl nicht assimilierter Ungarn bewohnt ist, an seine Nachbarn abzutreten[9]. Wie sehr die Sorge um die ungarischsprachige Bevölkerung in den Nachbarländern die aktuellen Bestrebungen um ein Minderheitengesetz bestimmt, zeigen am deutlichsten wohl die kritischen Bemerkungen von Staatspräsident Arpád Göncz, als er im März 1992 die Überheblichkeit der Mehrheit beklagte, die, während sie über Minderheiten spreche, fast ausschließlich an die Auslandsungarn in den Nachbarländern denke[10]. So erhellend die Kritik des Staatspräsidenten ist, man würde der ungarischen Situation nicht gerecht, wenn man sie in ihrer Überspitzung allzu wörtlich nähme. Die Regierung bekennt sich in ihrem Programm freimütig dazu, daß das künftige Minderheitengesetz eine "beispielhafte Offenheit" an den Tag legen solle, betont aber auch gleichzeitig, daß damit "kein einseitiger Reziprozitätsstandpunkt" eingenommen werde[11].

3. Geschichte

Nicht zuletzt die geschichtliche Entwicklung erklärt, warum die Minderheitenproblematik in Ungarn eine eigenartige Prägung angenommen hat. Die meisten Angehörigen anderer Völker kamen nach der Befreiung von der Türkenherrschaft. In das immer noch unterbevölkerte Land wurden, wie zeitweilig in Preußen, Flüchtlinge bereitwillig aufgenommen. Die Einwanderer zeigten sich gegenüber der adligen ungarischen Führungsschicht im Regelfall integrationswillig[12]. Ansichts einer sich nur sehr langsam

---

[9] *D. Silagi*, Ungarn seit 1918: Vom Ende des I. Weltkrieges bis zur Ära Kádár, in: Handbuch der Europäischen Geschichte, Bd. 7, Stuttgart 1979, 889; National and Ethnic Minorities in Hungary (Fact sheets on Hungary), Ministry of Foreign Affairs, Budapest 1991, 1.

[10] Neue Zeitung (Organ der Ungarndeutschen, Budapest), 14.3.1992, 1; zitiert bei *Seewann* (Anm. 2), 319.

[11] Deutsche Übersetzung von Auszügen aus dem Regierungsprogramm vom 22. Mai 1990, 7 (erhältlich beim Amt für nationale und ethnische Minderheiten, Budapest).

[12] *Seewann* (Anm. 2), 292-293

herausbildenden bürgerlichen Schicht fanden seit dem achtzehnten Jahrhundert insbesondere die Juden viele Betätigungsmöglichkeiten[13]. Die im neunzehnten Jahrhundert aufkommende ungarische Nationalbewegung, die sich zunächst in erster Linie gegen die österreichische Vorherrschaft gerichtet hatte, begann jedoch nach dem Ausgleich von 1867 eine bewußte Madjarisierungspolitik, welche zu Störungen im Verhältnis zu den meisten nichtungarischen Völkern führte[14]. Hierbei ist zu bedenken, daß zu dieser Zeit in der ungarischen Reichshälfte nur etwa 47% Madjaren lebten.

Ebensowenig wie dem österreichischen Teil der Doppelmonarchie gelang der ungarischen Hälfte ein befriedigender Ausgleich mit ihren Minderheiten. Das Nationalitätengesetz von 1868[15] gewährleistete den Minderheiten jedoch neben dem allgemeinen Grundsatz der Nichtdiskriminierung etwa auch die Bekanntgabe der Gesetze in den Sprachen der Minderheiten, die Führung von Sitzungsprotokollen in anderen Sprachen (wenn dies ein Fünftel der Mitglieder der Gemeindevertretung verlangte), das Recht, in den Gemeindevertretungen eine andere Sprache als ungarisch zu sprechen, sowie detaillierte Reglungen zu den Sprachen vor Gerichten und Behörden. Am wichtigsten war jedoch die fortbestehende Möglichkeit der Errichtung eigener Schulsysteme der Minderheiten. Ob die Sonderrechte des Nationalitätengesetzes in der Praxis überall beachtet wurden, ist zweifelhaft, stellt jedoch das Grundprinzip nicht in Frage[16]. Nach dem Ersten Weltkrieg wurde dieser liberalpatriarchalische Rechtsbestand unter dem autoritären Horthy-Regime zwar teilweise abgebaut - es erging insbesondere nach 1938 offen antisemitische Gesetzgebung[17] - dieser Abbau ging aber bis zur Besetzung Ungarns durch deutsche Truppen im

---

[13] *Silagi* (Anm. 9), 891; siehe auch Judith Miller, "Out of Hiding", New York Times vom 9.12.1990, 70.

[14] *K. Fürész/T. Révész*, The Equal Rights of Nationalities - Legal Protection of Minorities, in: Human Rights in Today's Hungary, Budapest 1990, 236-237.

[15] Dazu *Fürész/Révész, ibid.*, 237-240.

[16] *Fürész/Révész, ibid.*, 238-239.

[17] *Silagi* (Anm. 9), 892 und 900.

März 1944 nie so weit, daß Angehörige von Minderheiten physisch verfolgt worden wären[18].

Erst nach dem März 1944 fanden Verfolgungen und Unterdrückung von Minderheiten statt, deren Folgen bis heute deutlich spürbar sind. Eine halbe Million Ungarn jüdischer Abstammung wurde von der SS unter Adolf Eichmann noch in die Vernichtungslager geschickt[19]. Nach Kriegsende wurde etwa die Hälfte der ungarndeutschen Bevölkerung vertrieben. Eine Vereinbarung über einen gegenseitigen Bevölkerungsaustausch mit der Tschechoslowakei führte in den Jahren 1946 - 48 zur Umsiedlung von 73.273 Slowaken. Die Angehörigen der serbischen, kroatischen und slowenischen Minderheiten hatten unter den innerstaatlichen Auswirkungen der ideologischen Auseinandersetzung mit dem Tito-Regime in Jugoslawien zu leiden. Einen schweren Schlag für das Zusammenleben der auf dem Lande lebenden Minderheiten bedeutete die seit Anfang der fünfziger Jahre betriebene Zwangskollektivierung der Landwirtschaft, die auch mit einer starken Landflucht einherging[20]. Wie es der kommunistischen Ideologie entsprach, vertrat die offizielle ungarische Politik zunächst die sog. "Automatismusthese", wonach sich die Frage der Minderheiten unter sozialistischen Verhältnissen von selbst erledigen würde. In der Praxis bedeutete dies, daß die bereits in ihrer jeweiligen nationalen Eigenschaft diskreditierten Minderheiten auch in ihrer Minderheiteneigenschaft als solcher offiziell nicht ernst genommen wurden. Da auch kein Sprachunterricht in der Muttersprache mehr gegeben wurde, blieb vielen Angehörigen der Minderheiten kaum ein anderer Weg als der einer noch verstärkten Anpassung an die Mehrheitsgesellschaft. Als die Automatismusthese dann im Laufe der sechziger Jahre abgelöst wurde durch eine Rückbesinnung auf die eigenen Minderheiten, war bereits fast eine Generation ohne muttersprachlichen Unterricht in der Schule aufgewachsen. Die nun folgende "Nationalitätenpolitik" kann man zwar in mancherlei Beziehung als Vor-

---

18   *Silagi* (Anm. 9), 900.
19   *Silagi* (Anm. 9), 898.
20   *Seewann* (Anm. 2), 296 f.

läuferin der heutigen Minderheitenpolitik betrachten[21]. So wurde etwa das heute bestehende Netz von Kindergärten, Schulen und Bibliotheken für die Minderheitenbevölkerung eingerichtet[22], ebenso wurden ab Ende der siebziger Jahre dann zweisprachige Ortsschilder und Behördenbezeichnungen eingeführt. Diese Maßnahmen blieben in der Wirklichkeit aber hinter den Ankündigungen zurück, insbesondere die Ausstattung der Erziehungseinrichtungen mit qualifizierten Lehrern blieb mehr als ungenügend. Diese Minderheitenpolitik blieb Politik, wurde also nicht auf rechtliche Grundlagen gestellt, und auch die Nationalitätenverbände waren, ähnlich wie die Nationale Front der DDR, nicht unabhängig, sondern in erster Linie "Transmissionsriemen" für die staatliche Minderheitenpolitik.

4. Die Lage der Minderheiten heute

Nach dem Wegfall des kommunistischen Regierungssystems stellt sich die tatsächliche Lage für einzelne Minderheiten heute unterschiedlich dar. Die größte Minderheit, die Roma, befindet sich in einer besonders schwierigen Lage[23]. Da die meisten Roma keine oder nur eine geringe Berufsausbildung besitzen, hat sie die wirtschaftliche Krise beim Übergang zur Marktwirtschaft besonders hart getroffen und bei ihnen zu einer Arbeitslosenquote von teilweise nahe an siebzig Prozent geführt. Diese Gruppe ist besonders auf sozial- und wirtschaftspolitische Förderungsmaßnahmen angewiesen und macht dies in den Diskussionen um den Entwurf eines Minderheitengesetzes auch geltend. Auf der anderen Seite stehen die Ungarndeutschen, welche zwar infolge des Krieges in eine schwere Identitätskrise gestürzt wurden und nicht zuletzt deshalb in einem Zustand schon weit fortgeschrittener Assimilation leben, aber eben auch in der Regel sozial gut einge-

---

[21] Vgl. *Fürész/Révész* (Anm. 14), 244-247.

[22] *Seewann* (Anm. 2), 300.

[23] Dies spricht die Regierung auch offen an: Regierungsprogramm (Anm. 11), 9 ff.; zur Lage der Roma siehe "Bias Against Gypsies on Rise in Hungary", in: San Francisco Chronicle vom 20.12.1990 (Datenbank LEXIS, Suchwort: Minorities in Hungary). Inter Press Service vom 28.2.1992, (Datenbank LEXIS, Suchwort: Hungary w/10 minorit!).

gliedert sind und darüberhinaus auf Unterstützung aus der Bundesrepublik zählen können[24]. Ihr Interesse ist auf ungehinderte Entfaltung, die Gründung identitätsverbürgender Institutionen und die rechtlich gesicherte Möglichkeit des Empfangs von Unterstützung gerichtet. Die übrigen Minderheiten sind weder so rückständig wie die Roma, noch besitzen sie die Unterstützung eines starken Mutterlandes wie die Ungarndeutschen. Für alle Minderheiten gleichermaßen kann gesagt werden, daß sie in der Zeit des Sozialismus viele ihrer Traditionen und Eigenarten unter mehr oder weniger starkem Druck aufgegeben haben, insbesondere ihre "Muttersprache" häufig nicht mehr beherrschen.

5. Minderheitspolitik der Regierung

Das Programm der Regierung Antall vom Mai 1990 formuliert die Minderheitenpolitik nur in groben Zügen[25]. Charakteristischerweise ist danach Ziel der ungarischen Minderheitenpolitik "die Schaffung von Voraussetzungen, die den Minderheiten die Möglichkeit bieten, den Assimilierungsprozeß zum Stillstand zu bringen". Darin kommt ein Konzept "aktiven Minderheitenschutzes" zum Ausdruck, der Minderheiten "nicht nur duldet, sondern auch fördert", insbesondere durch positive Diskriminierung und durch die Einrichtung von Selbstverwaltungskörperschaften in kulturellen Angelegenheiten. Da Ungarn aber nur über begrenzte Mittel verfüge, so das Programm, könnten jetzt aber nur Grundleistungen der Unterrichts-, Kultur- und Massenkommunikationsinstitutionen erbracht werden. Zur Ergänzung der begrenzten staatlichen Möglichkeiten soll ausländischer und kirchlicher Hilfe keine Hindernisse in den Weg gelegt werden[26].

Nachdem die Angelegenheiten der Minderheiten auf organisatorischer Ebene zunächst von mehreren Stellen innerhalb der Regierung betrieben worden waren, wurde das "Amt für nationale und ethnische Minderheiten"

---

[24] Näheres *Seewann* (Anm. 2), 303-305.
[25] Deutsche Übersetzung beim "Amt für nationale und ethnische Minderheiten" erhältlich.
[26] Regierungsprogramm (Anm. 11), 5.

errichtet. Bei dieser Stelle handelt es sich um "ein selbständiges Verwaltungsorgan mit gesamtstaatlicher Zuständigkeit, welches unter der Aufsicht eines Ministers ohne Portefeuille wirkt"[27]. Der Leiter ("Vorsitzende") dieses Amtes, gegenwärtig der Ungarndeutsche Johann Wolfart, wird auf Vorschlag des Ministers ohne Portefeuille vom Ministerpräsidenten ernannt. Das Amt hat umfassende konzeptionelle, koordinierende und beobachtende Aufgaben im Bereich der Minderheitenpolitik nach innen[28], verwaltet aber auch Teile der vom Staat zur Förderung der Minderheiten zur Verfügung gestellten Gelder.

6. Das Projekt eines Minderheitengesetzes

Schon etwa zwei Jahre vor dem Systemwechsel hatte das Umdenken in der Minderheitenpolitik zu dem Entschluß der damals politisch Verantwortlichen geführt, ein Minderheitengesetz zu erlassen, das der besonderen Lage der Minderheiten Rechnung tragen und ihnen und ihren Angehörigen Rechte verbriefen sollte. Nach dem Systemwechsel im Herbst 1989 verzögerte sich dann die Verabschiedung dieses inzwischen auch von der Verfassung geforderten Gesetzeswerkes. Ein "Minderheitenrundtisch", bei dem Vertreter aller interessierter Minderheiten mitwirkten, konnte sich im September 1991 schließlich mit dem Amt für nationale und ethnische Minderheiten auf einen gemeinsamen Entwurf einigen. Nachdem ein von anderen Ressorts ausgehender Regierungsentwurf vom Februar 1992 auf starke Ablehnung in der Öffentlichkeit und beim Minderheitenrundtisch gestoßen war[29], brachte die Regierung schließlich im Juli 1992, diesmal nach Abstimmung mit dem Rundtisch, einen Gesetzentwurf im Parlament

---

[27] § 3 der Regierungsverordnung 34/1990 vom 30.8.1990 (deutsche Übersetzung beim "Amt für nationale und ethnische Minderheiten" erhältlich).

[28] Um die Vertretung der Belange der Auslandsungarn kümmert sich ein weiteres Amt, welches beim Außenminister ressortiert. Die Trennung beider Ämter ist aufgrund von Beschwerden der Minderheitenorganisationen erfolgt.

[29] Siehe British Broadcasting Corporation (Summary of World Broadcasts) vom 25.4.1992 (Datenbank LEXIS, Suchwort: Minorities in Hungary).

ein[30]. Dieser bedarf zu seiner Annahme einer Zweidrittelmehrheit (Art. 68 Abs. 4 der Verfassung). Dem Entwurf werden gute Aussichten eingeräumt, Gesetz zu werden, da sich fast alle maßgeblichen politischen Parteien und Minderheiten auf den Text geeinigt haben. Der Entwurf orientiert sich stark an der Diktion der einschlägigen KSZE-Dokumente[31] und geht in mancher Beziehung über diese hinaus, etwa wenn er ein kollektives Recht auf Bewahrung und Pflege der eigenen nationalen oder ethnischen Identität proklamiert (§ 14). Trotz seiner Bezeichnung soll das Gesetz nicht alle minderheitsrechtlichen Sonderregelungen der ungarischen Rechtsordnung enthalten, sondern insbesondere im Erziehungs- und Medienbereich Raum für weitere Gesetzgebung lassen.

7. Begriff der Minderheit

Ein allgemeines Problem jeder Minderheitengesetzgebung besteht in der Bestimmung der Voraussetzungen für die Anerkennung einer Gruppe als Minderheit und der Aufstellung von Regeln über die Zugehörigkeit der einzelnen Mitglieder zu dieser Minderheit. Dabei steht das grundsätzlich legitime Interesse an der jederzeitigen freien Bestimmung der eigenen ethnischen Identität dem anerkennenswerten staatlichen Interesse an Berechenbarkeit von Förderungs- und anderen Leistungen entgegen. Der ungarische Gesetzentwurf geht in dieser Beziehung einen interessanten Weg. Auf der individuellen Ebene gewährleistet er jeder Person das Recht, die Zugehörigkeit zu einer Minderheit auf sich zu nehmen und zu bekunden (§ 7 Abs. 1). Insbesondere weil sich viele Angehörige einer Minderheit aber auch gleichzeitig als Ungarn verstehen, soll ein solches Bekenntnis die

---

[30] Eine deutsche Übersetzung dieses Gesetzentwurfs wurde dem Verfasser dankenswerterweise vom Bundesministerium des Inneren zur Verfügung gestellt. Eine englische Übersetzung ist als Dokument des Europarates AS/Jur (44) 24 (restricted) vom 23.9.1992 vorhanden (Committee on Legal Affairs and Human Rights - The Rights of Minorities - Text of Bill no. 5190 on the rights of national and ethnic minorities of the Republic of Hungary.

[31] Vgl. insbesondere die Präambel des Entwurfs mit dem "Report of the CSCE Meeting of Experts on National Minorities", 30 International Legal Materials 1692 (1991).

Anerkennung einer doppelten oder sogar mehrfachen Bindung nicht ausschließen (§ 7 Abs. 2). Auf der kollektiven Ebene schränkt der Entwurf den Kreis der Wahlmöglichkeiten jedoch doppelt gestuft ein: Einmal wird klargestellt, daß das Gesetz nicht auf Asylbewerber und -berechtigte, Einwanderer, Heimatlose und niedergelassene Ausländer anwendbar sein soll (§ 2 Abs. 2). Minderheit soll daher nur "jede auf dem Territorium Ungarns seit mindestens einem Jahrhundert beheimatete Volksgruppe sein, ... die sich im Kreise der Bevölkerung in einer zahlenmäßigen Minderheit befindet, deren Mitglieder ungarische Staatsbürger sind und die sich vom übrigen Teil der Bevölkerung durch ihre eigene Sprache, Kultur und Tradition unterscheiden, die gleichzeitig von einem Bewußtsein der Zusammengehörigkeit Zeugnis ablegt, das sich auf die Wahrung all dieser sowie den Ausdruck und Schutz der Interessen ihrer historisch entstandenen Gemeinschaften richtet" (§ 1 Abs. 2).

Diese allgemeine Umschreibung begründet jedoch den Minderheitenstatus allein noch nicht, sondern hierfür ist es erforderlich, daß die betreffende Minderheit entweder ausdrücklich im Gesetz genannt ist - § 2 Abs. 1 nennt Roma, Griechen, Kroaten, Polen, Deutsche, Armenier, Rumänen, Ruthenen, Serben, Slowaken, Slowenen und Ukrainer - oder daß sie erfolgreich ein Initiativverfahren nach § 2 Abs. 2 durchlaufen hat. Danach müssen mindestens eintausend ungarische Staatsangehörige, die sich als zu dieser Minderheit zugehörig bekennen, eine Volksinitiative beim Parlamentspräsidenten einreichen. Das Parlament muß daraufhin prüfen, ob die Qualifikanten die genannten Voraussetzungen des § 1 Abs. 2 erfüllen und ist verpflichtet, wenn dies zutrifft, entsprechend zu legiferieren. Gegen eine ablehnende Entscheidung des Parlaments besteht die Möglichkeit, das Verfassungsgericht anzurufen, etwa wegen einer Verletzung des Gleichheitsgrundsatzes.

Obwohl der Gesetzentwurf in § 2 Abs. 1 bereits fast alle praktisch denkbaren Fälle von Minderheiten aufzählt, ist das vorgesehene Initiativverfahren nicht nur von theoretischer Bedeutung. So hat es innerhalb der Gruppe der Ungarn jüdischer Herkunft Auseinandersetzungen darüber gegeben, ob man sich als Minderheit im Sinne des Gesetzes verstehe. Da sich eine große Mehrheit dagegen ausgesprochen hat, unterblieb die Erwähnung der Juden in der gesetzlichen Liste der Minderheiten[32]. Auch nicht alle Roma sehen sich als Volksgruppe. Andererseits ist aber auch nicht ausgeschlossen, daß einmal eine jüdische Gruppe oder eine Gruppe Roma die Initiative ergreifen wird, sich als eigene Minderheit anerkennen zu lassen.

Ebenfalls nicht nur theoretische Bedeutung hat die in der Verfassung selbst getroffene Unterscheidung zwischen nationalen und ethnischen Minderheiten. Während sich die meisten Minderheiten sowohl auf ein traditionelles Mutterland beziehen können als auch eine eigene Muttersprache haben und daher als "nationale Minderheit" bezeichnet werden, fehlt insbesondere den Roma die erste dieser Eigenschaften, sie können daher "nur" als "ethnische Minderheit" gelten. Der gegenwärtige Entwurf enthält zwar nicht mehr, wie ein früherer, unterschiedliche Regelungen, je nachdem ob es sich um eine "nationale" oder um eine "ethnische" Minderheit handelt, die Unterscheidung selbst begründet jedoch die Gefahr einer öffentlichen Stigmatisierung. Daher ist es verständlich, wenn Romaverbände dagegen protestiert haben, nicht auch als nationale Minderheit geführt zu werden.

8. Datenschutz

Art. 59 der ungarischen Verfassung gewährleistet jedem den Schutz seiner persönlichen Daten. Das ungarische Verfassungsgericht hat hieraus ein Recht auf informationelle Selbstbestimmung abgeleitet[33]. Dieses Grundrecht ist natürlich auch im Bereich des Minderheitenrechts zu beachten.

---

[32] Siehe "Identity is a Right", in: The Hungarian Observer, August 1990, (Datenbank LEXIS, Suchwort: Minorities in Hungary); zur Lage der Juden in Ungarn heute siehe J. *Miller*, "Out of Hiding", New York Times vom 9.12.1990, 70.

[33] Entscheidung Nr. 983/8/1990/3 vom 9.4.1991, in: Verfassungsgericht Ungarn, Ausgewählte Entscheidungen in englischer Sprache (gebundene Fassung einzelner Übersetzungen, erhältlich in der Bibliothek des Max-Planck-Instituts für ausländisches öffentliches Recht und Völkerrecht, Heidelberg), vgl. auch Art. 59 der Verfassung.

§ 12 c) des Entwurfs für ein Minderheitengesetz sieht vor, daß jeder das Recht auf Schutz der mit seinem Minderheitendasein zusammenhängenden persönlichen Daten entsprechend den Festlegungen eines besonderen Gesetzes hat. Dem Parlament liegt gegenwärtig der Entwurf für ein allgemeines Datenschutzgesetz vor, welches der Zustimmung einer Zweidrittelmehrheit im Parlament bedarf. Dieser Entwurf braucht allerdings kaum besondere minderheitenrechtlichen Regelungen zu treffen, weil das gegenwärtige ebenso wie das absehbare zukünftige Recht kaum zur Entstehung solcher Daten bei staatlichen Stellen Anlaß gibt. So gibt es etwa keine Vorschrift, wonach Personen verpflichtet wären, eine Erklärung über ihre etwaige Zugehörigkeit zu einer Minderheit abzugeben. Es gibt auch keine sonstige staatliche Registrierung von Minderheiten, die Prüfung der Wahlberechtigung ist für jedermann gleich. Sobald ein Bürger allerdings seine Dokumente zweisprachig geführt wissen will oder in einem staatlichen Verfahren wünscht, sich in seiner Muttersprache auszudrücken, entstehen persönliche Daten, die mit dem Bekenntnis eines Menschen zu einer Minderheit zusammenhängen. In diesen Fällen müßte dann das allgemeine Datenschutzgesetz eingreifen.

9. System des Rechtsschutzes

Der Rechtsschutz in Ungarn ist stark ausgebaut. Art. 50 Abs. 2 der Verfassung gewährleistet generell die gerichtliche Überprüfung der Gesetzmäßigkeit von "Verwaltungsbeschlüssen", Art. 70/K den gerichtlichen Rechtsschutz wegen der Verletzung von Grundrechten sowie gegen Entscheidungen des Staates bezüglich der Erfüllung staatsbürgerlicher Pflichten[34]. Jedermann kann, nach Erschöpfung des Rechtsweges, beim Verfassungsgericht Verfassungsbeschwerde wegen der Verletzung seiner Grundrechte einlegen (Art. 32/A Abs. 2 der Verfassung und §§ 1 d), 48 des Gesetzes Nr. 32 über das Verfassungsgericht)[35]. Zu den Grundrechten

---

[34] Siehe auch Art. 57 Abs. 5 der Verfassung.

[35] Eine deutsche Übersetzung des Gesetzes über das ungarische Verfassungsgericht wurde mir freundlicherweise vom Amt für nationale und ethnische Minderheiten, Budapest, zur Verfügung gestellt; zum

gehören der allgemeine Gleichheitssatz (Art. 57 Abs. 1) und auch die üblichen besonderen Gleichheitssätze (Art. 70/A Abs. 1). Erstaunlicherweise kann jedermann eine abstrakte Normenkontrolle einleiten (§§ 1 b), 19 Abs. 2 des Gesetzes über das Verfassungsgericht). Das Verfassungsgericht hat immer den Wesensgehalt eines Grundrechts zu gewährleisten (Art. 8 Abs. 2 der Verfassung). In seinen bisherigen Entscheidungen hat es die im deutschen Recht bekannte Auslegungsmethode der konkreten Güterabwägung praktiziert.

II. Das Recht auf Gebrauch der Minderheitensprache

1. Der private Bereich

Art. 68 Abs. 2 Satz 2 der ungarischen Verfassung gewährleistet den nationalen und ethnischen Minderheiten, ihre Muttersprache zu gebrauchen. Eine ausdrückliche Unterscheidung zwischen dem privaten und dem öffentlichen Gebrauch der Sprache trifft jetzt Art. 19 Abs. 2 Satz 2 des deutschungarischen Freundschaftsvertrages, ohne hieran allerdings unterschiedliche Rechtsfolgen zu knüpfen[36]. § 49 des Entwurfs für ein Minderheitengesetz bekräftigt zwar noch einmal das jederzeitige und örtlich unbeschränkte Recht auf Gebrauch der Muttersprache. Der beigefügte Gesetzesvorbehalt soll sich nur auf den Sprachgebrauch vor Gericht beziehen. Ohne Gesetzesvorbehalt räumt § 10 des Entwurfs Angehörigen der Minderheiten das Recht ein, Familienfeste in der Muttersprache zu begehen.

Was die Namensführung betrifft, so ist im Augenblick noch formell gültig ein Rundschreiben des Innenministeriums aus den siebziger Jahren, welches

---

ungarischen Verfassungerricht siehe G. *Halmai*, Von der gelebten Verfassung bis zur Verfassungsstaatlichkeit in Ungarn, in: Osteuropa - Recht Bd. 36 (1990), 1 ff.; T. *Lábady*, Über die Richtungen der Weiterentwicklung der ungarischen Verfassungsgerichtsbarkeit, in: Wichtige Gesetzgebungswerke in Osteuropa, Bd. 30 (1991), 367 ff.

[36] Abgedruckt in: Bulletin des Presse- und Informationsamtes der Bundesregierung Nr. 15 vom 11.2.1992, 105.

eine Liste der zulässigen Namen in der Sprache der Minderheit enthält (sie enthält auch etwa vierhundert deutsche Namen). Diese Liste konnte ergänzt werden nach Anfrage beim jeweiligen Minderheitenverband. In der Praxis bestehen schon heute keine Hindernisse mehr, fremdsprachige Vornamen zu wählen und eintragen zu lassen. Der Entwurf für ein Minderheitengesetz enthält ein Recht auf freie Vornamenswahl, und -führung. Auf Wunsch soll die Eintragung auch zweisprachig erfolgen können (§ 11).

2. Behörden und Gerichte

Die ungarische Verfassung begründet keine Staatssprache und enthält auch keine Regelungen über den Sprachgebrauch vor Behörden oder Gerichten. Der Entwurf für ein Minderheitengesetz verweist in seinem § 49 Abs. 2 auf die jeweiligen Verfahrensgesetze. Die Verfahrensgesetze sehen generell vor, daß Schriftsätze in der Muttersprache eines Minderheitsangehörigen verfaßt werden können. Sie sehen auch vor, daß derjenige, der die ungarische Sprache nicht beherrscht, ein Recht auf die Zuweisung eines kostenlosen Dolmetschers besitzt. Praktisch stellt sich dieses Problem jedoch meist nur bei Ausländern, da die Angehörigen der Minderheiten bis auf wenige Ausnahmen ungarisch sprechen.

Bis vor kurzem wurde es - bei Fehlen jeder ausdrücklichen gesetzlichen Regelung - für selbstverständlich gehalten, daß jeder ungarische Staatsbürger seine Angelegenheiten auf ungarisch erledigt. Dies kann sich mit dem Erlaß des neuen Minderheitengesetzes ändern. Nach § 51 des Entwurfs sollen Gemeinden, in denen eine Minderheitenselbstverwaltung besteht (hierzu s.u. V.), verpflichtet werden, offizielle Bekanntmachungen auch in der Sprache der Minderheit erfolgen zu lassen. Darüberhinaus würden in solchen Gemeinden die bei den Verwaltungsverfahren verwendeten Formulare auch in dieser Sprache zur Verfügung stehen müssen. Diese Vorschriften sollen durch eine Regelung flankiert werden, wonach die Gemeinde gewährleisten muß, daß sie über Personal verfügt, welches die Muttersprache der örtlichen Minderheit beherrscht. Auch auf Landesebene wird der Staat die Bekanntmachung von Gesetzen und Mitteilungen allgemeinen Interesses in der Muttersprache der Minderheiten unterstützen (§ 48 c) des Entwurfs).

§ 51 c) des Entwurfs für ein Minderheitengesetz verpflichtet die Gemeinden dafür zu sorgen, daß im Falle eines entsprechenden Verlangens der örtlichen Selbstverwaltung einer Minderheit, "die Beschriftungen der Schilder mit den Orts- und Straßennamen sowie mit den Bezeichnungen der öffentlichen Ämter und öffentlichen Dienstleistungsorganen oder den auf deren Tätigkeit hinweisenden Mitteilungen - neben der ungarischsprachigen Formulierung und Schreibweise ... auch in der Muttersprache gelesen werden können". Diese vergleichsweise weit gehende Regelung bedeutet jedoch für Ungarn keine wesentliche Neuerung. Schon im Jahr 1978 hatte das Politbüro in einem unveröffentlichten Beschluß festgelegt, daß die Ortsschilder und Behördenbezeichnungen in Ortschaften, in denen der Anteil einer Minderheit zwanzig Prozent an der Gesamtbevölkerung überschreitet, zweisprachig zu führen seien. Obwohl dieser Beschluß in der Praxis gelegentlich nicht umgesetzt wurde, gab es andererseits seit Anfang der achtziger Jahre auch zweisprachig beschilderte Ortschaften, in denen der Minderheitenanteil geringer als zwanzig Prozent war.

3. Kultur

Über die für jedermann geltenden Grundrechte hinaus räumt Artikel 68 Abs. 2 Satz 2 der ungarischen Verfassung den nationalen und ethnischen Minderheiten auch das Recht ein, ihre eigene Kultur zu pflegen. Etwas genauer verbürgt Art. 19 Abs. 2 Satz 2 des deutsch-ungarischen Freundschaftsvertrages den Angehörigen der deutschen Minderheit das Recht, "einzeln oder in Gemeinschaft mit anderen Mitgliedern ihrer Gruppe, ihre ethnische, kulturelle, sprachliche und religiöse Identität frei zum Ausdruck zu bringen, zu bewahren und weiterzuentwickeln ..."[37].

---

[37] *Ibid.*.

a) Freiheitsgarantien im Gesetzentwurf

Weitere Konkretisierungen des Rechts auf Pflege der eigenen Kultur wird das künftige Minderheitengesetz bringen. Hierzu werden dann wohl etwa gehören das Verbot einer Politik, "welche das Einschmelzen der Minderheit bezweckt oder zum Ergebnis hat" (§ 4 Abs. 1 des Entwurfs), die Pflicht zur Berücksichtigung der Traditionen der Minderheiten bei der Festlegung von Grenzen der Verwaltungseinheiten und der Wahlbezirke (§ 4 Abs. 4), die Gewährleistung kultureller Autonomie durch die Einrichtung von Selbstverwaltungskörperschaften auf örtlicher und auf Landesebene (§ 5 Abs. 2, dazu unten V.), das Recht, zu Personen und Einrichtungen der Mutterländer Beziehungen aufzunehmen (§ 13) und sich von diesen unterstützen zu lassen (§ 63), das Recht, als Gemeinschaft, eigene Einrichtungsnetze für Erziehung, Bildung, Kultur und Wissenschaft einzurichten (§ 17 III b) und § 47), und schließlich das Recht der Minderheit, Veranstaltungen und Feste ungestört abzuhalten, ihre baulichen und kulturellen Denkmäler und Traditionen zu wahren, zu pflegen und zu vererben sowie ihre Symbole zu benutzen (§ 17 IV).

Eine auf den ersten Blick nicht leicht verständliche Vorschrift des Entwurfs gewährleistet den Minderheitsangehörigen, "die Traditionen der Minderheit bezüglich der Familie zu achten, die familiären Beziehungen zu pflegen und ihre Familienfeste in ihrer Muttersprache zu begehen" (§ 10). Hierbei handelt es sich eine Konkretisierung des verfassungsrechtlichen Schutzes der Familie (Art. 67), welche auf Verlangen der Roma-Vertreter in den Entwurf aufgenommen wurde. Diese hatten in der Vergangenheit Schwierigkeiten mit der staatlichen Praxis der zwangsweisen Einweisung von Kindern in Erziehungsheime sowie mit der Anerkennung ihrer traditionellen, sich über mehrere Tage hinstreckenden Trauerfeiern gehabt.

b) Staatliche Kulturförderung

Ungarn beschränkt sich schon heute nicht nur darauf, den Minderheiten im Bereich der Kultur besondere Freiheitsbereiche einzuräumen. Der Staat fördert darüberhinaus bestimmte kulturelle Aktivitäten. Das Parlament bewilligte den Organisationen der Minderheiten im Jahr 1992 eine Summe von 200 Millionen Forint[38], für Minderheitenpublikationen wurden Zuschüsse in einer Gesamthöhe von 90 Millionen Forint zur Verfügung gestellt, und das von der Regierung ernannte, mehrheitlich aus Vertretern der Minderheiten zusammengesetzte Kuratorium des Amtes für nationale und ethnische Minderheiten konnte über ein Stiftungsvermögen in Höhe von 90 Millionen Forint zur Förderung einer Vielzahl kultureller Aktivitäten verfügen[39].

Aus kommunistischer Zeit überkommen ist ein sogenanntes Minderheiten-"Basisinstitutionssystem", ein Museums- und Bibliothekennetz. Gegenwärtig werden insbesondere Heimatmuseen und ortsgeschichtliche Sammlungen ausgebaut bzw. eingerichtet. Der Entwurf für ein neues Minderheitengesetz enthält eine Vorschrift, wonach der Staat auch das Sammeln gegenständlicher Andenken, die Gründung öffentlicher Sammlungen sowie die Publikation von Periodika der Minderheitenkulturen unterstützt. Den Gemeinden wird die Versorgung der Bevölkerung mit Bibliotheksdienstleistungen als Pflichtaufgabe auferlegt (§ 47 Abs. 4). Eigenständige Verlage für Minderheitenpublikationen haben sich demgegenüber bisher noch nicht herausgebildet[40].

c) Religions- und Kirchenfragen

Die Minderheitenfrage in Ungarn wird nicht, wie etwa auf dem Gebiet des ehemaligen Jugoslawien, durch religiöse Gegensätze belastet. Zwar hat insbesondere die serbisch-orthodoxe Kirche eine wichtige Rolle bei der Bewahrung der Identität der serbischen Minderheit gespielt, ansonsten sind die Kirchen aber nicht so stark wie anderswo zum Kristallisationspunkt für national oder ethnisch begründete Identitätsbehauptungen geworden. Die Verfassung beschränkt sich darauf, eine Trennung von Staat und Kirche festzulegen und die Bekenntnis-, Gewissens- und Religionsausübungsfrei-

---

[38] 50 Forint entsprechen etwa 1 DM.
[39] Zu den Zahlen von 1991 siehe Minderheiten in Ungarn (Anm. 4), 16.
[40] Minderheiten in Ungarn (Anm. 4), 10.

heit zu gewährleisten (Art. 60). Der Entwurf für ein Minderheitengesetz enthält ebensowenig besondere religions- oder kirchenrechtliche Vorschriften wie das neue Gesetz über Gewissens- und Religionsfreiheit und die Kirchen besondere minderheitenrechtliche Vorschriften enthält[41]. Die Entscheidung darüber, in welcher Sprache der Gottesdienst abgehalten wird, fällt also in den Bereich der kirchlichen Autonomie. Gegenwärtig ist in dieser Beziehung eine wachsende Vielfalt zu verzeichnen, deren Fortentwicklung nicht zuletzt durch den Mangel an entsprechend sprachkundigen Geistlichen begrenzt wird.

4. Medien

Die ungarische Verfassung sieht für die Minderheiten keine medienrechtlichen Privilegien vor. Die Meinungs- und Informationsfreiheit sind ausdrücklich als Individualgrundrechte ausgestaltet, die Pressefreiheit ist gewährleistet (Art. 61)[42]. Darüberhinaus hat das Verfassungsgericht die Rundfunkfreiheit, ähnlich wie das deutsche Bundesverfassungsgericht, als "institutionelle Garantie" verstanden. Gemäß Art. 41 Abs. 4 der Verfassung bedarf die Regelung des öffentlichen und des kommerziellen Rundfunks eines mit Zweidrittelmehrheit verabschiedeten Gesetzes. Der Entwurf für ein Minderheitengesetz sieht allgemein die Ausstrahlung von Minderheitenprogrammen vor sowie die Pflicht des Staates, den Empfang von Sendungen aus dem Mutterland zu fördern (§ 17 Abs. 1 und 2).

a) Gesetzentwürfe

Ein Entwurf für ein Mediengesetz befindet sich im Gesetzgebungsverfahren. Es ist vorgesehen, daß auch Vertreter einer oder mehrerer Minder-

---

[41] Zum Gesetz Nr. IV von 1990, durch welches diese Sachmaterie näher ausgestaltet wurde, siehe *L. Boleratzky*, Neues Gesetz über Gewissens- und Religionsfreiheit und die Kirchen in Ungarn, Zeitschrift für evangelisches Kirchenrecht Bd. 35 (1990), 323.

[42] Wer ein periodisches Presseerzeugnis herausgeben möchte, muß dies registrieren lassen, ansonsten aber keine weiteren Voraussetzungen erfüllen.

heiten in den einzurichtenden Aufsichtsgremien für die Rundfunkanstalten und -betreiber Sitz und Stimme haben sollen. Da es sich bei diesem Gesetzentwurf aus anderen Gründen um einen sehr umstrittenen handelt, besteht noch keine Einigkeit über die Zahl der Minderheitenvertreter, wohl aber darüber, daß die Landesselbstverwaltungen der Minderheiten über die Besetzung der Sitze entscheiden sollen (dazu unten V.). Gemäß § 35 i) des Entwurfs für ein Minderheitengesetz soll die Landesselbstverwaltung der Minderheit auch "über die Prinzipien der Nutzung des zur Verfügung stehenden Rundfunk- und Fernsehkanals" entscheiden.

b)   Bestehende Praxis

Radio- und Fernsehsendungen in der Muttersprache von Minderheiten strahlen die staatlichen Sender bereits jetzt und in zunehmendem Maße, jedoch noch nicht immer landesweit, aus. Im September 1992 sendete der staatliche Rundfunk für die deutsche, slowakische, rumänische, slowenische, kroatische und serbische Minderheit täglich ein dreißigminütiges Programm, das staatliche Fernsehen wöchentlich je 25 Minuten (für die Roma sogar doppelt soviel). Es ist geplant, in Zukunft auch für die kleineren Minderheiten wöchentlich ein fünfundzwanzigminütiges Programm auszustrahlen.

III.   Bildungs- und Erziehungswesen

Art. 68 Abs. 2 Satz 3 der ungarischen Verfassung gewährleistet den Minderheiten, den Unterricht in ihrer Muttersprache zu genießen. Auch der Grundsatz der Unterrichtsfreiheit ist anerkannt, der besagt, daß die Eltern frei darüber entscheiden können, welche Schule ihr Kind besucht. Schon das im Jahr 1985 erlassene Gesetz über das Bildungswesen hatte in seinem § 7 die Regelung getroffen, daß Unterrichtssprachen neben der ungarischen auch alle anderen in Ungarn gesprochenen Sprachen der Minderheiten seien und daß Kinder von Minderheitsangehörigen entweder in ihrer Muttersprache oder zweisprachig unterrichtet würden. Besondere Minderheitenklassenzüge sollten eine besondere finanzielle Unterstützung erhalten. Dementsprechend gab es in Ungarn schon im Jahr 1990 295 Minderheitenkindergärten, die insgesamt 14.000 Kinder auch in der Muttersprache betreuten. 44.000 Schüler sollen in 320 Grundschulen (1.-8. Klasse) ihre Muttersprache lernen. Darüberhinaus gibt es acht Nationalitätengymnasien (drei deutsche, zwei serbokroatische, zwei slowakische und ein rumänisches) mit etwa neunhundert Schülern. An den Universitäten werden muttersprachliche Lehrer ausgebildet.

Diese auf den ersten Blick mehr als zufriedenstellend erscheinende Lage stellt sich bei näherer Betrachtung allerdings als lange nicht so günstig dar. Die Regierung selbst räumt freimütig ein:

"Was allerdings Struktur und Qualität des Nationalitätenunterrichts betrifft, kann die Situation als krisenhaft bezeichnet werden. Lediglich in fünf Prozent der Nationalitätenkindergärten werden ständig Beschäftigungen in der Muttersprache abgehalten, in 95 Prozent schreibt das Programm zwei sogenannte "Nationalitätentage" vor, was die meisten Kindergärten infolge des Mangels an die Sprache gut beherrschenden Kindergärtnerinnen und mangelhafter Sprachkenntnisse der Kinder nicht einhalten können. Ähnliche Proportionen trifft man auch in den Grundschulen an: In 91 Prozent der Schulen stehen wöchentlich lediglich 5-6 Stunden zum Aneignen der Muttersprache zur Verfügung. Die sogenannten zweisprachigen Schulen wurden im Nationalitätenunterrichtssystem erst in den letzten Jahren eingeführt, in diesen werden außer dem Muttersprachunterricht zwei bis drei Fächer zweisprachig erteilt. Einsprachige Grundschulen existieren nur noch dem Namen nach - bei den Deutschen nicht einmal so -, weil auch in diesen Schultypen praktisch nur zweisprachig unterrichtet wird. Die Zahl der Gymnasien ist niedrig, und in allen Schultypen verursacht der Mangel an Fachpädagogen schwere Sorgen. Die Anwendung der Romasprache im Unterricht ist völlig ungelöst"[43].

---

43 Minderheiten in Ungarn (Anm. 4), 9; so auch *Seewann* (Anm. 2), 300.

Wegen Lehrermangels dürfte selbst diese pessimistische Einschätzung die wirkliche Lage noch nicht erfassen.

Für die Zukunft plant die Regierung die Errichtung eines neuen Minderheitenschulsystems einschließlich der Lehrerausbildung. Beiträge zu dem hierfür erforderlichen finanziellen Aufwand sollen auch aus dem Ausland kommen[44]. Bereits heute fördert der Staat den Unterricht für Minderheiten mit einem jährlichen Zuschuß von 5000 Forint pro Kind und Kindergartenplatz bzw. 15.000 Forint pro Schüler (insgesamt 1,3 Milliarden Forint), der allerdings in vielen Fällen von den Gemeinden als Schulträgern nicht zweckentsprechend verwendet wird.

Am Geldmangel scheiterte bisher die Wiedereröffnung vieler Zwergschulen, die bessere Chancen für den Unterricht in der Muttersprache bieten sollen. Auch wird es zunehmend schwieriger, Lehrer und Kindergärtnerinnen, die die Muttersprache einer Minderheit unterrichten können, insbesondere deutschsprachige, anzustellen, da die Nachfrage nach Fremdsprachenkenntnissen in der freien Wirtschaft, bei der weit höhere Gehälter als im öffentlichen Dienst gezahlt werden, sehr hoch ist. Obwohl im Jahr 1992 aufgrund des von der Bundesrepublik mitfinanzierten Gastdozentenprogramms etwa neunzig deutsche Gastlehrer in Ungarn tätig sind, davon 25 an ungarndeutschen Schulen, können diese den Bedarf nicht befriedigen[45]. Es darf in diesem Zusammenhang nicht vergessen werden, daß die sichere Beherrschung der Muttersprache bei der großen Mehrheit der Ungarndeutschen erst wiederhergestellt werden muß und deshalb nicht auf ein genügendes Kräftereservoir aus der Minderheit selbst zurückgegriffen werden kann. Nicht zuletzt von solchen Umständen wird es abhängen, welche Mindestzahl an Schülern das geplante neue Schulgesetz für die Einrichtung eines eigenen Klassenzugs mit Muttersprachenausbildung fest-

---

[44] Regierungsprogramm (Anm. 11), 8.
[45] Wie hoch die Nachfrage nach einer deutschsprachigen Kindererziehung und -ausbildung ist, zeigt sich etwa daran, daß in Szeged, einer Stadt, in der traditionell nur wenige Ungarndeutsche leben, ein deutschsprachiger Kindergarten eröffnet worden ist, der sich regen Zuspruchs erfreut. Bei den Slowaken, Rumänen und Roma geht die Entwicklung dagegen nicht so schnell.

legen wird. Wahrscheinlich ist, daß etwa zehn Schüler zusammenkommen müssen.

Neben dem Schulgesetz wird das Minderheitengesetz das Bildungs- und Erziehungssystem für die Minderheiten festlegen. Im Entwurf für ein Minderheitengesetz ist die grundsätzliche und finanzielle Verantwortung des Staates - auf der Grundlage des Erziehungsrechts der Eltern - für die muttersprachliche Ausbildung festgelegt (§§ 41 Abs. 1 und 2, 42, 44). Angesichts der bestehenden praktischen Schwierigkeiten sieht der Entwurf aber auch vor, daß der Unterricht in der Muttersprache der Minderheit "ausnahmsweise" - entsprechend den örtlichen Möglichkeiten und Ansprüchen - in fakultativen oder Mehrstunden bzw. an Sonntagsschulen erfolgen kann (§ 41 Abs. 3).

Der Entwurf räumt den Angehörigen der Minderheiten und ihren Organisationen gewisse Mitspracherechte in Schulsachen ein. So sieht er in § 17 Abs. 3 vor, daß die Minderheitengemeinschaften ein Initiativrecht in Bezug auf die Errichtung von Schulen mit muttersprachlicher Ausbildung haben und im gesetzlichen Rahmen auch ein eigenes Schulsystem errichten können. Angesichts des mangelnden Organisationsgrades und der fehlenden Mittel der Minderheitenorganisationen wird diese Vorschrift wohl auf absehbare Zeit nicht in Anspruch genommen werden. Die Landesselbstverwaltung der Minderheit soll gemäß § 35 h) des Entwurfs selbständig über "den Grundlehrstoff für den Unterricht der Minderheit mit Ausnahme des Hochschulwesens" entscheiden. Damit würde der vom Kultusministerium festgelegte nationale Grundlehrplan, der nur ein Rahmenplan ist, ergänzt werden können durch Unterrichtsmaterial, welches von der Landesselbstverwaltung einer Minderheit ausgearbeitet worden ist. In der Praxis bestehen allerdings auch hier noch ganz erhebliche finanzielle Probleme. Eltern und Schüler sind, trotz staatlicher Zuschüsse, zunehmend dazu gezwungen, Lehrbücher selbst zu beschaffen.

Träger der Schuleinrichtungen für Angehörige der Minderheiten soll zwar grundsätzlich die öffentliche Hand bleiben (§ 41 Abs. 1), es soll aber auch die Möglichkeit geschaffen werden, daß Minderheitenselbstverwaltungen

Schuleinrichtungen übernehmen können, wenn "das bis dahin erreichte Niveau des Unterrichts gewährleistet werden kann" (§ 45). Heute sind jedoch noch 97% aller Schulen in kommunaler Trägerschaft, 2% werden kirchlich und 1% privat betrieben. Ein Umwandlungsprozeß hat mancherorts schon begonnen, wird jedoch aller Wahrscheinlichkeit nach mit großen finanziellen Schwierigkeiten zu kämpfen haben.

IV. Spezifische Schranken der Vereinigungsfreiheit

Die ungarische Verfassung gewährleistet in den Art. 62 und 63 die Versammlungsfreiheit und das Recht, Vereine zu gründen. Gesetze zur Ausgestaltung bzw. Einschränkung dieser Freiheiten bedürfen einer Zweidrittelmehrheit im Parlament.

1. Vereinigungsgesetz

Mit dem Erlaß des Vereinigungsgesetzes von 1989[46] tat Ungarn einen ersten entscheidenden Schritt hin zu einer freiheitlichen Demokratie westlicher Prägung. Mit diesem Gesetz wurde erstmals ein freiheitliches Verständnis der Vereinigungsfreiheit als eines Abwehrrechts gesetzlich ausgestaltet[47]. Die Vereinigungsfreiheit ist danach nur noch einer formalen Legalitätskontrolle unterworfen, die nicht durch die Verwaltung, sondern durch die Gerichte erfolgt (Art. 14). Alle Vereinigungen müssen sich registrieren lassen und erhalten dadurch Rechtspersönlichkeit, die staatliche Überprüfung des Organisationszweckes darf jedoch nur so weit gehen sicherzustellen, daß der Zweck der Vereinigung nicht gegen Strafgesetze verstößt oder Rechte Dritter verletzt (Art. 4 Abs. 1). Diese Grundsätze muß jede Vereinigung auch bei allen ihren Aktivitäten

---

[46] Gesetz Nr. 2 vom 11.1.1989, Englische Übersetzung in: Democratic Changes in Hungary (Basic Legislation on a Peaceful Transition from Bolshevism to Democracy) (*G. Kilényi* and *V. Lamm* eds.), Budapest 1990, 55 ff.

[47] *G. Halmai*, Ein neues Menschenrechtsverständnis in Ungarn am Beispiel der Vereinigungsfreiheit, JöR Bd. 39 (1990), 235 ff.

beachten (Art. 2 Abs. 2). Daneben muß der Aufbau der Vereinigungen generell demokratischen Grundsätzen entsprechen (Art. 6 Abs. 1). Auch politische Parteien unterfallen grundsätzlich den Regelungen des Vereinigungsgesetzes, für sie gelten allerdings auch gewisse Sonderregelungen (Art. 4 Abs. 2, näher s.u. 2.).

Das Vereinigungsgesetz enthält keine besonderen minderheitenrechtlichen Vorschriften. Seit seinem Erlaß haben sich etwa zweihundert Vereinigungen registrieren lassen, die verhältnismäßig eindeutig als "Minderheitenvereinigungen" erkennbar sind (davon ca. 100 Romavereine und 70 ungarndeutsche Vereine). Das Amt für nationale und ethnische Minderheiten führt darüber allerdings keine Statistik, und zwar hauptsächlich deshalb, weil eine eindeutige Zuordnung in vielen Fällen nicht möglich ist (etwa bei Chören oder Tanzgruppen). Einer Diskriminierung von Minderheitenvereinigungen kann rechtlich mittels einer Verfassungsbeschwerde an das Verfassungsgericht begegnet werden. Sonderstrafrecht gegen Minderheiten kennt das ungarische Recht ohnehin nicht.

Das zum gleichen Zeitpunkt wie das Vereinigungsgesetz erlassene Versammlungsgesetz[48] ist nicht auf religiöse, kulturelle oder familiäre Veranstaltungen anwendbar und betrifft daher einen weiten Bereich des Freiheitsinteresses von Minderheiten von vornherein nicht. Aber auch in seinem eigentlichen Anwendungsbereich, den politischen Versammlungen und Demonstrationen, trifft es seine in westlichen Staaten üblichen Einschränkungen ohne Diskriminierung von Minderheiten.

2. Parteiengesetz

Art. 3 der ungarischen Verfassung gewährleistet einschränkungslos die Parteigründungsfreiheit. Auch das Gesetz über die politischen Parteien und

---

[48] Gesetz Nr. 3 vom 11.1.1989, Englische Übersetzung in: *Kilényi/Lamm* (Anm. 46), 60 ff.

ihre Finanzierung[49] diskriminiert nicht gegen Parteien auf nationaler oder ethnischer Basis. Für solche Parteien, falls sie gegründet würden, wäre in besonderer Weise bedeutsam wohl nur die auch im deutschen Recht enthaltene Vorschrift, wonach keine politische Partei Zuwendungen von anderen Staaten erhalten darf (Art. 4 Abs. 3).

V. Politische Repräsentation

Minderheiten müssen in Ungarn die Möglichkeit haben, als solche politisch vertreten zu sein: Nach Art. 68 Abs. 1 der ungarischen Verfassung sind die Minderheiten an der Macht des Volkes beteiligt und gleichzeitig staatsbildende Faktoren, deren Vertretung nach Abs. 3 die Gesetze der Republik sichern. § 5 des Entwurfs für ein Minderheitengesetz leitet hieraus ab, daß es das verfassungsmäßige Recht der Minderheiten sei, Selbstverwaltungen auf örtlicher und auf Landesebene zu errichten, die die Aufgabe haben, die Interessen der Minderheiten zu vertreten und ihre kulturelle Autonomie zu sichern. Einmal errichtet wird diese Vertretung sogar auf einer weiteren Ebene möglich sein: Im nationalen Parlament.

1. Nationales Parlament

Zusammen mit dem Entwurf für ein Minderheitengesetz wird das ungarische Parlament im Herbst 1992 einen Gesetzentwurf über die parlamentarische Vertretung der Minderheiten beraten[50]. Das ungarische Wahlrecht ist, ebenso wie das deutsche, auf dem Grundsatz der personalisierten Verhältniswahl aufgebaut. Vorgesehen ist, daß die Landesselbstverwaltung jeder Minderheit wie eine Partei Kandidaten für die Wahl zum ungarischen Parlament aufstellen können soll. Der Spitzenkandidat einer Minderheiten-

---

[49] Gesetz Nr. 33 vom 19.10.1989, Englische Übersetzung in: *Kilényi/Lamm* (Anm. 46), 83 ff.

[50] Das Verfassungsgericht hat das Parlament auf die Organklage eines Abgeordneten hin verpflichtet, ein Gesetz über die politische Vertretung der Minderheiten bis zum 1.12.1992 zu verabschieden.

liste ist gewählt, wenn er wenigstens 3.000 Stimmen erhält. Abgesehen davon, daß das ungarische Wahlrecht eine Vierprozent-Sperrklausel für Parteien kennt, würde mit dieser Regelung eine ganz erhebliche Besserstellung für Minderheitenvertreter geschaffen werden: Ein Abgeordneter benötigt zur Direktwahl im Regelfall zwischen 30.000 und 40.000 Stimmen. Diese Sondervorschrift soll aber nur für den Spitzenkandidaten einer Minderheitenliste gelten, damit die Vertretung der Minderheit gesichert ist, der Kräftespiegel der Parteien aber nicht zu stark verzerrt wird. Es verdient festgehalten zu werden, daß selbst die niedrige Schwelle von 3000 Stimmen für manche der kleineren vom zukünftigen Gesetz anerkannten Minderheiten kaum zu überschreiten sein wird.

2. Landesselbstverwaltung

Die Minderheitenselbstverwaltung auf gesamtstaatlicher Ebene wird durch die örtlichen Selbstverwaltungen der betreffenden Minderheit gebildet (§ 30). Diese Landesselbstverwaltung ist Rechtsperson (§ 34 Abs. 2), d.h. eine Körperschaft des öffentlichen Rechts. Ihr höchstes Organ, die Vollversammlung, wird nach den Grundsätzen der Verhältniswahl aus den Vertretern der beteiligten örtlichen Selbstverwaltungen gebildet (§ 33 Abs. 1). An hoheitsrechtlichen Befugnissen steht einer Landesselbstverwaltung insbesondere die Entscheidung zu über "die Prinzipien und Art der Nutzung des zur Verfügung stehenden Rundfunk- und Fernsehkanals" bzw. der "Programmzeit des öffentlichen Rundfunks und Fernsehfunks", über den Grundlehrstoff für den Unterricht der Minderheit (mit Ausnahme des Hochschulwesens), sowie über die Landesfeste der Minderheit und ihre Auszeichnungen (§ 35 k), i), h), f), g)). Im Bereich der Rechtssetzung bezüglich der Bewahrung und Pflege historischer Siedlungen und Baudenkmäler hat die Landesselbstverwaltung bei Fehlen einer örtlichen Selbstverwaltung der Minderheit ein Zustimmungsrecht (§ 36 Abs. 3). Schließlich kann die Landesselbstverwaltung Institutionen zur Förderung der kulturellen Autonomie der Minderheit errichten (§ 34).

3. Örtliche Selbstverwaltung

Das Herzstück des Entwurfs für ein Minderheitengesetz stellt zweifellos das darin vorgesehene System der politischen Vertretung der Minderheiten auf örtlicher Ebene dar[51]. Dies ist nicht zuletzt deshalb angemessen, weil die Gemeinden diejenigen Träger öffentlicher Gewalt sind, welche für die Durchsetzung der Rechte der nationalen und ethnischen Minderheiten verantwortlich sind[52]. Obwohl erste Schritte in diese Richtung schon im Jahr 1989 gemacht worden waren (unten a), enthält der Entwurf doch neuartige Vorstellungen. Danach sollen Minderheiten in Zukunft in vier unterschiedlichen öffentlichrechtlichen Organisationsformen vertreten sein können (unten b)-e)).

a) Kommunalwahlgesetz von 1989

Das Kommunalwahlgesetz von 1989 hatte bereits minderheitenrechtliche Privilegierungen enthalten. So brauchte eine Wahlliste von Kandidaten, die sich zu einer Minderheit bekannten, für ihre Zulassung eine geringere Anzahl von Unterschriften als eine gewöhnliche Liste. Auch brauchte sie nicht so viele Kandidaten aufzuführen und ihr Spitzenkandidat erhielt bereits einen Sitz in der Gemeindeversammlung, wenn er nur 2/3 der sonst erforderlichen Stimmenzahl erreichte. Diese Regelungen hatten allerdings bei den Kommunalwahlen 1990 noch keine erheblichen praktischen Auswirkungen. Es wurden nur wenige offene Minderheitenlisten aufgestellt und auf dieser Grundlage nur ein deutsch-ungarischer Bürgermeister gewählt. Beobachter erklären diese Zurückhaltung mit der mangelnden Vertrautheit eines solchen Systems. Es ist aber auch möglich, daß das Identitätsbewußtsein vieler (potentieller) Angehöriger von Minderheiten (doch oder noch)

---

[51] Zur kommunalen Selbstverwaltung allgemein *J. Kaltenbach*, Die Entwicklung der kommunalen Selbstverwaltung in Ungarn, in: Jahrbuch für Ostrecht Bd. 31 (1990), 77 ff.

[52] Gemäß § 8 Abs. 1 des Gesetzes über die örtlichen Selbstverwaltungen, Gesetz Nr. LXV vom 3.8.1990, deutsche Übersetzung beim "Amt für nationale und ethnische Minderheiten" erhältlich. Siehe dazu J. *Brenner*, Neue Kommunalverfassung in Ungarn, in: Archiv für Kommunalwissenschaften Bd. 30 (1991), 296 ff.

nicht so stark ausgebildet ist, daß sie auf eine öffentliche Stellungnahme dieser Art Wert legen.

b) Minderheitenselbstverwaltung der Siedlung

Wenn in einer Gemeinde in Zukunft mehr als die Hälfte der Mitglieder einer Vertretungskörperschaft als Kandidaten einer gesetzlich anerkannten Minderheit gewählt worden sind, sieht der Entwurf vor, daß sich diese Körperschaft zur "Minderheitenselbstverwaltung der Siedlung" erklären kann (§ 21 Abs. 1). Damit erhält sie gewisse Befugnisse, die über diejenigen einer gewöhnlichen Vertretungskörperschaft einer Gemeinde hinausgehen. Insbesondere hat eine "Minderheitenselbstverwaltung der Siedlung" minderheitenspezifische Auskunfts- und Initiativrechte gegenüber den staatlichen Behörden (§ 26). Da von einer solchen Selbstverwaltung keine Beeinträchtigung der Rechte und Interessen der hier in der Mehrheit befindlichen Minderheit zu befürchten sind, ist es auch nicht erforderlich, ihr weitergehende Rechte einzuräumen. Vielmehr betont der Entwurf, daß eine solche Selbstverwaltung die Rechte der in der Minderheit lebenden ungarischen Bevölkerung bzw. anderer Minderheiten gewährleisten muß (§ 25 Abs. 2).

c) Minderheitenselbstverwaltungsgruppe

Sind in einer Gemeinde mehr als dreißig Prozent der Vertreter als Kandidaten einer gesetzlich anerkannten Minderheit gewählt worden, kann die Vertretungskörperschaft sie zur "Minderheitenselbstverwaltungsgruppe" erklären (§ 21 Abs. 2). Eine solche Selbstverwaltungsgruppe hat über die besonderen Zuständigkeiten einer "Minderheitenselbstverwaltung der Siedlung" hinaus noch weitere Befugnisse, deren wichtigste darin besteht, daß eine die Minderheitenbevölkerung in dieser Eigenschaft betreffende Verfügung der Selbstverwaltung von der Vertretungskörperschaft nur im Einvernehmen mit der Mehrheit der Mitglieder der Selbstverwaltungsgruppe getroffen werden kann (§ 28 Abs. 1). Dies wird ausdrücklich für den Fall der Ernennung eines Leiters der Bildungseinrichtungen der Minderheit festgelegt (§ 28 Abs. 2). Darüberhinaus besitzen die Selbstverwaltungsgruppen ein Selbstorganisationsrecht, Finanzhoheit und bestimmen u.a. - im Rahmen der Gesetze - die Regeln über den Kreis der geschützten Denkmäler und Gedenkstätten sowie die örtlichen Regeln für deren Schutz (§ 27 Abs. 1 f).

d)   Minderheitenselbstverwaltung des Siedlungsteils

Die "Minderheitsselbstverwaltung des Siedlungsteils" ist eine weitere Form der öffentlichrechtlichen Vertretung der Minderheiten. § 70 Abs. 2 des Entwurfs definiert "Siedlungsteil" als die "zur nationalen oder ethnischen Minderheit gehörende Bevölkerung der Siedlung - ohne Rücksicht auf die Lage des Wohnorts innerhalb der Siedlung". Auf den ersten Blick scheint damit doch eine Verpflichtung zum Bekenntnis des Wahlbürgers und nicht nur seiner Vertreter zu einer Minderheit erforderlich zu sein. Das Wahlverfahren ist jedoch so ausgestaltet, daß es ein solches Bekenntnis nur von einem Quorum aktiver Wahlbürger verlangt: Eine Wahl zur Errichtung einer Selbstverwaltung des Siedlungsteils wird angesetzt, wenn fünf Prozent der Wahlberechtigten in einer Gemeinde, die sich zu einer bestimmten Minderheit bekennen, dies verlangen. Wahlberechtigt ist dann aber jeder Bürger der Gemeinde, die Wahl ist gültig, wenn fünf Prozent der Stimmberechtigten ihre Stimme abgegeben haben. Eine dergestalt gewählte "Minderheitenselbstverwaltung des Siedlungsteils" hat die gleichen Aufgaben und Befugnisse wie eine "Minderheitenselbstverwaltungsgruppe". Obwohl für die Errichtung einer "Minderheitenselbstverwaltung des Siedlungsteils" zahlenmäßig weniger Wählerstimmen erforderlich sind, rechtfertigt sich diese Gleichbehandlung durch das Erfordernis, daß sich eine nicht unmaßgebliche Anzahl von Wählern, nicht nur der Gewählten, zu einer Minderheit bekennen muß, damit die Voraussetzungen erfüllt sind.

e)   Örtlicher Sprecher der Minderheit

Ist eine örtliche Minderheit in keiner der zuvor beschriebenen öffentlichrechtlichen Organisationsformen vertreten, so wird sie durch einen "Örtlichen Sprecher der Minderheit" repräsentiert. Wer bei der Wahl zur Gemeindeversammlung als Kandidat einer Minderheit die meisten

Stimmen erhält, wird zum örtlichen Sprecher dieser Minderheit ernannt und kann an den Sitzungen der Gemeindeversammlung mit beratender Stimme teilnehmen, auch wenn er selbst über kein Mandat dort verfügt[53]. Die Chancen für Minderheitenkandidaten, einen Sitz in der Gemeindeversammlung zu erhalten, werden allerdings voraussichtlich durch die mit dem Erlaß des Minderheitengesetzes erfolgende Neuregelung der §§ 49 Abs. 1 und 50 Abs. 6 des Gesetzes über die örtlichen Volksvertretungen verbessert: Danach würden einem Minderheitenkandiaten bzw. einer Minderheitenliste bereits die Hälfte der sonst erforderlichen Stimmen zur Errinung eines Mandats in der Gemeindeversammlung genügen. Entsprechend seiner doch recht schwachen Legitimationsgrundlage hat der örtliche Sprecher der Minderheit im Gegensatz zu den anderen Organisationsformen keine echten Mitsprache-, wohl aber Konsultations-, und Initiativrechte. Er muß vor jeder Verfügung, die die Rechte und Pflichten der Minderheit betrifft oder ihre Lage allgemein beeinflußt, von der Gemeindeversammlung gehört werden (§ 38 Abs. 6).

4. Bewertung

Es ist zu früh, die vorgesehene komplizierte Konstruktion der politischen Repräsentation der Minderheiten zu bewerten. Sie scheint für politisch aktive Minderheiten kaum Wünsche offenzulassen. Genau dies könnte sich aber auch als Schwäche des Entwurfs herausstellen. Einerseits ist es nicht sicher, ob die ungarischen Minderheiten überhaupt so aktiv und repräsentationsstrebsam sind, wie die Autoren des Entwurfs annehmen. Die Erfahrungen mit den Sonderregelungen bei der ersten Kommunalwahl im Jahr 1990 sind diesbezüglich nicht ermutigend. Es ist nicht unwahrscheinlich, daß sich viele Angehörige von Minderheiten doch nicht so einseitig als nur dieser Minderheit zugehörig fühlen, wie es die Konstruktion des Gesetzentwurfes voraussetzt. Wenn aber andererseits die vorgesehenen Möglichkeiten genutzt werden sollten, besteht die Gefahr, daß die bislang wohlwollend schweigende, aber kaum Anteil nehmende Mehrheit der

---

[53] § 12 Abs. 5 des Gesetzes Nr. LXV vom 3.8.1990 über die örtlichen Volksvertretungen, Anm. 53.

Ungarn anderen Sinnes wird und die starke formale Stellung der Minderheiten zunehmend ablehnt. Zum Ansatzpunkt könnte dann etwa die im Entwurf bisher nur ungenau geregelte Frage des minderheitspolitisch motivierten Mißbrauchs einer gemeindlichen Selbstverwaltung, in der eine Minderheit die Mehrheit bildet, werden (§§ 46 und 47 des Entwurfs). Dann könnte auch innerhalb der Minderheiten die bereits geführte Auseinandersetzung darum, ob man sich mit einer Vertretung in privatrechtlicher Form begnügen oder einen öffentlich-rechtlichen Status anstreben solle, wiederaufleben. Allerdings verlangt die Verfassung gegenwärtig eine öffentlich-rechtliche Form der Vertretung. Die Romaverbände hatten sich demgegenüber noch stärker für von den Organen der örtlichen Selbstverwaltung getrennte Vertretungskörperschaften ausgesprochen, eine Forderung, die von den stärker integrierten übrigen Minderheiten nicht akzeptiert wurde.

VI. Schluß

Alles in allem stellt sich bereits das gegenwärtige, in noch deutlicherem Maß wohl bald auch das künftige Minderheitenrecht Ungarns als bemerkenswerte Konzeption dar. In der Praxis sind schon viele Anzeichen für eine echte Respektierung und beginnende Förderung der ungarischen Minderheiten durch den Staat erkennbar. Es bleibt, das gegenwärtige und zukünftige Minderheitenrecht im weiteren politischen sowie im völkerrechtlichen Zusammenhang zu bewerten.

1. Politischer Kontext des Entwurfs für ein Minderheitengesetz

a) Finanzierung und Grundkonzeption

Politisch wohl am stärksten umstritten ist die Finanzierung der Minderheitengesetzgebung. Dies liegt einmal an parteipolitischem Zwist, denn die Regierung wird gegenwärtig von konservativen Parteien getragen, die meisten Kommunen, welche ja für die Verwirklichung der Minderheitenrechte verantwortlich sind, dagegen von der liberalen Partei. Hinter der

Finanzierungsdebatte verbergen sich aber auch unterschiedliche Konzeptionen von Minderheitenschutz. Gut integrierte Minderheiten fordern hauptsächlich Geld für die schulische Ausbildung ihrer Kinder in der Muttersprache, ansonsten sind sie, wie insbesondere die Ungarndeutschen, daran interessiert, daß sie frei Unterstützung aus dem Mutterland beziehen können (so §§ 63 und 65 e des Entwurfs). Die Roma dagegen fordern aktive Förderung auf jeder Ebene. Die anderen Minderheiten halten dagegen, daß das Problem der Roma nicht so sehr ein minderheitenpolitisches, sondern ein wirtschafts- und sozialpolitisches sei[54]. Alles in allem haben sich in dem Entwurf die Vorstellungen der Roma nicht durchgesetzt. Die Verfassung ermächtigt zwar allgemein zu "besonderen Maßnahmen zur Beseitigung der Chancenungleichheit" (Art. 70/A), der Entwurf begnügt sich in dieser Beziehung jedoch neben Programmsätzen (§§ 6 und 8) mit einer Regelung, wonach "zur Minderung bzw. Beseitigung der Bildungsrückstände der Zigeunerethnie" "spezifische Unterrichtsbedingungen" zu schaffen seien sowie einer Vorschrift, die bei gleicher Qualifikation die Einstellung einer die Muttersprache einer Minderheit beherrschenden Person erlaubt (falls Bedarf hiernach besteht). Es wird nicht daran gedacht, Erleichterungen beim Universitätszugang für Roma zu schaffen. Alles in allem stellte der Staat im Jahr 1992 etwa 1,7 Milliarden Forint (= ca. DM 35 Millionen) für minderheitenpolitische Zwecke zur Verfügung[55], wozu auch bestimmte besonders für Roma vorgesehene Förderungsprogramme gehören.

b) Auslandsungarn

Es ist weiter darauf hinzuweisen, daß manche der vorgesehenen Regelungen aller Wahrscheinlichkeit nach deshalb nicht mit Leben erfüllt werden werden, weil der Grund für ihre Aufnahme in den Gesetzentwurf

---

[54] Diese Auffassung klingt auch im Regierungsprogramm an (Anm. 11), 10 ff.

[55] Davon 1,3 Milliarden in Form von pro Kopf berechneten Zuschüssen für den Kindergarten- bzw. Schulbesuch eines jeden zu einer Minderheit gehörigen Kindes, 200 Millionen als Zuschüsse für die Minderheitenorganisationen, 90 Millionen für die Subventionierung von Publikationen und sonstigen Medien und 90 Millionen für eine Stiftung zur Förderung der Kulturarbeit, Zahlen aus früheren Jahren gibt Seewann (Anm. 2), 318.

nicht so sehr ein tatsächlich artikuliertes Bedürfnis einer Minderheit, sondern die gewünschte Vorbildwirkung für die Nachbarstaaten war. So erscheint es äußerst unwahrscheinlich, daß die Gründung von in Selbstverwaltung der Minderheit betriebenen eigenen Schulen in absehbarer Zukunft ernsthaft in Angriff genommen werden kann und auch die Pflicht zur Vorhaltung zweisprachiger Formulare in der Verwaltung wird in Ungarn selbst voraussichtlich kaum Nachfrage bei den Bürgern auslösen.

2. Das ungarische Minderheitenrecht und die internationalen Maßstäbe

Das ungarische Recht ist völkerrechtsgemäß und entspricht schon heute weitgehend den Maßstäben, die zusammenfassend in dem Dokument des Genfer Expertentreffens der KSZE zu den nationalen Minderheiten niedergelegt worden sind[56]. Wenn der Entwurf für ein Minderheitengesetz, so wie er jetzt vorliegt, in Kraft treten sollte, hätte Ungarn die KSZE-Maßstäbe, mit zwei Ausnahmen, insgesamt deutlich übertroffen.

a) Internationale Verpflichtungen

Ungarn ist an die internationalen Menschenrechtspakte gebunden. Es ist Mitglied des Europarats, hat aber die Europäische Menschenrechtskonvention noch nicht ratifiziert. Auch sind bislang weder der deutsch-ungarische Freundschaftsvertrag noch andere bilaterale Vereinbarungen mit Nachbarstaaten[57], die jeweils Regelungen zu Minderheitenfragen treffen, in Kraft getreten[58]. Welche innerstaatliche Rechtswirkung völker-

---

[56] "Report of the CSCE Meeting of Experts on National Minorities", 30 International Legal Materials 1692 (1991) mit weiteren Nachweisen.

[57] Dazu Agence France Presse vom 29.7.1992 ((Datenbank LEXIS, Suchwort: Minorities in Hungary).

[58] Es verdient festgehalten zu werden, daß die Parteien des deutsch-ungarischen "Vertrages über freundschaftliche Zusammenarbeit und Partnerschaft in Europa" in dessen Art. 19 Abs. 1 die "rechtliche Verbindlichkeit des im Dokument des Kopenhagener Treffens über die menschliche Dimension der KSZE vom 29. Juni 1990 sowie in weiteren KSZE-Dokumenten niedergelegten Standards zum Schutze von nationalen Minderheiten" vereinbart haben, siehe Bulletin des

rechtliche Verträge haben, geht aus der Verfassung nicht klar hervor. In dieser Beziehung wird wohl bald ein besonderes Gesetz Klarheit schaffen.

b)   Gegenwärtiges Recht und KSZE-Maßstäbe

Bereits vor Erlaß des Minderheitengesetzes entspricht die ungarische Rechtsordnung im wesentlichen den KSZE-Maßstäben. Die Identität von Minderheiten ist grundsätzlich verfassungsrechtlich geschützt, Angehörige von Minderheiten genießen volle Rechtsgleichheit und werden vor Diskriminierung geschützt (vgl. Genfer Dokument I.). Jedem Ungarn, also auch den Angehörigen einer Minderheit, stehen die grundlegenden Menschenrechte innerhalb eines demokratischen politischen Systems zu, das auf dem Gedanken des Rechtsstaats gegründet ist und eine effektive unabhängige Gerichtsbarkeit besitzt (vgl. Genfer Dokument II.). Die Minderheiten beteiligen sich an den öffentlichen Angelegenheiten, werden hieran beteiligt ("Minderheitenrundtisch"), sind auf kommunaler Ebene wahlrechtlich privilegiert und genießen freien Zugang zu Informationen (vgl. Genfer Dokument III.). Die ungarische Verfassung gewährleistet die Vereinigungsfreiheit und erlaubt die Gründung eigener kultureller, religiöser oder erziehender Institutionen (vgl. Genfer Dokument V.). Der Verkehr mit den Angehörigen der Minderheit im Ausland ist durch mehrere Grundrechte geschützt, die Medien berücksichtigen in der Praxis die Belange der Minderheiten und diskriminieren nicht beim Zugang, die grenzüberschreitende Zusammenarbeit zum Zweck des Besuchs und des kulturellen Austauschs wird nicht behindert (vgl. Genfer Dokument VII.). Gesetze gegen die Aufstachelung zu Rassenhaß bestehen, werden sogar von der Verfassung gefordert (Art. 70/A Abs. 2 und 59) (vgl. Genfer Dokument Nr. IV).

c)   Zukünftiges Recht und KSZE-Maßstäbe

Noch nicht rechtlich abgesichert sind bislang einige der in IV. und VI. des Genfer Dokuments aufgeführten Punkte. Dies wird jedoch bis auf zwei

---

Presse- und Informationsamtes der Bundesregierung Nr. 15 vom 11.2.1992, 105.

Ausnahmen voraussichtlich mit dem Erlaß des Minderheitengesetzes geschehen. Der Entwurf sieht, wenn auch in sehr allgemeiner Form, die Ergreifung besonderer Maßnahmen zur Förderung benachteiligter Minderheiten, insbesondere der in ihrer Sonderstellung im Ansatz anerkannten Roma vor (vgl. Genfer Dokument IV. und VI.). Auch würden alle in IV. des Genfer Dokuments enthaltenen Vorschläge zur institutionellen Einbeziehung der Minderheiten verwirklicht sein (außer dem der zu gewährleistenden Hilfe gegenüber diskriminierenden örtlichen Praktiken).

In zweierlei Beziehung ist es jedoch fraglich, ob selbst das jetzt absehbare künftige ungarische Recht dem im Genfer Dokument niedergelegten KSZE-Standard genügen wird. Zwar kann sich jeder gegenüber einer vom Staat ausgehenden Diskriminierung vor Gericht beschweren, ein effektiver Schutz vor Diskriminierung durch Privatpersonen besteht jedoch noch nicht (vgl. Genfer Dokument IV.). Insbesondere gibt es diesbezüglich nicht die geforderte breite Palette von Einspruchsmöglichkeiten oder Rechtsmitteln. Es ist allerdings nicht ausgeschlossen, daß die Gerichte, wenn sie erstmals mit entsprechenden Klagen konfrontiert sein werden, wirksame Abhilfemöglichkeiten richterrechtlich entwickeln werden. Ausdrückliche gesetzliche Grundlagen wird es hierfür aber wahrscheinlich nicht geben. Desweiteren wird die Verpflichtung, wirksame Maßnahmen zu ergreifen, um effektive Chancengleichheit für die Roma zu schaffen (vgl Genfer Dokument VI.), wohl in absehbarer Zeit in Ungarn nicht erfüllt werden können.

Druck: Mercedesdruck, Berlin
Verarbeitung: Buchbinderei Lüderitz & Bauer, Berlin

Max-Planck-Institut für ausländisches öffentliches Recht und Völkerrecht

Beiträge zum ausländischen öffentlichen Recht und Völkerrecht

Hrsg.: J. A. Frowein, H. Steinberger, R. Wolfrum

Bde. 27–59 erschienen im Carl Heymanns Verlag KG Köln, Berlin (Bestellung an: Max-Planck-Institut für Völkerrecht, Berliner Str. 48, 6900 Heidelberg 1); ab Band 60 im Springer-Verlag Berlin, Heidelberg, New York, London, Paris, Tokyo, Hong Kong, Barcelona, Budapest

---

106 Jochen Abr. *Frowein* (Hrsg.): **Die Kontrolldichte bei der gerichtlichen Überprüfung von Handlungen der Verwaltung.** 1993. XIV, 370 Seiten. Geb. 165,– DM

105 Georg *Nolte*: **Beleidigungsschutz in der freiheitlichen Demokratie.** 1992. XX, 294 Seiten. (7 Seiten English Summary). Geb. 128,– DM

104 Thomas *Giegerich*: **Privatwirkung der Grundrechte in den USA.** Die State Action Doctrine des U.S. Supreme Court und die Bürgerrechtsgesetzgebung des Bundes. 1992. XXIII, 518 Seiten (18 Seiten English Summary). Geb. 198,– DM

103 Stefan *Oeter*: **Neutralität und Waffenhandel.** 1992. XVI, 290 Seiten (6 Seiten English Summary). Geb. 128,– DM

102 Rüdiger *Wolfrum*: **The Convention on the Regulation of Antarctic Mineral Resource Activities.** An Attempt to Break New Ground. 1991. VII, 205 Seiten. Geb. 85,– DM

101 Jochen Abr. *Frowein*/Torsten *Stein*: **Rechtliche Aspekte einer Beteiligung der Bundesrepublik Deutschland an Friedenstruppen der Vereinten Nationen.** 1990. IX, 129 Seiten. Geb. 78,– DM

100 Wolfgang *Benedek*: **Die Rechtsordnung des GATT aus völkerrechtlicher Sicht.** 1990. XXIII, 557 Seiten. Geb. 248,– DM

99 Matthias *Herdegen*: **Gewissensfreiheit und Normativität des positiven Rechts.** 1989. XV, 330 Seiten. Geb. 148,– DM

98 **Staat und Völkerrechtsordnung, Festschrift für Karl Doehring.** 1989. XIV, 1067 Seiten. Geb. 380,– DM

97 Rainer *Hofmann*: **Die Ausreisefreiheit nach Völkerrecht und staatlichem Recht.** 1988. XIV, 337 Seiten (7 Seiten English Summary). Geb. 148,– DM

96 Ulrich *Beyerlin*: **Rechtsprobleme der lokalen grenzüberschreitenden Zusammenarbeit.** 1988. XXII, 571 Seiten (6 Seiten English Summary, 6 Seiten Résumé français). Geb. 178,– DM

95 Ulrich *Wölker*: **Zu Freiheit und Grenzen der politischen Betätigung von Ausländern.** Der politische Gebrauch der Meinungs-, Versammlungs- und Vereinigungsfreiheit der Ausländer nach innerstaatlichem Recht, Völkerrecht und Europarecht. 1987. XXI, 264 Seiten (7 Seiten English Summary, 7 Seiten Résumé français). Geb. 98,– DM

94 Jochen Abr. *Frowein*/Torsten *Stein* (Hrsg.): **Die Rechtsstellung von Ausländern nach staatlichem Recht und Völkerrecht/The Legal Position of Aliens in National and International Law/Le régime juridique des étrangers en droit national et international.** 1987. XLVI, 2.135 Seiten. (In zwei Bänden, die nur zusammen abgegeben werden.) Geb. 480,– DM

93 Rudolf *Bernhardt*/John Anthony *Jolowicz* (Eds.): **International Enforcement of Human Rights.** Reports submitted to the Colloquium of the International Association of Legal Science, Heidelberg 28–30 August 1985. 1987. VIII, 265 Seiten. Geb. 84,– DM

92 Juliane *Kokott:* **Das interamerikanische System zum Schutz der Menschenrechte.** 1986. XII, 166 Seiten (6 Seiten English Summary). Geb. 78,– DM

91 Rolf *Kühner:* **Vorbehalte zu multilateralen völkerrechtlichen Verträgen.** 1986. XI, 307 Seiten (6 Seiten English Summary). Geb. 98,– DM

90 Daniel *Thürer:* **Bund und Gemeinden.** Eine rechtsvergleichende Untersuchung zu den unmittelbaren Beziehungen zwischen Bund und Gemeinden in der Bundesrepublik Deutschland, den Vereinigten Staaten von Amerika und der Schweiz. 1986. XVII, 352 Seiten (7 Seiten English Summary). Geb. 118,– DM

89 Helmut *Damian:* **Staatenimmunität und Gerichtszwang.** Grundlagen und Grenzen der völkerrechtlichen Freiheit fremder Staaten von inländischer Gerichtsbarkeit in Verfahren der Zwangsvollstreckung oder Anspruchssicherung. 1985. XV, 261 Seiten (11 Seiten English Summary). Geb. 78,– DM

88 Rudolf *Dolzer:* **Eigentum, Enteignung und Entschädigung im geltenden Völkerrecht.** 1985. XIII, 331 Seiten (3 Seiten English Summary). Geb. 118,– DM

87 Norbert *Wühler:* **Die internationale Schiedsgerichtsbarkeit in der völkerrechtlichen Praxis der Bundesrepublik Deutschland.** 1985. XIII, 239 Seiten (5 Seiten English Summary). Geb. 88,– DM

86 Peter *Malanczuk:* **Region und unitarische Struktur in Großbritannien.** Die verfassungsrechtliche und verwaltungsorganisatorische Bedeutung der Region in England, Wales und Schottland. 1984. XIII, 296 Seiten (5 Seiten English Summary). Geb. 98,– DM

85 Rüdiger *Wolfrum:* **Die Internationalisierung staatsfreier Räume.** Die Entwicklung einer internationalen Verwaltung für Antarktis, Weltraum, Hohe See und Meeresboden. 1984. XX, 757 Seiten (11 Seiten English Summary). Geb. 198,– DM

84 Wolfram *Karl:* **Vertrag und spätere Praxis im Völkerrecht.** Zum Einfluß der Praxis auf Inhalt und Bestand völkerrechtlicher Verträge. 1983. XX, 438 Seiten (17 Seiten English Summary). Geb. 98,– DM

83 Lothar *Gündling:* **Die 200-Seemeilen-Wirtschaftszone.** Entstehung eines neuen Regimes des Meeresvölkerrechts. 1983. XIV, 370 Seiten (8 Seiten English Summary). Geb. 98,– DM

82 Torsten *Stein:* **Die Auslieferungsausnahme bei politischen Delikten.** Normative Grenzen, Anwendung in der Praxis und Versuch einer Neuformulierung. 1983. XII, 402 Seiten (5 Seiten English Summary). Geb. 116,– DM

81 **Völkerrecht als Rechtsordnung – Internationale Gerichtsbarkeit – Menschenrechte, Festschrift für Hermann Mosler.** 1983. XIV, 1057 Seiten. Geb. 298,– DM

80 Jutta *Stoll:* **Vereinbarungen zwischen Staat und ausländischem Investor.** Rechtsnatur und Bestandsschutz. 1982. XI, 166 Seiten (6 Seiten English Summary). Geb. 49,– DM

79 Meinhard *Hilf:* **Die Organisationsstruktur der Europäischen Gemeinschaften.** Rechtliche Gestaltungsmöglichkeiten und Grenzen. 1982. XVIII, 442 Seiten (12 Seiten English Summary, 13 Seiten Résumé français). Geb. 98,– DM

78 Ludwig *Weber:* **Die Zivilluftfahrt im Europäischen Gemeinschaftsrecht.** 1981. XXVIII, 428 Seiten (6 Seiten English Summary). Geb. 114,– DM

77 Michael *Schaefer:* **Die Funktionsfähigkeit des Sicherheitsmechanismus der Vereinten Nationen.** 1981. XXI, 471 Seiten (10 Seiten English Summary). Geb. 105,– DM

76 Eckart *Klein:* **Statusverträge im Völkerrecht.** Rechtsfragen territorialer Sonderregime. 1980. XIV, 395 Seiten (10 Seiten English Summary). Geb. 86,– DM

75 **Die Koalitionsfreiheit des Arbeitnehmers/The Freedom of the Worker to Organize/La liberté syndicale des salariés.** Rechtsvergleichung und Völkerrecht/Comparative Law and International Law/Droit comparé et droit international public. 1980. XLIX, 1536 Seiten. (In 2 Bänden, die nur zusammen abgegeben werden.) Geb. 360,– DM